本书获得中国社会科学院2023年度第三批创新工程学术出版资助重点项目及中华之源与嵩山文明研究会2014年度重点课题资助

# 聚落、资源与道路

—— 早期中国中原与周边的文化互动与交流

庞小霞 著

中国社会科学出版社

审图号：GS（2024）2749 号
图书在版编目（CIP）数据

聚落、资源与道路：早期中国中原与周边的文化互动与交流／庞小霞著．—北京：中国社会科学出版社，2024.4
ISBN 978-7-5227-3597-9

Ⅰ.①聚… Ⅱ.①庞… Ⅲ.①文物—考古—研究—中国②文化史—研究—中国—古代　Ⅳ.①K870.4②K220.3

中国国家版本馆 CIP 数据核字（2024）第 099777 号

| 出 版 人 | 赵剑英 |
|---|---|
| 责任编辑 | 郭　鹏 |
| 责任校对 | 刘　俊 |
| 责任印制 | 李寡寡 |

| 出　　版 | 中国社会科学出版社 |
|---|---|
| 社　　址 | 北京鼓楼西大街甲 158 号 |
| 邮　　编 | 100720 |
| 网　　址 | http://www.csspw.cn |
| 发 行 部 | 010-84083685 |
| 门 市 部 | 010-84029450 |
| 经　　销 | 新华书店及其他书店 |
| 印　　刷 | 北京明恒达印务有限公司 |
| 装　　订 | 廊坊市广阳区广增装订厂 |
| 版　　次 | 2024 年 4 月第 1 版 |
| 印　　次 | 2024 年 4 月第 1 次印刷 |
| 开　　本 | 710×1000　1/16 |
| 印　　张 | 29.75 |
| 插　　页 | 11 |
| 字　　数 | 516 千字 |
| 定　　价 | 168.00 元 |

凡购买中国社会科学出版社图书，如有质量问题请与本社营销中心联系调换
电话：010-84083683
**版权所有　侵权必究**

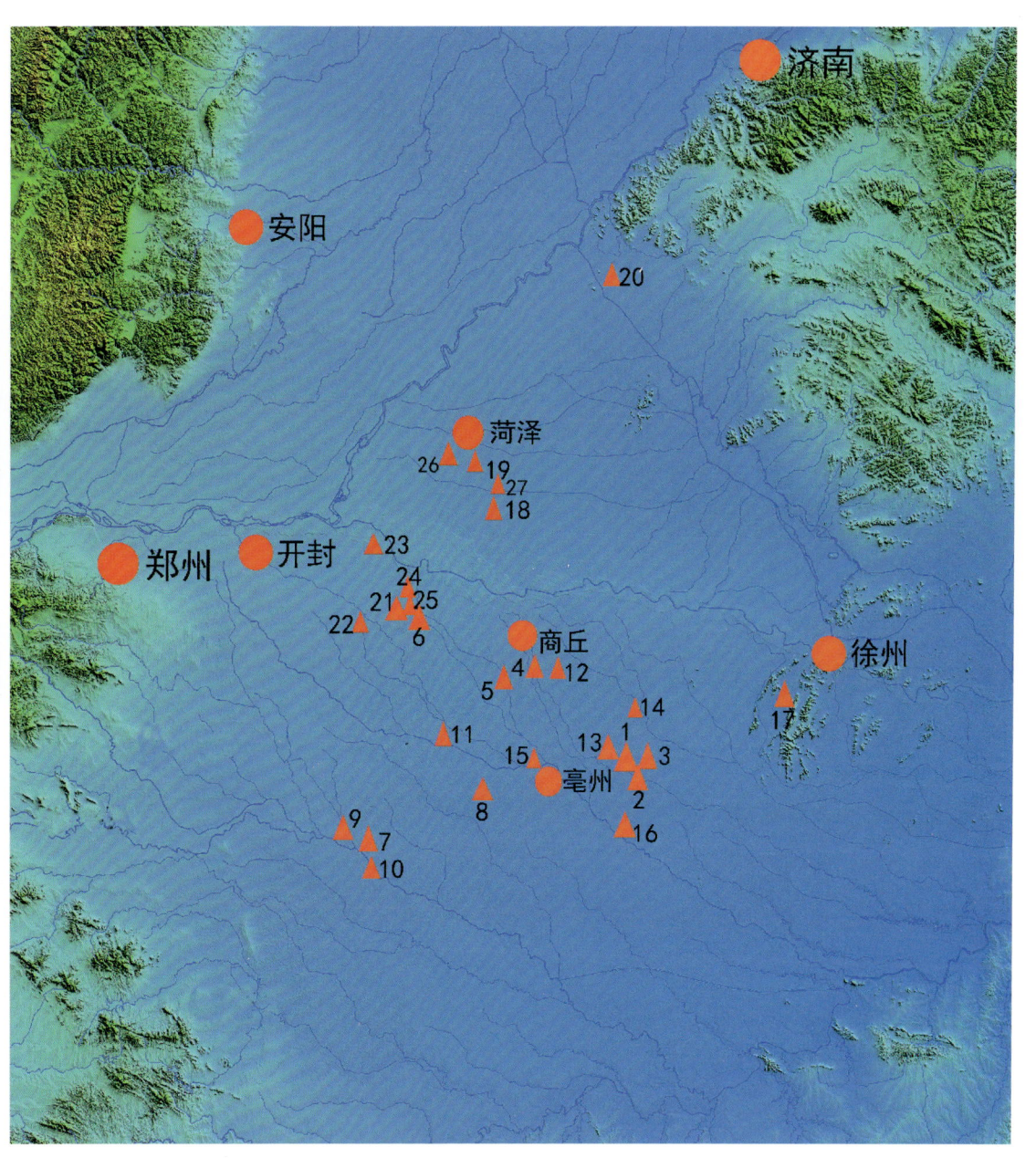

彩版 1　造律台文化主要遗址分布图

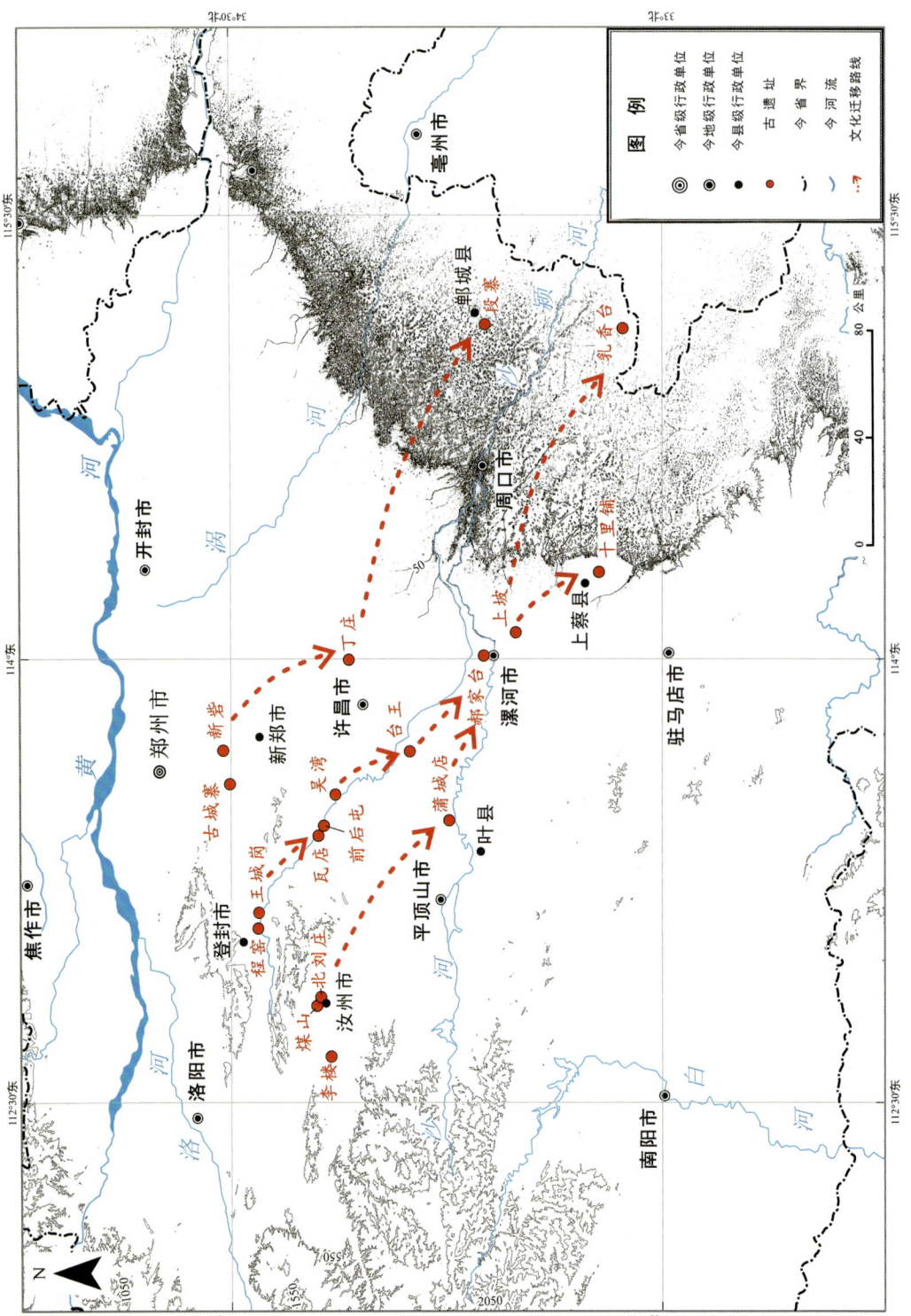

彩版2 龙山文化时期中原与东方地区交流南线

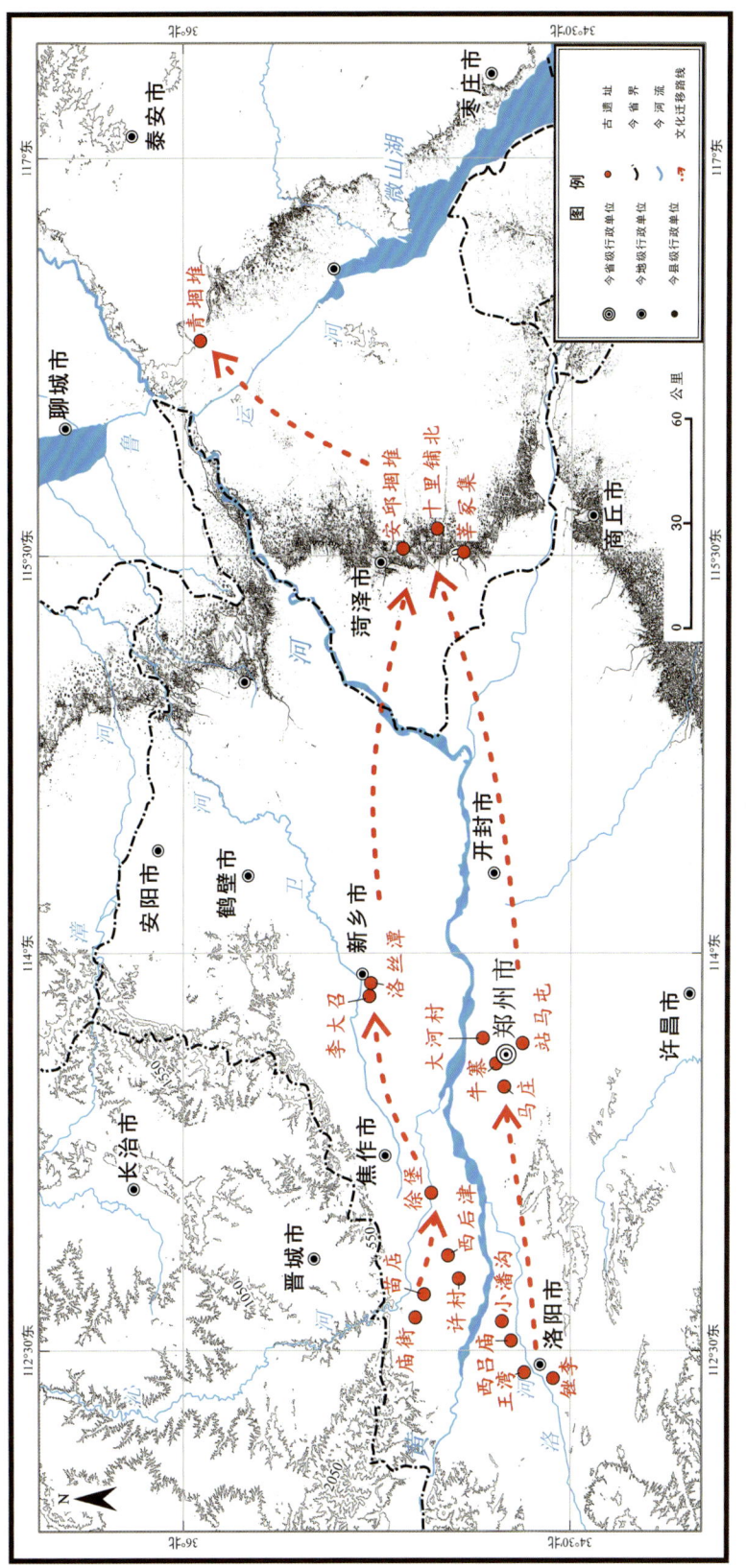

彩版3 龙山文化时期中原与东方地区交流北线

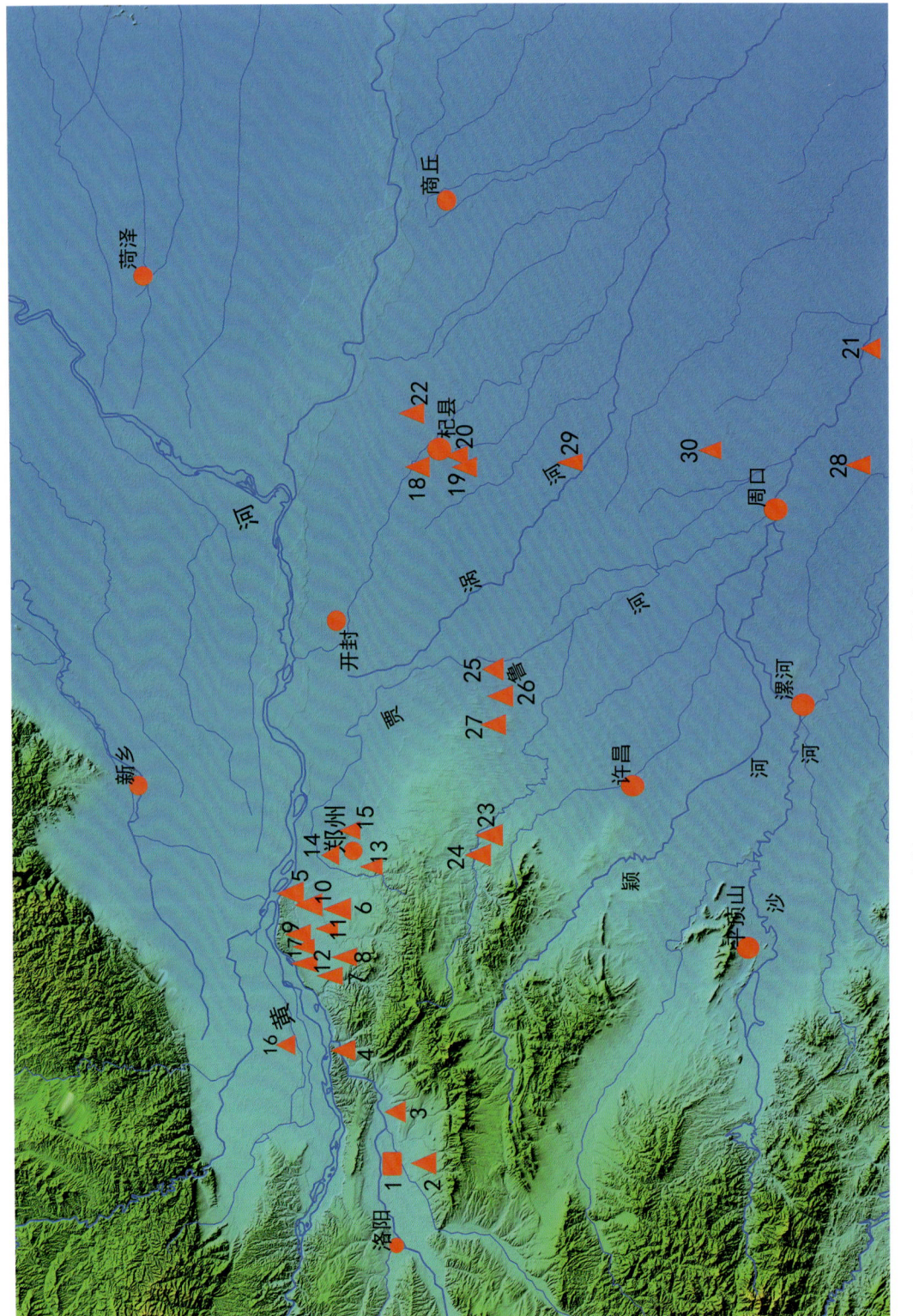

彩版 4　二里头文化核心区及东方地区遗址分布图

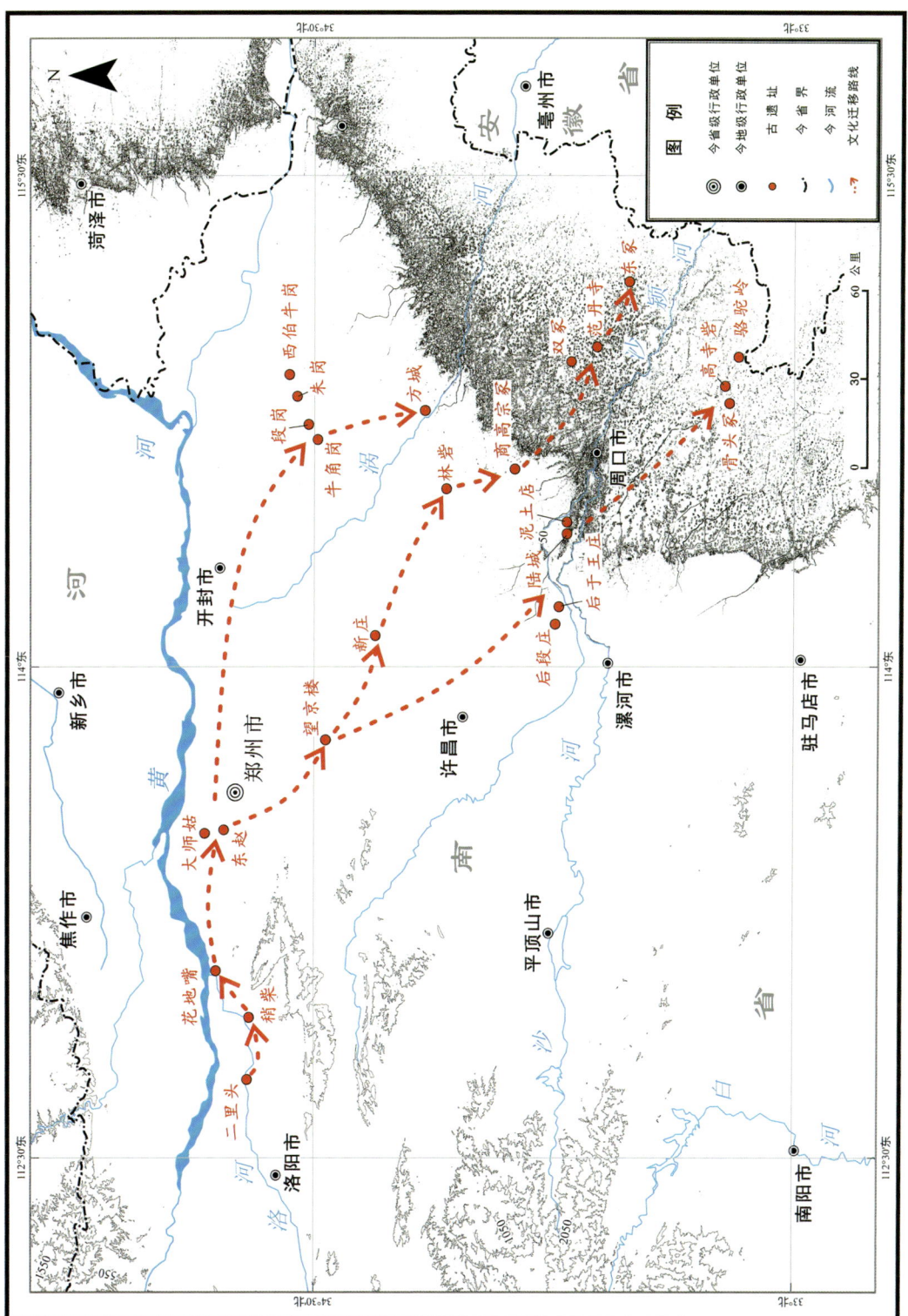

彩版 5　二里头文化和东方及江淮地区交流北线

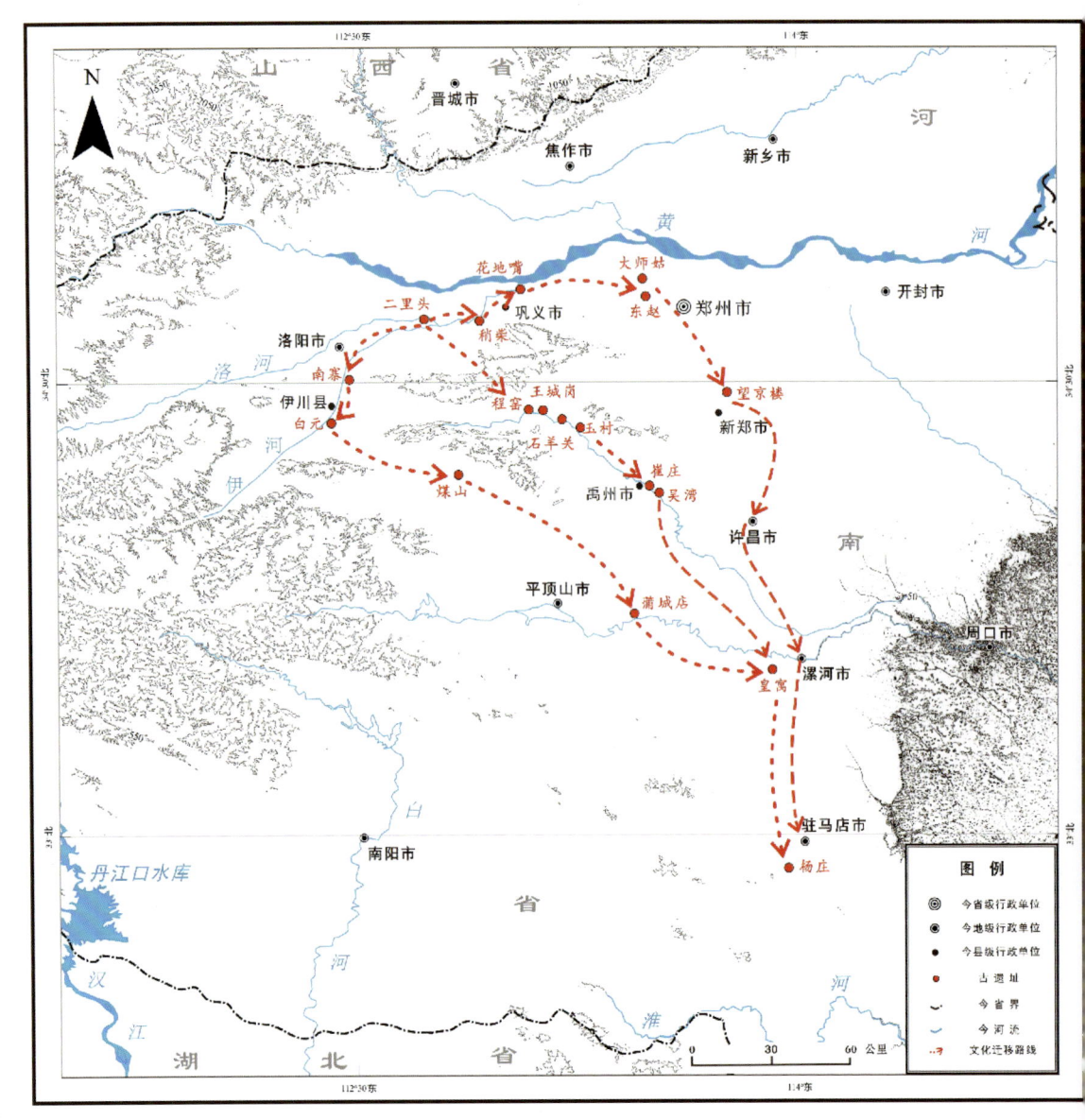

彩版6 二里头文化和东方及江淮地区交流南线

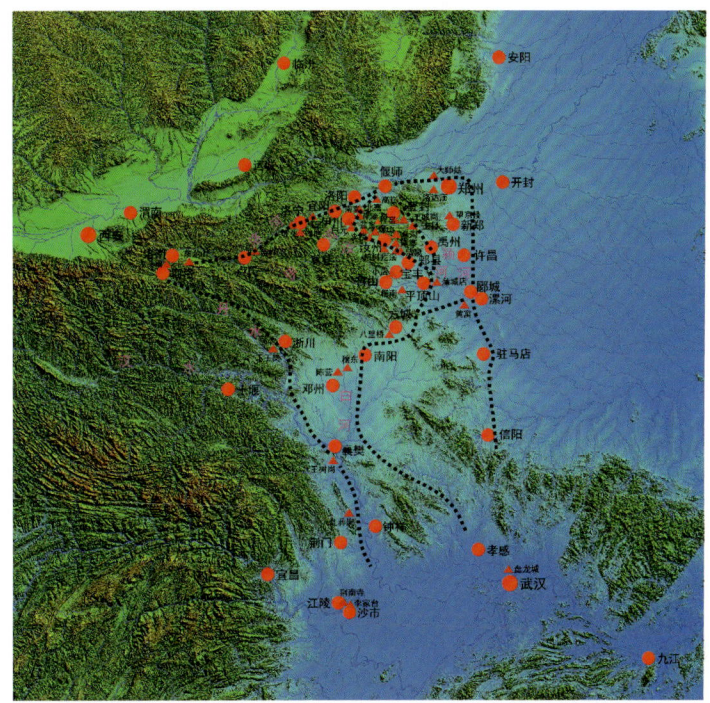

彩版7 二里头时期洛阳盆地和江汉平原交通道路示意图

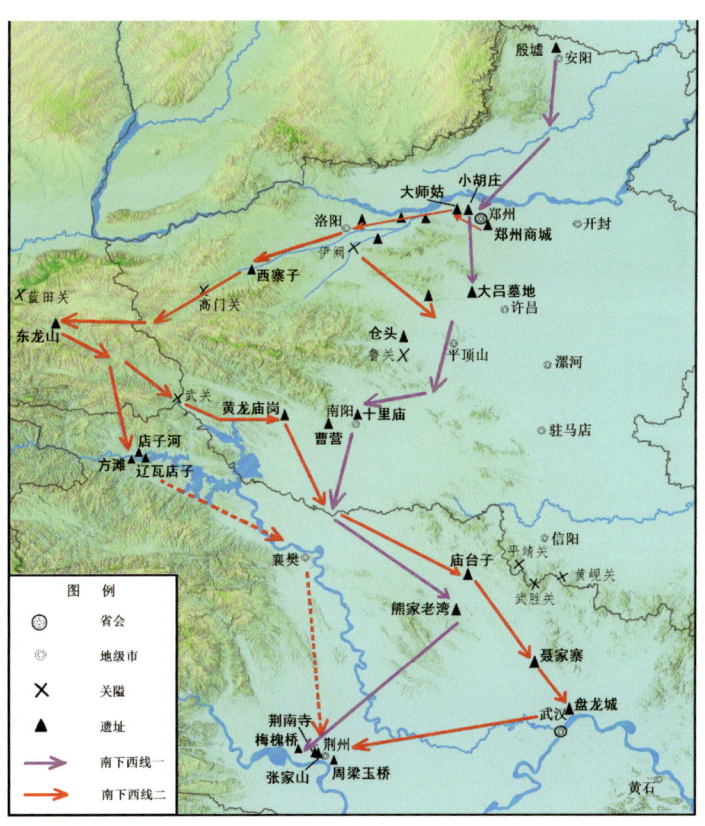

彩版8 商代中原与南方地区交流的西路

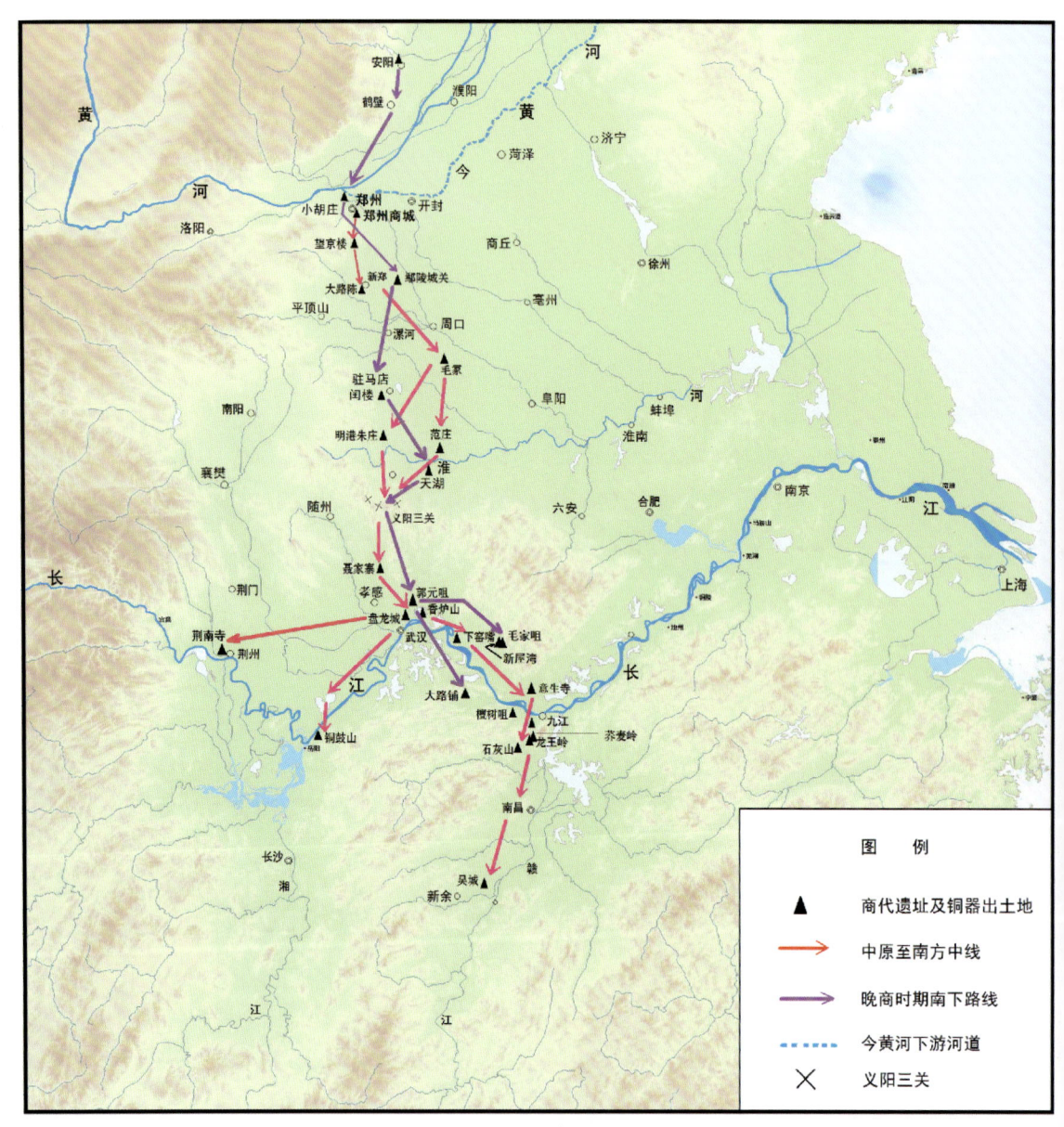

彩版 9　商代中原与南方地区交流的中路

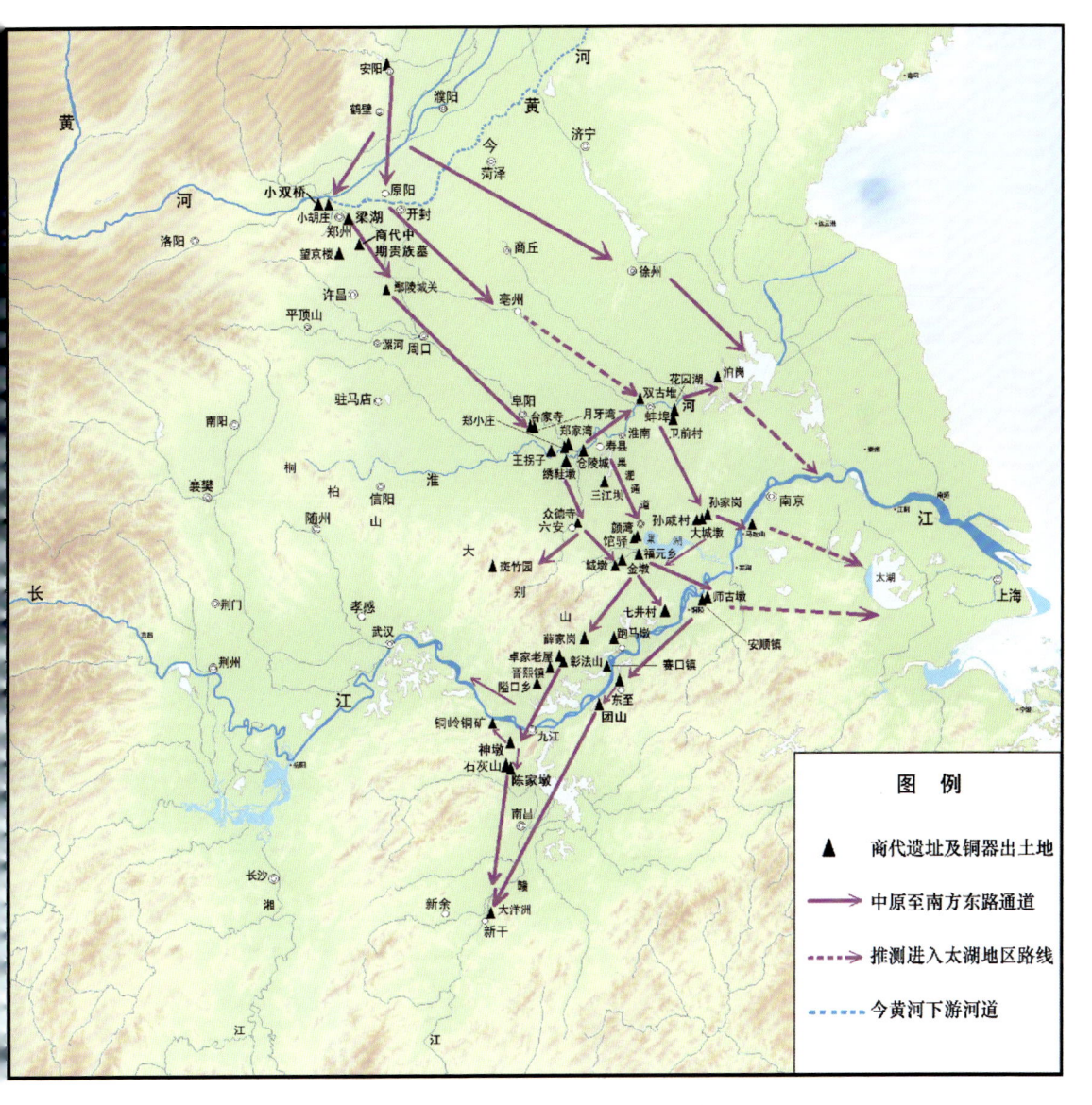

彩版 10　商代中原与南方地区交流的东路

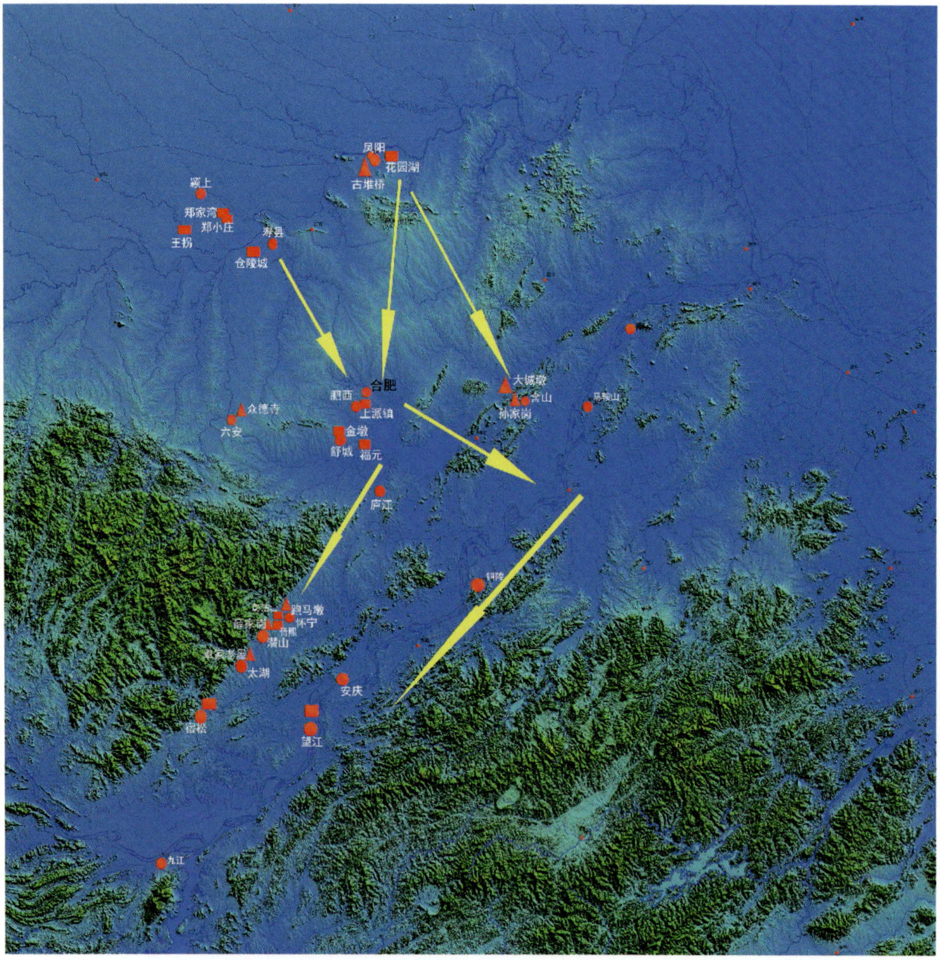

彩版 11　安徽江淮之间晚商遗址及出土铜器分布示意图

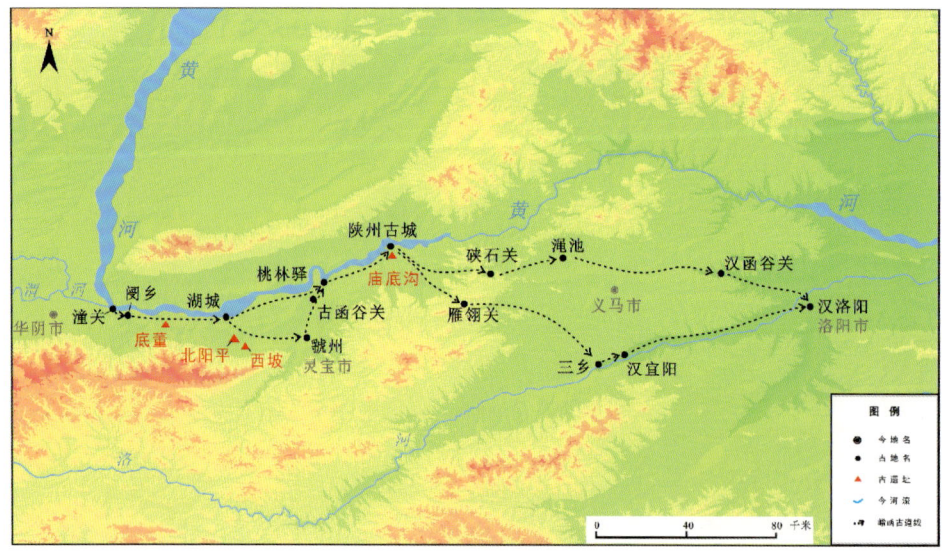

彩版 12　崤函古道示意图

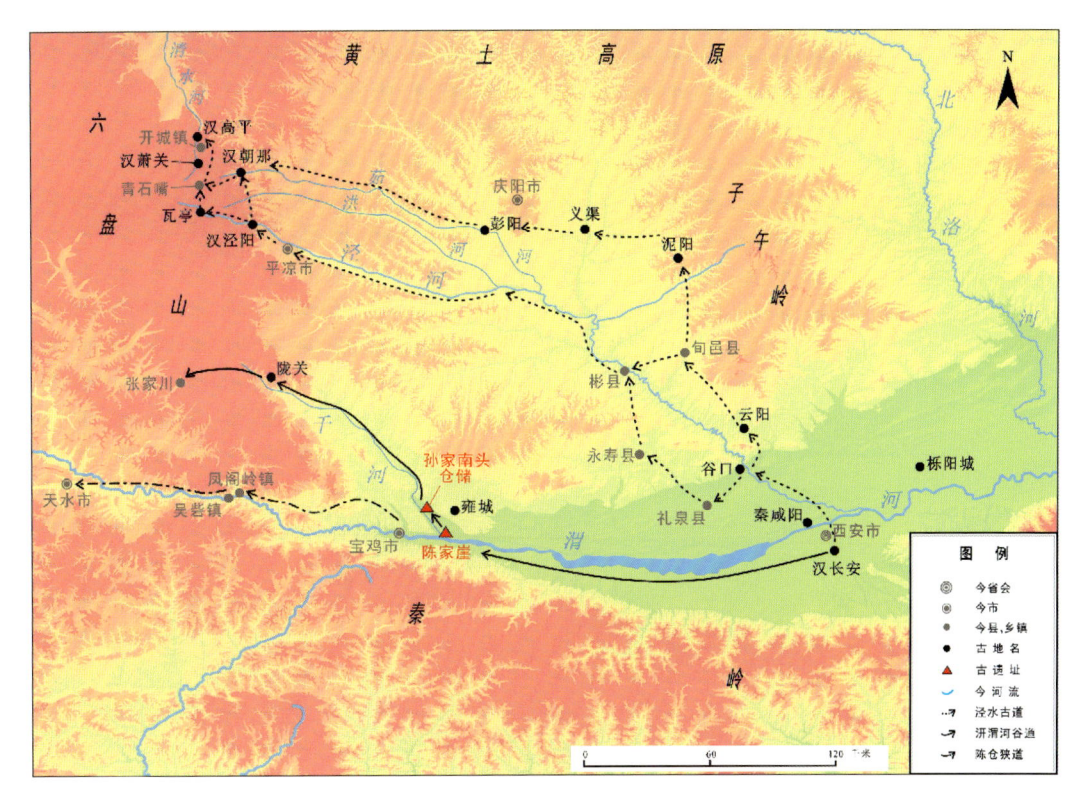

彩版 13　秦汉时期关中至陇西三条古道示意图

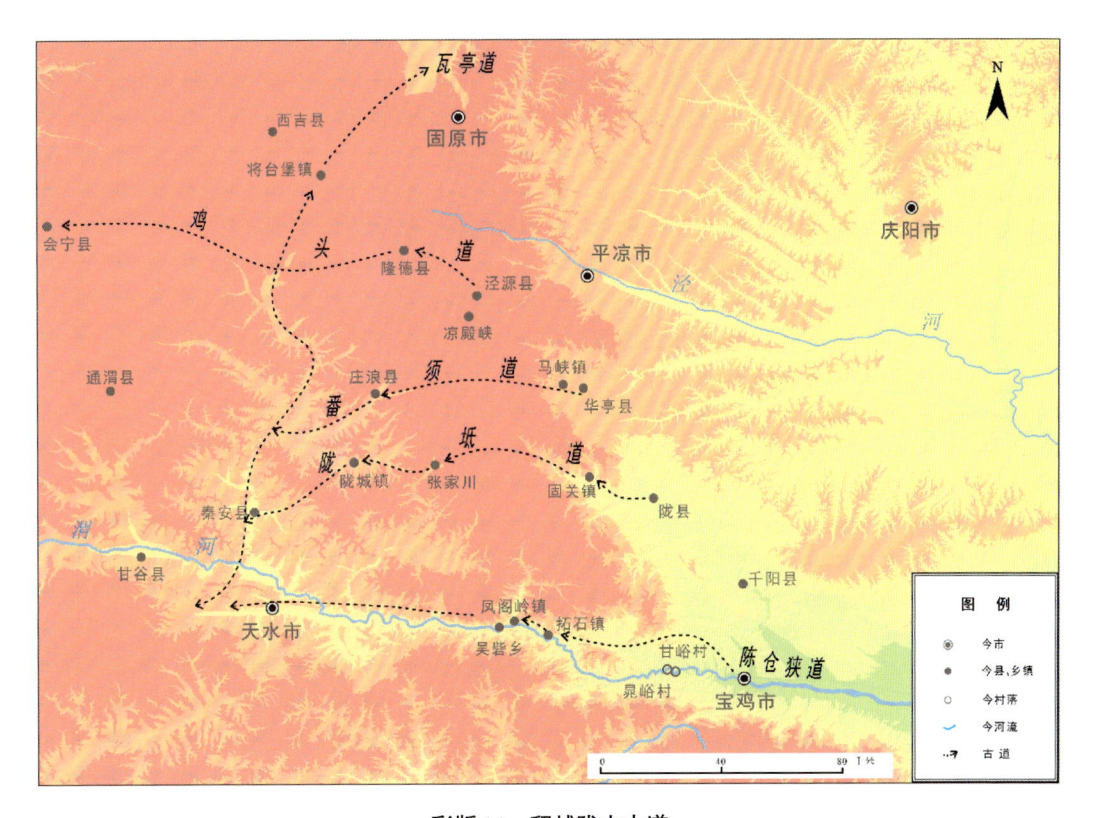

彩版 14　翻越陇山古道

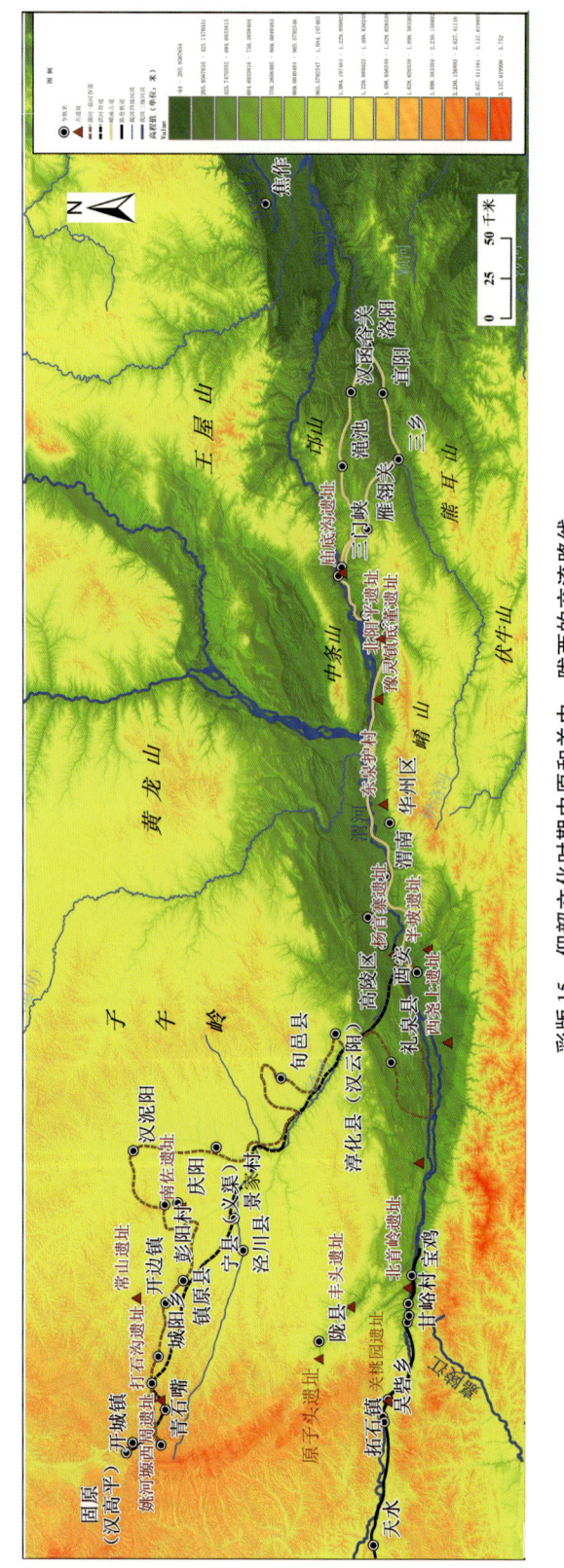

彩版 15 仰韶文化时期中原和关中、陇西的交流路线

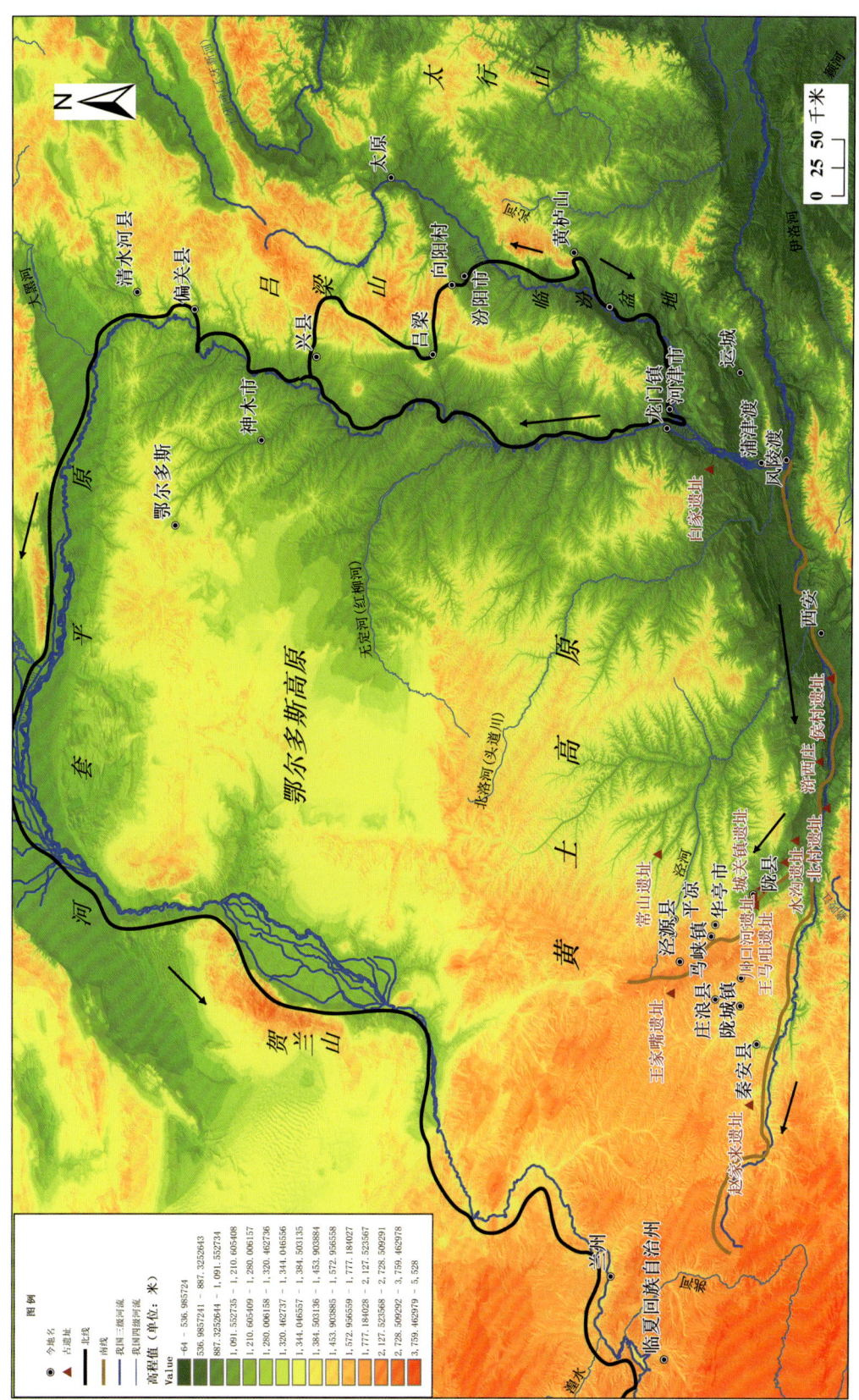

彩版 16 龙山文化时期晋南、关中、陇西交通路线

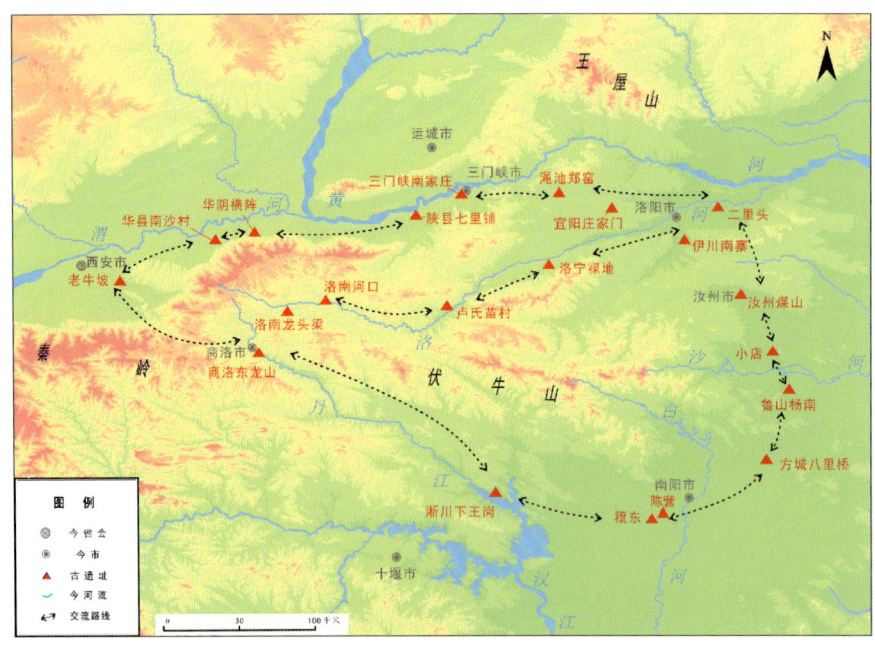

彩版 17　二里头文化与齐家文化交流路线示意图

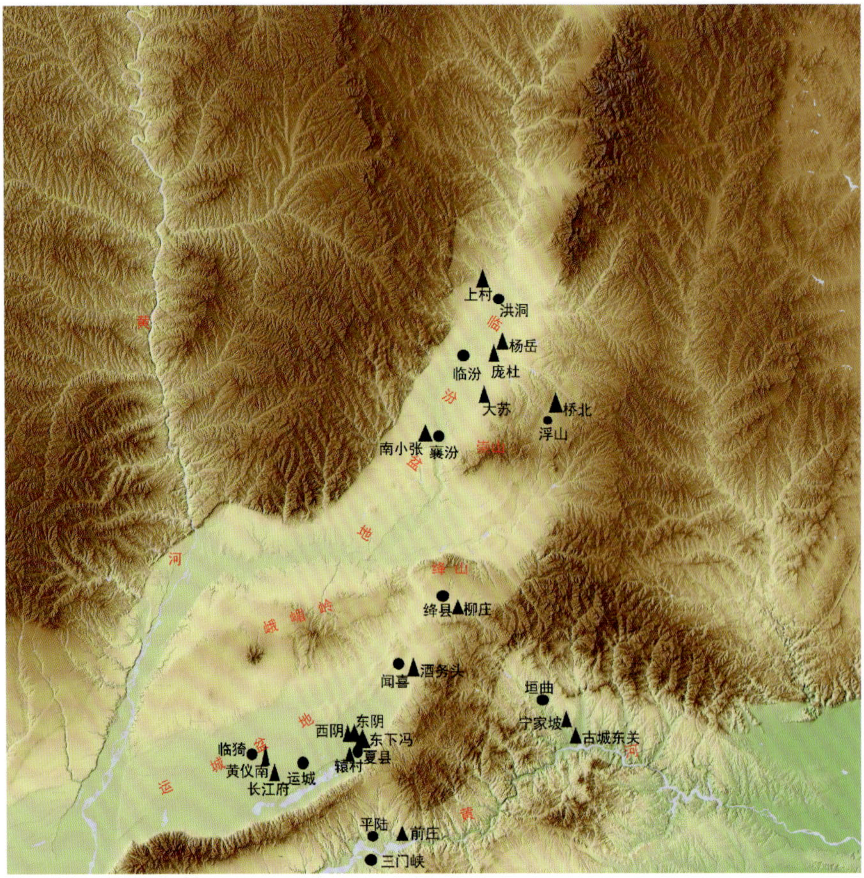

彩版 18　晋南地区商代遗址分布示意图

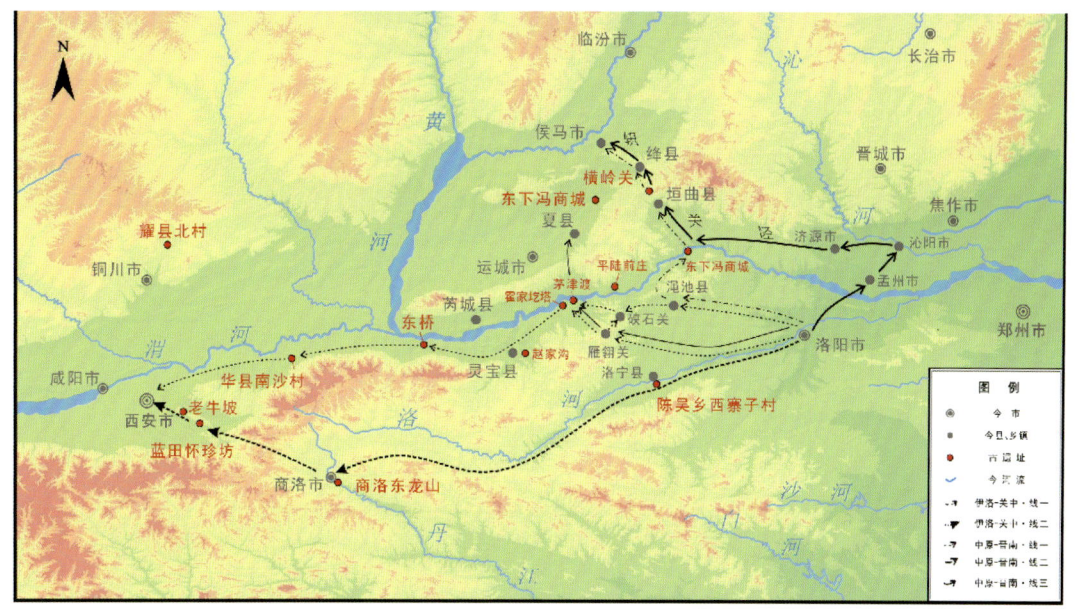

彩版19　早商时期郑洛至晋南、关中交流路线图

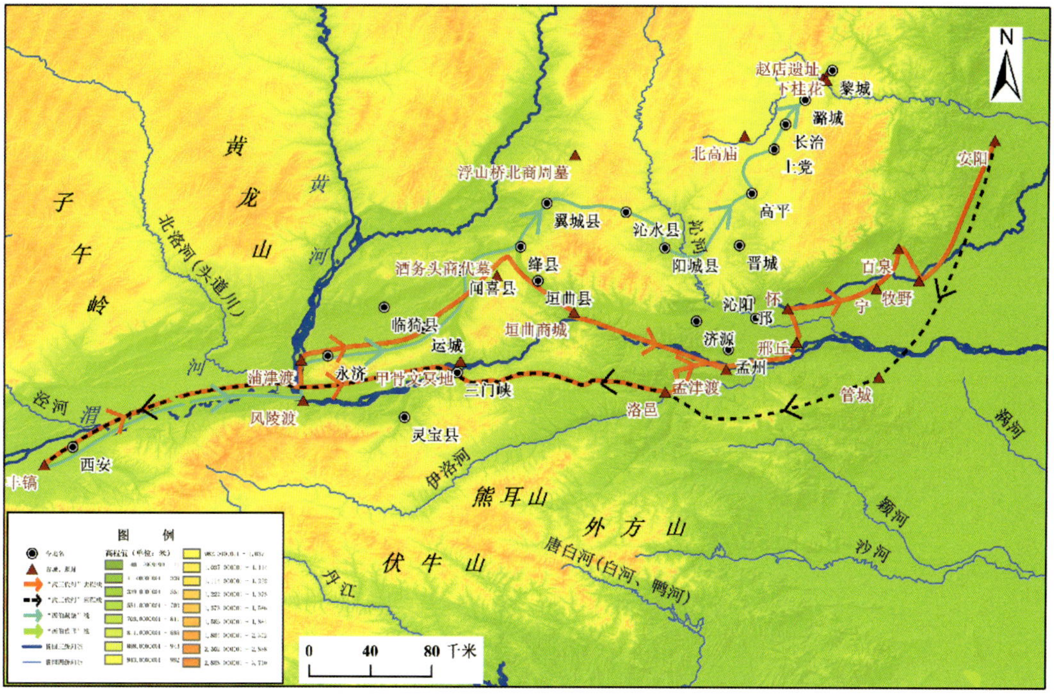

彩版20　晚商时期安阳和关中地区的交流路线

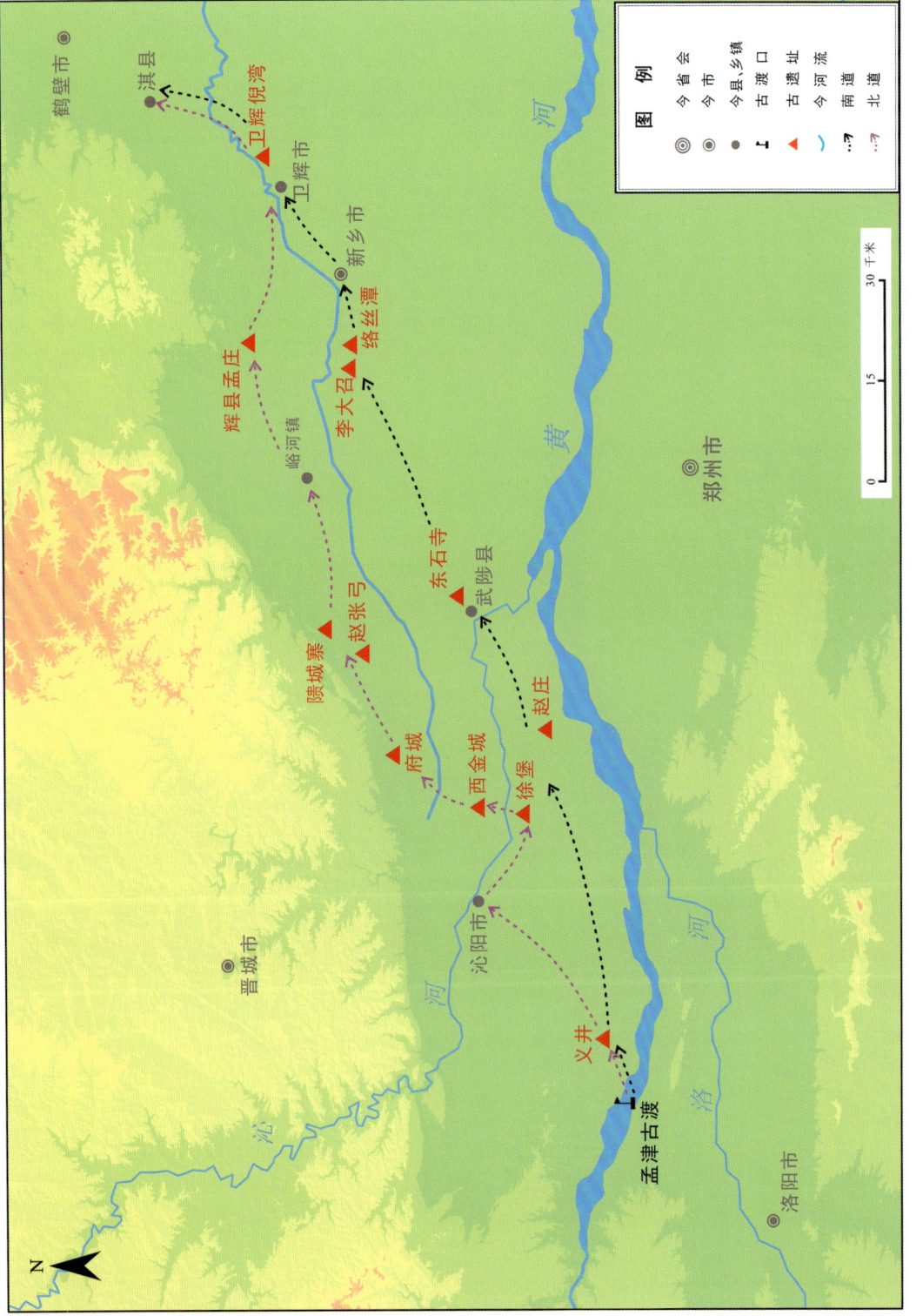

彩版21 龙山时期朔卫怀地区中原和北方的两条交流路线示意图

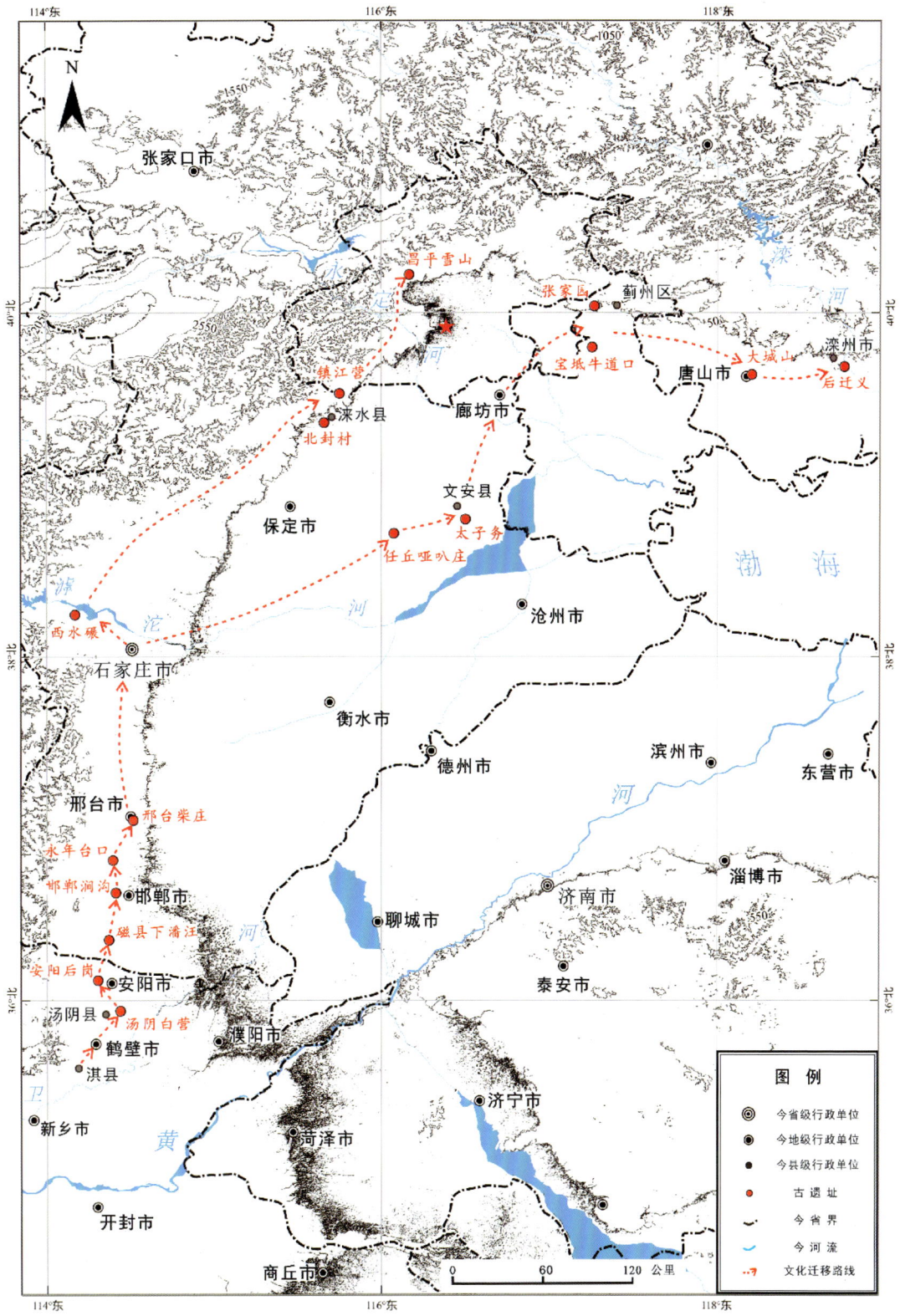

彩版22 龙山时期淇县以北中原和北方地区交流路线示意图

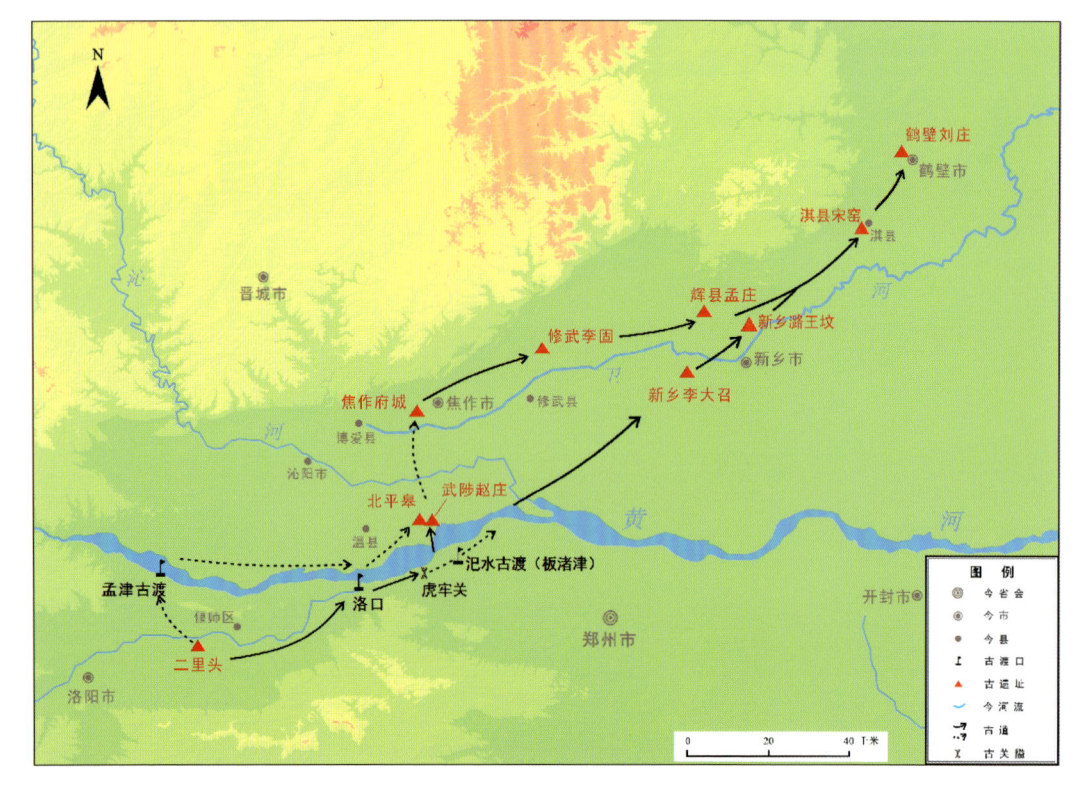

彩版 23　二里头文化和辉卫型下七垣文化交流路线示意图

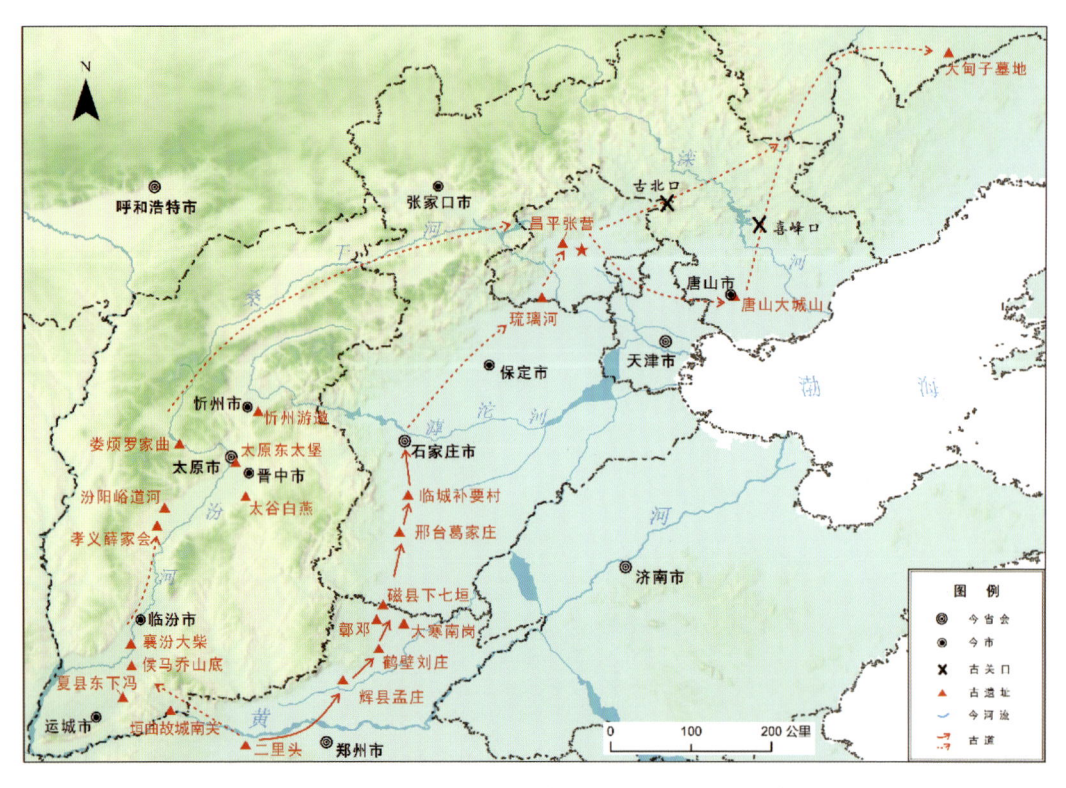

彩版 24　二里头文化和夏家店下层文化交流路线示意图

# 目　　录

**第一章　绪论** ………………………………………………………（1）
　一　早期中国的内涵 ………………………………………………（1）
　二　中国国家及文明起源问题的思考 ……………………………（2）
　三　研究目的、方法及价值 ………………………………………（4）

**第二章　中原与东方地区的文化互动与交流通道** ………………（10）
　第一节　中原与东方地区的地貌与河流水系 ……………………（11）
　　一　区域内的地貌概况和主要交通孔道 ………………………（11）
　　二　区域内两汉以前的河流水系 ………………………………（12）
　第二节　龙山文化晚期中原和东方地区的互动交流 ……………（19）
　　一　中原和东方地区龙山文化晚期的考古学文化 ……………（19）
　　二　考古学材料反映的两地交通路线 …………………………（23）
　　三　交流通道的特征和交流内容 ………………………………（34）
　第三节　二里头文化时期中原和东方地区的互动交流 …………（39）
　　一　二里头文化时期区域内的考古学文化和分期 ……………（40）
　　二　考古学材料反映的文化交流的路线 ………………………（47）
　　三　交流通道的特征和交流内容 ………………………………（51）

**第三章　中原与南方地区的文化互动与交流通道** ………………（58）
　第一节　中原与南方之间的地貌及对交通道路的影响 …………（58）
　　一　地貌状况 ……………………………………………………（58）
　　二　东周及秦汉以后的传世文献和出土文献所载两地的
　　　　交通道路 ……………………………………………………（61）
　第二节　中原地区和江汉平原新石器时代互动通道 ……………（66）

一　江汉平原和洛阳盆地之间的重要地理通道 …………………… (66)
　　二　新石器时代中原和江汉平原的互动交流通道概述 …………… (68)
　　三　屈家岭文化的北播 …………………………………………… (69)
　　四　石家河文化的北上通道及王湾三期文化的南下通道 ………… (78)
　第三节　二里头文化时期中原地区和江汉平原之间的互动
　　　　　交流 ……………………………………………………………… (96)
　　一　考古材料反映的两地间交流通道 …………………………… (97)
　　二　中原地区和江汉平原交流的物 ……………………………… (104)
　　三　二里头文化时期中原地区和江汉平原互动交流的特点 …… (106)
　第四节　商周时期中原和南方地区的互动交流 ……………………… (107)
　　一　西周时期铭文及考古材料反映的两地交通道路 …………… (108)
　　二　商代中原和南方地区的交流通道概述 ……………………… (112)
　　三　商代中原和南方地区交流的西路 …………………………… (112)
　　四　商代中原与南方地区交流的中路 …………………………… (124)
　　五　商代中原和南方地区交流的东路 …………………………… (135)
　　六　商时期中原和南方互动通道的特征 ………………………… (148)
　　七　商代中原和南方地区铜、铅矿料的交流 …………………… (150)

## 第四章　中原与太湖地区的文化互动与交流通道 ……………………… (157)
　第一节　地形地貌反映的交流通道及相关区域内的考古学
　　　　　文化 ……………………………………………………………… (158)
　　一　西路——长江水道 …………………………………………… (158)
　　二　中路——淮水上中游平原地带 ……………………………… (159)
　　三　东路——东部沿海地带 ……………………………………… (160)
　　四　太湖地区和中原地区相关考古学文化 ……………………… (161)
　第二节　仰韶时期太湖与周边地区的文化互动与交流通道 ………… (162)
　　一　太湖地区北上与海岱地区的文化互动与交流通道 ………… (163)
　　二　太湖地区西进与长江中游的文化互动与交流通道 ………… (174)
　　三　仰韶时期长江水道在文化交流中的特点 …………………… (179)
　第三节　龙山时代太湖与中原地区的互动与交流通道 ……………… (180)
　　一　龙山时代太湖地区的考古学文化 …………………………… (181)
　　二　龙山时代中原地区与太湖地区之间的考古学文化 ………… (182)

三　龙山时代太湖与中原地区文化交流的路线 …………… (185)
　第四节　夏商时期太湖与中原地区文化间的互动交流 ………… (186)
　　一　二里头文化时期太湖与北方地区的文化互动及交通
　　　　路线 ………………………………………………………… (187)
　　二　商代太湖地区与北方文化区的互动与交流路线 ………… (192)
　　三　从原始瓷的发现看夏商时期长江下游与中原地区的
　　　　交流通道 …………………………………………………… (194)

## 第五章　中原与西方地区的文化互动与交流通道 ………………… (212)
　第一节　西方地区的内涵及地形地貌 …………………………… (212)
　第二节　中原和西方地区交通路线的历史文献及路线概貌 …… (214)
　　一　两地交通路线的文献记载 ………………………………… (214)
　　二　秦汉至民国时期崤函古道的基本面貌 …………………… (216)
　　三　秦汉时期关中至陇西的道路概貌 ………………………… (223)
　第三节　新石器时代中原和西方地区互动交流 ………………… (231)
　　一　仰韶文化时期中原与西方地区的文化互动与交流通道 … (231)
　　二　龙山时期中原和西方地区的文化互动和交流通道 ……… (238)
　第四节　齐家文化和二里头文化的互动交流 …………………… (242)
　　一　齐家文化与二里头文化交流的内容 ……………………… (243)
　　二　作为媒介的东龙山类遗存 ………………………………… (246)
　　三　齐家文化和二里头文化的交流路线 ……………………… (252)
　第五节　商时期中原和西方地区的互动交流 …………………… (256)
　　一　早商时期中原和西方地区的交流通道 …………………… (257)
　　二　晚商时期中原和西方地区的交流通道 …………………… (267)

## 第六章　中原和北方地区文化交流通道探析 ……………………… (275)
　第一节　龙山文化晚期中原与北方地区的互动与交流 ………… (275)
　　一　龙山文化晚期北方区域分布的考古学文化 ……………… (276)
　　二　中原和太行山东麓地区的交流路线 ……………………… (277)
　　三　交流通道中的关键点和交流特点 ………………………… (295)
　第二节　二里头文化时期中原和北方地区的互动交流 ………… (304)
　　一　二里头文化时期北方地区的考古学文化 ………………… (305)

二　二里头文化时期的黄河津渡 …………………………………… (308)
　　三　考古材料反映的中原和北方地区的交流路线及特点 ……… (313)
　第三节　洛阳盆地与晋南之间的互动交流 …………………………… (320)
　　一　"中条涅津"道 ……………………………………………… (320)
　　二　虞坂巅軨道 …………………………………………………… (333)
　　三　"轵关陉"道 ………………………………………………… (342)

# 第七章　新砦文化时期中原和周边区域的互动交流 ……………… (357)
　　一　新砦期遗存的含义及年代 …………………………………… (357)
　　二　新砦文化的内涵和分布 ……………………………………… (363)
　　三　新砦文化和周边区域的文化互动 …………………………… (368)

# 第八章　二里头青铜礼制文明的兴起 ………………………………… (385)
　　一　二里头文化一期遗物的来源分析 …………………………… (385)
　　二　二里头文化二期遗物的来源分析 …………………………… (388)
　　三　二里头文化一、二期重要遗迹来源分析 …………………… (409)
　　四　二里头青铜文明的形成过程及特征 ………………………… (418)
　　五　二里头青铜文明崛起的原因 ………………………………… (424)

# 第九章　早期交通与中国早期国家的形成 …………………………… (431)

# 参考文献 ………………………………………………………………… (436)

# 后　记 …………………………………………………………………… (467)

# 第一章 绪 论

**一 早期中国的内涵**

早期中国最早是由美国学者吉德炜1975年创办的一个《早期中国》期刊而提出，它出现很长时间内其实主要是通行于西方汉学研究的一个学术概念，确切说是通行于美国的一个概念。它有一个相对较宽泛的时间范围，从史前直到汉代。① 这和中国学术界一般常用的先秦时期、新石器时代、青铜时代及夏商周等来界定的时间范围是不同的。21世纪以来，由于中美交流的更深入发展，尤其上海古籍出版社组织的《早期中国研究丛书》的出版，国内学术界对于"早期中国"的内涵逐渐熟悉并接受。近年"早期中国"一词开始在国内不少学者的著作题名或研究中出现。②

与此同时，20世纪80年代以来中国文明起源研究一直热而不衰，关于这一研究中"中国"的内涵，学者之间一直歧义纷呈，近年"最早的中国"③"最初中国"④ ——提出，其内涵似乎更是各不相同。关于国家、文明起源的时间、标志、过程尤其"最早中国"的形成时间每个人基于不同的理解，也各不相同。正是由于文明起源研究中"中国"的内涵分歧太大，所以本书不再以国内这种分歧较大的时间点来界定研究范围和研究对象。结合本书研究内容，由于本书中原和四方选取的时间范围并不相同，

---

① 李峰撰，胡保华译：《早期中国研究及其考古学基础——全球化时代的新观察》，《北美中国学——研究概述与文献资源》，中华书局2010年版，第52—54页。

② 以韩建业为代表，他发表了一系列文章，并出版专著《早期中国：中国文化圈的形成和发展》，上海古籍出版社2015年版，可参见其专著绪论，此外北京联合大学自2013年以来陆续出版了五辑《早期中国研究》，内容涵盖早期中国领域国内一些研究成果。2013年以来尤其2015年以来以早期中国作为研究标题的文章更多地出现，知网搜索发现很多，不再一一列举。

③ 许宏：《最早的中国》，科学出版社2009年版，第14—15页；许宏：《何以中国：公元前2000年的中原图景》，生活·读书·新知三联书店2014年版。

④ 何驽：《最初"中国"的考古学探索简析》，《早期中国研究》（第1辑），文物出版社2013年版，第36—43页；李新伟：《"最初的中国"之考古学认定》，《考古》2016年第3期。

所以我们认为国外汉学界一直使用的"早期中国"非常契合本书的研究范围。正如李峰先生所言，将早期中国作为一个单独的学科研究领域有其合理性，① 除了其谈到的三个原因之外，就魏晋之前的地理环境而言相对后世更统一、独立和完整。这在中原地区的河流地貌方面体现得最为明显，秦汉之前河、济独流入海的局面一直持续，甚至魏晋的《水经注》还保留不少，但是唐以后人工治理的大规模干预，黄河中下游在河流地貌方面发生了巨大变化。

总之，笔者赞同早期中国有一个萌芽、形成、发展的过程。并认可早期中国更多是文化意义上的早期中国，指秦汉以前（本书年代范围包含秦汉）中国大部分地区因文化彼此交融联系而形成的相对的文化共同体，也可称为"早期中国文化圈"②。

## 二 中国国家及文明起源问题的思考

本书作者之一长期从事中国文明起源研究，并对中原地区文明起源有深入、系统的研究。对于中国国家及文明起源问题我们有自己的认识。文明与国家虽是两个不同范畴的概念，然而国家是文明社会的概括，是文明社会形成的最突出标志。③ 文明或国家的形成有一个长期发展的过程，是一个包含起源、形成及早期发展的进程。关于文明形成的过程和阶段性。第一，在国家形态演进上至少存在三个阶段，即邦国、王国、帝国，后两者争议不大，一般认为至少夏商周时期属于王国阶段，秦以后进入帝国时期。王国之前如何称呼上文已言存在较大争议，但却基本上都认为龙山时代晚期已进入国家形态。无论如何，目前至少对于以陶寺遗址为核心的社会无论是属于"邦国"阶段，还是属于"王国"阶段，学者们都不否认已经进入了国家形态。我们以为，如果认为王国阶段是以王权国家为最大特征的标准而言，陶寺遗址已进入最初的王国阶段。第二，虽然不同地区文化之间存在着文化互动交流，但因其地域和文化的相对独立性使它们有着各自走向文明的过程，也就是说，这些地区的文明化进程应有着自己的特

---

① 李峰撰，胡保华译：《早期中国研究及其考古学基础——全球化时代的新观察》，《北美中国学——研究概述与文献资源》，中华书局2010年版，第53页。

② 韩建业：《论早期中国文化周期性的"分""合"现象》，《史林》2005年增刊，第65—71页；韩建业：《早期中国：中国文化圈的形成和发展》，上海古籍出版社2015年版，第7页。

③ 王巍：《对中华文明起源研究有关概念的理解》，《史学月刊》2008年第1期。

征。值得注意的是，不同区域文明演进的过程并不同时，亦不同步，存在发展的不平衡，有些区域已经进入初始国家，而有的可能还处在部落或酋邦阶段。而且最终的结果也不一样，有的是连续进化，而有的则是断裂或中断。其中中原地区表现出一脉相承、持续发展的特点，经历完了三个阶段。第三，由于各区域文明进程中社会形态表现出不同的特质，进而呈现出不同的"模式"。其中陶寺文化和社会在文明和早期国家形成过程中所创造的政治制度、统治模式、执政理念等文明内涵多为夏商周三代及其后世所继承发展，成为中国古代文明和成熟国家形态相关特征与模式的主源。[①] 或言"陶寺模式"与夏商周三代一脉相承。

关于中国早期国家的特征与模式。不同区域社会文明化进程表现出不同的特征，呈现多样性，可以有"陶寺模式"，也可以有"红山模式"和"良渚模式"。而且国家形成或出现是古代社会复杂化进程的可能性之一，但绝非唯一。单就早期国家形成的角度而言，中国古代至少存在两种模式，即王权模式和神权模式，目前比较清晰的神权模式为良渚国家，王权模式有陶寺、二里头乃至商周王朝，当然这并不否定王权模式中神权对于统治的重要地位。严文明先生在注意到各区域文化间关系的同时更加注重各区域文化的差别，提出了"多元一体"文明起源模式。严先生认为，中国史前文化是一种重瓣花朵式的"多元一体"结构，在这种结构的基础上发展成多元一体的中国文明起源与形成模式，即中国文明的起源是多元的，同时又是一体的。[②] 关于"多元一体"有两点需要注意：第一点，从不同的角度看，中国文明起源与形成既是"多元"的，又是"一元"的。多元易于理解，主要指中国史前几个区域文化如燕辽地区、海岱地区、长江中游、长江下游、中原地区等各有特色，都有着相对独立的发展过程。但值得注意的是，中原地区以外的其他区域文化似乎分别在红山文化、海岱地区龙山文化、石家河文化、良渚文化之后相继衰落，其文明化的进程或夭折、或中断，只有中原地区文明得以延续发展。尽管各区域先进文化因素汇集中原，但并未改变中原地区文化这一主体，并且中原地区多将吸收的文化因素进行改造和整合。从

---

[①] 高江涛：《中国文明与早期国家起源的陶寺模式》，《三代考古》（五），科学出版社2013年版，第38—46页。

[②] 严文明：《中国文明起源的探索》，《中原文物》1996年第1期；严文明：《长江流域在中国文明起源和早期发展中的地位和作用》，《古代文明研究通讯》总第8期，2001年。

发展脉络上看，始终有着中原地区这样一条主脉或主根，华夏文明的主体一直是在中原地区文化的基础上连续地不断发展而形成的，因此，从这个角度看，中国古代文明起源是"多元"中的"一元"。所以，我们认为所谓的"多元"与"一元"是从广义和狭义不同角度看问题的结果。第二点，从文明形成与发展的过程看，"多元"与"一体"是文明化进程中的不同阶段，二者并不同时，是一个"多元"演进并逐渐走向"一体"的过程。① 庙底沟文化时期是中国早期文化历史上的第一次较大规模的文化交流与融合。龙山时代早中期是第二次较大规模的文化交流与融合，文化的互动交流中，中原地区文化实力逐渐强大。龙山文化末期，周围地区的文化与社会相继衰落，其文明化的进程遭遇挫折，而中原地区的文明脱颖而出。② 至二里头文化二期以后中原地区作为中国文明中心的地位开始确立，二里头文明开始向周围地区辐射，周围地区的文明化进程或多或少地改变了方向，从原来的以自己的独立发展为主的轨道，改变为以中原地区为核心共同发展的轨道上来，"多元"走向了"一体"，中国文明的"一体"开始初步形成。再经商周时期各地逐渐融入了以中原为主体的华夏文明之中。

### 三 研究目的、方法及价值

研究目的：

在中华文明形成的过程中，中原地区的确在其中扮演着特殊、重要的角色。

很多研究者认识到了其天下之"中"的地理位置的重要性，其实这天下之"中"的地理位置的凸显显然依赖其与四方的互动交流。所以，从中原和周边地区互动关系，从各类资源供应和交流通道的依赖，从区域贸易网络的形成和管理等多方位来探讨早期中国社会复杂化以及国家形成，这是早期中国文明研究的新视角、新思路。

近年来，虽然有相关学者做过早期交通通道的研究，但是就地区来看，多是针对某一个小地区内部或者仅就中原地区对其四方的某一方向的通道给予简单探索；就研究时限来看，或对夏、商、周三代的交流通道泛

---

① 高江涛：《试论中国早期国家形成的模式与动力》，《史学月刊》2019 年第 6 期。
② 王巍：《公元前 2000 年前后我国大范围文化变化原因探讨》，《考古》2004 年第 1 期。

泛而谈，或是对史前某个具体时期的简要论述。① 尚未见到对早期中原都邑和四方交流通道的综合研究，更遑论二者的互动交流通道对中原地区文明形成的重要作用的研究。以往研究较多关注文化交流之"物"，而忽略文化交流之"路"。

本课题研究目的有四个：第一，揭示不同时期中原及周边地区相关考古学文化的地理分布状况及空间特点，尝试复原宏观聚落形态特征反映出的中原与周边地区的陆路、水路等交流通道，侧重考察文化交汇地带以及特殊地理环境形成的文化分布带所反映的交通道路；第二，深入研究文化互动交流道路上的带有文化驿站、中转站、控制点、码头或港口性质及功用的重要聚落点，考察其在交流通道中的枢纽作用；第三，通过分析各个考古学文化分布的此消彼长，通过文化因素分析来探索不同时期这些通道究竟由哪些人群在掌控，这些交流通道运输传播的是什么，除了我们所熟知的日常生活用品外，是否有盐、铜铅金属、玉、朱砂等其他资源性物品，是否存在此类物品的交流网络等问题；第四，本项研究除了考察四方和中原地区的互动交流，也旨在考察文化互动通道与中原地区国家形成之间的关系。揭示四方交通通道在中原地区社会复杂化及文明形成中究竟起到什么作用，是通过什么形式体现出来的。国家的形成对于交通通道的发展又起了什么样的作用，具体有哪些表现等。

可举一例说明以上，从考古材料看，龙山文化晚期及二里头文化时期洛阳盆地向南的文化交通道路中至少存在东、中、西三条道路。西路为：洛阳盆地—洛水—丹水（淅水）—南阳盆地—随枣走廊—进入长江流域。这一道路沟通了王湾三期文化、二里头文化和长江中游的石家河文化及肖家屋脊文化。丹淅流域是文化交汇带，洛水、丹水、淅水是明显的沟通文化之间的水路通道，其中淅川下王岗遗址正是水路通道上的驿站或码头。而这条通道上又存在绿松石、铜及朱砂的运输交流。

---

① 方辉：《二里头文化与岳石文化》，《中原文物》1987年第1期；靳松安：《河洛与海岱地区考古学文化的交流与融合》，科学出版社2006年版；曹峻：《试论马桥文化与中原夏商文化的关系》，《中原文物》2006年第2期；马保春：《由晋南二里岗期早商文化的分布论其进入、传播》，《中原文物》2004年第6期；马保春、杨蕾：《新石器时代晚期鄂豫陕间文化交流通道的初步研究》，《江汉考古》2007年第2期；庞小霞、高江涛：《晚商时期商文化东进通道初探》，《中原文物》2009年第5期；徐昭峰、李丽娜：《夏商之际王朝文化北向传播的通道及背景探析》，《中原文物》2009年第5期；韩建业：《早期中国：中国文化圈的形成和发展》，上海古籍出版社2015年版；李新伟：《中国史前社会上层远距离交流网的形成》，《文物》2015年第4期。

*研究方法：*

由于本书研究时段的早期阶段没有文字和同时代的文献，所以更多地依赖考古材料。聚落形态考古研究方法是20世纪八九十年代就从西方引进并被广泛运用到中国考古学研究中的方法。其主要是通过对区域聚落内不同类型遗址的数量、大小和分布情况的数据分析，来考察社会政治组织的复杂程度；分析聚落内部的各类遗存的空间关系，分析墓葬、建筑居址来揭露特定的社会群体的行为模式，通过这些模式了解聚落内部的经济、礼仪、祭祀等活动。陶器类型学基础上发展起来的考古学文化区、系、类型理论及文化因素分析法是几十年来指导中国考古实践和研究的重要方法。本研究充分将这三种方法结合起来。

聚落形态考古是本课题宏观与微观研究的重要方法。在中国地域范围内，尤其中原地区有着十分丰富的宏观的区域系统调查材料和微观的聚落考古发掘材料，对这些材料反映的信息仔细分析可以勾勒出早期都邑遗址的核心区、控制区、文化交汇区及非控制区等不同的地理空间。遗址的空间分布和聚落层级分析能够辨识出文化交流的通道和交流通道中的重要枢纽站点。值得注意的是，利用这些研究方法时以器物为主的考古学文化的界定和人类社会控制地区之间并非完全对应，应该明白文化层次反映的空间影响往往要大于政治层次中的政治统治领域。[1] 综合利用聚落考古的大数据信息，墓葬、重要居住址反映的信息，并结合自然地理，可以弥补研究的缺陷。具体而言，可以分为以下三个层次的研究：第一，中原地区都邑聚落内交通网络的初步探索。以都邑内聚落布局与结构的研究为依据，考察都邑聚落内宫殿区、墓葬区、宗教祭祀区、手工业作坊区、普通人居住区等不同功能分区的道路，如二里头宫城内道路与外围"井"字形道路。[2] 考察都邑聚落内不同功能分区之间沟通的道路，如新石器晚期陶寺都城宫殿区与下层贵族区之间的通道，晋南资源控制性城址垣曲商城宫殿与西城门之间大道等。第二，中原地区内与周边聚落之间的道路网络。考察都邑周边聚落对都邑中心的各类资源供应关系，同时考察都邑中心对周边聚落的控制关系。就中国聚落考古而言，从仰韶文化中期开始逐渐表现

---

[1] Clarke, David, *Anlytical Archaeology*, London: Methuen, Ian Hodder, 1968; Ian Hodder, *Simple Correlationg between Material and Society: A review*, in the Spatial organization of culture, Pittsburg: university of Pittsburg Press, 1978.

[2] 许宏、陈国梁、赵海涛：《二里头遗址聚落形态的初步考察》，《考古》2004年第11期。

出上述中心与周边的关系，进入龙山时期都邑对半径10千米内的聚落控制关系明显，对于次中心的控制也明显，二里头文化、二里岗文化及西周时期都邑对周边次中心的控制半径明显扩大。[1] 而都城与次中心以及近处聚落的控制关系离不开道路的选择。换言之，这也是对同一考古学文化内交通道路的考察。第三，同时期不同地区间的道路网络。考察中原地区与周边区域不同文化间的交通道路。如中原腹地的洛阳盆地与晋南地区之间存在多条道路，而二者之间至少从龙山时期开始就存在聚落群明显沿道路呈"条带状"密集分布的空间特点。聚落形态宏观分布的时空特点是考察的重点。与此同时，利用聚落考古研究方法解析考古材料，可以知道考古学文化在社会复杂化进程中的位置，也能知晓交通网络在整个社会组织中的作用，进而探讨其在早期国家形成中的作用。而本书重点关注的是后两个层次的研究。

考古学文化区系类型理论是探索早期交通路径的方法之一。某一考古学文化从诞生、发展到壮大，在地理上通常表现为由起源地向周围地区的扩散。所以，周围地区的遗址在文化分期上通常要晚于中心区，而且会受到边缘地区它系文化的影响。根据这一原理，我们可以对某一考古学文化的遗址分布进行考察，如果在某一考古学文化分布范围以内的各次级小区域之间文化内涵存在早晚关系（即处于不同的分期），我们就可以推断文化内涵较晚的区域是在总体上有相同文化内涵、且又是相对较早区域的影响与传播下形成的。一旦确定了区域之间的早晚关系，我们就找到了文化扩散与传播的方向性；与此同时，从较早区域到较晚区域的传播与扩散，多是经由一定的地理通道来实现的。这样，结合地理环境我们也就找到了考古学文化在一定方向上扩散与传播的通道。

考古学文化因素方法可以用来研究一种考古学文化的传播和扩张，利用一种考古学文化中典型因素的传播，可以勾画出这种考古学文化传播的方向和路径，这样交流的地理通道也就跃然纸上。而且这种方法可以具体到某个考古学文化的某一期，还能对双向交流的路径有所探讨，下七垣文化南下路径的研究[2]就是对这一方法的典型应用。需要明确的是，这一方

---

[1] 高江涛：《中原地区文明化进程的考古学观察》，社会科学文献出版社2008年版；王青：《豫西北地区龙山文化聚落的控制网络与模式》，《考古》2011年第1期。

[2] 王立新、胡保华：《试论下七垣文化的南下》，《考古学研究（八）》，科学出版社2011年版，第79—193页。

法要充分利用聚落考古方面遗址、文化分布的大数据研究背景，并结合历史地理学科关于古地貌、河流复原研究的成果，否则纠结于细微的陶器特征，很可能会失之偏颇。

历史地理学科的研究方法同等重要，甚至是首要的和基础的。历史时期尤其先秦时期河道、气候的复原研究的成果是基础，必须充分重视这些最新研究成果。对于历史时期交通道路和城市选址之间的关系，辛德勇先生曾指出一个城邑的对外交通道路中可以划分为"控制性道路"和"随机性道路"两种，所谓"随机性道路"是指那些受自然条件的限制很小，从而会随着政治、经济、军事各项社会因素的变化而变化的道路；"控制性道路"则严格受制于自然条件，稳定性甚强，从而对人文和经济地理布局起着控制作用。① 他举例指出，长安附近交通网络中主要道路有四条，即函谷道、武关道、渭北道和蒲关道，前三条是控制性道路，蒲关道就是随机性道路。② 由于中国地貌发生的重大变化在唐以后逐渐增大，近代尤为剧烈，龙山时代至汉晋时期的变迁并不是十分剧烈，特别是自然地理方面。因而辛德勇先生的这种认识对于本书研究的时段同样适用。而且对于早期都邑遗址的控制性道路的考察可能还是首要的。

与此同时，汉晋以前自然地理相对稳定的情况，使得汉晋及之前的文献中对于先秦交通地理的研究的重要性不可小觑。如《尚书》《左传》《史记》《汉书》《后汉书》《水经》等文献中有关河流、山川、古城邑等地理情况的载述。这些丰富的地理文献对于早期都邑的"控制性道路"的研究尤其重要。另外，甲骨文、金文以及战国简帛等出土文献中对于交通道路、军事要点、水系运输等的记载也是研究中的重要资料。

田野考察方法，在对相关地理文献、考古材料都熟悉的基础上，对于交通通道山川地势的实际考察也是很有必要的，尤其在考察中要结合景观考古学的方法。景观考古强调实地的考察和体验，通过这种切身体验来理解景观的意义。这种实地考察，不仅仅是自然地貌、河流山川地形的考察，还有更深入的，比如考察古人对于居住址的选择，还要综合考虑当地气候、风向、交通等因素。当然，其选择策略还可能和生业经济形态、资

---

① 辛德勇：《长安城兴起与发展的交通基础——汉唐长安交通地理研究之四》，《中国历史地理论丛》1989年第2期。

② 辛德勇：《长安城兴起与发展的交通基础——汉唐长安交通地理研究之四》，《中国历史地理论丛》1989年第2期。

源获取方式,甚至精神文化领域的因素等有一定关系,这就决定在同一区域不同的人群会有不同的居住址的选择。同处于洛阳盆地的二里头文化人群和偃师商城的人群在建筑朝向上截然不同,可能更多的是文化信仰不同导致的。陈胜前先生对白音长汗遗址的景观考古调查给了我们很好的实践。① 本研究中也将充分应用田野考察这种方法。

研究价值:

本项研究的创新点有:一、研究方法多学科结合,尤其对于早期交通地理研究运用了多种方法,对今后的研究或有抛砖引玉之功。二、对中原与周边地区间早期的交通通道的综合论证考述,是目前这个领域最全面、系统、深入的研究。三、从文化互动通道的角度探索中原地区社会复杂化及文明的形成与早期发展,扩展了有关中国文明起源和形成模式与动力的研究内容,是中国文明起源研究的新视角。四、文中有较多具体的观点创新,如早期文明的"资源通道""礼制之路",等等。

---

① 陈胜前:《思考考古学》,科学出版社2014年版,第234—238页。

# 第二章 中原与东方地区的文化互动与交流通道

以嵩山地带为核心的中原地区，经仰韶文化的发展与龙山时代的整合与激荡，在充分吸收、融合周边各文化精华的基础上，在龙山晚期周围地区的文化与社会相继衰落之时，中原地区的文明脱颖而出。二里头文化二期以后中原地区作为中国文明中心的地位开始确立，之后的商周时期中原地区强力地改变了周围地区的独立文明进程，形成了以中原为主体的华夏文明。在中华文明的形成过程中我们既看到了中原地区的积极主动，也看到了周边的影响和促进。

海岱地区东北两面环海，西南两面和中原地区及淮河流域相接。相对独立而又不完全封闭的地理区位加上优良的地理环境使这里成为中国早期文明起源的"多元"之重要"一元"。

中原和海岱地区在中华文明形成中始终有着密切的关系，二者地域邻近，两地区的文化交流很早出现且一直持续。而海岱地区相较其他地区又是最早纳入中国华夏文明一体化进程的地区。在以往对于两地交流的内容、历史背景研究的基础上，本章主要就文明形成的关键期阶段——龙山文化晚期至二里头文化时期中原地区和东方的交流通道概貌作一具体论述，并对交流通道的变迁、交流的内容及通道在中原地区文明形成的重要作用作综合研究。

本章所言的中原地区是狭义的中原文化区，和大中原地区的概念不同，具体来说，龙山文化晚期阶段主要是指王湾三期文化的分布地区，二里头文化时期主要是指二里头文化二里头类型的分布区。东方地区也是一个相对概念，主要是指同时期中原文化区以东的地区，以海岱文化区为主，也包含毗邻地区，如中原与海岱文化交汇的豫东地区等。但是值得注意的是，不同时期，文化强弱此消彼长，文化边界是动态变动的，尤其文化的边缘分布区（或曰文化交汇区）更是变化频繁。

# 第一节　中原与东方地区的地貌与河流水系

## 一　区域内的地貌概况和主要交通孔道

中原和东方地区由第二阶梯向第三阶梯的过渡区域及第三阶梯组成，整个区域西高东低。具体地貌包括豫西山地、黄淮下游冲积平原、鲁中丘陵和河口三角洲。其中豫西山地由秦岭东延的崤山、熊耳山、外方山和伏牛山组成，海拔多在 1000 米以上。崤山的余脉沿黄河向东延伸，即是邙山。熊耳山、外方山向东延续为丘陵，这些丘陵的海拔在 600 米—1000 米之间。嵩山是黄河流域与淮河流域的分水岭，伏牛山则属于黄河流域与长江流域的分水岭。发源于华山南麓陕西省蓝田县的洛河（古洛水）穿行于崤山、熊耳山之间，发源于熊耳山南麓栾川县的伊河（古伊水）蜿蜒流经熊耳山南麓，伏牛山北麓。伊河在进入洛阳盆地后在偃师汇入洛河形成伊洛河最终汇入黄河。这两条河流穿越山间谷地和黄河、淮河、长江等大河的支流构成古代中原和长江流域重要的水路网络。太行山耸立在黄土高原与华北平原之间，最高岭脊海拔 1500 米—2000 米，是黄河流域与海河流域的分水岭，也是华北平原地区一条重要的自然地理界线。[1] 太行山中多东西向横谷（陉），著名的"太行八陉"，即古代晋冀豫三省穿越太行山相互往来的八条咽喉通道，是三省边界的重要军事关隘所在之地。山西的许多条河流切穿太行山。自南而北有：沁河、丹河、漳河、滹沱河、唐河、桑干河等等，这些河流形成多条穿越太行山的峡谷，峡谷则是重要的交通孔道。

第三阶梯地势低平，绝大部分为海拔 100 米的平原地带，黄淮下游冲积平原由黄河和淮河冲积而成。包括豫东、鲁西、皖北、苏北等区域，是华北平原（黄淮海平原）的一部分。区域内除鲁中丘陵外，地势平缓，微向沿海倾斜。黄河冲积扇的顶端在沁河河口附近，海拔约 100 米，向东延展海拔逐渐降低。[2]

鲁中丘陵由沂山、鲁山和泰山组成，海拔 400 米—1000 米，山间分布有莱芜、新泰等大小不等的盆地平原。鲁中山区的汶河（古汶水）、淄河

---

[1] 黄河水利委员会黄河志总编辑室：《黄河志》卷二，《黄河流域综述》，河南人民出版社 1998 年版，第 64—65 页。

[2] 黄河水利委员会黄河志总编辑室：《黄河志》卷二，《黄河流域综述》，河南人民出版社 1998 年版，第 65 页。

（淄水）等水系形成的山间谷道成为沟通海岱南北的重要通道。

## 二 区域内两汉以前的河流水系

该区中东部黄淮平原的古河道研究一直广受关注，古代"四渎"的黄河、济水主要穿流其中，而淮水北侧的绝大多数支流也流过这个区域。由于黄河、济水的古今巨大变化，导致这个区域的水系古今悬殊，用沧海桑田形容这个地区最贴切之至。

全新世中期以前，黄河可能南流，而济水则是黄淮海平原的本土水系，它与南部平原的淮水构成了全新世之初的两大水系，也是从这个时期后，由于黄河水的袭夺，使平原南部形成了多条西北—东南的水道以及网络（如沙水、涣水），也使江淮之间沟通成为可能。[①] 岑仲勉先生曾用一张图揭示淮、济两大水系的关系，如下图2.1所示。需要说明的是，岑图有两点值得注意。其一，岑仲勉先生认为"济水分为南济和北济，实际就是东周以前黄河的正流"的说法有待商榷。其实进入全新世中期，即新石器时代以来，黄河下游河道主要在河北平原流过，就是下文谭其骧先生所言的三条河道。其二，原图认为这是东周以前的淮、济水系，这里的时间是不准确的。这个图更准确说是《水经注》时代的淮、济水系。

由此则不得不对济水的情况作进一步说明，济水的研究古今著述很多，多与黄河交叉一起。权威的文献记载是《尚书·禹贡》《水经》和《水经注》。《禹贡》载述简略："导沇水，东流为济，入于河，溢为荥；东出于陶丘北，又东至于菏，又东北，会于汶，又北，东入于海。"[②] 而北魏郦道元的《水经注》在对《水经》注释中用大量资料对原书进行了扩充，对水道涉及的山岭、城邑、关渡、人物、事件一一记载，论证水道位置详尽，内容丰富。《水经注》专门有"济水"篇，但是《水经注》中已经将济水的一段即由荥泽到巨野泽之间分为了南济和北济。所以近世史念海、张新斌等对济水进行专门研究的学者关于济水的流路都是在《水经注》的基础上对于南济和北济作了更细致的考察。[③] 然而成书于战国时代

---

[①] 张新斌等：《济水与河济文明》，河南人民出版社2007年版，第149—159页。

[②] （汉）孔安国传，（唐）孔颖达正义，黄怀信整理：《尚书正义》，上海古籍出版社2007年版，第225—226页。

[③] 史念海：《论济水和鸿沟》（上、中、下），《陕西师范大学学报》（哲学社会科学版）1982年第1、2、3期；张新斌等：《济水与河济文明》，河南人民出版社2007年版。

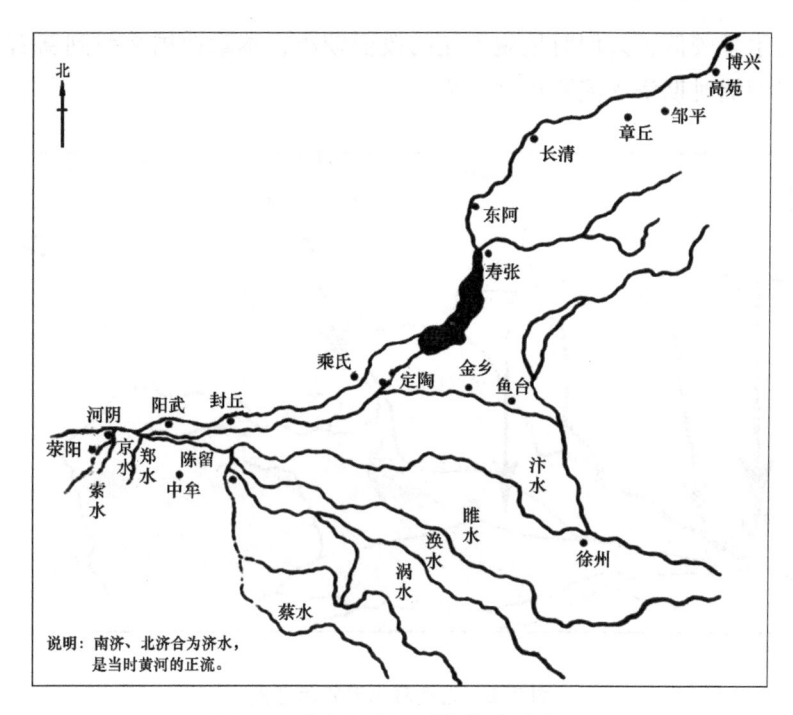

第二章　中原与东方地区的文化互动与交流通道　　　13

**图 2.1　《水经注》时代的淮济水系**

来源：岑仲勉：《黄河变迁史》，人民出版社1957年版。

的《禹贡》关于济水的载述里并无南济、北济，所以史念海先生和岑仲勉先生关于济水的南济、北济更准确地说是《水经注》时代的济水水系。

然而，先秦时期和史前的济水流路究竟如何呢？谭其骧先生主编的《中国历史地图集》（一），其中西周时全图已经出现济水的具体流向，并没有南济和北济水的区分。此外，对《禹贡》济水的具体流向蒙文通先生也有考证，和《中国历史地图集》相差不大。① 张新斌先生的研究也明确指出："由荥泽到巨野泽，其间的水道由一股而变成二股，这是汉魏时期的济水与先秦济水的区别。"他还具体指出了先秦济水的水道是由古荥泽东经阳武（今原阳）南、封丘县（今封丘西南）北、平丘县（今封丘东）南、济阳县（今兰考东北）北、冤句（今菏泽西南）、定陶县（今定陶区西北）南，并在乘氏县（今巨野西南）东北汇注巨野泽。② 由于西周之前

---

① 蒙文通：《古地甄微》，巴蜀书社1998年版，第44—56页。
② 张新斌等：《济水与河济文明》，河南人民出版社2007年版，第175、169页。

生产力水平较低，人们对地貌河流的改变较小，本章西周之前到新石器时代暂以西周时期济水流路代之（图2.2）。

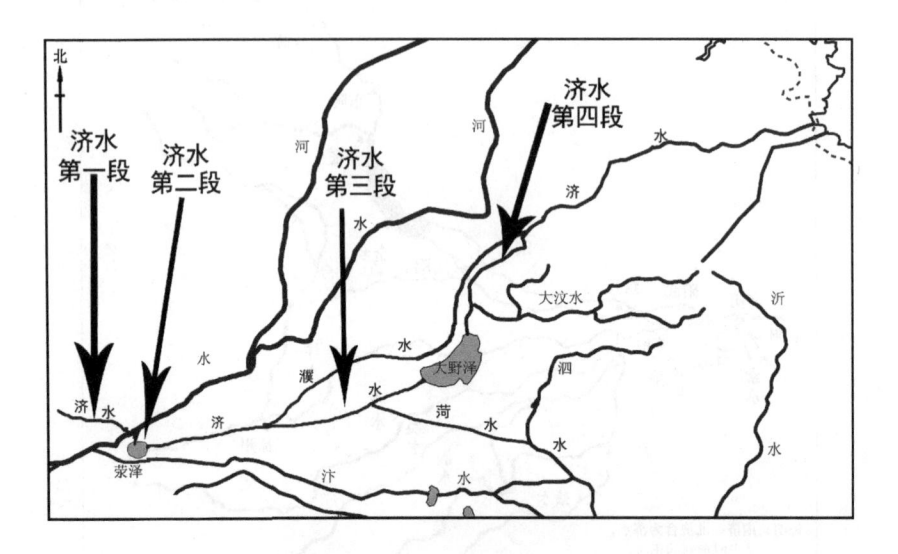

**图2.2 先秦济水流路示意图**

来源：据贾长宝《从大野泽到梁山泊——公元12世纪末以前一个黄河下游湖泊的演变史》，2019年，图1-5改制。

全新世中期后，南流的黄河可能改道北流，关于此学术界也有不少探讨，以王青先生等为代表。[①] 黄河北上流过太行山前，于是形成文献中《禹贡》河、《山经》河、《汉志》河。关于文献中记载的这三条河水谭其骧先生有详细考证，他指出《禹贡》河与《山经》河孰先孰后，尚不能作出判断，并对三条河的流路做了考证。即《禹贡》河与《山经》河自宿胥口北流，走《水经注》的"宿胥古渎"，至内黄会洹水，又北流走《汉志》的邺东"故大河"至曲周会漳水，又北流走《水经》漳水至今深州市南，二河相同；自此以下，《禹贡》河走《水经》漳水东北流经交河、青县至天津市东南入海，《山经》河北流走《汉志》滱水经高阳、安新折东经霸州市至天津市东北入海。《汉志》河离开太行山东麓，经豫东北、鲁西北，再东北流至黄骅市入海。直到战国中期，三条黄河古道在河北平

---

[①] 王青：《试论史前黄河下游的改道与古文化的发展》，《中原文物》1993年第4期；周述椿：《四千年前黄河北流改道与鲧禹治水考》，《中国历史地理论丛》1994年第1辑。

原曾长期同时存在，而以《汉志》大河为常见。战国中期后，下游河道两岸各个国家普遍建筑堤防，河道开始固定。① 三条黄河古道如图2.3所示。

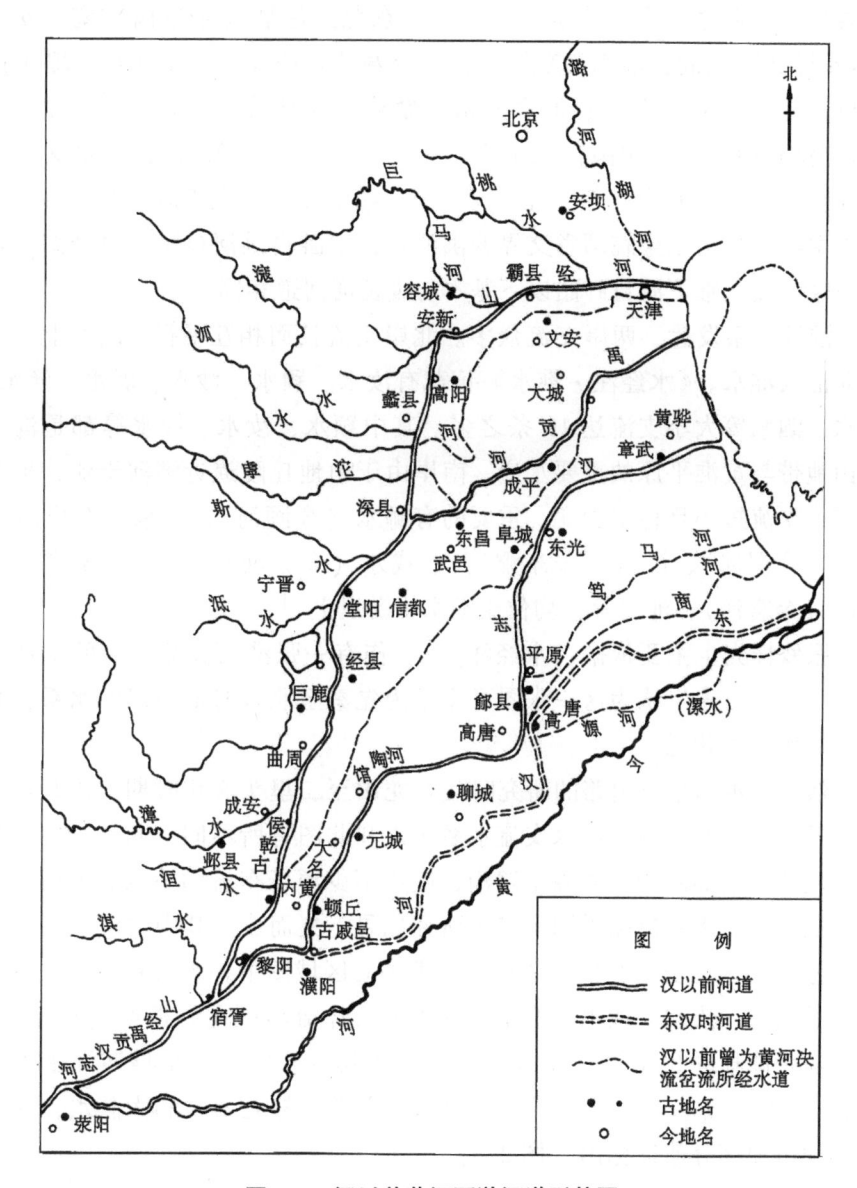

**图2.3　汉以前黄河下游河道形势图**

来源：谭其骧：《西汉以前的黄河下游河道》，《长水集》（下），人民出版社2009年版。

---

① 谭其骧：《长水集》（下），人民出版社2009年版，第57—86页。

前文已述，淮水和济水关系紧密，在宋以前属于独流入海的四渎之一。据《水经·淮水》与《淮水注》，淮水出桐柏山后，东经新息县（今息县）南、期思（今淮滨东南）北，又东北过原鹿（今阜南）南、安丰（今霍邱西）东北；淮水又东经寿春（今寿县）西北，当涂（今蚌埠西）、钟离（今凤阳东）县北；淮水又东经徐县（今泗洪南）南，又东经盱眙（今泗洪东南）县故城南，又东至广陵淮阳城（今泗阳南）；淮水又东北经淮阴（今清江西南）西、北，又东至广陵淮浦县，入于海。其上游自桐柏山主峰胎簪山至豫皖两省交界的洪河口，中游自洪河口至今洪泽湖，基本与今一致，唯下游自盱眙以下基本与废黄河河道相同。

淮河水系发达，两岸支流众多。北岸支流长而相互平行，均西北—东南向汇入淮水。《水经注·淮水》记载有汝水、颍水、沙水、涡水、涣水、睢水、泗水等大小支流达19条之多。其中颍水、汝水、沙水等都是沟通嵩山地带与黄淮平原的重要水道。南岸由于山地丘陵逼近淮河干流，平原狭窄，支流短小且稳定少变，重要的有浉水（今浉河）、决水（今史河）、沘水（今淠河）、淝水（今东淝河）、戎水（今汲河）、穷水（今沣河）、洛涧（今窑河）、池河等，均位于淮水中游以上。①

张修桂先生主要依据《水经注》，曾作有一张淮河独流入海的水系图（图2.4），张先生认为这一张图可概括为先秦至北宋时期淮河的水系，尤其左岸水系的状况。②

然而，本书东方道路的研究时代在龙山至二里头文化时期，这时鸿沟尚未开凿，因此这时的淮水支流水系应该和此图有所不同，尤其开封以东诸水发源不会如此图尽数源于鸿沟，应该不少源于东流的济水。因而，本书路线图中古水系流路采用了诸多研究成果汇集而成。其中古济水的流路是参考《中国历史地图集》中西周时期中心区域图中各水流路，淮水北岸支流的颍水、汝水、汳水、涣水、睢水的具体流路则主要根据《水经注》并参考张修桂先生考证。而朱继平博士在其专著中有一张早期淮水水系图，③ 今在其图基础上补上济水、汳水的上游，补充涣水和大濉水，并将重要地市和部分遗址标出（图2.5）。

---

① 张修桂：《中国历史地貌与古地图研究》，社会科学文献出版社2006年版，第357页。
② 张修桂：《中国历史地貌与古地图研究》，社会科学文献出版社2006年版，第355—359页。
③ 朱继平：《从淮夷族群到编户齐民——周代淮水流域族群冲突的地理学观察》，人民出版社2011年版，第17页。

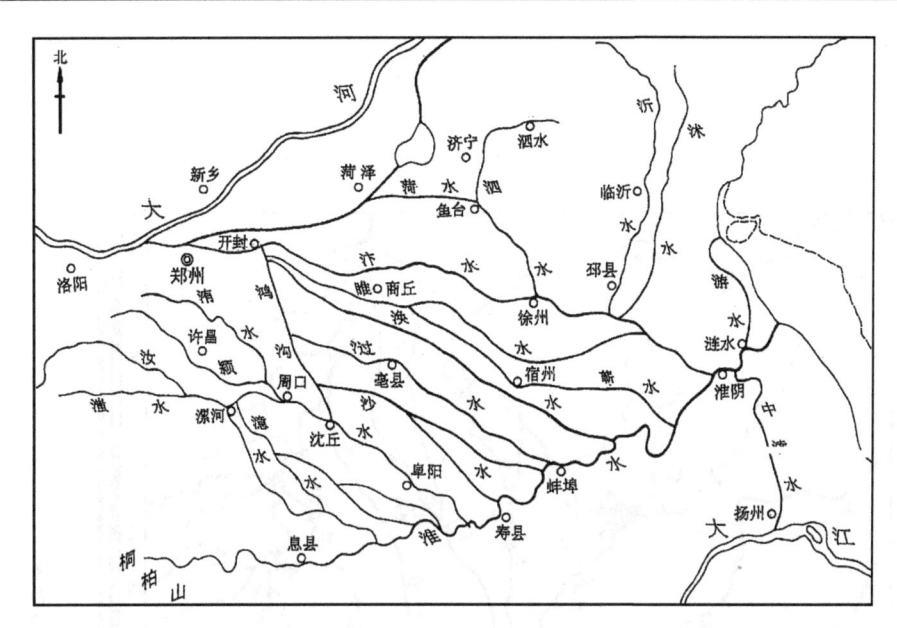

第二章　中原与东方地区的文化互动与交流通道　　　　　　　　　　17

图 2.4　战国至宋代 淮水水系图

来源：张修桂：《中国历史地貌与古地图研究》，社会科学文献出版社 2006 年版。

根据郦道元《水经注》并结合张修桂先生的研究，[①] 诸淮水北岸早期重要水系流路大致如下：

汝水：上游为北汝河，东流经襄城（今襄城县），右汇潕水（今沙河）、昆水（今灰河）、醴水（澧河），在今漯河分成两支：一支为其主流，南下在今西平右合瀙水（今洪河上游），又东南经上蔡，沿今南汝河经新蔡县南，东南流入淮水；另一支汊流在鲖阳（今临颍鲖城）西，左岸分出富水，东南流又分为润水（今润河）、谷水（今谷河），在今颍上县西南入淮水。

颍水：颍水河源同今（笔者按：今颍河发源于登封嵩山东麓），东南至西华附近，左汇洧水（今双洎河与大浪沟）、周口以南右汇大瀙水（自汝水分出），又东南至项县（今沈丘）北合沙水（蒗荡渠）支津，东南至细阳（今太和县）南，细水（今茨河）自西北注之，又东南经汝阴（阜阳）北，汝水支津古溵（此古溵自汝水分流大瀙水支出，东南流经今汾河与泉河至阜阳入淮水，当为汉晋时代汝水的另一分流，北魏时代已断流成古

---

[①] 张修桂：《中国历史地貌与古地图研究》，社会科学文献出版社 2006 年版，第 357—359 页。

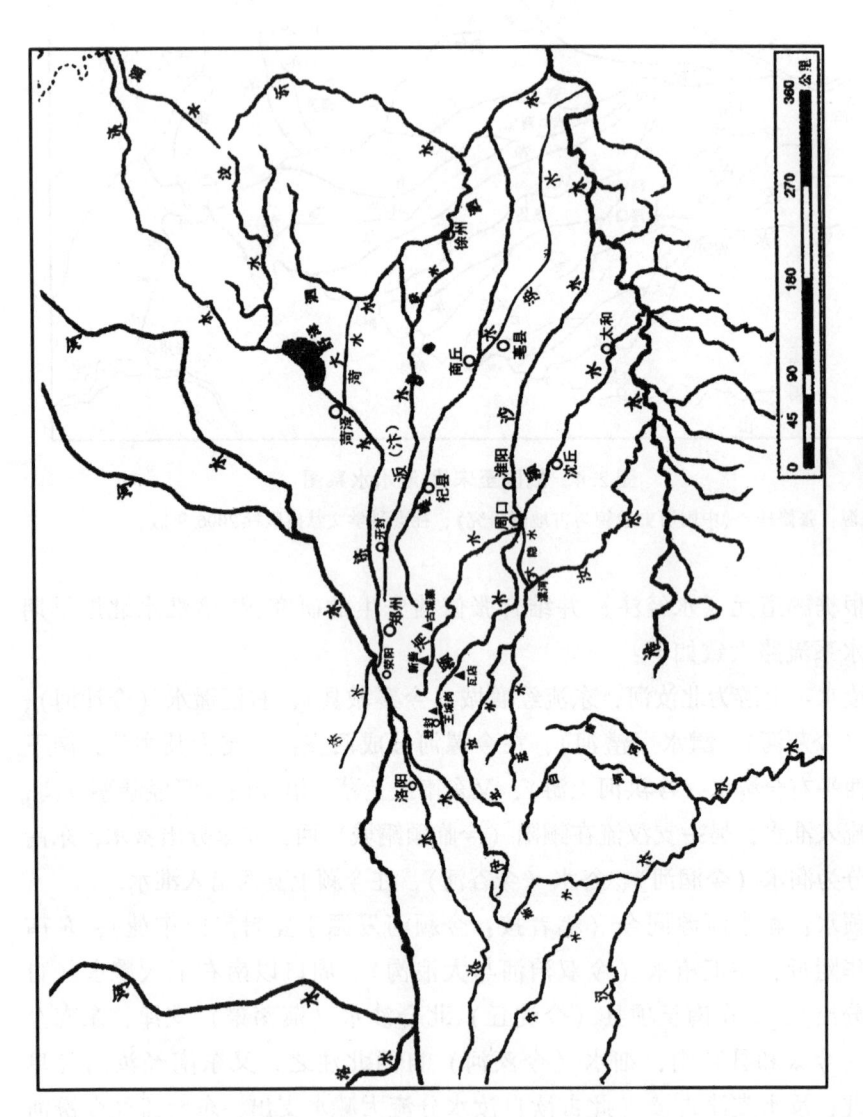

图 2.5 中原和东方区域早期水系

溹）汇入，在今正阳关北入淮水。

沙水：《汉书·地理志》称之为狼汤渠、蒗荡渠、鸿沟。源出黄河，应是黄河支津。至浚仪（今开封市）折南流，于项县（今沈丘）会颍水。《水经注》认为浚仪之南蒗荡渠为沙水，自北而南左岸分出睢水、涣水、涡水，至淮阳城东，分支津南入颍水，干流则折东流，经今鹿邑之南折分为三：其一细水（今茨河）南流入颍；其二夏肥水（今淝河）东南至凤台入淮水；其三沙水干流又东经涡阳（今蒙城）沿细水至荆山（今怀远县城）入淮水。

涣水：《水经注》涣水出沙水，经陈留（今开封陈留镇）北，雍丘（今杞县）南，又东南至亳县（今亳州市）东北，沿今浍河至虹县（今五河县西北）入淮水。

睢水：《水经注》谓陈留（今开封陈留镇）西北出沙水，东南流经雍丘（今杞县）之北，又东南至淮阳（今商丘市）南，栗县（今夏邑）北，又东南至竹邑城（符离集）南，折东流之睢陵（睢宁）北，下县（宿迁西）南，东注泗水入淮水。

汳水：即宋以后的汴水。《水经注》认为乃蒗荡渠的分流水道，又是泗水徐州河段入汇支流。自大梁（今开封）分蒗荡渠东出，经小黄（今开封东）、外黄（今民权）之南，蒙县（今商丘）之北；又东称为获水，东南至萧县（今县西北）南，东至徐州之北入泗水。

## 第二节 龙山文化晚期中原和东方地区的互动交流

### 一 中原和东方地区龙山文化晚期的考古学文化

龙山文化晚期以洛阳盆地为核心的中原地区主要分布着王湾三期文化，该文化是以河南洛阳王湾遗址第三期遗存为代表的一类文化遗存。[1] 长期以来学术界一般将其作为河南龙山文化的一个地方类型，严文明先生则首次使用了"王湾三期文化"这一名称。[2] 后来李伯谦和董琦两位先生先后明确提出王湾三期文化应当是独立的考古学文化。[3] 韩建业、杨新改两位先生则根

---

[1] 北京大学考古文博学院：《洛阳王湾》，北京大学出版社2002年版。
[2] 严文明：《龙山文化和龙山时代》，《文物》1981年第6期。
[3] 李伯谦：《论造律台类型》，《文物》1983年第4期；董琦：《虞夏时期的中原》，科学出版社2000年版，第18—36页。

据20世纪90年代中期之前的材料对于王湾三期文化做了系统研究。① 十年之后靳松安先生利用新材料也对之进行了研究。② 上述学者关于该文化的来源、性质等认识基本一致，只是在具体的分期、分型等方面各有自己的看法。他们都将王湾三期文化独立为一种考古学文化，认为主要来源于当地龙山文化前期（靳松安先生具体指出是大河村五期文化和庙底沟二期文化），接受了来自东方的大汶口文化及南方的屈家岭文化的因素，和后冈二期文化、造律台文化、三里桥文化、陶寺文化一样，都是在一定区域内经过较长发展时期、彼此间又有诸多联系的几个独立的亲属文化，都属于中原龙山文化系统。关于具体分型，煤山类型和王湾类型是多数学者都认可的，针对豫南、鄂北地区董琦先生认为可独立为南山咀类型，靳松安先生则细分出乱石滩和杨庄二期两个类型。但是对于王湾三期文化还有一些不同认识，有学者对王湾遗址王湾三期遗存详细分析后认识到这类遗存的特殊性，其确实包含大量豫西三里桥文化因素，认为应当属于三里桥类型或三里桥文化。③ 同时，煤山类型也有学者认为应该独立为煤山文化。④ 总之，对于王湾三期文化的这些不同认识，笔者认为很有积极意义，尤其王湾遗址王湾遗存能否作为整个"王湾三期文化"的代表性遗址，如果不用这个遗址，根据考古学文化命名原则，哪个更合适，在没有更好遗址名称代替之前本书仍采用王湾三期文化的称法。王湾三期文化遗址发现较多，主要分布如图2.6。

王湾三期文化的东部及东南部毗邻的区域是豫东地区，这个区域的考古学文化李伯谦先生将其独立为造律台文化，⑤ 栾丰实先生称之为"龙山文化王油坊类型"，认为属于海岱龙山文化的一个地方类型，⑥ 而以靳松安先生为代表则认为可以称为造律台文化，但是性质属于中原地区文化。⑦ 本书认可以造律台文化命名这类遗存，但认为不必纠结其性质。近年笔者关注于区域文化

---

① 韩建业、杨新改：《王湾三期文化研究》，《考古学报》1997年第1期。
② 靳松安：《王湾三期文化的南渐及其相关问题》，《中原文物》2010年第1期。
③ 北京大学考古文博学院：《洛阳王湾》，北京大学出版社2002年版，第196页；段天璟：《龙山时代晚期嵩山以西地区遗存的性质——从王湾遗址第三期遗存谈起》，《中原文物》2013年第6期。
④ 冰白：《从龙山晚期的中原态势看二里头文化的形成——兼谈对早期夏文化的若干认识》，《中国考古学的跨世纪反思》下册，商务印书馆1999年版，第289—302页。
⑤ 李伯谦：《论造律台类型》，《文物》1983年第4期。
⑥ 栾丰实：《王油坊类型初论》，《海岱地区考古研究》，山东大学出版社1997年版，第283—300页。
⑦ 靳松安：《河洛与海岱地区考古学文化的交流与融合》，科学出版社2006年版。

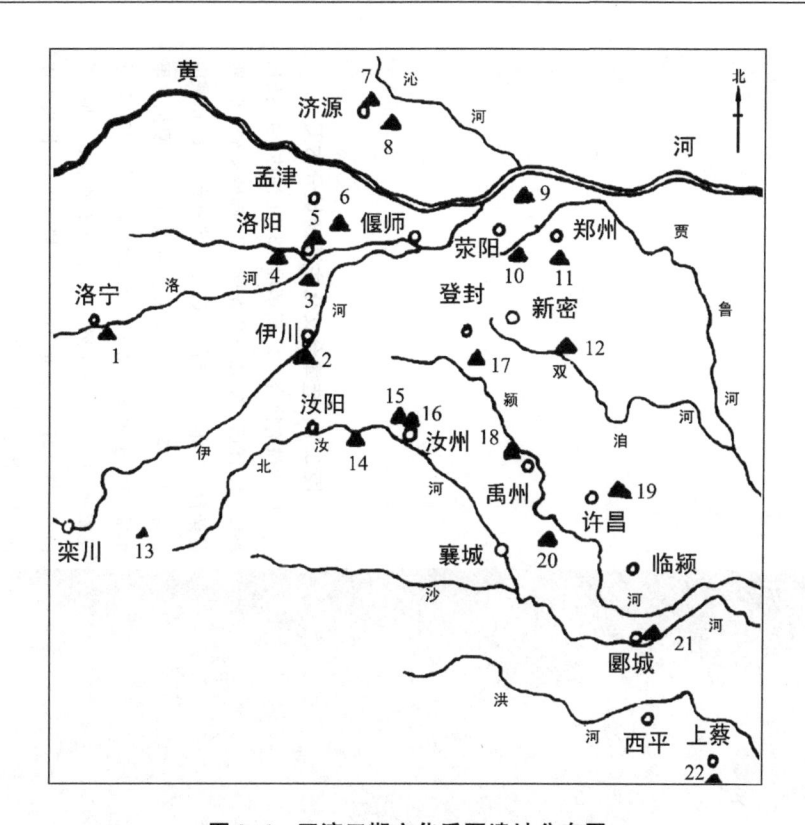

第二章　中原与东方地区的文化互动与交流通道　　21

**图 2.6　王湾三期文化重要遗址分布图**

来源：韩建业等：《王湾三期文化研究》，《考古学报》1997 年第 1 期。

1—12. 郑洛区：禄地、白元、锉李、王湾、西旨庙、小潘沟、庙街、苗店、点军台、马庄、站马屯、新砦

13—22. 汝颍区：合峪、李楼、北刘庄、煤山、王城岗、瓦店、丁庄、台王、郝家台、十里铺

互动的研究，文化交汇区的文化性质较为复杂，尤其当交汇区的几方势力势均力敌时，很难说清究竟是何种性质的考古学文化，其背后的人群并不单纯。为行文方便，暂以造律台文化称之。造律台文化分布较集中，东北不越古济水。西北大致在兰考、开封一带，西至杞县、淮阳、沈丘一线，南至沈丘、蒙城一线，东线概不过京杭大运河。王湾三期文化东北毗邻的是后冈二期文化，后冈二期文化的分布主要集中于豫北冀中地区即漳河、卫河流域，龙山文化晚期阶段比早期分布范围扩大。造律台文化主要遗址分布如图 2.7。

图 2.7 造律台文化主要遗址分布图

1. 永城造律台 2. 黑堌堆 3. 王油坊 4. 商丘坞墙 5. 潘庙 6. 睢县周龙岗 7. 郸城段寨 8. 鹿邑栾台 9. 淮阳平粮台 10. 沈丘乳香台 11. 柘城山台寺 12. 虞城马庄 13. 夏邑清凉山 14. 夏邑三里堌堆 15. 安徽亳州傅庄 16. 蒙城尉迟寺 17. 萧县花家寺 18. 曹县莘冢集 19. 菏泽安邱堌堆 20. 梁山青堌堆 21. 杞县鹿台岗 22. 段岗 23. 民权牛牧岗 24. 李岗 25. 吴岗

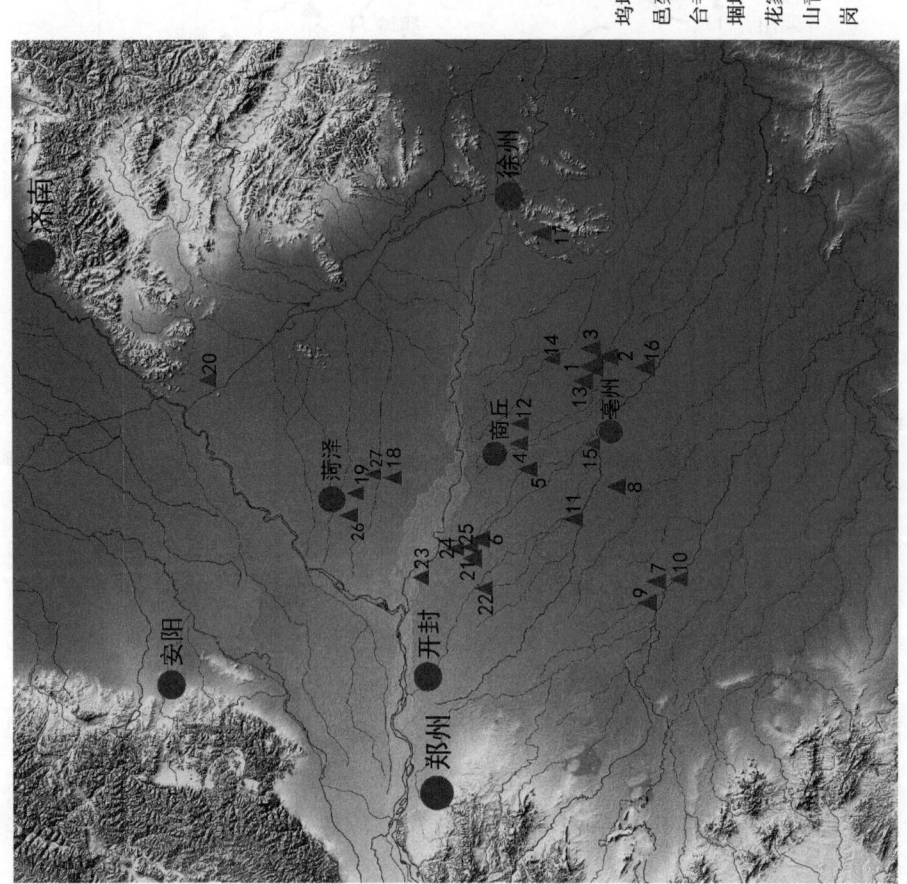

## 二 考古学材料反映的两地交通路线

洛阳盆地东出虎牢关到郑州再向东至开封,然后再东经定陶、平阴并达泰山以北地区,这条东西大道仰韶时期可能已经存在了,沿线众多先秦时期遗址的发现(很多遗址下文会一一叙述)是重要证明。东周时期文献中诸多战争、朝聘、会盟等也可证明。① 近年孙亚冰博士主要利用甲骨文,并结合一定考古材料对于商代交通有专门研究,她指出卜辞帝辛十祀征伐夷方所走的路线应是商王与淮夷之间的主要交通干道,并对各个具体地名进行了考证。② 还有不少学者利用青铜器铭文对于西周时期的东征、涉及的军事战争路线等问题进行了讨论,这些对于理清西周时期中原和东方地区的交通道路具有重要意义。笔者近年尝试主要从考古学材料出发,利用聚落考古的成果并与实地考察相结合也对早期中原和东方地区及东方内部齐鲁间的交通进行了一些探索。③

其实除了东西陆路大道,龙山文化晚期中原和东方地区的交流通道主要有两条水路,根据方位不同大致可区分为南线和北线。史前时代古人很早就已经掌握建造舟船的技术,在距今 8000 年的浙江萧山跨湖桥遗址已经出土了独木舟的实物,在距今约 7000 年的河姆渡和距今约 5000 年的钱山漾遗址都曾发现木楫。④ 而信阳博物馆现展览有一商代独木舟,独木舟长 9.28 米,最宽处 0.78 米,高 0.60 米,该独木舟被认为是目前发现的商代及以前最大的独木舟。⑤ 距今约 4300 年的龙山时代晚期,古人利用舟船行驶来往各地应是驾轻就熟了。水路交通应该是这一时期最重要的交通路线。还需特别说明的是,言说是水路,其实是以水路为主,兼有陆路。即使到了隋唐时期,很多水路运输也是因地制宜,水陆相辅的。

---

① 史念海:《春秋以前的交通道路》,《中国历史地理论丛》1990 年第 3 辑;史念海:《战国时期的交通道路》,《中国历史地理论丛》1991 年第 1 辑。
② 孙亚冰、林欢:《商代地理与方国》,中国社会科学出版社 2010 年版。
③ 庞小霞、高江涛:《晚商时期商文化东进通道初探》,《中原文物》2009 年第 5 期;庞小霞:《先秦时期齐鲁交通的考古学观察》,《管子学刊》2018 年第 3 期。
④ 蒋乐平等:《跨湖桥遗址发现中国最早的独木舟》,《中国文物报》2003 年 3 月 21 日;河姆渡遗址考古队:《浙江河姆渡遗址第二期发掘的主要收获》,《文物》1980 年第 5 期;浙江省文物管理委员会:《吴兴钱山漾遗址第一、二次发掘报告》,《考古学报》1960 年第 2 期。
⑤ 吴既:《新时代下文物保管、陈列、教育的博弈——以信阳博物馆馆藏商代独木舟为例》,《中国博物馆协会博物馆学专业委员会 2016 年"博物馆的社会价值研究"学术研讨会论文集》,中国书店 2017 年版。

具体而言，路线之一：南线，主要是王湾三期文化煤山类型向外传播的线路（见图 2.8）。主要利用古汝水上游、古颍水、洧水、沙水等水道，其中北汝水上游在今漯河市也可东南行，经大濄水汇入颍水，这样煤山类型众多遗址通过上述水系向东到达造律台文化分布的周口、沈丘、郸城一带，从这一带再向东、东北即可进入海岱地区。

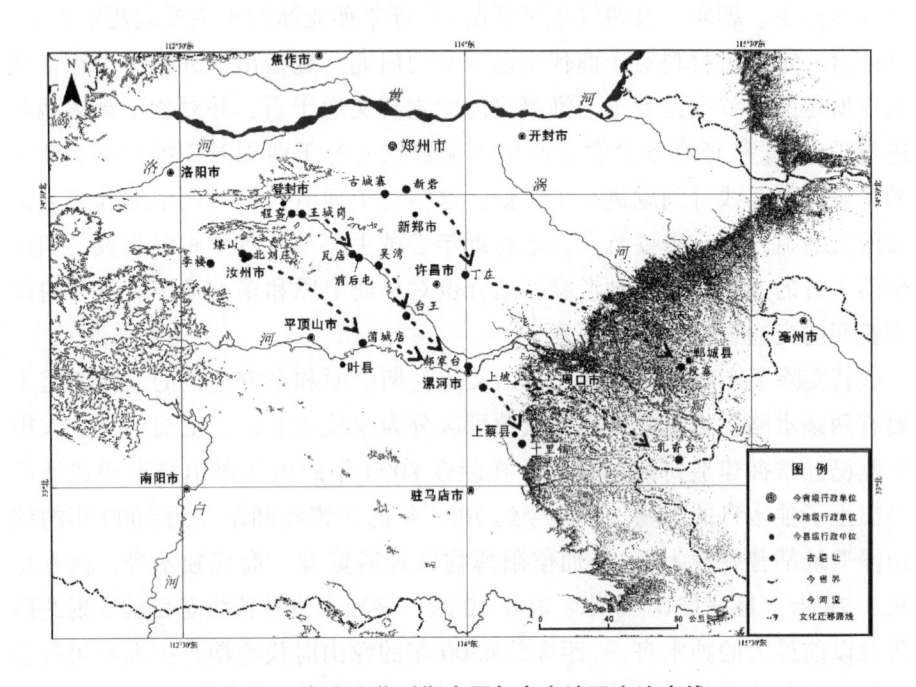

图 2.8  龙山文化时期中原与东方地区交流南线

其实早在大汶口文化时期，大汶口文化从东向西挺进中原的路线基本也是通过这些河流水系来实现。从中原地区含有大汶口文化因素的遗址的分布可以看出大汶口文化在中原地区具体扩张的路线（图 2.9）。同时中原和江淮、太湖地区的互动交流，中原到淮水的这一南线正是其中交流线路的一段，在本书第四章中原和太湖的互动交流中也有涉及。

路线之二：北线，主要是王湾三期文化的王湾类型向外传播的线路，东出虎牢关—郑州—中牟再向东南至开封杞县，再沿睢水、涣水、汳水（宋以后的汴水）到达豫东柘城、夏邑、永城乃至皖北涡阳、蒙城一带。或者利用古济水的水路，从郑州就沿着济水东行，进入济南、章丘等整个泰山以北地区，此外，济水经由菏水贯通泗水从而进入泰山以南的汶泗流

第二章　中原与东方地区的文化互动与交流通道　　25

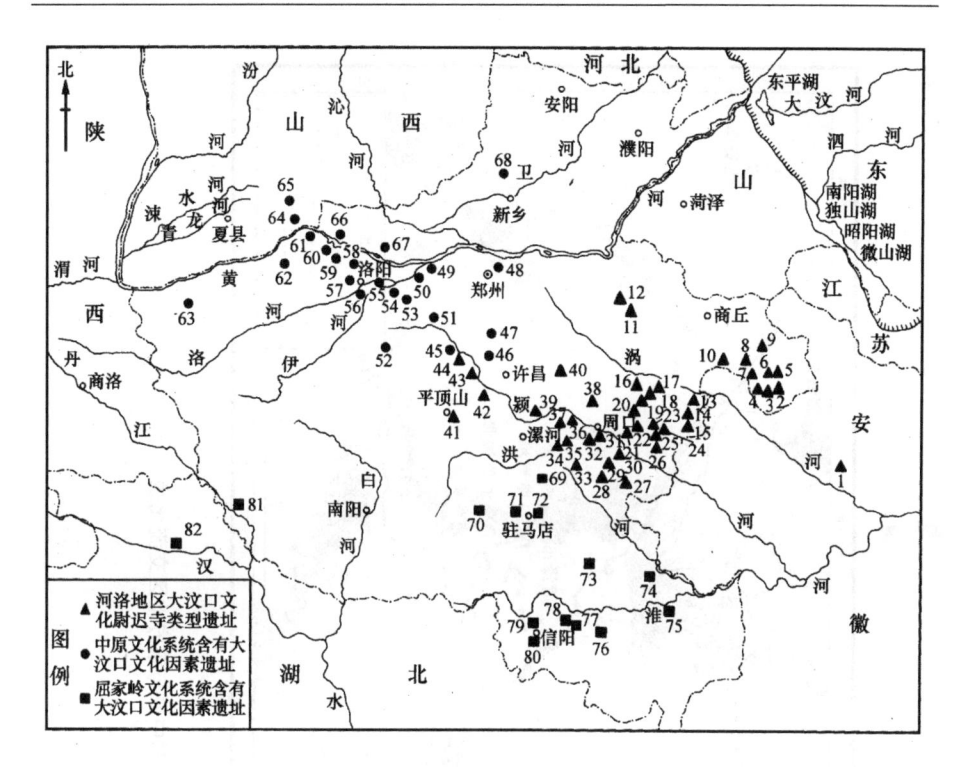

**图 2.9　中原地区含有大汶口文化因素的遗址分布示意图**

来源：靳松安：《河洛与海岱地区考古学文化的交流与融合》，科学出版社 2006 年版，图 5 - 32，第 184 页。

域及整个鲁东南地区。豫东皖北今周口和亳州是造律台文化的分布区，目前来看无论从空间分布还是文化因素的具体分析都表明，造律台文化是王湾三期文化和典型海岱龙山文化之间交流的中间过渡地带或曰中介，北线和南线到达豫东、皖北和苏北后进而越过淮水再南下就和长江流域发生联系（图 2.10）。

　　前文已经对早期中国中原和东方地区的地貌、水系有了大致了解，结合今天遗址的分布和古今政区地理演变，我们可以大致看出这一交流通道的概貌。实际古济水和古淮水北岸的各主要支流应是沟通两地的重要水路交通线，我们发现目前王湾三期文化和造律台文化的遗址几乎无一不是分布在这些水系或其支流附近的台地。

　　古颍水、汝水及其支流是沟通中原颍汝上游地区和海岱沂水、泗水流域的南线。王湾三期文化的主要遗址登封王城岗，位于今颍河和五渡河交

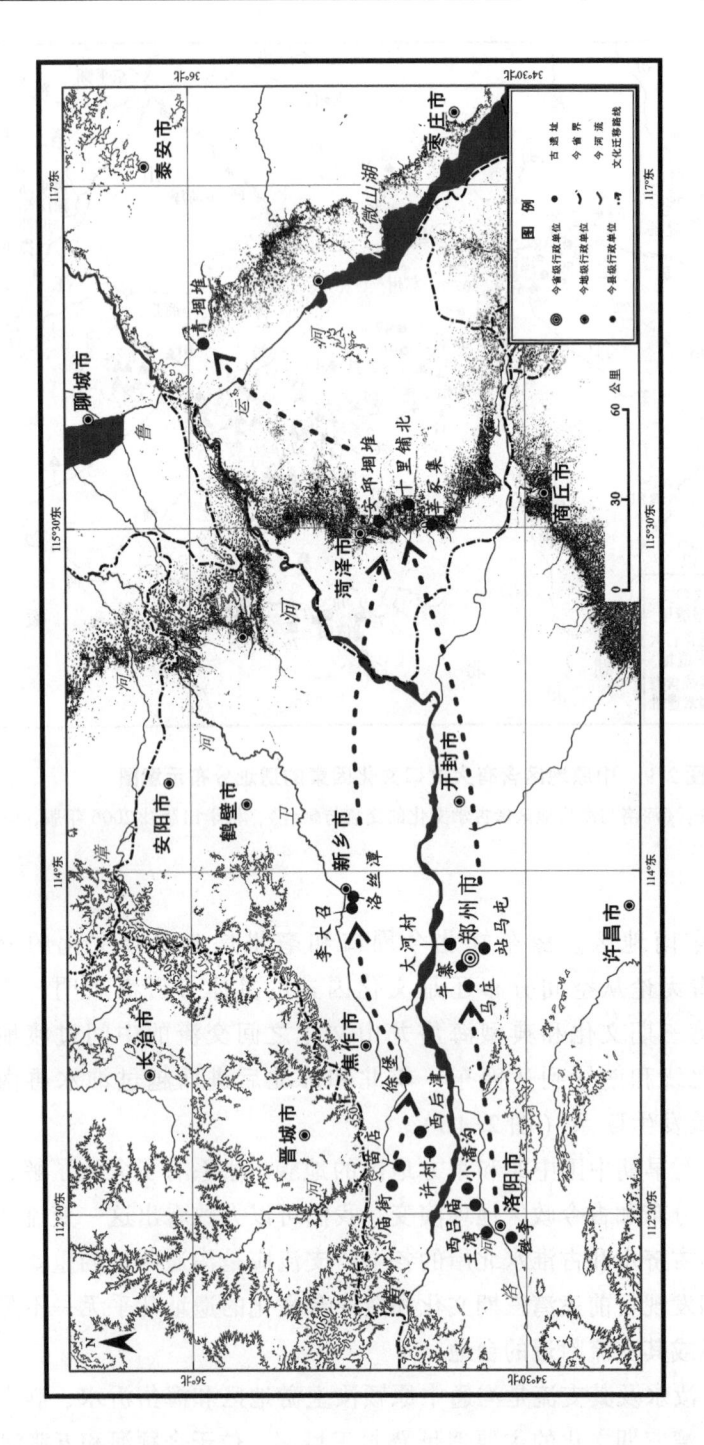

图 2.10 龙山文化时期中原与东方地区交流北线

汇的台地上。①《水经注》有"颍水又东，五渡水注之"②，可见古时颍水与五渡水也是交汇的，交汇之地郭守敬认为就是阳城县东南今登封县城东南③（图2.11）。王城岗大城的北城壕保存较好，长约620米，与遗址断崖下的五渡河相通，而西城壕仅发现西北角，推测通向南边断崖下的颍河。根据地理信息系统研究，一般河流在山区丘陵地带古今变迁较小，所以此处我们倾向认为王城岗遗址所在的今颍河和五渡河就是古颍水上游及其支流五渡水。这个遗址发现了目前河南境内最大的龙山文化晚期城址，城址内发现有祭祀坑、大面积的夯土基址、高规格器物白陶器等无一

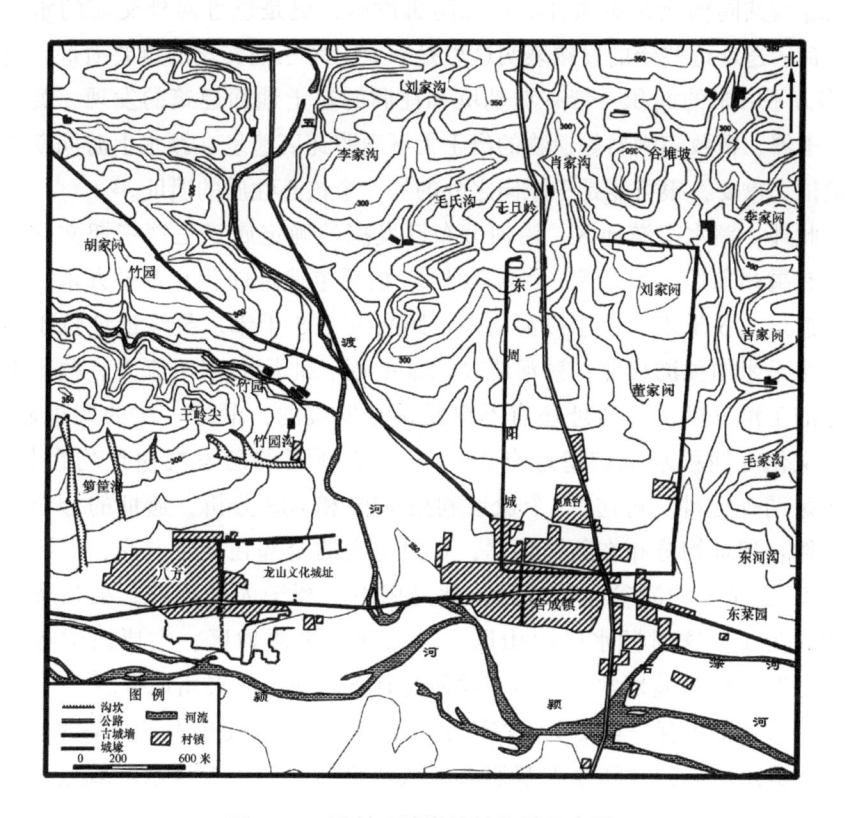

**图2.11 登封王城岗遗址位置示意图**

来源：《登封王城岗考古发现与研究（2002～2005）》（上），2007年，第25页。

---

① 北京大学考古文博学院、河南省文物考古研究所：《登封王城岗考古发现与研究（2002～2005）》，大象出版社2007年版。
② 郦道元注，杨守敬、熊会贞疏：《水经注疏》，江苏古籍出版社1989年版，第1804页。
③ 郦道元注，杨守敬、熊会贞疏：《水经注疏》，江苏古籍出版社1989年版，第1805页。

不说明该遗址的重要地位。王城岗遗址所在地区正是王湾三期文化分布的核心区，这个遗址又是王湾三期文化在颍河地区的聚落中心，甚至可能是禹都阳城所在，所以这个遗址的主要居住者正是中原文化的典型代表者。这里是通向东方的交流通道的起点部分。

颍水上游登封境内已发掘的遗址还有登封程窑遗址，[①] 遗址的三、四层属于王湾三期文化遗存。这个遗址紧邻颍水支流书院河，南距颍水也不远，处于两河夹角的高台地上，遗址中的居民出行利用颍水显然是很方便的。

颍水下行从禹州瓦店遗址的西北向东南方向流过，颍水和西边、南边的人工壕沟共同构成瓦店遗址的环壕防御设施，更是遗址对外交流的水上通道。瓦店遗址近些年的发掘表明这里是一处王湾三期文化的重要遗址，现存20多万平方米的面积，带有奠基坑和柱洞的夯土地面建筑的发现，黄牛卜骨、玉器、精致陶酒器等遗物的出土无不表明瓦店遗址在颍水上游同期遗址中地位之重要，很可能是王城岗之外的另一个核心性质的遗址。[②]

此外，颍水上游地区，沿河分布已发掘的确定属于王湾三期文化的遗址还有禹州前后屯遗址[③]、吴湾遗址[④]，前后屯遗址面积6万平方米，西距瓦店遗址2.5千米，位于颍河南岸，距颍河0.5千米。吴湾遗址位于禹州市东7千米的吴湾村北，颍河绕过遗址的西、北折向东南流去。颍水上游地区的王湾三期文化遗址还有不少是调查发现的，最近一次的调查显示，龙山文化晚期颍水上游遗址有25个，上文所言的已发掘遗址均在其中，其余是调查材料。对这25个遗址利用GPS和GIS分析，遗址的分布有一定规律：遗址均分布在颍河两岸，登封境内的全部在河之北岸，且距离河1千米—3千米的河谷狭长地带，此乃阳坡，利于人类生存。禹州境内以河南岸为主，这时颍水已出山区，进入开阔平原地区，主要以地势来选择。同时，这些遗址常常分布在颍河及其支流交汇的夹角地带。[⑤]

颍水上游还有一重要支流古洧水（今双洎河），其在周口西部的西华县西汇入颍水主流，这和今天双洎河汇入贾鲁河不同。古洧水流域也是王湾

---

[①] 赵会军、曾晓敏：《河南登封程窑遗址试掘简报》，《中原文物》1982年第2期。

[②] 河南省文物考古研究所：《禹州瓦店》，世界图书出版公司北京公司2004年版。

[③] 山东大学考古与博物馆学系等：《河南禹州市前后屯遗址龙山文化遗存发掘简报》，《考古》2015年第4期。

[④] 河南省文物研究所等：《禹县吴湾遗址试掘简报》，《中原文物》1988年第4期。

[⑤] 河南省文物研究所等：《河南颍河上游考古调查中运用GPS与GIS的初步报告》，《华夏考古》1998年第1期。

三期文化的重要分布区，而且遗址的分布规律和颍水上游相似，均分布于河流的两岸，这一区域重要的遗址有新密新砦、古城寨，这两个遗址是这个流域的核心聚落遗址。新砦遗址位于新密市东南部，距离县城25千米，双洎河古道从遗址 A 区断崖下流过，发现龙山文化、新砦文化、二里头文化三个时期的大型环壕及大型浅穴式建筑基址，出土玉凿、红铜容器等高规格遗物以及与二里头遗址出土的铜牌饰纹相类似的兽面纹、雕刻精细的夔龙纹。[1] 这些重要发现凸显了其重要性，结合遗址的年代，有学者将其与夏启之都联系起来。[2] 无论如何这个城址应属于该流域的一个聚落中心是不容置疑的。古城寨遗址位于新密市溱水河（古溱水，属于古洧水的支流）旁，尚有东南北三面城墙高耸于地面，西墙被溱水冲毁，城内外新石器时代遗存面积达270万平方米，在城内发现与城墙同期的王湾三期文化的大型夯土基址 F1，此基址面积383.4平方米，内可分成7个单间，带有回廊。[3] 古城寨遗址高耸的城墙和大型夯土基址的发现表明这里也是该地区的中心聚落遗址。此外，该区域经发掘的黄寨遗址也属于这个时期。[4]

　　颍水下行进入许地，今许昌市区以东目前仅许昌市丁庄遗址发现有龙山文化遗存，但是文化面貌由于试掘面积小，并不清晰。[5] 而再往东进入周口市区以东区域则明确发现较多造律台文化遗址，有意思的是，造律台文化遗址几乎也都分布在颍水及其支流的附近。淮阳平粮台位于颍水支流蔡河旁，今蔡河即战国时的鸿沟，《汉书》中的蒗荡渠，《水经注》中的古沙水，其南流至沈丘注入颍水，早在新石器时代这里也一定有水系连通，鸿沟的开凿正是在原先断续的河流、洼地连接形成的。平粮台城址平面形状为正方形，城内长宽各185米，城内面积约3.4万平方米；加上城墙宽度，则城址总面积约5万多平方米；若包括外侧城壕，长宽大致各310米，面积近10万平方米。2014—2019年度进一步揭露和确证了平粮台龙山城址的正方形形状与

---

[1] 北京大学震旦古代文明研究中心：《新密新砦：1999～2000年田野考古发掘报告》，文物出版社2008年版。
[2] 北京大学震旦古代文明研究中心：《新密新砦：1999～2000年田野考古发掘报告》，文物出版社2008年版。
[3] 河南省文物考古研究所等：《河南新密市古城寨龙山文化城址发掘简报》，《华夏考古》2002年第2期。
[4] 河南省文物研究所：《河南密县黄寨遗址的发掘》，《华夏考古》1993年第3期。
[5] 中国社会科学院考古研究所河南一队：《河南许昌丁庄遗址试掘》，《考古》1986年第3期。

对称城门结构；发掘并复原了城内的"中轴线"布局、完备的排水系统；发现了中国最早的"双轮"车辙；并出土完整的祭祀黄牛、黄牛卜骨、玉冠饰残片及刻兽面纹的陶器等一系列反映多元文化影响的高等级遗物，显然这里是豫东地区龙山时代区域中心。① 沈丘乳香台遗址②位于汾泉河（古汝水的一个分流支津）附近。郸城段寨遗址③附近尚未发现旧的河道，其整体看属于战国鸿沟水系流经区域（图2.12）。

**图2.12 平粮台城址布局图**

来源：曹艳朋：《河南淮阳平粮台城址》，《中国考古学年鉴（2020）》，中国社会科学出版社2021年版。

汝水是龙山文化晚期沟通中原和海岱水路南线的重要组成部分。汝水流域今漯河以西上游地区目前发现较多王湾三期文化的典型遗址，主要有

---

① 河南省文物研究所等：《河南淮阳平粮台龙山文化城址试掘简报》，《文物》1983年第3期；曹艳朋：《河南淮阳平粮台城址》，《中国考古学年鉴（2020）》，中国社会科学出版社2021年版，第184—185页；河南省文物考古研究院等：《河南淮阳平粮台遗址2018年度发掘简报》，《华夏考古》2019年第4期。
② 河南省文物研究所等：《河南乳香台遗址的发掘》，《华夏考古》1990年第4期。
③ 曹桂岑：《郸城段寨遗址试掘》，《中原文物》1981年第3期。

汝州煤山①、北刘庄②、李楼③、平顶山蒲城店④、襄城台王⑤、郾城郝家台⑥、西平上坡⑦、上蔡十里堡⑧等，遗址分布规律同于颍水上游，均分布于汝水或其支流附近河旁台地上。其中郾城郝家台和平顶山蒲城店均发现了王湾三期文化的城址，遗址规模较大，应属于这一流域的两个核心聚落遗址。王湾三期文化煤山类型的几个核心遗址都在汝水的上游，其经大澧水在周口汇入颍水，则也可抵达造律台文化分布范围。

　　王湾类型遗址在中原地区的分布有三个小区：其一是伊洛流域；其二是黄河以北的沁水流域；其三是郑州市区。郑洛地区的王湾类型向东至开封杞县再向东南达周口、皖北等造律台文化的中心分布区，这成为和海岱地区交流的北线，豫东杞县及其以东以北一带成为中原和海岱地区交流的交汇地区。龙山文化晚期，段岗遗址以西地区分布着王湾三期文化，以东逐渐为造律台文化势力所控制。⑨目前分布于北线文化交汇区的遗址主要有杞县鹿台岗和段岗⑩、睢县周龙岗⑪等，近年在民权牛牧岗、李岗、吴岗等遗址也发现龙山文化遗存⑫。这些遗址的龙山文化呈现出复杂面貌，主要以造律台文化为主，还有王湾三期、后冈二期等文化因素，个别还有典型山东龙山文化及豫南龙山文化因素。其中鹿台岗遗址最为典型，其在龙山文化晚期早中晚三阶段曾被不同文化占据，是一个被诸多势力拉锯争夺的遗址。⑬开封市、

---

①　洛阳博物馆：《河南临汝煤山遗址调查与试掘》，《考古》1975年第5期；中国社会科学院考古所河南二队：《河南临汝煤山遗址发掘报告》，《考古学报》1982年第4期；河南省文物研究所：《临汝煤山遗址1987—1988年发掘报告》，《华夏考古》1991年第3期。
②　河南省文物研究所：《河南临汝北刘庄遗址发掘报告》，《华夏考古》1990年第2期。
③　中国社会科学院考古研究所河南一队：《河南汝州李楼遗址的发掘》，《考古学报》1994年第1期。
④　河南省文物考古研究所等：《河南平顶山蒲城店遗址发掘简报》，《文物》2008年第5期。
⑤　河南省文物研究所：《襄城县台王遗址试掘简报》，《中原文物》1988年第1期。
⑥　河南省文物研究所等：《郾城郝家台遗址的发掘》，《华夏考古》1992年第3期。
⑦　河南省文物考古研究所等：《河南西平县上坡遗址发掘简报》，《考古》2004年第4期。
⑧　河南省驻马店地区文管会：《河南上蔡十里铺新石器时代遗址》，《考古学集刊》（3），中国社会科学出版社1983年版。
⑨　魏兴涛：《试论豫东西部地区龙山时代文化遗存》，《华夏考古》1995年第1期。
⑩　郑州大学文博学院：《豫东杞县发掘报告》，科学出版社2000年版。
⑪　中国社会科学院考古研究所河南二队等：《1977年豫东考古纪要》，《考古》1981年第5期；郑州大学历史学院考古系：《豫东商丘地区考古调查简报》，《华夏考古》2005年第2期。
⑫　郑州大学历史学院考古系：《民权牛牧岗与豫东考古》，科学出版社2014年版。
⑬　详细文化因素分析参见魏兴涛《试论豫东西部地区龙山时代文化遗存》，《华夏考古》1995年第1期。

杞县向东和东南与造律台文化的交流，涣水、睢水、汳水等古水系起到了主要的沟通作用。目前发现的众多造律台文化遗址几乎均分布于上述古水及其支流的近旁。北线郑洛地区至开封杞县的交通路线陆路很好理解，大概即今天的310国道，这条公路位置在古莆田泽北，比现今郑汴间铁路更接近先秦以前的交通路线。需要特别说明的是，这一时期郑汴之间交通可能仍存在水路，尽管战国时代的鸿沟水系这时尚未开通，但是汳水在沟通郑汴间交通可能起着一定作用，尤其莆田泽在郑汴间交通中起到重要的调控作用，① 这一部分水路也正是下文北线利用济水作为水路交通的起始部分。

北线中利用古济水沟通中原和海岱的交通路线在《尚书·禹贡》中有记载，其中由兖州、青州到达中原的贡道，其实就是古代的水路交通，其曰："济、河惟兖州，九河既道，雷夏既泽，灉、沮会同。……厥贡漆丝，厥篚织文。浮于济、漯，达于河。海岱惟青州：嵎夷既略，潍、淄其道。……浮于汶，达于济。"② 此外，关于济水东流的情况《禹贡》还有叙述，其曰："导沇水，东流为济，入于河，溢为荥；东出于陶丘北，又东至于菏，又东北，会于汶，又北，东入于海。"③ 从《禹贡》的描述，结合当时自然地理情况，可知海岱地区的兖州经古济水可西至古黄河，青州地区则经古汶水可进入济水，而汶水汇入济水的地方大致在巨野泽东南。

史前遗址的分布总是位于大河及支流等水源附近，这既便于人们日常用水，同时这些水流也是古人最便捷的交通线。中原和东方地区交流的南线及北线中水路路线正是由这样一些史前遗址贯穿起来的。同理，如果我们能在文献中所言的古济水两岸附近发现众多史前遗址，也就能进一步证明史前时期济水已经成为沟通中原和东方地区交通的重要水道了。古济水出荥泽，大致流经今荥阳、郑州北一带，这个区域邻近济水的王湾三期文化遗址主要有荥阳竖河、荥阳点军台④、郑州马庄⑤、旭旮王⑥、

---

① 王琳：《金元以前郑汴间交通路线考》，《郑州大学学报》（哲学社会科学版）2010年第6期。
② （汉）孔安国传，（唐）孔颖达正义，黄怀信整理：《尚书正义》卷六，上海古籍出版社2007年版，第198—203页。
③ （汉）孔安国传，（唐）孔颖达正义，黄怀信整理：《尚书正义》卷六，上海古籍出版社2007年版，第225—226页。
④ 郑州市博物馆：《荥阳点军台遗址1980年发掘报告》，《中原文物》1982年第4期。
⑤ 郑州市博物馆等：《郑州马庄龙山文化遗址发掘简报》，《中原文物》1982年第4期。
⑥ 河南省文化局文物工作队第一队：《郑州旭旮王村遗址发掘报告》，《考古学报》1958年第3期。

第二章　中原与东方地区的文化互动与交流通道　　33

牛砦①、阎庄②、站马屯③、西山村④、大河村⑤、郑州东赵⑥等。

济水再下行进入今新乡境内的原阳、封丘，属于这个时期且位于济水附近区域的遗址有新乡李大召遗址⑦、新乡洛丝潭⑧，其文化性质已属于后冈二期文化，是中原和北方地区互动交流的关键点之一。这一区域属于黄泛区，目前在沿黄河和古济水北岸的封丘、原阳发现古遗址较少，而济水南岸的中牟、开封发现的遗址也很少，龙山时代遗址主要发现于中牟以南的尉氏及开封市东南的杞县等地。

济水东行至济阳县北（今兰考县）一带，该地区均属于黄泛区，遗址埋于地下十余米，多年来开封地区发现和做工作的龙山和夏商时期遗址主要分布于开封市区南部、东南部的尉氏、杞县等豫东岗丘上，这一区域其实正是北线交流通道中的一个重要据点，是中原和东方地区文化交流的边缘交汇区。今天郑州至豫东南周口的交通也是这一线路，大概由郑州至开封市后南经杞县、睢县进而至柘城、鹿邑等地。总之，这一段济水沿岸几乎没有史前遗址发现，这应该和这一地区后世黄河泛滥，考古工作难做有关，同时先秦时期这一地区正是黄河、济水并流的地区，即使有居民生活应该也是选择一些地势较高的岗、丘、堌堆来定居，这也是整个豫东地区龙山至夏商时期遗址均普遍分布于岗丘之上的原因。今天我们还能在豫东兰考县黄河大堤以北的乡镇中看到一个重要的房屋建筑现象：房子都是建在很高的高台上，这些台子的选择首先是地势本来就相对较高，此外台子都经过人工堆土夯筑，一般高6米—8米，还有的周边砌砖包裹，主要目的就是防洪。

济水再东行进入今山东曹县、定陶后有不少古遗址发现，这里已属于

---

① 河南省文化局文物工作队：《郑州牛砦龙山文化遗址发掘报告》，《考古学报》1958年第4期。
② 郑州市博物馆：《郑州阎庄龙山文化遗址发掘简报》，《中原文物》1983年第4期。
③ 河南省文物研究所等：《郑州市站马屯遗址发掘报告》，《华夏考古》1987年第2期。
④ 刘东亚：《郑州市西山村新石器时代遗址调查简报》，《中原文物》1986年第2期。
⑤ 郑州市文物考古研究所：《郑州市大河村》，科学出版社2001年版。
⑥ 郑州市文物考古研究院等：《郑州市高新区东赵遗址小城发掘简报》，《考古》2021年第5期。
⑦ 郑州大学历史学院考古系：《新乡李大召》，科学出版社2006年版。
⑧ 新乡地区文管会等：《河南新乡县洛丝潭遗址试掘简报》，《考古》1985年第2期。

造律台文化的分布范围。其中安丘堌堆①、梁山青堌堆②、曹县莘冢集③、定陶十里铺北④、菏泽青邱堌堆⑤、孙大园堌堆⑥等遗址已经发掘，其余调查遗址以及发掘未经发表资料的遗址还有很多。⑦

济水出巨野泽后东北流经寿张县与汶水交汇，而后流经平阴、长清，这段大致为今黄河所占用，济南市以下则流经今黄河以南，与小清河一样东入于海，但并非小清河。这个区域目前分布的遗址均属于典型山东龙山文化遗址。

需要特别指出的是，济水从东至西流经中原和海岱地区的过程中有许多支流汇入，比较重要的是濮水、汶水、菏水。濮水流经区域龙山晚期时段正是后冈二期文化分布的重要区域，汶水则是典型山东龙山文化重要分布区。菏水则是沟通济水和泗水进而沟通长江下游和中原地区的重要水道。《禹贡》关于这段贡道也有详细载述："海、岱及淮惟徐州：淮、沂其乂，蒙、羽其艺，大野既潴，东原底平。……厥贡惟土五色，羽畎夏翟，峄阳孤桐，泗滨浮磬，淮夷珠暨鱼。厥篚纤缟。浮于淮、泗，达于菏。"尤其需要特别说明的是，菏水多认为是春秋时期吴王夫差所开的一条人工运河，目前我们尚无法证实这条河道在西周以前就存在。在本书研究的龙山和二里头文化时期，水路至此地后或经由一段陆路至古泗水再南达淮水。

### 三 交流通道的特征和交流内容

古今交通线虽不尽相同，但是总有一些共同的特征，现代我们称为交通线上的枢纽，交通线串起来的城市群，古代其实就是交通线串起来的聚落群

---

① 北京大学考古系商周组：《菏泽安邱堌堆遗址发掘简报》，《文物》1987年第11期。
② 中国科学院考古研究所山东发掘队：《山东梁山青堌堆发掘简报》，《考古》1962年第1期。
③ 菏泽地区文物工作队：《山东曹县莘冢集遗址试掘简报》，《考古》1980年第5期。
④ 山东省文物考古研究所：《定陶十里铺北先秦时期堌堆遗址》，《中国考古学年鉴（2015）》，中国社会科学出版社2016年版；高明奎：《山东定陶十里铺北遗址发掘重要收获》，《中国文物报》2016年2月26日。
⑤ 陈雪香等：《菏泽市牡丹区青邱堌堆龙山文化至清代遗址》，《中国考古学年鉴（2019）》，中国社会科学出版社2021年版；陈雪香等：《山东菏泽青邱堌堆遗址》，《大众考古》2021年第10期；陈雪香等：《菏泽市青邱堌堆遗址》，《中国考古学年鉴（2022）》，中国社会科学出版社2023年版。
⑥ 孙启锐等：《菏泽市牡丹区孙大园堌堆新石器时代至汉代遗址》，《中国考古学年鉴（2021）》，中国社会科学出版社2022年版，第325页；孙启锐：《菏泽市孙大园堌堆遗址》，《中国考古学年鉴（2022）》，中国社会科学出版社2023年版。
⑦ 郑玉民：《菏泽市现存大汶口及龙山文化遗址》，《史前文明与菏泽历史文化研究论集》，黑龙江人民出版社2013年版，第50—59页。

及交通线上的关键点。龙山文化晚期海岱和中原地区交流通道的北线明显具有这样的特征：即在北线通道上有两组聚落群和一个关键点。济水出荥泽后流经的第一个大的城邑就是古代管邑（今郑州市），龙山时代、二里头时代遗址主要分布于今郑州市的中西部区域，由于古今城市叠压，郑州市区及西郊尚未发现高等级的龙山文化时期遗址，近年东赵遗址发掘，本书认为小城属于龙山文化时期城址。虎牢关以东广武山以西的这个区域是北线第一处龙山时期聚落群集中的地域。沿古济水东行，在大野泽东边，还有一个较为密集的龙山文化聚落群，并且有数个龙山城址发现。这个区域其实就是景阳冈类型分布范围。① 也有学者将其归入龙山文化城子崖类型，结合鲁西北的考古发现，笔者更赞同单独称其为景阳冈类型。景阳冈城址平面近似长方形，包括城墙在内面积38万平方米，北、西、南各发现一个城门，城址内部发现5个台地。② 在古济水东岸、大野泽、雷夏泽以北地区今阳谷县、梁山县一带形成以景阳冈遗址为中心的聚落群，周围控制皇姑冢、王家庄两座小城址及阳谷县黑堌堆遗址、黑土坑等遗址。③ 向东北以教场铺遗址为中心，形成另一个聚落群，在周边还分布数个次一级的龙山城址。教场铺遗址2001年以来有数次发掘。④ 学术界对于教场铺遗址是否存在城墙尚有争议，发掘者认为属于城墙，而栾丰实先生认为可能为环壕聚落，环壕内面积约4万平方米。⑤ 在教场铺遗址3千米左右范围内，其东北3千米处是茌平大尉龙山城址，其东南3千米是东阿王集龙山城；在教场铺东北6千米处是茌平乐平铺龙山城址，其东南6千米则是东阿前赵龙山文化城址。至于教场铺正北19千米的尚庄龙山文化城址暂不归属这个聚落群。⑥ 此外，这一聚落群中经发

---

① 张学海：《论龙山文化景阳岗类型》，《考古学研究（五）》，科学出版社2003年版。
② 山东省文物考古研究所等：《山东阳谷县景阳冈龙山文化调查与试掘》，《考古》1997年第5期。
③ 孙淮生、吴明新：《山东阳谷、东阿县古文化遗址调查》，《华夏考古》1996年第4期。
④ 中国社会科学院考古研究所山东队：《山东茌平教场铺遗址龙山文化城墙的发现与发掘》，《考古》2005年第1期。
⑤ 栾丰实：《黄河下游地区龙山文化城址的发现与早期国家的产生》，《栾丰实考古文集》，文物出版社2017年版，第716—725页。
⑥ 近年一些学者对于农耕社会和狩猎社会日常活动范围或曰资源域范围有一个大致的理论推测，即农耕定居社会以5千米或步行1小时为半径，狩猎采集社会以10千米或步行2小时为半径。以此标准尚庄和教场铺可能并不属于同一个聚落群。可参见王青《豫西北地区龙山文化聚落的控制网络与模式》，《考古》2011年第1期。

掘包含龙山文化晚期遗存的遗址还有茌平南陈庄遗址①、茌平李孝堂遗址②等。

北线济水作为沟通东西的交通线，其中最关键的一个点就是陶地。今山东菏泽的定陶区在秦汉时期的文献中又被称为陶、陶邑、陶丘等。尤其在《史记》中对陶的天下之中的地理位置有重要记载，卷四一《越王勾践世家》记载了当年范蠡"止于陶，以为此天下之中，交易有无之路通，为生可以致富矣……居无何，则致赀累巨万。天下称陶朱公"③。卷一二九《货殖列传》中也有相似的记载："朱公以陶为天下之中，诸侯四通，货物所交易也。乃治产积居。"④先秦时期陶地沟通四方的地理位置主要是因为这里正是连接古代四渎之三渎的关键所在，陶地正位于古济水和菏水交汇之地，济水西去在古荥泽、广武山附近与古黄河相沟通，菏水向南连接泗水进而沟通淮水。顺济水东行可入海，汶水和济水相通，顺济水经汶水则可至今天莱芜、新泰等鲁中山地。陶地北行渡过濮水进入古河济地区，再北行可达幽燕之地。因而定陶是东西南北四方水路交通的枢纽，在先秦时期其重要性不言而喻，对此蒙文通、史念海先生均有详细论述。⑤

北线还有一个特征是水路和陆路兼用。上述陶地在菏水开凿后主要是水路交通的枢纽，而在西周以前，这里向东南至泗水则可能利用的是陆路，因而济水、泗水、淮水之间的沟通在早期也是水路和陆路兼用。此外，杞县作为西部的王湾三期文化、北边的后冈二期文化及东边的造律台文化三种文化的交汇区，三种不同族群的力量在此拉锯争夺，在交通线路中也属于水路陆路的中转站，杞县当时的地形地貌不同于今天一望无际的豫东大平原，杞县以西以南是成片的较大平原并延伸至豫西的嵩山、外方山和豫南的伏牛山，杞县以东、以北地区则地势低下河网密布，这里有著名的大野泽、雷夏泽、菏泽、孟渚泽，睢水、涣水由西北向东南倾斜流去。杞县以东、以北地区的人们根据自然环境和地势选择较高的岗、丘而居，这就是豫东及豫北地区广泛存在于岗丘之上的"堌堆"遗址。所以东西交通在杞县以西地区有陆路也有水路，但是自杞县以

---

① 山东大学历史系考古专业等：《山东省茌平县南陈庄遗址发掘简报》，《考古》1985 年第 4 期。
② 陈昆麟等：《山东茌平县李孝堂遗址的调查》，《华夏考古》1997 年第 4 期。
③ 司马迁：《史记》卷四十一，中华书局 1982 年版，第 1752—1753 页。
④ 司马迁：《史记》卷一百二十九，中华书局 1982 年版，第 3257 页。
⑤ 史念海：《释〈史记·货殖列传〉所说的"陶为天下之中"兼论战国时代的经济都会》，《人文杂志》1958 年第 2 期；蒙文通：《蒙文通文集·古地甄微》（第四卷），巴蜀书社 1998 年版，第 12—13 页。

东最便利的只能是水路。这种状况在历史时期最为明显,无论是春秋战国至汉魏时期的邗沟水系还是唐宋时期兴盛无比的大运河水系都向我们昭示:中原地区和东部及东南地区的交通在杞县以东主要是水路交通。

南线的特征,一个体现在遗址分布上,颍汝流域众多遗址几乎均沿河分布,而且多在颍、汝水与其支流夹角交汇处形成大的遗址,这在颍、汝水的上游地区最为明显。豫东周口和皖北一带分布的造律台文化是中原王湾三期文化煤山类型和海岱地区龙山文化尹家城类型交流的媒介。这个中间的过渡地带自大汶口文化时期就一直是东西方文化交汇之地,其间的水系正是两地交流的重要交通线。另一重要特征是,颍汝二水同时还起到沟通南北交流的作用,这个时期石家河文化、乱石滩类型、肖家屋脊文化北上路线之一应该就是通过淮水的这些重要支流——颍水、汝水及其支流到达驻马店、漯河、周口、平顶山等中原地区的,甚至直接和中原腹地洛阳盆地的交流也是通过这些水系。目前来看颍汝水的上游和伊水上游是沟通相连的,登封南洼遗址、伊川白元遗址龙山晚期遗存和二里头文化遗存的发现充分证明了这一交通路线的存在。关于中原和南方地区的交流在第三章有详述,此不赘述。

龙山文化晚期海岱和中原地区文化交流主要体现在陶器方面,交流是双向的,而且以海岱地区对中原地区的影响为主,对此靳松安先生曾有详细分析。[①] 具体而言,龙山文化晚期中原地区王湾三期文化中东方海岱地区的龙山文化因素并不多见,但是处于中间媒介地带的后冈二期和造律台文化则受东方地区强烈影响。后冈二期文化中发现的海岱龙山文化因素较多,栾丰实先生曾有专文研究。[②] 主要体现在袋足鬶、鼎、子母口瓮、直口瓮、有领瓮、子母口罐、折盘豆、圈足盘、子母口盆、子母口盒、筒形杯、器盖等器物上。而造律台文化在龙山文化晚期这个阶段发现的海岱龙山文化因素有袋足鬶、子母口罐、子母口瓮、子母口盒、三瓦足盆、鼎、筒形杯和覆盘形器盖等。王湾三期文化中来自海岱地区的文化因素也有不少,对此靳松安先生详细指出了几类器物,如斜流袋足鬶、筒形单把杯、子母口罐、子母口盒、鼎、三足盆和圈足盆等。[③] 此外,中原地区王湾三

---

① 靳松安:《河洛与海岱地区考古学文化的交流与融合》,科学出版社2006年版,第164—169页。
② 栾丰实:《论城子崖类型与后冈类型的关系》,《考古》1994年第5期。
③ 靳松安:《河洛与海岱地区考古学文化的交流与融合》,科学出版社2006年版,第170页。

期文化晚期中发现的少量黑陶也是受海岱地区龙山文化的影响所致。

与此同时，中原地区对海岱地区也有一定输出，不过中原对海岱地区的影响较小，这种交流多体现在和中原地区距离较近的地区，具体即城子崖类型和尹家城类型中体现最明显。重要陶器类别有深腹罐、小口高领瓮、钵形圈足盘和罐形鬶等。海岱龙山文化遗址中灰陶、绳纹等在晚期逐步增加也是受到中原地区的影响。

此外值得注意的是，除了陶器这类普通的日常用品的交流之外，中原和海岱地区似乎还有贵重物品的交流。目前王湾三期文化中见到的来自东方海岱龙山文化的贵重物品主要是精美黑陶，如禹州瓦店遗址出土的精美黑陶觚形杯IT3H12∶11，以及和海岱地区鬶有密切关系的盉ⅡT5H28∶12等（图2.13）。海岱大汶口及龙山文化对于陶寺文化的那种深刻影响似乎不见于中原王湾三期文化中。当然，王湾三期文化还见到来自肖家屋脊文化的鹰首形玉笄。但是整体王湾三期文化中属于远距离的贵重物品不多，也或许核心中原区不再通过这种远距离交流贵重物品体现自己的尊贵，而是自有另一种体制、机制体现阶层之间的区别，关于此有待今后的深入思考和研究。

觚形杯 IT3H12∶11　　　　　盉ⅡT5H28∶12

图2.13　瓦店遗址中的海岱龙山文化因素陶器

而另一个值得深思的问题是：在龙山文化晚期这个风云变幻的大时代中，东边的龙山文化有临朐西朱封这样高级别的大墓，南边的石家河及随后的肖家屋脊文化则发现精美瑰丽的玉器、规模宏大的祭祀遗存，石峁更有气势震撼的北方石城、设计复杂的门道与瓮城、三阶石墙围成的皇城台等，这些遗迹遗物无一不宣示着各自文化所达的高度。而考察中原核心地区却是除了多座城址并无可资炫目的高规格遗存，但是高度发达的二里头青铜文明却是在中原地区崛起，这期间的过程究竟如何？为何周边繁华的文化最终衰落并淹没于历史长河？本地大中原地区的王湾三期文化、三里桥文化、后冈二期文化、造律台文化、陶寺文化和二里头文化是一种什么关系？西北方的齐家文化、石峁文化、南方的石家河和肖家屋脊文化、东方的典型龙山文化等在这个大时代中究竟扮演何种角色，他们和本地龙山文化及随后崛起的二里头文化之间有何千丝万缕的联系，是他们逐鹿中原被融合还是所谓中原之"家天下"本就是战国两汉人的建构？与此同时纵观近年新的田野发现，就早期夏文化来看，无论是陶寺说、河济说、齐家说、石峁说还是传统的中原说，都无法给出令人信服的完美解答。中原和周边四方在龙山文化晚期至二里头文化时期的互动交流是一个怎样的过程？这无疑是我们要关注的重点，本书在对中原和周边四方的互动交流考察之后，将在第七、八两章尝试对上述问题做出解读。

## 第三节 二里头文化时期中原和东方地区的互动交流

二里头文化时期中原地区的核心区是洛阳盆地，也是二里头文化二里头类型的核心分布区。东面包括郑州地区，北面到达沁河沿岸，西抵三门峡，南到南阳地区。① 值得注意的是，实际上这个分布范围主要是指二里头文化二三期最强盛期的分布，在最初的一期和之后的四期要比这个范围小很多。

二里头文化时期，海岱地区主要分布着岳石文化，海岱地区和中原地区之间的东北部是下七垣文化，在文化交汇区的豫东杞县、商丘一带则有二里头文化、岳石文化、下七垣三种文化交错其间。二里头文化、岳石文化、下七垣文化三者不仅在文化交汇区中呈现一定的文化交流，在下七垣文化及二里头文化的核心区还可以看到另两种文化的影响因素，表明三支

---

① 中国社会科学院考古研究所编：《中国考古学·夏商卷》，中国社会科学出版社2003年版，第90页。

文化的互动交流在一定时间段是活跃的。在探讨具体的交流路线之前首先对于中原和东方地区分布的考古学文化作一论述。

## 一 二里头文化时期区域内的考古学文化和分期

二里头文化遗存是 1953 年首先在河南省登封市玉村发现的,[①] 当时已经注意到其与安阳殷墟及郑州二里冈发现的商文化遗存不同。之后在洛阳的东干沟、郑州的洛达庙、偃师灰嘴等遗址陆续发现了同类遗存,还曾一度以郑州洛达庙为代表称为"洛达庙类型"或"洛达庙类型商文化"[②]。1959 年豫西调查和试掘发现了二里头遗址具有更丰富的二里头文化遗存,[③] 此后学术界主要以二里头遗址来命名这类遗存。而二里头遗址自发现以来的 60 多年来,一波又一波的重要发现也在不断地冲击我们的视觉和认知,带给我们对于早期中国、夏商文化、古史系统等课题的无尽探索和遐想。

关于二里头文化的特征及重要发现在此不再一一赘述。总之,这是一支主要分布于中原地区,活跃于公元前 2 千纪初期至中期的重要青铜文化。目前各地发现的二里头文化遗址有 200 余处,[④] 它的四至分布边界我们将在各个章节中分别详述,主要根据各地区文化面貌的差异,将二里头文化分为二里头、东下冯、牛角岗、杨庄、下王岗等几个类型。东下冯类型学术界不少学者认为可独立为东下冯文化,本书暂以类型处理。而下王岗类型,笔者参与整理了下王岗 2008—2010 年的最新发掘资料,对于南阳盆地、丹江流域的二里头文化已有专文发表,[⑤] 且在本书其他章节有所论述。

岳石文化是继山东龙山文化之后主要分布于海岱地区的一支考古学文化。岳石文化的文化内涵表现在诸多方面。目前已经发现了章丘城子崖[⑥]、

---

[①] 韩维周等:《河南登封县玉村古文化遗址概况》,《文物参考资料》1954 年第 6 期。
[②] 中国科学院考古研究所:《新中国的考古收获》,文物出版社 1961 年版,第 43—44 页。
[③] 中国科学院考古研究所洛阳发掘队:《1959 年河南偃师二里头试掘简报》,《考古》1961 年第 2 期。
[④] 15 年前编撰的《中国考古学·夏商卷》指出当时发现的二里头文化遗址有 250 余处,第二年李维明也指出有 200 多处,笔者十余年来一直编撰《中国考古学年鉴》,曾留心过新发现的二里头遗址,目前至少新增 30 余处,所以总数至少 280 余处。参见中国社会科学院考古研究所编《中国考古学·夏商卷》,中国社会科学出版社 2003 年版,第 86 页;李维明《夏文化分布态势量化与信息初现》,《东南文化》2004 年第 3 期。
[⑤] 庞小霞:《二里头文化下王岗类型及相关问题研究》,《考古》2021 年第 3 期。
[⑥] 张学海:《章丘县城子崖古城址》,《中国考古学年鉴(1991)》,文物出版社 1992 年版。

阳谷景阳岗[①]等岳石文化的城址，在桓台史家[②]、连云港的藤花落[③]则发现岳石文化的环壕。城墙采用了版筑技术，并以集束棍为夯具。岳石文化的房址有半地穴式、地面式、台基式三种。以地面式为主，多呈方形和长方形。灰坑的平面形状主要有圆形、椭圆形、长方形和不规则形等，而以前两种形状居多。在桓台史家还发现有专门的木构架坑，规模较大、结构奇特。[④] 岳石文化的墓葬发现较少，在许多重要的岳石文化遗址中均未发现，仅长岛大口遗址发现数座，且无任何随葬品。岳石文化的遗物主要有铜器、石器、骨角蚌器和陶器等。铜器发现不少，多为青铜小件工具，如铜镞、铜刀、铜锥等。表明岳石文化已进入早期青铜时代。石器数量多、种类全，以石镢和半月形石刀最富特色，是岳石文化所独有的器物。陶器分为夹砂和泥质两类，主要器类有：素面甗、尊形器、内带凸棱的浅盘豆、子母口鼓腹罐、子母口三足罐、蘑菇钮器盖、深腹罐、大平底盆、圆锥形足鼎、盒、舟形器、子母口瓮等。以甗、深腹罐为主要炊器。

岳石文化的年代约当二里头文化一期至中商三期。在个别地区，岳石文化的年代下限也许更晚。岳石文化的分布范围东至大海，南达江淮，西到鲁西南和豫东，北至辽东半岛的南端。由于周边考古学文化及自身文化的势力消长，不同时期岳石文化的分布范围不同。鼎盛时期，以今山东省境为主，西北以德州—聊城一线为界，西边和西南不过范县—长垣—兰考—杞县—太康—淮阳—项城—新蔡一线。南边大致以皖苏两省的太和—宿州—淮阴一线为界。

郑州地区特指嵩山以北，虎牢关以东，东到莆田泽，南不过双洎河，北不过济水、黄河，以今荥阳、郑州市为中心的低山丘陵和平原。这个地区我们称为近东地区，发现的二里头文化遗址较多，文化面貌和洛阳盆地的二里头类型十分接近，仍归属二里头类型。重要的遗址近年发现较多，

---

[①] 陈昆麟、孙淮生：《阳谷景阳岗龙山文化城址》，《中国考古学年鉴（1995）》，文物出版社1997年版；山东省文物考古研究所等：《山东阳谷县景阳岗龙山文化城址调查与试掘》，《考古》1997年第5期。

[②] 张光明：《山东桓台史家遗址发掘收获的再认识》，《夏商周文明研究》，中国文联出版社1999年版，第1—14页。

[③] 林留根：《江苏连云港藤花落遗址》，《2000中国重要考古发现》，文物出版社2001年版，第1—7页。

[④] 淄博市文物局等：《山东桓台县史家遗址岳石文化木构架祭祀器物坑的发掘》，《考古》1997年第11期。

二里头文化的城址发现有新郑望京楼①、大师姑②、东赵③三座。同时在虎牢关东至郑州市发现密集的二里头文化聚落群，调查显示，这一区域发现的二里头文化遗址共27处。④ 如果加上郑州市区及双洎河以北新郑、新密部分地区，则这一地区的二里头文化遗址约有五六十处。

二里头文化向东北方向发展主要是在黄河和沁河之间区域，这一区域也属于近东区域。目前来看二里头文化分布不过沁河，河沁之间发现的二里头文化遗存有：温县上苑、沁阳西苟庄、花地冈⑤；温县北平皋、武陟大司马、赵庄⑥；孟县禹寺⑦；温县林村⑧；济源新峡⑨等遗址。考察这几个遗址的二里头遗存，某些遗存或早到二里头文化二期偏晚，以三期为主。

沁河以东的地区也有学者定名为太行山东麓的南端，和邹衡先生所言的辉卫型先商文化分布区域大致相当，北至淇沮之间。主要分布的是下七垣文化的一个类型辉卫型。

豫东地区指开封、商丘及周口东北部地区。这一地区二里头文化时期主要有三种考古学文化：二里头文化、岳石文化、下七垣文化。二里头文化主要分布于偏西部的杞县、尉氏县境内，重要遗址有杞县的段岗⑩、牛角岗⑪、朱岗⑫，杞县西伯

---

① 郑州市文物考古研究院：《新郑望京楼——2010~2012年田野考古发掘报告》，科学出版社2016年版。
② 郑州市文物考古研究所：《郑州大师姑（2002~2003）》，科学出版社2004年版。
③ 张家强：《郑州高新区东赵龙山晚期至西周遗址》，《中国考古学年鉴（2015）》，中国社会科学出版社2016年版，第219—220页；张家强、郝红星：《沧海遗珠——郑州东赵城发现记》，《大众考古》2015年第8期；郑州市文物考古研究院等：《郑州市高新区东赵遗址小城发掘简报》，《考古》2021年第5期。
④ 郑州市文物考古研究院、北京大学考古文博学院等：《河南省郑州市索、须、枯河流域考古调查报告》，《古代文明》第10卷，上海古籍出版社2016年版，第304页。
⑤ 刘绪：《论卫怀地区的夏商文化》，《纪念北京大学考古专业三十周年论文集》，文物出版社1990年版。
⑥ 北京大学考古专业商周组、山西省考古研究所、河南省安阳新乡地区文化局、湖北省孝感地区博物馆等：《晋豫鄂三省考古调查简报》，《文物》1982年第7期。
⑦ 中国社会科学院考古研究所河南一队、焦作市文物工作队：《河南焦作地区的考古调查》，《考古》1996年第11期。
⑧ 武志江：《温县林村二里头文化遗址》，《中国考古学年鉴（2015）》，中国社会科学出版社2016年版，第221页。
⑨ 河南省文物考古研究院、济源市文物工作队：《河南济源新峡遗址二里头与二里岗文化遗存发掘简报》，《华夏考古》2021年第3期。
⑩ 郑州大学文博学院等：《豫东杞县发掘报告》，科学出版社2000年版，第191—238页。
⑪ 郑州大学历史系考古专业等：《河南杞县牛角岗遗址试掘报告》，《华夏考古》1994年第2期。
⑫ 郑州大学考古专业等：《河南杞县朱岗遗址试掘报告》，《华夏考古》1992年第1期。

牛岗、尉氏县要庄、西王村①及尉氏县新庄②等。商丘境内根据以往的考古调查和发掘,③至今尚未有确凿的二里头文化遗址发现。周口地区的调查发现一些二里头文化的遗址,如沈丘乳香台、项城骆驼岭、太康方城、淮阳双冢等。④豫东地区二里头文化遗存有自己的特点,是否单独为一个地方类

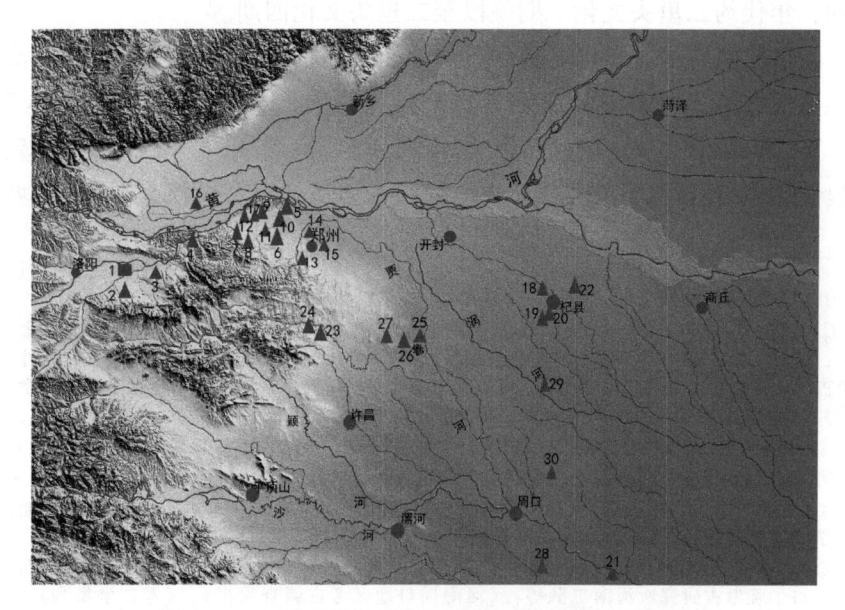

**图 2.14　二里头文化核心区及东方地区遗址分布图**

1. 偃师二里头　2. 偃师灰嘴　3. 巩义稍柴　4. 巩义花地嘴　5. 荥阳岔河　6. 郑州东赵　7. 荥阳西史村　8. 荥阳阎河　9. 荥阳竖河　10. 荥阳大师姑　11. 荥阳娘娘寨　12. 荥阳薛村　13. 郑州洛达庙　14. 郑州大河村　15. 郑州黄委会青年公寓　16. 温县林村　17. 荥阳上街　18. 杞县朱岗　19. 杞县牛角岗　20. 段岗　21. 沈丘乳香台　22. 杞县西伯牛岗　23. 新郑望京楼　24. 新密曲梁　25. 尉氏要庄　26. 尉氏新庄　27. 尉氏西王村　28. 项城骆驼岭　29. 太康方城　30. 淮阳双冢

---

① 郑州大学历史学院考古系:《民权牛牧岗与豫东考古》,科学出版社2013年版,第234—240页。

② 张小虎:《尉氏县新庄二里头文化遗址》,《中国考古学年鉴(2014)》,中国社会科学出版社2015年版,第305—306页。

③ 中国社会科学院考古研究所河南二队等:《1977年豫东考古纪要》,《考古》1981年第5期;中国社会科学院考古研究所河南一队:《河南柘城孟庄商代遗址》,《考古学报》1982年第1期;商丘地区文物管理委员会等:《河南商丘市坞墙遗址试掘简报》,《考古》1983年第2期;北京大学考古系、商丘地区文管会:《河南夏邑县清凉山遗址1988年发掘简报》,《考古》1997年第11期;郑州大学历史学院考古系:《豫东商丘地区考古调查简报》,《华夏考古》2005年第2期。

④ 中国社会科学院考古研究所河南二队等:《河南周口地区考古调查简报》,《考古学集刊》(4),中国社会科学出版社1984年版。

型,学术界有不同看法。有学者将其归入二里头类型。① 有的学者认为独具特色,可单列为一个地方类型——牛角岗类型。② 张国硕先生认可应该单独列为一个类型,对于名称应该以发掘时间早、最具有代表性的段岗遗址命名,应称作"段岗类型"③。豫东二里头文化依据张国硕先生的研究可分为四期,年代约二里头文化二期晚段至二里头文化四期。④

豫东地区的岳石文化主要分布于豫东地区的偏东部,遗址多数在浍河和惠济河之间,经发掘的遗址有:杞县鹿台岗⑤,鹿邑栾台⑥,夏邑清凉山⑦、三里堌堆⑧、民权牛牧岗、李岗⑨,商丘坞墙⑩,柘城山台寺⑪,定陶十里铺北⑫,菏泽青邱堌堆⑬等。经过调查的遗址有:民权吴岗⑭,永城明

---

① 邹衡:《试论夏文化》,《夏商周考古学论文集》,文物出版社1980年版,第133页。
② 赵芝荃:《关于二里头类型与分期的问题》,《中国考古学研究(二)》,科学出版社1986年版;郑州大学文博学院等:《豫东杞县发掘报告》,科学出版社2000年版,第256页;另外《中国考古学·夏商卷》也赞同此种看法,可参见中国社会科学院考古研究所编著《中国考古学·夏商卷》,中国社会科学出版社2003年版,第94—95页。
③ 郑州大学历史学院考古系:《民权牛牧岗与豫东考古》,科学出版社2013年版,第234—240页。
④ 郑州大学历史学院考古系:《民权牛牧岗与豫东考古》,科学出版社2013年版,第234—240页。
⑤ 郑州大学考古专业等:《河南杞县鹿台岗遗址发掘简报》,《考古》1994年第8期;郑州大学文博学院等:《豫东杞县发掘报告》,科学出版社2000年版。
⑥ 河南省文物研究所:《河南鹿邑栾台遗址发掘简报》,《华夏考古》1989年第1期;中国社会科学院考古研究所河南二队等:《河南周口地区考古调查简报》,《考古学集刊》(4),中国社会科学出版社1984年版。
⑦ 北京大学考古学系、商丘地区文管会:《河南夏邑县清凉山遗址1988年发掘简报》,《考古》1997年第11期;北京大学考古学系、商丘地区文管会:《河南夏邑清凉山遗址发掘报告》,《中国考古学研究》(四),科学出版社2000年版。
⑧ 张志清:《夏邑县三里堌堆新石器时代至汉代遗址》,《中国考古学年鉴(1990)》,文物出版社1991年版。
⑨ 中国社会科学院考古研究所河南二队等:《1977年豫东考古纪要》,《考古》1981年第5期;郑州大学历史学院考古系:《豫东商丘地区考古调查简报》,《华夏考古》2005年第2期;郑州大学历史学院考古系:《民权牛牧岗与豫东考古》,科学出版社2013年版。
⑩ 中国社会科学院考古研究所河南二队等:《1977年豫东考古纪要》,《考古》1981年第5期;商丘地区文物管理委员会、中国社会科学院考古研究所河南二队:《河南商丘县坞墙遗址试掘简报》,《考古》1983年第2期。
⑪ 中国社会科学院考古研究所等:《豫东考古报告——"中国商丘地区早商文明探索"野外勘察与发掘》,科学出版社2017年版。
⑫ 山东省文物考古研究所:《定陶十里铺北先秦时期堌堆遗址》,《中国考古学年鉴(2015)》,中国社会科学出版社2016年版。
⑬ 陈雪香等:《山东菏泽青邱堌堆遗址》,《大众考古》2021年第10期;陈雪香等:《菏泽市青邱堌堆遗址》,《中国考古学年鉴(2022)》,中国社会科学出版社2023年版。
⑭ 中国社会科学院考古研究所河南二队等:《1977年豫东考古纪要》,《考古》1981年第5期;郑州大学历史学院考古系:《豫东商丘地区考古调查简报》,《华夏考古》2005年第2期;郑州大学历史学院考古系:《牛牧岗遗址周边区域考古调查报告》,《民权牛牧岗与豫东考古》,科学出版社2013年版,第108—132页。

阳寺①、造律台②、夏邑马头③、虞城杜集④、商丘平台寺⑤、柘城孟庄⑥、柘城旧北门、王马寺、大毛⑦等。这些遗址的分期学术界已有不少研究，根据张国硕先生的研究，豫东地区的岳石文化可分为三期，其年代相当于山东岳石文化的第二、三、四期，和洛阳盆地的二里头文化相比大概起始年代为二里头文化的晚期⑧（图2.15）。

　　整个下七垣文化的分布、年代和分期等将在下章论述，在此仅就豫东地区下七垣文化作一简单介绍。豫东地区的下七垣文化主要分布在豫东偏西部的惠济河流域，主要遗址有杞县鹿台岗，民权牛牧岗、李岗、吴岗，睢县周龙岗，柘城史堌堆⑨，鹿邑栾台等。据张国硕先生的研究，豫东下七垣文化的分期仅鹿台岗可以明确分成早晚两期，早期单位只有H39，晚期有H9、H35、F1及T2⑥。⑩ 其余遗址所出土器物残缺不全，无法进行分期。豫东地区下七垣文化的年代，我们赞同约相当于豫北、冀南下七垣文化的偏晚阶段，具体鹿台岗遗址早期年代约相当于下七垣文化的第二期或偏晚，晚期约相当于下七垣文化第三期，和洛阳盆地的二里头文化相比约相当于其中晚期⑪（图2.16）。

---

① 郑州大学历史学院考古系：《豫东商丘地区考古调查简报》，《华夏考古》2005年第2期。
② 李景聃：《豫东商丘永城调查及造律台黑堌堆曹桥三处小发掘》，《中国考古学报》第二册，商务印书馆1947年版；中国社会科学院考古研究所河南二队等：《1977年豫东考古纪要》，《考古》1981年第5期；郑州大学历史学院考古系：《豫东商丘地区考古调查简报》，《华夏考古》2005年第2期。
③ 郑州大学历史学院考古系：《豫东商丘地区考古调查简报》，《华夏考古》2005年第2期。
④ 中国社会科学院考古研究所河南二队等：《1977年豫东考古纪要》，《考古》1981年第5期；郑州大学历史学院考古系：《豫东商丘地区考古调查简报》，《华夏考古》2005年第2期。
⑤ 郑州大学历史学院考古系：《豫东商丘地区考古调查简报》，《华夏考古》2005年第2期。
⑥ 中国社会科学院考古研究所河南二队等：《1977年豫东考古纪要》，《考古》1981年第5期；邹衡：《论菏泽（曹州）地区的岳石文化》，《夏文化论集》，文物出版社2002年版。
⑦ 邹衡：《论菏泽（曹州）地区的岳石文化》，《夏文化论集》，文物出版社2002年版。
⑧ 郑州大学历史学院考古系：《民权牛牧岗与豫东考古》，科学出版社2013年版，第243—245页。
⑨ 郑州大学历史学院考古系：《豫东商丘地区考古调查简报》，《华夏考古》2005年第2期。
⑩ 郑州大学历史学院考古系：《民权牛牧岗与豫东考古》，科学出版社2013年版，第249页。
⑪ 郑州大学历史学院考古系：《民权牛牧岗与豫东考古》，科学出版社2013年版，第249—250页。

46　聚落、资源与道路

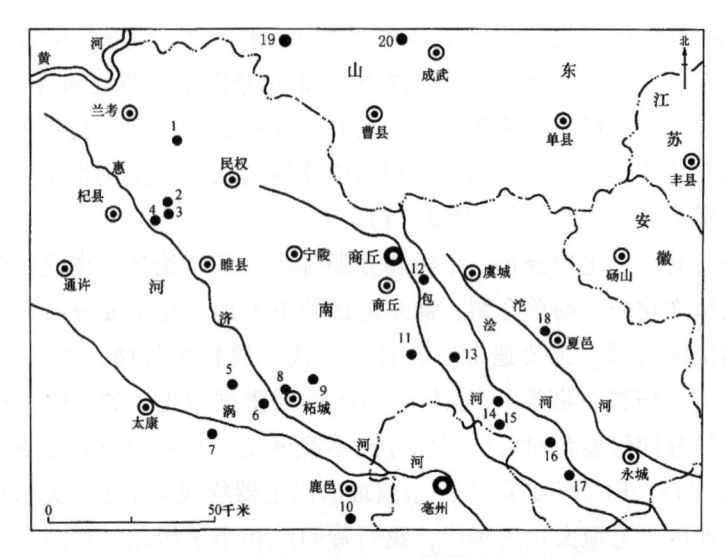

**图 2.15　豫东地区岳石文化遗址分布示意图**

来源：据《豫东考古发掘与研究》一文改制，2013 年，第 240 页。

1. 牛牧岗　2. 吴岗　3. 李岗　4. 鹿台岗　5. 山台寺　6. 孟庄　7. 大毛　8. 旧北门　9. 王马寺　10. 栾台　11. 坞墙　12. 平台寺　13. 杜集　14. 马头　15. 清凉山　16. 造律台　17. 明阳寺　18. 三里堌堆 19. 菏泽青邱堌堆　20. 定陶十里铺北

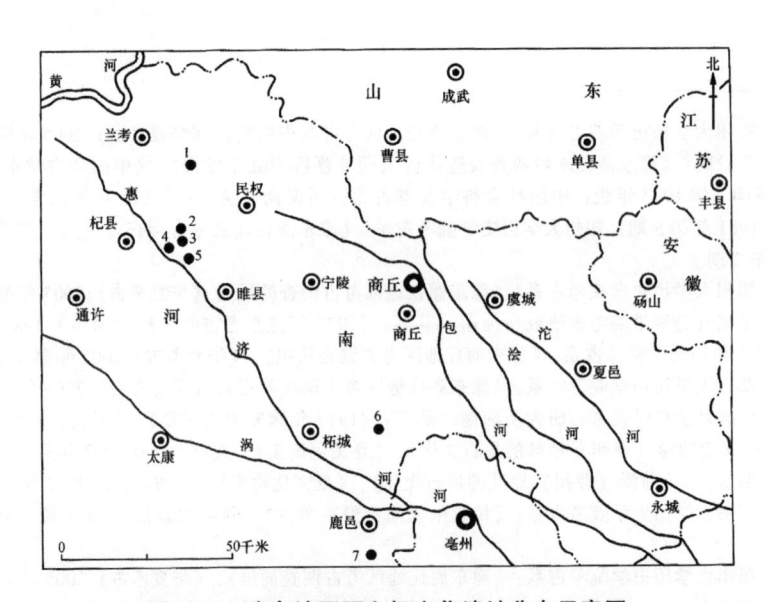

**图 2.16　豫东地区下七垣文化遗址分布示意图**

来源：《豫东考古发掘与研究》，2013 年，第 247 页。

1. 牛牧岗　2. 吴岗　3. 李岗　4. 鹿台岗　5. 周龙岗　6. 史堌堆　7. 栾台

## 二 考古学材料反映的文化交流的路线

笔者近年曾就中原和东方地区的交流路线做过简单分析,[①] 结合中原和东方地区考古学文化的分布和分期的研究,以及郑洛、豫东、海岱地区聚落考古的研究成果,两地交流明显有两个大的时期:即二里头文化二、三期和二里头文化四期。这两个时期文化交流的具体路线差别不大,但是交流互动的强弱、交流的方向有较大不同。

二里头文化和东方交流的路线有两条:北线和南线。北线出洛阳盆地先达郑州西北进而占据郑州,向东南方向发展的态势较为明显,二里头文化向东及东南已达豫东的杞县、太康、淮阳、沈丘一线。和龙山晚期东扩的北线大致相同,水路陆路兼用,开封以西地区以陆路为主,开封以东主要利用淮水各个支流水系,如睢水(概今惠济河属于古睢水上游)、涣水(概今浍河)、汳水等连接二里头文化腹地与豫东南淮河以北地区。而抵达开封杞县后,由于下七垣文化南下,岳石文化东进,三者在豫东杞县一带形成文化交汇区。从上述三支文化在豫东分布图可以看出,二里头文化位于惠济河以西,岳石文化则主要位于惠济河以东,二者以惠济河为界东西对峙,且有交流。二里头文化和下七垣文化也是以惠济河为界东西对峙,并有交流。但是下七垣文化和岳石文化在惠济河北部开封杞县、商丘民权、睢县等遗址却在空间分布上有交叉,甚至不少遗址共存,二者之间关系密切,交流较多。因此北线到惠济河后,几方在文化交汇区互动交流明显,但是二里头文化和整个海岱地区其他岳石文化类型之间的互动相对较少。值得注意的是,龙山文化晚期的北线——古济水的水路在二里头文化时期可能已不再利用,原因或许因为下七垣文化辉卫型势力太强,也或许因为黄河的改道。[②] 整个二里头文化时期,二里头文化向东南方向扩张的分布态势、二里头文化四期退出河沁地区以及鲁西北的岳石文化王推官庄类型中几乎不见二里头文化因素,这些现象都说明二里头文化可能已经无法通过这一路线和鲁西北的岳石文化直接产生交流(图2.17)。

二里头文化时期,南线沿古洛水进入古伊水(今伊河)进而再经其支流入颍水和汝水,到达平顶山、漯河、驻马店一带即杨庄类型的分布范围。进入这一地区的二里头文化也不排除是经郑州西北进入郑州地区进而

---

[①] 庞小霞:《晚商时期商文化东进通道研究》,《中原文物》2009年第5期。
[②] 王青:《试论史前黄河下游的改道与古文化的发展》,《中原文物》1993年第4期。

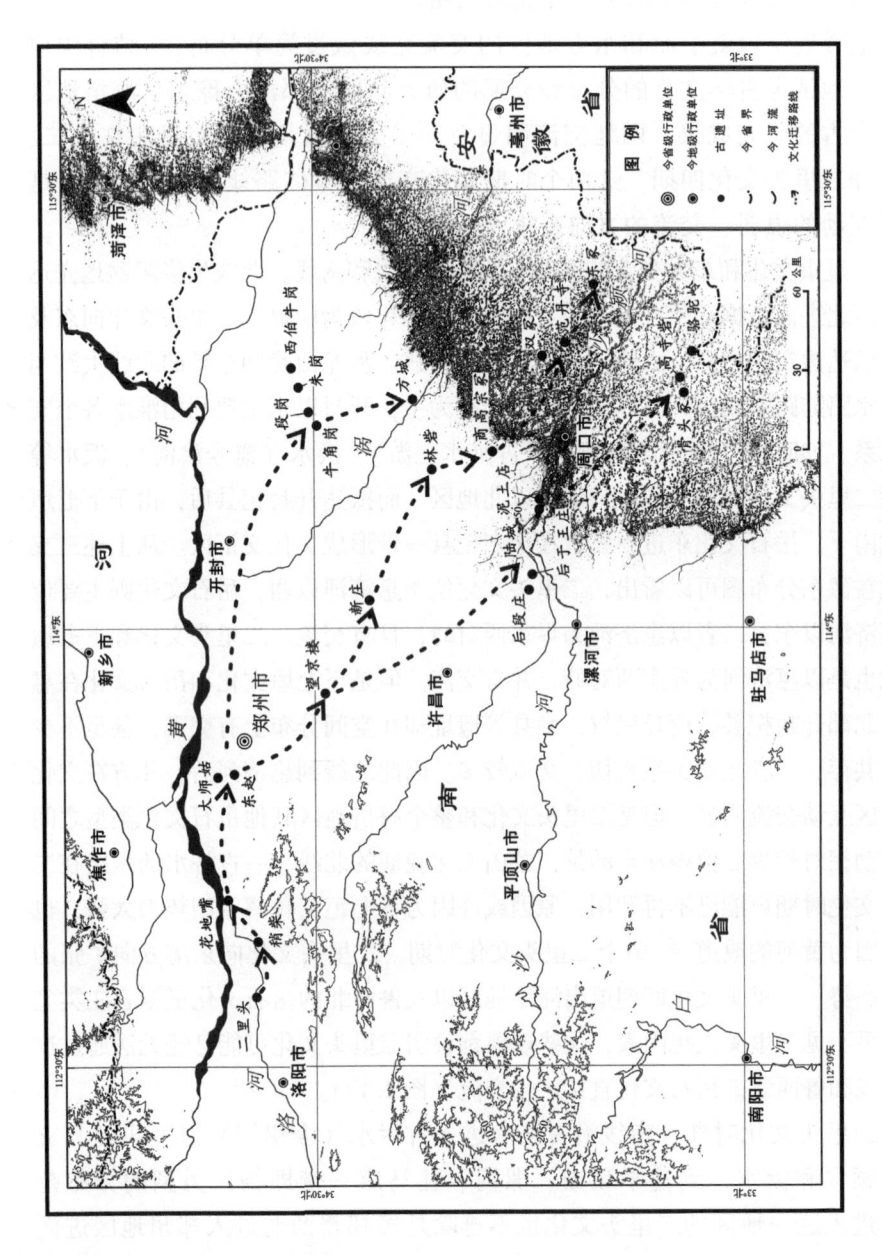

图 2.17 二里头文化与东方及江淮地区交流北线

再东南向发展。南线上新郑望京楼二里头文化古城城址正处于遏控东南方和南方的重要咽喉位置。二里头文化东南向扩展在抵达豫东南淮河沿岸后渡河进入安徽江淮地区，并和斗鸡台文化产生互动交流。这一南线将在中原与江汉平原的互动中以及中原和太湖地区的互动交流中有详细论述，在此不赘述（图2.18）。

二里头文化一期遗址主要分布在洛阳盆地，但向东已达郑州西郊，在荥阳竖河和郑州东赵均发现有二里头文化一期遗存。[①] 二里头文化一期晚段，二里头文化向东已经越过巩义、荥阳交界的黄河之滨的虎牢关。虎牢关扼守嵩山北麓与黄河之间的通道，恰处于汜河与黄河交汇一带，是洛阳东面一重要屏障，自古乃兵家必争之地。二里头文化二期，二里头国家在黄河南岸索河的二级台地上建立大师姑城址，和东赵城址成为拱卫二里头都城的东方重镇。大师姑和东赵成为二里头向东经营的桥头堡，也是和东北方向下七垣文化辉卫型交流的前沿。

二里头文化二、三期是其发展的强盛期，遗址分布呈现以伊洛平原为中心向四面扩张的格局。而自二里头文化二期始，二里头文化向东、东南已达豫东的杞县、太康、淮阳、沈丘一带。而二里头文化到达鲁西南后，由于在岳石文化的分布范围之内并未出现典型的二里头文化遗址，岳石文化各个类型中包含二里头文化因素的仅仅是和二里头文化邻近的边界地区，所以二里头文化和海岱地区腹地乃至更东部的岳石文化的交流目前未有直接证据，交流路线也就暂时无法谈起。二里头文化的二、三期时，尤其是二里头文化三期前后，二里头文化对东部邻近的岳石文化及东北的下七垣文化影响较大，后两种文化中所见的二里头文化因素主要是这个时期的。文化交流的状况表明二里头文化二、三期时正是二里头文化强力向四方扩张的时期，也是二里头国家最兴盛的时期。总之，二里头文化二、三期时中原和海岱东方地区的交流尽管是双向的，但是以中原地区对东方地区的影响为主，中原地区是一种强势的扩张。而岳石文化与二里头文化主要是在岳石文化分布的西界进行交流，在岳石文化分布的东部照格庄类型甚至中部的郝家庄、尹家城类型都少见二里头文化的影响。

---

[①] 河南省文物研究所：《河南荥阳竖河遗址发掘报告》，《考古学集刊》（10），地质出版社1996年版；张家强、郝红星：《沧海遗珠——郑州东赵城发现记》，《大众考古》2015年第8期；张家强：《郑州高新区东赵龙山晚期至西周遗址》，《中国考古学年鉴（2015）》，中国社会科学出版社2016年版。

图 2.18 二里头文化和东方及江淮地区交流南线

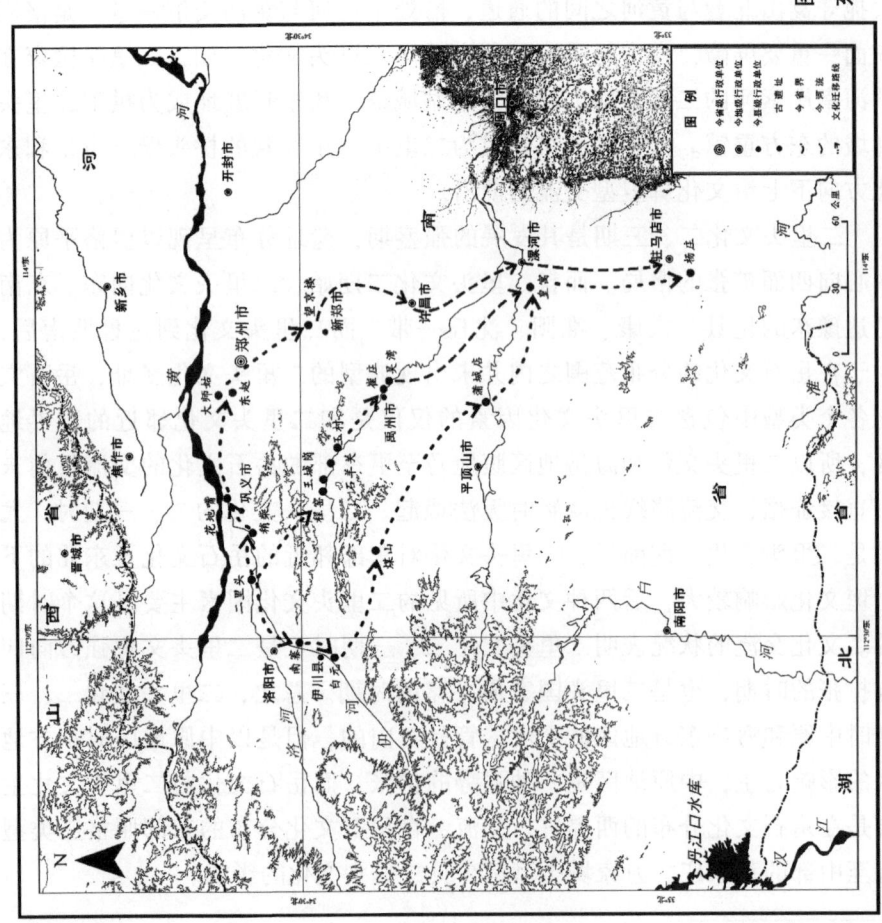

二里头文化四期时情况发生了变化,河沁之间的二里头遗址中几乎不见四期遗存,二里头文化在东北部可能已经退回至黄河以南地区。豫东地区,尽管二里头文化四期遗存仍在一些遗址中存在,但是遗存相对三期急剧衰落。下七垣文化进入这一地区,岳石文化分布则进一步扩大。下七垣文化在杞县鹿台岗遗址以特殊面貌出现,尤其在第二期(时间约当二里头文化四期晚段)时大量岳石文化融入,形成兼具下七垣文化和岳石文化两种文化因素、又以下七垣文化为主的一种文化。对杞县这类两种不同性质的考古学文化同时共存于同一遗址的情况,已有学者指出这反映了夏末商初的商夷联盟关系。[1] 这种情况在稍后的夏末商初郑州地区更加复杂。这个时期的郑州地区岳石文化、下七垣文化、二里头文化同时共存,形成了复杂的郑州化工三厂 H1 类遗存。因而有学者早已研究指出,豫北冀南的商人灭夏的路线并非经河沁地区渡过黄河南下,而是沿着地界鲁西南岳石文化和豫北淇河—黄河之间的辉卫型文化交界地带的濮阳—滑县—长垣—杞县这一"通道"南下来到豫东和鲁西南地区,与这里的岳石文化代表的族群结成联盟再向西拓展,占领郑州地区后再逐步向西蚕食最终成功占领伊洛地区。[2]

商人灭夏的路线表明至迟在夏末商初联通郑州、开封、商丘这一今天仍在使用的东西主要通道可能已经存在。而这一通道正是二里头文化四期中原和东方地区交流的主要通道,显然此时与二里头文化二、三期最大的不同在于,交流的主体中二里头文化处于被动的一方,交流的方式不再是和平相处,而是战争为主。交流的方向是自东向西,以东方对中原地区的影响为主。

### 三 交流通道的特征和交流内容

二里头文化时期中原地区和东方地区文化交流的重要特征是:在交流通道的特殊地理位置设置的城址起到了至关重要的作用。

郑州大师姑城址位于郑州市西北郊,隶属荥阳市广武镇大师姑村,东南距郑州商城 22 千米。2002 年郑州市文物考古研究院发现该城并进

---

[1] 宋豫秦:《论杞县与郑州新发现的先商文化》,《中国商文化国际学术讨论会论文集》,中国大百科全书出版社 1998 年版,第 133—148 页;张国硕:《论夏末早商的商夷联盟》,《郑州大学学报》(哲学社会科学版) 2002 年第 2 期。

[2] 宋豫秦:《夷夏商三种考古学文化交汇地域浅谈》,《中原文物》1992 年第 1 期。

行了发掘。大师姑二里头文化时期的城址呈东西长、南北窄的横长方形，面积约51万平方米。现今的索河由西向东穿城址东南部后，再折向北穿北墙偏西处北流，将城址分为东西两部分。其中，城址大部分在东岸，仅西南少部分在西岸。目前发现的遗存主要有城墙、城壕和房基、墓葬、灰坑等。[1] 根据发掘报告，大师姑城垣的始建年代是该遗址二里头文化的第一段，此段年代与二里头遗址第二期相当或略晚。第一段遗存相比二三段虽然发现较少，但是有地层堆积和数量较多的遗迹单位，夯5层和夯4层中出土的陶器和第一段陶器相同，所以城垣的始建年代为第一段。由此，大师姑城址在二里头文化二期就已经建造城墙，这与二里头文化在此期已经扩展至荥阳一带是相一致的，也说明大师姑城址并非如有些学者所言是由于商人二里头三期来到郑州，出于防御商人而建。[2]

大师姑城址地理位置十分重要，位于虎牢关东30千米，古荥泽在其东北，地势由盆地进入开阔平原，扼东西南北的交通要冲，向东南是进入郑州的入口，北距黄河南岸13千米，渡河即进入河沁之间并可向北向东扩张。这里是历代兵家和政治家必争之地，附近有商代重镇或都城的小双桥遗址，还有建都于此的东虢、汉霸二王城等。二里头文化在此建城的最初目的绝非仅仅是防御商人，其和商人在南方建立盘龙城的目的是类似的，发生战争时是拱卫二里头都城的军事重镇，和平时期则是经济文化交流沟通的枢纽，是连接二里头都城和东部的中转站。尤其值得注意的是，大师姑城垣还发现早于二里头文化二期的夯7层，因为未发现包含物暂时不能判定年代。报告根据城垣残存的宽度和高度推测似为寨墙一类遗存。这说明在二里头文化二期之前，这里可能已经是当地的聚落中心，我们不能因为大师姑在夏商战争中的重要军事作用而忽视大师姑城址在文化经济交流中的作用。

近年在大师姑遗址东南6千米发现另一座二里头文化城址——东赵城。东赵遗址具体位置在今天郑州高新区沟赵乡东赵村南、中原区须水镇董岗村北的檀山北坡上，东距须水河2千米，西距关帝庙遗址1.5千米。二里头城址位于遗址中部，大致呈梯形，方向北偏东10°，北城墙长150米，

---

[1] 郑州市文物考古研究所：《郑州大师姑（2002～2003）》，科学出版社2004年版。
[2] 袁广阔：《郑州大师姑二里头城址发现的意义》，《中国文物报》2005年3月27日第7版。

南城墙长 256 米，南北长 350 米，面积 7.2 万平方米。城墙墙体被破坏，仅存基槽，槽宽 4 米—7 米，护城壕宽 3 米—6 米、深 2 米—3 米。[①] 通过对南城墙、东城墙的横断解剖，发现基槽被二里头文化四期沟打破，可知中城废弃于二里头文化四期。基槽夯层内陶片均为二里头文化二期，护城壕底部陶片亦为二里头文化二期，因此判定中城始建于二里头文化二期。中城内外分布大量二里头二期晚段、三期早段的遗存，可知中城兴盛于这两段时间之间。

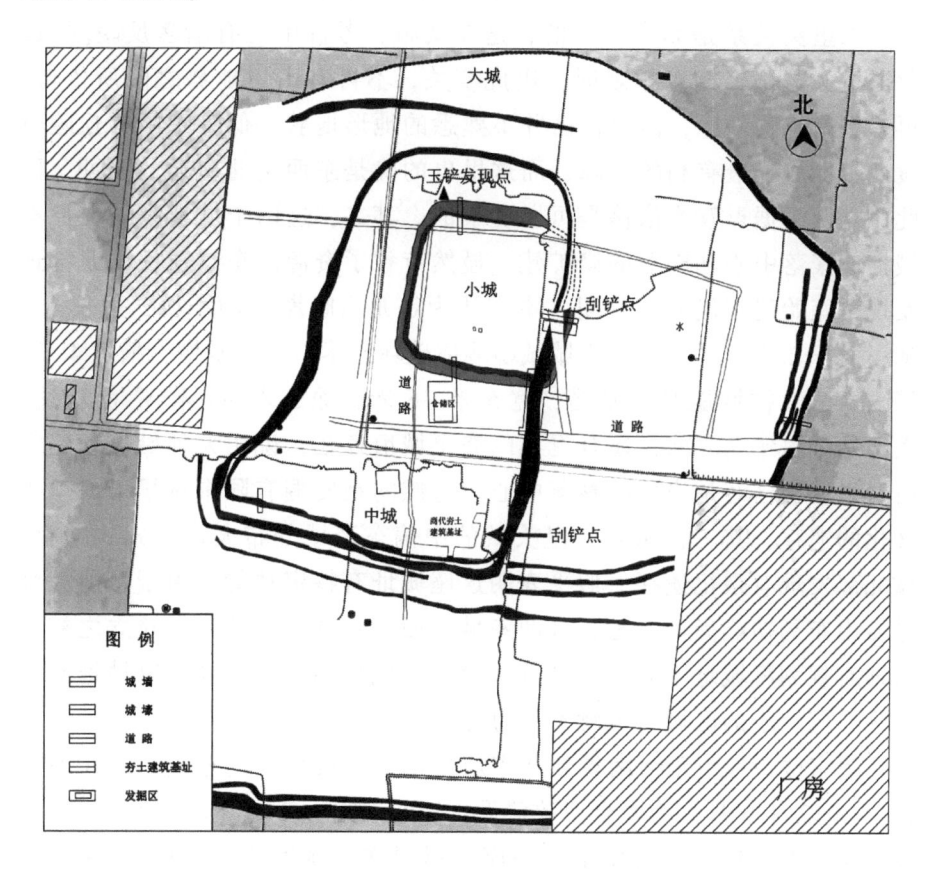

**图 2.19　东赵城址平面分布示意图**

来源：张家强：《郑州高新区东赵龙山晚期至西周遗址》，《中国考古学年鉴（2015）》，中国社会科学出版社 2016 年版。

---

① 张家强：《郑州高新区东赵龙山晚期至西周遗址》，《中国考古学年鉴（2015）》，中国社会科学出版社 2016 年版。

东赵和大师姑二里头城址均在二里头文化二期始建,四期毁弃,但是主要繁盛年代有所不同,东赵城主要兴盛于二期晚段、三期早段,大师姑城址则繁盛期较之稍晚。

问题是,为什么距离仅仅五六千米的索须河流域二里头国家在此设置两座同期的城址呢?可以从以下三个方面尝试解答这一问题。其一,两座城址均在二里头国家势力渐强呈现四方扩张的二期开始出现,这与二里头国家对东方的重视有一定关系,整个有夏一代,二里头东方的东夷和二里头关系是非常重要的,这在文献、考古中均有诸多反映。[1] 因此二里头文化二期东扩之时,出虎牢关,不再有山川地势之险所依恃,再东更是广阔平原,面对自己并不熟悉的地形地貌,似乎荥阳的丘陵过渡地带倒成了最有利的屏障,而这里也的确是东西南北交通的要冲,因此建立两个据点互为依傍是可以理解的。其二,这两个城址都是在原有城址或聚落中心基础上的修扩建,显然节省了资源。东赵遗址东北部还发现一座始建年代为新砦期(本书认为是龙山晚期)的小城,边长150米,面积2.2万平方米。小城城墙墙体破坏殆尽,仅存基槽,槽宽4米、深1.5米,护城壕紧邻基槽,宽5米—6米、深3米—5米。[2] 前已述,大师姑城垣建立之前,还有更早的夯土城垣存在,说明大师姑城址建立时这里或许已经是当地的聚落中心。遗憾的是发掘有限未见早于二里头文化的遗存。其三,东赵二里头城的中偏东区域分布大量地穴式遗存,城北部发现有祭祀遗存,似乎表明这座城址有特定功能。由于目前大师姑城内布局功能尚不清楚,且两座城址面积悬殊,因此二者建立之初是否即有规划将城址不同功能分开,设若如此规划布局,则两座城址同时出现在同一小的区域内也就不足为奇了。

望京楼遗址位于河南省新郑市新村镇望京楼水库的东侧。2010年9月至2012年6月,为配合市政建设,郑州市文物考古研究院在此发现并发掘了一座二里头文化城址和一座二里岗文化城址。[3] 二里头文化城址始建于二里头文化三期早段,二里头文化四期最为兴盛。城址面积约

---

[1] 庞小霞:《夏商王朝对其东方地区经略的历史地理考察》,《考古学集刊》(19),2013年。
[2] 郑州市文物考古研究院、北京大学考古文博学院:《郑州市高新区东赵遗址小城发掘简报》,《考古》2021年第5期。
[3] 郑州市文物考古研究院:《新郑望京楼——2010~2012年田野考古发掘报告》,科学出版社2016年版。

160万平方米，这是目前中原地区除二里头遗址外规模最大的遗址而且出现了城址，此外遗址早年还有重要的青铜器、玉器出土，可见该遗址的规格很高。对于为何在此设置二里头城址，刘绪先生认为，应该和郑州大师姑、平顶山蒲城店二里头城址综合起来，将其放入整个大时代背景中观察，有夏一代，夏王朝的外部威胁主要来自于东夷，该城和郑州大师姑一样，均属于夏王朝的东部重镇，防范东夷是主要目的，此外还是通往南方的重要枢纽①（图2.20）。

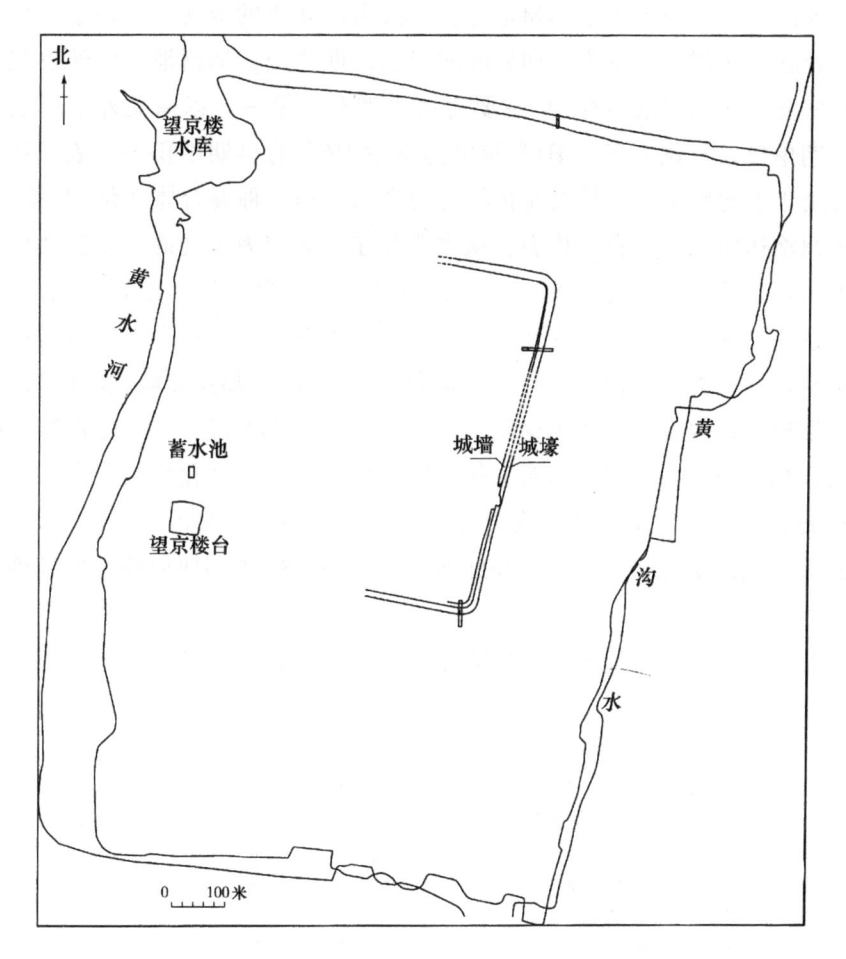

图2.20 望京楼二里头城址平面图

---

① 刘绪：《新郑望京楼·序》，科学出版社2016年版。

望京楼始建于二里头文化三期,特别提出的是,城址西南部除少许区域发现有仰韶时期地层外,其余区域城垣之下直接为生土,说明该城在早于二里头时期无人类活动踪迹,而该城设立时显然与东赵、蒲城店原有龙山晚期城存在的情况不同。同时,大师姑、东赵在二里头文化二期,蒲城店在二里头文化一期就已经建立,可见始建时间是不同的。

　　二里头国家选择在二里头文化三期一个无人居住的区域建设如此大的城址还有具体的原因。首先,这与二里头文化三期东方复杂的形势有关,最主要的应该是商人到达郑州地区,尤其夷商联盟的威胁,促使了二里头人选择在此建城。二里头三期偏晚或曰三四期之交,郑州地区已经发现了一些先商文化因素的遗存,① 主要有两类遗存:第一,以南关外下层遗存的早期单位以及化工三厂H1②及电力学校H6③的早期堆积为代表。这类遗存属于下七垣文化和岳石文化融合的产物,是一种混合体文化。④ 第二,以郑州洛达庙二期遗存为代表,这类遗存在一期较为单纯的二里头文化基础上出现了漳河型下七垣文化因素,同时还发现更少量的岳石文化因素。到洛达庙三期(约当二里头四期),先商文化因素增加更多,同时岳石文化也有增加。类似的遗存在郑州黄委会青年公寓⑤、郑州商城城墙⑥等遗址也有发现。以致有学者认为这就是先商文化的一个类型——洛达庙类型⑦。总之,郑州地区在约当二里头文化三期后出现的这些文化面貌复杂的考古遗存表明这个地区显然已经成为夷、夏、商三种势力交汇冲突融合之地。在商人夷人到来之初,本来就在此地的二里头人为防御他们建设城址理所当然。

　　其次,二里头政权选择在新郑建城还有地理位置的考虑,这里在地理

---

　　① 此处先商文化主要是指早于早商文化存在的一些文化,以下七垣文化为主,还有豫北的辉卫文化以及郑州地区形成的一些下七垣、二里头和岳石混合类文化。
　　② 河南省文物研究所:《郑州电力学校考古发掘报告》,《郑州商城考古新发现与研究》,中州古籍出版社1993年版。
　　③ 河南省文物考古研究所郑州工作站:《郑州化工三厂考古发掘简报》,《中原文物》1994年第2期。
　　④ 王震中:《先商的文化与年代》,《中原文物》2005年第1期。
　　⑤ 河南省文物研究所:《郑州黄委会青年公寓考古发掘报告》,《郑州商城考古新发现与研究》,中州古籍出版社1993年版。
　　⑥ 河南省博物馆等:《郑州商代城址试掘简报》,《文物资料丛刊》(1),文物出版社1977年版。
　　⑦ 袁广阔:《先商文化新探》,《中原文物》2002年第2期。

位置上和大师姑、东赵形成犄角之势，对郑州地区可以形成合围之功效。与此同时，这里还是从东南进入伊洛盆地的门户，扼守此处也即控制东南势力进入登封进而通过伊水进入二里头的道路。

最后，一个大的城址的建立，常常是多方面综合考量的结果，由二里头文化在南方的分布及南向扩展的情况看，望京楼城址确也是二里头文化向南发展的枢纽。

因此，二里头文化时期，伊洛盆地核心地区和东方的交流主要是通过设置在重要位置的大师姑、东赵以及望京楼等城址来实现的，这些城址尤其在战争中起到了防御扼守的功用。

二里头文化自二期开始和岳石文化在时空上发生联系。二者地域上的交界为两种文化的交流提供了便利，二里头文化中所见到的岳石文化典型因素主要包括子母口罐、子母口器盖、鼎、平底盆等陶器及半月形双孔石刀等生产工具。而岳石文化所见二里头文化的因素主要有花边中口罐、鸡冠耳盆、斜直径大口尊等。通过宏观上对二者相互交流因素总的数量、态势、分布地域的分析来看，以岳石文化对二里头文化的影响较为明显，二里头文化吸收和接纳岳石文化因素相对较多。[1] 岳石文化因素自二里头二期始就已出现在伊洛盆地的二里头遗址，特别二里头四期数量更多，如第四期中器表具篦状刮痕的夹砂褐陶深腹罐、鬲和一种凸棱平底盆、半月形双孔石刀，均与二里头文化传统器物风格迥异，而同岳石文化同类器物相似。[2] 特别指出的是，在二里头文化的核心分布区伊洛河流域岳石文化的因素有较多发现；[3] 但是岳石文化相对来说所含二里头文化因素要少得多，分布地域上仅在与二里头文化接壤的豫东鲁西南的一些遗址中发现，[4] 山东东部的照格庄、鲁北的郝家庄类型则不见，而鲁中的尹家城、鲁西北的王推官等类型则基本不见。[5]

---

[1] 方辉：《二里头文化与岳石文化》，《中原文物》1987 年第 1 期；赵海涛：《试论岳石文化与周围同时期文化的关系》，硕士学位论文，中国社会科学院研究生院，2002 年。

[2] 中国社会科学院考古研究所：《中国考古学·夏商卷》，中国社会科学出版社 2003 年版，第 135 页。

[3] 主要在二里头遗址中有较多发现。参见中国社会科学院考古研究所《偃师二里头》，中国大百科全书出版社 1999 年版。

[4] 郑州大学文博学院等：《豫东杞县发掘报告》，如 T24⑥：15（篦状堆纹缸）、H117：9（鸡冠状耳盆）等，科学出版社 2000 年版，第 136 页。

[5] 方辉认为泗水流域的尹家城遗址勉强有一两件与二里头文化同类器相似。参见方辉等《浅谈岳石文化的来源与族属问题》，《中国考古学会第九次年会论文集》，文物出版社 1997 年版。

# 第三章 中原与南方地区的文化互动与交流通道

本书所指的南方区域有一定的特殊范围，主要是指先秦时期毗邻中原的南方区域，即江淮地区和江汉平原地区。当然，两地区周边的淮河中上游、南阳盆地、汉水中上游、洞庭湖平原、鄱阳湖平原也会涉及到。这个范围大概和朱凤瀚先生所讲的西周时期的"南国"区域相同，北部涉及的地区则又属于其所指的"南土"[①]。与此同时，长江下游的太湖地区尽管和中原地区并非毗邻，但是相对于岭南、四川盆地、云贵地区而言，太湖地区和中原地区自仰韶时期以来一直存在更多的互动交流。而这种互动交流中，江淮地区是不可逾越的中间媒介，是两地交流路线中的重要一环。在论述中原和太湖地区的交流中自然涉及中原和江淮地区的互动交流。因此本书将中原和江淮地区的互动交流放在太湖地区和中原地区的互动交流中一并加以论述，并将此部分内容独立为一章。早期中国的大部分时段内，江汉地区的文化面貌和中原地区有所不同，但是和中原地区的互动交流却持续不断，并呈现不同特点。本章将在对中原和上述特定南方区域地形、地貌分析的基础上，重点对中原地区和江汉平原地区及邻近的洞庭湖区域、赣鄱区域的互动交流通道作一具体论述，并对交流通道的变迁、交流的内容、特点作综合考察。

## 第一节　中原与南方之间的地貌及对交通道路的影响

### 一　地貌状况

我们所讨论的中原与南方之间文化交流通道展布的地理范围，实际上

---

[①] 朱凤瀚：《论西周时期的"南国"》，《历史研究》2013 年第 4 期。

纵贯了中国东西的南北方分界线。中国的南北方分界线一般认为是指秦岭—淮阳山一线。秦岭—淮阳山一线及其以南，分布有不同类型的山地、丘陵、盆地和高原。作为中国南北方分界线的秦岭—淮阳山地，山势西高东低，西段伏牛山作为秦岭的东部余脉，和从伊洛地区南下江汉平原地区的交流通道有着直接的关系。与伏牛山连体的外方山、熊耳山也都在不同程度上影响着南下的通道。南北分界线的东段淮阳山地，地貌的水平形态为向南突出的弧形，主要由桐柏山、大别山组成，与分别位于其左右的宁镇山地和大冶、武汉、大别山一带共同构成"山"字形构造体系。桐柏山、大别山是长江流域和淮河流域的分水岭，是江、淮、汉（汉江）等大河一些支流的发源地。淮阳山地的东段只是一些基岩丘陵。武汉至南京段长江谷地与淮河分别沿着弧形山地的南北两侧发育。[1]

华北地区地势以山西山地为最高，海拔一般在 1000 米—2000 米，往东骤降至低平的华北大平原，海拔大部分地区不到 100 米。[2] 这种西高东低的地势也在一定程度上影响着南北文化交流通道的走向与取位。华北平原和黄河以南的淮河流域平原合称黄淮海平原。范围广大的黄河冲积平原位于黄淮海平原的中部，其以南的淮河流域平原，和我们讨论的中原和长江中下游、江淮地区的南方通道有关。淮河流域平原地势相对低洼，河网密布，这在一定程度上也影响了经由这里的南北交通要道。

长江以南以湘江、赣江流域为主的地区，有北东向的山地、丘陵与盆地相间分布。盆地里普遍有白垩系和下第三系红层堆积，但是这些红层堆积已经被较强的流水侵蚀作用切割成为丘陵地貌，这就是所谓的江南红色丘陵。较大的河流发育有较为宽阔的阶地，红色丘陵的特殊物质构成及河流阶地的出现，对本地道路的形成也产生一定的影响。湘江、赣江的下游分别是洞庭湖和鄱阳湖断陷平原，它们是长江中下游平原的中部，而宜昌以下长江河谷平原是西部，镇江以下的长江三角洲平原是其东部。洞庭湖、鄱阳湖断陷平原外围是海拔 1000 米—1500 米的山地，如湘赣之间的幕阜山、九岭山、武功山，湘西的武陵山和雪峰山等，这些山地在大范围的格局上影响着南北交通的分布。

---

[1] 中国科学院《中国自然地理》编辑委员会：《中国自然地理·地貌》，科学出版社 1980 年版，第 6 页。
[2] 中国科学院《中国自然地理》编辑委员会：《中国自然地理·地貌》，科学出版社 1980 年版，第 5 页。

河流是地表水的重要形式，它对地貌的塑造具有重要作用。秦岭—大别山一线以南，年降水量在 800 毫米到 2500 毫米，可谓雨量丰沛。从而导致河流数量众多，径流量也丰富，因此对该地区地貌的影响很大。长江中下游的河谷较为宽阔，有阶地发育，两岸山地海拔也不是太高。沿江的冲积平原上有众多的湖泊与汊河。第四纪以来，江汉平原有向东南掀斜的趋势，其整体又在下沉。因此，在此河段发展南北交通，当以水路为主。以岳阳—汉口和武汉—南京段为主的长江中下游河道，有向东南逐渐迁移的过程。这是北岸断块山地有向南掀斜的缘故，加上地球偏转力的影响，河床偏居于河谷的南侧，使得长江河谷南北差异很大，河道北侧仍有冲积平原、河漫滩和阶地发育，地域宽广，且有湖泊生成。而南岸的阶地狭窄，有的地方长江河水还紧邻南岸丘陵，基岩外露，形成矶头，束水挑流，河床陡然变窄，这就使得长江河道在该段宽窄相间分布，成藕节形态。[①] 这种河谷地貌特征对后来沿江交通要道的开发有一定程度的影响，束水挑流之处常常成为交通要道的关津。而河道北侧宽广的河漫滩地带，间或有鬃岗地形或古沙洲和湖泊及分汊河道存在，则比较容易通行，适宜或陆路或水路的交流通道。出土战国时期的《鄂君启节》铭文中就有关于水路和陆路兼备的记载。

另外一些在中生代以来先后抬升的红层盆地中红层相对于周围其他基岩质地较软，在夷平后的地表常常较低洼而发育成为河流的通道。这种地貌形态决定了江南部分红层地区道路只能沿着较为坚硬的基岩展开，但是道路两侧有着丰富的红层地貌，或者河流下切侵蚀出红层地貌。红层盆地内发育的河流多有宽阔的冲积平原，如湘江的衡阳与湘潭地区，赣江的赣州和吉安地区。红层盆地周围的山地，如湘赣交界的幕阜山、九岭山、武功山、万洋山为复式向斜地层构造，沿向斜轴多发育有纵向的河流。这些河流的支流多切割山脉两侧，形成与纵向河流呈近直角的横谷，这些横谷短而窄，当地居民称之为"溪口""洞门"或"洞"，成为山区交通的孔道。[②]

---

[①] 中国科学院《中国自然地理》编辑委员会：《中国自然地理·地貌》，科学出版社 1980 年版，第 84、85 页。
[②] 中国科学院《中国自然地理》编辑委员会：《中国自然地理·地貌》，科学出版社 1980 年版，第 69 页。

## 二　东周及秦汉以后的传世文献和出土文献所载两地的交通道路

中原地区和江汉平原的通道根据地形和文献线索在东周及秦汉之后的历史时期大体可分为东、中、西三条主路（图3.1）。西路是沿洛水上行到达商洛地区再沿汉水、丹水、淅水进入江汉平原。中路是洛阳盆地向南到方城隘口，并进入南阳盆地，再经随枣走廊或经南襄通道涉汉水进入江汉地区。中路由洛阳盆地到南阳盆地又有数条支线。东路则是洛阳盆地东出虎牢关经郑州地区南下大致沿今京广线穿越"义阳三关"进入江汉地区。

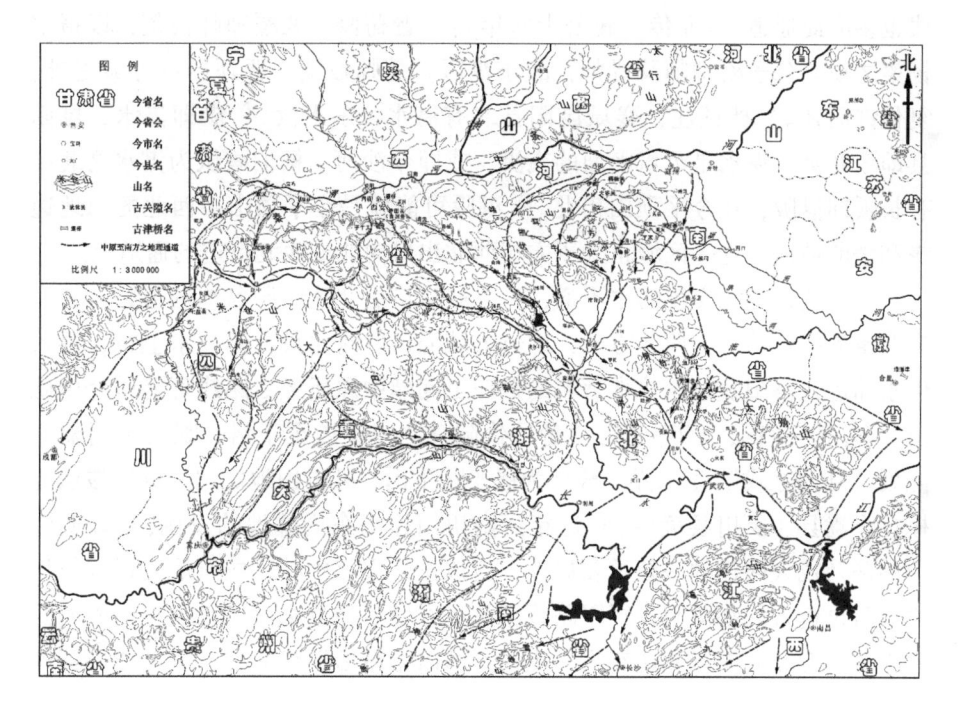

图3.1　据地貌及文献推测之中原地区与南方交通路线示意图

梳理传世典籍，成书于战国中晚期的《尚书·禹贡》篇已经记载了荆州向中央进贡物产的路线："浮于江、沱、潜、汉，逾于洛，至于南河。"[①]浮，是走水路的意思。江，今长江；汉，今汉江；洛，今河南洛河；南河，今洛阳至巩县一带的黄河。禹贡只是粗略地给出了两地区的交流水路，据此

---

[①]（汉）孔安国传，（唐）孔颖达正义，黄怀信整理：《尚书正义》，上海古籍出版社2007年版，第216页。

尚无法看出具体的路线。其实文献中载述最多的是穿越方城隘口的中路。在《左传》中有较多楚伐郑的记载，陈伟先生曾辑出多条并指出军行之地大致位于由今河南方城、叶县之间的方城缺口北至郑都新郑一线。① 中路也称"夏路"，《史记·越王勾践世家》云："夏路以左，不足以备秦。"《索隐》引刘氏云："楚适诸夏，路出方城，人向北行，以西为左，故云夏路以左。"② 谭其骧先生认为（夏路）"大致即相当于今自南阳盆地东北经方城县东出伏牛山隘口的那条公路"③。我们知道出方城到达新郑之后再北行管城（今郑州西北）过虎牢关即可进入洛阳盆地。同时晋楚交往，晋人南下的路线也多沿此通道。《左传·襄公十六年》："晋荀偃、栾黡帅师伐楚，以报宋杨梁之役。公子格帅师及晋师，战于湛阪。楚师败绩。晋师遂侵方城之外，复伐许而还。"杜预注，襄城昆阳县北有湛水，东入汝。④ 湛即湛水，昆阳县即今叶县，湛水是汝水南面的支流，或即今沙河。杨伯峻认为湛水之北山有长阪即湛阪，在今平顶山市北。⑤ 湛阪可能就是今平顶山市西北的山地边缘和缓的坡地，这一区域正处于方城西北出口向北或西北行进的通道上。

其实这条南北交流的主干道，过方城隘口后北达洛阳盆地的道路至少还有两条支线：其一，西北方向，即过方城隘口后西北行，溯汝水上行，再入伊水而进入洛阳盆地。非常著名的楚庄王问鼎中原所经之路线可能就经由此道。《左传·宣公三年》曰："楚子伐陆浑之戎，遂至于洛，观兵于周疆。"此处"陆浑之戎"学术界一般认为居于伏牛山、外方山地之间。杨伯峻认为概在今嵩县、伊川县境内，⑥ 近年河南伊川徐阳东周墓地的发掘，⑦ 证明伊川的确乃戎人内迁的一处重要居地，应该正是文献中陆浑戎所居。讨伐伊川之戎后再进入周都洛阳，行军路线正是过方城后经汝水而伊水再至洛阳的西北支线。西北方向可能还有另一支线，即出方城沿夏路北行，过历或曰栎即

---

① 陈伟：《楚"东国"的道路——兼谈影响先秦交通的社会因素》，《湖北大学学报》（哲学社会科学版）1992年第4期。
② 司马迁：《史记·越王勾践世家》卷四十一，中华书局1982年版，第1748、1750页。
③ 谭其骧：《鄂君启节铭文释地》，《中华文史论丛》第2辑，中华书局1962年版。
④ （晋）杜预：《春秋经传集解·襄公三》，上海古籍出版社1988年版，第931—932页。
⑤ 杨伯峻：《春秋左传注》襄公十六年，中华书局1990年版，第1028页。
⑥ 杨伯峻：《春秋左传注》宣公三年，中华书局1990年版，第669页。
⑦ 郑州大学文物考古研究院（洛阳）、洛阳市文物考古研究院：《河南伊川徐阳东周墓地西区2013—2015年发掘》，《考古学报》2020年第4期；郑州大学文物考古研究院（洛阳）、洛阳市文物考古研究院：《河南伊川徐阳墓地东区2015—2016年发掘简报》，《华夏考古》2020年第3期。

第三章　中原与南方地区的文化互动与交流通道　　　　　　　　　63

今禹州,①再经古镮辕关进入嵩山以北的洛阳盆地,文献中也有此路的载述。②尽管此路较之经由虎牢关进入洛阳盆地或者上述支线一在里程上近了许多,但是进入嵩山之后险峻异常,绝非日常商旅行人常用之途。

其二,东北方向,即出方城后向东北行,抵达今郑汴一线再西入洛阳盆地。近年公布的北京大学藏秦《水陆里程简册》有这一东北方向的支线里程的记载:武庚到阆蒡渠三百廿七里。

对此辛德勇先生曾指出,粮食辎重物资可能多从方城东北行,入阆蒡渠,溯流北上再西入洛阳。其实方城东北至昭陵(今河南漯河市)是有水路沟通并在此汇入汝水,汝水与颍水之间则还有一条大灈水沟通。③东北支线这一水路在南北朝及之后利用也较多。④北京大学藏秦《水陆里程简册》记录的内容正是秦南郡(包括江汉平原)各地以及由南郡北上途经南阳郡抵达洛阳的水陆通道和里程,其中绝大部分内容正是本书探讨的交流通道。秦《水陆里程简册》详细记录了从秦南郡江陵到淯口这一南北干道的水路和陆路里程及各分支支线的里程,又记载了北出秦南郡进入秦南阳郡登攀渚(西陵)、宜民庚、宛县最后抵达洛阳的水路、陆路里程。这里据辛德勇先生的考证,秦江陵概战国楚都郢(今荆州纪南城)一带,淯水即今白河,淯口即白河汇入汉水的地方,西陵和攀渚大概是同一地点在秦邓县内,今邓州市,秦宛县今南阳市。此处秦南郡江陵至南阳郡宛县的这段道路正是前文所言的狭义的南襄隘道。可见至少在秦时,这条道路是北出江汉的重要干道。

值得注意的是,秦《水陆里程简册》还记载了北出南阳盆地到洛阳盆地的最近道路,即历史时期著名的"三鸦路"。《读史方舆纪要》卷46河南重险"三鸦"条有对三鸦的里程和地点的详细载述,并指出"三鸦盖出奇之道矣"⑤。而在南北朝时可能已有三鸦路之称,以险闻名,多次战争中

---

① 陈絮:《周代农村基层聚落初探——以西周金文资料为中心的考察》,《新出金文与西周历史》,上海古籍出版社2011年版,第136—137页;周博:《禹鼎、敔簋与淮夷内侵路线问题》,《历史地理》第三十四辑,上海人民出版社2016年版,第38—43页。
② 《左传·襄公二十一年》载晋大夫栾盈奔楚过周,"使司徒禁掠栾氏者,归所取焉,使候出诸镮辕"。杜注,镮辕,关,在缑氏县东南,缑氏即今偃师。参见《春秋经传集解》,上海古籍出版社2011年版,第971、972、977页。
③ 辛德勇:《北京大学藏秦水陆里程简册初步研究》,《出土文献》第四辑,中西书局2013年版。
④ 王文楚:《古代交通地理丛考》,中华书局1996年版,第6—12页。
⑤ 顾祖禹:《读史方舆纪要》卷46,河南重险"三鸦"条,中华书局2005年版,第2126—2127页。

涉及三鵶，在《魏书》①《北史》②中多有载述。其后《元和郡县图志》《通典》《太平寰宇记》《明一统志》等多有记载。此处鵶、鸦本一字，或作鸭，徐少华先生曾结合自己实地考察，考证魏晋时期的鲁阳、鲁阳关水和三鸦路，他认为三鸦路大致以今鸭河口附近的北（百）重山为起点，溯鲁阳关水（今鸭河）而上至分水岭下，为第一鸦，约60里；分水岭至鲁阳关为第二鸦，南北10里；由鲁阳关沿三鸦水（今瀼河）而下，至鲁山县西南之三鸦镇（今瀼河镇），为第三鸦，约40里，全程110里左右。③其考证明晰，观点合理可信。而秦《水陆里程简册》中辛德勇先生对雉、鲁阳等关键地点和徐少华先生观点一致，因而两文相较，可知秦《水陆里程简册》中雉县到鲁阳的103里路程正是历史时期著名的"三鸦路"。至此，关于宜民庚到鲁阳365里，也就容易理解了。宜民庚到雉县、鲁阳的道路共约210里，要穿山越岭，正是后世的"三鸦路"，但却是南阳盆地直接北上最近的路。而另一条路则可能是过方城隘口或转至东北阳县等地再转向西北的鲁阳，显然是秦时北上的又一通道。至此笔者认为，三鸦路其实是沟通江汉和洛阳盆地中路路线中的又一支线，根据其险峻奇险的特征，这一道路史料记载中多出奇兵而用之。

安徽寿县出土的战国晚期铜器鄂君启节铭文对江汉平原到中原的这条中路路线有详细记载。对此学者著述甚多，其中的舟节部分水路交通多集中在江汉地区，而车节则是主要记载从南阳盆地北部东北行至方城，然后东行沿淮水至居巢一段。④尽管铭文中提到的地点和路线等具体观点学者之间看法不一，甚至对关键的东周时期的"鄂地"学者的看法也截然不

---

① 《魏书》中多处有关三鸦路的记载，如《魏书·列传》卷四十五，韦阆的族弟韦珍曾镇守三鸦之险，高祖曰："朕顷戎车再驾，卿常翼务中军，今日之举，亦欲与卿同行。但三鸦险恶，非卿无以守也。"见《魏书》，中华书局1974年版，第1014页。

② 同样《北史》也有多处载述，如："六年春（北周文帝），东魏将侯景出三鸦，将侵荆州，帝遣开府李弼、独孤信各率骑出武关……"见《北史》卷九，中华书局1974年版，第324页。

③ 徐少华：《〈水经注〉所载鲁阳关水相关地理考述》，《历史地理》第二十五辑，上海人民出版社2011年版，第29—37页。

④ 参见谭其骧《鄂君启节铭文释地》，《中华文史论丛》第2辑，中华书局1962年版，及《再论鄂君启节地理答黄盛璋同志》，《中华文史论丛》第5辑，中华书局1964年版；黄盛璋《再论鄂君启节地理考证与交通路线复原与地理问题》，《安徽史学》1988年第2期；陈伟《鄂君启节之"鄂"地探讨》，《江汉考古》1986年第2期；又见陈伟《〈鄂君启节〉——延绵30年的研读》，《新出楚简研读》，武汉大学出版社2010年版。

同，但是铭文内容揭示由江汉平原北上中原，存在经由南襄隘道、南阳盆地、方城隘口这样的交通道路则是共识。

还有一件年代属于春秋早期的传世铜器曾伯霖簠，器、盖同铭，铭文因记载了中原和江汉之间的"金道锡行"而备受学术界关注。其中的"克敌淮夷，印燮繁汤，金道锡行，具既卑方"则是全篇铭文的核心。从这几句可以得出两周之际和春秋早期中原和位于南方的淮夷之间存在运输铜、锡的道路，其中道路的关键点就是繁汤。关于繁汤的具体所在，不少学者做过研究。刘节提出繁、汤为一地，即《左传·襄公四年》所言的繁阳，依杜注，繁阳汝南鲖阳县南，即今新蔡北。① 屈万里、陈公柔、李学勤等学者均赞同这一说法。② 综合相关文献及考古材料，我们赞同繁汤在今新蔡北。显然繁汤一地应是南北方铜料的集散地，也是南北方物资贸易的枢纽。与此同时，繁汤在不同时期的地位是不同的，陈公柔先生曾指出："在《曾伯霖簠》的年代，（繁阳）从北方来讲是最接近南方水陆通运的枢纽，因而'印燮繁汤'为一件大事。到了《鄂君启节》的年代，繁阳在交通主干线上已居于次要的地位。"③ 近年曾国考古获得重要收获，京山市苏家垄墓地发现了曾伯霖（M79）与夫人芈克墓（M88），芈克墓中出土的曾伯霖壶铭文中也有"克敌淮夷"的字句。说明《曾伯霖簠》的曾就是位于随枣走廊的曾国，其肩负控制桐柏山以东的淮夷势力、保障中原铜锡矿路的政治使命。

东路的义阳三关作为南北交流的重要关口在传世典籍中也有载述。楚昭王十年，柏举之战发生前，吴国和蔡侯、唐侯联合伐楚，楚左司马沈尹戍为楚令尹子常献出的退敌方略中有三塞的记载，从中也可见三塞的地位非同一般。其曰："子（即子常）沿汉而与之上下，我悉方城外以毁其舟，还塞大隧、直辕、冥阨，子济汉而伐之，我自后击之，必大败之。"塞大隧、直辕、冥阨据杜注："三者，汉东之隘道。"④ 此处两条道路均有载述，西边方城路，东边三塞即后世的义阳三关。《史记·魏世家》："伐楚，道涉山谷，行三千里

---

① 刘节：《寿县所出楚器考释》，《古史考存》，人民出版社1958年版，第123页。
② 屈万里：《曾伯霖簠考释》，《历史语言研究所集刊》第33本，1962年；陈公柔：《〈曾伯霖簠〉铭中的"金道锡行"及相关问题》，《先秦两汉考古学论丛》，文物出版社2005年版，第1—13页；李学勤：《戎生编钟论释》，《文物》1999年第9期。
③ 陈公柔：《〈曾伯霖簠〉铭中的"金道锡行"及相关问题》，《先秦两汉考古学论丛》，文物出版社2005年版，第8页。
④ （晋）杜预：《春秋经传集解》定公四年，上海古籍出版社1988年版，第1628、1631页。

而攻冥阨之塞，所行甚远，所攻甚难，秦又不为也。"[1] 这是三塞的又一记载。此外，《后汉书·郡国志》刘昭注引《荆州记》曰："襄阳旧楚之北津，从襄阳渡江，经南阳，出方关，是周、郑、晋、卫之道，其东津经江夏，出平泽关，是通陈、蔡、齐、宋之道。"[2] 此处明确记载了北出江汉的东西两条道路，即本书的中路和东路。其中的平泽关，或曰平皋关，即唐以后的平靖关。

西路在传世文献中很少见有载述，但是一些铜器铭文中可能有所反映（见下文西周部分）。

## 第二节 中原地区和江汉平原新石器时代互动通道

中原地区和江汉平原是两个独立的地理区域，两地在先秦时期尤其中国古代文明形成的早期阶段扮演着重要角色。两地间的互动交流早在新石器时代已显端倪。苏秉琦先生关于中国文明起源"满天星斗"的观点，张光直先生利用考古材料对相互作用圈理论的阐发及李新伟先生关于公元前3500年前后上层远距离交流网的论证，[3] 为早期文化的地域间交流提供了理论与考古事实两方面的依据，为新石器时代各地区之间交流通道的研究提供了基础。与此同时，在各文化群体之间沿着习惯性的地理通道碰撞、交流的时候，也一定受着自然地理的构成形态诸如山脉、河流、森林等因素的影响和限制。因此本节首先对中原和江汉平原之间地理通道进行概述，在充分利用聚落考古和相关资料的同时结合近年笔者一系列田野考察成果，试就新石器时代中原地区和江汉平原之间的交流通道及相关问题作一综合探讨。

### 一 江汉平原和洛阳盆地之间的重要地理通道

江汉平原由长江与汉江冲积而得名，位于长江中游北岸，长江和汉水分南北两侧流动在江汉平原上，成为营造平原的主要力量，具体地理范围上西起宜昌枝江，东迄武汉，北至荆门钟祥，南与洞庭湖平原相连。江汉平原位于中原地区的南部，两地区之间呈现平原、丘陵、盆地、山地并存

---

[1] 司马迁：《史记·魏世家》卷四十四，中华书局1982年版，第1857页。
[2] 范晔：《后汉书·郡国志四》志第二十二，中华书局1965年版，第3481页。
[3] 苏秉琦：《中国文明起源新探》，生活·读书·新知三联书店1999年版，第118—125页；张光直：《中国相互作用圈与文明的形成》，《庆祝苏秉琦考古五十五年论文集》，文物出版社1989年版，第1—23页；李新伟：《中国史前社会上层远距离交流网的形成》，《文物》2015年第4期。

中原地区南下可沿外方山、伏牛山东麓的山前地带，也可沿豫西山地中河流谷道。豫西山地北至黄河，南以南阳盆地的边缘为界，东部至黄淮海平原。主要由伏牛山、外方山、嵩山、熊耳山、崤山组成。整个豫西山地，大部分是中山和低山，少部分是丘陵与平地。山地内部还分布有大小河流，如颍、汝、伊、洛等，这些河流切割山地，形成规模大小不等的河谷，而河谷则成为古今重要的交通孔道。溯洛河（古洛水）而上可达北部的商洛地区，再经丹江可达南阳盆地，之后或继续沿汉江水路或经随枣走廊均可达江汉平原；溯伊河（古伊水）而上可顺利从中原的腹地——洛阳盆地抵达嵩山以南的颍汝流域，再东南到达江淮地区或南行经南阳盆地抵达江汉平原。

江汉平原的北部是西北—东南走向的大别山—桐柏山，这一线东北是豫东南的华北大平原和豫南山地。在此界限的西端则是北接伏牛山、西依秦岭、南靠大巴山余脉的南阳盆地，其间汉水的北部支流——唐、白河自北而南流，盆地西边是丹淅流域诸河流的中上游山地。汉水在鄂西北地区向西北逐渐延伸到陕南，而丹水的上游也深入到商洛地区的秦岭南坡。在江汉平原的中北部分布着大洪山，呈西北—东南走向，由于它不与其北的桐柏山相连，故在二山之间相对低平地区便形成了一条与二山走向一致的地理通道——随枣走廊。在大洪山之西，是向东南流的汉水。汉水的西边是鄂西山地，其中位于长江以北，由北向南有荆山、武当山等。而从豫西南的南阳盆地向南沿唐、白河至鄂境襄阳一带曾有南襄隘道的说法，[1]但是这一地理区域内地势较为低平、和缓，似乎称为南襄通道更合理。

南阳盆地东北方向的伏牛山与桐柏山连接处有一个重要的地理关口，这个关口是由中原进入南阳盆地的最为便捷的通道。这个关口的名称今天称为方城，然而至少在《左传》时期已有"方城"的地名。与此同时，洛阳盆地和江汉平原之间另一个关口也至关重要，即上述江汉平原北部桐柏山和大别山交界处翻越南北的三个险要隘口，具体位置在今天的信阳境

---

[1] 黄盛璋先生在谈到河、渭与江汉之间的交通时曾提到过"南襄隘道"，他指出："秦岭是东西走向的，愈东山势愈低削，到了南阳方城附近，忽告中断，形成了一条历史地理上著名的南襄隘道。"因此，黄盛璋先生是把"南襄隘道"置于更大的区域地理背景之下来讨论的，北部连贯起盆地最北的方城。见《历史上黄、渭与江、汉间水陆联系的通道及其贡献》，原载《地理学报》1962年第4期，后收入《历史地理论集》，人民出版社1982年版，第180页。本书的南襄隘道相对而言仅是指从今南阳市区至湖北襄阳这一段。

内。东晋、南北朝时以"义阳三关"命名,其后隶属名称虽有变迁,但是此惯称在历代志书中得以沿袭,三关渊源于春秋时的大隧、直辕、冥阨三塞,其最初的三关关名很可能就是当时的塞名。①

## 二 新石器时代中原和江汉平原的互动交流通道概述

在新石器时代中期,中原地区和江汉平原的交流还处于比较原始的状态,因为各文化群体本身的分布范围相对较小,因此彼此之间可能还存在着间隙地。例如,新石器时代中期,在今鄂中偏北的钟祥平原、襄宜平原、随枣走廊、南阳盆地还未见已发表的有关新石器时代的遗存,因而可将这些地区视为此期鄂西南的彭头山文化与河南南部裴李岗文化、关中老官台文化之间的间隙地,它们彼此之间的交流甚微。新石器时代晚期以来,鄂境考古学文化的分布范围开始逐渐扩大,到大溪文化时期,各地区的文化、族群开始有了碰撞与接触,相互之间的间隙地开始缩小并开启了与周围地区越来越强的文化交流。

如仰韶文化中期,长江中游地区受到庙底沟文化的强烈影响,南下的通道是沿"汉水、丹江、白河、唐河而下,至襄阳附近分两路,一支经随枣走廊,顺涢水而下,后沿长江北岸往东,影响到黄冈附近。……另一路线是顺汉水而下,后沿江汉平原北部边缘往西,到枝江、枝城一带"②。可见中原文化向南影响到今鄂境的通常路线就是经过南阳盆地,至南阳盆地的南端就又分出东、西两条道路。至屈家岭文化时期,在鄂境已形成了一个较为统一的文化区,并在此基础上开始与更远的周围地区(如豫南、陕南、关中等地)有了文化间的较多交流与往来。

与此同时,江汉地区考古学文化对中原地区的传播和交流,也主要是通过上文所言的南襄通道,再由南阳北连伊洛,东向通往豫中平原。以往学者多从中原地区视角出发来考察仰韶文化南传。在此我们则从江汉平原的视角,通过研究新石器时代屈家岭、石家河文化的分布与扩缩特征以及

---

① 高士奇:《春秋地名考略》卷九"大隧、直辕、冥阨"条,上海古籍出版社,文渊阁四库全书影印本。杨伯峻认为此三塞为今鄂豫交界三关,参见其《春秋左传注》定公四年,中华书局1990年版,第1543页;陈习刚:《"义阳三关"的演变与地位》,《信阳师范学院学报》2004年第1期。

② 王红星:《新石器时代长江中游地理研究》,博士学位论文,武汉大学,1998年,第24页。

与周围地区的交流情况,来探索江汉和中原地区之间文化交流的地理通道和自然地理状况对人文地理格局的影响。

### 三 屈家岭文化的北播

有关典型屈家岭文化的分期以前的学者作过不少研究,如张云鹏、王劲两位先生把屈家岭文化分为早期、晚一期、晚二期共三期;[1] 何介钧先生则划分为早、中、晚三期。[2] 樊力先生主张屈家岭文化应该分二期三段。[3] 张绪球先生认为典型的屈家岭文化可分为早、晚两期。[4] 可见大家的意见并不一致,但是由于张云鹏、王劲、何介钧所认为的早期屈家岭文化被张绪球归于大溪文化晚期,所以,实际上他们都是将典型的屈家岭文化分为前后两期的。

屈家岭文化从早到晚区系类型的划分,最初何介钧先生认为典型屈家岭文化可以分为以汉水流域为中心的屈家岭类型和洞庭湖地区的划城岗类型;[5] 后来,沈强华先生则区分出四个地方类型,即分布于汉水以东、大洪山以南的鄂中地区,以京山、天门、应城、钟祥为其核心的屈家岭类型;鄂西枝江、宜都、当阳和宜昌等县一带的关庙山类型;鄂西北、豫西南的郧县、均县(今丹江口市)、淅川地区的青龙泉类型;分布于湖南北部安乡、澧县、华容等地的划城岗类型。而且认为涢水以东的孝感、黄冈等地可能是屈家岭文化的又一个地方类型。[6] 祁国钧先生建议将沈强华先生所划分的鄂西关庙山类型和洞庭湖地区划城岗类型合起来作为一个地域类型,可称之为关庙山类型。[7] 在关庙山类型的鄂西地区,近年来于宜昌清水滩[8]、中堡岛[9]、巴东李家湾[10]

---

[1] 中国科学院考古研究所:《京山屈家岭》,科学出版社1965年版;王劲:《江汉地区新石器时代文化综述》,《江汉考古》1980年第1期。
[2] 何介钧:《论屈家岭文化划城岗类型的分期》,《考古》1989年第4期。
[3] 樊力:《论屈家岭文化青龙泉二期类型》,《考古》1998年第11期。
[4] 张绪球:《长江中游新石器时代文化概论》,湖北科学技术出版社1992年版,第185—201页。
[5] 何介钧:《长江中游原始文化初论》,《湖南考古辑刊》第1辑,岳麓书社1982年版。
[6] 沈强华:《试论屈家岭文化的地域类型》,《考古与文物》1986年第2期。
[7] 祁国钧:《试论屈家岭文化的类型与相关问题》,《江汉考古》1986年第4期。
[8] 马继贤:《西陵峡考古亲历记》,《四川文物》2003年第3期。
[9] 湖北省宜昌地区博物馆、四川大学历史系:《宜昌中堡岛新石器时代遗址》,《考古学报》1987年第1期;国家文物局三峡考古队:《湖北宜昌中堡岛遗址发掘简报》,《文物》1989年第2期;国家文物局三峡考古队:《朝天嘴与中堡岛》,文物出版社2001年版。
[10] 湖北省文物考古研究所等:《湖北省巴东县李家湾遗址发掘简报》,《江汉考古》2004年第3期。

等地发现了不少屈家岭文化遗址,大大拓展了屈家岭文化分布的西界,单思伟将这一地区屈家岭文化命名为杨家湾类型。同时东北方向,对于武昌放鹰台、阳新大路铺,甚至东北越过大别山在信阳地区发现的屈家岭文化的遗址,则将其命名为放鹰台类型。①

就屈家岭文化的形成与发展来看,林邦存先生曾指出:屈家岭文化存在相对中心区,这是屈家岭文化研究中很多学者比较一致的认识。如王劲先生在《江汉地区新石器时代文化综述》中说:"屈家岭文化集中分布在汉水中下游和长江交汇的江汉平原上,……是这一文化的发展中心。"②何介钧先生认为长江中游的屈家岭文化至少可以分为两个类型:一是长江沿岸的洞庭湖区,可称为划城岗类型;二是汉水流域,可称为屈家岭类型,而后者比前者在文化特征上"发展得更充分"③。沈强华先生认为,屈家岭文化晚期是屈家岭文化发展的繁荣期和成熟期,这一时期的屈家岭文化分布范围更广,其中屈家岭类型是典型的屈家岭文化,是屈家岭文化的中心地区。④张绪球先生把汉江从襄樊至潜江河段以东、涢水以西、桐柏山以南这一地域范围简称为"江汉东部地区"或"汉东地区",而汉东地区是屈家岭文化的中心区域。⑤

屈家岭类型应属于屈家岭文化的中心区,其分布范围早晚也有所不同,根据目前的考古资料,显然沙洋城河遗址已位于汉江以西,可见西界已突破汉江。根据单思伟的研究,屈家岭类型的第一阶段分布区北部大概到今钟祥市境内的大洪山南麓,东部到涢水以东,南不过荆江,西过汉江,但汉江以西仅有零星分布。⑥周围地区的屈家岭文化都是在这个最早的中心区的影响下逐渐形成的,所以时间断面上多是晚期的遗存。

在仰韶文化王湾类型分布区以南和屈家岭文化中心类型分布区之间的仰韶文化分布区,是否为屈家岭文化的北部"发展区"呢?林邦存先生认为因考古资料较为缺乏,尚难以完全肯定,只是从不同"区"中的不同

---

① 单思伟:《屈家岭文化研究》,博士学位论文,武汉大学,2018年,第172、174页。
② 王劲:《江汉地区新石器时代文化综述》,《江汉考古》1980年第1期。
③ 何介钧:《长江中游原始文化初论》,《湖南考古辑刊》第1辑,岳麓书社1982年版。
④ 沈强华:《试论屈家岭文化的地域类型》,《考古与文物》1986年第2期。
⑤ 张绪球:《汉江东部地区新石器时代文化初论》,《考古与文物》1987年第4期。
⑥ 单思伟:《屈家岭文化研究》,博士学位论文,武汉大学,2018年,第174—184页。

"系",可以认为已发现了三个由原仰韶文化发展为屈家岭文化的不同"类型"①。它们是:鄂北随枣走廊地区由仰韶文化雕龙碑类型直接发展起来的屈家岭文化雕龙碑—曹家楼类型。主要遗址有枣阳雕龙碑、随州西花园、宜城曹家楼②等。林先生认为,雕龙碑第三期遗存的陶系开始变化,应是屈家岭文化中心类型发明的快轮制陶技术向北传播已抵该"类型"分布区的结果,应属由"仰韶文化雕龙碑类型"直接发展起来的"屈家岭文化初期"遗存,其内涵和相对年代都与典型的屈家岭文化屈家岭类型早二期相当;1988年报道的宜城曹家楼遗址第一、二期遗存,都以灰陶系为主,其中曹家楼第二期的遗存中出现高圈足杯这种屈家岭文化晚二期的标准器物,可知曹家楼第一、二期的相对年代约当屈家岭类型的屈家岭文化晚一、二期,可以上接雕龙碑第三期。所以,随枣走廊地区由仰韶文化雕龙碑类型直接发展起来的"屈家岭文化发展时代"的文化遗存,可命名为"屈家岭文化雕龙碑—曹家楼类型"③。

把鄂北随枣走廊地区定为典型的屈家岭文化也就是屈家岭类型的屈家岭文化向北的发展区是很正确的,但还有一点需要说明:既然雕龙碑遗址的陶器与屈家岭类型早二期的陶器有相同的因素,那么说明在后来所谓的屈家岭文化第二期的时候,其向北的影响已经达到了今随枣走廊的北部地区;而宜城曹家楼遗址陶器中所包含的屈家岭文化的因素是屈家岭文化晚一、二期的因素,则说明曹家楼所在的地区受到屈家岭文化影响在时间上要晚于随枣走廊地区,那么我们能不能就此推测,屈家岭文化向北方的传播,先是到达随枣走廊,而后到达今宜城平原一带呢?实际上这就是屈家岭文化在北播路线上的一种选择。

从地理位置上看(图3.2),从今襄阳一带直接南进鄂西不是更便捷吗?为何偏爱东南部的随枣走廊呢?我们的推测是,或许是因为今襄阳之南存在着一个地理上的关口,这个关口是由东南部大洪山的最西北端与西北方武当山的东南端头相对峙形成的,我们可以叫作武当—大洪关

---

① 在这里,林邦存先生所谓的不同的"区"和"系"是指把它们都归属于屈家岭文化范畴之内的基础上划分的次一级类型。
② 武汉大学历史系考古教研室、襄樊市博物馆、宜城县博物馆:《湖北宜城曹家楼新石器时代遗址》,《考古学报》1988年第1期。
③ 林邦存:《关于屈家岭文化区、系、类型问题的初步分析》(续),《江汉考古》1997年第2期。

或襄南隘口。汉水流经此关口，在关口以北是向东南方流行的，由于受到大洪山西北端头的阻隔，突然改变流向而自两山相对的峡口南下，这在交通工具不发达的石器时代、在与此处以东并无高山阻隔的随枣走廊相比而言，自襄南隘道继续南进无疑是受到了明显的阻隔。加之由于新石器时代晚期屈家岭文化时期这里气候温暖湿润，[1] 武当、大洪诸山很可能有原始森林，而汉江也水大流急、不宜横渡，故选择了较易行走的随枣走廊。

实际上，在后来的商周时期，历史的重演更能说明我们上述的推测。据杨权喜先生研究，商周时期，鄂境汉水以东深受中原青铜文化的影响，"而汉水以西的鄂西地区却是另外一种情况，商、西周时期的文化遗存在此较罕见，有大片地区甚至没有发现"[2]。中原青铜文化对汉东地区的影响，事实上就是中原青铜文化通过随枣走廊到达那里的。这种现象的重现，除了鄂西地区地理位置相对较远、或被强悍异族所占据等因素外，和中原地区南下鄂西地区没有便捷的地理通道的事实不无关系。

在大洪山的西北部，即今枣阳、宜城、襄阳交界的喜山、新集和平林等村镇一带，存在着一个山脉的中断，将与武当山西南端头共同形成襄南隘口的大洪山西北顶端和东南部大洪山的主体割断，因此在中断处似乎又有一条南北向的次级走廊，这条小型走廊把随枣走廊的西北段和汉水以东、大洪山西麓的南北通道连接了起来，从而形成了一条随枣走廊的辅助通道。屈家岭文化在北进的过程中，这条辅助的通道相信也是必选的。

此外，虽然自襄南隘道稍西处南渡汉水，然后沿汉水以西的荆山东麓南来，似乎也是可以行走的，但是从今襄阳以西的汉水河段南渡，越河即面对的是前述形成襄南隘口的武当山东南端的山脉，向南翻过此山

---

[1] 徐馨、沈志达《全新世环境——最近一万年以来环境变迁》（贵州人民出版社1990年版，第73页）一书认为我国东部全新世早中期距今9000年以来的气候变化可划分为四个阶段：（1）8500a. B. P—7000a. B. P，气候转冷，为第二次新冰期；（2）7000a. B. P—5800a. B. P，气候转暖，为第二次新高温期；（3）5800a. B. P—5000a. B. P，气候转冷，为第三次新冰期；（4）5000a. B. P—4000a. B. P，气候转暖，为第三次新高温期。屈家岭文化的年代大约是5000a. B. P—4500a. B. P，正位于上述第三个新高温期，高温气候必带来丰沛的雨量，河流径流量会明显增大，河床表现为下切侵蚀，给渡河带来一定难度。

[2] 杨权喜：《试谈鄂西地区古代文化的发展与楚文化的形成问题》，《中国考古学会第二次年会论文集（1980）》，文物出版社1982年版，第21—32页。

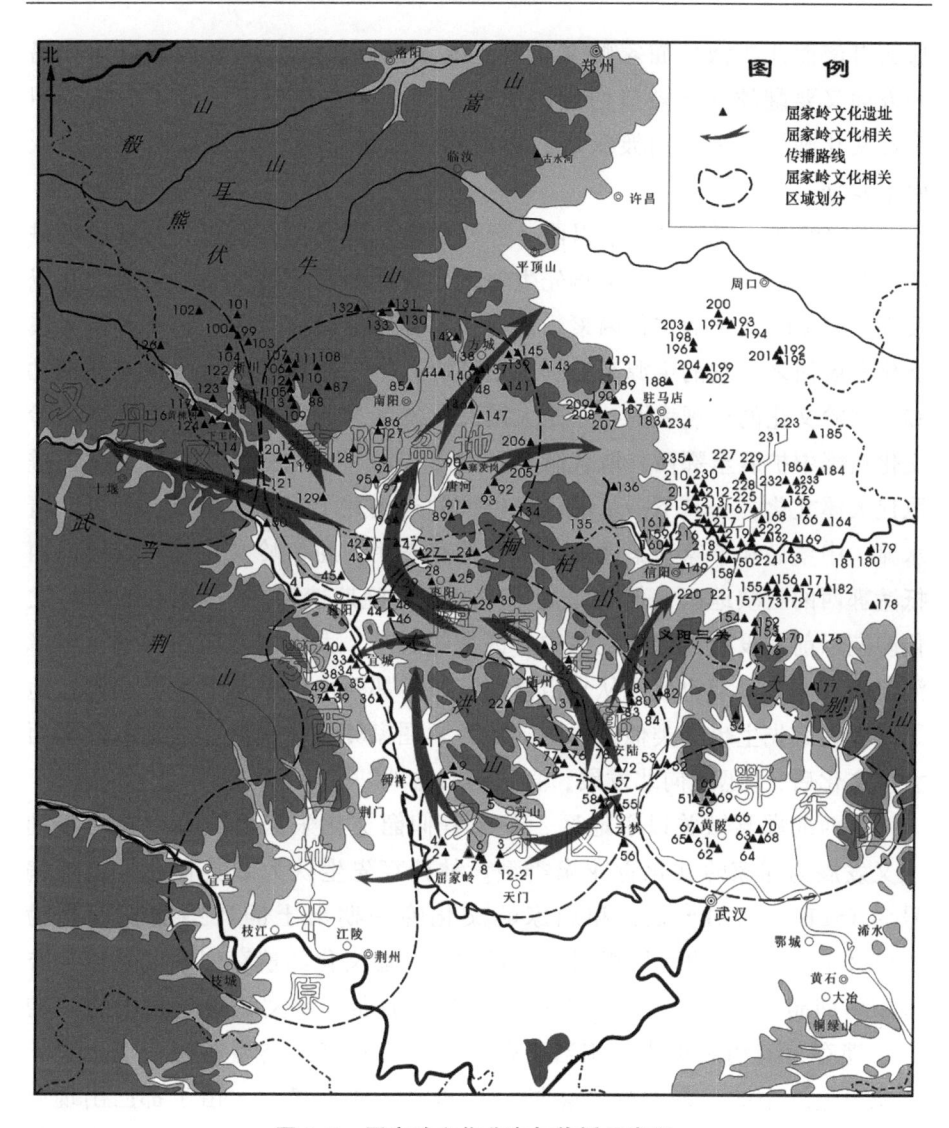

第三章 中原与南方地区的文化互动与交流通道

图 3.2 屈家岭文化分布与传播示意图

脉，方可进入较为平坦的荆山东麓，所以与东向行走随枣走廊相比还是较为不便。由此可见，自豫西南南阳盆地进入鄂境，最便利因而也被先民长期使用的通道便是随枣走廊。而屈家岭文化在这里的分布情况也正好印证了这一点（参考图3.2）。但是需要说明的是，我们的意见并不是说南来北往都不走襄南隘口之道，只是与东部的随枣走廊相比，不如随枣走廊便捷而已。所以这里同样是文化交流的一条不十分便利的通道。

那么自南而北扩散的屈家岭文化要走这条道路，一方面要西渡汉水，另一方面又要翻越襄南隘口西端的山脉，相对来说就艰难一些了。直到屈家岭文化晚期，才先西渡汉水，再沿鄂西山地东麓、汉水以西北上进入南阳盆地。

屈家岭文化要通过汉水以西、鄂西山地东麓北上，则首先要解决西进的问题。关于这一点，沈强华先生通过比较鄂西屈家岭文化、大溪文化以及鄂中屈家岭文化的文化因素，认为"鄂西屈家岭文化的主体不是从大溪文化发展而来，它的主源来自鄂中屈家岭文化"，"鄂西地区大溪文化消亡和屈家岭文化的出现表明，不是大溪文化发展为屈家岭文化，而是屈家岭文化从鄂中扩展至鄂西，取代融合了大溪文化"[1]。由此，屈家岭文化西进取代大溪文化，为其下一步沿汉水以西的通道北上打下了基础。另外，清水滩、中堡岛和李家湾诸遗址的文化遗存表明，屈家岭文化确实继续向西抵达鄂西的三峡地区，但均是屈家岭文化的晚期遗存。[2] 说明在屈家岭文化晚期以前并没有大规模地从中心区域的汉东、大洪山南向西发展至沮漳河流域。那么早期也就无从自沮漳河流域沿鄂西山地东麓北上至南阳盆地了。郭胜武先生也有类似的看法，认为"屈家岭文化晚期"才在取代鄂西大溪文化后，"迅速向北发展，直达南阳盆地"[3]。

鄂西北郧县城关以东地区，分布着仰韶文化朱家台类型，在此基础上又发展为屈家岭文化青龙泉类型。林邦存先生认为郧县青龙泉遗址编号为T52HG：121[4]缸，和屈家岭文化晚一期出土的典型器物编号为T108：4（45）[5]的锅很相似，原青龙泉仰韶文化的遗存似乎就是该分布区中由仰韶文化朱家台类型直接发展起来的屈家岭文化青龙泉中的"初期"遗存，其相对年代只相当于屈家岭文化屈家岭类型的晚一期；至于青龙泉遗址中的"屈家岭文化早期"和"晚期"遗存，由于都已出现高圈足杯这种屈家岭文化晚二期的标准器物，所以可进而认为，青龙泉的屈家岭文化早、晚期的遗存都只相当于屈家岭类型的屈家岭文化晚二期，

---

[1] 沈强华：《鄂西地区大溪文化的去向和屈家岭文化的来源》，《江汉考古》1994年第4期。
[2] 冰白：《三峡新石器时代至商周时期考古的新局面和新课题》，《武汉大学学报》（人文科学版）2004年第6期。
[3] 郭胜武：《屈家岭文化来龙去脉浅探——从划城岗遗址的发现谈起》，《考古》1986年第1期。
[4] 中国社会科学院考古研究所：《青龙泉与大寺》，科学出版社1991年版，第48页。
[5] 中国科学院考古研究所：《京山屈家岭》，科学出版社1956年版，第31页。

只是该期在青龙泉类型中还可以更明确地划分为前、后两段。① 可见，南阳盆地及其以西地区的屈家岭文化青龙泉类型，在时间上又要晚于早二期的随枣走廊地区，所以可以推断这里的屈家岭文化是经由随枣走廊向西北传入的。

鄂西北郧县城关以西至豫西南地区存在着一个与随枣走廊、郧县城关以东地区不同的"文化系统"，而且此区进入"屈家岭文化"发展时代特别晚。下王岗"屈家岭文化"一期遗存②和《青龙泉和大寺》所谓大寺屈家岭文化遗存都是与青龙泉屈家岭文化晚期大体同时期的文化遗存，应属于屈家岭文化晚二期后段才形成的遗存。从时间上看，是屈家岭文化在鄂西北部最晚形成的一个"发展区"；从地理位置看，也是离以京山屈家岭遗址为核心的典型屈家岭文化分布区最远的一个区域。

如前所述，宜城平原地区为屈家岭文化所占据，是在屈家岭类型的晚一、二期阶段，晚于在屈家岭类型早二期就被占领的随枣走廊一带，而鄂西北地区要比宜城平原一带更晚一些才由屈家岭文化所占据。在鄂西北，郧县城关以西地区比以东地区又要晚一些成为屈家岭文化的分布地区。由此可以看出，屈家岭文化在大洪山南麓兴起后，通过鄂北几条主要的传播通道，向北部、西北部传播的动态轨迹，也正是鄂豫陕间文化交流的重要组成部分。

当随枣走廊地区在屈家岭文化早期晚段为屈家岭文化所占据后，其向西进入南阳盆地和汉水中游，形成屈家岭文化的青龙泉类型。高崇文先生也认为距今5000年前后的屈家岭文化，已遍布了整个长江中游大部分地区，并向北进入原仰韶文化区的汉水中游和南阳盆地。③ 屈家岭文化的青龙泉类型向北拓展，在洛阳盆地、郑州地区很多遗址见到屈家岭文化因素，学者对此多有研究，④ 如王湾遗址第二期遗存的双

---

① 林邦存：《关于屈家岭文化区、系、类型问题的初步分析》（续），《江汉考古》1997年第2期。
② 河南省文物研究所、长江流域规划办公室考古队河南分队：《淅川下王岗》，文物出版社1989年版。
③ 高崇文：《试论长江中游原始文化的变迁与古史传说》，《稻作、陶器和都市的起源》，文物出版社2000年版，第190页。
④ 罗彬柯：《略论河南发现的屈家岭文化——兼述中原与周围地区原始文化的交流问题》，《中原文物》1983年第3期；孙广清：《河南境内的大汶口文化和屈家岭文化》，《中原文物》2000年第2期；孟富召：《屈家岭文化的北渐》，《华夏考古》2011年第3期；单思伟：《屈家岭文化研究》，博士学位论文，武汉大学，2018年。

腹豆（H474∶1）①，滩小关遗址中的圈足杯（TT5③∶2）、斜腹杯（H14∶1、H14∶12、T5⑤∶8）②，大河村遗址的斜腹杯（H66∶5、T42④∶1、T27⑤∶16、H192∶4）③，西山遗址的尊形杯（H1452∶3）④等。而屈家岭向北渡过黄河已进入晋南，如在襄汾陈郭村发现的斜腹杯（H4∶8）⑤，天马曲村"仰韶文化"遗存的双腹豆（赵南T2⑤∶15）⑥，河津固镇第二期遗存中的斜腹杯（H25∶7）⑦，陶寺"庙底沟二期文化"的斜腹杯（F332∶1）⑧，晋东南古城东关的斜腹杯（IITH11∶6）等。⑨甚至在年代稍晚的陶寺文化早期还见有来自屈家岭文化的粗体陶瓠。⑩与此同时，屈家岭文化因素在豫西、关中的三门峡仰韶村、灵宝涧口、三门峡庙底沟、华县泉护村、蓝田新街、武功浒西庄等遗址也有发现。

  根据目前屈家岭文化因素在中原地区的分布情况，我们认为屈家岭文化向北扩张的路线主要有三条：其一，自南阳盆地西部丹、汉交汇处溯丹水谷地而上，进入商洛地区，然后翻秦岭沿北坡的灞水河谷而抵关中东部，其间武关是重要关口，因此也称关中至江汉的通道为武关道。武关道上在商洛市紫荆遗址发现有屈家岭文化遗存。⑪我们认为关中、豫西和晋西南的屈家岭文化遗存可能都是通过武关道抵达西安东部浐灞交汇一带，再经蒲关道抵达河津等晋西南，经函谷道到达华县、三门峡

---

① 北京大学考古文博学院：《洛阳王湾——考古发掘报告》，北京大学出版社2002年版。
② 河南省文物考古研究所：《河南巩义市滩小关遗址发掘报告》，《华夏考古》2002年第4期。
③ 郑州市文物考古研究所：《郑州大河村》，科学出版社2001年版。
④ 国家文物局考古领队培训班：《郑州西山仰韶时代城址的发掘》，《文物》1999年第7期。
⑤ 山西省考古研究所等：《山西襄汾陈郭村新石器时代遗址与墓葬发掘简报》，《考古》1993年第2期。
⑥ 北京大学历史系考古专业山西实习组等：《翼城曲沃考古勘察记》，《考古学研究（一）》，文物出版社1992年版。
⑦ 山西省考古研究所：《山西河津固镇遗址发掘报告》，《三晋考古》第二辑，山西人民出版社1996年版。
⑧ 中国社会科学院考古研究所等：《襄汾陶寺——1978~1985年考古发掘报告》，文物出版社2015年版。
⑨ 中国历史博物馆考古部等：《垣曲古城东关》，科学出版社2001年版。
⑩ 中国社会科学院考古研究所等：《襄汾陶寺——1978~1985年考古发掘报告》，文物出版社2015年版，第1097页。
⑪ 商县图书馆等：《陕西商县紫荆遗址发掘简报》，《考古与文物》1981年第3期；王世和等：《1982年商县紫荆新石器时代遗址的发掘》，《文博》1987年第3期。

等地区。其二，屈家岭文化由丹淅流域扩展至商洛地区后再沿古洛水（今洛河）而下进入洛阳盆地，或者经崤山南道到达豫西三门峡。当然，丹淅流域的屈家岭文化或者也可以沿古淅水（今老灌河）到达其上游再翻越伏牛山到卢氏境内，之后再沿古洛水而下来到洛阳盆地和豫西。这里尤其经老灌河、翻越伏牛山的道路山高谷深，道路难行，秦汉之后也鲜少见有文献记载，我们认为屈家岭文化沿这条道路和中原互动交流的可能性较小。沿洛水进入洛阳盆地的路线上最近在宜阳县苏羊遗址发现有明确的屈家岭文化遗存，该遗址下村区 2016 年发掘中第二期遗存属于屈家岭文化，并包含较多庙底沟二期文化因素。[①] 与此同时，在洛河上游的卢氏县曾采集较丰富、较典型的屈家岭文化陶片，有的遗址仅见较单纯的该文化遗存而不与仰韶文化或庙底沟二期文化共存，卢氏一带因新石器时代遗址发掘甚少，其文化序列及发展谱系还不甚清楚，但目前还不能排除这里存在屈家岭文化独立的一个文化期的可能性。[②] 其三，即是前文所提的方城路，由南阳盆地北经方城隘口、"夏路"到达郑州地区，再西行进入洛阳盆地。或者过方城隘口后西北行经汝河（古汝水）、伊河（古伊水）进入洛阳盆地。这一路线中几个道路关键位置的重要遗址点值得关注，方城县大张庄遗址[③]、汝州北刘庄[④]、汝州煤山[⑤]、伊川南寨[⑥]等遗址发现的明确的屈家岭文化遗存表明屈家岭文化北扩经方城隘口后西北行的路线是存在的。而禹州谷水河[⑦]、郑州西山、巩义滩小关等遗址中发现的屈家岭文化遗存，则表明屈家岭文化北扩过方城隘口经"夏路"抵达郑州再西行的路线也是存在的。

---

[①] 洛阳市文物考古研究院：《河南宜阳苏羊遗址下村区发掘简报》，《中原文物》2021 年第 5 期。

[②] 魏兴涛：《豫西晋西南地区仰韶文化晚期遗存研究》，《考古学研究（十）》，科学出版社 2012 年版，第 387 页。

[③] 南阳地区文物队、方城县文化馆：《河南方城县大张庄新石器时代遗址》，《考古》1983 年第 5 期。

[④] 河南省文物研究所：《河南临汝北刘庄遗址发掘报告》，《华夏考古》1990 年第 2 期。

[⑤] 中国社会科学院考古研究所河南二队：《河南临汝煤山遗址发掘报告》，《考古学报》1982 年第 4 期。

[⑥] 中国科学院考古研究所洛阳发掘队：《伊河下游几处新石器遗址的调查》，《考古》1964 年第 1 期。

[⑦] 河南省博物馆：《河南禹县谷水河遗址发掘简报》，《考古》1979 年第 4 期。

## 四　石家河文化的北上通道及王湾三期文化的南下通道

关于石家河文化的发展脉络，前人有不少研究，就分期而言，目前普遍流行的分法就是张绪球先生的三期五段说①和何介钧先生的三期说②。在地域分布和区系类型的划分方面，郭立新先生认为石家河文化的分布范围是"北至汉水中游、丹江下游、南阳盆地、桐柏山、大别山一线，东至麻城、蕲春、大冶、通城一线，南至洞庭湖南岸乃至湘中丘陵北部一带，西至大巴山、武陵山、巫山山脉一线"③。方酉生先生将石家河文化分为青龙泉、季家湖、西花园三个类型；④李龙章先生划分为青龙泉、季家湖、尧家林和西花园四个地方类型。⑤而张绪球先生划分了六个类型，就是在李龙章先生意见的基础上增加石家河类型，从季家湖类型中再分出一个划城岗类型。⑥何介钧先生则主张不应把划城岗和季家湖两个类型分开，而应该合而为一，再另外增加一个岱子坪类型。⑦在张绪球先生将石家河文化划分为石家河、青龙泉、季家湖、尧家林、西花园、划城岗六个类型的基础上，结合湖南地区近年的考古工作，湖南地区的石家河文化还有两个类型即洞庭湖西北岸华容县境内的车轱山类型和主要分布于湘中和湘南东部地区的岱子坪类型。⑧此外，随着近年考古工作的深入，巫峡以东的巴东、秭归和荆门一带还存在一个石家河文化的庙坪类型。⑨总之，石家河文化目前可分为九个地方类型。

龙山时代，"在石家河文化的早中期陕南、汉中和中原地区对长江中游地区的影响分别通过汉水、丹江、淮河上游至白河、唐河而进行，长江

---

①　张绪球：《石家河文化的分期分布和类型》，《考古学报》1991 年第 4 期。
②　何介钧：《石家河文化浅析》，《纪念城子崖遗址发掘 60 周年国际学术讨论会文集》，齐鲁书社 1993 年版。
③　郭立新：《石家河文化的空间分布》，《南方文物》2000 年第 1 期。
④　方酉生：《论湖北龙山文化》，《江汉考古》1985 年第 1 期。
⑤　李龙章：《浅议石家河文化》，《江汉考古》1985 年第 3 期。
⑥　张绪球：《石家河文化的分期分布和类型》，《考古学报》1991 年第 4 期。
⑦　何介钧：《石家河文化浅析》，《纪念城子崖遗址发掘 60 周年国际学术讨论会文集》，齐鲁书社 1993 年版。
⑧　王良智：《湖南地区石家河文化初步研究》，《湖南省博物馆刊》第十七辑，2021 年。
⑨　孟华平、周民平、王成武：《秭归庙坪遗址发掘的主要收获》，《江汉考古》1997 年第 1 期；湖北省文物考古研究所：《荆门团林叉堰冲遗址发掘简报》，《江汉考古》2001 年第 3 期；湖北省文物考古研究所：《湖北秭归何家坪遗址发掘简报》，《江汉考古》2002 年第 3 期。

中游地区对中原地区的影响则主要是通过白河、唐河至淮河上游地区，直至中原腹地。石家河文化晚期主要是河南龙山文化对长江中游地区的渗透，具体途径是由淮河上游地区经白河、唐河至汉水，往东过随枣走廊至涢水上游地区；往西跨今沮漳河入峡区。还有一条途径是通过广水、大悟境内的小河、竹竿河连接淮水支流水系与溳水、澴水上游地区"①。后者也就是王红星先生在另一篇文章中所说的河南龙山文化向南传播的"涢水、浉水（即澴水）等通道"②。

由此可见，石家河文化时期鄂豫陕间文化互相推进的通道，一条是经由汉水下游、随枣走廊向北进入南阳盆地，再由此到豫西南或陕南，我们可以称其为石家河文化时期鄂境通北的西道，另外，还有一条当是经过大别山和桐柏山之间的隘口（所谓义阳三关）来通行的，我们可以称之为东道。大别山—桐柏山间有三处最易通行的山间豁口，即今湖北广水北的平靖关、武胜关，大悟县北的九里关。西晋以来，三关属于山北的今河南信阳地区义阳郡，故有"义阳三关"之称。三关一带分布着新石器时代至商周的考古遗址，说明这里很早就成为地理通道。

通过对屈家岭文化与石家河文化遗址分布的对比分析，发现石家河文化的北播又较多地依赖上述东道进入豫南，当然屈家岭文化也走过此道，只是与石家河文化相比稍少一点，这可以从豫南、豫东南石家河文化的遗址明显多于屈家岭文化遗址的现象得到推论。高崇文先生也指出：龙山时期的石家河、季家湖诸文化……分布范围进一步扩大，在原来屈家岭文化的基础上又向东北扩展到淮河上游的豫东南地区。③ 一般认为石家河的北线在豫东南的西平、上蔡一线。④ 近年配合河南信阳出山店水库建设，河南省文物考古研究院在信阳平桥区桥头遗址发现了一座石家河文化城址。遗址分布面积 10 万平方米左右。城垣平面呈近圆形，直径 150 米—163 米，城垣围起来的面积 21000 平方米。根据层位关系和器物群特征，可将该城址的始建和使用年代推断为石家河文化晚期。此

---

① 王红星：《新石器时代长江中游地理研究》，博士学位论文，武汉大学，1998 年，第 24 页。
② 王红星：《石家河文化形成和发展过程中的外力作用问题》，《中国考古学会第九次年会论文集》，文物出版社 1997 年版，第 151—160 页。
③ 高崇文：《试论长江中游原始文化的变迁与古史传说》，《稻作、陶器和都市的起源》，文物出版社 2000 年版，第 190 页。
④ 韩建业：《试论豫东南地区龙山时代的考古学文化》，《考古学研究（三）》，科学出版社 1997 年版。

外，桥头遗址西南1.4千米的柏树林遗址，游河入淮处不远的菜园遗址等都发现大量的石家河文化遗存。这些遗址从规模上都比桥头城址小很多，也没有发现堆筑城垣，这似乎显示桥头城址是该地区的中心聚落。①信阳地区主要是受到王湾三期文化南下影响而形成的杨庄二期文化的分布区，这个区域属于南北文化的交汇区，南北文化在此地此消彼长，轮番登场。今后对这一区域一些典型遗址的深入研究无疑对于南北文化的互动交流研究是必须的，且这种个案深入剖析对于考古学文化和族群的关系、区域间的互动交流的内容、机制、动力等问题的研究都将具有重要意义。

关于东道，桐柏山与大别山之间很早就有文化交流的通道。从不同时期两山南北文化的共性上看，山之南北之间存在这样的文化交流通道是可能的。例如，湖北随州西花园—庙台子遗址位于随州市东北40里，正好在后来"义阳三关"之南，"这里的屈家岭文化与江汉流域的文化面貌大体相同，应是中心区域的屈家岭文化向北经大别山—桐柏山隘道传播的证明。该区域的龙山文化，带有部分中原地区河南龙山文化的色彩，这里的商代文化与郑州二里岗期的大体类同。这里的西周、东周文化也都和中原地区的大体相同"②。

在石家河文化晚期，王湾三期文化表现出强劲的南进势头，这时长江中游地区原本繁荣的石家河文化则突然衰落了下去，土著传统文化中断，新的文化进入，新文化从什么地方进入，在推进的过程中又走什么路线，是我们所关心的问题。据高崇文先生研究："大洪山以南、汉水以东以天门石家河文化为代表的文化区，……石家河文化早中期的地方特征很强，是典型的土著文化体系。然而到了晚期，虽然有些器类如舌形瓦状足盆形鼎、红陶杯以及釜、钵、缸等，还是由石家河早中期文化发展来的，但有相当一部分器类如侧装足釜形鼎、带箍细把豆、高领广肩罐等，不论是器形、纹饰、陶色以及制法均与石家河早中期的文化系统有别，而与河南龙山文化晚期者几乎没

---

① 武志江、任潇：《信阳市平桥区桥头石家河文化城址》，《中国考古学年鉴（2020）》，中国社会科学出版社2021年版，第346—347页。

② 吴力：《西花园—庙台子遗址考古发掘喜获硕果》，《武汉大学学报》（社会科学版）1984年第4期；武汉大学历史系考古教研室、襄樊市博物馆、随州市博物馆：《西花园与庙台子》，武汉大学出版社1993年版。

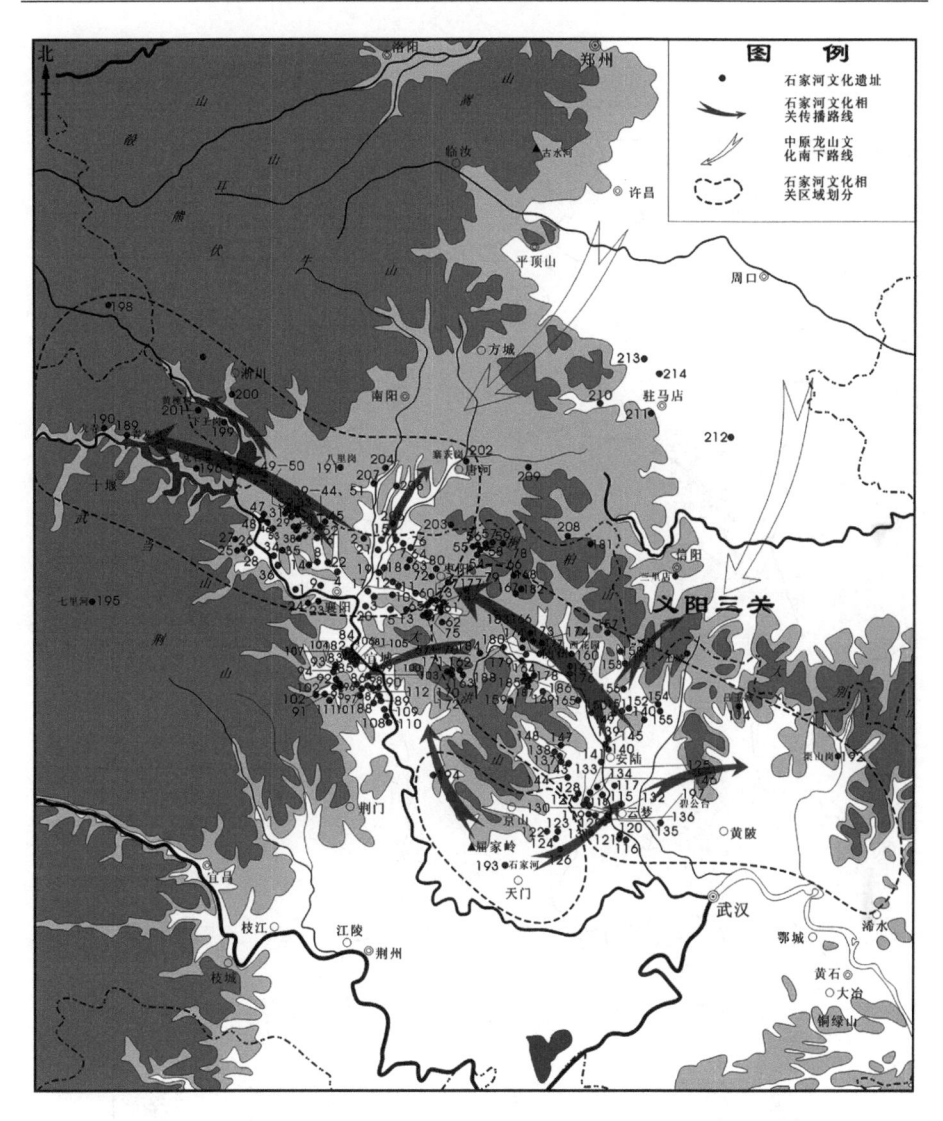

第三章　中原与南方地区的文化互动与交流通道　　81

图 3.3　石家河文化分布、北传及中原龙山文化南下路线示意图

有区别，显然是一种新的文化系统的突然进入。"① 那么在新的文化系统进入此区时，必定要依赖一定的地理通道。我们认为可能主要是从南襄隘道和以义阳三关为代表的大别—桐柏山间隘道进入的（图 3.4）。

---

① 高崇文：《试论长江中游原始文化的变迁与古史传说》，《稻作、陶器和都市的起源》，文物出版社 2000 年版。

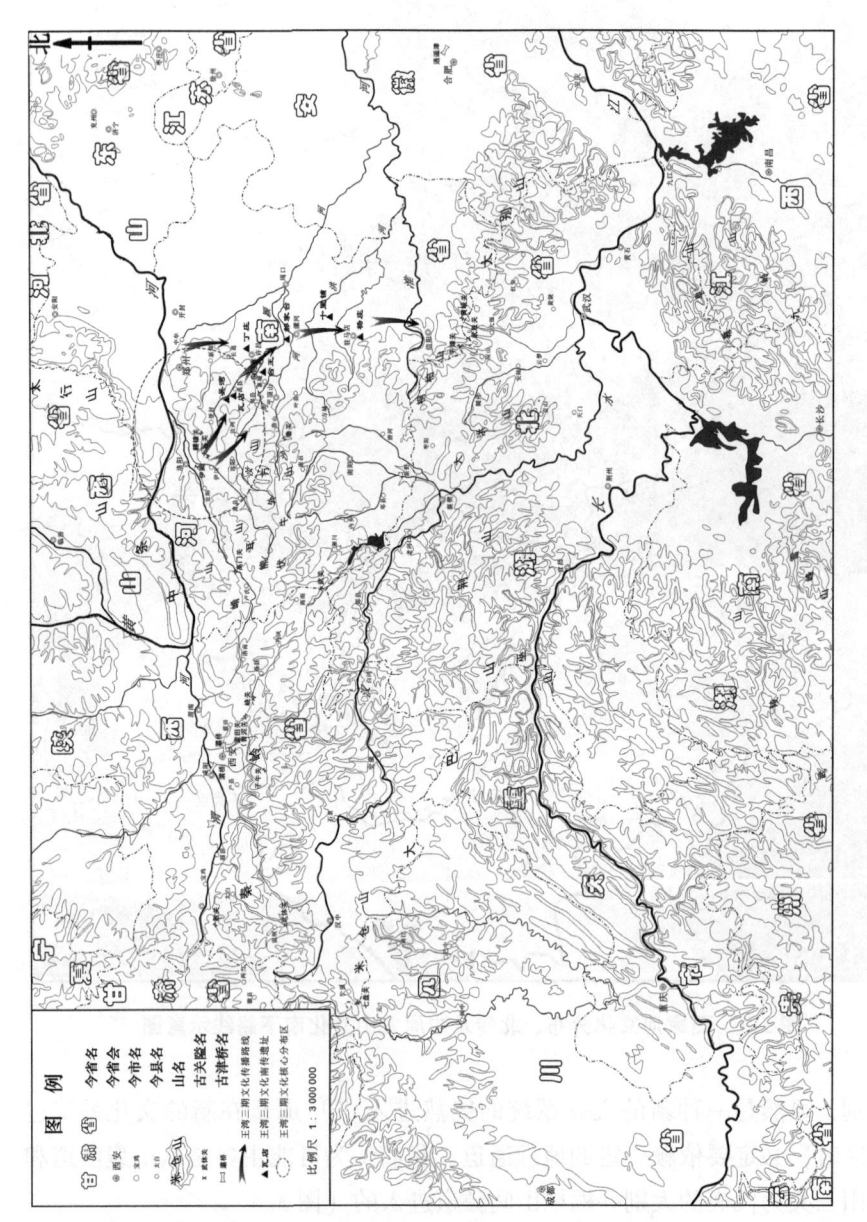

图 3.4 王湾三期文化向南传播路线示意图

## 第三章 中原与南方地区的文化互动与交流通道

这次中原文化的南进可与文献记载的传说相对应。按照考古学区系类型的划分，屈家岭至龙山时期的两湖平原正好有三大土著文化体系，即江汉平原东部以石家河遗存为代表的文化体系；江汉平原西部以季家湖遗存为代表的文化体系，澧阳平原以泰山庙、划城岗晚期遗存为代表的文化体系，三大文化体系都出现了作为文化中心、聚落中心的规模巨大的环壕形土城。高崇文先生认为，这样显赫的三大文化体系、三大部族聚落中心，与史称"三族之苗裔"的"三苗"不会是偶然的巧合吧。[1] 苗裔集团在尧舜禹时期与中原有过冲突，这似乎也可从考古学上略窥一斑。龙山时期，就随枣走廊和汉东大洪山南两地区而论，前者文化面貌已与河南龙山文化相差无几，后者的土著文化突然中断，新文化突入。又从鄂西成为南北文化的融合体，澧阳平原土著文化发展比较稳定的不同情况来分析，中原龙山文化正是通过随枣走廊和义阳三关向鄂境推进的，上述大洪山南、汉东与随枣走廊地区恰位于东西两条通道的前沿。

在推进的过程中，首先被影响和取代的地方当是随枣走廊和与随枣走廊东南端紧密相接的汉东、大洪山南一区，而较这两个地区更远的鄂西与江南澧阳平原，则受到中原龙山文化的影响，或者说尧舜禹集团的打击逐渐减小。由此亦可看出北方中原文化南下鄂境往往走南阳盆地，再走随枣走廊，而进入鄂中汉东平原（或称应城平原），再由汉东进入汉水以西鄂西山地。有意思的是，相对不走汉水一线，特别是汉水以西的路线，如果不是这样，鄂西的三苗之一苗的情况也应该如同汉东一样为新的文化所取代，但是事实上这里只是南北文化的融合体，可见其所受中原的影响就小多了，究其原因，可能与到达这里的中原部族的人较少有关，少的原因不外乎道路难行或路途遥远。走汉水以西荆山东麓，可谓难行；自南阳盆地经随枣走廊或豫南由大别山—桐柏山间隘口进入涢水下游、澴水一带，再西南到达大洪山南的汉东地区，然后再由此西渡汉水，来到鄂西地区，可谓路途遥远。即使在商代早期，中原对汉东的影响仍大于对鄂西的影响，[2] 这一点也能说明这个问题。

综上所述，南阳通道至迟在仰韶时代就已经开通，屈家岭文化在北播

---

[1] 高崇文：《试论长江中游原始文化的变迁与古史传说》，《稻作、陶器和都市的起源》，严文明、[日] 安田喜宪主编，文物出版社 2000 年版，第 191—192 页。

[2] 湖北省文物考古研究所：《盘龙城——一九六三年～一九九四年考古发掘报告》，文物出版社 2001 年版，第 501—504 页。该书认为位于汉东的盘龙城是商王朝在江汉地区的政治中心，汉水以西的鄂西地区是受其影响的地区。

过程中多循此线,随枣走廊作为南阳通道的分支,自不待言。石家河文化时期,在原有通道的基础上,又增加了桐柏山—大别山之间的重要通道。石家河文化早期北进和中原龙山文化的南下偏好以义阳三关为代表的东道,这与中原舜禹集团在南阳一带的堵截和进一步南进有一定的关系,三关道至此才开始兴盛起来。

### 附　屈家岭文化、石家河文化考古遗址名称、出处及地理位置

1. 屈家岭　　五三农场园艺分场屈家岭村西 100 米。见《文物参考资料》1955 年第 2、4、5 期,1956 年第 10 期;《考古通讯》1956 年第 3 期;《京山屈家岭》,科学出版社 1965 年版;《考古学报》1992 年第 1 期。
2. 大牛房　　五三农场长滩分场龙潭队西 200 米。
3. 油子岭　　钱场镇钱场村桥头湾西南 150 米。《考古》1994 年第 10 期。
4. 季河桥　　五三农场长滩分场北 500 米。
5. 清树岭　　孙桥镇清树岭村北。
6. 杨湾　　　雁门口镇高墩村东湾西北 1 千米。
7. 钟家岭　　雁门口镇高墩村东湾西边 700 米。《江汉考古》1998 年第 2 期。
8. 殷家岭　　雁门口镇高墩村。《江汉考古》1998 年第 2 期。

钟祥市

9. 赖家庙　　东桥镇黄集村黄集老街北 100 米。
10. 马家寨　　东桥镇金店村土房湾东北 500 米。《文物参考资料》1955 年第 8 期。
11. 石人台　　洋梓镇汪李村西 1 千米。

天门市

12. 肖家屋脊　土城村肖家屋脊。《中国文物报》1990 年第 4、5 期;《文物》1990 年第 8 期;《肖家屋脊》,文物出版社 1999 年版。
13. 谭家岭　　土城村谭家岭。《江汉考古》1985 年第 3 期;《文物》1990 年第 8 期。
14. 三房湾　　土城村三房湾。
15. 王家台　　土城村王家台。
16. 罐山　　　土城村罐山。
17. 畜树岭　　土城村畜树岭。
18. 京山坡　　土城村京山坡。
19. 昌门冲　　土城村昌门村。
20. 罗家柏岭　土城村罗家柏岭(在土城村西)。《湖北石家河罗家柏岭新石器时代遗址》,《考古学报》1994 年第 2 期。
21. 邓家湾　　土城村邓家湾。

随州市

22. 冷皮垭　　三里岗镇革家畈村冷皮垭。《江汉考古》1985 年第 2 期。
23. 西花园　　淅河镇蒋家寨村西花园。《江汉考古》1984 年第 3 期;1991 年第 2 期;《西花园与庙台子》,武汉大学出版社 1993 年版。

枣阳市

24. 雕龙碑　　鹿头镇西花园村南 250 米。《江汉考古》1984 年第 3 期;《江汉考古》1997 年第 4 期;《考古》1992 年第 7 期,2000 年第 3 期。

25. 上古城　　吉河乡刘社村上古城北 250 米。
26. 孙家湾　　兴隆镇灵庙村孙家湾北 300 米。《江汉考古》1995 年第 4 期。
27. 古城　　　罗岗镇潘岗村古城湾北 50 米。
28. 王庄　　　琚湾镇二王村二王庄东 50 米。《江汉考古》1995 年第 4 期。
29. 陈大堰　　琚湾镇阎家岗村陈大堰西侧。
30. 窑湾　　　溠水西岸的冲积平原上，东南邻随州唐县肖畈林窑湾，316 国道在北。
31. 长堰湖　　随州城北 22.5 千米的长堰湖湾，为历山镇古城村所辖。
32. 周家古城　随州市府河镇孔家畈村周家古城。《随枣走廊几处新石器时代遗址调查》，《江汉考古》1995 年第 4 期。

宜城市
33. 曹家楼　　小河镇詹营村东 250 米。《考古学报》1988 年第 1 期。
34. 东棚　　　小河镇杨岗村东棚西 200 米。
35. 团山寺　　龙头街道办事处腊树村腊树园西 600 米。
36. 胡家湾　　璞河镇王州村胡家湾西北 10 米。
37. 关家屋场　刘猴镇红岗村北大屋场南 300 米。
38. 大坟场　　朱市镇石灰村赵旗营西北 200 米。
39. 沈家湾　　雷河街道办事处七里村沈家湾北 250 米。

襄阳市
40. 三步两道桥　法龙镇赵山村南 1 千米。《江汉考古》1984 年第 2 期。
41. 王家堤　　太平店镇王家堤村西北 1 千米。
42. 张洼　　　黄渠河镇张洼村北 500 米。
43. 石庄　　　石驿镇李岗村石庄东南 600 米。
44. 肖家寨　　王河乡沈营村肖家寨东北 300 米。《文物参考资料》1958 年第 1 期。
45. 西岗　　　伙碑镇马庄村西南 400 米。
46. 罗岗　　　黄龙镇罗岗村南 200 米。
47. 石羊集　　埠口镇七房村石羊集东 500 米。
48. 老坟坡　　张家集镇宋营村韩家营西 1.1 千米。

南漳县
49. 罗家营　　安集镇邓家咀村罗家营东 120 米。《江汉考古》1986 年第 2 期。

老河口市
50. 新滩　　　光化街道办事处徐家滩村新滩北。

孝昌县
51. 港边程湾　丰山镇港边程湾村东 50 米。《考古》1994 年第 9 期。
52. 凤凰台　　华园镇顺水村上付家湾南 50 米。《考古》1994 年第 9 期。
53. 殷家墩　　花园镇黄家沙湾西北 70 米。《考古》1994 年第 9 期。

大悟县
54. 吕王城　　吕王镇，位于吕王城西北，东临吕王河。

云梦县
55. 胡家岗　　城关镇建新村胡家岗南 100 米。《考古》1987 年第 2 期。
56. 斋神堡　　下羊店镇陈坝村东南 250 米。《考古》1987 年第 2 期。
57. 好石桥东城　义堂镇好石桥村南 70 米。《考古》1987 年第 2 期。
58. 龚寨　　　胡金店镇龚寨村。《考古》1987 年第 2 期；《江汉考古》1990 年第 2 期。

55—58. 见云梦县博物馆《湖北云梦新石器遗址调查简报》。

武汉市黄陂区
59. 祝家店　　泡桐店镇东方村祝家店湾南30米。《江汉考古》1987年第2期。
60. 肖家湾　　泡桐店镇肖家湾北。
61. 张黄湾　　横店镇张黄湾西南50米。《中国考古学年鉴（1987）》，文物出版社1988年版。
62. 湛家湾　　横店镇湛家岗村。
63. 城头岗　　六指店镇汪家大湾村南300米。
64. 神龙岗　　六指店镇五湖村。
65. 汪家畈　　祁家湾镇廖岗村。
66. 城门潭　　王家河镇东南500米。《江汉考古》1987年第2期。
67. 涂家山　　土庙镇红强村龚家岗湾东北300米。《江汉考古》1987年第2期。
68. 面前畈　　甘裳铺镇楼子田湾西150米。《考古》1986年第7期；《江汉考古》1987年第2期。
69. 矮子墩　　泡桐店镇素刘湾。
70. 神墩岗　　蔡家榨镇宫河村桥头湾南300米。《江汉考古》1987年第2期。

安陆市
71. 胡家山　　巡店镇程畈村胡家山湾。《考古》1986年第7期；《江汉考古》1993年第4期。
72. 夏家寨　　李店镇杨棚村下家寨湾南。《江汉考古》1980年第2期；《文物》1982年第7期；《考古》1986年第7期。
73. 陈徐湾　　辛榨乡张傅村陈徐湾西南。《江汉考古》1993年第4期。
74. 王石溜　　烟店镇双庙村大李湾。《考古》1990年第11期。
75. 汉堰台　　王义贞店镇六益村戴家湾。《江汉考古》1993年第4期。
76. 八字坟　　雷公镇王榨村八字坟。《江汉考古》1993年第4期。
77. 熊家嘴　　双河镇曹岗何家湾北400米。《江汉考古》1993年第4期。
78. 余家岗　　洑水镇洑水港村余家岗湾。《考古》1986年第2期；《江汉考古》1993年第4期。
79. 大台子　　汉河镇六坡村赵家湾西100米。《江汉考古》1993年第4期。

广水市
80. 水河庙湾　城郊乡星原村水河庙湾西50米。
81. 观音畈　　城郊乡鹰咀山村观音畈湾。《考古》1995年第2期。
82. 邓家湾　　广水街道办事处农营村邓家湾东南50米。
83. 么湾　　　陈巷镇吴氏祠村东湾西北600米。
84. 窝窝墩　　李店乡群兴村东北400米。《考古》1995年第2期。

河南南阳市
85. 黄山　　　蒲公镇黄山村北。
86. 王营　　　青华乡王营东。

镇坪县
87. 冢上寺　　卢医庙乡寺南村北。
88. 冢洼　　　曲屯乡冢洼村南。

唐河县
89. 湖阳　　　湖阳镇仝庄南。
90. 寨茨岗　　城郊乡萧庄东北。
91. 许河　　　祁仪乡许河村南。

92. 回龙寺　　毕店乡回龙寺村南。
93. 陈马庄　　陈马庄南。
新野县
94. 凤凰山　　歪子乡寺门村北。
95. 邓禹台　　王集乡西赵庄西。
96. 西高营　　王庄镇西高营东。
97. 翟官坟　　沙堰镇响水滩村东北。
98. 马鞍山　　城郊乡王营村东。
西峡县
99. 马家营　　五里桥乡马家营村北。
100. 上营　　五里桥乡上营村南。
101. 小水　　蛇尾乡小水村西。
102. 秧地　　陈阳坪乡秧地村东南。
103. 牛王村　　阳城乡牛王村。
104. 南塘岗　　县城西南南塘岗。
内乡县
105. 茶庵　　县城北茶庵村。
106. 杨营　　赤眉乡杨营村东。
107. 小河　　赤眉乡小河村东南。
108. 朱岗　　马山口镇朱岗村南。
109. 香花寨　　大桥乡香花寨村。
110. 岗堤　　赵店乡岗堤村东南。
111. 小寨　　赤眉乡西小寨。
112. 李南村　　赵店乡李南村。
113. 黄龙庙岗　　城郊乡黄龙庙岗村东。
淅川县
114. 下王岗　　盛湾乡下王岗。《淅川下王岗》，文物出版社1989年版。
115. 马岭　　盛湾乡马岭村东北。
116. 龙山岗　　滔河乡黄楝树村西龙山岗。
117. 门伙　　滔河乡门伙村东。
118. 沟湾　　上集乡沟湾村东。
119. 东庄　　厚坡乡东庄村。
120. 李寨　　厚坡乡李寨村南。
121. 张河　　九重乡张河村东。
122. 金河　　蒿坪乡路下村东。
123. 双河镇　　老城镇双河镇北。
124. 马山根　　盛湾乡马山根村西。
125. 大寨　　厚坡乡大寨村张营庄。
126. 庙岭　　荆紫关镇庙岭村东。
邓州市
127. 太子岗　　穰东镇东南太子岗。
128. 老龙冢　　夏集乡高台村苏营东。
129. 下岗　　林扒乡下岗村黑龙庙南。
南召县

| | | |
|---|---|---|
| 130. | 二郎岗 | 南河店镇柴岗村东南。 |
| 131. | 寨上 | 城郊乡董店村西寨上。 |
| 132. | 小余坪 | 板山坪乡小余坪村西。 |
| 133. | 庙坡 | 县城南庙坡北地。 |

桐柏县

| | | |
|---|---|---|
| 134. | 陡坡嘴 | 新集乡王寨村南陡坡嘴。 |
| 135. | 闵岗 | 月河镇闵岗村。 |
| 136. | 回龙 | 回龙乡回龙村南。 |

方城县

| | | |
|---|---|---|
| 137. | 油房庄 | 券桥乡油房庄。 |
| 138. | 枣庄 | 赵河乡枣庄东北。 |
| 139. | 金汤寨 | 古庄店乡金汤寨村。 |
| 140. | 平高台 | 赵河乡平高台村北。 |
| 141. | 徐庄 | 二郎庙乡徐庄村北。 |
| 142. | 汉王台 | 柳河乡汉王台村东北。 |
| 143. | 东楼庄 | 小史店乡东楼庄村东。 |
| 144. | 孟河 | 博望乡孟河村东北。 |
| 145. | 一里坡 | 古庄店乡一里坡南。 |

社旗县

| | | |
|---|---|---|
| 146. | 谭岗 | 城郊乡谭营村西南。 |
| 147. | 茅草寺 | 兴隆乡大杨庄村西南。 |
| 148. | 潘庄 | 唐庄乡潘庄村东北。 |

信阳市

149. 阳山　　　信阳市区火车站北阳山与虎头山之间。《文物参考资料》1955年第2期。

罗山县

| | | |
|---|---|---|
| 150. | 堰嘴 | 高店乡李上湾西南。 |
| 151. | 小罗湾 | 高店乡阎河村。 |
| 152. | 庙岗 | 周党乡中山村。 |
| 153. | 杨树 | 周党乡杨树庄。 |
| 154. | 宋畈 | 潘新乡宋畈北。 |
| 155. | 周桥 | 庙仙乡周店村。 |
| 156. | 杨寨 | 庙仙乡杨寨。 |
| 157. | 姜嘴 | 庙仙乡姜嘴村。 |
| 158. | 刘台 | 龙山乡刘台村。 |

信阳市

| | | |
|---|---|---|
| 159. | 台子湾 | 平昌关乡台子湾。 |
| 160. | 台子湖 | 长台关乡台子湖庄。 |
| 161. | 周庄 | 明港镇周庄。 |

息县

| | | |
|---|---|---|
| 162. | 秦楼 | 孙庙乡秦楼南。 |
| 163. | 张庄 | 城关乡张庄北。 |
| 164. | 龙岗 | 夏庄乡肖楼西南。 |
| 165. | 兴泰寺 | 杨店乡张庄东北。 |

166. 前王沿　　　张陶乡前王沿村。
167. 赵庄　　　　彭店乡赵庄。
168. 许冢　　　　路口乡吴庄东北。
169. 黄围孜　　　项店乡黄围孜村。
光山县
170. 徐畈　　　　南向店乡徐畈村。
171. 陈乡　　　　寨河乡陈乡村。
172. 卧龙台　　　卧龙台乡卧龙村。
173. 翁岗　　　　仙居乡翁岗村。
174. 古城村　　　寨河乡古城村。
175. 小易畈　　　泼陂河乡小易畈村。
新县
176. 南墩　　　　苏河乡苏河村。
177. 天亮寺　　　新集乡陈湾南。
潢川县
178. 后盘龙岗　　江集乡姚楼村北。
179. 刘冢　　　　上油岗乡李堰头村。
180. 钟冢　　　　上油岗乡李堰头村。
181. 凉马台　　　来龙乡来龙村。
182. 新印堆孜　　付店乡新胜村西南。
驻马店市
183. 双高楼　　　刘阁乡双高楼村西南。
新蔡县
184. 郭冢　　　　关津乡郭冢村东北。
185. 小侯寨　　　孙召乡小侯寨北。
186. 冢子怀　　　关津乡李庄西北。
遂平县
187. 杨台寺　　　诸市乡杨楼村西南。
188. 唐岗　　　　车站乡唐岗村北。
189. 梅庄　　　　张台乡梅庄村西北。
190. 魏湾　　　　文城乡魏湾村东北。
191. 陈庄　　　　槐树乡陈庄西北。
上蔡县
192. 高岳集　　　杨集乡高岳村东南。
193. 航寨　　　　朱里乡段寨村西北。
194. 杨庄　　　　东岸乡杨庄东北。
195. 邝庄　　　　杨集乡邝庄村西北。
196. 张卜楼　　　芦岗乡张卜楼村东。
197. 李湾　　　　乐岸乡李湾村西北。
198. 蟾虎寺　　　芦岗乡绳李村西南蟾虎寺。
199. 十里铺　　　邵店乡小高庄村东。
200. 叶王　　　　小岳寺乡土屯村东。
201. 太子庙　　　杨集乡戚楼村西南。
202. 土屯　　　　邵店乡土屯村东。

203. 玄武寺　　百尺乡大谢庄村北。
204. 瞿庄　　　黄埠乡瞿庄村西南。
泌阳县
205. 唐瓷岗　　赊湾乡赵庄村东北唐瓷岗。
206. 蒋庄　　　官庄乡蒋庄村西
207. 太子岭　　老河乡太白堂村西南太子岭。
208. 板桥　　　板桥乡水库东。
209. 荆树坟　　板桥乡板桥村西。
正阳县
210. 王家冢　　熊寨乡大王庄西。
211. 刘岗　　　梁庙乡刘岗村东。
212. 黄刘庄　　梁庙乡黄刘庄西。
213. 楼台　　　梁庙乡李庄东北。
214. 台子坡　　兰青乡肖庄西。
215. 台子堆　　兰青乡张庄西。
216. 老母洼　　陡沟乡坡底下村北。
217. 西夏湾　　陡沟乡西夏湾村东。
218. 卢庄　　　陡沟乡卢庄南。
219. 八里庙　　陡沟乡赵庄西。
220. 小唐庄　　皮岩乡小唐庄。
221. 大黄庄　　皮岩乡大黄庄东。
222. 卧牛堆　　大林乡寇庄东北。
223. 七门村　　大林乡七门村南。
224. 潘庄　　　大林乡潘庄北。
225. 黎台　　　彭桥乡台平后村南。
226. 清凉寺　　雷寨乡张伍店村西南。
227. 李台　　　傅寨乡双屯村李台东。
228. 任庄　　　袁寨乡任庄水库东。
229. 李楼　　　寒冻乡李楼西北。
230. 寨庄　　　梁庙乡寨庄东北。
231. 鲁庄　　　陡沟乡鲁庄南。
232. 薛寺　　　汝南埠乡薛寺。
233. 姜黄庄　　岳城乡姜黄庄。
确山县
234. 朱庄　　　古城乡朱庄村北。
汝南县
235. 曹寨　　　常兴乡西王庄北。

湖北、河南两省部分地区石家河文化的分布
襄阳市
1. 三道两步桥　太平店镇王家堤村西北1千米。
2. 张洼　　　　黄渠河镇张洼村北500米。
3. 肖家寨　　　王河乡沈营村肖家寨东北300米。《文物参考资料》1958年第1期。
4. 西岗　　　　伙牌镇马庄村西南400米。

| | | |
|---|---|---|
| 5. 罗岗 | 黄龙镇罗岗村南 200 米。 | |
| 6. 石羊集 | 埠口镇七房村石羊集东 500 米。 | |
| 7. 大吕庄 | 埠口镇大吕庄村北 100 米。 | |
| 8. 凤凰咀 | 龙王镇阎营村东北 800 米。 | |
| 9. 卢冲 | 竹条镇黄庄村卢冲东北 300 米。 | |
| 10. 老坟坡 | 张家集镇宋营村韩家营西 1.1 千米。 | |
| 11. 邵家棚 | 张家集镇邵棚村西北 400 米。 | |
| 12. 刘寨 | 张家集镇刘寨村西北 400 米。 | |
| 13. 楚王城 | 黄龙镇高明村油坊湾东北 300 米。 | |
| 14. 宋家营 | 肖集乡杨庄村北 100 米。 | |
| 15. 上陈 | 朱集镇上陈村西。 | |
| 16. 大井地 | 石桥镇杨营村东北 700 米。 | |
| 17. 沈营 | 王河乡沈营村东 50 米。 | |
| 18. 石羊岗 | 双沟镇陈湾村南 1 千米。 | |
| 19. 客落湾 | 双沟镇黄营村相公庄北 500 米。 | |
| 20. 洪山头 | 东津镇陈坡村东北。《江汉考古》1999 年第 4 期。 | |
| 21. 李坡遗址 | 朱集镇李坡村东 300 米。 | |
| 22. 中郭家 | 马集乡中郭村东南。 | |
| 23. 尤家湾 | 泥咀镇魏湾村尤家湾西南。 | |
| 24. 寨家垭子 | 泥咀镇寨家垭子村北。 | |

谷城县

| | | |
|---|---|---|
| 25. 丁家塘 | 大峪桥镇水星台村东 1.2 千米。 | |
| 26. 简沟 | 大峪桥镇下新店村北 1.1 千米。 | |
| 27. 简土山 | 大峪桥镇下新店村南 600 米。 | |
| 28. 洞峙 | 北河镇洞峙村西北 500 米。 | |

老河口市

| | | |
|---|---|---|
| 29. 长尺地 | 孟楼镇小黄营村东北 600 米。 | |
| 30. 李家河 | 孟楼镇柴岗村陈家坡北 200 米。 | |
| 31. 徐家庄 | 孟楼镇柴岗村徐家庄东。 | |
| 32. 梁子上 | 孟楼镇韩堂村东南 700 米。 | |
| 33. 鳖盖地 | 孟楼镇孟楼村南 500 米。 | |
| 34. 仙人渡 | 仙人渡镇南岗村北 600 米。 | |
| 35. 江坟 | 仙人渡镇安家岗村西 160 米。 | |
| 36. 团堆子 | 仙人渡镇黄家庄村南 1 千米。 | |
| 37. 三道沟 | 张集镇江营村朱家岗北 400 米。 | |
| 38. 孔林岗 | 张集镇詹冲村孔林岗东南 500 米。 | |
| 39. 马集 | 竹林桥镇马湾村马集北 20 米。 | |
| 40. 揪树地 | 竹林桥镇竹林桥村北 350 米。 | |
| 41. 陈家营 | 竹林桥镇陈家营村东南 1 千米。 | |
| 42. 大南地 | 竹林桥镇陈家营村邓家营北 500 米。 | |
| 43. 阴岗 | 竹林桥镇小贺村东南 500 米。 | |
| 44. 冢子岗 | 竹林桥镇苏家店村西北 1 千米。 | |
| 45. 陈家楼 | 秦集镇徐家营村陈家楼东。 | |
| 46. 监生坡 | 光化街道办事处槐树湾村监生坡东。 | |

| | | |
|---|---|---|
| 47. | 查营 | 光化街道办事处查营村北 300 米。 |
| 48. | 新滩 | 光化街道办事处徐家滩村新滩北。 |
| 49. | 瓦茬地 | 孟楼镇曹营村西南 500 米。 |
| 50. | 任家营 | 孟楼镇曹坡村任家营西南 300 米。 |
| 51. | 汪营 | 竹林桥镇竹林桥村汪营西南 200 米。 |
| 52. | 下寨 | 薛集镇上寨村下寨西南 250 米。 |
| 53. | 亢家营 | 李楼街道办事处亢家营村。 |

枣阳市

| | | |
|---|---|---|
| 54. | 王应村 | 鹿头镇寨庙村王应西 100 米。 |
| 55. | 大张村 | 钱岗乡钱岗村大张庄南 500 米。 |
| 56. | 白露 | 钱岗乡钱岗村白露湾南 50 米。 |
| 57. | 唐庄 | 新市镇肖庄村唐庄东 50 米。 |
| 58. | 李庄 | 新市镇肖庄村李庄南 50 米。 |
| 59. | 小张巷 | 新市镇张巷村小张巷南 600 米。 |
| 60. | 陈大堰 | 琚湾镇阎家岗村陈大堰湾西 50 米。《江汉考古》1995 年第 4 期。 |
| 61. | 西赵湖 | 吴店镇西赵湖村西北 25 米。 |
| 62. | 唐家祠堂 | 吴店镇西赵湖村唐家祠堂东 50 米。 |
| 63. | 许坡 | 七方镇李湖村西北 500 米。 |
| 64. | 上古城 | 吉河乡刘张村上古城北 250 米。 |
| 65. | 毛沟洞 | 梁集镇梁坡村南郑洼西 100 米。《江汉考古》1988 年第 3 期。 |
| 66. | 小河口 | 新市镇赵庄村西 400 米。 |
| 67. | 泉桥寺 | 熊集镇熊河村泉桥寺东北 300 米。 |
| 68. | 孙家湾 | 兴隆镇灵庙村孙家湾北 300 米。《江汉考古》1995 年第 4 期。 |
| 69. | 古城 | 罗岗镇潘岗村古城湾北 50 米。 |
| 70. | 二王庄 | 琚湾镇二王村二王庄东 50 米。《江汉考古》1995 年第 4 期。 |
| 71. | 高庄 | 环城街道办事处崔家村高庄东 500 米。 |
| 72. | 柿子园 | 西城经济开发区西园村。 |
| 73. | 黄楝树 | 吴店镇姚岗村黄楝树东南 150 米。 |
| 74. | 严家楼 | 吴店镇周寨村严家楼东 20 米。 |
| 75. | 吴庄 | 吴店镇肖家湾村吴庄南 150 米。 |
| 76. | 陈寨 | 罗岗镇潘岗村陈寨北 100 米。 |
| 77. | 梅家湾 | 兴隆镇赵灵庙村梅家湾东 300 米。 |
| 78. | 象弓河 | 新市镇赵庄村象弓河湾北。 |
| 79. | 邬庄 | 梁集镇董岗村邬庄北 400 米。 |
| 80. | 官府楼 | 北城街道办事处东园村官府楼西 100 米。 |

宜城市

| | | |
|---|---|---|
| 81. | 东棚 | 小河镇杨岗村东棚西 200 米。 |
| 82. | 桑家营 | 小河镇高庄村桑家营北 60 米。 |
| 83. | 高花楼 | 小河镇潭家湾村周家岗北 300 米。 |
| 84. | 双坟 | 小河镇湖村北 1.3 千米。 |
| 85. | 西杨家 | 小河镇尉营村西 400 米。 |
| 86. | 团山寺 | 龙头街道办事处腊树村腊树园西 600 米。 |
| 87. | 胡家湾 | 璞河镇王洲村胡家湾西北 10 米。 |
| 88. | 赵家岗 | 璞河镇王洲村赵家岗东南。 |

| | | |
|---|---|---|
| 89. 孙家岗 | 璞河镇石孙村孙郑岗东 100 米。 | |
| 90. 南冈上 | 璞河镇护洲村南 500 米。 | |
| 91. 关家屋场 | 刘猴镇红岗村北大屋场南 200 米。 | |
| 92. 大坟场 | 朱市镇石灰村赵旗营西北 200 米。 | |
| 93. 袁家湾 | 朱市镇杨河村袁家湾南 100 米。 | |
| 94. 屈家营 | 朱市镇曾庙村屈家营北。 | |
| 95. 瓦碴子坡 | 雷河街道办事处七里村唐家湾东南 200 米。 | |
| 96. 上刘家营 | 雷河街道办事处新集村上刘家营西。 | |
| 97. 下岗 | 郑集镇余营村下岗南 240 米。 | |
| 98. 西营 | 郑集镇双龙村西营西。 | |
| 99. 熊家湾 | 南营乡土城村熊家湾西北。 | |
| 100. 庙家岗 | 南营乡土城村肖家湾西 300 米。 | |
| 101. 李家岗 | 上大堰镇王堉村李家岗北 400 米。 | |
| 102. 沈家湾 | 雷河镇街道办事处七里村沈家湾北 250 米。 | |
| 103. 张家坑 | 雷河镇街道办事处官堰村张家坑北。 | |
| 104. 杨家台 | 朱市镇杨河村杨家台西南 400 米。 | |
| 105. 朱家湾 | 小河镇新庙村郭家祠堂南 100 米。 | |
| 106. 老鸹仓 | 小河镇胡湾村卢家湾北 400 米。 | |
| 107. 周家岗 | 小河镇潭湾村周家岗南 150 米。 | |
| 108. 窑坡 | 璞河镇郭海村。 | |
| 109. 庙台子 | 璞河镇石孙村黄家岗南 400 米。 | |
| 110. 赤湖岗 | 璞河镇赤湖村赤湖岗南 10 米。 | |
| 111. 王家坪 | 李挡乡赵咀村王家坪西 300 米。 | |
| 112. 杜家坡 | 郑集镇魏岗村杜家坡西 50 米。 | |
| 113. 方家岗 | 刘猴镇长东村方家岗南。 | |

大悟县

| | | |
|---|---|---|
| 114. 土城 | 三里镇土城湾。 | |

云梦县

| | | |
|---|---|---|
| 115. 胡家岗 | 城关镇建新村胡家岗南 100 米。 | |
| 116. 斋神堡 | 下羊店镇陈坝村东南 250 米。 | |
| 117. 好石桥东城 | 义堂镇好石桥村南 70 米。 | |
| 118. 龚寨 | 胡金店镇龚寨村。以上 115—118 见《考古》1987 年第 2 期。 | |

应城市

119. 门板湾　城北街道办事处星光村门板湾。《江汉考古》1980 年第 2 期，1989 年第 2 期，1991 年第 1 期；《考古》1986 年第 7 期；《中国文物报》1999 年 4 月 4 日。

| | | |
|---|---|---|
| 120. 苏家台 | 长江埠街道办事处三里村苏家台北 10 米。 | |
| 121. 花园坡 | 长江埠街道办事处三里村北 300 米。 | |
| 122. 泗龙河 | 汤池镇方集村西陶家湾北。《考古》1990 年第 11 期。 | |
| 123. 董井湾 | 杨岭镇董井村西南 800 米。 | |
| 124. 塔地 | 杨岭镇吴集村南 800 米。 | |
| 125. 罗家湾 | 杨河镇大堰村罗家湾北 10 米。 | |
| 126. 砂子地 | 陈河镇余祠村西 30 米。 | |
| 127. 肖家坟 | 巡检镇巡检村肖家坟湾南 20 米。 | |
| 128. 台子周 | 巡检镇周岗村台子周湾北 20 米。 | |

129. 保丰　　　　四里棚街道办事处保丰村北 500 米。
130. 何家山　　　三合镇周杨村北 500 米。
131. 老虎台　　　黄滩镇木行村北 70 米。《江汉考古》1989 年第 2 期。
132. 大墩子　　　城北街道办事处孙堰村史家畈湾北 300 米。
133. 鹰嘴岩　　　巡检镇巡检村西南 800 米。
134. 乱葬岗　　　巡检镇肖廖村廖家巷北 100 米。
135. 么儿山　　　巡检镇磨盘村东 300 米。
136. 张家台　　　三合镇两河村南 200 米。

安陆市

137. 熊家嘴　　　双河镇曹岗何家湾北 400 米。
138. 瓦子地　　　双河镇白鹤村张家湾西 400 米。
139. 余家岗　　　洑水镇洑水港村余家港湾。《考古》1986 年第 7 期；《江汉考古》1993 年第 4 期。
140. 汤家寨　　　赵棚镇河西杨村汤家寨湾。
141. 解放山　　　府城街道办事处河西村东 200 米。《江汉考古》1993 年第 4 期。
142. 朱家湾　　　北城街道办事处何岗村王家湾东 50 米。
143. 张家畈　　　木梓乡天然村北 800 米。
144. 神墩　　　　桑树乡周胡村南。
145. 庙墩　　　　北城街道办事处张巷村付家湾北 50 米。《江汉考古》1993 年第 4 期。
146. 牌楼　　　　辛榨乡牌楼村。
147. 四股台　　　王义贞店镇汝南村四股台湾南 100 米。
148. 女儿台　　　双河镇刘坡村刘坡湾。《考古》1993 年第 6 期。

随州市

149. 梧桐湾　　　陈巷镇梧桐村西 360 米。
150. 鸦雀湾　　　长岭镇李家大桥村鸦雀湾东南 600 米。
151. 熊家河　　　太平乡东红村熊家河湾。
152. 墩子畈　　　李店乡群兴村纯武湾南 30 米。
153. 柏树巷　　　蔡河镇柏树巷子村柏树巷子湾北 50 米。
154. 西边畈　　　杨寨镇刘畈村南 250 米。
155. 墩子山　　　杨寨镇仁寨村吴家湾北 50 米。
156. 榨屋山　　　城郊乡吴家榨村榨屋山。《考古》1995 年第 2 期。
157. 吴家店　　　吴家店镇南 50 米。《考古》1995 年第 2 期。
158. 匡家湾　　　郝店镇金朱村匡家湾南 50 米。
159. 冷皮垭　　　三里岗镇革家畈村冷皮垭。《江汉考古》1985 年第 2 期。
160. 西花园　　　淅河镇蒋家寨村西花园西。《江汉考古》1984 年第 3 期；《西花园与庙台子》，武汉大学出版社 1993 年版，等等。
161. 瞿家湾　　　淅河镇大庙村瞿家湾东南 400 米。
162. 小跃武台　　洪山镇寺山村小跃武台东 150 米。
163. 寺山坡　　　洪山镇寺山村小跃武台东南 400 米。
164. 桃园　　　　均川镇包家巷村包家巷湾南 350 米。
165. 周家古城　　府河镇孔家畈村周家古城东 200 米。《江汉考古》1995 年第 4 期。
166. 周家湾　　　南郊街道办事处擂鼓墩村周家湾西 50 米。
167. 李家大湾　　唐县镇群联村李家大湾北 100 米。
168. 高台　　　　吴山镇联宏村东 450 米。

第三章　中原与南方地区的文化互动与交流通道　　95

169. 王店　　　何店镇王店村西。
170. 二河山　　双河镇周家湾村沈家湾北 150 米。
171. 红毛寨　　双河镇郭集村红毛寨东 10 米。
172. 郭集　　　双河镇郭集村小寨湾北 100 米。
173. 珍珠台　　新街镇杨家河村白鹤湾西南 10 米。
174. 曹家庙　　新街镇姚庙村曹家西湾南 50 米。
175. 苏家糟坊　新街镇苏家湾村。
176. 庙台子　　淅河镇蒋家寨村张家湾东。《江汉考古》1993 年第 2 期；《西花园与庙台子》，武汉大学出版社 1993 年版等。
177. 长堰胡　　厉山镇古城村长堰湖湾西北 50 米。《江汉考古》1995 年第 4 期。
178. 庙儿台　　均川镇珍珠庙村西 400 米。
179. 潭坡　　　安居镇范家岗村刘家垱西 50 米。
180. 赵家庙　　新街镇胡堂村赵家庙。《江汉考古》1985 年第 2 期。
181. 熊家集　　淮河镇东红村熊湾东北 150 米。《江汉考古》1985 年第 2 期。
182. 窑湾　　　唐河镇肖畈村窑湾西北。《考古》1959 年第 11 期；《江汉考古》1995 年第 4 期。
183. 黄家湾　　安居镇和睦村黄家湾西南。
184. 王家店　　涢阳乡涢阳村西 150 米。
185. 陈家岩　　均川镇陈家岩村陈家岩西北。
186. 刘家台　　均川镇宋畈村。
187. 黄土岗　　均川镇架氏祠村贺家畈西 200 米。
188. 大碑店　　漫潭镇大碑店村。

郧县
189. 青龙泉　　郧县老城区东 5 千米。
190. 大寺　　　郧县城西约 10 千米。

邓州市
191. 八里岗　　邓州东郊白庄八里岗（邓州市东约 3 千米处）。

麻城市
192. 栗山岗　　麻城松鹤乡（南距麻城城关 2.5 千米）。以上第 189—192 见郭立新《石家河文化的空间分布》，《南方文物》2000 年第 1 期。

天门市
193. 石家河　　石家河镇（今石河镇）北，东南距天门县城约 15 千米。

钟祥市
194. 六合　　　钟祥县皇庄区长城乡高庙一组，距县郢中镇约 2 公里。《江汉考古》1987 年第 2 期。

房县
195. 七里河　　房县县城西 3.5 千米的二级台地上。

丹江口市
196. 乱石滩　　丹江口市城东 7.5 千米的汉江北岸香炉碗小山南麓缓坡上。见中国社会科学院考古研究所长江工作队《湖北均县乱石滩遗址发掘报告》，《考古》1986 年第 7 期。

孝感市
197. 碧公台　　孝感市龙店乡启安村。见湖北省 1992 年文物保护单位。

陕南东部

198. 商南过分楼　见商洛地区考古调查组《丹江上游考古调查简报》，《考古与文物》1981年第3期。

淅川县

199. 下王岗　见河南省博物馆、长办考古队河南分队《河南淅川下王岗遗址的试掘》，《文物》1972年第10期。

200. 下集　原长办考古队河南分队《淅川下集新石器时代遗址发掘报告》，《中原文物》1989年第1期。

201. 黄楝树　见长江流域办公室考古队河南分队《河南淅川黄楝树遗址发掘报告》，《华夏考古》1990年第3期。

202. 唐河寨茨岗　见河南省文化局文物工作队《河南唐河寨茨岗新石器时代遗址》，《考古》1963年第12期。

203. 唐河影坑　见樊力《论石家河文化青龙泉三期类型》，《考古与文物》1999年第4期。

204. 新野凤凰山

205. 新野西高营

206. 新野翟官坟

207. 新野（邓）禹台

208. 桐柏闵岗　见北京大学考古系、南阳地区文化局《1991年唐白河流域及淮源史前遗址的考古调查》，《江汉考古》1996年第2期。

209. 泌阳三所楼

210. 泌阳荆树坟　见河南省文化局文物工作队《河南泌阳板桥新石器时代遗址的调查和试掘》，《考古》1965年第9期。

211. 驻马店杨庄　见北京大学考古系、驻马店文物保护管理所《驻马店杨庄——中全新世淮河上游的文化遗存与环境信息》，科学出版社1998年版。

212. 汝南詹庄　在南余店詹庄。

213. 遂平马台寺

214. 遂平唐岗。以上从198开始未注明出处者，均据樊力《论石家河文化青龙泉三期类型》，《考古与文物》1999年第4期。

以上所有考古遗址或遗存，凡未注明出处者，均据《中国文物地图集·河南分册》《中国文物地图集·湖北分册》。

## 第三节　二里头文化时期中原地区和江汉平原之间的互动交流

二里头文化时期，洛阳盆地是二里头文化的核心区也是中原地区腹地。洛阳盆地北部为邙山黄土丘陵，中部是呈三级阶地的伊、洛河冲积平原，南部为万安山低山丘陵和山前洪积冲积坡地。盆地呈东西狭长的椭圆形。二里头文化二三期，二里头文化呈现强势扩张的态势，在二期已经到达南阳盆地。二里头文化时期，尽管中原地区也见有江汉地区的文化因素，但是主要以中原地区对江汉平原的影响为主。前文已述洛阳盆地到江汉平原的通道在东周及其之后的历史时期大体分为东、中、西三路。二里头文化时期明确存在西路与中路。交通道路功用是多样的，除了日常行路，也是文化、经济贸易通道、军事要道，具体来看，二里头文化时期两地的通道可能还是绿松石、丹砂运输的通道。

**一 考古材料反映的两地间交流通道**

中路文献中记载最丰富，同时考古材料表明二里头时期中路也是二里头文化和江汉平原、鄂西北、甚至峡江地区交流最常用的通道。出洛阳盆地沿伊水溯流而上，再转陆路经汝州而至方城这一段是上述中路的西北支线之一（参见图3.5）。古伊水即今伊河，沿伊河至汝州分布于河两岸台地的二里头文化遗址有偃师高崖①、伊川南寨、北寨、白土疙瘩②、伊川白元③。其中白元遗址位于伊河河旁台地上，遗址延续时间较长，存在丰富的二里头文化时期遗存，出土了其他遗址少有的绿松石器、白陶等，因此很可能是这一区域内非常重要的中转站性质的遗址，或言水陆转运点与渡口之类。

自伊川白元中转后进入汝阳境内的陆路通道，沿路重要的二里头文化遗址有汝州盆窑、汝州湾张南、汝州金沟、汝州南寨④以及汝州煤山⑤、汝州李楼⑥等。上述遗址除了杨楼乡的李楼遗址在汝河南岸，余皆在今汝河北岸。再东行进入宝丰境内，目前在宝丰杨庄镇小店遗址发现二里头文化遗存，年代为二里头文化二期晚到三期。⑦ 此外，郏县清泉遗址也发现有二里头文化遗存。⑧ 西

---

① 北京大学历史系洛阳考古实习队：《河南偃师伊河南岸考古调查试掘报告》，《考古》1964年第11期。
② 河南省文物考古研究所：《河南伊川县南寨二里头文化墓葬发掘简报》，《考古》1996年第12期；河南省文物考古研究所：《伊川考古报告》，大象出版社2012年版。
③ 洛阳地区文物处：《伊川白元遗址发掘简报》，《中原文物》1982年第3期。
④ 国家文物局主编：《中国文物地图集·河南分册》，中国地图出版社1991年版。
⑤ 中国社会科学院考古研究所河南二队：《河南临汝煤山遗址发掘报告》，《考古学报》1982年第4期。
⑥ 中国社会科学院考古研究所河南一队：《河南汝州李楼遗址的发掘》，《考古学报》1994年第1期。
⑦ 郑州大学历史学院等：《河南宝丰小店遗址二里头文化遗存2008年发掘简报》，《文物》2021年第8期。郑州大学历史学院等：《河南宝丰县小店遗址二里头文化遗存2017年简报》，《考古》2023年第9期。
⑧ 河南平顶山文物局内部资料。

图 3.5 二里头时期洛阳盆地和江汉平原交通道路示意图

北支线再向东南在鲁山县杨南遗址发现典型的二里头文化遗存。[①]

方城隘口地理范围内也发现了二里头文化时期的重要遗址——方城八里桥。[②] 该遗址面积 40 万平方米，二里头文化遗存的主要年代是二期至四期。遗址出土的重要遗物有白陶爵、石钺、绿松石珠、陶字符、骨刻字符，此外还发现可能与铸铜有关的石范及可能与祭祀有关的黄牛角等。八里桥遗址地理位置关键，出土文化遗物显示该遗址应属于区域中心性遗址，因此八里桥遗址很有可能是二里头时期沟通江汉甚至整个南

---

[①] 河南省文物局：《鲁山杨南遗址》，科学出版社 2016 年版。
[②] 北京大学考古学系、南阳市文物研究所、方城县博物馆：《河南省方城县八里桥遗址 1994 年春发掘简报》，《考古》1999 年第 12 期。

第三章　中原与南方地区的文化互动与交流通道　　99

方地区和中原的重要交通枢纽，是二里头文化向南方地区拓展进程中的重要聚落中心。

中路过方城隘口后两周秦汉时期的东北支线、西北支线之二在二里头时期可能也被利用，只是具体路线有所不同。东北支线从方城至今漯河的水路在二里头时期是否利用，相关水系变迁较大，还有待材料证明。但是二者之间有二里头文化时期的遗址分布，如郾城黄寓遗址①等。二里头时期，蒗荡渠尚未开通，东北支线之一很可能主要利用颍水水路。考古材料表明二里头文化遗址沿颍河分布密集，② 在颍河上游过石羊关仍有数处二里头文化遗址，如著名的登封王城岗③、玉村④、程窑⑤，另一处登封北庄遗址⑥已经直达嵩山脚下。但是进入嵩山后轘辕关一线山路险峻，山中河谷处及重要关口均不见二里头时期遗存，二里头时期轘辕关是否作为东出洛阳盆地的交通道路还有待新材料的证实。但是，颍水一线至登封王城岗后再西南行绕少室山南侧经今登封君召乡、伊川的江左镇、吕店镇则又达伊河。这一线沿路也有二里头文化遗址分布，而早在仰韶文化时期，伊水流域虽然70%的遗址都集中在其下游，但是却在伊水支流白降河（《水经注》又称为大狂水）及白降河与伊河形成的三角洲地带聚集大量遗址，⑦ 二里头文化时期似乎也具有这一特点。在登封的君召乡白降河流域就发现了著名的登封南洼遗址⑧，面积至少44万平方米，为二里头文化重要礼器白陶的生产地，应是一处重要的中心性聚落址。西北支线之二在出方城隘口后沿夏路北行过应地（今平顶山）、栎地（今禹州），后经石羊关进入伊水的主要支流大狂水流域（今白降河），之后再汇入伊水。和上述东北支线之一的后半段是重合的，均不走轘辕关。西

---

　　① 河南省文物考古研究院、首都师范大学历史学院：《河南郾城县皇寓遗址二里头文化遗存发掘简报》，《考古》2017年第2期。
　　② 参见中国社会科学院考古研究所《中国考古学·夏商卷》中原地区二里头文化遗址分布平面图，中国社会科学出版社2003年版，第87页。
　　③ 河南省文物研究所、中国历史博物馆考古部：《登封王城岗与阳城》，文物出版社1992年版；北京大学考古文博学院、河南省文物考古研究所：《登封王城岗考古发现与研究（2002~2005）》，大象出版社2007年版。
　　④ 韩维周等：《河南登封县玉村古文化遗址概况》，《文物参考资料》1954年第6期。
　　⑤ 赵会军等：《河南登封程窑遗址试掘简报》，《中原文物》1982年第2期。
　　⑥ 中国科学院考古研究所洛阳工作队：《1975年豫西考古调查》，《考古》1978年第1期。
　　⑦ 杨小燕：《新石器时代中期伊、洛河流域考古学文化观察》，硕士学位论文，首都师范大学，2012年，第18页。
　　⑧ 郑州大学历史文化遗产研究中心：《登封南洼：2004~2006年田野考古报告》，科学出版社2014年版。

北支线之二沿路的二里头文化遗址较多，重要的如平顶山蒲城店①等。上述两条支线在栎地（今禹州）汇合后，在二里头时期还有一条重要交通要道可达洛阳盆地，即继续北行抵达郑（今新郑），然后经管城（今郑州西郊）过虎牢关达洛阳盆地，从八里桥、黄寓到望京楼这一线也称东北支线之二。这一线已经进入二里头文化重要分布区，二里头文化遗址分布较多，沿途重要的交通枢纽性质的遗址有新郑望京楼②、郑州洛达庙③、荥阳大师姑④等。

有意思的是，沿着上述文献中的中路通道在南襄隘道这一地理通道内果然发现了若干二里头文化的遗址。在南阳盆地的中北部发现有邓州陈营⑤、穰东⑥两处二里头文化遗址，文化内涵均属于典型的二里头文化，年代则属于二里头文化的二期至四期。显然这两处遗址是二里头文化抵达南阳盆地的前哨，也是沟通江汉地区的重要据点。再向南的遗址则有襄阳法龙王树岗⑦、钟祥乱葬岗⑧、沙市李家台⑨等。这几处遗址发现的二里头文化遗存的整体面貌和淅川下王岗二里头文化时期遗存十分近似，可归入二里头文化下王岗类型。⑩襄阳法龙王树岗遗址发现的二里头时期的遗存虽然仅有两座灰坑，但出土物较丰富，年代属于二里头文化三四期。钟祥乱葬岗也仅发现两个灰坑，H1属二里头文化三期，H2或晚至四期。

需要特别提及的是，江汉平原的盘龙城和荆南寺遗址也发现有属于二里头时期的遗存。荆州荆南寺遗址存在明确属于二里头文化的遗存H23，年代为二里头文化二期。⑪这类遗存数量较少，性质和出现于此的背景有待进一步研究。

---

① 河南省文物考古研究所等：《河南平顶山蒲城店遗址发掘简报》，《文物》2008年第5期。
② 郑州市文物考古研究院：《新郑望京楼——2010~2012年田野考古发掘报告》，科学出版社2016年版。
③ 河南省文物研究所：《郑州洛达庙遗址发掘报告》，《华夏考古》1989年第4期。
④ 郑州市文物考古研究所：《郑州大师姑：2002—2003》，科学出版社2004年版。
⑤ 袁广阔：《邓州市陈营二里头文化遗址》，《中国考古学年鉴（1990）》，文物出版社1991年版。
⑥ 河南省文物研究所：《河南邓州市穰东遗址的发掘》，《华夏考古》1999年第2期。
⑦ 襄石复线襄樊考古队：《湖北襄阳法龙王树岗遗址二里头文化灰坑清理简报》，《江汉考古》2002年第4期。
⑧ 荆州市博物馆、钟祥市博物馆：《钟祥乱葬岗夏文化遗存清理简报》，《江汉考古》2001年第3期。
⑨ 沙市博物馆：《湖北沙市李家台遗址发掘简报》，《考古》1995年第3期。
⑩ 庞小霞：《二里头文化下王岗类型及相关问题研究》，《考古》2021年第3期。
⑪ 荆州博物馆：《荆州荆南寺》，第96页图九四的1，第115页图一一〇的3，文物出版社2009年版。

此外，遗址的第二期约相当于二里头四期，还有一些与典型的二里头遗址同期十分相似的器物，如深腹罐 T13④C：41（图 3.6，1）大口尊 T13④C：42（图 3.6，2）、H36②：15（图 3.6，3），鬲 H36②：17（图 3.6，4）等。而这些和典型二里头遗址几乎雷同的器物，很可能是夏商之际从中原地区传入的，不排除夏遗民遗存的可能性。盘龙城遗址情况和荆南寺有些类似。遗址中明确属于二里头时期的遗存仅有报告中盘龙城址第一期，其年代为二里头文化晚期，这类遗存同样数量较少，遗存性质和出现背景有待研究。而遗址第二期遗存年代属于二里头四期晚段或二里岗下层一期，这类遗存文化面貌整体属于早商文化，但是其中依然有二里头文化因素，如：深腹罐 TZH33：4①。第二期遗存中二里头文化因素性质与荆南寺基本相同，或也属于夏遗民的遗存。此外，随州西花园遗址②的石家河文化的中期和晚期遗存中也存在一些中原龙山文化

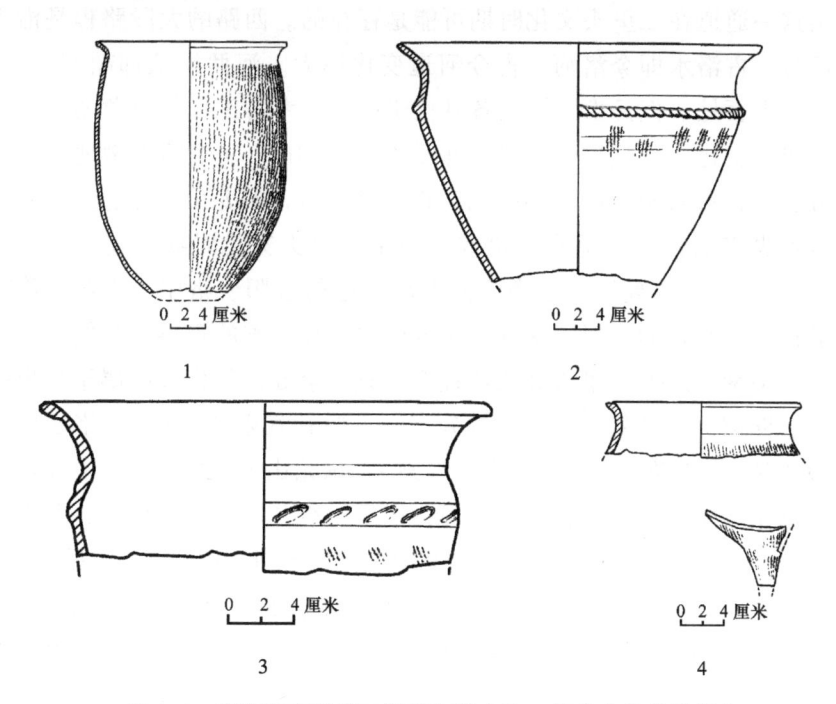

**图 3.6　荆南寺遗址第二期遗存出土和二里头文化类似器物**

1. 深腹罐（T13④C：41）2—3. 大口尊（T13④C：42、H36②：15）4. 鬲（H36②：17）

---

① 湖北省文物考古研究所：《盘龙城—1963—1994 年考古发掘报告》，文物出版社 2001 年版，第 59 页，图十三，3。

② 武汉大学随州考古发掘队：《随州西花园遗址发掘简报》，《江汉考古》1991 年第 2 期；武汉大学历史系考古教研室等：《西花园与庙台子》，武汉大学出版社 1993 年版，第 189 页。

的因素，还有零星的二里头文化因素，如折壁器盖、多按窝纹侧装三角形扁足的鼎等，并不见单纯的二里头文化遗存。这个遗址由于正位于随枣走廊通道上，这种文化交融的现象正说明随枣走廊在二里头文化时期可能正是中原和江汉地区交流的通道之一。

总之，盘龙城、荆南寺两个遗址正处于中原和江汉及邻近的赣鄱、澧水流域和三峡地区交流沟通的关键节点。两处遗址中的二里头文化时期遗存及在南方其他地区出现的诸多二里头文化因素，[1] 可能正是通过南襄隘道、随枣走廊传播至江汉及更远地区的。

中路支线中文献常常提到的三鸦路目前尚无考古材料证明，所以很可能二里头文化时期这一支线并未使用。

西路在传世文献和出土资料中记载最少且模糊不清。然而考古材料却反映出这一通道在二里头文化时期可能是存在的。西路的大段路程是沿古洛水而行，古洛水即今洛河，古今河道变化不大。河两岸从仰韶至商代，遗址多达上百处。但是由于沿途各县位于山区，考古工作相对薄弱，目前属于二里头文化遗址且发表材料的几乎不见。同时，《中国文物地图集·河南分册》出版较早，限于当时的认识，书中所言的龙山文化遗址、商代遗址有不少应该属于二里头文化或相当于二里头文化时期的遗址。鉴于此，我们于2017年夏沿洛水溯流而上对沿途的宜阳、洛宁、卢氏、洛南几个县进行了有目的的田野调查。结合两次文物普查的资料，我们认为目前偃师至洛南一线的二里头文化遗址至少有十余处，年代大体属于二里头文化三、四期，遗址基本沿河两侧分布，主要有宜阳的凹里[2]，洛宁的禄地、坡头[3]，卢氏苗村[4]，洛南的龙头梁[5]、东龙山[6]等遗址。其中禄地遗址位于洛宁县陈吴乡禄地村北，洛河南岸的二级台地上，遗址西、北部边沿为高出公路约四五米的断崖，整个遗址地势较平坦，遗址东西长360米，南北宽560米，总面积约201600平方米。整个遗址文化层厚约1米—3.5米，根据我们2017年在洛宁县文管会库房中所见的陶片看，陶

---

[1] 向桃初：《二里头文化向南方的传播》，《考古》2011年第10期。
[2] 洛阳市文物管理局编：《洛阳市不可移动文物名录》，中州古籍出版社2013年版，第1712页。
[3] 洛宁县文物管理委员会办公室：《洛宁古迹》，洛宁县内部发掘资料，2012年，第118、117页。
[4] 2017年田野调查时适逢该遗址发掘，在工地见到发掘遗物年代属于二里头文化三四期。
[5] 陕西省商洛地区图书馆：《陕西洛河上游两处遗址的试掘》，《考古》1983年第1期。
[6] 陕西省考古研究院、商洛市博物馆：《商洛东龙山》，科学出版社2011年版。

质陶色有夹砂灰陶、红陶及泥质灰陶、磨光黑陶等,纹饰有绳纹、篮纹和方格纹,可辨器形有深腹罐、圆腹罐、大口尊等,尤其该遗址出土的两件较为典型的风字形玉石钺,通体磨光,中间有一圆孔,两侧带有扉棱(见图3.7)。从玉石钺的整体特征来看和二里头遗址出土的玉钺相似,我们认为该玉钺应该是二里头文化遗物。同时结合出土陶器特征,禄地遗址主要遗存的年代可能也属于二里头文化时期,出土玉钺表明该遗址规格较高,很可能属于洛水交通线上的中心性遗址。西路到达商洛地区,再由商洛沿丹江南下江汉,沿途重要的二里头文化遗址有淅川下王岗[1]等。

3.7-1　　　　　　　　　　3.7-2

**图 3.7　洛宁县禄地遗址出土玉石钺**

来源:《洛宁古迹》,第169页。

目前尽管在驻马店地区发现了丰富的二里头文化遗存并形成了一个地方类型,但是再向南的信阳地区三里店、南山嘴等遗址并没有发现确凿的二里头文化遗存。[2] 近年配合信阳出山店水库建设,河南省文物考古研究院在水库区进行了不少考古工作,2020年夏季,笔者曾赴信阳地区考察,

---

[1] 河南省文物研究所、长江流域规划办公室文物考古队河南分队:《淅川下王岗》,文物出版社1989年版;中国社会科学院考古研究所:《淅川下王岗——2008~2010年考古发掘报告》,科学出版社2020年版。

[2] 北京大学考古学系、驻马店市文物保护管理所:《驻马店杨庄——中全新世淮河上游的文化遗存与环境信息》,科学出版社1998年版,第206页。

在信阳工作站的库房看到较多二里头文化遗物，确定除了孙寨①遗址外，信阳地区明确存在二里头文化遗存的还有几处遗址。同时值得注意的是，在桐柏山隘口的大悟李家湾发现二里头文化二期遗存。② 所以我们认为二里头文化主要是经中路方城和南襄通道一路南传的，但是盘龙城发现的二里头文化早期遗存也不排除是经"义阳三关"而来。

## 二　中原地区和江汉平原交流的物

交通道路功用是多样的，除了日常行路，也是文化、经济贸易通道、军事要道，还是承载"资源运输"的通道。二里头文化时期的这两条道路，尤其西路与中路很可能就是"绿松石之路"。对于二里头遗址出土的绿松石器的来源，一般认为有两处：一处是源于湖北十堰绿松石矿区，或直言是竹山县云盖寺矿点；③ 一处为陕西洛南古矿，或直言河口遗址及周边古矿洞。④ 河口遗址处于洛河岸边，沿洛河而下即至二里头腹地。云盖寺近于丹淅流域，这个地区发现了明确的二里头文化遗址——郧县李营⑤，表明二里头文化已经扩展至这一地区。而经丹淅地区或上行进入商洛地区洛河上游，或东行南阳盆地，继而北行中路入洛阳盆地。值得注意的是，目前二里头文化发现绿松石器的遗址大概九处，分别为偃师二里头、伊川南寨、白元、夏县东下冯、郑州大师姑、登封南洼、方城八里桥、新安太涧、郑州洛达庙。⑥ 东下冯、太涧遗址可能是由洛阳盆地再转至晋南的沿途站点，除了文化腹地的二里头外，其他的八里桥、南寨、白元、南洼，甚至大师姑竟然恰恰是本书所言道路的西、中路的重要节

---

① 王豪：《信阳市孙寨龙山文化二里头文化及西周时期遗址》，《中国考古学年鉴（2017）》，中国社会科学出版社2018年版，第313页。
② 湖北省文物考古研究所：《大悟县城关镇双河村李家湾遗址发掘简报》，《江汉考古》2000年第3期。
③ 任佳、叶晓红等：《二里头遗址绿松石的红外光谱产地识别》，《光谱学与光谱分析》2015年第10期。
④ 先怡衡等：《陕西洛南绿松石的锶同位素特征及其产地意义——兼论二里头出土绿松石的产源》，《西北地质》2018年第2期；北京科技大学冶金与材料史研究所、陕西省考古研究院：《陕西洛南河口绿松石矿遗址调查报告》，《考古与文物》2016年第3期。
⑤ 武汉大学考古系等：《湖北郧县李营遗址二里头文化遗存发掘简报》，《江汉考古》2014年第6期。
⑥ 李维明：《方城八里桥遗址在二里头文化中的地位》，《黄河·黄土·黄种人》2016年第16期。

点。因此，本书所言二里头文化时期洛阳盆地和江汉平原间的这两条道路最有可能也是"绿松石之路"。

此外，方辉先生研究认为，陶寺文化和二里头文化丧葬中大量使用的丹砂并不产在北方，而是来自丹砂的主要产地湘、黔、渝毗邻地区，他还进一步指出丹水是南铜北运通道的重要环节，也是运送丹砂的贡道。① 同时，今汉水上游秦岭山区的安康旬阳也是丹砂产地，水银主要是从丹砂矿石提炼出的，有学者认为秦帝国的水银主要来自旬阳产的丹砂矿石。② 先秦丹砂矿源的研究不如绿松石矿源的研究深入，还有待出土产品的检测、古矿洞的调查、发掘尤其年代的判定等大量工作。由于丹砂的产地几乎均在南方，笔者认为二里头文化向汉水流域的扩张很可能和丹砂资源也有一定的关系。

值得注意的是，关于二里头国家的铜料主要来源地目前已基本清晰。最近山西西吴壁二里头时期青铜冶炼遗址的发掘，表明晋南中条山的铜矿资源确是二里头国家铜料的重要来源，并且证明铜矿在当地开采后运输至条件较好的西吴壁等遗址冶炼成铜锭，再运输至都邑性聚落进行铸造。③ 然而商周时期中原对长江中下游地区铜料的严重依赖，使我们不得不思考二里头文化时期长江流域的铜矿资源是否被二里头国家所认知。而长江中游石家河文化及相当于二里头文化时期的遗址中铜器发现得很少，相关的冶炼遗存信息更少则表明至少到二里头文化时期江汉平原的铸铜业可能尚未形成，换言之，至少到二里头文化时期长江流域丰富的铜矿可能并未被人们所认知，更没有开采。近年在郧县李营遗址发现有二里头文化的铸铜遗存如坩埚残片、壁炉残块、红烧土块等，④ 显然这为今后了解二里头文化在南方铸铜生产及二里头社会掌握南方资源的情况以及南方铸铜业发

---

① 方辉：《论史前及夏时期的朱砂葬——兼论帝尧与丹朱传说》，《文史哲》2015年第2期。
② 王学理：《秦始皇陵墓中的水银及其来源》，《文博》2013年第3期；陈光宇：《秦帝国的朱砂水银工业》，《陕西师范大学学报》（哲学社会科学版）2017年第2期。
③ 戴向明、田伟、崔春鹏：《山西绛县西吴壁遗址发现大量夏商时期冶铜遗存》，《中国文物报》2018年12月14日；中国国家博物馆考古院、山西省考古研究院、运城市文物保护研究所：《山西绛县西吴壁遗址2018~2019年发掘简报》，《考古》2020年第7期。
④ 张昌平等：《湖北郧县李营发现的铸铜遗存》，《考古》2016年第6期；中国国家博物馆等：《山西绛县西吴壁遗址2020年发掘简报》，《中国国家博物馆馆刊》2023年第6期；中国国家博物馆等：《山西绛县西吴壁遗址2021年发掘简报》，《中国国家博物馆馆刊》2023年第6期；中国国家博物馆等：《山西绛县遗址商代墓地2022年发掘简报》，《中国国家博物馆馆刊》2023年第6期。

生、发展等问题提供了重要线索。总之，我们认为目前的资料尚无法肯定二里头文化对江汉地区的扩张一定和铜矿有关。

### 三　二里头文化时期中原地区和江汉平原互动交流的特点

二里头文化时期两地区间的交通道路呈现一定特点，首先道路交通是以水路为主，水陆结合。纵观前文的西路，全程几乎依靠古洛水、丹水、浙水、汉水诸水而完成，山间部分道路或依赖谷中水旁山道。而中路的支线中也利用了古伊水、汝水及汉水的支流古淯水（今白河）等，而中路经过的盆地、平原地区则多利用陆路通道。

其次，在道路的重要地理位置设置城址、重要聚落等作为重要据点。中路新郑望京楼、白元、南洼、方城八里桥、陈营、荆南寺都是这类属于重要据点、战略前哨、交通枢纽性质的遗址。西路中沿洛水的坡头、禄地、龙头梁、下王岗等也属于此类性质的遗址。以下王岗遗址为例，下王岗遗址位于丹江岸边，地理位置重要，正处于前述西路中商洛至江汉这段通道的关键节点。而商洛至江汉的这段通道也即历史时期著名的"武关道"，不仅是沟通中原和江汉的重要通道，也是关中甚至更远的新疆中亚地区和江汉平原、中原地区的重要通道的关键部分。其实早在二里头文化之前高地龙山社会和欧亚草原之间就存在着互动交流。[①] 而下王岗出土与青海沈那遗址相似的塞伊玛—图尔宾诺式倒钩铜矛则说明这种互动交流的范围已经扩展至中原腹地。[②] 研究表明商洛地区东龙山类遗存在二里头文化和齐家文化的交流中起到了地理、文化等媒介作用。[③] 可见由关中至江汉平原的商洛"武关道"至少在二里头文化之前可能已经使用，并在二里头时期成为中原和西部地区沟通的重要通道，在中西交流及二里头国家崛起中具有重要作用。同样道理，我们认为二里头时期对南襄隘道的利用和进一步开拓，使得南襄隘道早在二里头时期就成为中原地区西通巴蜀、南下湘赣、东进江汉的重要通道。[④] 下王岗遗址

---

[①] 高地龙山社会的提法参见李旻专著，其所言的高地区域是指太行山脉与河西走廊之间的高地，互动交流的体现，李旻在其专著中有很多详细论述。参见 Li Min, *Social Memory and State Formlation in Early China*, Cambridge University Press, 2018, pp86 – 115, pp169 – 174; pp201 – 220.
[②] 高江涛：《试论中国境内出土的塞伊玛—图尔宾诺式倒钩铜矛》，《南方文物》2015年第4期。
[③] 庞小霞、王丽玲：《齐家文化与二里头文化交流探析》，《中原文物》2019年第4期。
[④] 黄盛璋：《历史上黄、渭与江、汉间水陆联系的通道及其贡献》，《地理学报》1962年第4期。

的关键之处则在于其正处于上述东西和南北两条通道的枢纽位置，二里头文化下王岗类型的形成不能单单从资源的角度理解，它更重要的背景则是对于早期交通的开辟和拓展。而这种对山川地理知识的认识、实践与传承对于古代族群的流动和融合、对于早期多元一体国家的形成的意义非同寻常。

二里头文化时期中原和江汉平原的互动交流中二里头文化明显占据主导地位，以中原地区二里头文化对江汉平原地区的影响为主。在两地区的互动交流中，明显可见二里头文化从洛阳盆地已经深入江汉平原，而且进入江汉地区的通道显然也由二里头文化占据和控制。此外，二里头文化向南对赣鄱、澧水、沅水、湘江、资水流域，向西对三峡地区甚至四川盆地产生影响，并且在广大南土形成持续性影响，有些地区在商代晚期、甚至西周时代的遗存中还保留有二里头文化因素的孑遗。[1] 而这些地区所见的二里头文化因素最常见的是斝、爵、鬶、盉及玉牙璋、铜牌饰等显然属于礼器性质的器物。与此同时，中原地区却几乎很难见到江汉平原、湘赣及四川地区的文化因素，这是因为江汉平原的大部分区域在二里头晚期已被二里头文化控制，该区域作为文化弱势方很难对强势的二里头文化尤其核心区的二里头文化产生重要影响。而湘赣和四川盆地在二里头文化时期既不和二里头文化接壤，也没有发生直接的文化交流。这些地区发现的二里头文化因素的年代多属于商代中晚期甚至西周，显然是伴随着空间距离的增加而影响逐渐减弱导致的，因此这些地区在二里头文化时期更不可能对中原地区产生较大影响。江汉平原地区作为中国早期文明起源地之一，其丧失独立发展并纳入中原为主的发展体系，应该是从二里头文化开始，这比东方海岱地区要早。

## 第四节　商周时期中原和南方地区的互动交流

西周时期，周人统治的核心区在关中地区，与此同时又设立东都洛邑来弥补周人无法有效统治整个大东方地区的不足。因此周人和南方地区的交流主要体现在关中和洛阳两都区域与南方地区的互动交流。关于西周时期周人和南方地区族群的互动交流，涉及的战争路线、铜料运输路线等已

---

[1]　向桃初：《二里头文化向南方的传播》，《考古》2011年第10期。

有不少学者从不同视角做过系统研究。① 本节仅简单阐述相关的交通路线，以便于衔接商代，重点则是探讨商代中原和南方地区的互动及两地交流的路线、内容、特点等。

## 一 西周时期铭文及考古材料反映的两地交通道路

西周时期，上述的中路通道在不少铜器铭文中有所反映。昭王时期安州六器的中甗、中方鼎记载了一个名为"中"的人在昭王南征前被派往南方去考察，做战前准备。尤其《中甗》记叙详备，该铭文曰："王令中先省南国，贯行，𫊣（设）应在曾。……余令女（汝）史（使）小大邦，至于女𩧢，小多㞢，中省自方、登，造□邦，在噩（鄂）𠂤𫊣。"（《集成》3.949）《静方鼎》铭文中也有类似省南国的内容："唯十月甲子王在宗周，令师中眔静省南或（国）□，𫊣（设）应，八月初吉庚申至，告于成周。月既望丁丑，王在成周大室，令静曰'卑（俾）女（汝）□在司曾、噩（鄂）𠂤'。"② 铭文中的方，唐兰先生认为即方城，位于河南省西南部，与湖北邻近。③ 这其实即上文所言的方城隘口。铭文中的曾，近年随州叶家山西周早期曾侯墓地的发掘，表明西周时期的曾国就在随州东部一带。④ 2007年在随州安居镇羊子山发现了西周早期的鄂侯墓，⑤ 联系到早年也曾在此地发现"鄂侯弟历季"青铜器⑥，因而基本可以确定西周早期的鄂国在今随州西部的安居一带。登，即今襄樊西北的古邓城。⑦ 可见中和静巡行南国的路线正是过方城经南阳盆地到随枣走廊这一线。

东路在铜器铭文中似乎也见端倪。西周夷王时期的铜器禹鼎记载了一

---

① 朱继平：《从淮夷族群到编户齐民——周代淮水流域族群冲突的地理学观察》，人民出版社2011年版；易得生：《周代南方的金道锡行"试析"——兼论青铜原料集散中心"繁汤"的形成》，《社会科学》2018年第1期；尹弘兵：《地理学与考古学视野下的昭王南征》，《历史研究》2015年第1期；赵庆淼：《"昭王南征而不复"之蠡测——基于文本形成与历史地理学的研究》，《学术月刊》2015年第5期。
② 徐天进：《日本出光美术馆收藏的静方鼎》，《文物》1998年第5期。
③ 唐兰：《西周青铜器铭文分代史征》，中华书局1986年版，第283—285页。
④ 湖北省博物馆、湖北省文物考古研究所、随州市博物馆编：《随州叶家山西周早期曾国墓地》，文物出版社2013年版。
⑤ 随州市博物馆：《随州出土文物精粹》，文物出版社2009年版。
⑥ 随州市博物馆：《湖北随县发现商周青铜器》，《考古》1984年第6期。
⑦ 石泉：《古邓国、邓县考》，《江汉论坛》1980年第3期；徐少华：《邓国铜器及其历史地理与文化》，《华夏考古》1996年第1期。

场以鄂侯驭方为首带领南淮夷、东夷叛乱最后被周王派军剿灭的战争。鄂侯叛乱内侵的路线因对鄂国所在地认识不同而迥异。持鄂在南阳盆地即西鄂说者认为鄂侯从南阳盆地出方城而伐周。① 同时，禹带领周师讨伐鄂侯和南淮夷自然也从伊洛走上述的中路经方城进入南阳盆地。② 但是正如前文所言，西周鄂国在今随州安居镇羊子山一带已为考古发现所证实，则鄂侯内侵路线有学者指出是从安居出发，经桐柏山孔道即后世的"义阳三关"北出，与南淮夷和东夷会师淮水上游，沿颍汝逆流而上进入洛阳。③ 笔者以为，以目前的材料，鄂侯发兵反叛的路线东线和西线似乎都有可能。从随州发兵桐柏山间孔道，路程较近，过"义阳三关"就可与南淮夷、东夷在淮水上游汇合，合兵一处便于军队指挥。但是"义阳三关"道相对随枣走廊和南阳盆地一线而言，山间道路险峻，大规模用兵加上辎重车辆很不方便。同时根据西周南国的政治局势，昭王南征失败后，周人对随枣走廊和南阳盆地南部的平原逐渐失去了控制。④ 南阳盆地的申、吕尚未分封，南阳盆地周人的力量并不强大，所以鄂侯反叛时的出兵路线也有可能从随枣走廊经南阳盆地出方城，再与西北行军的南淮夷、东夷汇合。

需要指出的是，鄂侯此次反叛及稍后厉王时期的敔簋记载的南淮夷的大肆内侵，在进入颍汝中上游的应（今平顶山）、许（今许昌）地区后，沿颍汝水系再入古伊水进入周东都洛阳，其他学者也进行过详细探讨。⑤ 也有学者指出这段路线也是西周的金道锡行路线。⑥ 其实这段路线正是前文传世文献所载述的中路的西北支线。

西路在传世文献中几乎不见记载，但是在铜器铭文中似乎发现了一些线索。著录于宋代的《敔簋》其铭文涉及一场南淮夷入侵成周的战争，曰："唯王十月，王在成周。南淮夷遷及内，伐滆，昂参泉，裕敏阴阳洛。王命敔追御于上洛、烛谷，至于伊，班，长榜载首百，执讯四十，

---

① 徐少华：《鄂国铜器及其历史地理综考》，《考古与文物》1994年第2期。
② 马保春：《由古文字资料管窥早期伊洛南阳间之地理交通》，《中原文物》2009年第3期。
③ 朱继平：《从淮夷族群到编户齐民——周代淮水流域族群冲突的地理学观察》，人民出版社2011年版，第103—104页。
④ 朱凤瀚：《论西周时期的"南国"》，《历史研究》2013年第4期。
⑤ 周博：《禹鼎、敔簋与淮夷内侵路线问题》，《历史地理》第三十四辑，上海人民出版社2016年版，第38—43页。
⑥ 易得生：《周代南方的金道锡行试析——兼论青铜原料集散中心"繁汤"的形成》，《社会科学》2018年第1期。

夺俘人四百，献于荣伯之所……"铭文中的南淮夷，朱继平博士曾指出主要指居住于淮河中游以南地区的淮夷族群，联系禹鼎、鄂侯驭方鼎等铭文，鉴于鄂侯驭方的南方方伯地位，夷厉之时的南淮夷还应该包括江汉地区尤其汉东地区的国族。① 除了阴阳洛指洛水两岸，伊指伊水，学术界争议不大，其余多个地点如内、㶋、昴参泉、上洛等皆有不同看法。尤其上洛，笔者赞同即今洛南。② 尽管对于这场战争中南淮夷的入侵路线认识大致相同，③ 但是鉴于上洛、㶋谷、昴参泉等地点的不同认识，笔者认为，这里南淮夷的撤退路线中，部分参与战争的汉东地区国族人员很可能是沿洛水逆流上行，在商洛、洛南一带进入丹水上游再顺丹水而下，经陆路向东南穿行南阳盆地进入随枣走廊的鄂之故地。由此，很可能铭文中的南淮夷撤退路线主要利用了西路通道。

周人建国伊始就十分重视南国区域的经营。西周早中期，目前在江汉地区随枣走廊考古发现和铜器铭文证实主要是曾国、鄂国。但是也有学者提出随枣走廊西周时期还有一个厉国。④ 李学勤先生所依据的主要是出土于岐山县的太保玉戈，原物流失海外，目前保存在美国弗利尔美术馆。玉戈铭文，学者有争议的之一即是倒数第八字，"令□侯辟"，陈梦家、李学勤都将此字释为"厉"⑤，但是徐锡高、李自智两位先生根据拓本又拍照放大，认为其中倒数第八字应该释为"濮"⑥。近年朱凤瀚先生也同意此字释为"濮"⑦，从较为清晰的照片看，⑧ 笔者赞同释为"濮"。

而徐少华先生认为西周时期的铜器"中尊"铭文中有"厉"⑨，安州六

---

① 朱继平：《从淮夷族群到编户齐民——周代淮水流域族群冲突的地理学观察》，人民出版社2011年版，第118页。
② 李学勤：《晋侯铜人考证》，《商承祚教授百年诞辰纪念文集》，文物出版社2003年版，第125—127页。
③ 朱继平：《从淮夷族群到编户齐民——周代淮水流域族群冲突的地理学观察》，人民出版社2011年版，第106—107页；周博：《禹鼎、敔簋与淮夷内侵路线问题》，《历史地理》第三十四辑，上海人民出版社2016年版，第38—43页。
④ 李学勤：《太保玉戈与江汉的开发》，《走出疑古时代》，长春出版社2007年版，第82—85页；徐少华：《古厉国历史地理及其相关问题》，《江汉论坛》1987年第3期。
⑤ 陈梦家：《西周铜器断代（二）》，中国科学院考古研究所编辑：《考古学报》第十册，科学出版社1955年版，第98—99页。
⑥ 徐锡高、李自智：《太保玉戈铭补释》，《考古与文物》1993年第3期。
⑦ 朱凤瀚：《释"羌"》，《甲骨文与殷商史》新五辑，上海古籍出版社2015年版，第1—7页。
⑧ 陈鹏宇：《太保玉戈的出土时地及铭文释读》，《出土文献》2019年第1期。
⑨ 徐少华：《古厉国历史地理及其相关问题》，《江汉论坛》1987年第3期。

器中"中尊"铭文简单，可能含有"厉"字的是一件中方鼎（《集成》2785），铭文中写作⊗，此字和"厉"有一定区别，张亚初先生释文写作"禣"[①]，可从。所以目前并无确切的关于西周"厉"国的铜器铭文，而徐少华先生从文献所载推论的西周厉国在今随州北的殷家店也并无考古发现佐证。所以我们认为西周时期随枣走廊是否确切存在厉国还有待新的发现和研究。

除了分封的诸侯国，目前在江汉地区及湘江流域发现了另一些西周遗存，如黄陂鲁台山西周墓地、安州六器、蕲春毛家咀、新屋湾铜器窖藏、江陵邲子器、望城高砂脊等。这些墓地或窖藏出土的铜器和中原地区殷墟及周初铜器风格相似，学者或认为就是殷人南迁带去，或认为乃殷遗民或归附周人的殷遗民。性质不同主要是对遗址年代认识不同造成的。总之，鄂东南及湘江流域殷墟时期就受到了中原地区的强烈影响，和中原地区有密切交流，西周早期在随枣走廊已经分封了周代诸侯国的情况下，这个区域和中原地区有交流也很正常。

而随枣走廊作为中原和江汉地区交流的重要通道之一，周人在此分封曾、鄂显然主要是扼控重要交通，也是进一步向长江沿岸和湘江拓展的重要基地。

西周时期江汉平原和中原地区交流通道上一个重要控制点是分布于今平顶山的应国。应国所在的平顶山正处于出南阳盆地北行的"夏路"的关键点，同时也是本书所言中路支线的关键点，由此地沿古汝水、伊水可进入洛阳盆地，这是成周东南部的最后一道屏障，经此地东行进入开阔的黄淮海平原，南行则进入南阳盆地。此外，这个地点同样也是周人从洛阳盆地向东南拓展进入江淮地区的重要通道，周人和南淮夷的诸多战争也正沿这一路线开展。

中路所经的南阳盆地在西周时期发现的遗址不多，主要有淅川下王岗、南阳十里庙等遗址。

西周中晚期以后，昭王南征失败，荆楚逐渐做大，周人逐渐失去了对随枣走廊的控制，尤其宣王时期鄂侯叛乱，周人势力更是几乎退出了江汉地区。而为加强对南阳盆地的控制，周人这个时期将申、吕迁至此地。

---

[①] 张亚初：《殷周金文集成引得》，中华书局2001年版，第48页。

## 二 商代中原和南方地区的交流通道概述

关于中原和南方地区商代的道路，包括笔者本人在内许多学者都有所研究，[①] 但是或者对于通道概述太简略、或者对于通道的功用阐述有误、或者对于通道中涉及的商文化遗存理解有异或有误，而且不断有新的考古材料公布，鉴于此本书利用最新材料拟对相关主道和各个支线做整体梳理和论述。

相比夏周两代，洛阳盆地不再是商人的核心，商人的都城已东移至郑州和安阳一线。因此商代中原和南方地区交流的路线也有重大变化。为便于行文，我们将商代中原和南方区域交流的主要干道仍分成东、中、西三路。西路包括两条支线：其一是前述沿古洛水上行再经古丹水、汉水到达江汉西部地区的道路，我们称为西路支线一。其二即前述二里头时期的中路，从郑州南行沿嵩山东南缘、外方山东麓经南阳盆地、随枣走廊抵达江汉的道路，我们称为西路支线二；中路则是指从郑州南行翻越"义阳三关"达江汉地区，这一道路也是新石器时代就已经使用；东路主要是中商开辟，晚商盛行，主要有两条支线：其一从安阳至豫东杞县再东南行经豫东鲁西南达安徽江淮地区，之后通过江淮地区可达"江东"的宁镇地区，也可南达赣鄱地区，称为东路支线一；其二是水路为主，从安阳渡古黄河和古济水沿泗水南行，入古淮水，溯古淮水上行再经江淮地区南下，称为东路支线二。东路从安阳出发到豫东也可有不同路径，可以从原阳渡河再南行经今郑州西郊渡古济水，然后从郑州向东南行。也可从原阳渡黄河入古济水东行。而抵达江淮地区后也有几条分支路线。

下面对于西、中、东三条主道及其支线在整个商代的形成、变迁分别进行阐述。

## 三 商代中原和南方地区交流的西路

参见图 3.8 商代中原和南方交流西路示意图。

（一）西路支线二

该路线是从郑州沿嵩山东南缘、外方山东麓南行过方城隘口入南阳

---

[①] 刘莉、陈星灿：《城：夏商时期对自然资源的控制问题》，《东南文化》2000 年第 3 期；易德生：《科技考古视野下的商王朝锡料来源与"金道锡行"》，《中国社会科学》2013 年第 5 期；徐燕：《考古学视域下商代汉水流域文化交流的廊道功能研究》，《中国历史地理论丛》2018 年第 2 辑；杜杨：《资源控制的通道模式——论商王朝对长江中下游铜矿区的控制》，《南方文物》2020 年第 6 期；李宏飞：《江西清江盆地商代诸遗存兴起背景探讨》，《南方文物》2020 年第 4 期。

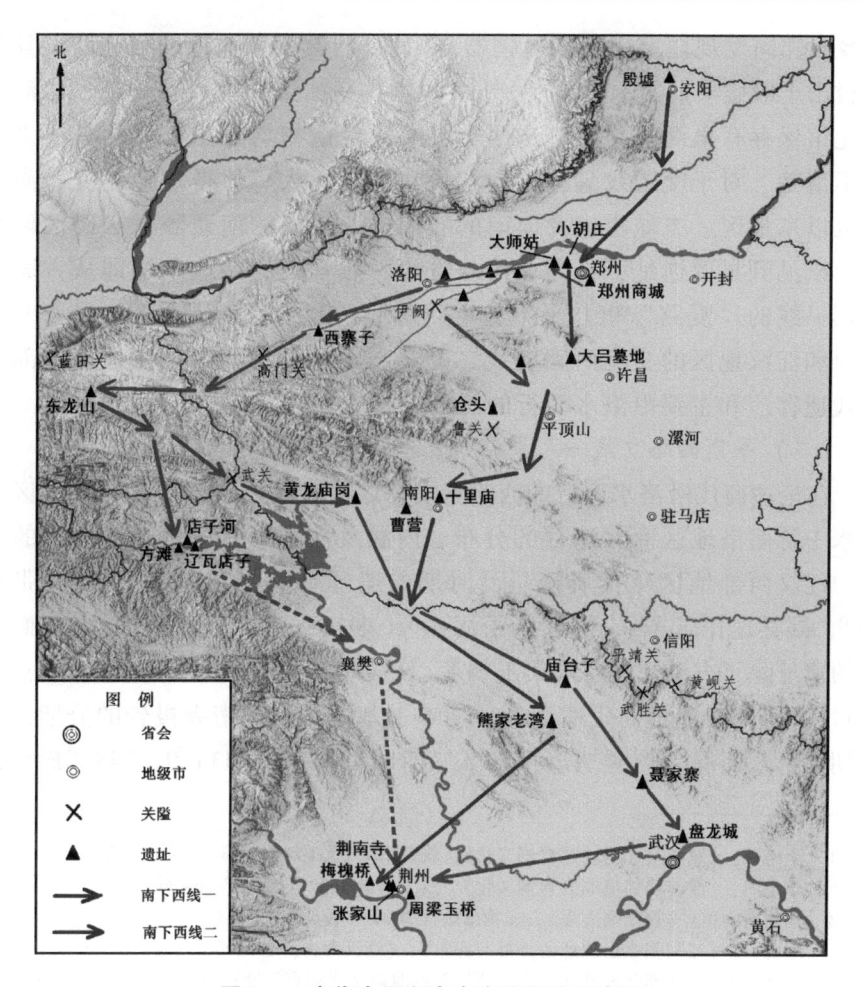

图 3.8 商代中原和南方交流西路示意图

盆地再经随枣走廊而达江汉地区的道路，在西周、二里头时期均被广泛利用，但是至少早商时期可能并未被商人利用。新郑望京楼商代城址再向南，无论是正南方的许昌、洛河、西平县和上蔡县还是西南方的禹州市、平顶山、包括方城隘口及南阳盆地东半部都几乎不见早商遗址。目前仅在南阳盆地西半部的内乡县黄龙庙岗①发现属于白家庄期的商文化遗址，在

---

① 杨宝成：《内乡县黄龙庙岗商代遗址及战国秦汉墓葬》，《中国考古学年鉴（1989）》，文物出版社 1990 年版；内乡县综合博物馆：《河南内乡县部分新石器时代遗址调查简报》，《考古与文物》1992 年第 1 期；李维明：《豫南及邻境地区青铜文化》，线装书局 2009 年版，第 165—168 页。

内乡县郭岗发现白家庄期的青铜器。① 此外，在南阳盆地的西北西峡县芳香村出土殷墟早期的铜器。② 另外，社旗县有征集的晚商青铜器、唐河县文化馆保存有早商的陶器，这两个县的商代遗物均非出土品，具体来源尚不清楚，对于交通线具体走向的探讨意义不大。值得注意的是，南阳市区以东地区、方城隘口及向南的襄阳这一传统的南襄隘道必经区域目前尚未见到早商遗址，再向北沿外方山、熊耳山的山地东缘即从方城到新郑一线的"夏路"也几乎不见早商遗址，因此笔者认为至少早商时期中原和江汉地区的交流西路支线二是几乎不用的，而南阳盆地西北部的商代遗存应和主要沿洛水而行的西路支线一有关。

（二）早商西路支线一

在论述商代沿洛水而行的西路支线一之前有必要对于江汉西部地区及汉水中游商洛地区商代遗存的分布、内涵及性质等首先做一个总体的分析。江汉西部地区年代属于早商时期的遗址有荆州荆南寺③、江陵张家山④、郧县辽瓦店子⑤、郧县店子河⑥、十堰市张湾区方滩遗址⑦。晚商时期的遗址除了方滩，还有周梁玉桥⑧、江陵梅槐桥⑨、沙市官堤⑩、郧县龚家村⑪。荆南寺遗址商代遗存的分期本书基本赞同荆南寺报告的分期，第二期至第八期属于商时期遗存。第二期以T13④C、H36②、T48④E等为

---

① 李维明：《豫南及邻境地区青铜文化》，线装书局2009年版，第169—171页。
② 李维明：《豫南及邻境地区青铜文化》，线装书局2009年版，第168页。
③ 荆州博物馆：《荆州荆南寺》，文物出版社2009年版。
④ 陈贤一：《江陵张家山遗址的试掘与探索》，《江汉考古》1980年第2期。
⑤ 王然、傅玥：《湖北郧县辽瓦店子遗址夏商时期文化遗存研究》，《石泉先生九十诞辰纪念文集》，湖北人民出版社2007年版，第170—199页；湖北省文物局主编：《湖北省南水北调工程重要考古发现I》，文物出版社2007年版，第116—123页；辽瓦店子考古队：《湖北郧县辽瓦店子遗址考古获重要发现》，《中国文物报》2008年1月9日第2版。
⑥ 湖北省文物局等：《郧县店子河遗址》，科学出版社2020年版。
⑦ 吉林省文物考古研究所：《湖北省十堰市方滩遗址考古发掘报告》，《湖北南水北调工程考古报告集》（第一卷），科学出版社2013年版，第407—428页。湖北省文物局主编：《湖北省南水北调工程重要考古发现I》，文物出版社2007年版，第192—194页。
⑧ 沙市博物馆：《湖北沙市周梁玉桥遗址试掘简报》，《文物资料丛刊》（10），第22—31页，文物出版社1987年版；荆州市周梁玉桥遗址博物馆：《湖北沙市周梁玉桥遗址1987年的发掘》，《考古》2004年第9期。
⑨ 湖北荆州地区博物馆、北京大学考古系：《湖北江陵梅槐桥遗址发掘简报》，《考古》1990年第9期。
⑩ 湖北省博物馆：《沙市官堤商代遗址发掘简报》，《江汉考古》1985年第4期。
⑪ 中国人民大学北方民族考古研究所：《郧县龚家村遗址发掘简报》，《湖北南水北调工程考古报告集》（第四卷），科学出版社2014年版，第231—232页。

代表的遗存年代约相当于中原二里岗下层一期,其中已经发现较多商文化因素、二里头文化遗留因素及本地因素,笔者认为二期代表的人群复杂,有夏遗民、商人及当地土著。第三期遗存约相当于中原二里岗下层二期,遗存所含文化因素中二里头文化因素不见,二期已经出现的一类以鼓腹联裆鬲、包足鬲为代表的遗存持续增加,这类遗存陶器的红陶比例高于灰陶,陶器纹饰有一定比例的网格纹,应是来自盘龙城的文化因素。第四期至第六期相当于二里岗上层一期到白家庄期,商文化因素和中原地区保持一致,而上述盘龙城文化因素至第五期已基本不见。第七期相当于中原地区的中商二期至三期,遗迹较少,中原商文化因素也不多。

郧县辽瓦店子遗址目前未有详细资料发表,从目前公布的材料看,傅玥博士的研究中辽瓦店子第三期的1段和2段属于商时期遗存,3段为西周时期的看法是合理的。只是与之稍有不同的是,笔者认为1段年代应该是从二里岗上层一期到上层二期,2段的年代相当于整个中商时期(白家庄期为中商一期)。而商代文化遗存主体是中原商文化因素,本地因素较少(如图3.9)。

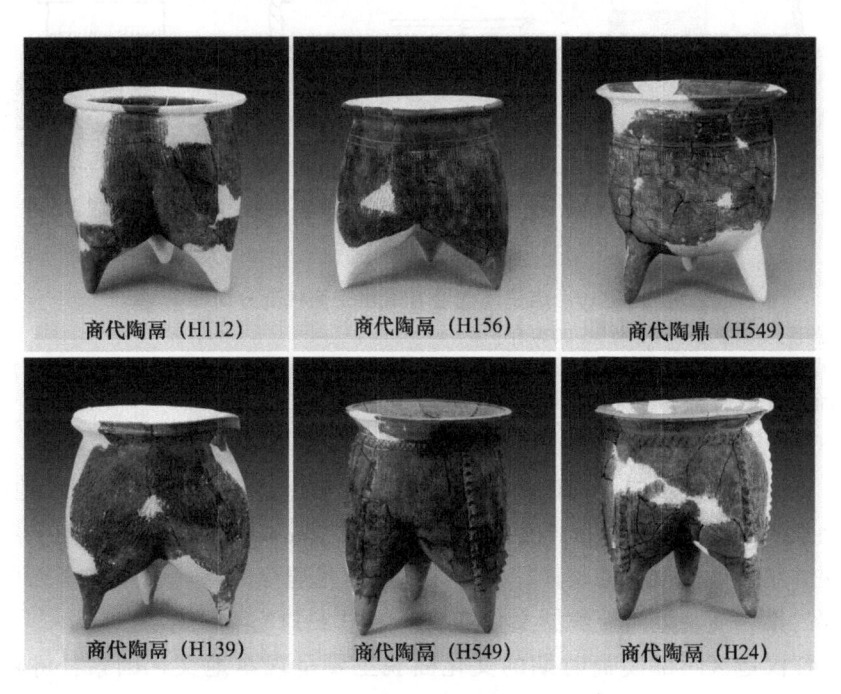

图3.9 辽瓦店子出土的部分商代陶器
来源:《湖北省南水北调工程重要考古发现I》,2007年。

店子河遗址发现的早商时期遗存主要是 H58 和 H275，出土的陶器以泥质灰陶和夹砂灰褐陶为主，纹饰主要为绳纹、篮纹和附加堆纹。主要器形为鬲、罐、大口尊、豆、瓮等。结合器物特征，其整体和郑州地区二里岗上层遗存相似，我们赞同其年代属于二里岗上层一期[①]（如图 3.10）。

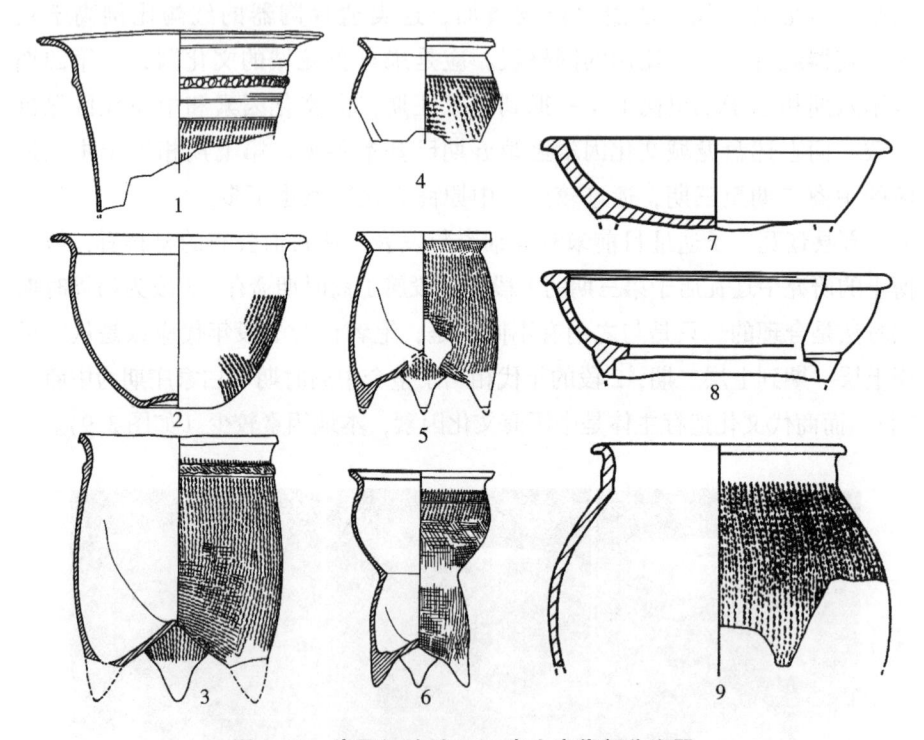

图 3.10　店子河遗址 H58 出土商代部分陶器
来源：《郧县店子河遗址》，2020 年。
1. 大口尊 H58：7　2. 盆 H58：12　3—5. 鬲 H58：28、10、36　6. 甗 H58：4　7—8. 豆 H58：23、24　9. 罐 H58：17

方滩遗址发现的商代遗存仅发现 1 座灰坑（H13），未见到商代地层，其余大多商代遗物混杂于战国地层。主要根据发表的 3 件完整陶鬲、部分鬲足并结合商代遗存的整体特征，该遗址商代遗存的年代最早能至二里岗上层二期，而晚期可至殷墟文化二期（如图 3.11）。

江汉地区西部晚商时期的文化面貌主要呈现本地文化因素，可称为

---

[①] 湖北省文物局等：《郧县店子河遗址》，科学出版社 2020 年版，第 113—120 页。

第三章　中原与南方地区的文化互动与交流通道　　117

"周梁玉桥文化"[①]，殷墟商文化对本地的影响较弱，也有学者认为殷墟二期后中原商文化的影响基本从该区域退出。[②] 周梁玉桥商时期遗存主要以晚商为主，丙区部分遗存上限可早至中商二三期。梅槐桥和官堤商时期遗存也基本涵盖整个晚商时期。

郧县龚家村遗址商代遗存较少，以 H14 为代表（如图 3.11），其年代为晚商，约当殷墟文化二期。

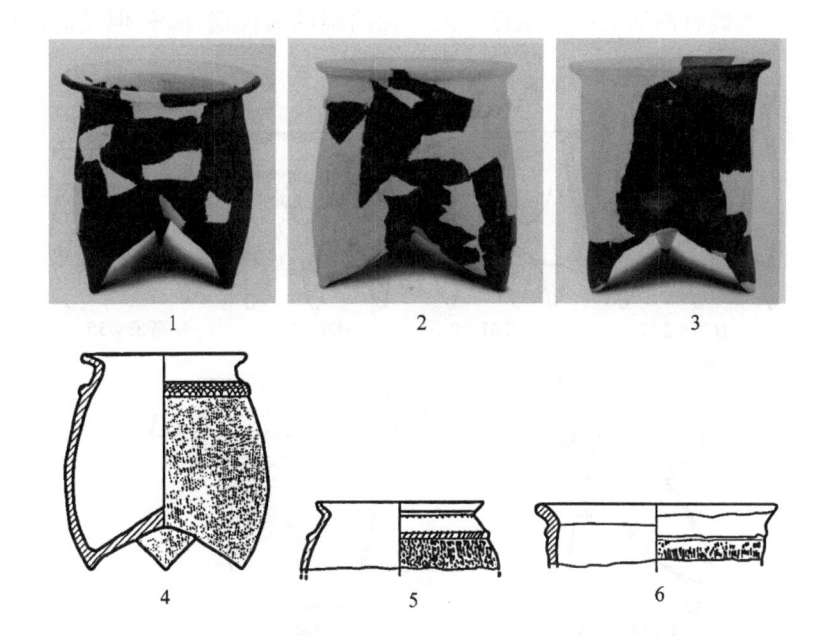

**图 3.11　方滩遗址与龚家遗址 H14 出土商代陶鬲**

方滩遗址来源：《湖北省南水北调工程重要考古发现 I》，2007 年；龚家村来源：《湖北省南水北调工程考古报告集》（第四卷），2014 年。

1. T0504⑥:1　2. T0207⑥:2　3. H13:2　4—6. 龚家村遗址：H14:1、2、8

丹江上游地区经过发掘的商代遗址主要是东龙山，遗址发现丰富的商文化遗存，发现的遗迹有房址、灰坑、墓葬，商代遗存主要发现于遗址的 I 区和 II 区，I 区的 3 层和 II 区的 4 层、5 层属于商代文化层，而关于 5 层的文化内涵，发掘报告指出此层"日用陶器在陶系、纹饰以及器形方面多与二里

---

① 王宏：《论周梁玉桥文化》，《江汉考古》1996 年第 3 期。
② 孙卓：《论商时期中原文化势力从南方的消退》，博士学位论文，武汉大学，2017 年，第 269 页。

岗下层相同或近似"①，可见报告认为商代遗存年代或可早至二里岗下层。通检报告中商代遗存出土的几件鬲如 H55：27、H261：2、H264：3 等，从形制看，年代应属于二里岗下层一期。大体属于这一时期的陶器还有甗 IIT13③：5、大口尊 IIT20⑤：13、97 采：36、IT6③：2 等。而从另一件鬲（G 型 II 式鬲采：35）看，商代遗存最晚似可进入晚商时期（如图 3.12）。而丹江上游 1979 年的考古调查认为商南县有十多处商周遗址，根据发表的材料看，的确有西周时期的遗存，但并无明确的商代遗存。② 但是商洛地区

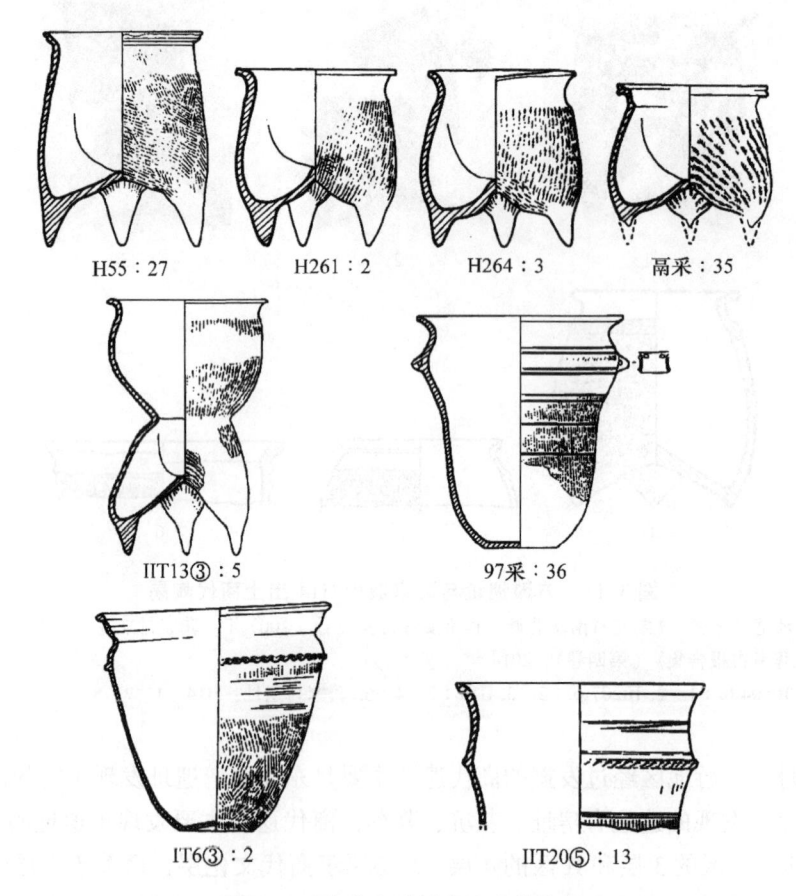

图 3.12 东龙山遗址出土商代陶器

来源：《商洛东龙山》，2011 年。

---

① 陕西省考古研究院、商洛市博物馆：《商洛东龙山》，科学出版社 2011 年版，第 14 页。
② 商洛地区考古调查组：《丹江上游考古调查简报》，《考古与文物》1981 年第 3 期。

文物普查资料显示丹江上游地区发现的商代遗址多达二十多处。① 综上，商人到达商洛的时间可早至二里岗下层一期，二里岗上层时期的遗存相对较丰富，部分还可延续至殷墟二期，因此晚商时期商人可能并未退出该区域。

　　上述江汉西部和丹江上游商代遗存的年代和文化内涵的分析表明，二里岗下层时，丹江上游已有明确的东龙山商代遗址存在，江汉西部受到商文化影响的遗址主要是荆南寺遗址。从荆南寺发现的较多来自盘龙城的商文化因素看，我们赞同荆南寺此期的商文化因素可能是受到盘龙城的影响。② 而二里岗上层一期开始荆南寺遗址中商文化面貌和中原地区保持强烈一致，又鉴于东龙山、辽瓦店子、南阳盆地西部均发现有二里岗上层遗存，年代可早至上层一期，文化面貌也和中原地区接近。因此，江汉西部的二里岗上层之后的商文化遗存极有可能是从中原地区先扩展至丹江上游，再顺丹江而下播撒过来。而中原地区到丹江上游则主要是沿洛河水路（古洛水）上行，正是我们前文一再论述的主要利用古洛水、丹水、汉水的西路支线一。

　　西路支线一沿洛河而行，因为考古工作较少，还没有经发掘确认的商代遗址。三普调查中发现有多处商代遗址。③ 此外，洛宁县文管处保存有一件青铜鼎（如图3.13），出土于陈吴乡西寨子村，④ 西寨子遗址面积约7.5万平方米，80年代调查为仰韶遗址，从这件青铜鼎的形制看，其折沿、深圆腹、两竖耳，三扁足，上腹部饰一周兽面纹，和盘龙城王家嘴M1∶3及李家嘴M2∶37⑤（图3.13）形状十分近似，后两者一般认为年代为二里岗上层一期偏晚，因此西寨子这件鼎的年代大概也是二里岗上层一期。由此来看西寨子遗址至少存在早商时期遗存。从遗址的规模和出土青铜器来看该遗址很可能是古洛水通道中一个区域中心性的遗址，遗址的年代和东龙山及江汉西部发现早商时期遗存的年代有重合，也证明至少从二里岗上层一期，西路洛水通道应是商文化进入南阳盆地、丹江上游和江汉西部地区的重要通道。

---

　　① 国家文物局主编：《中国文物地图集·陕西分册》，西安地图出版社1998年版。
　　② 豆海锋：《冲击与调适：长江中游商代文化社会演进的考古学观察》，科学出版社2021年版，第123—124页。
　　③ 刘德胜主编：《洛阳市不可移动文物名录》，中州古籍出版社2013年版。
　　④ 洛宁县文物管理委员会办公室：《洛宁古迹》，洛宁县内部资料，2012年，第171页。
　　⑤ 湖北省文物考古研究所：《盘龙城——一九六三年——一九九四年考古发现报告》，文物出版社2001年版，彩版九.2与彩版十五.2。

1.西寨子铜鼎　　　　2.王家嘴M1∶3　　　　3.李家嘴M2∶37

**图3.13　西寨子遗址出土铜鼎及盘龙城出土铜鼎**
来源：《洛宁古迹》；《盘龙城》，2001年。

需要说明的是，在江汉西部等地发现的晚商青铜器较多呈现本地和西部三星堆的风格，表明晚商时期商文化已经退出江汉西部地区，甚至在这些地区商文化影响因素和鄂东北相比也是较少的。那么晚商时期西路是一个什么情况呢？

(三) 晚商时期的西路——西路支线二

晚商时期由于商文化退出江汉西部地区，在南阳盆地及邻近地区反而形成了以十里庙遗址[①]为核心的商文化聚落群。这个区域属于晚商的遗址还有镇平县曹营[②]、内乡县黄龙庙岗、随州庙台子等，出土有晚商铜器的地点除了十里庙和内乡县郭岗，还有随州市熊家老湾[③]。很明显，在南阳盆地晚商文化要比早商文化繁荣，这一方面表明南阳盆地、丹江的重要地理作用，商人仍要据守此地，另一方面我们认为南襄隘道并未废弃，只是该通道的南半部和汉水干道被南方族群控制，具体来说即是周梁玉桥文化所代表的人群。中原和江汉西部、汉水上游、洞庭湖周边、峡江地区乃至成都平原的交流在晚商时期应该仍然使用这一通道。

晚商时期尽管商人的重心转移到东方的海岱地区，和南方的交流也主要

---

① 游清汉：《河南南阳市十里庙发现商代遗址》，《考古》1959年第7期；南阳市文物工作队：《南阳市十里庙遗址调查》，《江汉考古》1994年第2期；南阳市博物馆：《南阳市博物馆馆藏的商代青铜器》，《中原文物》1984年第1期；尹俊敏：《南阳市博物馆收藏的商代铭文铜器》，《考古与文物》1996年第6期。

② 李维明：《豫南及邻境地区青铜文化》，线装书局2009年版，第169—171页。

③ 随州市博物馆：《湖北随县发现商周青铜器》，《考古》1984年第6期。

通过中路和东路来实现，但是安阳至南阳的通道是畅通的，即西路支线二晚商时是畅通的。安阳至新乡之间基本属于晚商的王畿地区，晚商遗址遍布，郑州地区则是安阳南下南阳盆地的一个重要中转。郑州地区晚商遗存近年有不少发现，经发掘的重要遗址有人民公园（铭功路）[1]、郑州黄河路口[2]、郑州马良寨[3]、荥阳关帝庙遗址[4]、荥阳蒋寨[5]等，而在郑州西郊洼刘[6]、荥阳西司马[7]、荥阳小胡村[8]、荥阳竖河[9]等发现晚商墓地。此外，在郑州西北郊的荥阳西史村、丁楼、郑州东南的华阳城及郑州市区偏西贾鲁河附近的旭旮王、陈庄、董寨等遗址也发现零星晚商遗存。[10] 近年在郑州市区东南梁湖遗址发现晚商遗存。[11] 郑州地区晚商遗存主要分布在郑州偏西，尤以郑州西郊索河、须水河、枯水河流域居多，行政区划主要隶属于荥阳市（图3.14）。年代上从殷墟一期持续至殷墟四期，多数遗址殷墟二三期时较繁盛。从下文关于先商文化南下的途径分析，[12] 我们认为晚商时期商人南下仍然是东西两

---

[1] 河南省文物考古研究所：《郑州市商代制陶遗址发掘简报》，《华夏考古》1991年第4期；郑州市文物考古研究所：《郑州市铭功路东商代遗址》，《考古》2002年第9期；河南省文物考古研究所编著：《郑州商城——一九五三年~一九八五年考古发掘报告》，文物出版社2001年版。

[2] 该遗址发现有居址和墓葬，目前主要是发表了墓葬资料。郑州市文物考古研究院：《郑州黄河路109号院殷代墓葬发掘简报》，《中原文物》2015年第3期。

[3] 河南省文物考古研究院等：《郑州市马良寨遗址晚商文化遗存发掘简报》，《考古》2017年第4期。

[4] 河南省文物考古研究所：《河南荥阳关帝庙遗址考古发现与认识》，《华夏考古》2009年第3期。

[5] 张松林、张家强：《郑州地区西周考古的收获与思考》，《河南文物考古论集》（四），大象出版社2006年版。

[6] 郑州市文物考古研究所：《郑州市洼刘村西周早期墓葬（ZGW99M1）发掘简报》，《文物》2001年第6期；郑州市文物考古研究所：《郑州洼刘西周贵族墓出土青铜器》，《中原文物》2001年第2期。

[7] 郑州市文物考古研究院、荥阳市文物保护管理所：《河南荥阳西司马遗址晚商墓地发掘简报》，《中原文物》2009年第3期；河南省文物考古研究院等：《荥阳西司马墓地》，大象出版社2016年版。

[8] 贾连敏等：《河南荥阳小胡村晚商贵族墓地》，《2006年中国重要考古发现》，文物出版社2007年版；贾连敏、王蔚波、鲁红卫等：《河南荥阳小胡村墓地商代墓葬发掘简报》，《华夏考古》2015年第1期。

[9] 河南省文物研究所：《河南荥阳竖河遗址发掘报告》，《考古学集刊》（10），地质出版社1996年版。

[10] 刘亦方、张东：《郑州地区晚商文化研究》，《考古》2017年第8期。

[11] 信应君：《郑州市梁湖龙山文化和商代遗址》，《中国考古学年鉴（2011）》，文物出版社2012年版，第308页。

[12] 参见第六章第二节。

条路径，西路主要是经郑州西北郊渡黄河。东路即使在原阳渡河后也不会直接南下，而是绕道东南行，这仍然是由于郑州以东古济水盘桓期间，不宜经过这个地区。同样，在郑州地区商城城址内及以东很少见晚商遗存也是很好的反证。目前郑州西北郊发现较多的晚商遗址也充分说明了安阳和郑州沟通中这个区域的重要作用。遗憾的是目前郑州西北郊一带发现的晚商遗址规模不大，关帝庙、马良寨聚落面积都是 3 万多平方米，但是小胡村值得重视。小胡村发现晚商"舌"族墓葬 58 座，大部分墓葬带有腰坑和殉狗。从出土的铜器墓的内涵看和殷墟王畿区文化面貌一致，从规模等级看我们赞同舌族属于殷墟高级贵族。[①] 而在殷墟薛家庄早年也曾发现舌族青铜器，可见舌族类似山东的举族等，一支居于王都，另一支驻守王畿之外重要地区，是商王外派镇守一方的重要官员。所以小胡村及其周边应该是郑州地区晚商聚落的核心。其所在的位置和二里头文化的大师姑相似，其作用不仅是统治郑州地区的核心也是南北交通的重要驿站。

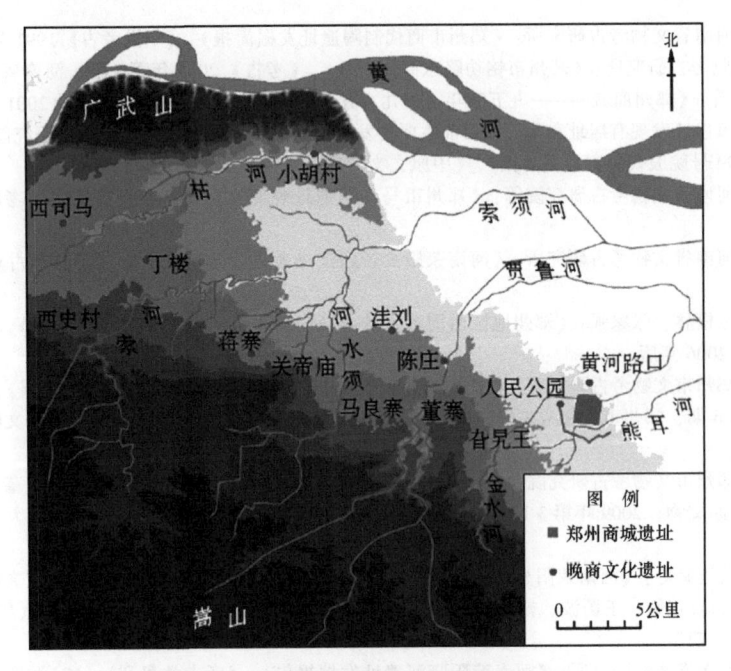

**图 3.14　郑州地区晚商遗址分布示意图**

来源：刘亦方、张东：《郑州地区晚商文化研究》，2017 年。

---

① 苗利娟：《商代舌族地理蠡测》，《中国历史文物》2010 年第 2 期。

而郑州至南阳盆地之间沿嵩山东南缘、外方山东麓的"夏路"沿线正好发现一些晚商遗存，表明晚商时期西路支线二是畅通的。郑州向南在今新郑郭店镇发现有晚商时期的灰坑，①西南的登封南洼发现丰富的殷墟二三期遗存。②禹州大吕则发现大型晚商聚落遗址，初步探明面积20万平方米以上，具体位于河南省禹州市小吕乡大吕街一带。2015年的发掘发现晚商时期的房址5座，灰坑4个，仓窖1座，墓地2处，启娘庙南为高级贵族墓地，已清理甲字形大墓1座，中型墓2座，车马坑1座。吕东墓区为平民墓地，没有进行发掘。M6墓道南向，长方形墓室，南北长6米，东西宽4.16米，残深3.5米，南部二层台上残存殉人4个，惜被盗严重。M1与M2是一组中型商代贵族墓，墓室发现较厚的朱砂，被盗亦严重，出土了一组典型的商代陶器。车马坑位于M6以南12米处，是这座大墓的陪葬坑，东西向近方形竖穴土坑，长3.62米，宽3.16米—3.6米，残深0.8米。内葬车1辆、殉人1个、马2匹。③大吕遗址显然属于郑州和南阳盆地之间一个重要的区域中心性聚落遗址，也是西路支线中的一个重要的中转站。

西路支线二沿途尽管明确已发掘的晚商遗址并不多，但是晚商青铜器在沿线多个县市出土，20世纪80年代中期临汝县小屯公社张庄（今汝州市小屯镇张庄）和杨楼公社李楼村（今汝州市杨楼镇李楼村）各出土1件有铭铜爵，年代为殷墟四期晚段。④宝丰县前营公社前营村商代遗址内出土过一件商代晚期铜戈。⑤1983年在舞阳县吴城北高村遗址发现1件殷墟晚期铜爵。⑥1951年在鲁山县苍头村出土一批铜器，曾散失一部分，目前保留下来的有卣、觯、尊各1件，爵2件，年代为商末周初。⑦大吕遗址及沿西路支线二出土的晚商青铜器表明西路支线二在晚商时期沟通南方地区和安阳都城发挥了重要作用。

---

① 黄富成：《新郑市郭店镇夏商周时期遗址》，《中国考古学年鉴（2019）》，中国社会科学出版社2021年版，第349—350页。
② 郑州大学历史学院：《登封南洼：2004~2006年田野考古报告》，科学出版社2015年版。
③ 河南省文物考古研究院：《河南禹州发掘大吕墓地——发现新石器遗址和商周至战国汉代重要遗迹和墓葬》，《中国文物报》2015年10月23日第8版。
④ 临汝县文化馆：《河南临汝出土一批商周青铜器》，《考古》1985年第7期。
⑤ 宝丰县文化馆：《河南宝丰收集到两件别致的青铜戈》，《考古与文物》1983年第3期。
⑥ 朱帜：《河南舞阳县吴城北高遗址出土铜爵》，《考古》1984年第5期。
⑦ 裴琪：《鲁山县发现一批重要铜器》，《文物》1958年第5期。

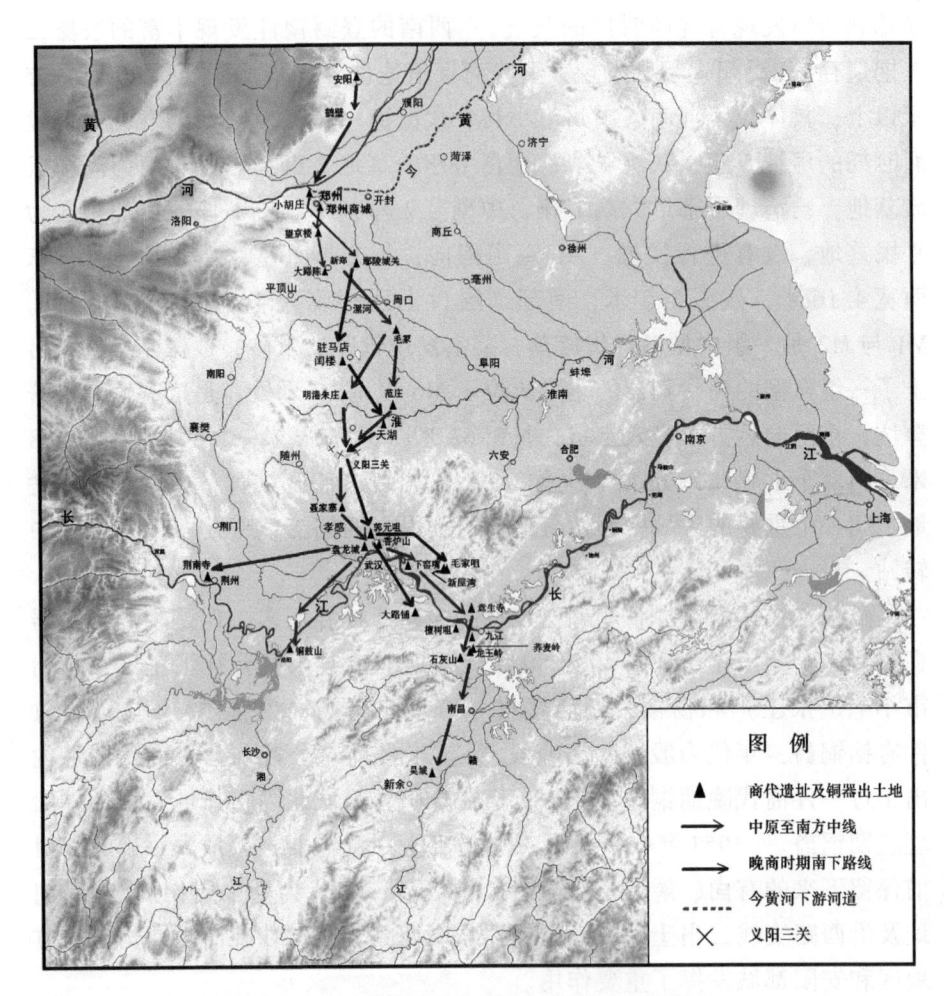

## 四　商代中原与南方地区交流的中路

图 3.15　商代中原与南方地区交流的中路

### （一）早商时期的中路

从图 3.15 可以看出，中路通道在整个商代是中原与江汉地区及南方其他地区交流的重要通道之一，而湖北盘龙城在早商时期的繁盛及盘龙城东北的安陆、孝感、云梦等地区众多同期遗存的发现，都证明早商时期商人是经过"义阳三关"进入鄂东北地区的。目前学者几乎都认为郑州商城向南至盘龙城的路线主要是沿今京广线而行，然而仔细考察，从新郑望京楼遗址向南,今京广线沿线的临颍县、漯河市、西平县、驻马店市、确山县都很少见商代遗存,尤其早商遗存罕见。目前仅在许昌大路陈发现早商遗址。大路陈 1986 年曾发现一座二里岗时期的商墓,出土青铜器 29 件,玉器 4 件,石牙璋 1 件。① 2018 年河南省文物考古研究院开展颍河流域区域调查,确定该遗址面积 25 万平方米,配合基建发掘 250 平方米,发现二里岗期墓葬 5 座,同样出土铜鼎、铜爵、铜斝、玉柄形器、牙璋、玉戈等②(图 3.16)。上述临颍至确山南北狭长区域多年来考古工作不少,少见商代遗存,更几乎不见早商遗存,应该不是考古工作缺乏导致。而上述区域正东侧的周口项城毛冢③早年曾发现早商遗存,周边调查也有不少商代遗址。毛冢遗址位于项城市孙店镇石营村,出土较为完整的铜斝、铜爵和铜戈,此外还出土带有刻划文字的陶拍一枚,

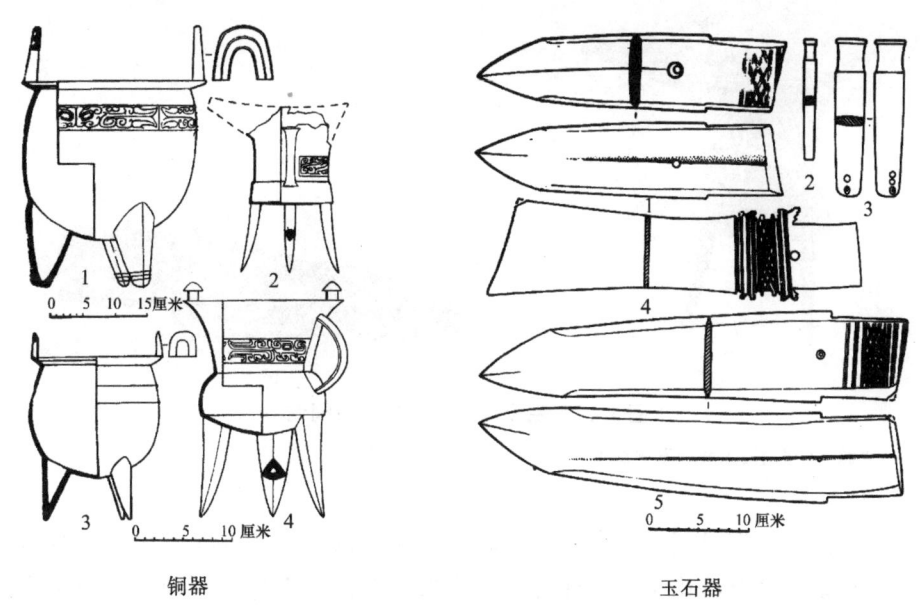

铜器　　　　　　　　　　玉石器

**图 3.16　大路陈遗址出土及采集铜器与玉石器**

来源:《华夏考古》1988 年第 1 期。

---

① 河南省文物研究所:《许昌县大路陈村发现商代墓》,《华夏考古》1988 年第 1 期。
② 河南省文物考古研究院:《许昌市颍河流域先秦遗址考古调查》,《中国考古学年鉴(2019)》,中国社会科学出版社 2020 年版,第 311—312 页。
③ 邓同德:《河南项城出土商代前期青铜器和刻文陶拍》,《文物》1982 年第 9 期。

青铜器出土于距地表50厘米处，不能确定属于墓葬还是窖藏。出土地点所在是一块由东南向西北延伸的岗地，南北宽约300米，东西长约400米。岗地的东部、中部曾采集到丰富的商代遗物，有鬲、甗、罐、盆、鼎、大口尊、斝等。根据青铜器的特征，应属于早商无疑，具体应属于商代二里岗下层二期（图3.17）。《中国文物地图集·河南分册》根据调查资料登记面积为21万平方米，文化层厚4米。我们认为该遗址应该属于早商时期大路陈遗址再向南的又一个区域中心性质的遗址。过项城再向南，目前在信阳地区经发掘的早商遗址很少，发现有二里岗上层至白家庄期遗存的遗址有信阳明港朱庄和黑铃铛临河北岸及息县范庄。[①]

**图3.17　毛冢遗址出土铜爵与铜戈**

来源：《河南出土商周青铜器（一）》，1981年，第88页。

因此，早商时期商人南下江汉盘龙城我们认为可能并非是沿京广线这一看似最近的路线南下，可能部分路段选择东南行至周口再向南。而早商时期这一南下的路线或许还使用了水路，驻马店杨庄遗址的环境考古显示约二里头文化二、三期之交，驻马店一带进入一个相比龙山晚期和二里头早期的干凉气候更加温暖的湿润期，充沛的降水适宜于水运交通。具体来看，商人极可能顺古洧水（今双洎河）东南行至今周口附近经古澺水连接古汝水，再沿古汝水进而来到淮水北岸沿线（参见图2.4），之后沿桐柏

---

① 李维明：《豫南及邻境地区青铜文化研究》（上），线装书局2009年版，第199页。

山间的"义阳三关"进入江汉地区。

而近年在信阳息县城郊乡徐庄村张庄组的淮河河滩下发现一艘独木舟。独木舟长9.28米，最宽处0.78米，高0.60米，由一个整体的圆木加工而成，保存较为完整。经北京大学加速器质谱 AMS $^{14}$C 测定其年代为 3185±40、3170±35，树轮校正后年代为 3500 年，因此该独木舟被认为是目前发现的商代及以前最大的独木舟。[1] 而其发现的地点也侧面说明当时利用淮水及其支流进行交通运输是可行的。

为何漯河到确山沿京广线一带缺乏商代早期和二里头文化晚期的遗址，商末西周则又繁荣起来呢？驻马店杨庄遗址的环境考古研究或可以说明这一邻近区域同时存在的问题。驻马店一带景观生态系统的特点是，一方面因边缘效应显著而成为人类活动的"理想生境"，另一方面其生态过渡带的性质又决定其抗干扰能力较差，加之这一带特殊的自然条件（笔者加，如雨热同期、降水量集中及河流流向和分布等）决定了类似"75·8"大水那样的毁灭性灾害也极可能发生。此外，人口增多，人类粗放农业生产过度开发也会导致生态失衡。而无论极端自然灾害还是后一种环境承载不足，都会使人们暂时离开，而当自然生态向良性转化后又会重新回归。[2]

（二）晚商时期的中路

中路在晚商时期仍被用作中原和南方互动交流的重要道路。沿途主要在西平上坡[3]、驻马店正阳县贾庄[4]、驻马店闰楼[5]、罗山天湖发现了晚商遗址和墓地，而后三个遗址位置都在上述京广线的东侧。天湖墓地位于河南省罗山县蟒张乡天湖村后李村民组北约 50 米的山坡上，墓地东临竹竿河。1979年、1980年和1985年曾三次对墓地开展考古工作，三

---

[1] 吴既：《新时代下文物保管、陈列、教育的博弈——以信阳博物馆馆藏商代独木舟为例》，《中国博物馆协会博物馆学专业委员会 2016 年"博物馆的社会价值研究"学术研讨会论文集》，中国书店 2017 年版。

[2] 北京大学考古系、驻马店市文物保护管理所：《驻马店杨庄》，科学出版社 1998 年版，第 209—210 页。

[3] 河南省文物考古研究所、驻马店市文物工作队、西平县文物管理所：《河南西平县上坡遗址发掘简报》，《考古》2004 年第 4 期。

[4] 贾庄遗址的材料为驻马店文物考古管理所内部资料，尚未发表。

[5] 驻马店市文物考古管理所：《河南驻马店闰楼商代墓地发掘报告》，《考古学报》2018 年第 4 期。

次共发掘商周墓葬45座，其中商代墓25座。①1991年夏秋主动发掘商周墓葬25座，其中商代墓葬17座。②几次发掘出土了大量商周时期的铜器、陶器、石器等文物（图3.18）。在出土的众多商代青铜器中，其中多件有铭铜器的铭文中含有"息"字，学术界多认为商周"息族"特别是晚商的息族生活于罗山一带。而根据墓葬的形制、棺椁、头向、陪葬品组合、出土器物的特征等，我们赞同罗山天湖商代墓地以商文化为主导，同时地方特征也较为明显，可看作商文化在淮河上游地区的一个地方类型。我们也赞同墓葬的年代约属于殷墟文化三、四期，而其中出土的部分青铜器的年代上限可至殷墟一、二期。③天湖墓地的青铜器风格基本和殷墟同期保持一致，近来有学者利用科技手段检测指出天湖墓地商代铜器无论合金成分、铜铅矿料来源和铸造技术都和殷墟表现出强烈一致性，这进一步揭示了天湖铜器和殷墟铜器之间的密切联系。④而天湖墓地中用青膏泥封闭墓葬、漆器和竹编工艺无疑多见于江汉地区。与此同时，对于天湖墓地陶器的研究表明，其除了有来源于南方的印纹硬陶罐，罗山天湖商代墓葬中以弧裆鬲为代表的文化因素，则源自盘龙城类型晚期遗存。⑤可见天湖墓地位于中原地区的南部，邻近江汉，随着商文化势力的回退，这里成为商人在南方的边界，也是商人经略南方的战略要地。除了扼控重要交通通道，保障和平时期中原和南方的资源、贸易顺畅开展，这里更是战争时期的重要保障。传世文献中多次提到武丁征伐荆楚，甲骨文则记载武丁时期征伐南土、南邦方，其中涉及的南方地区的方国有"曾""髳""中"等，据学者研究这几个地点正位于江汉地区，盘龙城周边。⑥我们认为尽管天湖墓地尚未发现明确的殷墟二

---

① 信阳地区文管会、罗山县文化馆：《河南罗山县蟒张商代墓地第一次发掘简报》，《考古》1981年第2期；信阳地区文管会、罗山县文化馆：《罗山县蟒张后李商周墓地第二次发掘简报》，《中原文物》1981年第4期；河南省信阳地区文管会、河南省罗山县文化馆：《罗山天湖商周墓地》，《考古学报》1986年第2期；信阳地区文管会、罗山县文管会：《罗山蟒张后李商周墓地第三次发掘简报》，《中原文物》1988年第1期。

② 河南省文物研究所：《1991年河南罗山考古主要收获》，《华夏考古》1992年第3期；河南省文物考古研究院等：《河南罗山天湖商周墓地M57发掘简报》，《华夏考古》2016年第2期。

③ 李维明：《豫南及邻境地区青铜文化》，线装书局2006年版，第177—199页。

④ 肖梦娅：《信阳罗山天湖墓地出土青铜器的检测分析及相关问题初探》，《华夏考古》2016年第2期。

⑤ 李晓健：《罗山天湖商代墓葬再研究》，《江汉考古》2020年第1期。

⑥ 孙亚冰、林欢：《商代地理与方国》，中国社会科学出版社2010年版，第437—441页。

第三章　中原与南方地区的文化互动与交流通道　　129

期的墓葬，但是墓中随葬确有殷墟二期的铜器，因此不排除殷墟二期时息族已生活于此。如此鉴于天湖墓地的特殊地理位置，在商人一度在南方一系列收复失地或者说巩固南方统治的战争中显然起着不可替代的作用。此外，乙辛时期征伐人方的战争中，天湖商文化和下文谈及的闰楼商文化都起着重要的战略保障作用，人方我们赞同就在今皖北、鲁南一带，人方时叛时服，导致东路一度通行不畅，这时中路天湖、闰楼、郑州一线显然作为晚商时期和南方地区的通道作用不可忽视。

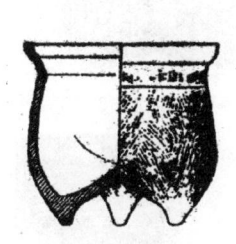

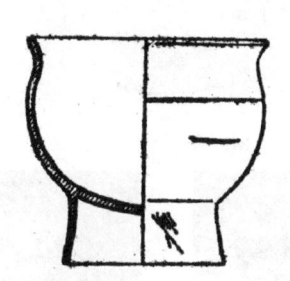

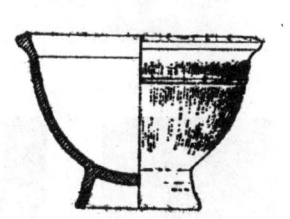

陶鬲M11∶15　　　陶簋M31∶1　　　陶簋M40∶5

M57出土铜器　　　　　　　　　　　玉钺M12∶13

**图3.18　罗山天湖墓地出土商代遗物**

来源：陶器采自《考古学报》1986年第2期；铜器采自《华夏考古》2016年第2期。

　　晚商时期商人在南土的另一个重要控制中心是正阳县城东北14千米傅寨乡傅寨村闰楼墓地，共发掘晚商墓葬255座，墓葬头向绝大多数为北向，墓室面积多在4平方米以下，最大面积不超过10平方米，多有腰坑和二层台，殉狗普遍。从葬制、葬俗及器物组合和特征看，铜器组合以觚、爵为主，另有鼎、斝、尊等（图3.19）。和殷墟商系文化墓葬相一致。随葬陶簋较多,不见殷墟常见的觚、爵组合。墓葬年代发掘者认为始自殷墟一期晚段,结束于殷墟三期。① 可见闰楼和天湖二者约殷墟三期时共存,且处于繁荣时段,两处墓地合起来延续整个晚商阶段,保证了整个晚商时期该条路线的畅通。

**图 3.19　闰楼墓地出土商代遗物**

来源:均采自《考古学报》2018 年第 4 期。

总之,从黄河以南至大别山北麓商代遗址的分布看,整个商代,商人进入鄂东北盘龙城一带可能更多的是利用东边的黄岘关和中间的武胜关,而非今天京广线经过的平靖关。

(三) 商代江汉与邻近的赣鄱及洞庭湖周边的交通

中原和江汉地区互动交流的通道除了连接两地中间的通道,江汉地区与邻近的赣鄱及洞庭湖周边区域的互动,特别是这些地区如何和中原互动交流同样重要。在此对于上述长江中游地区商时期遗存的分布、年代、文化内涵进行系统梳理,这既为上述各个小区内文化的互动交流提供了线索,也使得整个长江中游地区和中原地区商文化的交流通道研究有了坚实依据。

---

① 驻马店市文物考古管理所:《河南驻马店闰楼商代墓地发掘报告》,《考古学报》2018 年第 4 期。

早商时期，目前江汉东部地区除了盘龙城遗址①（图3.20），已经发掘的遗址主要有随州庙台子②、孝感聂家寨③、武汉香炉山④、黄州下窑嘴⑤、黄陂鲁台山郭元咀⑥、黄梅意生寺⑦等。这些遗址除了黄梅意生寺年代稍早，其余遗址多在二里岗上层至殷墟一期之间，个别遗址可至殷墟二期，文化面貌上和盘龙城接近，学术界目前多认为盘龙城及其周边的这些商文化遗存可称为早商文化的盘龙城类型。由此可见商文化到达江汉地区后，以盘龙城为核心，主要向东北方向扩张，随枣走廊、涢水、澴水流域发现的早商文化遗存都晚于盘龙城，也证明商文化最早并非通过南阳盆地和随枣走廊进入江汉地区。值得注意的是长江北侧的黄梅意生寺遗址，该遗址最早年代是二里岗下层二期，几乎不见白家庄期之后的遗存，这和盘龙城废弃的时间相合，而文化面貌也和盘龙城相同，但是意生寺遗址几乎不见中原文化因素，因此有学者称为"意生寺类型"，认为是以盘龙城为据点向东发展的次一级聚落。⑧这种认识有一定道理，究竟黄梅地区乃至鄂东南的早商文化整体情况如何，还有待更多早商遗址发现来验证。但是从交通路线来看，早商时期以盘龙城为据点的商文化顺江而下来到鄂东南是确定的。

早商时期在洞庭湖北岸长江边的岳阳铜鼓山遗址发现一类商代遗存，其中遗址前四期属于早商，第五期属于晚商费家河文化，前四期的年

---

① 湖北省文物考古研究所：《盘龙城——一九六三年~一九九四年考古发掘报告》，文物出版社2001年版。
② 武汉大学历史系考古专业、襄樊市博物馆、随州市博物馆：《随州庙台子遗址试掘简报》，《江汉考古》1993年第2期；武汉大学历史系考古教研室、襄樊市博物馆、随州市博物馆：《西花园与庙台子》，武汉大学出版社1993年版。
③ 孝感地区博物馆、孝感市博物馆：《湖北孝感聂家寨遗址发掘简报》，《江汉考古》1994年第2期。
④ 武汉大学历史系考古教研室、武汉市博物馆、新洲县文化馆：《湖北新洲香炉山遗址（南区）发掘简报》，《江汉考古》1993年第1期；香炉山考古队：《湖北武汉市阳逻香炉山遗址考古发掘纪要》，《南方文物》1993年第1期。
⑤ 黄冈地区博物馆、黄州市博物馆：《湖北省黄州市下窑嘴商墓发掘简报》，《鄂东考古发现与研究》，湖北科学技术出版社1999年版，第164—169页。
⑥ 湖北省文物考古研究所、北京大学考古文博学院、武汉市黄陂区文物管理所：《武汉市黄陂区鲁台山郭元咀遗址商代遗存》，《考古》2021年第7期。
⑦ 湖北省文物考古研究所纪南城工作站：《湖北黄梅意生寺遗址发掘报告》，《江汉考古》2006年第4期。
⑧ 豆海锋：《冲击与调适：长江中游商代文化社会演进的考古学观察》，科学出版社2021年版，第121—122页。

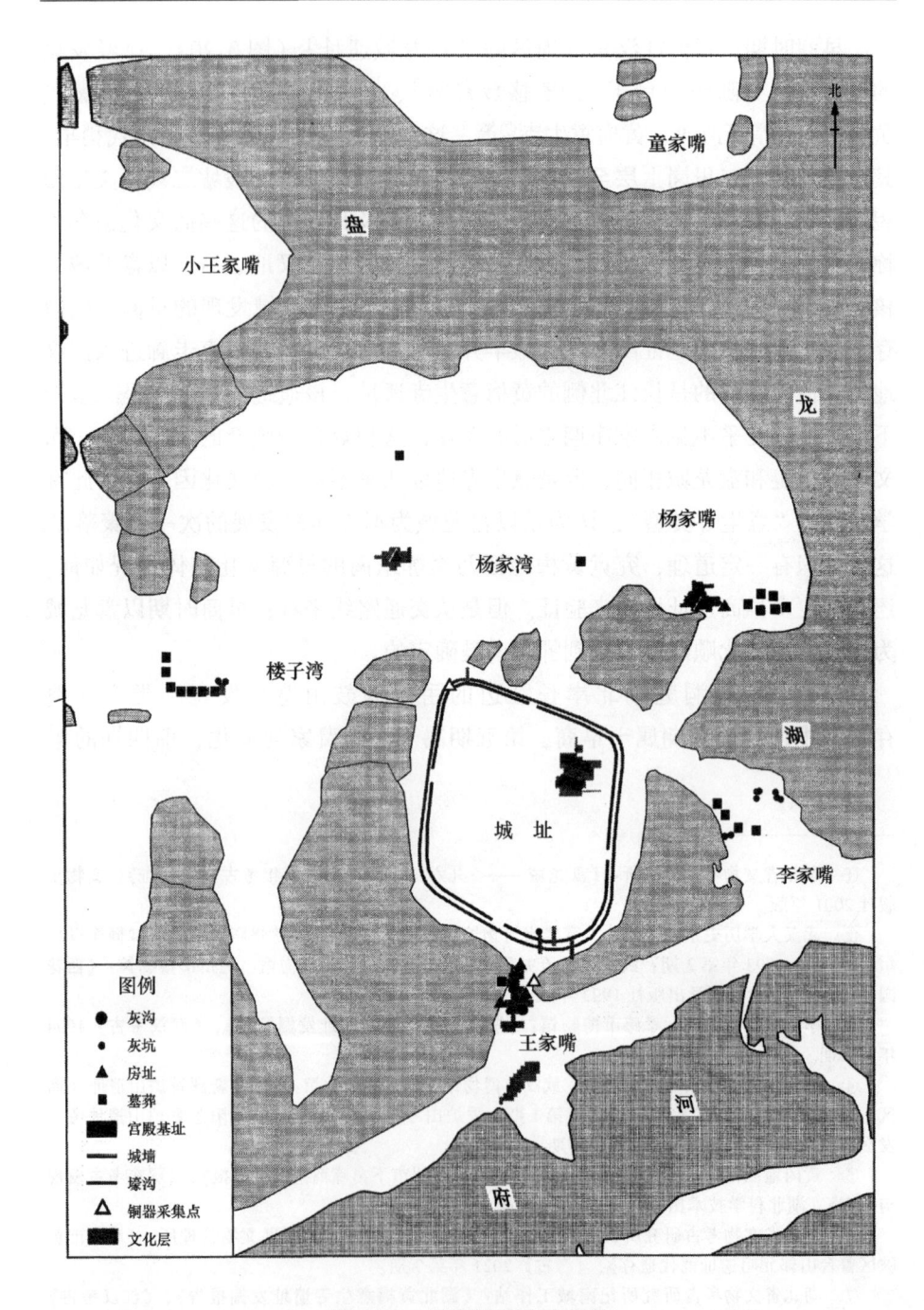

图 3.20　盘龙城遗址平面图

来源：张昌平、孙卓：《盘龙城聚落布局研究》，2017 年。

代为二里岗下层至二里岗上层偏晚阶段。[1] 这类遗存从目前发现的陶器特征看和盘龙城类型非常相似，我们赞同其可能是盘龙城类型溯江而上在此建立的军事哨所。[2] 一方面这里是鄂东南和湘西甚至三峡地区的东西通道的关键点，同时也是南面的洞庭湖湘江流域人群北上进入长江流域的咽喉，极具军事地理意义。因此早商时期，商人同样是经盘龙城利用长江水道溯江而上来到洞庭湖区域。

值得注意的是，在洞庭湖水系的澧水中下游早商时期还有一类商时期遗存——皂氏遗存，这类遗存形成于二里岗下层二期，二里岗上层二期之后逐渐演变成当地另一类商遗存——斑竹遗存。皂氏遗存占主体因素的是本地文化因素，但是含有较多荆南寺一类商文化因素。[3] 可见商人和澧水流域互动交流还有另一条路线，这即是前文提到的中原文化到达江汉地区西部的洛水西路通道，商人在二里岗下层二期到达荆南寺后再越过长江来到澧阳平原，并对这里的土著文化产生重要影响。

晚商时期江汉东部随着盘龙城遗址在白家庄晚期的废弃，多数遗址已经几乎不见洹北商城时段的遗存，但以聂家寨、郭元咀等遗址为代表还有部分遗址持续至殷墟一二期。此外，江汉东部盘龙城周边地区还出土一批具有典型中原特征的晚商青铜器。代表性的如安陆姚河解放山（今安陆市姚河附近的解放山水库）发现的1件铜甗和3件铜瓿[4]、应城巡检公社孙堰队吴祠生产队（今应城市城北街道办事处孙堰村吴祠湾）出土的1件青铜斝和1件青铜爵[5]、黄陂管家寨水塘挖出的1件铜爵和3件铜瓿[6]、应城县巡检公社群力大队（今应城市巡检社区）出土的1件青铜卣[7]。另在枣阳市、应山县、湖北省汉阳区等地均出土有晚商青铜器。[8] 因此晚商时期尽管商人势力主要退至淮河以北罗山一线，但是和江汉西部不同的是江汉东部仍保留了几个商人

---

[1] 郭胜斌：《商时期洞庭湖东岸青铜文化的年代分期与文化性质》，《考古耕耘录——湖南中青年考古学者论文选集》，岳麓书社1999年版，第162—184页。
[2] 向桃初：《湘江流域商周青铜文化研究》，线装书局2008年版，第51—52页。
[3] 豆海锋：《冲击与调适：长江中游商代文化社会演进的考古学观察》，科学出版社2021年版，第179—185页。
[4] 余从新：《湖北安陆发现商代青铜器》，《考古》1994年第1期。
[5] 尚松泉：《应城发现殷代斝、爵》，《江汉考古》1980年第2期。
[6] 熊卜发、鲍方铎：《黄陂出土的商代晚期青铜器》，《江汉考古》1986年第4期。
[7] 余家海：《应城县出土商代鸮卣》，《江汉考古》1986年第1期。
[8] 详细情况可参见豆海锋《冲击与调适：长江中游商代文化社会演进的考古学观察》，科学出版社2021年版，第123—124页。

控制的点，大批晚商典型商式青铜器的出土表明中原和江汉地区的交流依然活跃，桐柏孔道仍然是两地交流的通道。晚商时期，鄂东南阳新、大冶属于大路铺文化，大路铺文化是当地土著文化，尽管其主体属于周文化，但是其商周时期四期遗存中的第一期应属于晚商时期文化。而长江北岸鄂东北一带，近有学者指出毛家咀遗存和新屋塆铜器属于晚商毛家咀类遗存，性质为商文化一个方国遗存。[1] 本书赞同此类遗存年代可以上提，主体属于殷墟四期，但是性质是否是方国有待进一步考查。无论如何，鄂东北出土的青铜器有着浓郁的中原特色，这一地区在晚商时期和中原地区存在一定的交流。因此晚商时期鄂东北、鄂东南地区和中原的互动主要是经由"三关"道，途经天湖、闰楼、郑州渡河后至安阳。

早中商时期在赣北鄱阳湖西岸也发现了一类商时期遗存，其年代明显早于吴城文化，并和吴城文化有一定差异，本书赞同将其独立为石灰山文化[2]，但是和豆海锋先生的意见稍有不同，本书认为赣北龙王岭遗址发现的早至二里岗下层的一类遗存属于石灰山文化的早期。同时我们赞同把吴城文化的第一期划入石灰山文化的意见。[3] 而石灰山文化的年代从二里岗下层一直延续至洹北商城晚期，个别延续至殷墟一期，石灰山文化各个阶段均发现有商文化因素，尤其早期商文化因素更多，以致有学者把龙王岭发现的这类遗存独立出来，认为性质属于商文化，是商文化盘龙城类型在赣北的一个次级聚落，[4] 或者是豫东鹿台岗商文化南下形成的。[5] 从龙王岭类遗存看，无论是陶器的鬲、盆、豆、罐、斝的组合，还是具体形制、陶质、陶色、纹饰都和典型的中原商文化较为接近，盘龙城类型中特色的联裆鬲几乎不见，本书认为龙王岭这类遗存和意生寺类的性质不同，应该不是盘龙城影响下的次一级聚落，更有可能是直接来自中原地区的一批商人南下到此形成的。这支南下的商人和当地土著融合形成石灰山文化，并且和中原商文化保持了持续的联

---

[1] 牛世山：《湖北东北部晚商文化的新认识——从蕲春毛家咀遗址和新屋塆青铜器谈起》，《南方文物》2020年第4期。

[2] 豆海锋：《冲击与调适：长江中游商代文化社会演进的考古学观察》，科学出版社2021年版，第285—300页。

[3] 王昌月：《赣江流域商时期文化格局变迁》，《江汉考古》2019年第2期。

[4] 豆海锋：《冲击与调适：长江中游商代文化社会演进的考古学观察》，科学出版社2021年版，第264—266页。

[5] 陈晖：《龙山时代晚期至二里岗时期中原文化向南方的扩张研究》，博士学位论文，武汉大学，2019年7月。

系，从石灰山文化中晚期阶段商文化因素的特征来看其和盘龙城商文化仍有不少区别，该地区始终和中原地区保持着直接的互动。白家庄期之前这个地区和中原的沟通路线，本书认为可能主要是经由盘龙城中转到达中原。尽管安徽中北部的江淮地区存在着早商的大城墩类型，但是位于皖西南以潜山薛家岗、怀宁百林山为代表的商时期薛家岗类遗存中有不少商文化因素，其中联裆鬲、假腹豆等和盘龙城同类器均十分相似，我们赞同这类商文化因素是从盘龙城而来。[①] 此外，单从年代上看，薛家岗类遗存年代可早至二里岗下层，而大城墩类型年代主要是二里岗上层二期，最早可至二里岗上层一期，盘龙城则存在可早至二里岗下层一期的遗存。最后，早商时期盘龙城类遗存在南方的影响力远大于大城墩类型，意生寺和薛家岗都处于大别山东侧，先秦时期鄱阳湖水域的西岸，两地相距不远总体属于一个地理区域，薛家岗类遗存和单纯的盘龙城类商文化距离更近，受其影响最大也在情理之中。因此白家庄期之前，商文化经江淮走廊南下赣鄱的可能性不大，这个时期赣西北的石灰山文化更可能是通过盘龙城、"义阳三关"通道和中原商文化发生互动。

**五　商代中原和南方地区交流的东路[②]**

（一）中商时期的东路

白家庄晚期盘龙城废弃后赣鄱地区和中原地区的交流，一方面仍溯江至黄陂一带再北上过桐柏隘口，不过中转据点很可能是通过盘龙城北的郭元咀遗址。郭元咀遗址位于武汉黄陂区鲁台山北麓、滠水河东岸台地上。西南距离盘龙城遗址32千米，20世纪70年代在台地西南发现鲁台山西周早期墓地。2019—2020年的发掘发现了居住区和铸铜区，遗址年代为中商二三期，可延续至殷墟一二期。[③] 另一方面中商二三期中原和赣鄱之间的交流应该又开辟了新的路线，我们认为至少从白家庄晚期开始赣鄱地区还通过江淮通道和中原地区进行互动，原因有三：

首先，石灰山文化中晚期和长江北岸的薛家岗遗址中商阶段遗存可能

---

[①] 豆海锋：《试论安徽沿江平原商代遗存及与周边地区的文化联系》，《江汉考古》2012年第3期。

[②] 见图3.21。

[③] 湖北省文物考古研究所等：《武汉市黄陂区鲁台山郭元咀遗址商代遗存》，《考古》2021年第7期。

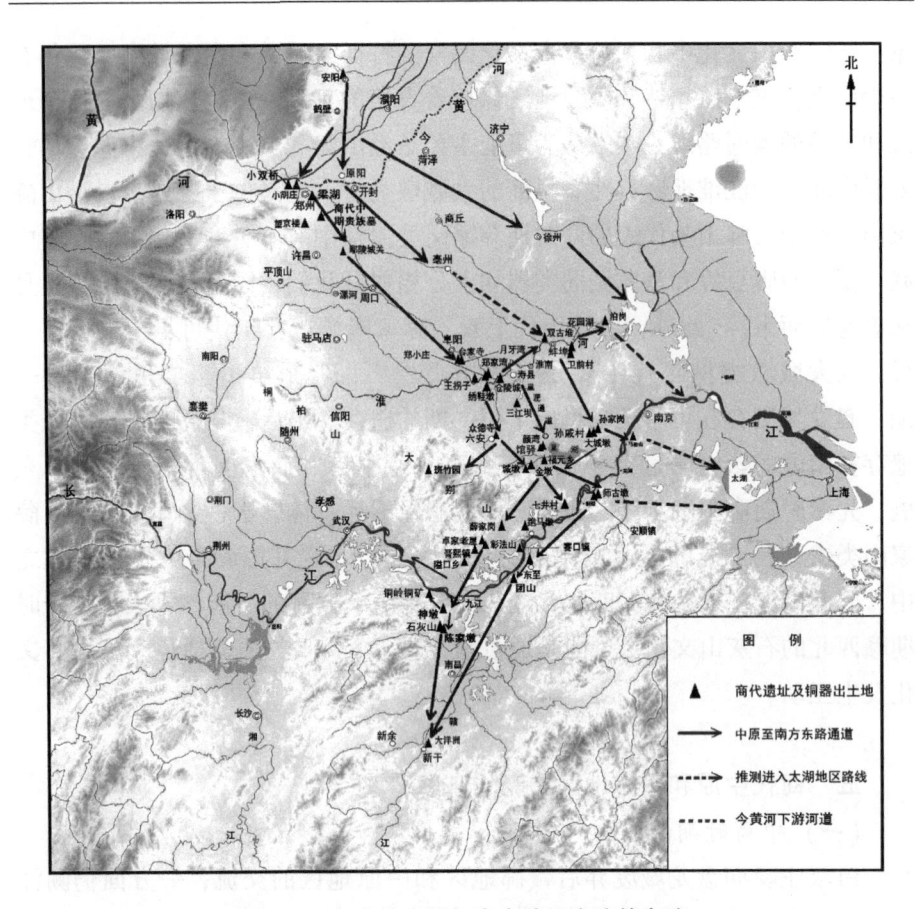

**图 3-21 商代中原与南方地区交流的东路**

都受到了相同的商文化影响。石灰山文化繁荣阶段其重要遗址的一些器物和长江北岸商时期薛家岗类遗存同类器相近，如白家庄晚期神墩分裆袋足鬲 85J2：3① 和薛家岗遗址 T38③：6②；檀树咀 1992H1：7③、檀树咀 1999F4：1④ 和薛家岗遗址 H15：1⑤ 等，此外，中商三期时薛家岗

---

① 江西省文物工作队、九江市博物馆：《江西九江神墩遗址发掘简报》，《江汉考古》1987年第4期。

② 安徽省文物考古研究所：《潜山薛家岗》，文物出版社 2004 年版，第 495 页，图四六五的 6。

③ 朱垂珂、何国良：《江西瑞昌檀树嘴遗址试掘》，《南方文物》1994 年第 4 期。（两次发掘简报"咀"写法不同，第一次"檀树嘴"，第二次"檀树咀"，本书用第二次简报的名称）

④ 江西省文物考古研究所、瑞昌市博物馆：《江西瑞昌市檀树咀商周遗址发掘简报》，《考古》2000 年第 12 期。

⑤ 安徽省文物考古研究所：《潜山薛家岗》，文物出版社 2004 年版，第 443 页。

T49③:9的尖袋足鬲①和檀树咀1992H2:7的分裆袋足鬲应是同一类。而邻近的太湖县卓家老屋②也能见到和石灰山文化中类似的商文化因素（图3.22）。由于卓家老屋和薛家岗是赣鄱地区北通中原的陆路通道必经之地，两地相同的商文化因素也完全可能自江淮通道而来。

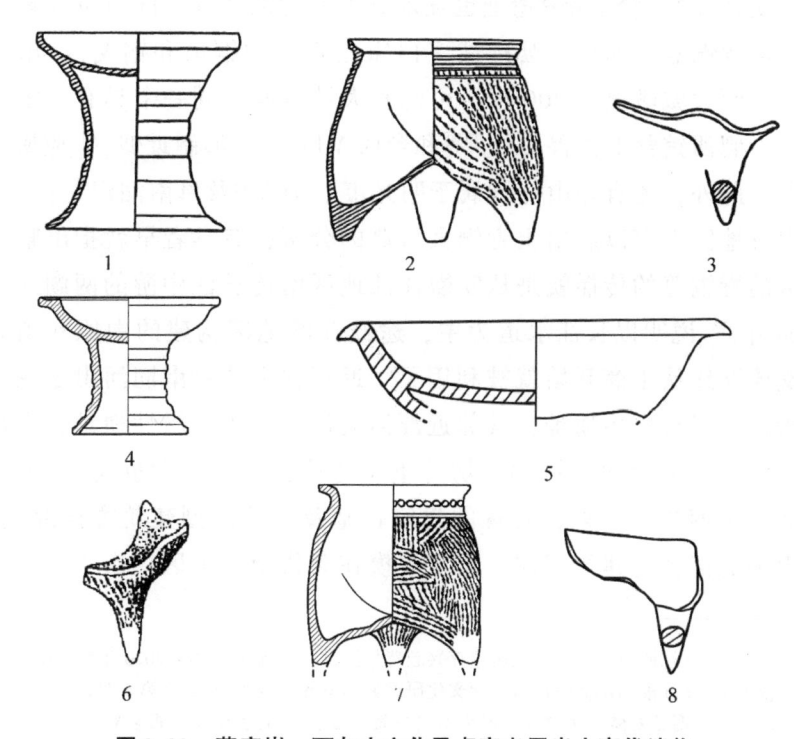

**图3.22 薛家岗、石灰山文化及卓家老屋出土商代遗物**

1—3. 薛家岗（H15:1，T38③:6，T49③:9） 4—7. 檀树咀（檀树咀1992H1:7，檀树咀1999F4:1，1992H2:7） 7. 神墩（85J2:3） 8. 卓家老屋（H23:9）

其次，赣鄱地区经由江淮通道和中原沟通除了上述皖西南的陆路，沿长江北上的水路也是畅通的，彭泽团山遗址③、铜陵师姑墩④是赣鄱和中原

---

① 安徽省文物考古研究所：《潜山薛家岗》，文物出版社2004年版，第510页，图四七五的3。
② 安徽省文物考古研究所、安徽太湖县文物管理所：《安徽太湖县卓家老屋遗址商代遗存发掘简报》，《南方文物》2020年第6期。
③ 江西省文物考古研究所、江西省彭泽县文管会：《江西彭泽县团山遗址发掘简报》，《南方文物》2007年第3期。
④ 安徽省文物考古研究所等：《铜陵师姑墩——夏商周遗址考古发掘与研究》，文物出版社2020年版。

互动交通线上两个重要的据点。①

最后，安徽江淮中西部地区有不少属于白家庄晚期到中商三期的遗存，如三江坝遗址的第二期②、大城墩遗址③前三次发掘的第三期及第四次发掘的第四期中 T17⑥、⑦及 T23⑧等，古堆桥遗址④的第二、三期。此外，众德寺⑤、绣鞋墩⑥遗址也发现有中商时期遗存。同时也发现一批中商时期青铜器，如含山县孙戚庄白家庄晚期的铜爵和铜戈，⑦出土地点由于仅距大城墩遗址 200 米，可能和大城墩属于同一个具有一定规模的聚落。肥西馆驿 1 件兽面纹斝⑧和台西 M112：5 形制近似，⑨应属于中商二期。此外，还有嘉山（现属于明光市）泊岗⑩及阜南润河⑪等。而通过对南方地区中商以后出土青铜大口尊的分析，有学者早就指出整个南方地区的青铜尊的传播就是从安徽江淮地区南传长江中游的两湖地区再西入四川。⑫说明以长江水道为主，途经江淮地区构建的中原和南方地区的交流路线从中商开始就被利用了。近年在上述阜南润河出土龙虎尊的附近发掘了台家寺遗址，其邻近淮河北岸，属于台墩性遗址，发现了方形围沟、大型建筑、铸铜作坊等重要遗迹，出土了大量遗物。⑬ 遗址年代属于中商二、三期，发现的建筑台基及相关大型建筑方向北偏东，属于典型的商文化建筑朝向，建筑规模在商代南方地区仅次于三星堆和

---

① 李宏飞：《江西清江盆地商代诸遗存兴起背景探讨》，《南方文物》2020 年第 4 期。
② 侯卫东：《江淮西部商时期考古学文化研究》，《东南文化》2012 年第 6 期。
③ 前三次发掘见安徽省文物考古研究所《安徽含山大城墩遗址发掘报告》，《考古学集刊》（6），中国社会科学出版社 1989 年版；第四次发掘见安徽省文物考古研究所、含山县文物管理所《安徽含山大城墩遗址第四次发掘报告》，《考古》1989 年第 2 期。
④ 武汉大学历史学院考古系、安徽省文物考古研究所：《安徽凤阳县古堆桥遗址发掘简报》，《考古》2018 年第 4 期。
⑤ 北京大学考古学系商周组、安徽省文物工作队：《安徽省霍邱、六安、寿县考古调查试掘报告》，《考古学研究（三）》，科学出版社 1997 年版，第 240—299 页。
⑥ 北京大学考古学系商周组、安徽省文物工作队：《安徽省霍邱、六安、寿县考古调查试掘报告》，《考古学研究（三）》，科学出版社 1997 年版，第 240—299 页。
⑦ 杨德标：《安徽省含山县出土的商周青铜器》，《文物》1992 年第 5 期。
⑧ 安徽大学等：《安徽江淮地区商周青铜器》，文物出版社 2014 年版，第 20 页 013。
⑨ 河北省文物研究所：《藁城台西商代遗址》，文物出版社 1985 年版，图版 80。
⑩ 葛治功：《安徽嘉山县泊岗引河出土的四件商代铜器》，《文物》1965 年第 7 期。
⑪ 葛介屏：《安徽阜南发现殷商时代的青铜器》，《文物》1959 年第 1 期。
⑫ 施劲松：《论我国南方出土的商代青铜大口尊》，《文物》1998 年第 10 期。
⑬ 武汉大学历史学院考古系、安徽省文物考古研究所：《安徽阜南县台家寺遗址发掘简报》，《考古》2018 年第 6 期。

盘龙城遗址的大型建筑。出土遗物组合以及陶器、卜甲的特征等也与中原地区同时期的商代遗址所出的相似。很显然台家寺遗址的整体文化面貌应该属于商文化，其性质我们认为类似盘龙城，其应该是盘龙城废弃后商人在南方设置的另一个类似的直辖邑，[①] 其地理位置优越，是中原和长江流域沟通的中转站。

经江淮通道再向北进入豫东地区后，在柘城孟庄[②]、鹿邑栾台[③]、夏邑三里堌堆[④]及杞县鹿台岗[⑤]、民权牛牧岗[⑥]、民权李岗[⑦]、睢县周龙岗[⑧]、民权东山子[⑨]等遗址均发现中商遗存，具体年代相当于白家庄期[⑩]（图3.23）。此外，在鄢陵城关还曾出土中商二期的铜尊。[⑪] 途经豫东地区可顺利到达郑州地区，也可经上述东路水路抵达新乡，再北行至豫北地区。

---

[①] 直辖邑的含义参见王立新《从早商城址看商王朝早期的都与直辖邑》，《新果集：庆祝林沄先生七十华诞论文集》，科学出版社2009年版，第176—198页。

[②] 河南省文化研究所：《河南鹿邑栾台遗址发掘简报》，《华夏考古》1989年第1期；中国社会科学院考古研究所河南二队等：《河南周口地区考古调查简报》，《考古学集刊》（4），中国社会科学出版社1984年版。

[③] 中国社会科学院考古研究所河南二队等：《1977年豫东考古纪要》，《考古》1981年第5期；中国社会科学院考古研究所河南一队：《河南柘城孟庄商代遗址》，《考古学报》1982年第1期。

[④] 张志清：《夏邑县三里堌堆新石器时代至汉代遗址》，《中国考古学年鉴（1990）》，文物出版社1991年版。

[⑤] 郑州大学文博学院等：《豫东杞县发掘报告》，科学出版社2000年版。

[⑥] 郑州大学历史学院考古系：《河南民权牛牧岗遗址发掘报告》，《民权牛牧岗与豫东考古》，科学出版社2013年版，第3—107页。

[⑦] 中国社会科学院考古研究所河南二队等：《1977年豫东考古纪要》，《考古》1981年第5期；郑州大学历史学院考古系：《豫东商丘地区考古调查简报》，《华夏考古》2005年第2期；郑州大学历史学院考古系：《牛牧岗周边区域考古调查简报》，《民权牛牧岗与豫东考古》，科学出版社2013年版，第111—112页。

[⑧] 中国社会科学院考古研究所河南二队等：《1977年豫东考古纪要》，《考古》1981年第5期；郑州大学历史学院考古系：《豫东商丘地区考古调查简报》，《华夏考古》2005年第2期。

[⑨] 中国社会科学院考古研究所河南二队等：《1977年豫东考古纪要》，《考古》1981年第5期；郑州大学历史学院考古系：《牛牧岗周边区域考古调查简报》，《民权牛牧岗与豫东考古》，科学出版社2013年版，第113页。

[⑩] 郑州大学历史学院考古系：《民权牛牧岗与豫东考古》，科学出版社2013年版，第250—252页。

[⑪] 周世荣：《河南省博物馆所藏几件青铜器》，《考古》1966年第4期。

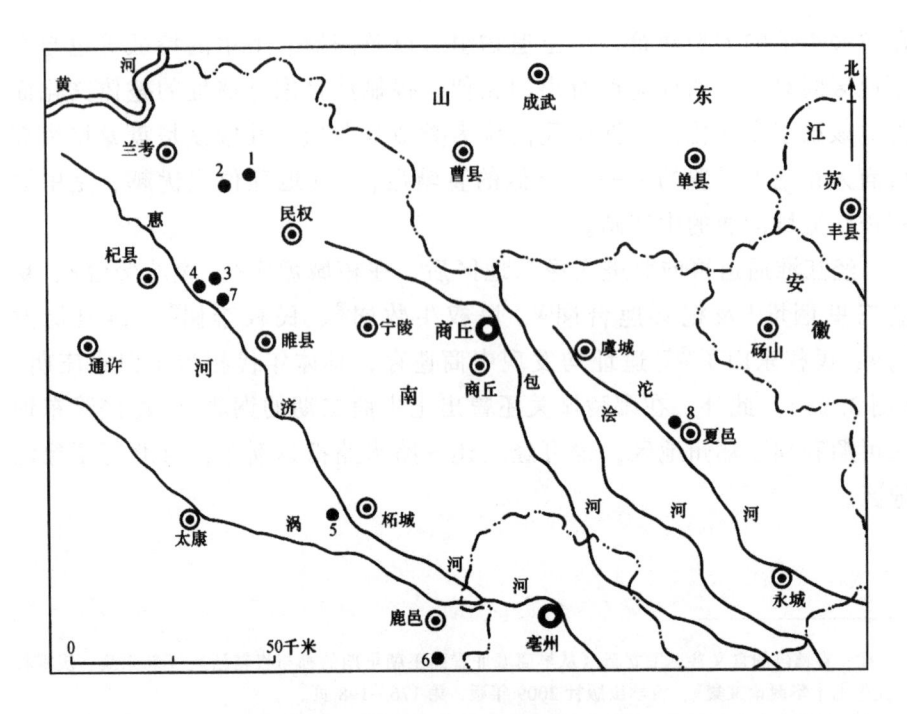

1. 东山子　2. 牛牧岗　3. 李岗　4. 鹿台岗　5. 孟庄　6. 栾台　7. 周龙岗　8. 三里堌堆

图 3.23　豫东地区中商时期遗址分布图

来源：《民权牛牧岗与豫东考古》，2013 年。

### （二）晚商时期的东路

赣鄱地区晚商时期基本以赣江为界，西部清江盆地主要是吴城文化，东部主要是角山文化，角山文化属于商代一种具有鲜明特色的地方性考古学文化。[①] 吴城文化从知识体系和价值体系具体分析更多的是在技术层面接受了商文化的影响，但价值观念并不相同，是受商文化影响的当地青铜文化。[②] 总之，晚商时期长江流域青铜文明兴起，而商文化势力退缩，目前学术界基本认同晚商时期东南方向江淮地区基本退至淮河以北沿淮一线，正南方向的江汉东部区域基本在罗山，西南的南阳盆地仍为商人占据。尽管晚商时期商人势力在南方退缩，但是中原和南方的交流互动并未停止，两地互动交流的路线除了上述经南襄通道和翻越桐柏隘口两条路线

---

[①] 豆海锋：《冲击与调适：长江中游商代文化社会演进的考古学观察》，科学出版社 2021 年版，第 311 页；刘佳丽：《试论角山文化》，硕士学位论文，吉林大学，2020 年。

[②] 施劲松：《盘龙城与长江中游的青铜文明》，《考古》2016 年第 8 期。

外，由于商人持续对海岱地区的扩张，我们认为这一时期中原和赣鄱地区吴城文化的互动交流主要是经由江淮地区实现的。

晚商时期豫东鲁西南商文化遗址分布比早商时期丰富，这一区域内已发掘的晚商时期的遗址有山东菏泽安邱堌堆①、梁山青堌堆②；河南鹿邑栾台③、夏邑清凉山④、杞县段岗和鹿台岗⑤、民权牛牧岗⑥等。此外，据调查在豫东商丘境内的虞城马庄、柘城山台寺、永城造律台、夏邑马头、睢县襄台、民权李岗等二十多处遗址⑦也发现有这个时期的遗存（图3.24）。其中安邱堌堆与鹿邑栾台两遗址面积较大，考古工作做得较多，但是未发现高等级遗存。总体来看，该区内晚商遗存面貌与殷墟类型十分接近，但同时又有一定的地方特色，可归入殷墟文化的"安邱类型"⑧。

从安阳到达豫东鲁西南区域，我们认为陆路和水路均可通行，据征人方的甲骨卜辞记载，从安阳东南行渡黄河的地点是顾地，即今原阳。⑨商代黄河、济水的流向前文已述，决定了商人南下一般不会从郑州和中牟之间渡济水，因为这个区域地势低洼，除了先秦古济水还有蒲田泽等大泽，从这个区域渡济水南行在渡过济水后还会遇到大片湖沼地带，极不方便。商人在原阳西北渡黄河后在原阳的东南就是济水，商人沿济水东行到先秦陶地（今菏泽定陶）附近或走一段陆路再入泗水，便可直接达古淮水，沿淮水逆流而上即达江淮地区。或者在苏北过淮水南行经今里下河区域则达长江，溯江而

---

① 北京大学考古系商周组等：《菏泽安邱堌堆遗址发掘简报》，《文物》1987年第11期；宋豫秦：《论鲁西南地区的商文化》，《华夏考古》1988年第1期；黄绍甲、王霖：《山东菏泽县古遗址的调查》，《考古》1958年第3期。

② 中国科学院考古研究所山东发掘队：《山东梁山青堌堆发掘简报》，《考古》1962年第1期。

③ 河南省文物研究所：《河南鹿邑栾台遗址发掘简报》，《华夏考古》1989年第1期。

④ 北京大学考古系、商丘地区文管会：《河南夏邑县清凉山遗址1988年发掘简报》，《考古》1997年第11期。

⑤ 郑州大学文博学院等：《豫东杞县发掘报告》，科学出版社2000年版。

⑥ 郑州大学历史学院考古系：《河南民权牛牧岗遗址发掘报告》，《民权牛牧岗与豫东考古》，科学出版社2013年版，第3—107页。

⑦ 张长寿、张光直：《河南商丘地区殷商文明调查发掘初步报告》，《考古》1997年第4期；郑州大学历史学院考古系：《豫东商丘地区考古调查简报》，《华夏考古》2005年第2期；郑州大学历史学院考古系：《牛牧岗遗址周边区域考古调查报告》，《民权牛牧岗与豫东考古》，科学出版社2013年版，第108—134页。

⑧ 宋豫秦：《论鲁西南地区的商文化》，《华夏考古》1998年第1期；王迅：《东夷文化与淮夷文化研究》，北京大学出版社1994年版，第36—38页。

⑨ 孙亚冰、林欢：《商代地理与方国》，中国社会科学出版社2010年版，第430—431页。

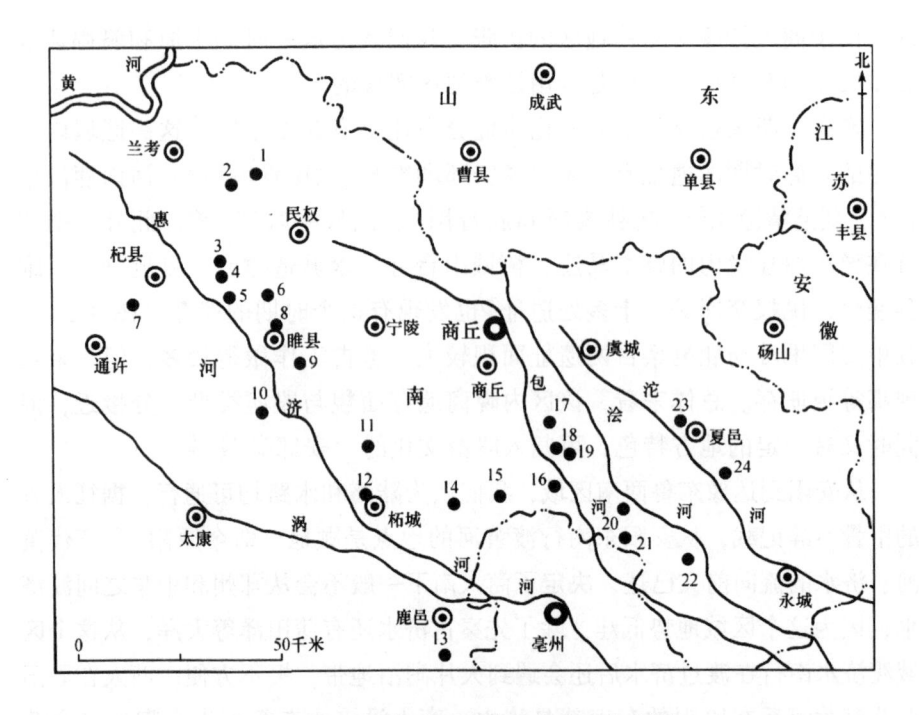

**图 3.24 豫东地区晚商文化遗址分布图**
1. 东山子 2. 牛牧岗 3. 吴岗 4. 李岗 5. 周龙岗 6. 王庄 7. 段岗 8. 襄台 9. 乔寨 10. 黎岗 11. 老君堂 12. 旧北门 13. 栾台 14. 史堌堆 15. 半塔 16. 营廓寺 17. 魏堌堆 18. 马庄 19. 杜集 20. 马头 21. 清凉山 22. 造律台 23. 三里堌堆 24. 蔡楼
来源:《民权牛牧岗与豫东考古》, 2013 年。

上可进入整个长江中游区域, 而渡江南下即进入宁镇和太湖周边的长江下游地区。此以水路为主的路线就是东路支线二。当然, 商人渡过济水后也可向东南行, 所走区域基本是今杞县、民权、鹿邑、永城等地, 同时也可沿古睢水的水路东南行。陆路及睢水水路都通过的一个重要区域就是上文所言的豫东鲁西南区域, 这一带众多的晚商遗址证明这一路线是畅通的。再向南经宿州、蒙城一带就可进入江淮地区。而晚商时期, 宿州东南的皖北一带正是甲骨文中多次提到的人方所在, 上述从安阳经顾地渡黄河、济水再东南行的陆路正是晚商时期征人方的大致路线,[①] 也即是东路支线一。

---

① 孙亚冰:《殷墟甲骨文所见方国研究》, 硕士学位论文, 中国社会科学院研究生院, 2001 年; 孙亚冰、林欢:《商代地理与方国》, 中国社会科学出版社 2010 年版, 第 392—395 页。

第三章　中原与南方地区的文化互动与交流通道　　　143

晚商时期,安徽江淮地区发现的商时期遗址有含山大城墩、含山孙家岗①、六安众德寺、潜山薛家岗、太湖卓家老屋、怀宁跑马墩②、凤阳古堆桥等。大城墩遗址中以T4④层、T17⑤b层为代表属于晚商时期,整体看既有商文化因素的分裆袋足鬲、簋、大口尊,也有商文化在本地的变体如有颈鬲、曲壁坩埚,同时本地特色的圈底盆、大口缸等也有见到。显然含山大城墩遗址受到北边的商文化影响,又有长江流域本地因素。位于皖西南大别山东南麓的薛家岗、卓家老屋及跑马墩三处遗址的晚商时期遗存总体特征与之近似,陶器主要以夹砂红陶及黑陶为主,器形多见鼎式鬲、带把盉、粗柄豆、鼓肩罐等器,地域特色明显,同时也可见到长江以南赣西北及鄂东南大路铺文化中多见的附耳甗。可见这个区域和早中商时期相比,同样仍受到赣鄱、鄂东地区的影响,但商文化影响减弱,本地因素增强。

尽管安徽江淮地区晚商时期遗址不太多,但是发现了较多晚商时期的青铜器。本书主要从交通线及江淮和中原、赣鄱之间互动角度研究,因此皖南黄山山区出土的青铜器及拣选废品仓库、单纯征集且出土地点不清楚的均不在统计范围。皖东南沿江两岸及皖北出土的铜器有：马鞍山市郊区出土勾连云纹铜铙1件③,宣城市宣州区养贤乡石山村出土云纹铜铙1件④,庐江县泥河区出土兽面纹大铙1件⑤,潜山市出土兽面纹铙1件⑥,池州青阳县新河镇出土乳钉云纹铜铙1件⑦,六安出土商代铜尊1件⑧,铜陵市顺安镇出土兽面纹瓿1件⑨,池州市东至县尧渡河赤头段出土涡纹罍1

---

①　安徽省展览博物馆:《安徽含山县孙家岗商代遗址调查与试掘》,《考古》1997年第3期。
②　杨德称、金晓春、汪茂东:《安徽怀宁跑马墩遗址发掘的主要收获》,《文物研究》第8辑,黄山书社1993年版。
③　王俊:《试论马鞍山青铜大铙的年代及其性质》,《东南文化》2006年第3期。
④　安徽大学、安徽省文物考古研究所:《皖南商周青铜器》,文物出版社2006年版,第18—19页。
⑤　安徽省文物局:《安徽馆藏珍宝》010,中华书局2008年版,第66页。
⑥　陆勤毅、宫希成主编:《安徽江淮地区商周青铜器》044,文物出版社2014年版,第66页。
⑦　安徽省文物局:《安徽馆藏珍宝》011,中华书局2008年版,第67页。
⑧　安徽省皖西博物馆:《安徽六安出土一件大型商代铜尊》,《文物》2000年第12期。
⑨　张国茂:《安徽铜陵地区先秦青铜文化简论》,《东南文化》1991年第2期(该文仅有图片,无出土具体地点);安徽大学、安徽省文物考古研究所:《皖南商周青铜器》图31,文物出版社2006年版,第50—51页。该件器物不见于其他资料报道,此书也无该器的出土情形、出土年代等详细项目。

件①，望江县赛口镇南畈村出土铜爵1件（酉字爵）、铜鼎1件②，宿松县隘口乡出土兽面纹鼎1件③，颍上县王岗郑家湾出土的铜器群④，颍上县王岗郑小庄商代墓及赵集王拐村淮河堤边（赵集和王拐是紧邻淮河北岸东西并列的两个村庄）出土铜器⑤，寿县仓陵城出土的素面铜钺⑥，新近公布的安徽凤阳花园湖出土的铜器群⑦。肥西县上派镇颜湾倪小河的南岸出土"父丁"觚1件、十字纹觚1件、"戈"爵1件及"父丁"爵1件⑧，舒城县城墩出土兽面纹觚1件⑨，舒城县故城乡出土父辛爵1件，爵的鋬手部位有"举"族徽。⑩庐江县福元乡出土兽面纹爵1件⑪，太湖县晋熙镇出土兽面纹爵1件⑫，潜山市郭法山出土一批铜器，包括兽面纹爵⑬、兽面纹尊⑭等多种器类，其中兽面纹爵特征近似岳洪彬所分铜爵的Aa型Ⅴ式，⑮只是该爵扉棱仅在腹部，三棱形锥足，年代应为殷墟三、四期。此外，繁昌汤家山出土的兽面纹甗有学者认为属于商末至西周早期，⑯但是显然其

---

① 张北进：《安徽省东至县发现一件青铜罍》，《文物》1990年第11期。
② 张爱冰、陆勤毅：《皖南出土商代青铜容器的年代与性质》，《青铜文化研究》第六辑，黄山书社2009年版，第28页注54。
③ 陆勤毅、宫希成主编：《安徽江淮地区商周青铜器》016，文物出版社2014年版，第26页。
④ 颍上县文化局文物工作组：《安徽颍上县出土一批商周青铜器》，《考古》1984年第12期。
⑤ 阜阳地区博物馆：《安徽颍上王岗、赵集发现商代文物》，《文物》1985年第10期。
⑥ 陆勤毅、宫希成主编：《安徽江淮地区商周青铜器》004，文物出版社2014年版，第15页。
⑦ 朱华东、唐更生：《安徽凤阳花园湖出土商代铜器》，《文物》2021年第4期。
⑧ 陶志远：《安徽肥西出土商代青铜器简论》，《东方博物》第63辑。该文有出土的2件觚、2件爵的图片和铭文图片。
⑨ 陆勤毅、宫希成主编：《安徽江淮地区商周青铜器》021，文物出版社2014年版，第33页。
⑩ 陆勤毅、宫希成主编：《安徽江淮地区商周青铜器》032，文物出版社2014年版，第48页。
⑪ 陆勤毅、宫希成主编：《安徽江淮地区商周青铜器》033，文物出版社2014年版，第49页。
⑫ 陆勤毅、宫希成主编：《安徽江淮地区商周青铜器》028，文物出版社2014年版，第44页。
⑬ 陆勤毅、宫希成主编：《安徽江淮地区商周青铜器》025，文物出版社2014年版，第38—39页。
⑭ 安徽省文物局：《安徽馆藏珍宝》006，中华书局2008年版，第60页。
⑮ 岳洪彬：《殷墟青铜礼器研究》，中国社会科学出版社2006年版，第79—81页。
⑯ 张爱冰、陆勤毅：《皖南出土商代青铜容器的年代与性质》，《考古》2010年第6期。

同出的一批器物年代有很多晚至春秋时期，因此这件甗即使属于殷墟晚期，对于讨论晚商遗存的分布、与中原商文化的互动也没有太大意义。

上述铜器中，马鞍山、宣城、青阳、庐江、潜山出土的五件青铜铙，除了宣城铜铙高37.7厘米，其余高均在40多厘米以上，最大的高84.2厘米。五件中除潜山铙具体出土地点、时间等不详，余皆单独出土，无伴生物。马鞍山勾连云纹铜铙出土于两山间低地，靠近长江古道；青阳云纹大铙，农民整土时发现于田间，出土地点的青阳县新河镇驮龙村距长江不远；宣城大铙出土于长江支流水阳江边；庐江大铙出土地点位于山前地带。因此这几件晚商铜铙和南方多地出土铜铙的情况类似，即多出土于山前水边或山顶且单独出土，其性质应该是颇具地方特色的一种埋藏方式，祭祀性埋藏的说法有一定道理，① 但是结合整个长江流域大量铜器出土于此类相同背景下，内在具体原因还值得进一步研究。

六安的青铜尊据后来详细出土背景的介绍，② 其性质类似上述大铙。东至县尧渡河出土的涡纹罍也属此类。

从出土青铜器的特征来看，沿淮地区出土的青铜器从器物形制、花纹到篆刻的铭文来看更接近中原地区，甚至器物特征从早到晚的演变也和中原保持一致。铭文除了常见的日名称谓"父丁""父辛"有的还同时篆刻有族徽铭文，目前江淮地区至少发现"夕己""酉""举"及"磬"等多种族徽。而皖东南沿江地区，宁镇、赣鄱的因素更多些，上述青铜大铙、六安的青铜尊都是晚商时期南方青铜器典型器类。从中商开始，其实江淮地区青铜器已经体现出南北方文化荟萃的特征，阜南润河既出土有南方典型特征的龙虎尊，也有中原典型特征的觚、爵，而到晚商时期，这种特征在江淮的更多遗址和更广泛的区域内呈现。出土南方大铙且地方文化浓郁的皖西南区域也出土中原商式铜器，如太湖、舒城"父辛"铭的爵、庐江以及潜山的兽面纹爵、兽面纹尊等（图3.25）。

从上述安徽江淮间晚商时期出土铜器分布看，主要集中在以下几个区域：淮河沿岸以及皖西南大别山东南麓、皖东南沿江两岸、合肥周边地区。结合晚商时期遗址的分布，中原与赣鄱地区通行江淮之间时主要有三条路线：其一，过淮水后经凤阳—含山—铜陵—望江—彭泽团山可进入赣

---

① 王俊：《试论马鞍山青铜大铙的年代及其性质》，《东南文化》2006年第3期。
② 李勇：《对安徽六安市出土商代青铜尊的认识》，《华夏考古》2008年第3期。

鄂地区，水陆并用。其二，先经巢淝通道（下文有详细说明），再沿江南行，入长江后和第一条路线重合，水路为主。其三，过淮水至合肥后南下经舒城、庐江、怀宁、潜山、太湖这一山前地带最后达赣鄱、鄂东北地区。值得注意的是，合肥周边是江淮通行的中转站，途经合肥东行经巢湖可连接长江，东北行沿淝水可达淮水，北行则走陆路也可至淮水，南行大别山东南山前地带则可抵赣鄱和鄂东北。

图 3.25　安徽江淮之间晚商遗址及出土铜器分布示意图

晚商时期的东路支线二主要是由古济水、泗水、淮水组成的水路。在泗水入淮水后，再向南即江苏的江淮之间，这个地区总体地势低下，海岸线多次变迁，在早期中国多数时间内不适宜人类生存。目前仅在盐城龙冈发现一座晚商时期墓葬,① 出土陶器有鬲、罐、瓿、尊、罍、盆、豆、簋、壶等。陶器特征既有中原商文化因素的袋足鬲、假腹豆、绳纹瓿,又有独具特色的高柄器盖等,其年代整体属于中商三期到晚商殷墟一、二期。因此东路支线二可能仅到淮水,再向南经里下河地区南下渡长江到宁镇地区的路线至少商代可能是不通的。对此水涛先生曾通过对比南京地区江北和江南商末周初文化的差异指出至少商代宁镇地区不是北方和太湖地区文化传播的走廊,中原商文化的南下,首先是通过长江中游的赣江、鄱阳湖地区沿长江,然后扩散到长江下游的宁镇及其他地区的。② 然而,从中原南下来到宁镇地区除了经长江中游的赣江鄱阳湖地区沿江东传至长江下游,邗沟开通之前,安徽江淮间南下到江东的宁镇主要是经巢肥通道(图3.25),在今肥西县将军岭与合肥市西北郊的衔接处有源头比较接近的施淝二水南北分流。施水又称南淝水,南流入巢湖;淝水又称东淝水,北流入淮河。沿此二水而行,水陆相辅,可出入淮南、江北,这就是巢肥通道,是我国古代发展较早的江淮间南北通道之一③(图3.26)。过巢湖后有河流与长江相通,可经马鞍山附近的采石矶和巢湖附近的裕溪口渡江。巢肥通道主要是水道,其实由寿县经肥西、肥东、含山的陆路也可直接到马鞍山的渡口,上文晚商时期的遗址和出土的青铜器完全可以证明这一陆路路线的存在。总之,巢肥通道及陆路并行的路线可达宁镇地区,也可沿长江溯江而行至赣鄱地区,甚至向西达两湖和四川。

从中商时期开始,途经江淮地区的东路显然和南方地区三大铜矿区即安徽铜陵、赣西北的瑞昌、鄂东南的大冶都可联系起来,而且多处路段可以水路、陆路并行。仔细考察整个路线中,淮河以北的皖北是个关键区域,中原地区无论是从郑州方向还是安阳方向,都要经过这个区域才能抵达江淮地区。但是在这一区域尤其蒙城以东的皖北很少发现商代青铜器,其实这个区域正是甲骨文中人方的活动范围。人方地理位置关键,对商王朝时叛时服,这也就导致晚商时期商人多次征伐。所以商人晚商时期着力于东南方,主要目的就是保证和长江中下游地区的互动通道的畅通,同时也保证了双方技术、贸易、资源的互动流通。

---

① 韩明芳:《江苏盐城市龙冈商代墓葬》,《考古》2001年第9期。
② 水涛:《试论商末周初宁镇地区长江两岸文化发展的异同》,《长江流域青铜文化研究》,科学出版社2002年版,第298—304页。
③ 李孝聪:《中国区域历史地理》,北京大学出版社2004年版,第251—252页。

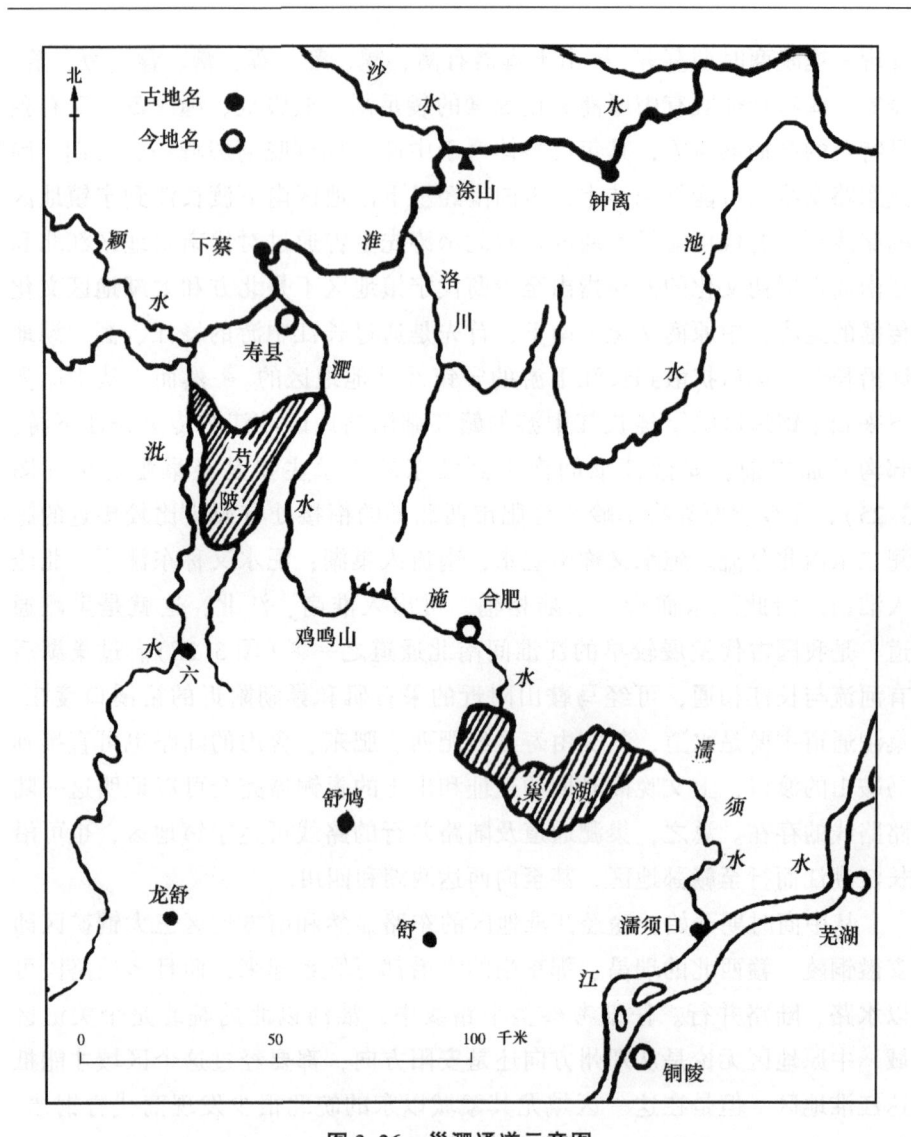

**图 3.26 巢淝通道示意图**

来源：《中国区域历史地理》，2004 年，第 252 页。

## 六 商时期中原和南方互动通道的特征

商文化向南方拓展和二里头文化不同，尤其早商时期，和二里头文化向南方拓展中步步为营，逐步向南发展的节奏不同，商人在二里岗文化最早阶段就一下子来到了江汉平原地区建立区域发展的中心据地，然后以盘龙城为中心向周边拓展。盘龙城和郑州商城之间除了主要拱卫郑州商城的

第三章　中原与南方地区的文化互动与交流通道

新郑望京楼,作为交通驿站或担任拓展据点的区域核心性遗址相对较少。我们认为二里岗文化这种南下拓展方式应该和二里头文化四期末部分二里头文化南下①、部分下七垣文化南下②的背景有关。夏末商初这部分中原族群的南下奠定了早商人群南下的基础,使得商人南下建立据点更顺畅,也才能一开始就在江汉腹地建立据点。与此同时,二里头文化与商文化政治中心的不同,决定二者与南方地区交流互动中选择的道路不同,洛水、丹江的西路通道二者都利用,但是显然二里头文化使用更频繁。而沿熊耳山东麓、方城、南阳盆地的通道是二里头文化和江汉沟通的主要通道,商人尤其早商时期并没有利用,晚商时期才重新加以利用。义阳三关所在的桐柏山孔道二里头文化较少利用,但是商人则主要通过翻越桐柏山间谷道抵达江汉。

早商和晚商中原和南方之间互动交流的道路也各有侧重,中转站性质的核心遗址不同。早商时期使用的洛水、丹江西路通道在晚商时期可能已废弃,早商时期主要通过桐柏山间谷道,晚商时期尽管仍然使用,但是新郑望京楼商城和盘龙城在晚商时均已经废弃,取而代之的是郑州西北郊的小胡村、驻马店正阳闰楼及罗山天湖等。早商时期南阳盆地随枣走廊通道并没有利用,但是晚商时期则重新利用,随州淅河、南阳十里庙成为这一段道路中重要的据点。早商和中晚商时期最大的不同是对江淮走廊通道的利用,中商时期逐渐开辟的赣鄱及长江下游和中原的通道在晚商时更加繁盛。

商文化的分布及南方地区商时期遗存分布格局可以反映中原和南方地区交流路线究竟是商人还是当地族群掌控。根据上文对南方地区商时期遗存的分析看,早商和晚商时期商人对交通路线的掌控情况是不同的。早商时期,商人对于南方地区呈现整体扩张势头,特别是以盘龙城为核心形成了商王朝在南方的直辖邑及次一级的意生寺和铜鼓山类型。因此盘龙城向长江下游赣鄱地区、向鄂东南方向、向皖西南方向以及向长江上游洞庭湖周边、澧水流域等方向的长江水道和一些陆路的交通路线,应该为盘龙城

---

①　杜金鹏先生认为,夏末商初二里头文化一部分贵族逃亡南方,考古发现的石门桅岗、新余珠珊等或许和"桀奔南巢"有关,而向桃初也认为南方发现的部分二里头文化遗存是夏商之际二里头文化在与商人的竞争中失败,被迫南迁遗留的。参见杜金鹏《关于夏桀奔南巢的考古学探索及其意义》,《华夏考古》1991年第2期。

②　王立新、胡保华:《论下七垣文化的南下》,《考古学研究(八)》,科学出版社2011年版,第179—193页。

类型掌控。中商以后随着商文化在南方的整体退缩，鄂东南、鄂东北及赣西北可能为大路铺文化占据，赣江两岸则分别为吴城文化和角山文化控制，这些文化都非商文化。因此盘龙城到南阳盆地及盘龙城到桐柏隘口这一段可能尚被商人控制，但是从盘龙城到赣鄱和洞庭湖方向的长江水道应该都被当地族群占据。而江淮通道中巢湖以北的淮水流域可能为商人掌控，但是皖西南大别山东南麓的陆路走廊及皖南长江水道应该都属于当地族群控制。而赣鄱周边的长江水道则可能被吴城文化所控制。

### 七 商代中原和南方地区铜、铅矿料的交流

中原和南方互动交流的具体器物已有很多学者做过研究，近年豆海锋先生更是系统地从陶器、铜器、玉器等三大类器物入手分析中原和南方之间互动交流的方式、特征。[①] 本书在第五章专设一节从原始瓷谈南北方的互动交流，在此从青铜器铜、铅矿料来源、冶铸技术等方面谈一下商代中原和南方的互动。

青铜器所用的矿料来源问题在殷墟发现青铜器后学者就开始了探索。早期主要是利用方志记载和现代地质调查勘探资料相结合推论商代铜矿、锡矿产地，天野元之助、石璋如是这类研究的代表，都得出殷代铜、锡矿砂来自中原殷都周边的北方地区。[②] 科技考古的引入出现了铅同位素比值法、微量元素示踪法，最近科技考古研究的趋势是把多种科技方法组合，同时结合考古学的研究成果来考察矿料来源和流通。如将铅同位素比值和铜器的合金成分、金相组织等科技手段组合对于湖南望城高砂脊铜器的研究。[③] 而近年来牛津大学冶金考古团队提出的"牛津研究体系"（Oxford system），更是一种以科技方法为主，综合考古、地质背景对金属原料来源进行的新探索。[④] 随着先秦时期采矿、冶铜遗址井喷式的发现及矿冶考古研究的深入，很显然铜料来源问题的研究要采用综合方法，即综合利用传世文献和甲骨金文、田野考古学、多种科技考古方法及历史地理等各学科成果进行综合分析。

---

[①] 豆海锋：《从出土遗物看商时期南方与中原的文化互动》，《考古》2017年第4期。
[②] 天野元之助：《殷代産業に関する若干の問題》，《东方学报》第23册，1953年，第231—237页；石璋如：《殷代的铸铜工艺》，《历史语言研究所集刊》第26本，1955年。
[③] 马江波、吴晓桐等：《湖南望城高砂脊遗址出土青铜器科技分析》，《考古》2021年第10期。
[④] 马克·波拉德、彼得·布睿等：《牛津研究体系在中国古代青铜器研究中的应用》，《考古》2017年第1期。

## 第三章　中原与南方地区的文化互动与交流通道

先秦及两汉有关先秦铜金属产地的传世文献主要见于《禹贡》《山海经·五藏山经》及《史记》等，对此已有学者做过收集和分析。[①] 这些文献记载先秦铜、锡的产地主要是在荆州、扬州等江南之地，大概正是今天长江中下游地区。今天铜矿的分布2001年出版的一个研究指出，中国70%的铜矿集中于长江中下游地区和西南地区（主要是云南省），而剩余30%则分布于河西走廊和东北地区。[②] 还有学者采用我国铜矿资源储量2004年数据进行数学分析，从数理角度分析储量的表示方式和我国铜矿资源储量分布特点，得出铜矿资源储量最多的地区是江西，储量分布排名第二位的地区是云南，西藏也是铜资源储量丰富的地区。安徽、湖北是两个铜资源储量分布情况相类似的地区，相比其他地区来说储量较为丰富。另外，甘肃、黑龙江、山西、四川和内蒙古是同一类地区，储量分布一般。[③] 2013年的一个研究得出，中国铜矿资源主要分布于西藏、云南、新疆，其次为内蒙古、安徽、甘肃、湖北、山西、黑龙江，10省（自治区）铜矿探明储量合计占全国总储量的83%。[④] 随着探矿、找矿技术的不断提升，以及已探明矿源的开发，铜矿的储量分布比例是不断发生变化的。但是上述研究中无疑长江中下游的江西、湖北、安徽及中条山都是铜矿储量丰富的地区。对于锡矿的情况更是主要分布于南方地区，有学者指出今天98%的锡矿仍分布在云南、广东、江西、湖南、广西、内蒙古等六省。[⑤] 先秦文献有记载，至今仍是主要铜矿产地的区域。我们认为商代这些地区应该是存在铜矿的，而长江中下游地区正是重合地区，但是否被开采利用需要考古学和交通地理学等成果来验证。对于那些先秦文献没有记载的地区也不能断然否定，因为有记载的文献几乎都是成书于战国两汉时期，距离商代已经有千年历史，尽管上述文献也有商代或更早时期史实的反映，但早期很多知识口耳相传，遗漏谬误在所难免。所以文献仅仅是提供一种大范围的参考。至于隋唐以后的方志等文献，我们认为对于研究商周时期意义更小。

---

[①] 陈公柔：《〈曾伯霥簠〉铭中的"金道锡行"及相关问题》，《先秦两汉考古学论丛》，文物出版社2005年版，第1—13页；易德生：《周代南方的"金道锡行"试析——兼论青铜原料集散中心"繁汤"的形成》，《社会科学》2018年第1期。
[②] 黄崇轲、白冶、朱裕生等：《中国铜矿床》（上册），地质出版社2001年版。
[③] 余良辉、贾文龙、葛燕萍：《我国铜资源储量分布数理分析》，《矿产保护与利用》2008年第5期。
[④] 陈建平等：《中国铜矿现状及潜力分析》，《地质学刊》2013年第3期。
[⑤] 陈光祖：《商代锡料来源初探》，《考古》2012年第6期。

铅同位素比值示踪方法，首先对于低比值铅，也就是所谓的高放射性成因铅，即 $^{207}Pb/^{206}Pb < 0.8$，$^{206}Pb/^{204}Pb > 20.0$ 的来源进行研究后主要有四种观点。金正耀的西南说，认为黄河和长江流域的商代铜器，其中的特殊铅应该来自同一地区，该地区属于多金属共生矿产地，该产地位于西南地区的滇东、川南一带的可能性很大，而开采使用高放射性成因铅的时代范围是二里岗文化上层至殷墟三期。[1] 朱炳泉、常向阳等利用地球化学省理论也对这一问题进行了研究，除了也认同滇东北最有可能外，还指出辽东半岛、华北小秦岭、长江中下游及天上陨石都有可能是其来源。[2] 彭子成等人提出就近取材的多元说，认为中原地区高放射性铅矿料可能来自江西、湖南、江苏、河北及中条山，而川滇地区这类矿源主要供应四川三星堆。[3] 斋藤努、孙淑云等人提出秦岭说，[4] 刘睿良研究似乎支持这一说法，[5] 陈坤龙近年也提出秦岭地区可能是高放射成因铅的潜在产地。[6] 金锐等人则提出商代高放铅主要来源于豫西。[7] 关于普通铅，崔剑锋、吴小红

---

[1] 金正耀：《论商代青铜器中高放射性成因铅》，《考古学集刊》（15），文物出版社2004年版；金正耀：《中国铅同位素考古》，中国科学技术大学出版社2008年版，第159—164页。

[2] 朱炳泉等：《评"商代青铜器高放射性成因铅"的发现》，《古代文明》第1卷，文物出版社2002年版；常向阳等：《殷商青铜器矿料来源于铅同位素示踪研究》，《广州大学学报》（自然科学版）第2卷，2003年第4期。

[3] 彭子成等：《赣鄂豫地区商代青铜器和部分铜铅矿料来源的初探》，《自然科学史研究》第18卷，科学出版社1999年版；彭子成：《盘龙城商代青铜器铅同位素示踪研究》，《盘龙城》附录四，文物出版社2001年版。

[4] Tsutomu Saito, HanRubin, Sun Shuyun, et al., *Preliminary consideration of the source of lead used for bronze objects in Chinese Shang dynasty-Was it really from the boundary among Sichuan, Yunnan and Guizhou provinces?* Gyeongju, Korea：2002。

[5] 刘睿良认为殷墟铜料来源多个矿源地，秦岭是其中之一，但是其提出需要老牛坡和长江中下游的数据进一步验证。最近对老牛坡、怀珍坊出土矿石、炼渣的科技分析表明均为普通铅，尽管该文也认为关中东部铜料的产地应重点关注秦岭地区，但是显然刘睿良提出的高放铅经由老牛坡运输到殷墟的路线暂不成立。参见《商代晚期铜料探源与流通方向研究方法的新思考》，硕士学位论文，西北大学，2014年；长孙樱子、吴晓桐、金正耀等：《关中东部地区商代冶金遗物的科学分析研究》，《文物》2020年第2期。

[6] Kunlong Chen, Mei Jianjun, Rehren Thilo, et al., "Hanzhong bronzes and highly radiogenic lead in Shang period China", *Journal of Archaeological Science*, 2019, 101131-101139。

[7] 金锐：《商文化区域青铜器科技考古研究——以安阳殷墟等商代遗址出土青铜器为例》，博士学位论文，中国学院大学，2013年；金锐、罗武干、宋国定、张素超：《商代青铜器高放射成因铅矿料来源的调查研究》，《南方文物》2020年第6期。近年金正耀认为二里头时期二里头青铜产业初期所需铜、铅、锡的产地都应在豫西地区，殷墟时期仍开采铅矿，铜、锡已经转移他处，但是所指的铅应该是普通铅。金正耀：《"何以河南"之问与中国科技考古新方向》，《历史研究》2020年第5期。

则主要收集了含普通铅青铜器的铅同位素比值数据,即铅同位素比值 $0.84 < {}^{207}\text{Pb}/{}^{206}\text{Pb} < 0.87$ 以及 ${}^{207}\text{Pb}/{}^{206}\text{Pb} > 0.87$,${}^{206}\text{Pb}/{}^{204}\text{Pb} < 20.0$ 的矿铅。其研究得出对于含普通铅的青铜器,夏商周王朝一半以上的铜料主要来源于中条山的矿山,同时有少量来自于长江中下游的古矿。[1]

微量元素方法在中国应用不多,且主要集中于对南方地区铜器的研究,主要观点认为长江中下游发现的铜器使用的铜料多来自本地铜矿,陈建立指出盘龙城采用了外来铜锡原料,秦颖则认为铜陵、南陵部分青铜器的铜矿料来源于皖南,部分来自于其他地区。[2] 上述牛津大学冶金考古团队通过一系列的实验和研究提出了一套新的研究方法——微量元素分组法(Copper Groups)致力于铜料的研究。[3]

关于铅同位素比值示踪方法,在部分情况下,不同矿源中的铅同位素比值可能会发生重叠,这即是常说的"重叠效应"[4],此外铅同位素比值究竟是表征的铅料来源还是铜料来源,需要具体问题具体分析,学者间还有争议。对于高放射性铅的来源也未有统一的意见。尽管西南说有地球化学理论的加持,但是正如很多学者指出的滇东川南的商代矿冶和铸铜遗存都未发现,商时期和中原地区的互动交流也缺乏考古学依据,西南说还有待验证。秦岭说和豫西说都面临着当地没有商代冶炼遗存及较大面积商文化遗址的尴尬。而彭子成的多元说金正耀早有辨析,并不严谨。[5] 微量元素分组和多种科技方法组合的研究趋势是未来发展的方向,但是对于中原地

---

[1] 崔剑锋、吴小红:《铅同位素考古研究:以中国云南和越南出土青铜器为例》,文物出版社 2008 年版,第 42—51 页。

[2] 陈建立、孙淑云、韩汝玢、陈铁梅等:《盘龙城出土青铜器的微量元素分析报告》,第 559—573 页;秦颖、王昌燧、张国茂等:《皖南古铜矿冶炼产物的输出路线》,《文物》2002 年第 5 期;魏国锋、秦颖、王昌燧等:《若干地区出土部分商周青铜器的矿料来源研究》,《地质学报》2011 年第 3 期;秦颖、王昌燧、冯敏等:《安徽省南陵县江木冲古铜矿冶炼遗物自然科学研究及意义》,《东南文化》2002 年第 1 期;秦颖、王昌燧、冯敏等:《安徽淮北部分地区出土青铜器的铜矿来源分析》,《东南文化》2004 年第 1 期。

[3] 这种方法是"牛津研究体系"的一部分,详细的介绍和研究案例可参见刘睿良《商代晚期铜料探源与流通方向研究方法的新思考》,硕士学位论文,西北大学,2014 年 6 月。马克·波拉德、彼得·布睿等:《牛津研究体系在中国古代青铜器研究中的应用》,《考古》2017 年第 1 期;黎海超、崔剑锋、陈建立等:《"微量元素分组法"的验证与应用》,《江汉考古》2020 年第 2 期。

[4] 崔剑锋、吴小红:《铅同位素考古研究:以中国云南和越南出土青铜器为例》,文物出版社 2008 年版,第 9—10 页。

[5] 金正耀:《论商代青铜器中的高放射性成因铅》,《考古学集刊》(15),文物出版社 2004 年版,第 269—278 页。

区商代铜器矿料来源还没有得出明晰的答案。

因此，关于早商时期中原铜器的矿料来源问题，首先郑州商城高放铅和普通铅的青铜器都大量存在；其次，据崔剑锋、吴小红的研究，结合中条山矿区具有高放射性成因铅矿山的实际，推测中条山矿区可能在二里头文化时期就得到开发，并一直作为中原地区的主要铜矿资源而延续至今。① 而最近刘睿良等人的研究得出两点假想："（1）二里头出现的铅同位素在16.5左右的样品应该代表的是来自中条山的铜矿（笔者按：这个假想基本是得到验证的，上述崔、吴二人的研究已经得出二里头矿料一半以上来自中条山，而这一结论也得到了近年发掘的西吴壁遗址的验证，且附近存在以东下冯遗址为核心的二里头文化聚落，抵达洛阳盆地交通十分方便。）；（2）从二里头向二里岗时期过渡的过程中，金属资源供应网络中出现了重要变化：二里头所依赖的部分铜料在二里岗时期不再被使用，抑或是二里头所使用的铜料在二里岗时期仍继续使用，但是在合金化过程中其原有的铅同位素信号被新添加的铅料所覆盖。"② 由（2）可知，刘睿良等人的研究也无法确定二里岗时期青铜器中铜、铅矿料究竟是继续使用原来的中条山矿还是有新的矿料来源地。而二里岗时期大量高放铅青铜器的出现提示有新的铅供应地，且来源地并不确定。总之，科技方法目前的结论是，早商青铜器铜、铅矿料来源是不明确的。但是西吴壁遗址的发现，表明早商仍在此冶炼，而且附近出现东下冯商城和垣曲商城两座早商城址，商文化在此较为繁盛。笔者认为早商时期王朝地区至少有相当部分的铜、铅矿料仍来自中条山，不过今后需要对更多中原商代铜器进行科技分析，也需对中条山冶炼遗存进行科技检测和分析。

在以上科技分析基础上，我们认为学术界普遍认为的早商时期盘龙城就是中原王朝为了掠夺长江中下游地区的铜而建立的，是运送铜料的中转站等的说法还需谨慎。近期张昌平先生则直接否认这一看法，他指出中商之前中条山是中原王朝铜资源的主要来源地，二里岗文化晚期之前长江流域铜矿带可能并未得到开发。地域上的扩张是早期国家政治发展的一个突

---

① 崔剑锋、吴小红：《铅同位素考古研究：以中国云南和越南出土青铜器为例》，文物出版社2008年版，第40—51页。

② 刘睿良、马克·波拉德等：《共性、差异与解读：运用牛津研究体系探究早商郑州与盘龙城之间的金属流通》，《江汉考古》2017年第3期。

出的特性，获取资源有时只是扩张下的副产品。① 从长江中下游的三处古铜矿带开采的年代看，目前皖南铜陵师古墩遗址已经发现早至二里头文化三、四期并持续到春秋早中期的青铜冶铸遗存，但是遗憾的是未发现商代冶铸遗物，而瑞昌铜岭和神墩等遗址采冶遗存年代最早可至二里岗上层一期的晚段，主体年代是中商一、二期，几乎不见晚商时期采冶遗存。湖北大冶铜绿山发现的采冶遗存则从商代中期延至两汉。而商人在二里岗下层一期就来到此地，盘龙城的繁盛期，三处铜矿尚未开发或刚刚开采。显然，盘龙城存续大部分时间内客观上无法成为中原掠取南方地区铜资源的中转站，但是从白家庄晚期开始，盘龙城和继起的郭元咀遗址应该在南铜北运中起到重要作用。

值得注意的是，根据学者对于早商锡料的来源研究，② 我们赞同早商时期锡料很可能是来源于长江中下游地区，此外本书在二里头一节所论及绿松石、朱砂矿在商代也可能主要是来源于南方。而根据科技考古的研究，盘龙城自身的铜铅料来源也很复杂，其和中原地区可能共享某些矿料来源，抑或也有单独来源，中原地区铅矿普遍，是否还有中原矿料输入南方的可能？南北两地之间资源互动的网络究竟如何形成、运转都有待进一步探究。总之，早商阶段盘龙城在南北方的互动交流中肯定是发挥了重要作用，仅仅以青铜器的铜、铅来源为视角的考察，也让我们得以管窥南北方的互动交流绝非想象中那么简单。

晚商时期是中国青铜器发展的高峰，殷墟铜、铅矿料的来源应该不止一处。目前上述科技方法中金正耀和崔剑锋、吴小红的研究都指出晚商中原青铜器所用的铜铅料部分来自长江中下游地区。③ 除了中条山发现了二里头和二里岗时期的冶炼遗存，商代采矿、冶炼和铸造遗存发现最多的就是长江中下游地区的古矿带。所以晚商时期中原地区和南方地区的互动交流中南方铜、锡、铅矿料的北运应该是存在的。而根据学术界对于长江中下游地区三处古矿带的科技考古的研究状况，结合前文对于晚商中原和南

---

① 张昌平：《关于盘龙城的性质》，《江汉考古》2020 年第 6 期。
② 易德生：《科技考古视野下的商王朝锡料来源与"金道锡行"》，《中国社会科学》2013 年第 5 期。
③ 金正耀：《晚商中原青铜的矿料来源研究》，《科学史论集》，中国科技大学出版社 1987 年版；崔剑锋、吴小红：《铅同位素考古研究：以中国云南和越南出土青铜器为例》，文物出版社 2008 年版，第 45—47 页。

方地区互动交流道路的研究，我们认为今后应加强对于长江中下游地区三大古矿的田野考古发掘工作，尤其安徽铜陵商代冶铸遗存发现很少，既然皖南地区的冶铸活动二里头三、四期就已经开始，那么商代的情况究竟如何？不能仅凭文献、铜器铭文就想当然认定。毕竟这些文献和铜器铭文的时代多集中于东周，最可能反映的是周代的"金道锡行"。系统的田野工作、扎实的科技分析才能对商代金属矿料的南北方交流有更深的认识。

另外，科技考古学者提出的秦岭说、豫西说，今后也值得重视。过去我们田野考古工作多局限于平原、盆地，对于山区工作较少。但是一些贯通山区的河流、谷道在古代文化互动中非常重要，如中原和南方、西方互动交流起到重要作用的洛水（今洛河）、伊水（今伊河）其下游地区工作开展很多，但是进入上中游的洛宁县、卢氏县、商洛地区的洛南县和伊川、嵩县、栾川等考古发掘工作非常缺乏。今后这些地区开展系统的田野考古工作应该会有重要发现。

# 第四章 中原与太湖地区的文化互动与交流通道

作为中华文明"多元"之重要一"元",东南方向上的太湖地区在文明形成前后也以自身的节奏稳步向前发展。随着近年考古工作的广泛开展,太湖地区文明形成前后的考古学文化序列得以基本建立。从约距今6000—4500年前的马家浜、崧泽、良渚文化,到距今4500—3900年约当中原龙山时代的钱山漾、广富林文化,再到约距今3900—3000年夏商时期的马桥文化、亭林类型,太湖地区的早期文化持续发展。

在中原与太湖地区早期文化各自持续发展的同时,两地区之间也不断发生着文化互动与交流。特别是自仰韶至夏商时期,北方地区考古学文化进入了一个相对旺盛的发展时期。在这个期间,偏居东南的环太湖地区的考古学文化在各时期都始终或多或少以各种形式与北方地区的考古学文化进行着文化交流与互动,并且最终形成包括太湖地区在内的华夏文明体系。在这一文化互动的过程中,两地区的交流通道无疑起着沟通与促进社会文化发展的重要作用。正是因为交流通道的存在,各区域古文化的相互交流并最终形成统一的文化体系才成为可能。因此,究明华夏文明形成前后太湖地区与中原地区交流通道的走向及其在不同时期的不同作用,是探索中华文明化进程的重要内容。

以嵩山地区为核心的中原地带,与东南方向上以环太湖地区为核心的长江下游一带,是由平原、山地、河流、湖泊交织组成的广阔空间。这一空间沟通西北端的中原与东南端的太湖地区,是二者文化交流的必经之地。这一空间里的地形地貌特征显示,文明形成前后太湖地区与中原古文化之间可能存在着多条交流通道。

## 第一节　地形地貌反映的交流通道及相关区域内的考古学文化

中国东南的太湖地区位于长江下游三角洲，素来与以嵩山为中心的中原地带多有文化上的交流。其交流可以通过多条途径进行。从地形大势来看，在长江三角洲与嵩山中原地区之间的空间，可以大致分为三个部分，作为两地区相互沟通的通道。其一即向西通过长江逆流而上至长江中游、再折向北进入中原；其二为直接西北穿行于淮河中上游平原到达嵩山；其三为先北上过淮水，沿泗水、沂水、沭水进入海岱地区再折向西行抵中原。这三条通道具有各自不同的特征。

### 一　西路——长江水道

长江是我国第一大河流，自先秦以来的河道形态尽管在有些流段有所演变，但总的水路走向与现今没有太大的变化。[①] 今湖北宜昌至江西湖口为长江的中游，湖口以下为下游地带。在大地构造上，长江自下游扬州至中游城陵矶段，均属于淮南地质和江南古陆之间狭长的扬子准地台，是自元代末期以来经长期缓慢下沉堆积而形成的。[②] 沿着河道走向，河谷南北两岸布列着一系列山地丘陵。自西向东南岸有宁镇丘陵、天目山地与皖南丘陵、幕阜山与九岭山等，北岸有张八岭、长丰—天长江淮分水岭、大别山、鸡公山、桐柏山等，这些山地丘陵各自在南北两岸断续相连，夹持着蜿蜒的长江形成一条东西向略呈"S"形的狭长通道即长江中下游平原。同时，这一条形地带在先秦时期也布列着不少湖泊沼泽。除了长江口的震泽即今太湖之外，自东而西还有鄱阳湖、云梦泽、洞庭湖等低地区域。显然，长江中下游平原的低洼地势为古代人群移动与文化传播提供了良好的通道。

长江中游以北地区，布列着一系列东西向的秦岭余脉，包括武当山、新开岭、伏牛山、桐柏山等，属秦川鄂黔中度隆起的中、低山地区，发育多条支流自北而南注入长江。这些支流为沟通长江流域与中原腹地提供了便利条件。如逆溳水而上，穿过桐柏山与鸡公山之间的"义阳三关"进入

---

[①] 邹逸麟、张修桂主编：《中国历史自然地理》，科学出版社2013年版。
[②] 张修桂：《中国历史地貌与古地图研究》，社会科学文献出版社2006年版，第64、90页。

淮水流域，再沿伏牛山、外方山东麓边缘北上可直抵嵩山、伊洛河流域；也可经随枣走廊进入南阳盆地，穿过伏牛山、外方山进入伊洛河；还可以自云梦泽入汉水，逆流而上穿过南阳盆地经丹江进入关中盆地。

因此，地理空间上位于西部的沟通中原与太湖地区的通道，由长江中下游主干道以及两岸平原、湖沼地带，及其以北山间的河谷、山谷等构成，可称之为"西路"。这一通道大体呈"东—西、南—北"走向，在长江中游云梦泽地区形成折角。其特点表现为狭长的河流山谷，且迂回曲折、以水路为主要通道。

## 二 中路——淮水上中游平原地带

在西北端的中原嵩山与东南端的长江三角洲之间是广阔的黄淮海平原。这里属华北平原的南半部，自东北角沂蒙山地起，北部以黄河水道为界，西部与南部围以外方山、伏牛山、桐柏山、大别山及张八岭淮阳丘陵，东接苏北沿海洼地，形成一个相对独立的地理单元。因其位于中原与长江三角洲之间的过渡地带，且地势平坦开阔、未有明显阻碍，因此是两地区重要的沟通纽带。

宋代以前，黄河下游河段向东北流注于渤海，使淮水得以自桐柏山发源之后一路向东，在今江苏涟水一带独流入海。淮河水系发达，两岸支流众多。古淮水的详细情况及图见第一章，此不赘述。这些数量众多的支流及淮水干流为黄淮平原之上的水路交通提供了便利条件。

除了水路之外，面积广阔的冲积平原也为陆路交通提供了重要保障。淮河流域除了东北与西南边缘有山地与丘陵包围之外，受黄河与淮水水流的侵蚀和泥沙堆积，主体部分形成了面积达 122500 平方千米的平原区，占流域总面积的 65.5%。[①] 从山丘区前缘的坡积洪积平原、洪积平原到冲积平原，再到湖积平原、三角洲平原、海积平原等，一望无际的平原地带为古代人群的移动与文化交流提供了畅行无阻的交通条件。

依仗优越的水、陆地理优势，淮水上中游地区成为古代交通的重要地带。自长江三角洲出发，经宁镇地区越过长江，穿江淮分水岭的低山地带，沿大别山北麓西行，从淮水南岸任一条支流顺水而下进入淮水干流，再沿其

---

① 水利部淮河水利委员会等：《淮河志》第二卷《淮河综述志》，科学出版社 2000 年版，第 1 页。

北岸支流颍水、汝水等溯流而上即可方便地抵达嵩山地区；抑或在平原陆地径直向西北或向东南行进，也能毫无阻挡地从长江三角洲到达中原腹地，或反之从中原到达长江三角洲。这一条交通地带可称之为"中路"。

然而，与"西路"长江干流通道"狭而长"特点不同的是，作为"中路"的黄淮平原，其东西长约700千米、南北宽约400千米，①不仅"长"而且"宽"。与其说是一条沟通南北的道路，不如说是一个宽广的交通"面"。因此"中路"交通地带的突出特征就是范围广阔、地势平坦、水陆交通便捷。

### 三 东路——东部沿海地带

长江口以北的苏北平原地带，自阜宁沿盐城、东台一线尚留有自西向东排列的三条贝壳堤，是距今6000年最大海侵期以来海水不断后退所形成的海岸线遗迹。②其中西岗、中岗形成于4000年前后的新石器时代，东岗最晚在汉代也已形成。这条海岸线以西地带，自全新世最大海侵以后，逐渐发育众多淡水湖沼，成为滨海低洼平原，③因此人们可以从太湖地区直接北上越过淮河到达山东南部，也可以沿海岸线走海路北上。

沿苏北平原一路北上便遇到山东的沂蒙山地。横亘在黄淮海平原东端的沂蒙山地，是一系列北西向和北东向断裂形成的断块山地，山地流出的主干河流多为顺向河，在南麓形成多条水道由北向南注入淮水，构成淮水的下游水系。其中重要的水道如沂水出鲁山，入泗水；泗水出蒙山，沿途接纳丹水、菏水、睢水，最后在盱眙以下入淮水。这些正是沟通苏北鲁南一带与中原地区的重要通道。尤其是沟通济水与泗水的菏水，由今定陶区东北分济水东南流，经今巨野县南，金乡县北，至鱼台县城下入于当时流经那里的泗水。④因此由泗水上溯可以通过菏水、济水入荥泽，到达中原嵩山北麓；也可以沿泗水另一支流睢水上溯到达嵩山东麓。

太湖地区沿东部地带不仅水道方便通行，就是走陆路也很容易通达中

---

① 水利部淮河水利委员会等：《淮河志》第二卷《淮河综述志》，科学出版社2000年版，第1页。
② 顾家裕、严钦尚、虞志英：《苏北中部滨海平原贝壳砂堤》，《长江三角洲现代沉积研究》，华东师范大学出版社1987年版，第49页。
③ 张景文、李桂英、赵希涛：《苏北地区全新世海陆变迁的年代学研究》，《海洋科学》1983年第6期。
④ 史念海：《论济水和鸿沟（中）》，《陕西师范大学学报》1982年第2期。

原地区。沂蒙山前地带由于流水切割作用显著，多形成坡积洪积平原，也有一些洪积冲积平原地带，与泗水冲积扇平原、黄淮冲积平原、苏北冲积湖积平原连成一片，便于交通。东南部太湖地区的人们穿过苏北平原到达沂蒙山前平原，沿其南麓转而西行，穿过巨野泽、菏泽、荥泽等低平地带就能到达中原，其间几乎没有任何阻碍。

因此，沟通中原与东南的"东路"路线由沿海、山前平原与平原上的河道构成，既不同于在山谷间穿行的"西路"，也不同于在平原上驰骋的"中路"。但在路线走向上与西路有些相似，亦为东西—南北两段路程并在鲁南一带形成折角。这一路线与西路在空间上恰巧构成一封闭的方形。

这三条通道都可以沟通中原与太湖地区的文化交流，成为两地区文化往来的大动脉。

### 四　太湖地区和中原地区相关考古学文化

除了地理空间上的三条通道，在人文区划上，这三条通道的空间中还存在着不同的区域考古文化序列。它们是文明形成时期中原与东南地区相互交往的中转地带和文化传播媒介。

中华文明形成前后，以今河南地区为核心的中原地区经历了仰韶时期的半坡文化、庙底沟文化、西王村文化、庙底沟二期文化、中原龙山文化、夏商时期的二里头文化和商文化。与此同时，以环太湖地区为核心的长江下游地区先后经历了马家浜文化、崧泽文化、良渚文化、钱山漾文化、广富林文化和马桥文化，其间虽有兴衰但其本土的土著性却始终得到延续。

在中原与其东南方太湖地区之间的广袤大地上，自北而南、自西向东分布着不同的考古学文化体系。在北方，以山东一带为核心的海岱地区主要经历了北辛文化、大汶口文化、龙山文化、岳石文化和商文化，其以泰沂山系为中心自成一套文化体系贯穿始终。其南部的江淮东部里下河流域、苏北地区、安徽中北部的江淮西部地区虽然同时期的考古遗存发现相对较少，但也有基本连贯的龙虬庄文化、大汶口文化尉迟寺类型、禹会村—南荡类型、斗鸡台文化、商文化大城墩类型等不断发展。再往西南的长江下游西部即宁镇皖南一带，自仰韶时代以来有丁沙地类型、北阴阳营文化、凌家滩类型、薛家岗文化、牛角岗类型、点将台下层文化、湖熟文化等。沿长江向西的长江中游地区，自仰韶时代以来是大溪、屈家岭、石家河文化序列及商文化盘龙城类型和荆南寺文化的发展序列。这些分布在中原与太湖地区之间的不同区域考古学文化序列，可以大致分为三个时期（表4.1）。它们与地理空间上的交流通道一样，是两地区之间文化交流与互动的传播媒介，在二者早期文化交流中发挥着重要作用。

表 4.1　　　　　　　　　各地考古学文化分期对照表

| 分期 | 中原区 | 海岱区 | 江淮区 | 宁镇皖南区 | 长江中游区 | 太湖区 |
|---|---|---|---|---|---|---|
| 仰韶时期（约6000—4500年前） | 半坡文化 | 北辛文化 | 龙虬庄文化 | 丁沙地类型 | 大溪文化 | 马家浜文化 |
| | 庙底沟文化 | 大汶口文化早期 | | 北阴阳营文化、薛家岗文化 | | 崧泽文化 |
| | 西王村文化 | 大汶口文化中期 | 大汶口文化尉迟寺类型、陆庄、蒋庄类型 | | 屈家岭文化 | 良渚文化早期 |
| | 庙底沟二期文化 | 大汶口文化晚期 | | 北阴阳营四层 | | 良渚文化晚期 |
| 龙山时期（约4500—3900年前） | 中原龙山文化 | 龙山文化 | 禹会村—南荡遗存 | 牛角岗类型 | 石家河文化 | 钱山漾—广富林文化 |
| 夏商时期（约3900—3000年前） | 二里头文化 | 岳石文化 | 斗鸡台文化 | 点将台下层文化 | | 马桥文化 |
| | 二里岗文化 | 商文化大辛庄类型 | 商文化大城墩类型—周邺墩 | 湖熟文化 | 商文化盘龙城类型、荆南寺文化 | |
| | 殷墟文化 | 商文化前掌大类型、苏埠屯类型 | | | | 亭林类型 |

考古资料表明，在中华文明形成前后的不同阶段，太湖地区与中原及周边地区的文化互动及交流通道的使用存在着不同的情况。

## 第二节　仰韶时期太湖与周边地区的文化互动与交流通道

自距今约6000年的仰韶时期开始，我国各个考古学文化区之间便形成了一个文化互动圈，[①] 位于东南方的环太湖地区也不例外地克服中间山

---

① 张光直：《中国相互作用圈与文明的形成》，《庆祝苏秉琦考古五十五年论文集》，文物出版社1989年版，第1—23页。

川湖泽的阻碍，与北方的中原地区保持着一定联系。而二者之间的广阔空间，包括海岱地区、江淮里下河区域、长江下游西部的宁镇皖南区、长江中游的江汉平原一带，不仅在地理形势上，而且在考古人文交流中，都在中原与太湖地区古文化的互动中发挥着重要的沟通和桥梁作用。

## 一 太湖地区北上与海岱地区的文化互动与交流通道

仰韶时期，太湖与海岱地区都是古文化繁荣的核心地带，各自形成了完善的古文化发展序列。而自马家浜文化开始，太湖地区与海岱地区以及与江淮东部、宁镇地区之间的文化交流活动就日益频繁。东部沿海地带成为太湖地区与北方文化互动的必经通道。

（一）马家浜文化时期

在仰韶时代大约距今 7000—6000 年、相当于中原地区的半坡文化时期，环太湖地区分布的是马家浜文化。其主要分布在古长江以南，沿今常熟、太仓、马桥一线古海岸线以西，[1] 古钱塘江以北，茅山和天目山以东的地区。文化遗物以各式带腰沿和鋬手的釜、喇叭状豆、三足或平底盉、带把杯、多边形盘和鼎最具特色，各种器物上流行加把、鋬和牛鼻耳。此外，还有各类石器、木器、牙器、角器，特别是各式石刀和玉玦、玉管和玉坠具有鲜明特色，是太湖地区史前玉文化的发轫时期。

海岱地区此时分布着以北辛文化为代表的本地考古学文化，其年代大约为距今 7400—6200 年，分早、中、晚三期，主要分布在泰沂山系周边山河间的坡地和平原地带，包括泰沂山系北侧的章丘、淄博、济南地区；鲁西南汶水、泗水流域；苏北地区以及胶东半岛也略有相关遗址发现。出土器物具有当地独特的文化面貌，以鼎、釜、红顶钵、双耳罐、支座最具特色，以鼎为代表的三足器最多，平底器较少。此外还有较多的石器、骨器和角器，以凿的数量最多。

在环太湖地区与海岱地区之间的江淮东部和宁镇地区则主要分布着龙虬庄文化和丁沙地类型。龙虬庄文化主要分布在江淮东部地区，即南北以长江和废黄河为界，东西在大运河和东海之间。目前所发现的遗址比较少，主要典型遗址有高邮龙虬庄和海安青墩，另在青莲岗和唐王墩遗址中也发现有类

---

[1] 黄宣佩、吴桂芳、杨嘉佑：《从考古发现谈上海成陆年代及港口发展》，《文物》1976 年第 11 期。

似的遗存。① 龙虬庄文化出土陶器主要有釜、盉、碗、钵、鼎、匜等。陶器多为夹砂陶，掺和料主要为骨料和蚌料，表面多为素面，不过出土的鼎、匜、钵等器物出现彩绘，多饰在器物内。在出土的陶器中釜的比例最大且各时期都存在，但出土的玉石器甚少，可能与该地区少玉石料有关。

与江淮东部地区一江之隔的是以南京和镇江为核心的宁镇地区。该地区是以沿长江南岸横向展开的宁镇山脉及与之呈丁字形相交、南向延伸的茅山山脉为骨干，范围西至苏皖界山，东至武进孟河一带，北临长江，南至句容南端。② 此时当地所分布的考古学文化为丁沙地类型，主要有句容丁沙地遗址、镇江左湖下层遗存、高淳薛城下层遗存、金坛三星村第一期遗存以及北阴阳营下层的两个灰坑。③ 该类遗存所出土的陶器主要有釜、罐、钵、盆、碗、盘、器盖、支座和器座等，以夹砂红褐陶和泥质红陶为主。所出土石器较多，主要有斧、锛、刀、磨、环、盘、镞、球、坠等，均为磨制。

各区域文化的交流大概始于马家浜文化第三期。马家浜文化在其第三、四期开始影响北部和西部地区，在宁镇地区和长江北岸的江淮东部和苏北地区一些该时期的遗址可见到一些马家浜文化的因素，尤其是距离最近的宁镇地区。在南京北阴阳营下层的 H68 和 H70、句容丁沙地遗址、高淳薛城下层遗存和镇江左湖遗址均发现类似于马家浜文化的腰沿陶釜、腹部附有鸡冠耳的夹砂红陶罐，以及宽扁牛鼻形器耳等物。另外，金坛三星村墓地出土的彩陶纹饰、骨管、骨针、骨锥、陶锤等与常州圩墩遗址下层出土的同类器近同，所出鹿角靴形器也是马家浜文化常见的器物。④ 来自马家浜文化的因素，可能极少数的玉石器来自太湖地区，另外便是龙虬庄的三足盉与马家浜文化的同类器较为相似。开庄遗址的夹炭褐陶釜与马家浜晚期的弧腹腰檐釜相似，一些器物具有马家浜文化晚期的牛鼻耳、捺窝纹鸡冠形耳的风格。⑤ 苏

---

① 龙虬庄遗址考古队：《龙虬庄——江淮东部新石器时代遗址发掘报告》，科学出版社1999年版，第507页；南京博物院：《江苏海安青墩遗址》，《考古学报》1983年第2期；南京博物院：《江苏淮安青莲岗古遗址古墓葬清理简报》，《考古通讯》1958年第10期。

② 刘建国：《浅论宁镇地区古代文化的几个问题》，《考古》1986年第8期。

③ 南京博物院：《北阴阳营——新石器时代及商周时期遗址发掘报告》，文物出版社1993年版，第8页；南京博物院：《江苏句容丁沙地遗址试掘钻探简报》，《东南文化》1990年第1期；南京市文化局、南京市博物馆等：《江苏高淳县薛城新石器时代遗址发掘简报》，《考古》2000年第5期；南京博物院、镇江博物馆：《江苏镇江市左湖遗址发掘简报》，《考古》2000年第4期。

④ 江苏省三星村联合考古队：《江苏金坛三星村新石器时代遗址》，《文物》2004年第2期。

⑤ 盐城市博物馆、东台市博物馆：《江苏东台市开庄新石器时代遗址》，《考古》2005年第4期。

北地区的北辛文化二涧村类型则显示与马家浜文化有一定的关系。灌云大伊山遗址①出土的腰沿釜与草鞋山②等遗址出土的圜底筒形釜相似。在北辛文化的大伊山、万北、二涧村等墓葬中发现的头盖红陶钵、圈足碗与马家浜文化圩墩和草鞋山所发现的用陶器覆盖面部或将头骨放入豆中应该属于同一风俗。另外，马家浜与北辛文化都存在拔牙的风俗，北辛文化的东贾柏遗址在出土的23座墓葬中，有十具人骨存在拔出侧门牙的现象，均为年龄20岁以上的成年人。③ 马家浜文化的圩墩遗址的拔牙现象更甚，在出土的32具人骨中，保存较好的均有拔牙现象，不仅有侧门齿，还有左、中门齿等。④ 风俗上的相似可能表明两地在人员往来上存在不一般的关系。

　　隔江相望的江淮地区此时与宁镇地区的交流主要体现在当地的玉石器可能多来源于宁镇地区。其中在江淮地区常见的石器，如圆弧刃舌状穿孔石斧、厚体石斧、长方形或长条形石锛、椭圆形孔的"风"字形石锄、半圆形石刀、多孔石刀以及石纺轮等源于宁镇地区；玉璜、玉管、玉坠等应也来自于宁镇地区。⑤ 可知龙虬庄文化与宁镇地区交流也较多。

　　除了向北输出的文化因素之外，在各区域间也存在着自北而南的文化传播现象。如马家浜文化中出现了来自北方、尤其是海岱地区的文化因素。马家浜文化第三期的鼎可能与北辛文化有关，吴江梅堰⑥出土的釜形鼎与沭阳万北⑦的相似。宁镇地区的钵形匜、深腹筒形匜、高圈足壶和高柄杯则可能来自江淮地区。

　　由此可知，在仰韶时代早期，太湖、宁镇、江淮东部直至海岱地区的考古学文化已经开始相互交流并取得一定的联系。相比之下，太湖地区的马家浜文化在交流互动中可能处于更为主动的地位，向外输出更多的文化

---

　　① 连云港市博物馆：《江苏灌云大伊山新石器时代遗址第一次发掘报告》，《东南文化》1988年第2期；南京博物院等：《江苏灌云大伊山遗址1986年的发掘》，《文物》1991年第7期。
　　② 南京博物院：《江苏吴县草鞋山遗址》，《文物资料丛刊》(3)，文物出版社1980年版。
　　③ 中国社会科学院考古研究所山东工作队：《山东汶上县东贾柏村新石器时代遗址发掘简报》，《考古》1993年第6期。
　　④ 吴苏：《圩墩新石器时代遗址发掘简报》，《考古》1978年第4期。
　　⑤ 龙虬庄遗址考古队：《龙虬庄——江淮东部新石器时代遗址发掘报告》，科学出版社1999年版，第507页。
　　⑥ 江苏省文物工作队：《江苏吴江梅堰新石器时代遗址》，《考古》1963年第6期。
　　⑦ 南京博物院：《江苏沭阳万北遗址新石器时代遗存发掘简报》，《东南文化》1992年第1期。

因素。主要表现在北辛文化存在更多马家浜文化的因素，并且拔牙和将陶器覆头骨之上的风俗，马家浜文化表现得也更为强烈。

至于具体的交流路线，太湖地区位于长江入海口，西、北有天目山、茅山与宁镇皖南区相隔，东边则是广阔的海洋。在这样的地理范围内，环太湖地区与北方地区的文化交流可能有两条通道，即陆路沿长江经宁镇地区后过江、再沿今京杭运河方向的湖沼地区北上；亦可以走海路直接出海沿海岸线北上。然而现存的考古资料显示，江淮东部地区遗址多不在沿海，而长江下游西部的宁镇地区和今高邮附近的龙虬庄遗址则表现出更多的马家浜文化因素。所以陆路交流路线，即东部沿海地带更可能是此时太湖地区与北方诸区域文化交流的通道（图4.1）。也就是说，从各区域考古学文化相互接触来看，在马家浜文化三、四期约相当于北辛文化晚期，

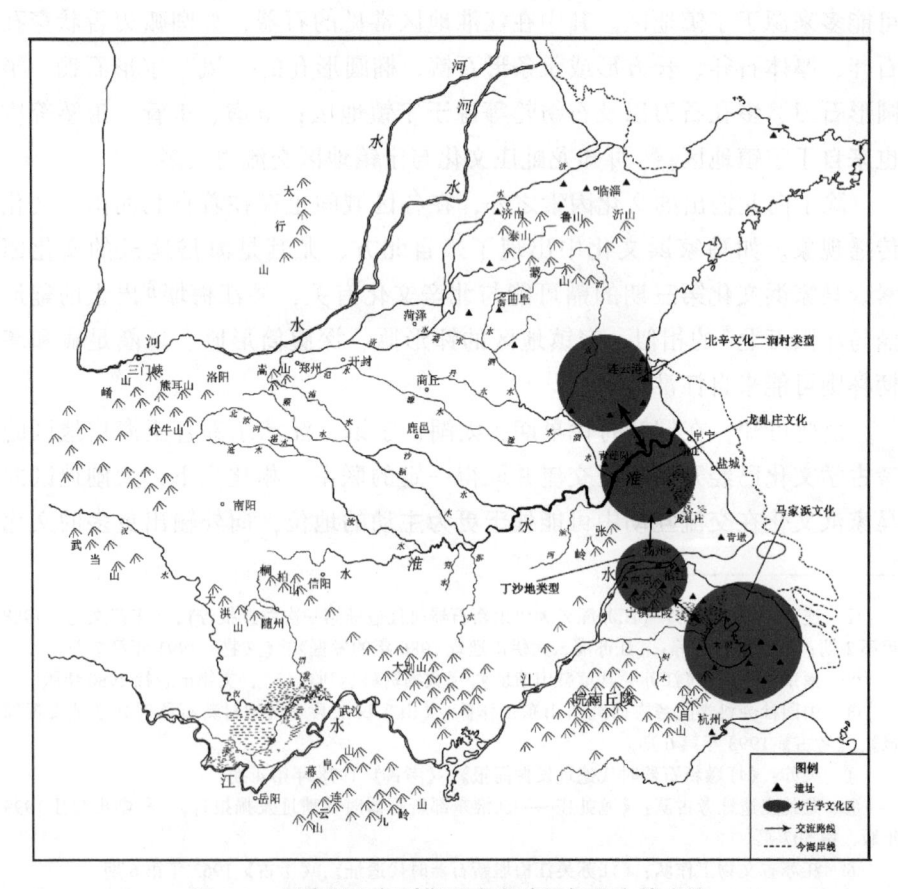

**图 4.1　马家浜文化时期环太湖地区与北方的交流**

处于太湖地区的马家浜文化开始影响其西部的宁镇地区，此时宁镇地区与江淮地区的龙虬庄文化已经有较为密切的交往，通过这中间两个地区文化的交流，马家浜文化的因素过长江顺着今京杭运河北上的方向传播至龙虬庄文化并进一步影响到分布在苏北的北辛文化二涧村类型。可能由于马家浜文化势力强度的有限，其对北方的影响仅至苏北地区，至于鲁西南乃至泰沂山系北侧的北辛文化尚难寻找到马家浜文化的因素。此时的文化交流并未表现出很强的目的性和针对性，更多的可能是相邻两个考古学文化相互影响，从而间接地使不相邻的考古学文化产生了交流。

（二）崧泽文化时期

继马家浜文化之后，环太湖地区分布着崧泽文化，其范围与马家浜文化基本相同，但是文化向外的影响力更为强劲。特别是到了晚期，崧泽文化的范围北过长江，南跨钱塘江，西入茅山地区。[①] 崧泽文化的年代大致为距今6000—5300年，分早、中、晚三期，整体年代与海岱地区大汶口文化早期相当。崧泽文化出土的陶器主要有鼎、釜、豆、罐、盆、觚形器、盘等，以鼎、豆、壶最具代表性。陶器以素面为主，但是豆和壶的圈足上多饰有镂孔，罐和壶的肩、腹部多饰有刻画纹，有的器物上还有红褐和淡黄色的彩绘。玉、石、骨、牙器种类明显增多。石器全为磨制，主要有钺、斧、锛、凿等；玉器有镯、玦、环、璧、璜等；骨器较少，牙器有獐牙刀和象牙镯。

海岱地区此时分布的是大汶口文化。大汶口文化是在北辛文化的基础上发展并广泛吸收周边各地文化因素而形成的。其分布范围较之前的北辛文化明显有了扩张，如图4.2所示，大汶口文化时期不仅以泰沂山系周边为核心地带的遗址分布更为密集，而且其向胶东半岛、鲁北地区、江淮西部地区和苏北地区都有明显的扩张。大汶口文化延续的时间相当长，其中约距今6000—5300年的早期相当于太湖地区的崧泽文化时期。大汶口文化陶器特征明显，主要有鼎、豆、觚形杯、长颈壶、高柄杯和鬶等。玉、石、骨、角、牙器的加工技术亦很精湛，石器一般通体磨光，使用成熟的管钻技术；玉器种类十分丰富，有镯、璧、镞、锥形器等；象牙器的加工程序更为复杂，诸如透雕或镶嵌绿松石的骨筒、十七齿象牙梳、雕花骨匕

---

[①] 中国社会科学院考古研究所：《中国考古学·新石器时代卷》，中国社会科学出版社2010年版，第473页。

等都体现出高超的技艺。

此时的江淮东部和宁镇地区则主要是前一时期延续而来的龙虬庄文化和北阴阳营文化。其中龙虬庄文化仍分布在江淮东部一带，文化特征亦基本延续前期，陶器以釜、盉、碗、钵、鼎、匜等为主。而北阴阳营文化的分布范围亦为茅山以西的南京至镇江一带的宁镇地区，时代上可以分为早、中、晚三期。北阴阳营遗址除两处灰坑可能早至马家浜文化之外，其主体年代亦大致与崧泽文化相当，下限应该略早于崧泽文化。出土陶器主要多夹砂灰陶和泥质灰陶，以素面为主，有折腹圆弧鼎、带鋬手的钵、罐、圈足壶、盉、鬶、匜等。出土石器主要有斧、锛、钺、刀、纺轮等。出土的玉器主要有璜、环、玦、坠等。

上述区域的考古学文化中，明显表现出太湖地区崧泽文化向北的渐次影响。如宁镇地区北阴阳营文化中出土的卷缘或折缘罐形鼎、折缘折腹瓦楞纹的盆形鼎、折缘豆、勾缘豆、勾缘折腹豆等器物，与崧泽文化中层的同类器物较为相似；石器中如环形穿孔斧、锄形穿孔斧、半环形玉璜、玉玦等在崧泽遗址和常州圩墩等遗址有所发现。北阴阳营第三期大致与崧泽文化晚期相近，所见器物如折腹壶、折腹圈足或花瓣足罐、勾缘腹下带垂棱的豆与崧泽文化的同类器物相似。这些都是崧泽文化向北影响至宁镇地区的表现。

除了宁镇地区之外，崧泽文化继续北上影响江淮东部的龙虬庄文化。如上文所述龙虬庄文化第一期受宁镇地区影响较大，但从第二期开始，江淮东部原始文化出现了太湖地区的文化因素，并呈现出逐渐取代宁镇地区影响因素的趋势。石器中主要出现了太湖地区常见的两侧有明显折角的长方形扁平穿孔石斧，玉器中出现了太湖地区常见的管形琮、璧、坠、半璧形璜、锥形器、瑗等。陶器中出现的太湖地区的文化因素有些是直接源自太湖地区如瓦楞纹壶、折腹罐、盘下出垂棱的豆、中腹出一周刻划堆纹的罐、花瓣足杯、贯耳壶等，几乎与太湖地区同类器相同；而如陶鼎的折腹、罐与盆的鸡冠形横鋬、豆柄上出现某些装饰等，显然是受到太湖地区文化因素的影响。长江北岸的青墩遗址也表现出了同样的趋势，在青墩第一期出土的扁条形足为主的罐形鼎、有柄鬶形器、钵形豆，豆的喇叭口形圈足无镂孔或有小方形镂孔，敞口或圆腹平底钵，折腹钵，以及多见带管状流、长条形把手、扁环耳的罐等，这些器物多可在南京北阴阳营见到。而第二期便出现与崧泽和草鞋山遗址所出极为相似的鼎、豆、罐、杯等。

另外，如淮河南岸开庄遗址中出土的折腹罐和三角凿形、扁三角形鼎足以及盘等均具有崧泽晚期的风格。

龙虬庄文化进而向北继续影响大汶口文化。在大汶口文化早期刘林和大墩子遗址出现的圈足杯、觚形杯、钵形鼎、圈足豆、猪形罐等器物之上都出现了龙虬庄文化的因素；开庄遗址出土的一些罐、鬶、骨镞、杯和石斧，在淮河北岸的新沂大汶口墓葬出土器物中也能见到。

与此同时，北方大汶口文化也南下对各区域文化产生影响。尽管紧邻海岱地区的江淮一带龙虬庄文化中未有见到明显的大汶口文化的因素，但再往南的宁镇地区北阴阳营文化与太湖地区崧泽文化中则有不少北方文化因素。如北阴阳营遗址所出陶器中的圜底红陶钵、红衣陶钵形高足豆、小口双鼻罐、平底盉、内壁彩绘的陶器、足部附有乳突的鼎等器物，在江淮地区的青莲岗和大汶口文化的刘林遗址均较为常见。在太湖地区的崧泽文化遗址中也出现了大汶口文化的因素，如上海崧泽、江苏海安青墩遗址中发现的鬶、觚形杯、高柄杯、钵形鼎等。另外，在墓葬中发现拔牙和随葬龟甲、狗的习俗，这些都是受到大汶口文化的影响而出现的。

通过以上论述可知，在崧泽时期，北方的大汶口文化似乎主要向中原地区和江淮西部扩张，对江淮东部的龙虬庄文化似没有形成一定的影响。然而在宁镇地区的北阴阳营和太湖地区的崧泽文化却出现了大汶口文化的因素，且明显比江淮东部强烈得多。这一现象的出现，可能是由于江淮东部考古发现尚少造成的。但是从崧泽文化向北的发展和传播来看，其早期尚无较大影响，但是中晚期后崧泽文化不仅影响到宁镇地区，而且在江淮东部的龙虬庄文化中也代替了宁镇地区的影响地位，并可能通过该地区对海岱地区造成影响。因此崧泽文化时期的太湖地区北上文化互动与传播的路径，应该和马家浜文化时期相同，即先向西北经宁镇地区，之后北上经江淮东部一带，再到达苏北和鲁西南地区（图4.2）。这一时期，江淮东部沿海地带在文化传播中仍发挥重要作用。

（三）良渚文化时期

良渚文化是在崧泽文化的基础上发展而来的，这在多数遗址的地层关系和相关陶器类型演变上均有所体现。其核心势力范围依然在环太湖地区。良渚文化相比之前的崧泽文化和同时期的其他考古学文化显然更为发达，特别是以玉琮、玉璧为代表的大量精美玉器也显示了良渚文明

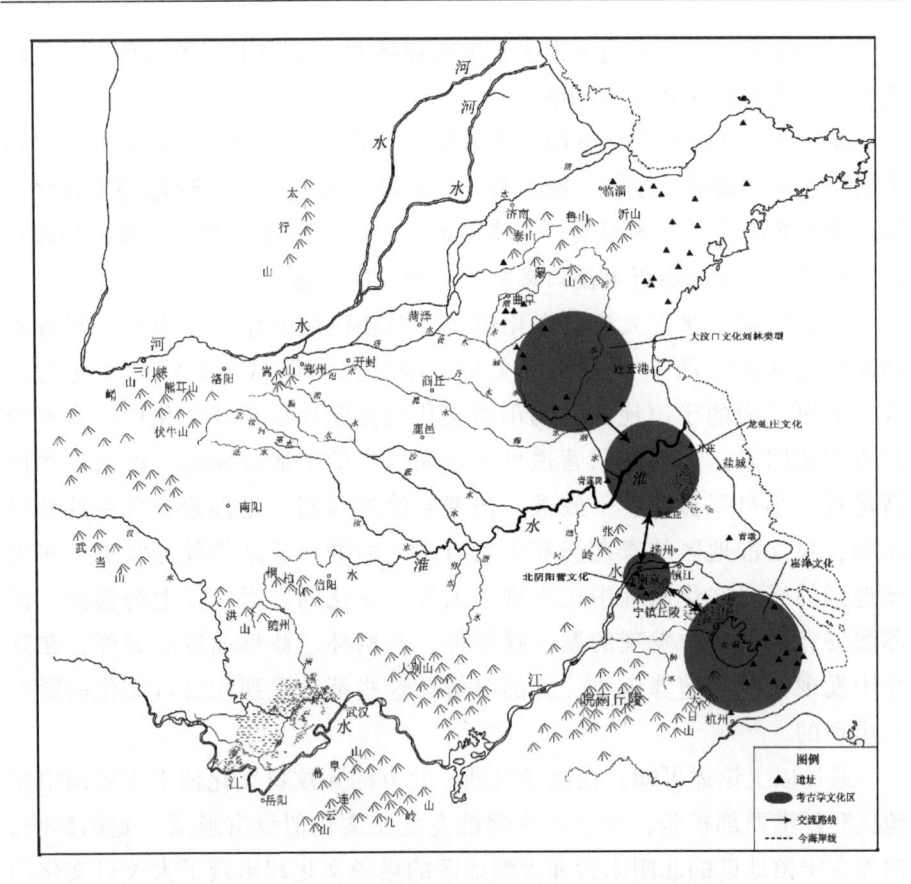

图 4.2 崧泽文化时期太湖地区与北方地区的交流路线

的发达程度；而瑶山、反山等贵族墓地，以及近年来良渚古城和城外水利系统的发现，[①] 无疑表明良渚文化达到了史前文明的高峰。良渚文化的年代大约为距今5300—4300年，主体年代与海岱地区的大汶口文化中晚期相当，其末期可能已经进入龙山时代。[②] 良渚文化出土的主要陶器有鱼鳍足和"T"字形足鼎、竹节状把豆、双鼻壶、贯耳壶、圈足盘、宽把带流壶、宽把带流杯、鬶等；石器主要有钺、有段石锛、多孔刀、

---

[①] 浙江省文物考古研究所：《杭州市余杭区良渚古城遗址 2006～2007 年的发掘》，《考古》2008 年第 7 期；浙江省文物考古研究所：《杭州市良渚古城外围水利系统的考古调查》，《考古》2015 年第 1 期；浙江省文物考古研究所：《杭州市良渚古城外围水利系统老虎岭水坝考古勘探与发掘》，《考古》2021 年第 6 期。

[②] 栾丰实：《良渚文化的分期与年代》，《中原文物》1992 年第 3 期；栾丰实：《良渚文化的分期与分区》，《东方文明之光》，海南国际新闻出版中心 1996 年版。

耘田器等；良渚文化的玉器达到了史前文明的高峰，种类丰富技艺精湛，主要器形有琮、璧、钺、冠状饰、锥形器、璜和镯等，并且刻有神人兽面纹、鸟纹、卷云纹等纹样及变体纹饰。

作为太湖地区史前考古学文化发展的顶峰，良渚文化除了在核心区的繁荣发展之外，还一路向北表现出强劲的扩张势头。紧邻太湖的宁镇地区首当其冲，虽然该地区考古学文化已经趋于没落，但在少量的出土物中也出现了良渚文化陶器，显示出良渚文化对此地的影响。如北阴阳营遗址第四期中出土一件陶鬶（H2：2），为细长颈、捏流、高裆细长袋足，① 与吴兴钱山漾等良渚文化中期遗址所出非常相似；② 南京太岗寺③遗址下层出土的黑皮磨光平底与圈足陶器，几乎全部是"良渚式"黑陶，甚至有一些红砂陶器和浙江吴兴钱山漾遗址出土的良渚文化同类器也一模一样。

越过长江，良渚文化势力继续强劲北上。江北的青墩遗址第三期出土的有肩扁平穿孔石斧、有段石锛，以及采集到的琮、璧、瑗、镯、坠等玉器，均具有江南良渚文化的特征。④ 沿海继续向北为长江以北首次发现的大型良渚文化聚落蒋庄遗址。该遗址发现房址8座，墓葬280座，灰坑110余座，出土玉、石、陶、骨等器物1200余件。出土的玉器如琮、璧、锥形器，石器如钺、锛、凿，陶器如鼎、双鼻壶、罐、豆、圈足盘等显然是良渚文化的器物。该遗址的发现也突破了以往学术界认为良渚文化分布范围北不过长江的传统观点。⑤ 与之相邻的东台开庄遗址和阜宁陆庄遗址同样也表现出后期良渚文化的强势影响，在开庄遗址的晚期遗物中罐、鼎、鬶、杯、盘除了包含一定的大汶口文化因素外，其主体文化风格还是属于良渚文化。⑥ 而在陆庄遗址，早在20世纪70年代初就曾征集到一批典型的良渚文化玉琮、玉锥

---

① 南京博物院：《北阴阳营——新石器时代及商周时期遗址发掘报告》，文物出版社1993年版，第87页。
② 浙江省文物管理委员会：《吴兴钱山漾遗址第一、二次发掘报告》，《考古学报》1960年第2期。
③ 江苏省文物工作队太岗寺工作组：《南京西善桥太岗寺遗址的发掘》，《考古》1962年第3期。
④ 南京博物院：《江苏海安青墩遗址》，《考古学报》1983年第2期。
⑤ 林留根等：《跨越长江的良渚文明》，《中国文物报》2016年1月29日第7版。
⑥ 盐城市博物馆、东台市博物馆：《江苏东台市开庄新石器时代遗址》，《考古》2005年第4期。

形器、玉饰、石钺等玉石器;① 1995年的发掘中更出土有"T"字形足鼎、矮颈捏流袋足鬶、高柄豆、贯耳罐、实足盉、圈足盘、厚胎篮纹缸等。② 所以之前曾有学者一度认为陆庄和开庄遗址所在的地带为良渚文化的北界,③ 发掘者虽不同意如此划分,但亦认为是良渚文化向北扩张和人群迁徙造成的结果。再往北的花厅遗址表现出了很强的良渚文化和大汶口文化交锋融合的色彩,有学者认为可能是战争的结果。④ 联系淮河沿岸陆庄、开庄、蒋庄、涟水三里墩⑤、淮安金湖夹沟遗址⑥的情况,江淮东部地区淮河两岸应为大汶口和良渚文化两大势力对撞的地带。而以上遗址虽远离良渚文化核心区,但形成了一个小的地方聚落群,似为良渚文化北扩的前沿阵地。

过淮河继续北上便是大汶口文化的范围,与之前马家浜和崧泽文化不同的是,良渚文化对大汶口文化的影响并不仅仅停留在与之相邻的苏北地区,更远的鲁西南和鲁北以及胶东半岛也出现一些良渚文化的因素。在这个过程中随着地域的深入,良渚文化的因素也逐渐减弱了。⑦

虽然在这个时期主要表现的是良渚文化向北方的强烈影响,但是北方大汶口文化也对南方产生了一定的影响,最突出的是在花厅的大汶口墓中出土有大量的大汶口文化器物。⑧ 江北青墩遗址第三期的良渚文化早期墓葬中,也出现刘林类型的高柄圈足杯。⑨ 同时在宁镇地区北阴阳营遗址出现了大汶口式的陶鬶⑩,为细颈前置、弧裆肥袋足,同类器也见于山东日

---

① 南京博物院:《江苏文物考古工作三十年》,《文物考古工作三十年(1949—1979)》,文物出版社1979年版。
② 南京博物院考古研究所等:《江苏阜宁陆庄遗址》,《东方文明之光》,海南国际新闻出版中心1996年版。
③ 任式楠:《长江黄河中下游新石器文化的交流》,《庆祝苏秉琦考古五十五年论文集》,文物出版社1989年版。
④ 严文明:《碰撞与征服——花厅墓地埋葬情况的思考》,《文物天地》1990年第6期。
⑤ 南京博物院:《江苏新沂县三里墩古文化遗址第二次发掘简介》,《考古》1960年第7期。
⑥ 该遗址1974年曾出土良渚文化的玉琮、玉璧、穿孔石钺及一些陶片。现命名为高邮湖渔业村遗址。国家文物局:《中国文物地图集·江苏分册》(下),中国地图出版社2008年版,第632页;刘振永:《江苏高邮湖渔业村出土良渚文化玉石器》,《东方博物》2019年第4期。
⑦ 栾丰实:《良渚文化的北渐》,《中原文物》1996年第3期。
⑧ 南京博物院:《花厅——新石器时代墓地发掘报告》,文物出版社2003年版。
⑨ 南京博物院:《江苏海安青墩遗址》,《考古学报》1983年第2期。
⑩ 南京博物院:《北阴阳营——新石器时代及商周时期遗址发掘报告》,文物出版社1993年版,第98页。

照东海峪①、连云港二涧村②等大汶口文化遗址；而刻有飘带和圆圈纹的陶缸，也与山东莒县陵阳河③出土的大汶口晚期陶缸相似。南京太岗寺④遗址下层出土有大汶口文化的高圈足杯。太湖地区良渚文化中的白陶鬶、磨光黑陶器也与大汶口文化有很大关系。

因此良渚文化时期的太湖地区与海岱地区，二者之间无论是之前学者猜测的军事冲突，抑或礼尚往来，白陶鬶、磨光黑陶器等精美高端产品的出现，均表明至少在双方的上层人士之间存在着长期的交流活动。

栾丰实先生曾提出良渚文化北渐的陆路和水路的具体路线。⑤ 需要补充的是，由图4.3可知与之前马家浜和崧泽文化不同，此时宁镇地区的考古学文化并不发达，而且所表现出的良渚文化因素并不多，而过江之后在今高邮湖和洪泽湖附近也无类似之前龙虬庄之类的遗址发现，因此良渚文化似乎并未主要通过宁镇地区北上。相反，东部沿海地带靠近海岸线的海安青墩遗址，以及更北部淮河出海口盐城附近以陆庄、开庄和蒋庄等带有强烈良渚文化成分的遗址的出现，使我们更倾向于栾丰实先生所提出的自环太湖地区出海，沿海线至淮河口，之后过淮河继续沿泗水北上至海岱地区的海路传播路线。联系此时良渚文化确有与船舶相关的器物出土，如在罗家角遗址发现形似船底的"拖泥板"⑥，之后在吴兴钱山漾遗址和杭州水田畈均发现了良渚文化时期的船桨；⑦ 并且在良渚古城边有类似卞家山这样的码头可顺水出海，⑧ 等等。这些材料均显示沿海路北上可能已成为此时良渚人扩张的重要途径。而海路路线相比陆路路线显然也更为直接快捷和有目的性。这是良渚时期文化北上与其他时期所不同之处。而该时期的路线经宁镇地区北上过江

---

① 山东省博物馆东海峪发掘小组等：《一九七五年东海峪遗址的发掘》，《考古》1976年第6期。
② 江苏省文物工作队：《江苏连云港市二涧村遗址第二次发掘》，《考古》1962年第3期。
③ 山东省考古所等：《山东莒县陵阳河大汶口文化墓葬发掘简报》，《史前研究》1987年第3期。
④ 江苏省文物工作队太岗寺工作组：《南京西善桥太岗寺遗址的发掘》，《考古》1962年第3期。
⑤ 栾丰实：《良渚文化的北渐》，《中原文物》1996年第3期。
⑥ 罗家角考古队：《桐乡县罗家角遗址发掘报告》，《浙江省文物考古研究所学刊》，文物出版社1981年版，图版一。
⑦ 浙江省文物管理委员会：《吴兴钱山漾遗址第一、二次发掘报告》，《考古学报》1960年第2期；浙江省文物管理委员会：《杭州水田畈遗址发掘报告》，《考古学报》1960年第2期。
⑧ 浙江省文物考古研究所：《卞家山》，文物出版社2014年版，第182页。

淮东部地区而至苏北和鲁西南地区北上的路线则退居次要地位。另外值得注意的是，相当于良渚文化晚期时，大汶口文化已经发展至江淮西部地区形成了尉迟寺类型，所以江南地区的大汶口文化因素也可能由江淮西部经尉迟寺类型传播至宁镇地区后再至环太湖地区（图4.3）。

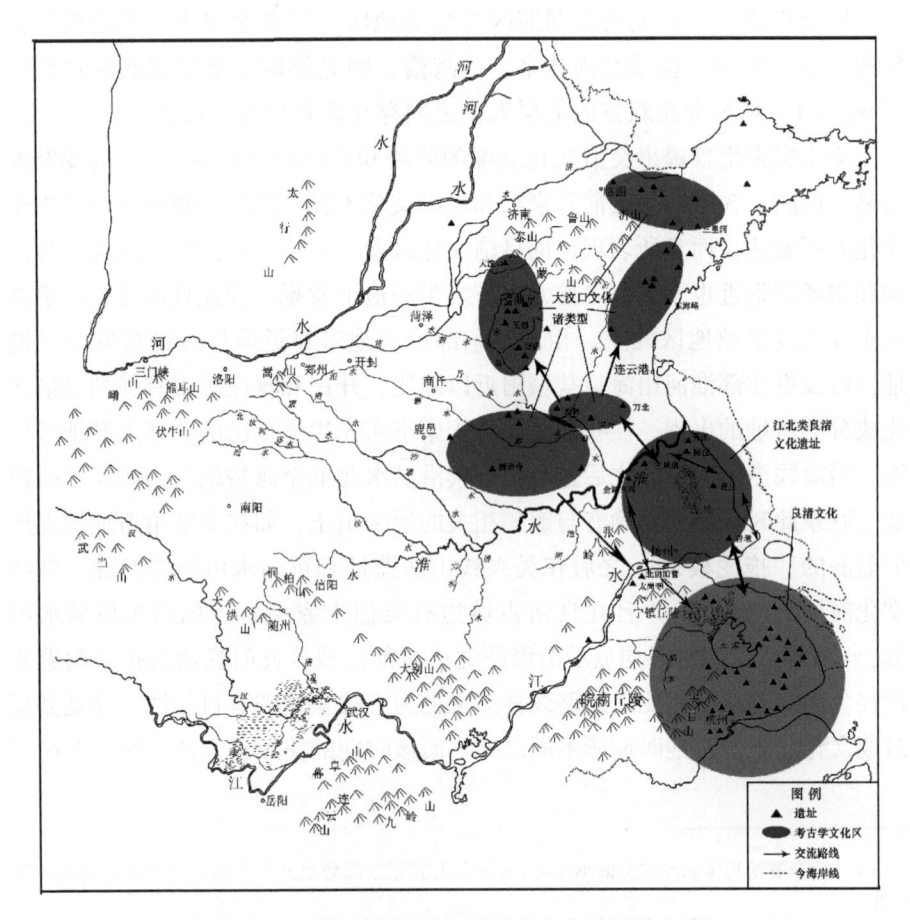

图 4.3　良渚时期环太湖地区与北方地区的交流

## 二　太湖地区西进与长江中游的文化互动与交流通道

除了北上与海岱地区多有交流之外，太湖地区早期古文化也曾沿长江西进至中游地带，并与沿途各地文化发生互动。

（一）各区域考古学文化

自距今6000多年来，长江中下游沿线的考古学文化已相当繁荣，除了长江下游东部即太湖流域的马家浜、崧泽、良渚文化发展序列之外，还有长江下游西部的凌家滩文化和薛家岗文化，至长江中游则有前后相继的大溪文化与屈家岭文化。

凌家滩文化位于长江下游西部的巢湖流域，绝对年代约为距今5600—5300年，[①] 约略早于薛家岗文化，大体与薛家岗文化早期相当。该文化遗存以鼎、豆、壶、实足鬶等陶器和斧、锛、凿、钺、镯等石器为特点，尤其玉器的数量和品种异常丰富，斧、钺、戈、镯、璜、环、玦、璧、管、勺，以及玉人、玉龙、玉龟、玉版、双翅首胸负八角星纹的玉鹰等等，更是凌家滩文化引人注目的遗物。

同样位于长江下游西部但又有别于凌家滩文化的另一支考古学文化是分布在大别山、巢湖和长江之间狭长河湖平原地带的薛家岗文化。其年代约距今5500—4800年。薛家岗文化陶器以夹砂灰黑、红褐、泥质灰、黑皮陶为主，主要器形有鼎、豆、壶、实足鬶、碗、鼎甑套装结合、钵等；石器主要有钺、锛、有段锛、斧、多孔刀、镞、球、环、砺石等，其中有的石钺和多孔刀上有花蒂状朱绘；玉器主要有璜、镯、环、管、琮形饰、坠等。其中宽扁呈梯形、菱形、枫叶形，饰曲折纹、叶脉纹等纹饰的鼎足，形态多样的豆、壶、带把三足鬶，布满纹饰的陶球，半圆形玉璜等最具特色。

再往西则到了长江中游地区，这里是大溪文化和屈家岭文化的分布地带。其中大溪文化主要分布在长江中游的两湖平原地区，西起瞿塘峡东口，东到武汉一带，南达洞庭湖周围，北抵荆山和大洪山南麓，中心区在江汉平原西部。整个大溪文化大约从距今6500—5300年，经历了约1200年的发展时间。[②] 大溪文化的陶器以红陶为特色，也有黑陶、灰陶和少量白陶等；刻划纹和戳印纹是主要纹饰；器形有圜底釜、鼎、豆、圈足盘、小口高领罐、壶、簋形器、圈足碗、单耳杯、曲腹杯、筒形瓶、盆、钵、器盖、器座、支座等。石器有斧、锛、凿、铲、锄、刀、镞、球、砺石、网坠等，尤以长方形的大中型石斧为特色。此外，环、玦、璜等玉器也是大溪文化的突出特点。

一般认为屈家岭文化是继大溪文化之后的考古学文化。其分布以长江中游江汉平原为中心，向北可达南阳盆地，西抵三峡，南至洞庭湖南岸，东界

---

[①] 安徽省文物考古研究所：《凌家滩——田野考古发掘报告之一》，文物出版社2006年版，第278页。

[②] 中国社会科学院考古研究所：《中国考古学·新石器时代卷》，中国社会科学出版社2010年版，第424页。

到黄冈和黄石一带，年代范围为距今5400—4500年。[①] 屈家岭文化的陶器有泥质陶、夹炭陶和夹砂陶，以泥质陶为多。器形主要有宽扁足双腹盆形鼎、矮柱足罐形鼎、甑、高领罐、高领扁腹圈足壶、盆、钵、双腹圈足碗、双腹圈足盘、双腹高圈足豆、高圈足杯、喇叭形杯、三矮足碟、缸、瓮、器盖等。其中各类器身仰折成双腹的盛食器、高圈足和喇叭形的豆和杯最为典型。石器种类有斧、锛、铲、镰、刀、凿、钻、镞等，中小型石器占多数，斧、锛普遍小型化，磨制也更加精细。石凿和石钻成为富有地域特色的石器。

上述长江中下游沿线的各区域考古学文化相互间均存在着互动，显示了仰韶时期太湖地区原始文化沿长江水道向西远至中游地带的传播与交流活动。

（二）各区域间的文化互动

在仰韶时代的偏早阶段，太湖地区的古文化就已经沿长江水道向西传播，在沿江各文化中留下了或多或少的文化因素。

自崧泽文化开始，太湖地区向西首先到达长江下游西部巢湖一带，这里凌家滩遗址中发现的镂孔折腹豆就很有崧泽文化的风格。再沿长江继续逆行向西到大别山前平原一带，太湖及宁镇地区的崧泽文化、北阴阳营文化乃至此后的良渚文化更是深深地影响着这里的薛家岗文化。如石器方面，薛家岗遗址所出大孔圆弧刃钺与多孔石刀都与北阴阳营文化的同类器非常相似，应是受后者影响所产生；柳叶形镞有明显的良渚文化风格。玉器方面，薛家岗遗址梯形玉饰和半球形饰多见于北阴阳营二期墓葬；玉锥形饰、小玉琮更是良渚文化影响的产物。陶器方面，薛家岗遗址一期文化豆、壶类陶器的折棱、折腹与柄上部算珠类鼓凸的作风就与崧泽文化有密切的关系；带把鼎与北阴阳营文化三期遗存中的同类器相似；盘形豆的形态和横向长镂孔特点与良渚文化反山墓葬M22所出基本相同，双鼻壶和高柄盘形豆也是良渚文化的典型器形，等等。[②] 诸多特征都显示了太湖地区仰韶时代原始文化对长江下游西部地区文化的影响。

沿长江继续西行，至中游的江汉平原一带，此时也接受了许多来自长江下游的文化因素，最典型的莫过于仰韶时期偏早阶段大溪文化中的各类

---

① 中国社会科学院考古研究所：《中国考古学·新石器时代卷》，中国社会科学出版社2010年版，第442页。

② 安徽省文物考古研究所：《潜山薛家岗》，文物出版社2004年版，第427页。

## 第四章　中原与太湖地区的文化互动与交流通道

玉石器。

长江中游大溪文化的遗址诸如大溪①、松滋桂花树②中出现长江下游的典型玉石器，此现象很早就被学者所关注。如松滋桂花树出土玉器中的玉刀、玉镯、玉璜、玉坠与玉管等，玉刀为灰褐色有白色纹道，通体磨光，刃部较宽，弧形，上部有一孔，两面对钻；玉镯为灰白色有黄绿色条纹，通体磨光，上下口较薄，也系两面对钻而成；玉璜为白色半月形，断面椭圆，中部较厚，两端扁平，各有一对钻的穿孔；玉坠为碧玉，通体磨光，舌形扁薄，上端有一对钻的穿孔。这些都与长江下游太湖地区马家浜、崧泽文化中的同类器相似或相同。鉴于太湖地区玉器始出年代早于长江中游，且型式也比后者更加丰富与完善，学者们均认为长江中游的玦、璜类玉器起源于长江下游并传播到中游地区；而两地玉器的共性，也反映了太湖地区马家浜文化、崧泽文化在仰韶时代早期即向西传播至长江中游江汉平原以西一带的文化交流活动。③ 其实仔细寻找，除了巫山大溪、松滋桂花树之外，长江中游的其他遗址也有不少类似的玉石器出现。如秭归朝天嘴④、江陵毛家山⑤、洪山放鹰台⑥、黄冈螺蛳山⑦等都发现器身扁薄、磨制精致发亮、钻孔的石铲，洪山放鹰台的石铲平面略呈梯形，正锋、弧刃，也被称为"石钺"。宜昌杨家湾⑧、中堡岛⑨、公安王家岗⑩等遗址则发现石璜，或呈弯月形、或矩尺形，两端均穿孔，与长江下游马家浜、崧泽文化中的玉璜有很大共性。

除了玉石器之外，各遗址互见的陶器也能看到相似因素在长江沿线的存

---

① 四川长江流域文物保护委员会文物考古队：《四川巫山大溪新石器时代遗址发掘记略》，《文物》1961年第11期；四川省博物馆：《巫山大溪遗址第三次发掘》，《考古学报》1981年第4期。

② 湖北省荆州地区博物馆：《湖北松滋县桂花树新石器时代遗址》，《考古》1976年第5期。

③ 杨建芳：《大溪文化玉器渊源探索——兼论有关新石器时代文化传播、影响的研究方法》，四川大学博物馆、中国古代铜鼓研究学会编：《南方民族考古第1辑》，四川大学出版社1987年版；杨晶：《长江下游地区史前玉器研究》，《东南文化》1994年第4期。

④ 国家文物局三峡考古队：《湖北秭归朝天嘴遗址发掘简报》，《文物》1989年第2期。

⑤ 纪南城文物考古发掘队：《江陵毛家山发掘记》，《考古》1977年第3期。

⑥ 武汉市博物馆：《洪山放鹰台遗址97年度发掘报告》，《江汉考古》1998年第3期。

⑦ 中国科学院考古所湖北发掘队：《湖北黄冈螺蛳山遗址的探掘》，《考古》1962年第7期；湖北省黄冈地区博物馆：《湖北黄冈螺蛳山遗址墓葬》，《考古学报》1987年第3期；黄冈地区博物馆：《1990年湖北黄冈螺蛳山遗址墓葬清理发掘》，《鄂东考古发现与研究》，湖北科学技术出版社1999年版。

⑧ 宜昌地区博物馆：《宜昌县杨家湾新石器时代遗址》，《江汉考古》1984年第4期。

⑨ 湖北省宜昌地区博物馆等：《宜昌中堡岛新石器时代遗址》，《考古学报》1987年第1期。

⑩ 湖北省荆州地区博物馆：《湖北王家岗新石器时代遗址》，《考古学报》1984年第2期。

在。如宜昌中堡岛大溪文化第三期遗存中的圈足盘口微敛、折沿外翻成突棱、大浅盘、矮粗圈足；红陶或灰陶器盖矮圈纽、斜弧腹；红陶簋敛口、外卷圆唇、圆腹、矮圈足、圈足上戳印两个一组的圆点等，也见于长江下游同时代的原始文化；江陵毛家山、黄冈螺蛳山出土的凿形足陶鼎也与崧泽文化的同类器非常相似。这些陶器显然是长江下游影响中游的产物，显示了长江下游、特别是太湖地区仰韶时代古文化西进对中游地区的文化影响。

不仅长江下游东部的太湖地区，而且下游偏西的薛家岗文化也能见到其向西传播至中游地区所产生的文化因素。如黄冈螺蛳山、湖南安乡划城岗[1]等遗址均出土特征鲜明的石刀，近长方形，斜背、平刃，残存三个对钻而成的穿孔，两面孔与孔之间有朱绘连弧或圆形纹，两面还残存对应的三条竖向白色斑痕，似为捆缚物朽蚀后的残留，一望而知具有强烈的薛家岗文化特征，显然是长江下游西部皖南一带的薛家岗文化传播的产物。螺蛳山遗址所出鸭嘴形鼎当是受薛家岗文化影响所出现；屈家岭文化诸多遗址中的扁折腹壶也常见于薛家岗文化，应是后者影响的产物。

当然，除了长江下游地区自东向西的文化传播之外，沿江地带也存在着自西向东的文化影响。屈家岭文化的因素就在薛家岗文化中多有发现，如武穴鼓山遗址薛家岗文化遗存中的罐形鼎、曲腹杯、粗短柄豆、碗和簋等，就是屈家岭文化的典型器物。[2] 而薛家岗文化因素也向东影响至巢湖、太湖流域一带。如巢湖流域的肥西古埂遗址就发现薛家岗文化的枫叶形鼎足；[3] 凌家滩类型文化的陶鬶，把手尾部较平、颈部稍短，属于晚于薛家岗文化陶鬶的型式；[4] 还有用泥条拧成类似麻花状的把手，也在薛家岗文化中有所发现。薛家岗文化早期的深腹瓦棱纹陶鬶还对太湖地区产生影响，在江苏昆山绰墩遗址就出土过相似的同类器；[5] 晚期的多孔石刀和风字形石钺也可能传播至太湖地区。但总的来说，相较于长江下游自东向西的文化传播，沿江自西向东的文化因素传播似乎要微弱许多。

不管怎样，长江中下游地带这些带有不同区域文化特征的遗址点均分

---

[1] 湖南省博物馆：《安乡划城岗新石器时代遗址》，《考古学报》1983年第4期。
[2] 湖北省京九铁路考古队等：《武穴鼓山——新石器时代墓地发掘报告》，科学出版社2001年版。
[3] 安徽省文物考古研究所：《安徽肥西县古埂新石器时代遗址》，《考古》1985年第7期。
[4] 安徽省文物考古研究所：《潜山薛家岗》，文物出版社2004年版，第429页。
[5] 苏州博物馆等：《江苏昆山绰墩遗址第一至第五次发掘简报》，《绰墩山——绰墩遗址论文集》，《东南文化》2003年增刊1。

布在沿江一线，尤其是大溪文化时期，发现有太湖流域典型玉石器的遗址均在临江地带，显示长江水道在此时期文化交流中的重要沟通作用。而自中游至下游沿江的不同考古学文化分布区，则共同构成了仰韶时期长江中下游文化传播的路线和交流通道（图4.4）。

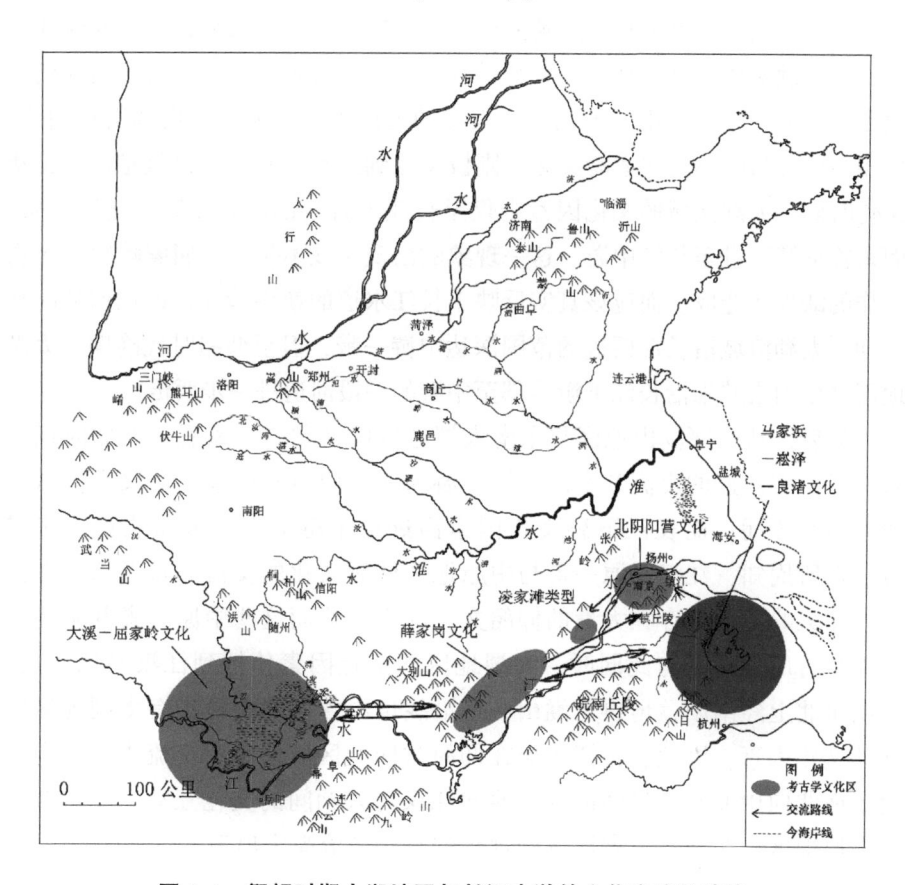

图 4.4 仰韶时期太湖地区与长江中游的文化交流及路线

### 三 仰韶时期长江水道在文化交流中的特点

具体考察仰韶时期长江中下游沿线早期文化的交流情况，可以发现存在一些明显的特点。

首先，长江中下游沿江各区域间的文化互动，主流方向似乎以自东向西的传播方向为主，反向自西向东的传播为辅。前文已提及，太湖地区自仰韶时代早期的马家浜文化、崧泽文化开始，就以各类具有区域特征的玦、璜等玉石器为表征，将文化内涵向西传播直至中游大溪文化，同时在沿江一线的凌家滩、薛家岗文化中也留下各类盘、杯、壶、鼎等典型陶器作为文化传播的痕迹。而相反方向上，长江中游文化对下游西、东部的传播则处于相对弱势，表现在不仅以陶器为代表的文化因素数量不多，就是出现有西部长江中游文化因素的遗址数量，在东部的下游地区也相对较少。

其次，从年代上来看，太湖流域向西传播至中游江汉平原一带的时间似乎从马家浜文化就已经开始，尤其是以璜、玦、刀等典型玉石器为表征的文化因素传播，大溪文化中出现相对大量的太湖流域马家浜、崧泽文化因素，而相当于良渚时期的屈家岭文化中则极少见到此类玉石器。也就是说，良渚文化时期，太湖流域的文化因素则仅至长江下游西部的薛家岗文化区一带，而未曾继续西进至长江中游。这一现象的出现应该不是由于屈家岭阶段考古工作的缺失所造成，而应该真实反映了长江水道的使用情况，即在仰韶时代早期，太湖流域沿长江西进的范围深达中游一带，但至仰韶时代晚期，太湖地区文化因素并未沿长江下游西部至中游的一段河道进一步西传。

最后，从中原嵩山地区与东南太湖地区的文化交往来看，仰韶时期二者间沿长江水道的交流基本以长江中游为界，仰韶文化南下至汉水流域未继续向东传播；而长江下游文化因素西进至中游地带也未向北进一步扩散。众所周知，江汉平原一带与中原地区仰韶文化的交流非常频繁，在大溪、屈家岭文化中存在大量的仰韶文化因素，然而这些中原因素并未在长江下游有所发现。与此同时，太湖地区的文化因素传播到江汉平原以后，沿汉水北上经南阳盆地再至嵩山一带沿线也不曾发现明显带有太湖地区特征的文化因素。因此，长江流域在仰韶时期的区域间文化交流中，分别沟通了南北向中原与江汉间以及东西向江汉与太湖间的文化互动。此时西北端中原地区与东南端太湖流域间远程的直接交流尚未出现。

## 第三节 龙山时代太湖与中原地区的互动与交流通道

良渚文化之后，龙山时代的环太湖地区经历了钱山漾文化与广富林文化两个前后相继的阶段。从考古材料来看，此时期太湖地区考古学文化中除了周边文化之外，还出现了明显的中原文化因素，表明太湖地区与外界的交往持续进行，并且发生直接文化交流的范围，由前一阶段的黄河下游、长江中游扩大到了中原地区。而沟通二者间的交流路线，则很有可能以广阔的淮河流域为主要通道。

## 一 龙山时代太湖地区的考古学文化

近些年太湖地区考古工作的新进展，使学者们认识到在良渚文化与马桥文化之间，还存在着龙山时代的两支前后相继的考古学文化，即钱山漾文化与广富林文化。这两支考古学文化的发现与确立，完善了太湖地区史前至夏商时期的考古学文化序列，对认识本地区的早期文化发展及其与周围文化的关系至关重要。

钱山漾文化是环太湖地区新近发现并被正式确认命名的、以大鱼鳍形足鼎为典型特征的龙山时代考古学文化，距今约4400—4200年。[①] 目前发现钱山漾文化遗存的典型遗址主要有湖州钱山漾[②]和上海广富林[③]，其他环太湖地区的遗址也有相关遗存的发现。钱山漾文化出土的石、陶器群较为丰富，代表了该文化的基本面貌。石器以沉积岩、变质岩、火成岩制作而成，器类有钺、锛、凿、刀、犁、镞、矛、石球等。其中以平面近横向梯形的石刀、三棱形前锋石镞特征最为明显。陶器以夹砂红陶、泥质灰陶、泥质黑陶为主，也有夹砂灰陶、夹砂黑陶和泥质红陶、泥质灰黄陶等，以泥条盘筑加慢轮修整或轮制手法制作而成。器表纹饰以素面为主，装饰方法有压印、拍印、刻划、堆贴等多种，其中压印和拍印的纹样有绳纹、篮纹、弦断绳纹、弦断篮纹、方格纹、条纹、交错绳纹和条格纹等；刻划的纹样有直线纹、线纹、水波纹和八字纹。器形则以垂鼓腹大鱼鳍形足鼎为特征，还有甗、鬶、豆、盆、罐、簋形器、盘、尊、壶、钵、杯、瓮、缸、碗、器盖、纺轮和网坠等。

钱山漾文化之后太湖地区即进入广富林文化阶段，年代约为距今4100—3900年之间。[④] 目前太湖流域发现广富林文化遗存的遗址主要有上海松江广富林和浙江湖州钱山漾两处，除此之外的太湖及杭州湾以南

---

[①] 《环太湖地区新石器时代晚期文化暨钱山漾遗址学术研讨会在湖州召开》，《中国文物报》2014年11月19日。

[②] 浙江省文物考古研究所、湖州市博物馆：《钱山漾——第三、四次发掘报告》，文物出版社2014年版。

[③] 上海博物馆考古研究部：《上海松江区广富林遗址1999~2000年发掘简报》，《考古》2002年第10期；《上海松江区广富林遗址2001~2005年发掘简报》，《考古》2008年第8期。

[④] 上海博物馆考古研究部：《上海松江区广富林遗址2008年发掘简报》，《广富林考古发掘与学术研究论集》，上海古籍出版社2014年版。

地区，在骆驼墩、北罗墩、绰墩①、大往、壶瓶山、小东门②等遗址也有相关遗存出土。广富林文化的石器均为磨制，材质主要有沉积岩和变质岩两种，器形有斧、锛、凿、刀、犁、镞等，以半月形石刀为特色。陶器以夹砂陶为多，且灰陶系的数量超过红陶。陶器制法有轮制、泥条盘筑加慢轮修整两种。约半数以上的陶器有纹饰，素面陶约占41%。常见纹饰有绳纹、篮纹、弦纹、刻划纹、附加堆纹等，装饰技法有堆贴、刻划、压印、拍印等。主要器类有鼎、釜、鬶、豆、盆、罐、盘、尊、钵、杯、器盖等，其中以鼎、豆、罐的数量为最多。

目前这两支文化中，除了主要继承本地传统文化的内涵之外，还出现了显著的外来文化因素，尤其是中原龙山文化的因素。如钱山漾文化中的石镞、袋足鬹、斜腹碗、深腹瓮、折沿罐、直口罐、高领罐等器物并不见于环太湖地区新石器晚期文化，却在北方地区诸龙山文化中发现类似的器物，而诸如鬹、罐、深腹瓮等器物装饰的弦断绳纹、弦断篮纹、方格纹等也多见于龙山文化。③广富林文化也是如此，其陶器中的器形如侧扁足深弧腹鼎、朝天流袋足鬹、条纹单把杯、斜腹碗、斜直腹平底盆、深弧腹瓮和三棱形前锋石镞等，在黄淮流域的龙山文化王油坊类型中均有类似的器物发现。④

这些外来因素的出现，表明龙山时代的太湖地区与中原文化的交流开始变得直接并频繁起来。

## 二 龙山时代中原地区与太湖地区之间的考古学文化

目前，在中原与太湖流域之间广阔的淮河流域发现了一些与钱山漾、广富林文化部分特征相似的文化遗存，它们可能是作为沟通中原与太湖地区龙山时代文化交流的中间媒介。

位于淮河以北的黄淮平原、淮河北岸颍水、西淝水、涡水、浍水等支流的中上游流域一带，分布着造律台文化，也有学者认为是"河南龙山文

---

① 林留根：《绰墩遗址良渚文化聚落与晚期良渚文化遗存》，《绰墩山——绰墩遗址论文集》，《东南文化》2003年增刊。
② 浙江省文物考古研究所：《宁波慈城小东门遗址发掘简报》，《东南文化》2002年第9期。
③ 曹峻：《钱山漾文化因素初析》，《东南文化》2015年第5期。
④ 曹峻：《广富林文化的本土与外来因素》，《东方考古（第12集）》，科学出版社2016年版。

化"的地方类型——王油坊类型,以王油坊①、平粮台②、造律台③等遗址为代表,这类遗存的分布前文已有详细论述,其绝对年代约为距今4600—4000年之间。早期陶器以泥质灰陶为主,夹蚌褐陶次之,流行篮纹和绳纹,主要器类有深腹罐、罐形锥足鼎、平地盘、盆、钵、豆、鬶、器盖等;中期仍以灰陶为主,篮纹和绳纹仍流行,器类增加了双耳罐、小口罐、子母口罐、甗、圈足盘等;晚期以灰黑陶为主,还有少量夹蚌褐陶,流行菱形方格纹,器类出现较多大型器。④

近年在淮河中游南岸的蚌埠禹会村发现一类重要遗存。⑤陶器除素面之外,纹饰以篮纹、绳纹为主,还有弦纹、波浪纹和附加堆纹等;器形主要有鼎、罐、鬶、长颈壶、陶盘、假腹簋、盉、大型器盖、高柄器盖、豆、盆、甑、甗等,其中以侧扁足的深圆腹鼎为代表性器物。石器的种类较多,但数量较少。最常见的是磨石,另有少量石斧、石锛、石凿、石钺、磨盘、石刀、石楔器、研磨器、石镞等。

禹会村遗址往南、处于江淮间的龙山时代遗存以里下河地区的南荡、周邶墩类文化遗存为代表。⑥其年代可能在龙山时代偏晚阶段,约距今4200—4000年前。该类文化遗物主要为陶器,以夹砂灰、黑陶和泥质灰、黑陶为主,陶器纹饰以绳纹为主,另有少量弦纹、篮纹和方格纹等;器种有鼎、甗、鬶、罐、瓮、盆、壶、豆、杯、钵、碗等,尤以带按窝的侧扁三角形足鼎为特征。

南京江浦牛头岗遗存代表了宁镇地区同时代的文化面貌。⑦该遗址出

---

① 李景聃:《豫东商丘永城调查及造律台黑孤堆曹桥三处小发掘》,《中国考古学报》第二册,商务印书馆1947年版;商丘地区文物管理委员会、中国社会科学院考古研究所洛阳工作队:《1977年河南永城王油坊遗址发掘概况》,《考古》1978年第1期;中国社会科学院考古研究所河南二队、河南商丘地区文物管理委员会:《河南永城王油坊遗址发掘报告》,《考古学集刊》(5),中国社会科学出版社1987年版。

② 河南省文物研究所、周口地区文化局文物科:《河南淮阳平粮台龙山文化城址试掘简报》,《文物》1983年第3期。

③ 李景聃:《豫东丘永城调查及造律台黑孤堆曹桥三处小发掘》,《中国考古学报》第二册,商务印书馆1947年版。

④ 中国社会科学院考古研究所:《中国考古学·新石器时代卷》,中国社会科学出版社2010年版,第558页。

⑤ 中国社会科学院考古研究所、安徽省蚌埠市博物馆:《蚌埠禹会村》,科学出版社2013年版。

⑥ 南京博物院考古研究所等:《江苏兴化戴家舍南荡遗址》,《文物》1995年第4期;南京博物院考古研究所等:《江苏高邮周邶墩遗址发掘报告》,《考古学报》1997年第4期。

⑦ 华国荣、王光明:《南京牛头岗遗址考古发掘的主要收获》,《南京历史文化新探》,南京出版社2006年版,第44页。

土夹砂灰黑陶和泥质黑皮陶鼎、甗、盘、高足杯等，其中以折肩、束颈、垂腹、圜底的罐形鼎和附冲天流的陶鬶为特色，特别是在鼎类器足根处采取对捏的制作方法，表现出典型的文化特征。

以上几类自北而南分布于淮河流域的文化遗存之间的文化内涵具有许多共同之处，显然相互之间具有密切联系。

首先，造律台文化与禹会村类型的文化内涵就有许多可比之处。如禹会村类型最为常见的侧扁足深腹鼎，以足尖外侧或足上部施加明显按痕或按窝为特色，有的则在较窄的足面上加工出一道或两道竖向凹槽。这些特点在造律台文化的同类器上均可见到。而平底或凹底的深腹罐、蘑菇状平顶空心钮大器盖、长颈壶、高柄杯、口前部捏制出管状流的陶盉、大口三袋足的甗、叶脉形刻槽纹的盆等，作为富有特色的典型器物，也同时见于造律台文化和禹会村两个类型文化中。

其次，位于淮河以南江淮间的南荡遗存，也表现出与造律台文化、禹会村类型的共性。如南荡遗存陶器的陶系和纹饰基本同于造律台文化，器类同样缺少斝、鬲一类器形，常见的罐形鼎、大袋足甗、直腹或弧腹盆、高柄浅盘豆、高领的瓮和罐、假圈足碗、阔把杯、高流鬶、高领壶以及石器中的刀、镞等，二者造型风格完全一致或者基本相似。[1] 而与禹会村类型最接近的文化表现，则是扁体形侧三角足的鼎，尤其是在足尖外侧施加按痕的现象，两者表现得相当密切，只是禹会村的陶鼎足部按痕力度比南荡遗存的要大。[2]

再往南，宁镇地区也表现出与北方文化的相关性。如牛头岗遗址亦广泛存在足尖外侧施按痕的陶鼎，与造律台、禹会村、南荡等遗存有共同特点。点将台、丁沙地、高淳朝墩头等遗址所出陶鼎、甗、高领瓮、高领罐、高柄豆以及石凿和石镞等，也与南荡文化遗存有一定关联。

而这些区域间共同的文化内涵，同样也体现在太湖流域的钱山漾文化与广富林文化中。如钱山漾文化所见三棱形前锋的石镞、束腰袋足甗、斜腹碗、深腹瓮、深腹罐等，均与禹会村相同或相似；而广富林文化出土器物中的罐形鼎、大袋足甗、直腹或弧腹盆、高柄浅盘豆、高领的瓮和罐、

---

[1] 南京博物院考古研究所等：《江苏兴化戴家舍南荡遗址》，《文物》1995年第4期。
[2] 中国社会科学院考古研究所、安徽省蚌埠市博物馆：《蚌埠禹会村》，科学出版社2013年版，第199页。

假圈足碗、单把杯、高流鬶、高领壶以及石刀和石镞等均与禹会村类型的同类器相似,尤其在鼎足尖部施按痕的现象上,二者具有很大的共性。

这些共同的文化特征在自北而南的不同区域文化遗存中的出现,显然向我们暗示了龙山时代中原地区与太湖地区之间文化交流的走向与通道。

### 三 龙山时代太湖与中原地区文化交流的路线

对于龙山时期太湖与中原文化交流的通道,之前已有学者就龙山文化南下的路线进行了讨论。

早在20世纪末,张敏先生即根据江淮东部的南荡、周邶墩等遗存,构建起龙山时代末期至二里头时期王油坊类遗存南下江南的路径。[①] 近来也有学者重建中原王油坊类型文化向南自禹会村、经江淮东部和淮河中游地区到达长江下游的东、西两条路线,同时强调中间淮河流域的"廊道性"[②];更有学者进一步指出,龙山时代中晚期北方龙山文化对东南方向上的辐射是经淮河中下游的强辐射区、宁镇的次强辐射区、环太湖的中级辐射区,而至钱塘江南岸的弱辐射区,且影响程度呈明显的梯级或层状渐次减弱。[③] 这一认识显然是非常符合实际的。

然而这些论述似乎对龙山时代文化交流通道的阶段性有所忽略。目前的考古资料显示,钱山漾文化和广富林文化这两个前后相继的时段中,太湖地区与中原的交流路线可能是有所区别的。

钱山漾文化时期,大体路线应该首先自豫东造律台文化分布区到达淮河北岸,此处尉迟寺遗址的晚期龙山层同样也是造律台文化的遗存;之后过淮河至淮河南岸蚌埠禹会村;接着继续南下经宁镇地区、再向东南至环太湖地区。

而到了广富林文化时期,同样是自豫东造律台文化分布区至淮河沿岸,然而此时没有直接渡过淮河,而是沿着淮河向东至江苏中部南荡遗存文化区,接着继续南下至宁镇地区的点将台下层文化,然后向东南至广富林文化区(图4.5)。

---

① 张敏:《试论点将台文化》,《东南文化》1989年第3期。
② 徐峰:《王油坊类型龙山文化南徙路线重建——兼论江淮地区的"廊道性"》,《中原文物》2012年第2期。
③ 丁品:《距今4400~4000年环太湖和周边地区古文化及相关问题》,《禹会村遗址研究——禹会村遗址与淮河流域文明研讨会论文集》,科学出版社2014年版。

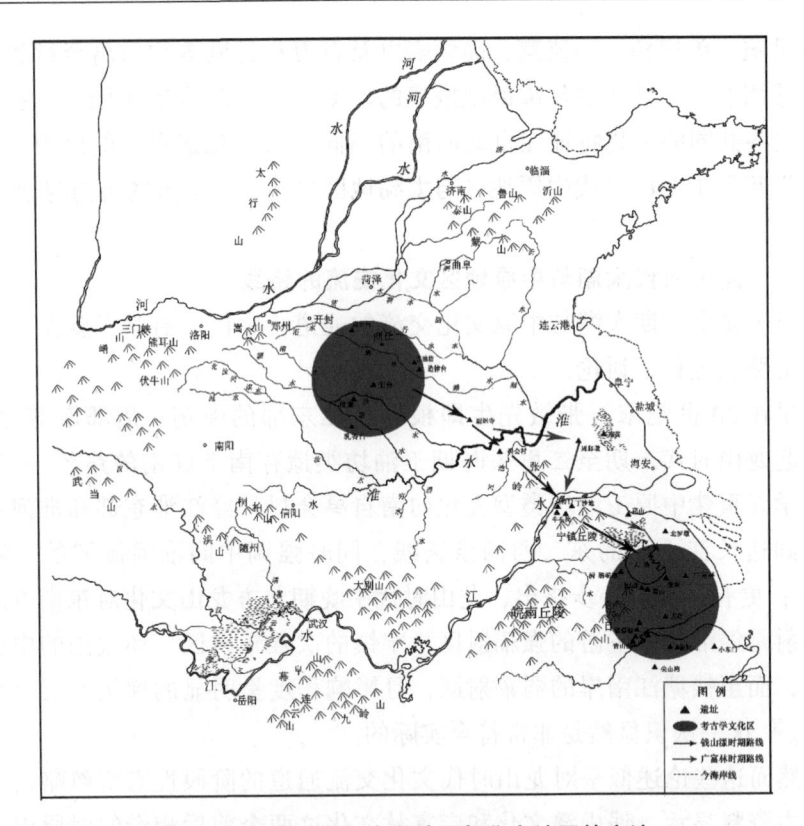

图 4.5　龙山时期环太湖地区与北方地区的交流

总之，龙山时期太湖地区与中原地区的文化交流，从目前的材料来看，主要应该是通过广阔的淮河流域，即我们所说的"中路"通道而实现的。且此时文化沟通的主流方向，也与之前太湖地区向外输出文化内涵不同，而主要表现为太湖地区接受南下的中原文化因素。也就是说，龙山时期的文化交流主要表现为自北而南的传播方向，而相反的自南而北的文化传播则处于相对次要的地位。

## 第四节　夏商时期太湖与中原地区文化间的互动交流

约当中原的夏商时期，太湖地区继钱山漾文化和广富林文化之后兴起的是马桥文化。其年代上限相当于二里头文化一期，下限相当于商代晚期之初，距今约 3900—3200 年之间。马桥文化的分布范围主要以环太湖地区为主，另外在浙江象山塔山和江山肩头弄也发现有类似的遗存，表明其影响范围已过钱塘江至浙南一带。马桥文化主要出土陶器有鼎、甗、釜、器盖、簋、豆、觚、盉等,以出土的鸭形壶和原始瓷豆、罐最具特色,另外也出土少量青铜器。

马桥文化之后,太湖地区商周时代的文化面貌还不甚清晰。有学者称之为"亭林类型"①,亦有以"后马桥文化"称之者。② 就目前材料来看,亭林类型主要分布于太湖地区的北、东、南部,北至长江南岸,东到大海,南达钱塘江南岸,西以太湖为界。这一地域基本与马桥文化的分布范围重合,但在南、北方向上略有扩张。亭林类型的年代约为距今3200—2800年左右,与马桥文化前后相继,相当于中原的晚商至西周时期,其中早期遗存约当中原地区的商代晚末期。亭林类型遗物有陶器、原始瓷、石器和铜器等,尤以一群特征鲜明的外撇足鼎、深圜底釜、扁鼓腹甗、外撇三足盘、带凸箍细把豆、圜底刻槽盆、圆腹圈足簋、卷沿敞口罐等陶器为显著特征。③

随着中原地区青铜王朝的崛起,以马桥文化、亭林类型为主体的太湖地区夏商时期文化,与海岱、中原地区等北方文化间的互动随之进入新阶段,文化沟通的交流路线也表现出新的特点。

## 一 二里头文化时期太湖与北方地区的文化互动及交通路线

(一) 与海岱地区的互动交流

海岱地区夏商时期的考古文化在史前山东龙山文化之后是岳石文化。其分布范围与龙山文化大体相当,年代约相当于二里头文化一期至二里岗上层时期。岳石文化所出陶器与之前的龙山文化相比明显粗糙,主要为夹砂和泥质陶,器表多素面和抹光。主要器形有甗、尊形器、浅盘豆、鼓腹罐、平底盆、圆锥形足鼎、子母口瓮等。石器有斧、刀、镰、锛、凿等。此时也出现了少量的青铜器。

---

① 黄宣佩、孙维昌:《上海地区几何印纹陶遗存的分期》,《文物集刊》第3辑,文物出版社1981年版;《略论太湖地区几何印纹陶遗存的分期》,《上海博物馆馆刊》第1集,上海人民出版社1981年版;黄宣佩、张明华:《上海地区古文化遗址综述》,《上海博物馆集刊》第2集,上海古籍出版社1983年版;李伯谦:《我国南方几何形印纹陶遗存的分区、分期及其有关问题》,《北京大学学报》1981年第1期;曹峻:《亭林类型初论》,中国考古学会编:《中国考古学会第十四次年会论文集(2011)》,文物出版社2012年版。

② 宋建:《马桥文化的去向》,中国考古学会编:《中国考古学会第九次年会论文集1993》,文物出版社1997年版。

③ 曹峻:《亭林类型初论》,中国考古学会编:《中国考古学会第十四次年会论文集(2011)》,文物出版社2012年版。

自海岱地区往南为江淮东部地区，夏商时期此区域的考古学文化目前已知的有周邶墩遗址所出第二类遗存。① 该类遗存年代为距今3700年稍后，处于夏代纪年内。该类遗存以泥质、夹砂陶为主，纹饰有弦纹、凸棱纹、附加堆纹及少量绳纹、篮纹、方格纹、水波纹、云雷纹、镂孔和刻划纹等。器形主要有鼎、甗、鬲、罐、盆、碗、尊、盒、豆、器盖和纺轮、网坠等。石器主要有斧、锛、凿、刀、镞、坠等。

再往南宁镇地区夏商时期的考古遗存是点将台文化，其年代也与中原二里头文化相当。点将台文化陶器中以夹砂红陶居多，夹砂灰陶次之。纹饰以篮纹为主，还有绳纹、方格纹、划纹和凸弦纹。器类主要有鼎、甗、罐、瓮、簋、豆、杯、钵、尊形器、三足盘、盆等。石器多经磨光，以锛为主，还有斧、凿、刀、戈、镞等。研究者认为点将台文化由甲、乙、丙三种风格迥异的文化遗存构成。②

以上各区域文化呈现共同的文化内涵，表明区域之间存在密切的文化交往。如周邶墩第二类文化遗存的陶鬲、圆唇侈口弧腹粗矮足陶鼎、甗、大口罐、中口罐、小口罐、高领罐、折腹带凸棱盆、碗、尊、盒、器盖、纺轮、网坠以及石斧、刀、锛、凿等，均与尹家城遗址所出岳石文化的同类器相同；鬲、甗上饰附加堆纹，尊、盒等饰凸棱纹，盖钮作蘑菇状等装饰风格也与岳石文化基本一致。而宁镇地区的点将台文化，则同时具有岳石文化与周邶墩第二类遗存的特征。如腰上饰带捺窝的附加堆纹的空足甗、锥足鼎、带凸棱的尊、大口罐、折腹盆、蘑菇状钮或盘形钮的盖和半月形石刀等，均与岳石文化尹家城类型的同类器相同或相似；而侧扁足鼎式甗、大镂孔豆等则也见于周邶墩遗址的第二类遗存。

与此同时，太湖地区的马桥文化中也出现了岳石文化因素。如马桥文化多见岳石文化风格的带明显凸脊的器物；鲜、盆、器盖等类器物上"之"字形折线纹也与岳石文化陶器上的纹饰相同。此外，岳石文化有一种凸脊、子口、圈足或平底的尊类器，在马桥文化的陶簋中也有所发现。20世纪90年代马桥文化发现的圈足子口簋，其中有的有明显凸脊，大多数簋的圈足比岳石文化的要高一些。因此，陶器上凸脊、"之"字形折线

---

① 南京博物院考古研究所等：《江苏高邮周邶墩遗址发掘报告》，《考古学报》1997年第4期。
② 张敏：《试论点将台文化》，《东南文化》1989年第3期；《宁镇地区青铜文化谱系与族属研究》，《南京博物院建院60周年纪念文集》，南京博物院1993年版。

纹和子口簋等因素都与岳石文化有关，它们应该是岳石文化所处海岱地区与太湖地区马桥文化传播与交流的产物。

至于海岱地区与太湖地区的交流路径与通道，根据二者之间江淮地区周邶墩遗存与宁镇地区点将台文化中均出现部分相同文化因素的现象来看，我们可以推测，二里头时期岳石文化应首先沿泗水南下至江淮东部地区的周邶墩一带，然后顺古邗沟一线的低洼地带继续南下至宁镇地区，再由宁镇地区传播而至太湖流域（图4.6）。

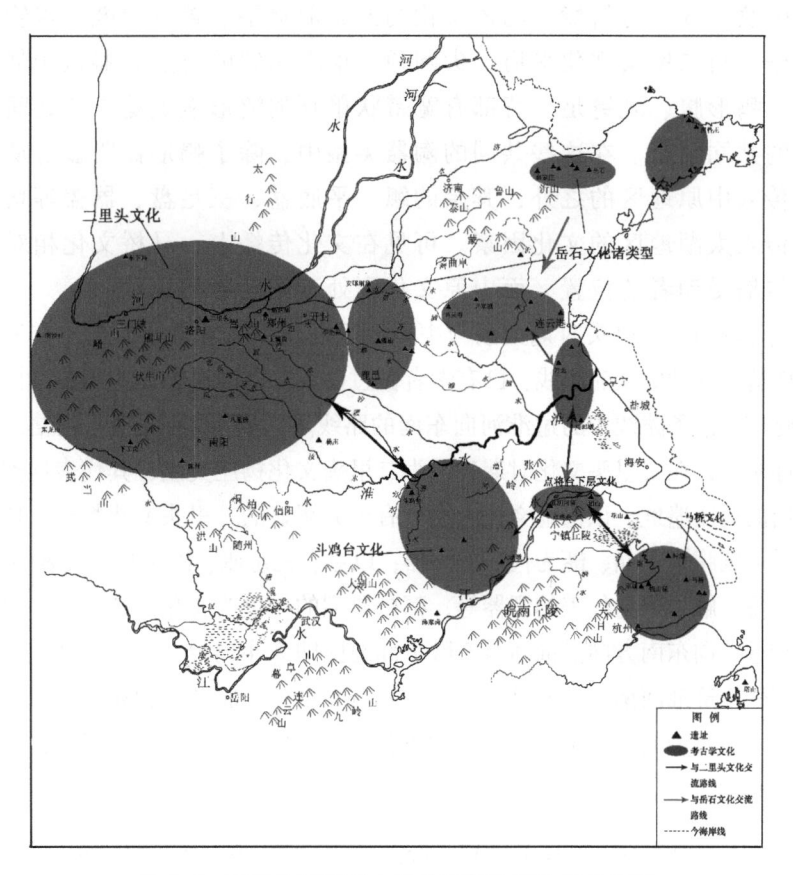

图4.6 二里头时期环太湖地区与北方文化的交流

（二）与中原地区的互动交流

二里头文化时期，马桥文化与中原二里头文化的相似内涵是显而易见的，表现最突出的就是共见的一组以鬶、鸭形壶、三足盘、平底盆、簋、器盖等为主的陶器群，以及戳印和压印等纹饰。

二里头文化二期的陶甗，有的下腹部有一周凸棱，近底部的弧曲较大，明显外撇，形成比较大的平底；三期和四期的甗，近底部的弧曲度比较小，显得底部也比较小；马桥文化的陶甗同二里头文化一样，也有细体和粗体两类，演化轨迹同二里头文化的陶甗基本类似。马桥文化三足盘为敞口、浅腹、下附三弧形扁足，与二里头文化中瓦足三足盘基本相同。二里头文化中常见的敞口、斜腹、平底盆也见于马桥文化中。小簋也是马桥文化与二里头文化中互见的因素。厚圆沿、敞口，腹和圈足饰凹弦纹，圈足有折棱。马桥文化的蘑菇形捉手、盖身圆鼓、盖缘近直的器盖，与二里头文化平肩、尖圆顶、束腰高钮的覆盘式器盖相似。而矮领、鸭形腹、乳钉足、背部有宽带状单耳的鸭形壶更是二者之间引人注目的共同因素。在这些共同的陶器类型中，除了鸭形器明显是从马桥文化传入中原地区的之外，其余的甗、平底盆、三足盘、器盖等均当为中原传入太湖地区的文化因素。可见在文化传播上，马桥文化相对处于文化传播受动者的位置，而中原文化则处于施动者的地位。[①]

毫无疑问，二里头时期太湖与中原地区之间存在着直接的文化交流与互动。而这一互动的交流路线，已有学者做过研究，即向桃初先生所描述的二里头文化南下诸条路线中的过淮河向东南的路线。[②] 该路线首先应自河洛地区南下至豫东南，在二里头文化时期表现为二里头文化杨庄类型，其代表性遗址为驻马店的杨庄遗址。该遗址文化内涵具有十分明显的二里头文化特征，比如以深腹罐、圆腹罐、鼎、甑为代表的炊器；以豆、三足皿、圈足盘为代表的食器；以爵、盉、斝、鬶为代表的酒器等，都是典型的二里头文化的器物群。自豫东南一带继续向东南方向沿淮河至安徽中部地区即为斗鸡台文化，该文化主要分布于安徽中部淮河南岸的寿县、霍邱、六安、淮南、肥西、肥东、含山、巢湖等地。已经发掘的遗址主要有寿县斗鸡台[③]、青莲寺[④]，含山大城墩[⑤]，肥东吴

---

[①] 曹峻：《试论马桥文化与中原夏商文化的关系》，《中原文物》2006年第2期。
[②] 向桃初：《二里头文化向南方的传播》，《考古》2011年第10期。
[③] 北京大学考古系商周组、安徽省文物工作队：《安徽省霍邱、六安、寿县考古调查试掘报告》，《考古学研究（三）》，科学出版社1997年版。
[④] 北京大学考古系商周组、安徽省文物工作队：《安徽省霍邱、六安、寿县考古调查试掘报告》，《考古学研究（三）》，科学出版社1997年版。
[⑤] 安徽省文物考古研究所：《安徽含山大城墩遗址发掘报告》，《考古学集刊》（6），中国社会科学出版社1989年版；安徽省文物考古研究所、含山县文物管理所：《安徽含山大城墩遗址第四次发掘报告》，《考古》1989年第2期。

大墩①、肥西大墩子②, 此外霍邱小堌堆③、洪墩寺④、楼城子⑤等也发现有斗鸡台文化遗存。斗鸡台文化具有二里头文化因素的遗物主要有鼎、深腹罐、鸡冠耳盆、瓦足盘、爵、觚、豆、瓮及铜铃、铜钺、铜锛等,分别见于二里头文化二至四期。⑥ 由于宁镇地区和安徽江淮中部的含山隔江相望,从江淮中部地区再向东便跨过长江到达宁镇地区,该地区与太湖地区的马桥文化有着十分密切的联系,其中依然不乏许多中原文化因素。由宁镇地区再向东南便可至环太湖地区的马桥文化。另外,除了自皖南沿长江至宁镇地区再到太湖地区的路线之外,位于皖南浙西之间的山间水系,似乎存在一条马桥文化直接与斗鸡台文化交流的路线。近年在师姑墩⑦遗址发现若干与二里头文化和马桥文化类似的器物。而根据对马桥文化遗址分布和统计来看,太湖西南部的湖州地区应该是马桥文化的一处核心地带。⑧

从江淮中部向南,大别山东侧的今皖西南地区地理位置独特,是一个十字轴心。⑨ 目前在这个廊道区域也发现含有中原二里头文化因素的遗址,主要以薛家岗遗址为代表,典型单位如H25、H30等,年代约相当于伊洛地区的二里头文化中晚期。我们赞同这类遗存中二里头文化的鼎式鬲来源于盘龙城,总体上看其和江汉地区的盘龙城遗址关系更密切,而和江淮中部的斗鸡台文化更疏远。⑩ 因此赣鄱地区二里头时期的文化因素显然不是从安徽江淮中部这条线南下而来。但是二里头文化时期,长江下游的马桥文化和中原地区二里头文化的交流应该主要是经宁镇地区向西进入安徽江淮中部经由斗鸡台文化分布区再沿淮水支流驻马店杨庄类型做重要中转再向西北和伊洛核心区发生联系。

---

① 张敬国、贾庆元:《肥东县古城吴大墩遗址试掘简报》,《文物研究》第一辑,1985年。
② 安徽省博物馆:《遵循毛主席的指示,做好文物博物馆工作》,《文物》1978年第8期。
③ 王迅:《试论夏商时期东方地区的考古学文化》,《北京大学学报》(哲学社会科学版) 1989年第2期。
④ 何长风:《安徽江淮地区夏时期文化初析》,《文物研究》第四辑,1988年。
⑤ 向桃初:《二里头文化向南的传播》,《考古》2011年第10期。
⑥ 王迅:《东夷文化与淮夷文化研究》,北京大学出版社1994年版,第48—57页。
⑦ 安徽省文物考古研究所编著:《铜陵师姑墩——夏商周遗址考古发掘与研究》,文物出版社2020年版,第662页。
⑧ 陈杰主编:《马桥文化探微发现与研究文集》,上海书店出版社2018年版。
⑨ 朔知:《皖江区域考古的意义》,《文物研究》第14期,黄山书社2005年版。
⑩ 赵东升:《青铜时代江淮、鄂东南和赣鄱地区中原化进程研究》,台北花木兰文化出版社2013年版,第54页。

## 二 商代太湖地区与北方文化区的互动与交流路线

（一）早商时期太湖与中原文化的联系及路线

二里头文化之后，晚期的马桥文化延续了前期与中原文化的联系。此时仍可见到马桥文化与以二里岗文化为代表的早商文化中的共同因素，如马桥遗址第一、二次发掘中出土的Ⅰ式盆，即与郑州二里岗下层的陶盆相类似；同时绳纹、篮纹及戳印纹等都可在二者间互见。溧阳神墩和湖州昆山也发现有商式的鬲足和斝式鬲。

此时中原与太湖地区之间的空间里，也存在着一些与二者具有共同文化因素的文化区，可以据此大致勾勒出二者文化交流的路线。

早商时期，由于二里岗文化的强势扩张，尤其是向东南方向的扩张，使得淮河流域至长江沿岸的含山一带出现了大城墩类遗存。大城墩类型主要以安徽含山大城墩、六安众德寺、寿县斗鸡台、霍邱洪墩寺、绣鞋墩、肥西大墩子、含山孙家岗等遗址为代表，基本分布在淮河上中游的江淮西部地区。在陶器方面大城墩类型的陶器以灰陶为主，外表多饰绳纹，器形有鬲、豆、簋、深腹盆、大口尊、小口瓮、斝、深腹罐、甗等。这些在数量上占绝对优势的陶器群，与二里岗文化同类器具有很高的相似性。事实上，大城墩类型即为商文化的一个地方类型。[①]

而紧邻大城墩类型且与之隔江相望的宁镇地区此时出现的为湖熟文化。早期湖熟文化与早商文化也有许多相似的文化内涵。如口沿微外卷、颈部表面磨光、多分裆、有高实足跟的细绳纹陶鬲共见于两地区。句容城头山遗址出土的湖熟文化绳纹陶甗为侈口，鼓底与郑州二里岗下层出土的陶甗非常相似；而小口圆肩甗、刻槽盆、陶豆、大口缸等陶器，亦可在早商文化遗存中找到形制相似的同类器。湖熟文化遗址出土的铜刀子、箭镞与中原地区同时期的铜刀和铜镞别无二致。[②]

可见，早商时期中原文化向太湖地区的传播路线，大致沿颍水、汝水南下渡淮水至皖西，之后到达江淮沿江地带的含山地区，再顺长江而下至宁镇地区，最后到达太湖流域。在这条路线中，安徽江淮中部地区

---

[①] 中国社会科学院考古研究所：《中国考古学·夏商卷》，中国社会科学出版社2003年版，第201页。

[②] 中国社会科学院考古研究所：《中国考古学·夏商卷》，中国社会科学出版社2003年版，第471页。

及淮水上中游的各条支流及广阔的平原地带无疑是一条主要通道,发挥了重要的沟通作用(图4.7)。

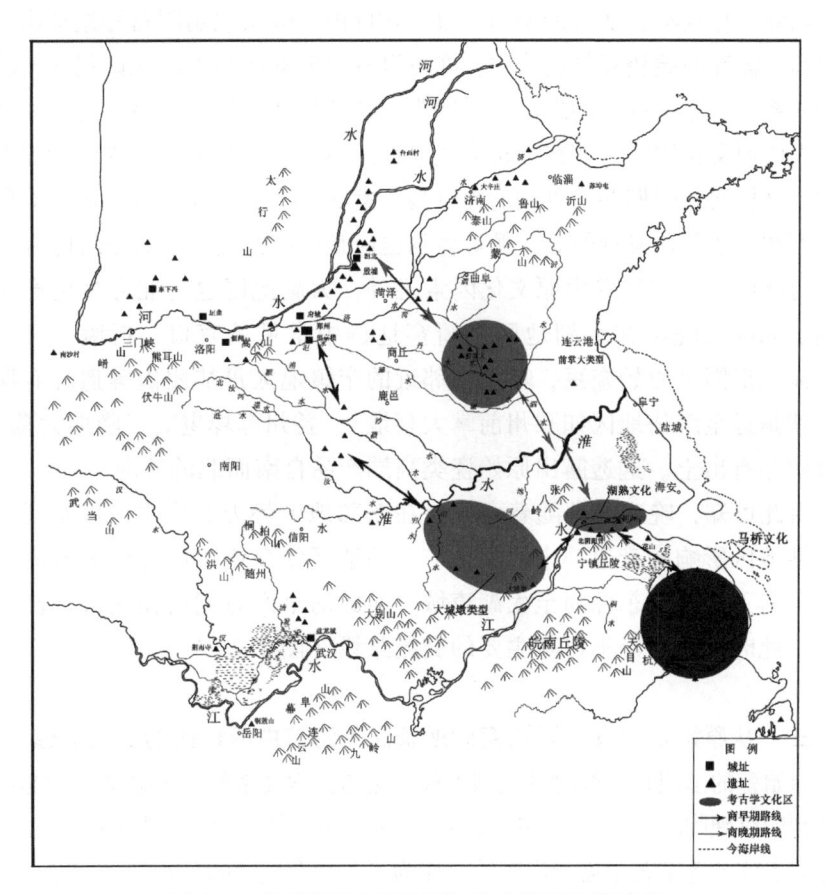

图4.7 商时期环太湖地区与北方地区交流路线

(二) 晚商时期太湖与中原地区的文化交流及路线

自二里岗上层时期直至殷墟文化时期,商文化在东部的势力得到了进一步扩张。一方面为了控制海盐向鲁东北继续发展;另一方面为了控制长江下游的铜矿等资源也在鲁西南和苏北地区扩大势力,形成了以前掌大遗址为代表的地方类型。在这一带,商文化最远可达苏北的盐城龙冈遗址,该遗址出土的一些器物如鬲、甗、假腹豆等具有典型的中原商文化的特色。[①] 由此可

---

① 韩明芳:《江苏盐城市龙冈商代墓葬》,《考古》2001年第9期。

以推断，在盐城以北的苏北地区，应该都受到晚商文化较深的影响，甚至可能已经进入商文化的势力范围内。而长江南岸的宁镇地区，在与晚商时期相当的湖熟文化晚期，从丹徒团山、仪征甘草山、南京北阴阳营等遗址出土的绳纹鬲、甗和原始瓷豆等遗物中，亦可以看出该地区与中原地区仍保持着一定的联系。再往南的太湖地区此时即为亭林类型文化遗存。该类遗存中也见到不少中原文化因素。如在马桥文化时期并不多见的刻槽盆，在该时期有所增加；马桥文化时期并未见到的绳纹鬲、素面鬲，此时在太湖地区也有所发现。而在德清等地发现的尊、罍等器物也应是受中原文化影响而出现的。

与此同时，在接受中原文化因素之外，太湖地区也对北方文化产生了影响。如商代晚期在太湖地区德清窑址群中常见的直口、折腹、腹下急收、喇叭形圈足原始瓷豆，不仅在邻近的宁镇地区丹徒团山等遗址有所发现，就是远至海岱地区如滕州前掌大墓地[①]、益州苏埠屯商代晚期大墓[②]等遗址中亦有出土。这透露出原始瓷类高端产品自南而北的流向。

由此可知，晚商时期随着商文化在东部地区势力的增强，以及商文化在江淮地区影响的衰退，中原文化与太湖地区的交流可能先向东至海岱地区，再南下经江淮东部而至太湖流域。而此前早商时期所使用的江淮西部通道，此时可能已经不再是主要的交流路线（图4.7）。

## 三　从原始瓷的发现看夏商时期长江下游与中原地区的交流通道

原始瓷的出现是夏商时期我国古代文化与科学技术的一大创举，它是在长期烧制印纹硬陶的基础上，不断改进瓷土原料的选择与处理，提高烧成温度和改进器表施釉等工艺中创造出来的。作为当时社会生产的高端产品，原始瓷的成功烧制是夏商时期我国生产力水平的集中体现。而各区域对原始瓷的生产和需求及其在此基础上出现的产品流通，则不仅体现了当时的社会状况，同时也是区域间文化交流和沟通路线的重要表征和线索。因此我们以原始瓷为个案，通过探讨夏商时期我国南、北方原始瓷的发现及其生产与流通，以清晰地了解与认识夏商时期中原与长江下游地区文化的互动与交流通道的情况。

（一）原始瓷出土及运输路线概况

原始瓷在我国南、北方均有出土，其中北方地区主要出土于黄河中下

---

① 中国社会科学院考古研究所：《滕州前掌大墓地》，文物出版社2005年版，第198页。
② 谢治秀、由少平、郑同修主编：《中国出土瓷器全集06 山东卷》，科学出版社2008年版，第1页。

游的河南、陕西、山西和山东等地的遗址或墓葬中，尤其河南地区出土最多。南方地区主要见于长江下游的江西、江苏、安徽和浙江，特别是江西的吴城遗址出土量相当大。近年来浙江东苕溪发现我国年代最早的原始瓷窑址群，使学术界更加倾向于认为以浙江德清和江西吴城遗址为代表的东南地区为我国商代原始瓷的生产中心。[①]

　　以吴城和德清地区为主体的南方生产区，如果可以被认为是商代我国原始瓷的烧造地并向其他地区输送原始瓷产品，那么这些产品是通过怎样的路线向外运送呢？根据《尚书·禹贡》的记载："淮海惟扬州。彭蠡既猪，阳鸟攸居……厥贡惟金三品，瑶、琨、篠、簜、齿、革、羽、毛、惟木。岛夷卉服。厥篚织贝，厥包橘柚，锡贡。沿于江、海，达于淮、泗。"[②] 可知在上古时期，东南地区曾经通过长江北上沿淮水和泗水向中原运输当地特产。作为东南地区手工业的突出特色，原始瓷也很可能在输送物资之列。其运送路线应该与包括《禹贡》所记载的淮、泗路线在内的早期王朝时著名的"金道锡行"有关。[③] 之前已有学者就三代时期的"金道锡行"分为东、中、西三路进行论述，[④] 为我们的讨论提供了很好的启示。就原始瓷而言，特别是以商代当时的交通运输能力和原始瓷易碎的特性来看，运输道路应该尽量走水路。

　　根据目前商代原始瓷出土的状况，我们将德清、宁镇、吴城和闽北等位于南方原始瓷产地及附近的遗址归并为东南文化区，并根据南方原始瓷两个生产系统而分出以龙窑产原始瓷的浙闽产区和以圆角方形窑产原始瓷的赣鄱产区两个亚区。将其他曾先后进入商文化范围、并在此期间发现有原始瓷的遗址并为商文化区，将原始瓷北运及传播所经过的地区分出江淮区、中原区和再分配区三个亚区。根据商文化在不同时期分布范围的变化，相应地将出土原始瓷的遗址分为早、中、晚三期进行讨论。其中早期为二里岗下层文化及之前，此时处于夏商之际以及商王朝始创时期，其势力范围基本由郑洛地区逐步扩展至长江流域；中期为二

---

[①] 郑建明：《商代原始瓷分区与分期略论》，《东南文化》2012年第2期。
[②] （汉）孔安国传，（唐）孔颖达正义，黄怀信整理：《尚书正义》，上海古籍出版社2007年版，第206—210页。
[③] 陈公柔：《曾伯霥簠铭中的"金道锡行"及相关问题研究》，《先秦两汉考古学论丛》，科学出版社2005年版，第1—13页。
[④] 刘莉、陈星灿：《中国早期国家的形成——从二里头和二里岗时期的中心和边缘之间的关系谈起》，《古代文明》第1卷，文物出版社2002年版。

里岗上层文化至殷墟一期，此时商文化范围开始不断扩大，向东可至泰沂山脉，向西达关中平原，向北近抵今京津地区，向南已跨长江；晚期为殷墟二至四期，商王朝经过武丁中兴之后开始衰落，其文化势力范围的南部和西部大大收缩，今湖北、陕西、山西、江苏境内均不复商文化滞留。[1] 结合上述情况和各遗址所处年代及出土原始瓷在形制上的时代特点，我们制作商代主要出土原始瓷遗址统计表（表4.2），并在此基础上尝试重建原始瓷在三个不同时期的运输路线。

表4.2　　　　　　　　　　商代主要原始瓷出土地统计表

| 地区 | 亚区 | 遗址 | 早期 | 中期 | 晚期 | 主要器类 |
|---|---|---|---|---|---|---|
| 东南文化区 | 浙闽产区 | 湖州南山窑 | X | X | X | 豆、罐、簋、尊、钵、盆、盂、器盖 |
| | | 湖州昆山 | X | X | | 豆、罐 |
| | | 浦城猫耳山 | X | X | | 罐、盉、壶 |
| | | 上海马桥 | X | X | | 豆、罐 |
| | | 光泽池湖 | | X | | 尊、三足盉 |
| | | 江阴花山、佘城 | | X | | 罐、钵 |
| | | 昆山绰墩 | | X | | 罐 |
| | | 南京北阴阳营 | | X | X | 豆、罐 |
| | | 丹徒团山 | | X | X | 豆、碗、罐 |
| | | 江山肩头弄 | | | X | 豆、罐、尊 |
| | | 镇江马迹山 | | | X | 豆、碗、钵 |
| | | 仪征甘草山 | | | X | 豆、碗、钵 |
| | | 江宁点将台 | | | X | 豆、罐 |
| | 赣都产区 | 清江吴城 | | X | X | 罐、盆、豆、碗、瓮、尊 |
| | | 鹰潭角山窑 | | X | X | 豆、杯 |
| | | 万载茶树窝 | | X | | 尊 |
| | | 新干大洋洲 | | | X | 罐、瓮、尊、筒形器、器盖 |
| | | 德安石灰山 | | | X | 罐 |
| | | 铜鼓平顶垴 | | | X | 尊 |
| | | 九江神墩 | | | X | 罐、豆 |

---

[1] 中国社会科学院考古研究所：《中国考古学·夏商卷》，中国社会科学出版社2003年版，第188、253、305页。

第四章 中原与太湖地区的文化互动与交流通道

续表

| 地区 | 亚区 | 遗址 | 早期 | 中期 | 晚期 | 主要器类 |
|---|---|---|---|---|---|---|
| 商文化区 | 江淮区 | 黄陂盘龙城 | X | X | | 尊、瓮、罐 |
| | | 孝感聂家寨 | | X | | 残片 |
| | | 荆州荆南寺 | | X | | 尊 |
| | | 肥西大墩孜 | | X | | 杯 |
| | | 来安顿丘山 | | X | | 罐 |
| | | 含山大城墩 | | X | | 残片 |
| | | 潜山薛家岗 | | X | | 残片 |
| | | 固始平寨 | | X | | 罍 |
| | | 滕州前掌大 | | | X | 豆、簋 |
| | | 苍山高尧 | | | X | 罐 |
| | 核心区 | 偃师二里头 | X | | | 盉 |
| | | 柘城孟庄 | X | | | 尊 |
| | | 郑州商城 | X | X | | 尊、罍、罐 |
| | | 巩义稍柴 | | X | | 尊 |
| | | 偃师商城 | | X | | 尊 |
| | | 登封王城岗 | | X | | 残片 |
| | | 郑州小双桥 | | X | | 尊 |
| | | 安阳殷墟 | | X | X | 豆、罐、壶、器盖、瓿 |
| | | 辉县孟庄 | | | X | 尊 |
| | | 辉县琉璃阁 | | | X | 罍、罐 |
| | 再分配区 | 垣曲商城 | | X | | 尊 |
| | | 华县南沙村 | | X | | 残片 |
| | | 耀县北村 | | X | | 尊 |
| | | 藁城台西村 | | X | X | 尊、罐、瓮、罍 |
| | | 磁山下七垣 | | X | X | 残片 |
| | | 武安赵窑 | | X | X | 尊 |
| | | 邢台大桃花与坂上 | | | X | 碗、罐 |
| | | 济南大辛庄 | | X | X | 罐、簋、碗 |
| | | 阳信李屋 | | | X | 罍 |
| | | 益都苏埠屯 | | | X | 豆 |

(二) 早期路线

在商代二里岗下层文化及其之前，我国出土原始瓷的主要遗址有偃师二里头[1]、郑州二里岗[2]、柘城孟庄[3]、湖北盘龙城[4]、上海马桥[5]、湖州毘山[6]等。该时期的原始瓷窑址主要见于浙江德清地区的湖州南山窑[7]、北家山窑和瓢山窑[8]以及福建浦城仙阳猫耳山窑[9]。其中二里头二期、四期所发现的原始瓷盉为我国目前比较明确的年代最早的原始瓷；盘龙城二、三期所发现的原始瓷尊与二里岗下层时期的二里岗和孟庄所发现的原始瓷尊残片器形均比较相近，可能来自于同一产地，年代大致为夏商之际或商代早期。此时太湖地区的马桥文化，其年代相当于二里头二期至殷墟早期。[10]近年发现的湖州南山窑第三期与马桥遗址第三阶段相近，年代在商代前期，那么其一、二期应该比商代前期更早。南山窑的器形主要为原始瓷豆，[11]其附近马桥遗址和毘山遗址也发现了类似器物。此外在闽北的浦城猫耳山也发现了年代可追溯至夏商之际的原始瓷窑址，以产施黑衣的印纹硬陶为主，另有少量原始瓷如带把壶、罐、盂等盛水器。[12]

以上南、北方诸遗址中仅有德清诸窑址和浦城猫耳山窑具备生产原始瓷的能力，且窑址形制及出土产品具有相当的原始性。同时，北方地

---

[1] 鲁晓珂、李伟东、罗宏杰等：《二里头遗址出土白陶、印纹硬陶和原始瓷研究》，《考古》2012年第10期。

[2] 河南省文物考古研究所：《郑州商城——一九五三年～一九八五年考古发掘报告》，文物出版社2001年版。

[3] 中国社会科学院考古研究所河南一队：《河南柘城孟庄商代遗址》，《考古学报》1982年第1期。

[4] 湖北省文物考古研究所：《盘龙城——一九六三年～一九九四年考古发掘报告》，文物出版社2001年版。

[5] 上海市文物管理委员会：《马桥——1993～1997年发掘报告》，上海书画出版社2002年版，第250页。

[6] 浙江省文物考古研究所等：《毘山》，文物出版社2006年版。

[7] 浙江省文物考古研究所等：《浙江湖州南山商代原始瓷窑址发掘简报》，《文物》2012年第11期。

[8] 沈岳明、郑建明、陈元甫：《"瓷之源"课题与瓷器起源研究的重大进展》，《中国文物报》2014年8月1日第7版；"瓷之源"课题组：《原始瓷的起源》，《原始瓷起源研究论文集》，文物出版社2015年版。

[9] 福建博物院：《浦城仙阳商周窑址发掘的初步收获》，《福建文博》2006年第1期。

[10] 宋建：《马桥文化的编年研究》，《长江流域青铜文化研究》，科学出版社2002年版。

[11] 浙江省文物考古研究所等：《浙江东苕溪中游商代原始瓷窑址群》，《考古》2011年第7期。

[12] 郑辉：《飞龙在地 中国最早的龙窑》，《大众考古》2013年第3期。

## 第四章 中原与太湖地区的文化互动与交流通道

区年代最早的二里头遗址发现的原始瓷其化学成分具有南方瓷石高硅低铝的特征。[1] 因此我们推测，早期北方地区的原始瓷很可能是产于南方地区。从原始瓷的器形来看，二里头和早商时期中原地区的原始瓷主要为盉、尊这类供贵族使用的盛酒器；而青铜器多为饮酒器的爵和斝，却少见盛酒的青铜盉、尊和罍。所以此时中原有可能用远方生产的原始瓷来代替容积相对较大、耗费材料更多的青铜盛酒器。在浙南闽北的原始瓷产区附近的江山肩头弄[2]、光泽池湖[3]和马岭[4]等遗址发现有形制类似于北方原始瓷象鼻盉和大口尊的陶质器物，而德清地区却不见该类器物。因此，夏商之际北方原始瓷可能产于浙南闽北地区。其间以长江中游的盘龙城为中转站，再北上运送至各地。鉴于此阶段原始瓷出土地点比较少，路线的复原和重建主要借鉴二里头文化南下的路线，沿途的山间谷地和水道也作为重要的参考依据。

早期原始瓷北运的路线主要分为两段，即前段自闽北猫耳山窑运至盘龙城，以及后段从盘龙城运至郑洛地区（图4.8）。其中前段为首先自猫耳山窑经其北部的山间峡谷进入赣江支流信江的上游地区。该峡谷在后世被称为仙霞古道，历来为浙闽赣三省的咽喉要道，是沟通闽江流域与赣江、钱塘江流域的重要陆上通道。此后沿信江向西顺流而下至鄱阳湖入长江，再沿江向西北行，便至夏商时期江汉平原重要的核心聚落盘龙城。

到达江汉平原之后，原始瓷主要经两条支线运送至中原地区。其一是沿府河穿越桐柏山与大洪山之间的随枣走廊进入南阳盆地，再沿熊耳山东路北上伊洛平原，本书称之为西路1线；其二是基本与今天京广线平行，沿澴水、滠水、举水越过桐柏山与大别山之间、后世称为"义阳三关"的关隘，溯淮水上游进入中原，本书称为西路2线。[5] 考虑到二里头文化主要经南阳盆地南下江汉平原，而豫南地区考古学文化与盘龙城关系不甚密

---

[1] 鲁晓珂、李伟东、罗宏杰等：《二里头遗址出土白陶、印纹硬陶和原始瓷研究》，《考古》2012年第10期。

[2] 牟永抗、毛兆廷：《江山县南区古遗址、墓葬调查试掘》，《浙江省文物考古研究所学刊》，文物出版社1981年版。

[3] 福建博物院：《福建光泽池湖商周遗址及墓葬》，《东南考古研究》（第三辑），厦门大学出版社2003年版，第14、25、26页。

[4] 福建省博物馆等：《福建省光泽县古遗址古墓葬的调查和清理》，《考古》1985年第12期。

[5] 孙亚冰、林欢：《商代地理与方国》，中国社会科学出版社2010年版，第233页。

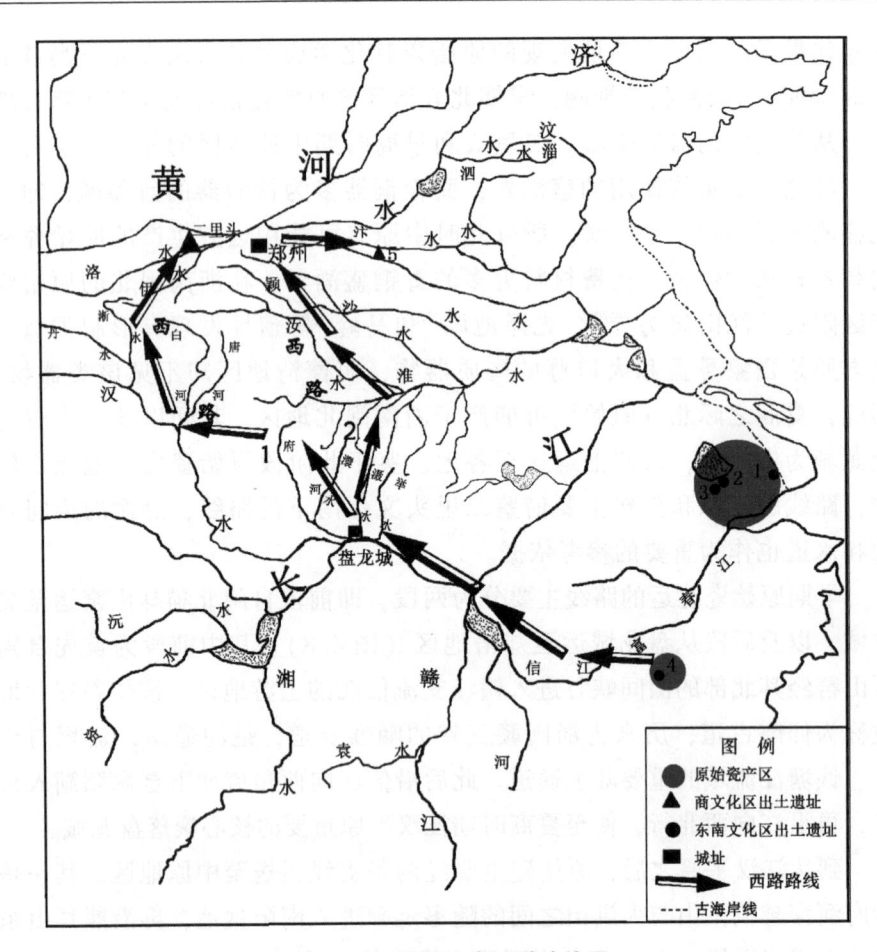

**图4.8 早期原始瓷运送路线图**

1. 上海马桥  2. 湖州昆山  3. 湖州南山窑  4. 浦城猫耳山  5. 柘城孟庄

切,① 因此当时沿西路1线北上南阳盆地、经淅水或白河绕过熊耳山,再沿伊河至洛阳盆地将原始瓷运送至二里头的可能性更大些。而早商时期,鉴于西路2线自盘龙城至郑州商城较近,同时南阳盆地商文化分布渐少,而盘龙城及其北部沿河遗址已成为商文化的一个地方类型,故在商代早期,盘龙城的原始瓷沿西路2线进入郑州地区的可能性更大。

位于太湖地区的德清地区同样为南方原始瓷的一大产区,并且该地区所处的马桥文化与中原文化存在较为密切的交流,且从此地经江淮地区到达中

---

① 向桃初:《二里头文化向南方的传播》,《考古》2011年第10期。

原显然更为近便。① 但是如上文所述，器物形态的线索显示北方原始瓷可能来源于闽北猫耳山窑址区而非马桥文化区。因此我们认为，"南瓷北运"的内在动力可能并非原始瓷产地向中原王朝的直接运送，而是作为中间媒介的盘龙城方国统治者根据需要，以贸易的方式向原始瓷产区定制并输入形制符合中原统治者需要、材质为东南特色的原始瓷，再运送至中央王朝。而同时期江淮地区和山东地区的考古学文化并未有迹象显示发挥类似盘龙城的作用。

（三）中期路线

在二里岗上层至殷墟一期时期，我国南北方原始瓷出土遗址分布均较前期有了显著的变化。首先，南方的原始瓷产区有所扩大，除了德清地区的原始瓷窑群②和浦城猫耳山窑外，江西的角山窑址发现的龙窑和马蹄形窑③以及吴城遗址发现的圆角方形窑也都具备烧造原始瓷的能力。④其次，与生产地范围扩大相对应的是南方出土原始瓷遗址数量的增加，主要有湖州毗山⑤、绍兴楼家桥⑥、象山塔山⑦、福建光泽池湖⑧、江西万载茶树窝、下窝和柞树窝⑨等。最后，除了产区附近遗址外，在中间地带的江淮地区、江汉平原，处于王朝核心区的中原地区，甚至相对较远的陕西、河北、山东等地均有原始瓷出土，且数量明显增加。可见该期随着原始瓷产地由个别的点向产区的发展，不仅周边遗址出土器物增加，其对中原甚至更远的地区均产生了一定的影响力。也正因为此，我们可以在前期依水道走向的基础上，更多地依靠

---

① 曹峻：《试论马桥文化与中原夏商文化的关系》，《中原文物》2006年第2期；向桃初：《二里头文化向南方的传播》，《考古》2011年第10期。

② 浙江省文物考古研究所等：《浙江湖州南山商代原始瓷窑址发掘简报》，《文物》2012年第11期。

③ 李荣华、周广明、杨彩娥等：《鹰潭角山发现大型商代窑址》，《南方文物》2001年第1期。

④ 周广明：《吴城遗址原始瓷分析》，《吴城——1973~2002年考古发掘报告》，科学出版社2005年版。

⑤ 浙江省文物考古研究所等：《毗山》，文物出版社2006年版。

⑥ 浙江省文物考古研究所等：《楼家桥 塘山背 尖山湾》，文物出版社2010年版。

⑦ 浙江省文物考古研究所等：《象山县塔山遗址第一、第二期发掘》，浙江省文物考古研究所编：《浙江省文物考古研究所学刊》，长征出版社1997年版。

⑧ 福建博物院：《福建光泽池湖商周遗址及墓葬》，《东南考古研究》（第三辑），厦门大学出版社2003年版。

⑨ 李家和：《万载县发现商代遗址》，《江西历史文物》1985年第2期；万载县博物馆：《万载县商周遗址的调查》，《江西历史文物》1986年第2期。

遗址点的分布来重建该阶段原始瓷的运送路线。

出土原始瓷遗址点的分布表明，该时期可能存在三条运输路线（图4.9）。

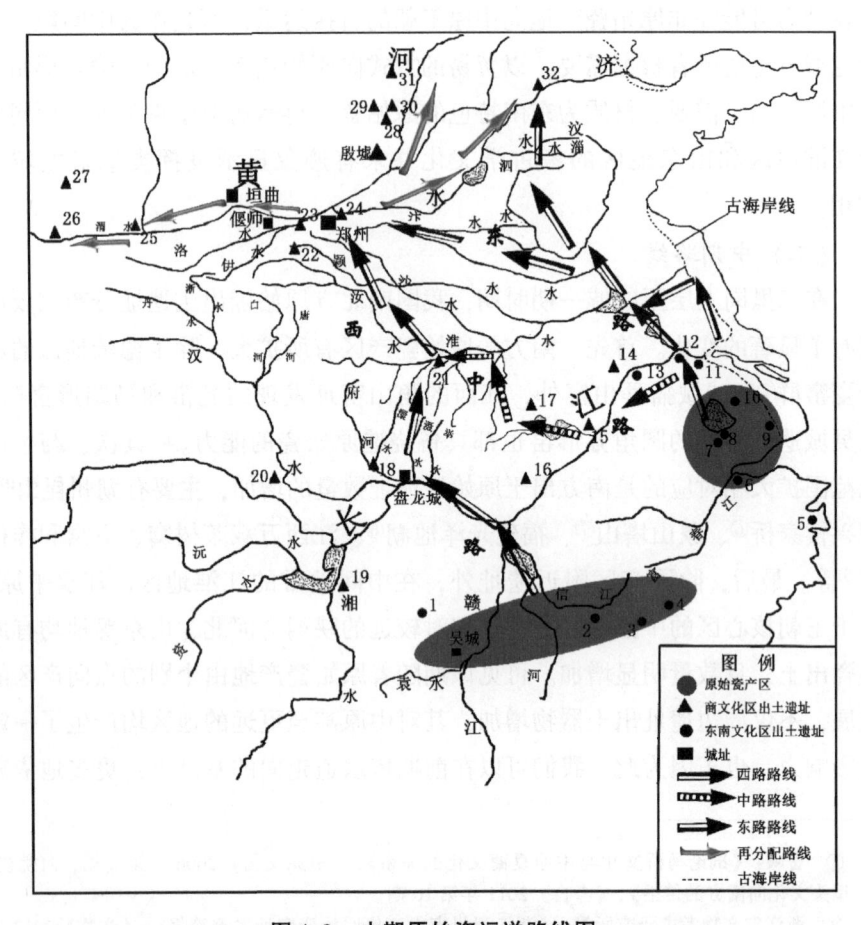

图 4.9  中期原始瓷运送路线图

1. 万载茶树窝  2. 鹰潭角山  3. 光泽池湖  4. 浦城猫耳山  5. 象山塔山  6. 绍兴楼家桥  7. 湖州南山窑  8. 湖州毘山  9. 上海马桥  10. 昆山绰墩  11. 江阴佘城、花山  12. 丹徒团山  13. 南京北阴阳营  14. 来安顿丘山  15 含山大城墩  16. 潜山薛家岗  17. 肥西大墩孜  18. 孝感聂家寨  19. 岳阳铜鼓山  20. 荆州荆南寺  21. 固始平寨  22. 登封王城岗  23. 巩义稍柴  24. 郑州小双桥  25. 华县南沙村  26. 西安老牛坡  27. 耀县北村  28. 磁县下七垣  29. 武安赵窑  30. 邢台尹郭村  31. 藁城台西村  32. 济南大辛庄

## 1. 西路

自二里岗上层时期以后，江西的吴城遗址和角山窑址成为新的原始瓷产区。其中吴城遗址在二里岗上层时期以折肩类为代表的器物群逐渐占主

导地位，并出现质地为原始瓷或硬陶的器物，[1] 而这些器形与盘龙城和北方地区出土的主要原始瓷器物即折肩尊在风格上十分相似。同时，中子活化分析的结果也显示，此时北方地区原始瓷与吴城周边地区的原始瓷在成分上存在共性。[2] 此外，在角山窑址发现的陶器多有刻划符号，说明其生产的陶器和原始瓷可能用于商品贸易。[3] 因此，该时期北方地区的原始瓷可能有一部分自吴城产区经盘龙城运送至北方地区。

作为中间重要媒介的盘龙城此时成为商文化在南方重要的军事据点、贸易中转站和方国政治中心，该阶段出土的原始瓷不仅数量有所增加，而且器形也在折肩斜腹尊之外增加了鼓腹尊、弧腹尊并增加了大口瓮、鼓腹罐等器类。[4] 盘龙城附近的黄州下窑嘴发掘的商代墓葬，[5] 以及出盘龙城北上至府河附近的孝感聂家寨均发现了商代的原始瓷若干片。[6] 在与盘龙城形成掎角之势的重要遗址荆州荆南寺[7]和岳阳铜鼓山[8]也有原始瓷出土，其中荆南寺出土的原始瓷残片从其斜折沿，圆唇，外折肩的形态看，都与盘龙城的折肩尊相似，可能是自盘龙城沿汉水运送而来。

从盘龙城北上中原的路线与早期西路2线相同。由于此时中原王朝的核心区由二里头转移到郑州商城，早期经南阳盆地的西路1线可能被弃用，而早期的西路2线此时不仅沿途商文化遗址的分布有所增多，而且这些遗址中也有一些遗址出土有原始瓷，可见西路2线在该时期仍然使用并成为"南瓷北运"的主要路径。该路线仍为自盘龙城出府河北上经大别山间的义阳三关至淮水，然后再沿淮水支流汝水北上至中原地区。其中在府河附近的孝感聂家寨和淮水与汝水交汇处附近的固始平寨遗址均有原始瓷

---

[1] 江西省文物考古研究所、樟树市博物馆编：《吴城——1973~2002年考古发掘报告》，科学出版社2005年版，第413页。
[2] 陈铁梅等：《中子活化分析对商时期原始瓷产地的研究》，《考古》1997年第7期。
[3] 廖根深：《鹰潭角山陶器符号及其与制陶的关系》，《东南文化》1993年第5期。
[4] 湖北省文物考古研究所：《盘龙城——一九六三年~一九九四年考古发掘报告》，文物出版社2001年版，第490—492、502页。
[5] 黄冈地区博物馆、黄州市博物馆：《湖北省黄州市下窑嘴商墓发掘简报》，《文物》1993年第6期。
[6] 孝感市博物馆等：《湖北孝感聂家寨遗址发掘简报》，《江汉考古》1994年第2期。
[7] 荆州博物馆：《荆州荆南寺》，文物出版社2009年版，第117页。
[8] 湖南省文物考古研究所等：《岳阳铜鼓山商代遗存及东周墓葬发掘报告》，《湖南考古辑刊》第五集，1989年。

出土。平寨遗址出土的原始瓷罍为灰色砂质胎，器体施豆青色釉，卷沿，束颈，溜肩，圆鼓腹，口沿内饰四道弦纹，其年代为郑州白家庄期到殷墟一期，① 该遗址可能为西路过淮水后继续北上的一个中转站。

除了西路路线，我们认为该时期另一个重要原始瓷产区——德清地区可能已经开始在东部发挥向北方输送原始瓷的作用。

在商文化区出土的原始瓷，除了占主流的折肩尊外，还包括罐、碗、簋、杯等日用器物。朱剑等学者采用 INAA 技术测试吴城和大辛庄遗址原始瓷的痕量、微量元素，显示二者的成分有所不同，② 表明北方原始瓷可能除吴城外另有来源。而德清地区自商代中期开始出现原始瓷豆、罐、碗等器物，却不见折肩尊。并且自良渚至商周时期，山东地区、江淮地区与环太湖地区均有经水路的文化交流。

2. 中路

作为中间地带的江淮地区自古便是沟通东南地区与中原地区的重要通道，其路程距离远小于西路，沿途的淮水和泗水更是在其中发挥着重要作用。当时的淮水在进入苏北地区后继续东进独流入海，而非清代以后南下经长江入海的走向；泗水为淮水中下游北岸最大的支流，是连接鲁中南与长江下游两地的重要水道。据《尚书·禹贡》记载："沿于江、海，达于淮泗。"孔传曰："顺流而下曰沿，沿江入海，自海入淮，自淮入泗。"③ 可见经江淮地区北上也是东南地区通向北方王朝的重要路线。

具体而言，中路路线为自宁镇地区溯江至皖南，此时可能出于对铜陵铜矿攫取的需要，商文化在皖南地区形成大城墩类型，并可能发挥了类似于盘龙城的作用，在掠夺铜矿资源的同时，亦将东南特产转运至北方。在该地区诸如含山大城墩、潜山薛家岗、来安顿丘山④、肥西大墩孜等遗址均有原始瓷出土。而这些遗址附近河流或为长江支流或为淮河支流，通过这些河流则可实现自长江流域到达淮水流域。入淮水后，可逆流向西至皖西豫南地区，再沿淮水中上游的主要支流汝水、颍水北上

---

① 北京大学考古学系等：《河南固始平寨古城遗址发掘报告》，《考古学报》2000 年第 3 期。
② 朱剑、方辉、樊昌生等：《大辛庄遗址出土原始瓷的 INAA 研究》，《东方考古》第 5 集，科学出版社 2009 年版。
③ （汉）孔安国传，（唐）孔颖达正义，黄怀信整理：《尚书正义》卷六，上海古籍出版社 2007 年版，第 210 页。
④ 国家文物局主编：《中国文物地图集·安徽分册（下）》，中国地图出版社 2014 年版，第 160 页。

至中原地区。位于颍水上游附近且距郑州商城和偃师商城较近的登封王城岗也发现了若干原始瓷片，该遗址可能为接应远方运送物品的据点。

3. 东路

中路之外亦有东路路线。东路既可经陆上河路也可走海路从太湖地区进入淮河流域。其中河路与今京杭运河自浙江北上至淮河的路线相同，即自德清地区经太湖水系北上至长江沿岸的镇江地区，过长江经过江淮地区后进入淮水；海路则可能自江阴沿长江出海北上至淮水，在今阜宁附近入淮后，再沿淮水西进至与泗水交汇处入泗水北上至鲁西南地区，之后沿泗水的两大支流汴水或睢水西进至中原地区。或经泗水或沂水至鲁中地区，然后运送至大辛庄遗址。

中商时期原始瓷出土地距离德清最近的为太湖北部的沿江地带。此时在该地区的丹徒团山①、江阴花山②、佘城③和南京北阴阳营遗址④发现了原始瓷，其主要器形也多为德清地区常见的豆、罐、钵等。其中江阴地区正处于长江南北，宁镇和太湖地区十字交通要冲，且先秦时期该地处于长江口，是沟通南北甚至内河和海上交通的要地。⑤ 夏商时期江阴的佘城及附近的花山遗址均有原始瓷出土。花山遗址较佘城略早，在年代相当于二里岗上层至殷墟一期的晚期地层出土了原始瓷罐和钵等。佘城出土原始瓷虽为残片，然而其TG2出土硬陶和原始瓷的比例高达14.19%，远高于花山遗址的3.17%。团山为一处自二里头时期延续至春秋时期的遗址，在相当于二里岗上层时期稍晚开始出现硬陶或原始瓷。北阴阳营遗址为南京一处自新石器时代延续至商周时期的重要遗址，其中第三层商代文化层发现了原始瓷豆和罐。这三处遗址所在的江阴、镇江和南京地区是沟通苏南苏北的重要水路交通要道，镇江北部如今是京杭大运河与长江的交汇处，是吴越文化北上的必经之地。南京和江阴可视为沿江西进和出海的重要据点，通过这里向北可经江淮地区到达北方，向西可溯流而上至皖南地区。因此从该地带所处的位置和遗址的分布及所出土的原始瓷推测，这里曾是

---

① 团山考古队：《江苏丹徒赵家窑团山遗址》，《东南文化》1989年第1期。
② 江苏花山遗址联合考古队：《江阴花山夏商文化遗址》，《东南文化》2001年第9期。
③ 江苏佘城遗址联合考古队：《江阴佘城遗址试掘简报》，《东南文化》2001年第9期。
④ 南京博物院：《北阴阳营——新石器时代及商周时期遗址发掘报告》，文物出版社1993年版，第153、155页。
⑤ 谭其骧主编：《中国历史地图集·第一册》，中国地图出版社1982年版，第29、30页。

商代东南原始瓷向北方运输的重要中转站。自此出发，可经中路与东路路线到达北方各地。

（四）向边区的再分配

在二里岗上层时期，几个先后可能为商王朝都邑遗址的郑州商城、偃师商城①、郑州小双桥②均有原始瓷发现。其中郑州商城出土的原始瓷数量最多，器类也最为丰富，有尊、罍、罐等。而偃师商城和小双桥遗址所发现的原始瓷均为尊，其形态与二里岗遗址发掘的大口折肩尊十分相似。该类尊主要为大敞口，颈斜向内直收，斜折肩，腹斜向内收，微鼓，底内凹，是商代早中期北方地区出土最主要的原始瓷，与盘龙城所发现的同类器物十分相似。另在距郑州商城和偃师商城较近、位于黄河支流洛水岸边的巩义稍柴遗址也发现了两个原始瓷尊，其形态与偃师商城和郑州商城的原始瓷尊十分相似。③而位于黄河对岸作为商王朝攫取中条山矿产资源重要据点的垣曲商城，所出原始瓷虽为残片，但从口沿及肩部的形态可知为与郑州商城相同的原始瓷尊。④

此时商文化的势力不断扩张，向西可达关中平原。郑洛地区的原始瓷在到达黄河对岸的垣曲商城后，还可能沿黄河继续西进，入渭河到达关中地区。当地位于渭河附近的华县南沙村⑤和西安老牛坡⑥均发现若干原始瓷残片，而位于西安北部的耀县北村⑦则发现一个原始瓷尊，其形态与郑州商城的原始瓷尊十分相似，显然是自郑洛地区运送而来的。

同时出于对海盐的攫取，在二里岗上层时期商文化的势力向东也已经进入山东东北部。济南大辛庄作为当地的一个核心聚落，不仅出土大量可能用于提取海盐的"盔形器"，而且也发现了一些以罐、碗、簋等

---

① 中国社会科学院考古研究所：《偃师商城》，科学出版社2013年版，第705页。
② 河南省文物考古研究所：《郑州小双桥——1990～2000年考古发掘报告》，科学出版社2012年版，第509页。
③ 河南省文物研究所：《河南巩县稍柴遗址发掘报告》，《华夏考古》1993年第2期。
④ 中国历史博物馆考古部等：《1991～1992年山西垣曲商城发掘简报》，《文物》1997年第12期。
⑤ 北京大学考古教研室华县报告编写组：《华县、渭南古代遗址调查与试掘》，《考古学报》1980年第3期。
⑥ 刘士莪：《老牛坡：西北大学考古专业田野发掘报告》，陕西人民出版社2002年版。
⑦ 北京大学考古系商周组、陕西省考古研究所：《陕西耀县北村遗址1984年发掘报告》，《考古学研究（二）》，北京大学出版社1994年版，第318页。

为主要器形的原始瓷残片,① 可能是自郑州商城沿济水顺流而下运送而来。同时我们也不能排除，大辛庄的统治者可能在向商王朝运送海盐的同时，也将来自东南地区的原始瓷进贡于商代核心区。济水发源于河南济源，在今河南武陟与黄河相汇，并自黄河南岸向东北流向山东地区，其河道基本是沿着现在的黄河下游及小清河入渤海，但是济水在历史时代的后期逐渐消失。而西汉以前黄河的主流是在河南武陟转向东北，经河北平原，最后在天津附近注入渤海。② 所以冀中平原在商代中期以后的重要聚落遗址如邢台尹郭村③、磁县下七垣④、武安赵窑⑤、藁城台西村⑥等所发现的原始瓷可能是自郑州地区沿黄河北上运送而来的。其中台西村应该是商代的一处重要遗址，出土原始瓷片较为丰富，从口沿和圜底判断均为圜底器，尤以折肩圜底尊为最多，次为大口折肩罐、小口短颈瓮和罍。值得注意的是，台西村和武安赵窑发现的尊均与郑州二里岗出土的原始瓷尊相似，可能是经郑州商城运送而来。

该时期为商文化势力范围不断扩张至最为鼎盛时期，所以三条路线中，除了西路得到继续使用之外，随着商文化在江淮地区和山东地区势力的加强，中路和东路路线得以形成。而北方那些位于中原以外边缘地区发现原始瓷的商文化遗址，多在各自地区处于核心聚落的地位或攫取当地资源的据点，所以其原始瓷应该不是自原始瓷产区直接运送而来，而是商王朝统治者作为贵重物品赏赐给地方的。

（五）晚期路线

至商文化殷墟一期以后，南北方原始瓷的出土范围相较之前又有所变化。南方原始瓷产区的范围继续扩大，其中吴城地区出土原始瓷的遗址明显比中期多，分布的范围也更广；德清地区在范围上扩大不明显，但在以下菰城为中心集中分布的昆山、钱山漾、塔地、西山等遗址均有

---

① 山东省文物管理处：《济南大辛庄遗址试掘简报》，《考古》1959 年第 4 期；山东省文物管理处：《济南大辛庄商代遗址勘查纪要》，《文物》1959 年第 11 期；方辉等：《济南市大辛庄商代居址与墓葬》，《考古》2004 年第 7 期。

② 谭其骧主编：《中国历史地图集·第一册》，中国地图出版社 1982 年版，第 17、18 页。

③ 河北省文化局文物工作队：《邢台尹郭村商代遗址及战国墓葬试掘简报》，《文物》1960 年第 4 期。

④ 河北省文物管理处：《磁县下七垣遗址发掘报告》，《考古学报》1979 年第 2 期。

⑤ 河北省文物研究所等：《武安赵窑遗址发掘报告》，《考古学报》1992 年第 3 期。

⑥ 河北省文物研究所：《藁城台西商代遗址》，文物出版社 1985 年版，第 64 页。

原始瓷出土，且遗址规模越大、等级越高，出土的原始瓷数量就越多。[1]在北方地区，之前在商代早期发现原始瓷的湖北、陕西和河南黄河以南地区，此时不见出土原始瓷的遗址；黄河以北的河南、河北和山东地区出土原始瓷的遗址则有所增加，这可能与商代晚期商王朝政治势力的转移有关。

根据这些遗址材料，我们认为此时原始瓷向北方运送的西路和中路路线可能由于商文化势力的北移，致使盘龙城、皖南和位于黄河南岸等中间地带遗址的消失而不复存在。同时作为南方原始瓷一大产地的吴城地区可能因为失去盘龙城这个与中原联系的重要媒介而不再向中原地区输送原始瓷。在商代晚期随着商文化在鲁南和苏北地区的发展，以商文化前掌大类型为代表的地方势力，可能成为商文化联系东南并攫取东南地区资源的重要媒介。而产自德清地区的原始瓷则可能输送至中原地区。故我们认为与中期相似的东路路线此时依然存在并发挥着重要作用（图4.10）。

此路线从东南区出发，首先向北到达沿江地带。此时的长江沿岸发现原始瓷的遗址有所增加，除上文提到的丹徒团山和南京北阴阳营外，还在其附近的镇江马迹山[2]、句容城头山[3]、仪征胥浦甘草山[4]、江宁点将台[5]等遗址发现商代原始瓷，其器形也主要为豆、碗、钵、罐，其中豆和罐都可在德清南山窑找到相似的器物。

自沿江地带既可以经高邮湖、洪泽湖一带的低洼地带入淮水，也可以出江入海北上至淮水口，进入淮水后再沿泗水到达鲁西南地区。商代早期该地区处于岳石文化的分布区，并没有出土原始瓷，而至商代晚期，这里可能已成为商王朝的一个方国。滕州前掌大墓地[6]应该是这里的一处方国墓地，其中商末的M222、BM4、M124均有原始瓷出土，主要器形为豆、簋等，以原始瓷豆为大宗且与安阳殷墟以及德清南山窑商代晚期的原始瓷豆均相似。其附近的苍山高尧遗址[7]在发现的一批商代窖藏遗物中除了一些

---

[1] 郑建明：《商代原始瓷分区与分期略论》，《东南文化》2012年第2期。
[2] 肖梦龙：《镇江市马迹山遗址的发掘》，《文物》1983年第11期。
[3] 刘建国：《江苏句容城头山遗址试掘简报》，《考古》1985年第4期。
[4] 江苏省驻仪征化纤公司文物工作队：《仪征胥浦甘草山遗址的发掘》，《东南文化》1986年第1期。
[5] 钟民：《江宁汤山点将台遗址》，《东南文化》1987年第3期。
[6] 中国社会科学院考古研究所：《滕州前掌大墓地》，文物出版社2005年版，第198页。
[7] 临沂文物收集组：《山东苍山县出土青铜器》，《文物》1965年第7期。

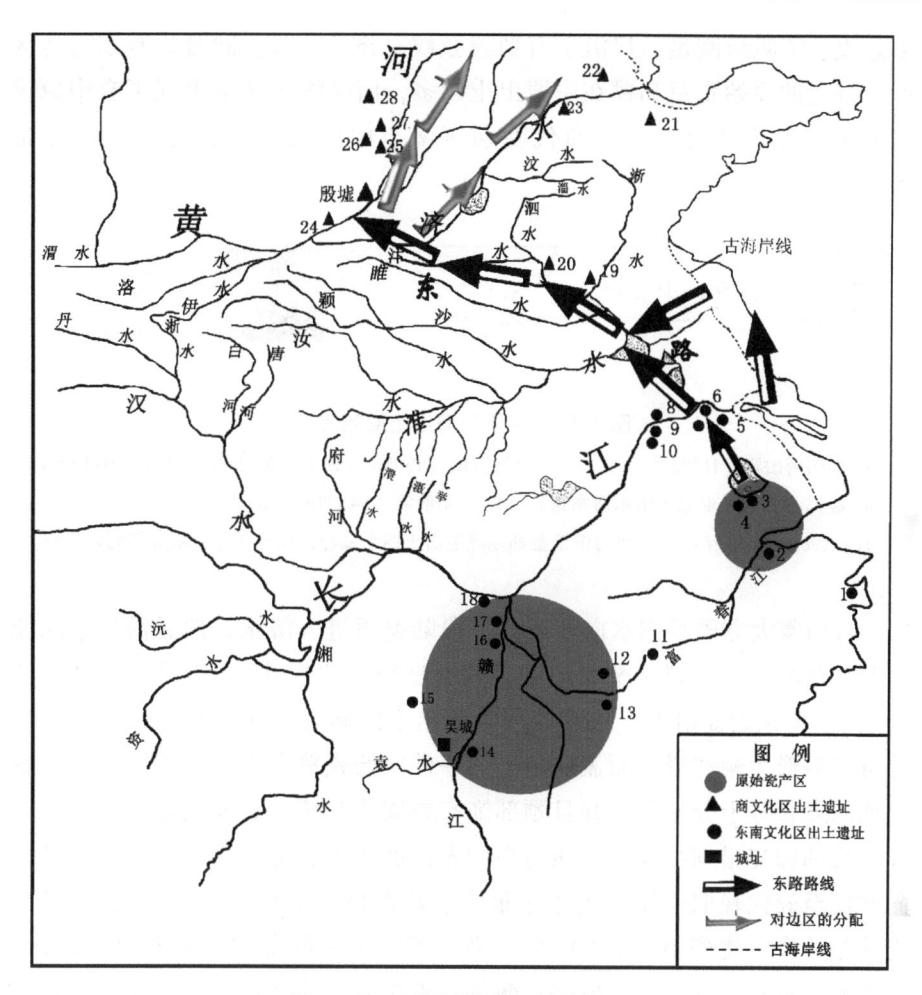

第四章　中原与太湖地区的文化互动与交流通道　　　　　　　　　　209

**图 4.10　晚期原始瓷运送路线图**

1. 象山塔山　2. 绍兴楼家桥　3. 湖州毘山　4. 湖州南山窑　5. 镇江马迹山　6. 句容城头山
7. 丹徒团山　8. 仪征甘草山　9. 江宁点将台　10. 南京北阴阳营　11. 江山肩头弄　12. 乐平高岸岭
13. 鹰潭角山　14. 新干大洋洲　15. 铜鼓平顶垴　16. 永修戴家山　17. 德安石灰山　18. 九江神墩
19. 苍山高尧　20. 滕州前掌大　21. 益都苏埠屯　22. 阳信李屋　23. 济南大辛庄　24. 辉县孟庄、琉璃阁　25. 磁县下七垣　26. 武安赵窑　27. 邢台大桃花与坂上、尹郭村　28. 藁城台西村

带有铭文的殷商青铜器之外，也有一个精美的原始瓷罐。以前掌大遗址为代表的商代方国，可能在晚期取代早期盘龙城作为中间地带的作用，成为连接东南地区与商王朝的主要媒介。此时随着商文化与东南文化的进一步交流，我们可以看到沿途各地的原始瓷豆十分相似，均为直口、折腹、腹

下急收、喇叭形圈足，口沿下有数道弦纹（图 4.11）。同时具有东南地区形制特色的原始瓷豆和罐在中原出土较多，而德清地区也出现了有中原风格的原始瓷尊和簋。可见商代晚期东南与中原地区的文化交流已非常密切。

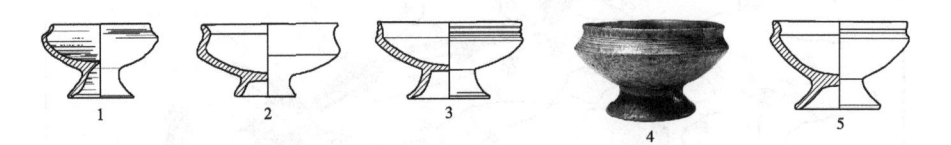

图 4.11 商代晚期出土原始瓷豆
1. 湖州南山窑（IT202②:27）  2. 丹徒团山（T305⑥:20）  3. 滕州前掌大（M119:47）
4. 益都苏埠屯（现藏于山东博物馆）  5. 安阳殷墟（84XTH94:3）
注：1965—1966 年山东省博物馆于益都苏埠屯出土四个墓葬，仅将一号大墓资料完整公布。

自前掌大方国沿泗水向西或经一段陆路再进入济水，然后沿济水溯流向西至黄河再北上到达豫北地区。其沿途经过的辉县琉璃阁墓地①和孟庄遗址②也有原始瓷出土。从琉璃阁墓地出土的施有极薄淡灰色釉原始瓷残片可知器形为罍和罐。而孟庄出土的一件原始瓷尊则十分精美，与盘龙城七期的鼓腹尊十分相似，并且颈部饰有数周凸弦纹，肩部三等分饰三个小耳，腹部饰交错细绳纹，可能为中期先民遗留至殷墟时期的。经过辉县再向北便至商代晚期原始瓷出土量最大、器形最为丰富的安阳殷墟，③ 其出土的原始瓷占陶瓷器总数的 1%，高于商代早期的郑州商城和其他地区，主要器形有豆、罐、壶、器盖、瓿等，也相对其他遗址较为丰富。经过殷墟继续北行，在磁县下七垣、武安赵窑、藁城台西村、邢台尹郭村和大桃花与坂上④等遗址也发现了一些商代原始瓷。当然，从安阳出发也可沿黄河入济水东进至山东中东部地区。该地区在商代晚期均已完全在商文化势

---

① 中国科学院考古研究所：《辉县发掘报告》，科学出版社 1956 年版，第 23 页。
② 河南省文物考古研究所：《辉县孟庄》，中州古籍出版社 2003 年版，第 338 页。
③ 中国社会科学院考古研究所安阳工作队：《2004～2005 年殷墟小屯宫殿宗庙区的勘探和发掘》，《考古学报》2009 年第 2 期；中国社会科学院考古研究所：《殷墟妇好墓》，文物出版社 1980 年版；安阳市文物工作队：《1983—1986 年安阳刘家庄殷代墓葬发掘报告》，《华夏考古》1997 年第 2 期；中国社会科学院考古研究所：《安阳大司空——2004 年发掘报告》，文物出版社 2014 年版，第 180 页。
④ 河北省文物复查队邢台分队：《河北邢台县考古调查简报》，《文物春秋》1995 年第 1 期。

力范围内,在这里除了中期的济南大辛庄,还在益都苏埠屯[①]和阳信李屋[②]等遗址发现了商代原始瓷。其中苏埠屯墓地发现了殷墟之外仅有的四条墓道的高等级墓葬,应该也是一处方国墓地,发现的一个完整原始瓷豆其形制与殷墟小屯出土的原始瓷豆十分相似。

根据商代出土原始瓷遗址的分布情况变化来看,东南地区的原始瓷产地在整个夏商时期不断扩大,由早期个别的点,发展为地跨浙赣的南方原始瓷主要生产区。以吴城、德清等地为中心的东南原始瓷烧造区可沿东、中、西三条主要路线将产品运往北方各地。其中西路首先自赣闽地区过长江至江汉平原,然后过义阳三关进入商朝腹地;中路过长江进入皖南地区,然后沿淮水西进,经颍水和汝水进入商王朝王畿区;东路从太湖以北过长江、淮水,沿泗水北上通过其支流睢水和汴水等西进至中原腹地,同时在东路的前段路线亦不排除沿海路入淮水的可能。这三条路线在不同时段可能存在着不同的使用情况,其中起重要作用的可能为商文化的地方势力。早期时,鲁西南尚处于岳石文化分布区,江淮地区为商文化大城墩类型,也未见有原始瓷出土,江汉平原的盘龙城则发现较多原始瓷,因此运送原始瓷的路线可能主要为西路,而中路和东路路线尚未形成。中期时,随着商文化的进一步扩张,鲁西南出现商文化潘庙类型,皖南江淮间一些遗址出现原始瓷,盘龙城在南北交流中的地位也得到进一步加强,故此时中路和东路路线开始形成,但西路路线仍居主要地位。晚期时,随着商文化在山东地区的扩张,鲁西南出现晚商文化安邱类型和前掌大类型,该地区成为商王朝主要方国控制区,并在前掌大墓地和苍山高尧遗址出土有原始瓷,东路路线逐渐占据主要地位;而中路和西路路线未发现原始瓷遗址点,可能与商文化范围自江汉平原和江淮地区北缩有关,并有可能已被放弃。

---

[①] 谢治秀、由少平、郑同修主编:《中国出土瓷器全集 06·山东卷》,科学出版社 2008 年版,第 1 页。
[②] 山东省文物考古研究所等:《山东阳信县李屋遗址商代遗存发掘简报》,《考古》2010 年第 3 期。

# 第五章 中原与西方地区的文化互动与交流通道

中原和西方地区的交流路线包括几个部分：其一是中原内部，即洛阳盆地和关中的交流路线；其二是关中翻越秦岭至汉中的通道；其三是关中和甘肃、新疆以及关中和青海、西藏等的路线。其实整体来看中原至甘青地区正是丝绸之路的中国境内的路线，近年随着丝绸之路研究如火如荼地开展，各种研究成果汗牛充栋。本书主要探讨新石器至商周时期洛阳盆地至关中以及关中至甘肃的交流路线及互动交流的内容与特点。

## 第一节 西方地区的内涵及地形地貌

西方地区是出洛阳盆地向西的豫西山地、关中渭河地堑平原，再西达河湟地带，包括今甘肃南部、青海东部等地区，西南则包括秦岭以南的汉中区域。

豫西山地前文已有介绍，此处主要是指豫西三门峡地区，这一带处于秦岭山脉东沿与伏牛山、熊耳山、崤山交汇地带，平均海拔高度在300米到1500米之间。地貌包括中低山地、丘陵、黄土塬及山间盆地等，辖区内河流河溪较多，分属黄河、淮河、长江三大水系。长江水系主要是卢氏县南部和东南部的老灌河和淇河及其支流。崤山，自西南向东北伸展于三门峡市与渑池之间，大部分海拔在1000米以下，最高峰干山海拔1858米，其他山峰尚有三角山、放牛山等。熊耳山，位于嵩县洛宁间，山势由西南向东北延展，成一带状西高东低，主峰全宝山海拔2256米，一般1000米—2000米，山势愈东愈低至伊川境内已成丘陵。然而宜阳县附近的锦屏山，因断层作用山势又突然升起，高出附近的洛河平原约 300 米。①

渭河地堑平原位于渭河北山与秦岭之间，西起宝鸡，东至潼关，为喜马拉雅运动时期形成的巨型断陷带。盆地两侧均为高角度正断层。断层线上有一连串泉水和温泉露出。南北两侧山脉沿断层线不断上升，盆地徐徐下降，形成地堑式构造平原。基本地貌类型是河流阶地和黄土台塬。

关中是中原地区的西部，由此南下西南四川盆地及其更南地区，需要翻过秦岭、大巴山、米仓山等山地。秦岭山地北部是渭河、黄河，南部是嘉陵江河源段和汉江，是黄河流域和长江流域在中上游的分水岭。秦岭向东一直绵延至豫西，经由伏牛山、桐柏山到达大别山。秦岭东西两头海拔较低，中部多在 2000 米—3000 米。其中海拔最高的太白山位于中段宝鸡至西安之间。东部延续的伏牛山、桐柏山海拔多在 1000 米—2000 米之间，有些地段甚至不到 1000 米。与渭河平原南侧紧邻的秦岭地段，是秦岭山地中抬升最高幅面最宽的部分。从地质上看，是向南掀斜的断块构造，因此本段秦岭山脉最高峰偏居山地北部，这就使得北坡陡峭而窄短，南坡和缓而宽长。这种地质构造决定了秦岭山地的地貌格局，也影响了发育在其上的河流。早期道路，特别是翻越山地的通道，一般都沿河谷地带展布，所以河流形态在一定程度上也就影响了古代翻越秦岭之南北通道的空间展布形态。

关中向西的道路离不开陇山，陇山古人又称陇坻、陇首、陇坂，不同时期陇山的范围不同，秦汉及以前时段大概南北向纵贯今陕西宝鸡陈仓区、千阳县、陇县以及甘肃省华亭市，属于今六盘山南延部分。唐之后逐渐将北部今天的六盘山也纳入陇山范围，就有大陇山和小陇山之分，大陇山是指陇山的北段即今天的六盘山，小陇山指陇山的南段。六盘山得名并非现代，至少明代已有此山名，明嘉靖《陕西通志》卷三："六盘山，在县（平凉市）西北二百里即六盘关也。"② 清代《读史方舆纪要》卷 58 固原州，"六盘山，在州西南三十里，曲折险峻，盘旋有六"③。之后该书叙述宋元时期多次战争涉及六盘山，称其为"州境之要地矣"。六盘山则和关山也有一定联系，此关山乃近代所起名称。如《中华人民共和国地名大

---

① 马程远：《豫西山地地貌的发育和分区》，《河南师大学报》1982 年第 1 期。
② （明）赵廷瑞修，马理、吕柟纂：《陕西通志》，三秦出版社 2006 年版。
③ 顾祖禹撰，贺次君、施和金点校：《读史方舆纪要》卷 58，中华书局 2005 年版，第 2805 页。

词典》六盘山条目："在宁夏回族自治区南端，甘肃省东部，陕西省西部。北端与月亮山相接，南延至甘肃、陕西省境。南北走向。长100千米，东西宽20千米—30千米。……东坡陡，西坡缓。……分两列平行山脉，东称小关山，西称大关山（即狭义六盘山）。"[1] 同时《中国古今地名大词典》也有近似的看法，其关山条目曰："今山名，在宁夏回族自治区南部。有大关山、小关山，大关山为高峰，小关山平行于六盘山之东，南延为崆峒山。"[2] 据此可知，狭义六盘山乃陇山北部靠西的一列山脉，又称大关山，而东侧较陡的并列山脉为小关山。明清文献中的六盘山其实是指狭义的六盘山，而今天的六盘山则将大关山和小关山合起均称六盘山。小关山南延则为今崆峒山。由于六盘山名称较晚出现，因此还需清楚，秦汉文献中的鸡头山（笄头山）也即古代的空桐（崆峒）山，也是古陇山，确切说是古陇山北部的大陇山，即今大关山，不是平凉市西的今崆峒山。[3] 只有明确上述山川古今名称的演变才能搞清文献中记载的穿越陇山的各条道路。

## 第二节 中原和西方地区交通路线的历史文献及路线概貌

### 一 两地交通路线的文献记载

从中原到西方地区最方便快捷的通道是从洛阳西行经崤函地区过潼关进入关中再向西。当然，两地的沟通还可以经商洛地区即中原地区溯洛水上行到商洛地区，再翻越秦岭与北坡的灞水相连接而抵关中乃至更西。与此同时，中原向北绕行晋南地区也可抵达关中，早商及二里头文化时期从郑州、洛阳北渡黄河到济源再经"轵关陉"道，到运城盆地北部，西行过风陵渡或蒲津渡等黄河渡口进入关中。当然，从郑洛西行到三门峡后也可北渡黄河经晋南抵达关中。晚商时期主要是从安阳出发到关中主要是途经晋南。本章主要探讨经由中原抵达关中及陇西的通道。

---

[1] 崔乃夫主编：《中华人民共和国地名大词典》卷4"六盘山"条，商务印书馆1998年版，第6024页。

[2] 戴均良主编：《中国古今地名大词典》，上海辞书出版社2005年版，第1245页。

[3] 刘满：《秦皇汉武巡幸陇右地名路线考释——兼论历史上的鸡头道》，《敦煌学辑刊》2015年第2期。

第五章　中原与西方地区的文化互动与交流通道　　215

　　从洛阳盆地到关中渭河平原的道路，其中最险峻的一段学者多称为"崤函古道"。崤、函作为地名至少在春秋时期就已出现。《左传·僖公三十二年》载述崤之战曰："冬，晋文公卒……杞子自郑使告于秦，曰：'郑人使我掌其北门之管，若潜师以来，国可得也。'……蹇叔之子与师，哭而送之曰：'晋人御师必于崤，崤有二陵焉：其南陵，夏后皋之墓也；其北陵，文王之所辟风雨也。必死其间，余收尔骨焉。'秦师遂东。……夏四月辛巳，败秦师于崤，获百里孟明视、西乞术、白乙丙以归。"① 此处崤为地名，根据上下文可定其在洛阳和长安之间。"函"应主要是指函谷关，秦函谷关的设立始于战国秦惠文王时。② "崤函"二字连用并特别指代长安和洛阳两地间地势险阻、关塞重要的情况出现在两汉时期的很多文献中。如西汉贾谊《新书·过秦论》卷一："秦孝公据崤函之固，拥雍州之地。"③ 《史记·留侯世家》卷五十五："夫关中左崤函，右陇蜀，沃野千里。"④

　　至魏晋时期，在上述《左传·僖公三十二年》的"其北陵，文王所辟风雨也"杜预注："此道在二崤之间南谷中，谷深委曲，两山相嵚，故可以辟风雨。古道由此。魏武帝西讨巴、汉，恶其险而更开北山高道。"⑤ 而晋戴延之的《西征记》曰："自东崤至西崤三十里。东崤长坂数里，峻阜绝涧，车不得方轨，西崤全是石坂，十二里，险绝不异东崤。"⑥ 这里杜注的"二崤"其实就是《西征记》中的东、西二崤，是崤山北道上最险厄的一段。⑦ 郦道元的《水经·河水注》卷四曰："河之右则崤水注之。水出河南盘崤山，西北流，水上有梁，俗谓至鸭桥也。历涧东北流与石崤水合。水出石崤山，山有二陵，南陵夏后皋之墓；北陵文王所避风雨矣。言山径委深，峰阜交荫，故可以避风雨也。秦将袭郑，蹇叔致谏而公辞焉。蹇叔哭子曰：吾见其出，不见其入。晋人御师必于崤矣，余收尔骨焉。孟

---

① （晋）杜预：《春秋经传集解》，上海古籍出版社1988年版，第403页。
② 李久昌：《桃林之野·桃林塞·秦函谷关：秦函谷关创建年代与背景考》，《中国历史地理论丛》2019年第1期。
③ 贾谊撰，阎振益、钟夏校注：《新书校注》，中华书局2000年版，第3页。
④ 司马迁撰：《史记》卷五十五，第6册，中华书局1982年版，第2044页。
⑤ （晋）杜预：《春秋经传集解》，上海古籍出版社1988年版，第404页。
⑥ 《太平御览》卷四二《地部七》崤山条引。
⑦ 辛德勇：《崤山古道琐证》，《中国历史地理论丛》1989年第4期。

明果覆秦师于此。"① 到唐李吉甫编《元和郡县图志》其集汉、魏、六朝各家地记，又采《水经注》及《括地志》以叙述山川城邑，该书是我国现存最早又较完整的地方总志，多为后世地理志书所本。该书《河南道一》"二崤山"条目的载述正是将之前《左传》、杜注、《西征记》《水经注》等汇集形成的。之后的《太平寰宇记》、王存的《元丰九域志》、顾祖禹的《读史方舆纪要》等记载了崤函古道线路及所经的古城、关隘、河道、景观等方面的一些状况，总体来看尽管各书都有一些有价值的论述，但是唐以后的载述基本沿袭《元和郡县图志》。

当然，关于魏晋到唐宋时期长安和洛阳之间道路行程记载最详细的还有以下文献：西晋潘岳的《西征赋》记载其从洛阳至长安一路所见所闻，虽重在咏史怀古，但是也记载了一路经过的地点及该地相关的史实，所经行乃从洛邑至新安、渑池、陕邑、阌乡等崤山北路，反映了魏晋时期洛邑至长安之间的地理名称；《旧五代史》四十六和《通鉴》二七九中记载了后唐潞王起兵凤翔，经长安入洛阳的行程，途中经长安、华州、阌乡、灵宝、陕州、渑池、新安等地，显然也是崤山北路；此外，南宋高宗绍兴九年（1139年）金归还南宋王朝河南与陕西地，宋廷派签书枢密楼炤一行宣抚陕西，郑刚中以秘书少监身份随行，作《西征道里记》详载沿途行程见闻，其中洛阳至长安一段同样走的崤山北路。严耕望先生曾对这三种文献及上述唐宋志书进行过详细检讨以考证长安至洛阳间驿道概貌。② 最后，明代路引资料也对长安至洛阳间道路驿站、路程等有详细记载，杨正泰先生整理的国内轶失仅存日本山口大学的明代孤本《天下水陆路程》及现藏上海图书馆的稀有本《天下路程图引》③ 是其中颇具史料价值的路引类资料代表。

## 二 秦汉至民国时期崤函古道的基本面貌

秦汉至民国时期，洛阳至长安间的古道全程可分成三段，陕县和潼关是中间的两个重要分割点也是道路行程中的关键点。洛阳到潼关之间的古道就

---

① 郦道元注，杨守敬、熊会贞疏，段熙仲点校，陈桥驿复校：《水经注疏》，江苏古籍出版社1989年版，第357页。
② 严耕望：《唐代交通图考·长安洛阳驿道》卷一，上海古籍出版社2007年版，第18—22页。
③ （明）黄汴著，（清）憺漪子辑，（明）李晋德著，杨正泰校注：《天下水陆路程·天下路程图引·客商一览醒迷》，山西人民出版社1992年版。

第五章　中原与西方地区的文化互动与交流通道　　217

是上文所言的崤函古道,全长200多千米,其中以陕县为枢纽的东西两段分别为崤山道和函谷道。东段的崤山道又可分为南北两条支路线,即"崤山南路"和"崤山北路"。崤山南路亦称"南崤道",其路线是从陕州城出发沿青龙涧河东南行,经交口再沿青龙涧河支流雁翎关河(今安阳溪水)穿崤山,越雁翎关,接着沿洛河支流永昌河东南行,循洛河谷地,经洛宁旧县、宜阳北上到洛阳。崤山北路亦称"北崤道",则是由陕州城向东,经交口,沿涧河河谷,过硖石、渑池、新安到洛阳。西段函谷道自潼关进入豫西崤函地带,经阌乡(今灵宝市豫灵镇南源村西北黄河南岸)、盘豆到湖城(今灵宝市阳平镇南寨村),之后分为南、北两线,北线自湖城经稠桑到桃林驿(今灵宝市东北的灵宝老城即今灵宝市大王镇老城村),南线自湖城南行经虢州(今灵宝市区)再至桃林驿,汇合后再至陕县①(图5.1)。

　　不同时期,崤函古道有很大变迁,潼关至阌乡段变化不大,但是阌乡至灵宝旧城再至陕县的道路则有几次变迁,崤山道中两汉多走崤山北路,隋唐时期多行崤山南路,宋以后则又多行崤山北路。② 民国时期铁路修通,崤函古道遂被废弃。

　　长安至洛阳古道中有几个关键的地点,分别是潼关、新旧函谷关、桃林塞及陕州故城。潼关目前最早的史料记载见于晋人陈寿所撰的《三国志·魏书·武帝记》卷一,其中潼关出现于汉献帝建安十六年(211)"天子命公世子丕为五官中郎将,置官属,为丞相副。太原商曜等以大陵叛,遣夏侯渊、徐晃围破之。张鲁据汉中。三月,遣钟繇讨之。公使渊等出河东与繇会。是时,关中诸将疑繇欲自袭,马超遂与韩遂、杨秋、李堪、成宜等叛。遣曹仁讨之。超等屯潼关,公敕诸将:'关西兵精悍,坚壁勿与战。'"当然,同书还有多处提到潼关地点,多是同一事件。根据上述史料,学者多认为潼关建于东汉,班固所著《汉书》中不见"潼关"地名可以佐证西汉时潼关应该尚未设置,至少班固生活的东汉永元四年(92)之前可能还未设置。艾冲先生认为创建于东汉安帝永初三年(109)。③ 是文也是根据军事事件推断,并无确切的史料载述。毕竟东汉、三国时人的著作中并未见到潼关的名称,而晋人及以后的著作中则大量出现,因此潼关创建的确切时

---

① 崤山道路线参看李久昌《崤函古道交通线路的形成与变迁》,《丝绸之路》2009年第6期;函谷道参看王文楚《唐代两京驿路考》,《历史研究》1983年第6期。
② 胡德经:《两京古道考辨》,《史学月刊》1986年第2期。
③ 艾冲:《潼关创建年代考辨》,《渭南师专学报》2000年第1期。

218　聚落、资源与道路

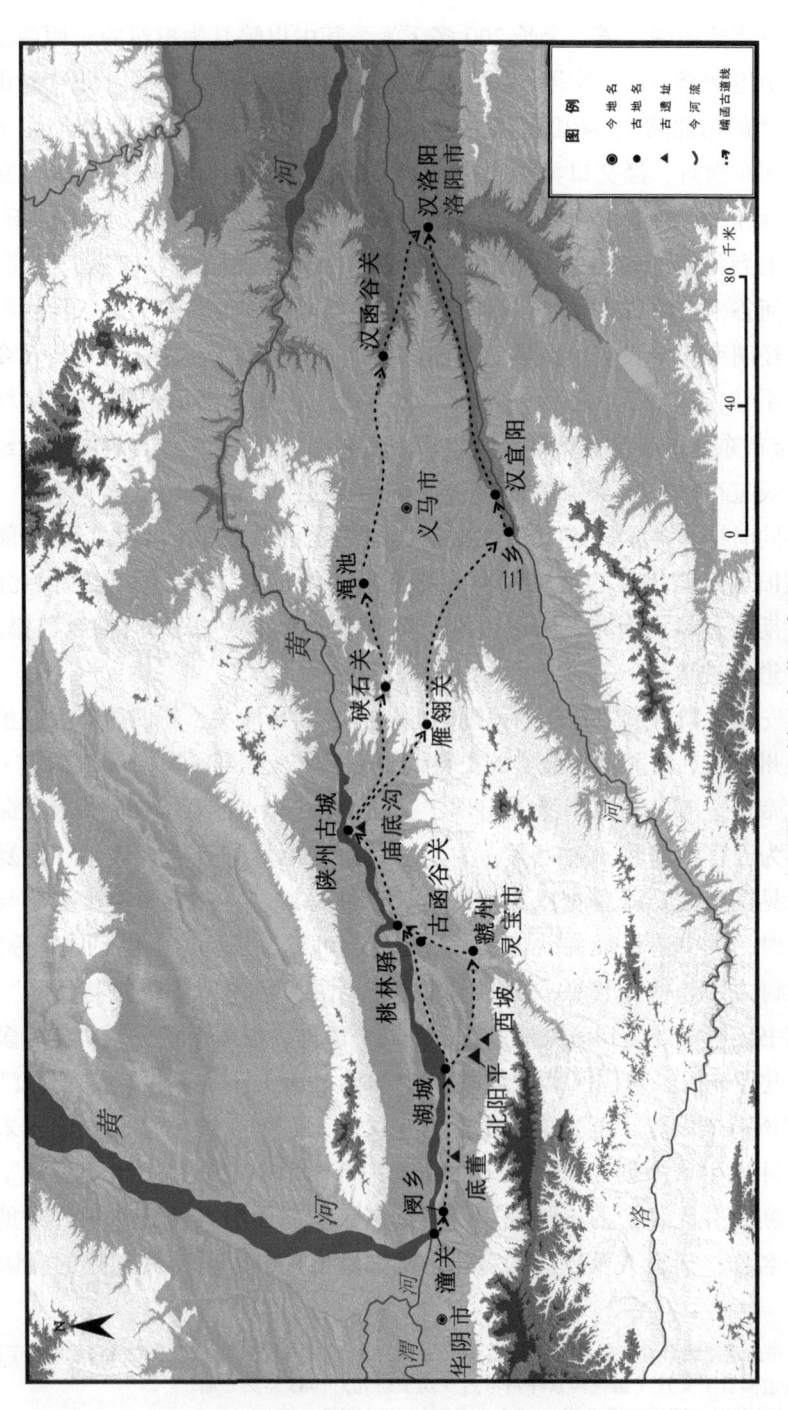

图 5.1　崤函古道示意图

间尚不能确定，但大致是在汉末魏晋时代。汉魏时期的关址在麟趾原上（今港口镇东的南原），具体位于今天潼关县港口镇陶家庄和杨家庄之间城北村一带。尚存部分南北城墙，无东西城墙，因东边的远望沟和西边的禁沟深堑壁立，可能以此两沟作为东西防御的城墙。隋代潼关迁移至"坑兽槛谷"，此"坑兽槛谷"笔者赞同即中咀坡下的禁沟口处①（今杨家庄南的城北村一带）。实际比当时东汉关址又向北移动了数里，因为正如关治中先生所言："在东汉潼关城以南地势平坦开阔，没有设关的条件，因而，隋城不可能向南迁移。我们来到港口南四里的中咀坡下，这里是潼水与禁沟的汇合口，是一片谷地，它位于汉潼关城南城墙的西南坡下，长洛大道从汉潼关城西行下坡必经这里，潼关城设在这里既可以有效地控制长洛大道，又可控制禁沟和通洛谷（潼水）南北通道，避免了汉潼关城不能控制南北的弊病，这也是隋迁潼关城原因之所在。"② 唐代黄河河岸和南原之间有空间可通行，关城又北移至黄河岸边，宋至清代关址基本是在唐代关城基础上维修、拓展和加固（今秦东镇潼关古城）。目前关城平面略呈长方形，东西长约2.5千米，南北宽约1.5千米。今北墙无存，尚存东、西墙北段为夯筑，其外砖壁已拆剥殆尽，高约3米—6米，基宽约7米，夯层厚12厘米—15厘米。南墙和东墙依山势堑山成障，外部最高达30米。关城原设东、南、西、北四门和南北水关，南门和南水关保存尚好。南水关建在穿越关城的潼河上，半圆拱三孔砖石结构。拱墩以条石砌筑，设分水关。券洞高6米，进深12米。潼河两侧有石砌护坡，西、东门瓮城仅存夯土基座。西瓮城基座南北65米，东西48米；东瓮城基座南北25米，东西34米，残高15米。关内散布大量砖、瓦等。1937—1945年关城曾遭日军炮袭，破坏严重。1959年修建三门峡水库，县城搬迁，关城城门及部分城垣被拆除。③

桃林塞，最早见于《左传》文公十三年（公元前614）："春，晋侯使詹嘉处瑕，以守桃林之塞。"杜注："詹嘉，晋大夫，赐其瑕邑令率众守桃林以备秦。"④

---

① 关治中：《潼关天险考证——关中要塞研究之三》，《渭南师专学报》1999年第3期。
② 关治中：《潼关天险考证——关中要塞研究之三》，《渭南师专学报》1999年第3期。
③ 国家文物局：《中国文物地图集·陕西分册（下）》，西安地图出版社1998年版，第579—580页。
④ 杜预：《春秋经传集解》文公十三年，上海古籍出版社1988年版，第487页。

有学者认为，桃林塞就是后来设置的潼关，① 也有学者认为是函谷关。②本书赞同桃林塞并非一处具体关隘，而是指以古瑕地为中心据点，利用桃林"扼束河、山，状皆数函"的天然隘道和人工城邑，共同组成的一道绵延的"城""道"结合的边境防御体系。③ 具体是指秦函谷关以西至汉唐胡县故城（今北阳平镇王家岭北南寨子村）之间，黄河南岸的狭长谷地，其实应该是由西边的瑕邑、中间的谷道和东边的秦函谷关共同组成的一段军事防御设施。

　　函谷关有秦函谷关、汉函谷关和曹魏函谷关三处。战国晚期（公元前330—前324）秦国在逐渐吞噬瑕、曲沃、焦等地后在地处桃林塞的东口设置函谷关。④ 秦函谷关背依高岗（即稠桑原），面对弘农河，地势险要，史念海先生曾两次到关口考察，指出原来的函谷关左右都是陡峭的崖壁，一径才通，弘农河紧依西侧的稠桑原，原下的道路相当狭窄，今天王垛村北是一条羊肠小道，推测当初关门外的道路也不会宽阔。而这种地理形势在军事上具有重要意义，因为东来的军马、车队必须在函谷关北渡过弘农河，过了弘农河以后，又须沿弘农河西岸南行，才能进入函谷关，才能继续西进。⑤ 秦函谷关在今灵宝市北坡头乡王垛村东，20世纪80年代考古学者调查、勘探等工作表明，关城东、西、南墙墙基尚存，东北角及南墙一段保存较好。墙宽约12米，残高1米—3米，多平

---

① 晋杜预为代表认为桃林塞即潼关，此外唐孔颖达、杜佑，宋乐史都持潼关说。具体可参见张维慎《"桃林塞"位置考辨》，《兰州大学学报》2001年第5期。

② 顾栋高辑，吴树平、李解民点校：《春秋大事表》，中华书局1993年版，第1009页；李建超：《函谷关与潼关》，《汉唐两京及丝绸之路历史地理论集》，三秦出版社2007年版，第598页。

③ 唐张守节、李吉甫、宋王应麟都认为桃林塞为今河南灵宝以西至陕西潼关以东的广大地区，现代著名历史地理学家史念海、谭其骧也赞同。现代学者周昆叔认为桃林塞乃函谷古道，而张维慎则更具体落实到从秦函谷关到湖县故城的函谷古道。上述观点均参见张维慎《"桃林塞"位置考辨》，《兰州大学学报》2001年第5期。但是核读文献，其实高士奇并非将桃林塞当作函谷一个点或者当作函谷一条道，仍然是和张守节等人观点相同，当作一个较为广泛的区域。李久昌则指出桃林塞是以"瑕"地为中心据点，利用桃林"扼束河、山，状皆数函"的天然隘道和人工城邑，共同组成了一道绵延的"城""道"结合的边境防御体系。这是对桃林塞十分精辟的概括。其认为瑕地即汉唐的"湖县"，在今灵宝阳平镇王家岭北南寨子村，又指出此地正处在桃林塞西口，可见其认为桃林塞正是包括瑕邑和瑕邑以东至秦函谷关的古道。李久昌：《桃林之野·桃林塞·秦函谷关：秦函谷关创建年代与背景考》，《中国历史地理论丛》2019年第1期。

④ 李久昌：《桃林之野·桃林塞·秦函谷关：秦函谷关创建年代与背景考》，《中国历史地理论丛》2019年第1期。

⑤ 史念海：《河山集》（四集），陕西师范大学出版社1991年版，第391—392页。

第五章　中原与西方地区的文化互动与交流通道　　　　　　221

夯，夯层厚6厘米—8厘米。城内东部发现箭库，出土大批成束铁铤铜镞。城内有老子著经处碑、鸡鸣、望气二台遗迹，出土有封泥、中侯瓦当、铜剑、铜钱范等文物。① 2007—2008年考古工作者又对函谷关附近的地上、地下文物再次进行细致调查，还对函谷关故城城墙开挖探沟，进行地层情况的揭露和剖析，这次工作对于关城西的古道路基、古关楼基址、函谷关故城城墙、城内的鸡鸣、望气二台建筑基址及早年发现的箭库、出土封泥等或进行了重新工作或作了介绍。②

汉武帝元鼎三年，将函谷关东移约三百里至新安境内，辛德勇先生认为汉武帝这次迁移函谷关，是对汉朝地域政策与大关中布防方略的大调整，并不仅限于函谷关一处，时人称之为"广关"，其本质用意是增益拓广关中的范围，大大增强了朝廷依托关中以控制关东这一基本政治和军事地域控制方略的效力。③汉函谷关近年进行了大规模的考古工作，从1992—2013年的二十余年间，先后发掘了汉函谷关的两处关塞和一处烽燧遗址，并对防线及其附属设施进行了初步调查。④特别是2012—2013年对于传统定义的新安函谷关关口遗址进行了发掘，发现了城墙、道路、居住遗址等重要遗迹。基本搞清了两汉时期汉函谷关的平面布局和演变。汉函谷关遗址是一处东西狭长的小型城邑，城墙、道路和建筑遗址等要素均已发现。关城卡在峡谷之中，关城东墙与南北山上的夯土长墙相连接，达到军事防御和控制交通的目的。关城中部的古道路东西向贯穿关城，是唯一的通关道路。根据出土遗物和对遗迹的解剖，可以确定关城东墙、鸡鸣、望气二台及台基西侧夯土墙为西汉建关时修建。东汉时期增建了大城南墙，南墙和东墙组成一个更大的空间。大城西侧、皂涧河北岸是主要的生活区。明清时期直到近代的改建集中在关楼，近代民居的修建不断破坏遗址中部的原始地貌，遗址最终形成"H"形走廊的格局⑤（图5.2）。

---

① 国家文物局主编：《中国文物地图集·河南分册》，中国地图出版社1991年版，第354—355页。
② 孙辉、郭九行：《灵宝函谷关周边遗迹调查分析》，《三门峡职业技术学院学报》2017年第2期。
③ 辛德勇：《汉武帝"广关"与西汉前期地域控制的变迁》，《中国历史地理论丛》2008年第2期。
④ 严辉、王咸秋：《洛阳新安汉函谷关遗址考古工作综述》，《洛阳考古》2014年第2期。
⑤ 王咸秋、吕劲松、严辉等：《河南新安县汉函谷关遗址2012～2013年考古调查与发掘》，《考古》2014年第11期。

曹操西征马超时在秦函谷关旧址北、黄河南岸新开了运粮道成为曹魏函谷关设立的契机，曹魏正始元年（240），弘农太守孟康，移函谷关于弘农郡，曹魏函谷关正式设立。此关南距秦函谷关6千米，北距黄河老岸0.5千米，东南距灵宝古城约2千米，西距函谷关乡的西寨村约7千米，位于衡山岭的北原头东侧坡下，原陇海铁路隧道的南侧。[①]

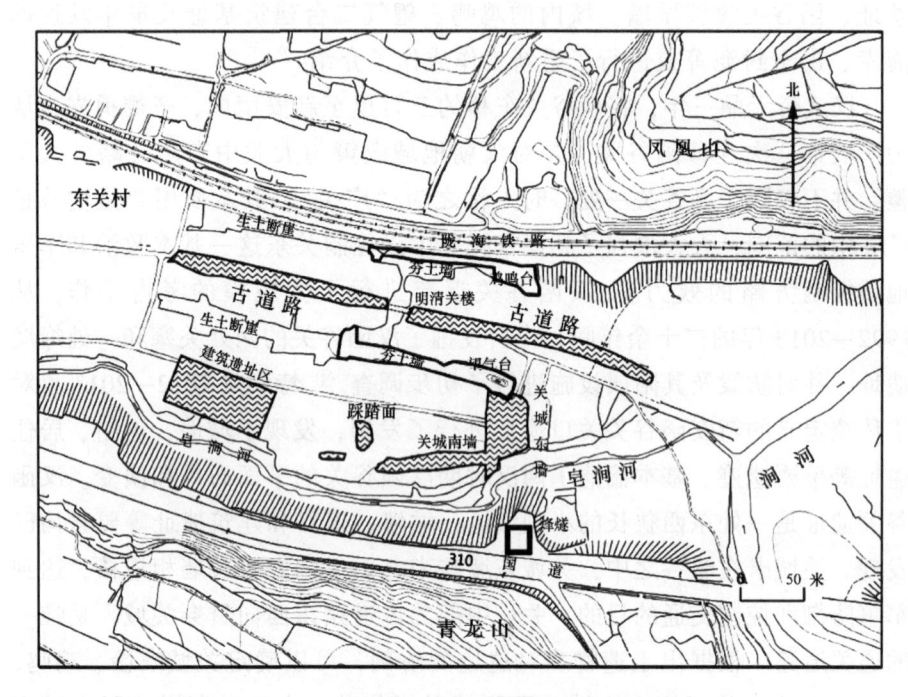

**图 5.2　汉函谷关关城遗址遗迹分布图**
来源：《河南新安县汉函谷关遗址2012～2013年考古调查与发掘》，《考古》2014年第11期。

陕城的"陕"在史籍中初见于《春秋公羊传·隐公五年》"自陕而东周公主之；自陕而西召公主之"，而更早成书的《左传》《战国策》《国语》等言及陕地用的是"虢""焦""崤"等地名。司马迁的《史记·六国年表》载述"秦惠公十年与晋战武城，县陕"之后"陕"频繁出现于《史记》及以后的文献中。鉴于《春秋公羊传》成书年代为西汉，明显晚于《左传》《国语》，因此不能从《春秋公羊传》记载的是西周的事情而断定"陕"地出现于西周，这里的"陕"更可能是使用的成书时代的地名。此外，更早的

---

① 关志中：《函谷关考证——关中要塞研究之二》，《渭南师专学报》1998年第6期。

甲骨文中目前也未见"陕"地，而甲骨文中明确位于长洛之间区域的方国也几乎不见。因此陕作为地名出现很可能是始于秦惠公十年（公元前390）秦人所设置的陕县。当然秦设县后，此地一度又归属晋、魏，且在秦魏之间反复易手，可能并非一直作为秦县存在，①但是自此以后陕作为地名一直沿用后世。

秦庄襄王元年，秦国在洛阳置三川郡，陕县、焦县归属三川郡。秦汉时期陕县一直作为郡下县存在，不过归属时有变化。北魏至清代，陕县改为陕州，州县治均在今陕州故城。陕州故城位于三门峡市城区西黄河与青龙涧汇流的台地上。20世纪50年代修建三门峡水库时陕县政府机关等迁至三门峡市区，陕州故城成为遗址目前建成陕州公园。2015年陕县撤销，成为三门峡市陕州区。

### 三 秦汉时期关中至陇西的道路概貌

秦汉时期，关中至陇西主要有三条路线，分别是汧水渭水谷道、渭水峡谷道和泾水谷道。汧渭水谷道是汉代的丝绸之路翻越陇山前的道路，可行船走水路，谷道两旁也可走陆路。同时也是唐代唐蕃古道的东段，沿渭水谷地西行到达宝鸡凤翔再经汧水谷地翻越陇山，抵达甘肃的清水县、张家川县等区域（图5.3）。

汧水渭水谷道中汧水谷道的繁荣和秦人东迁密切相关，相关文献记载秦人自西向东逾陇山而东进过程中历经九都八迁，即西垂、秦邑、汧邑、汧渭之会、平阳、雍城、泾阳、栎阳和咸阳。雍城之前的早期都城尽管多不确定，但是近年甘肃东部和陕西西部早期秦文化的一些重要收获，②验证了这一人文地理格局变迁的过程。其实正是秦人几百年时间内对汧水河谷的经营，奠定了其汉唐时期重要的交通地位。近年在汧河下游的凤翔孙家南头发现一批先周与西周墓地、一座大型春秋秦墓地以及一处西汉时期置于汧河岸边的码头仓储建筑遗址。该遗址春秋时期的大型秦墓地的年代和汧渭之会的年代相关，本书赞同汧渭之会具体在汧渭交汇东北夹角的陈家崖遗址，凤翔孙家南头可能是文公所建的"鄜畤"③。孙家南头西汉仓

---

① 张怀银：《谈"陕"与陕县》，《华夏考古》1998年第1期。
② 梁云：《关于早期秦文化的考古收获及相关认识》，《中国史研究动态》2017年第4期。
③ 梁云：《鄜畤、陈宝祠与汧渭之会考》，《秦始皇帝陵博物院》，2011年，第79—92页。

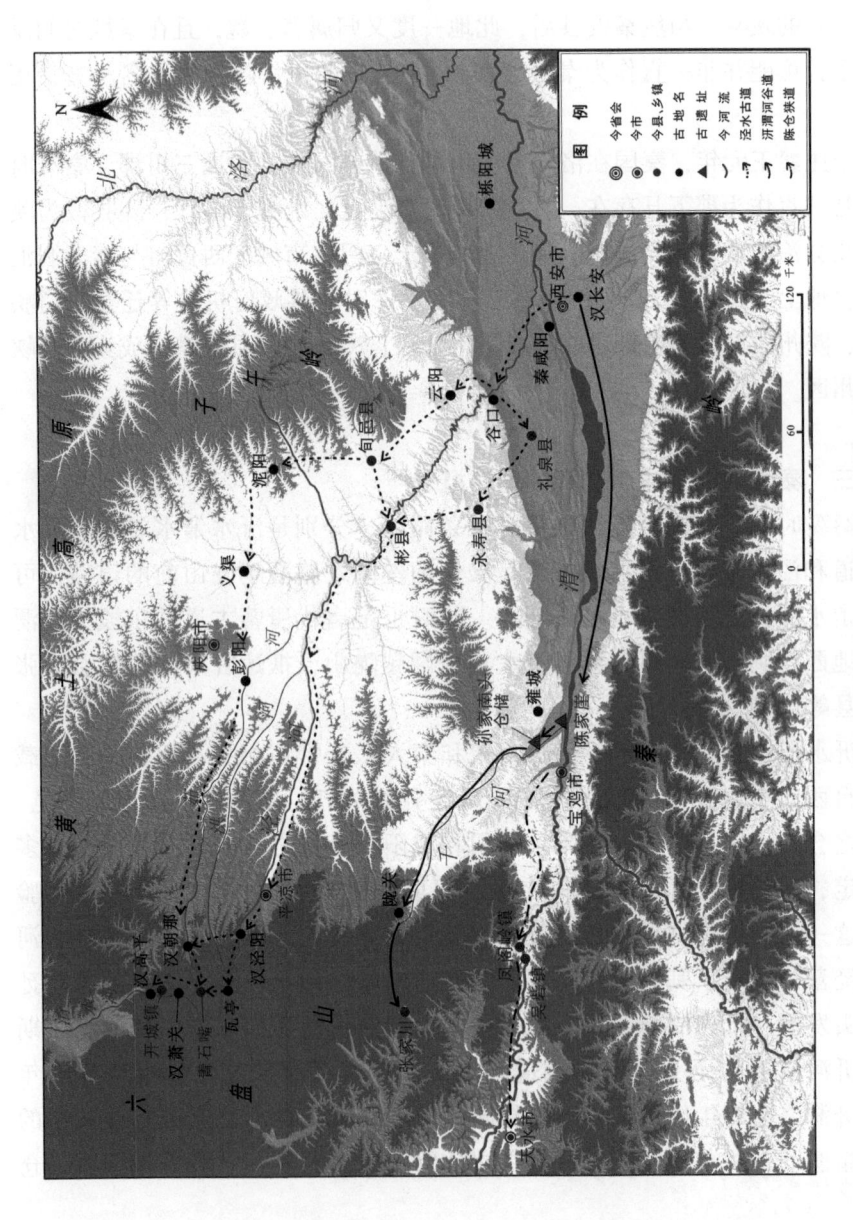

图 5.3 秦汉时期关中至陇西三条古道示意图

储遗址的发现与发掘对于秦汉交通的意义重大,为西汉时期码头仓储、交通路线、漕运等多方面研究提供了重要考古资料。该仓储建筑基址建于汧河东岸300米的台地上,呈长方形布局,南北总长216米,东西宽33米,建筑总面积7000多平方米。发现有墙垣、通风道、柱础石等遗迹。墙垣为东、西、南、北四周围成,南北围墙之间又有两道隔墙,将整个建筑等分成三个单元,各单元的结构与尺寸完全等同,现南和中间单元保存完好,北单元已遭破坏。对于该仓储的性质有学者指出在当时最重要的某些特定的历史环境中,它具有与河岸码头紧密相关的仓储存储、转运的功能是值得肯定的。① 还有学者认为它是西汉皇家水陆物资的转运站。② 二者都指出其作为转运站的仓储性质,孙家南头位于汧河东岸,长安西行的陆路通道正是在此中转进入汧河水路。

关中至陇西地区的第二条路线是渭水峡谷道,也称"陈仓狭道",即沿渭水西行,直达甘肃的天水,这是关中西部至甘肃的最近通道。但是通道中部分地段山高谷狭,不便通行,这些地段有学者认为秦汉可能开凿有栈道,并且是主要通道。③ 然而这些发现的栈道呈点状分布,尚不能连通,尤其拓石至坪头一段,峡窄水急,也几乎不见秦汉及之前的遗存,因此有学者指出这些栈道可能是民间局部开凿的山间栈道,仅供短途通行,应开凿于渭河水小式微的宋元至明清时期。④ 宋元及之前尤其从宝鸡出发至通洞这一段应该主要是绕行山道,而非沿渭水,具体路线是宝鸡陈仓—砾石乡—六川河乡—车辙村—城隍庙—新民乡—赤沙—通洞—拓石。⑤ 拓石再西行即凤阁岭,和凤阁岭镇相邻的是古道上一个著名的地点吴砦,现为甘肃天水麦积区三岔镇所在地,原为吴砦乡,后更名为三岔乡,又改为现在的三岔镇。这里因宋代抗金英雄吴璘曾屯兵阻击金人入陇川而称"吴砦",镇中尚有吴氏兄弟修筑的吴砦城。凤阁岭镇和三岔镇毗邻,这个区域地势相对开阔、山势较缓,两个镇发现的遗址分布密集且延续时间长,从仰

---

① 陕西省考古研究所、宝鸡市考古工作队、凤翔县博物馆:《陕西凤翔县长青西汉汧河码头仓储建筑遗址》,《考古》2005年第7期。
② 杨曙明:《陕西凤翔发现西汉皇家水陆物资转运站》,《中国文物报》2004年8月27日第二版。
③ 王岁孝:《渭河峡谷古栈道初步考察》,《文博》2008年第3期。
④ 于世宏:《宝鸡渭河峡谷栈道考辨》,《宝鸡社会科学》2016年第3期。
⑤ 张天恩:《古代关陇通道与秦人东进关中路线考略》,《秦文化论丛》(第十三辑),三秦出版社2006年版,第158—170页。

韶、龙山到东周、秦汉还有宋代遗址。从地理位置看，三岔镇和凤阁岭镇正处于关中陈仓至天水的中间，这里应该是峡谷通道中的一个重要战略要地，清代还曾在此设置"三岔厅"派兵驻守，也是往来交通的重要驿站。从吴砦再西行渭河河谷较为宽阔，主要是沿渭水而达天水地区。

关中至陇西的第三条路线是泾水谷道，泾河古称泾水，是古渭水（今渭河）的重要支流，泾河发源于宁夏泾源县内的老龙潭，干流自西北向东南流经宁夏的泾源县，甘肃的平凉市、泾川县，陕西的长武县、彬县（今彬州市）、永寿县、礼泉县、泾阳县，由西安高陵区泾渭湾镇陈家滩入渭河。泾水谷道沿泾水河谷向西北行，但是长安至彬县这段由于泾水中游穿行的谷道狭窄难行，军事通道因而改到两旁的原上，由长安至彬县这一段，泾水以北多经淳化、旬邑，泾水以南则由礼泉、永寿而至彬县，战国秦汉时期多取经旬邑的道路，其后多由咸阳、礼泉至彬县。[①] 之后从彬县—长武—泾川—平凉的这一段主要沿泾水谷地行进，然后再经六盘山通道过萧关至固原，之后经固原—西吉—会宁—定西而达临洮、广河等地。当然，由固原西南行也可经木峡关，沿瓦亭川（今葫芦河）到达秦安、天水地区。上述关中至陇山一段的路线和今天G312走向基本一致，唐代这一通道是长安西通安西驿道的北道，其间设有驿站，严耕望先生曾有详细考证。[②] 因为泾河上游路段（今崆峒山区域）较为险峻，秦汉时期翻越六盘山到固原更多的是沿泾河支流颉河、洪河（当地目前又称红河）、蒲河—茹河河谷。颉河发源于宁夏固原市泾源县大湾乡，东南流至平凉汇入泾河，也有认为这一段是泾河的北支源头。颉河河谷中有一段名为弹筝峡，弹筝峡的名称北魏时期可能已有记载，因《水经注》泾水部分散佚，但在宋乐史《太平寰宇记·关西道九》有转录，其原州百泉县载："弹筝峡，《水经注》云：'泾水经都卢山，山路之内，常有如弹筝之声，行者闻之鼓舞而去。'"又云："弦歌之山，峡口水流风吹，洒崖响如弹筝之韵，因名之。"[③] 弹筝峡即今甘肃平凉市崆峒区安国镇西至宁夏泾源县大湾乡杨庄一段19.1千米的峡谷，其中在距离蒿店西2.8千米的地方今称三关口，两山绝壁，谷地狭窄，最为险要。[④] 颉河谷道过弹筝峡后就是汉代的瓦亭，

---

① 史念海：《河山集》四集，陕西师范大学出版社1991年版，第157页。
② 严耕望：《唐代交通图考》卷二，上海古籍出版社2007年版，第385—403页。
③ （宋）乐史：《太平寰宇记》（卷33），中华书局2007年版，第705页。
④ 张多勇：《弹筝峡地望以及相关军事地位考述》，《宁夏社会科学》2021年第5期。

地点在固原市什字乡瓦亭村（由于行政归属调整，即今泾源县大湾乡瓦亭村）。① 之后再过青石嘴、开城至汉高平（今固原）。而安国镇至固原除了经弹筝峡、瓦亭的"瓦亭道"（笔者按，此瓦亭道不是下文东西穿越陇山的瓦亭道，其实是经东瓦亭向北至萧关、高平的南北方向路线），还有一条"泾阳—朝那道"，即从安国镇（汉泾阳）北的火龙沟北上，至洪河河谷的彭阳县新集乡，再翻越姚家塬至古城镇（汉朝那县治所），再沿茹河河谷至青石嘴、开城梁、开城至固原。张多勇先生实地多次考察，认为"泾阳—朝那道"翻越原岭，不如经弹筝峡的瓦亭道便捷。② 但是先秦时期，特别是弹筝峡、瓦亭一线未开通前，由今西安至固原的泾河谷道更多是沿洪河河谷和蒲河—茹河谷道经青石嘴再经开城至固原。

洪河，古名阳晋川，发源于宁夏彭阳县新集乡，由红河乡任家川入泾川县境，向东南流，经泾川县罗汉洞乡景家村（俗称槽头景家）附近汇入泾河。沿洪河河谷至新集后再翻越姚家塬则和前述泾阳—朝那古道的后半段重合。

蒲河是泾河的支流，茹河则又是蒲河的支流。蒲河古称蒲川河，发源于六盘山东北侧甘肃庆阳环县庙儿掌，自西北向东南流经宁夏固原市原州区、甘肃庆阳市庆城县、西峰区、镇原县及宁县，于宁县长庆桥镇野王村注入泾河。上源称白家川，镇原县三岔镇以下始称蒲河。茹河又称彭阳川，发源于宁夏固原市六盘山东麓原州区开城乡，流经宁夏彭阳县古城镇（汉朝那城）、彭阳县城、成阳乡及甘肃镇原县开边镇、镇原县城，在北石窟驿风景区汇入蒲河，隔河东岸不远即是著名的北石窟寺。蒲河—茹河谷道的具体路线见于班彪的《北征赋》，由长安北上，经谷口（陕西礼泉西北）、云阳（陕西淳化）、旬邑（陕西旬邑北）、泥阳（宁县一带）、义渠（庆阳西南宁县）、彭阳（镇原县太平乡彭阳村），再由青石嘴、开城至高平（固原）。③

无论是沿泾水还是汧渭水谷道在抵达陇山后都要翻越陇山（此处翻越的陇山就是前文所说的大关山）才能到达陇西地区。据《后汉书·隗嚣传》记载，其时东西翻越陇山的道路至少有四条，分别是陇坻道、番须口道、鸡头道、瓦亭道（图5.4）。

---

① 许成、余军、王惠民：《瓦亭故关考略》，《宁夏社会科学》1993年第6期。
② 张多勇：《从居延E·P·T59·582汉简看汉代泾阳县、乌氏县、月氏道城址》，《敦煌研究》2008年第2期。
③ 史念海：《河山集》四集，陕西师范大学出版社1991年版，第157页；李天野：《两汉河陇地区交通路线研究》，兰州大学硕士毕业论文，2020年，第69—70页。

228　聚落、资源与道路

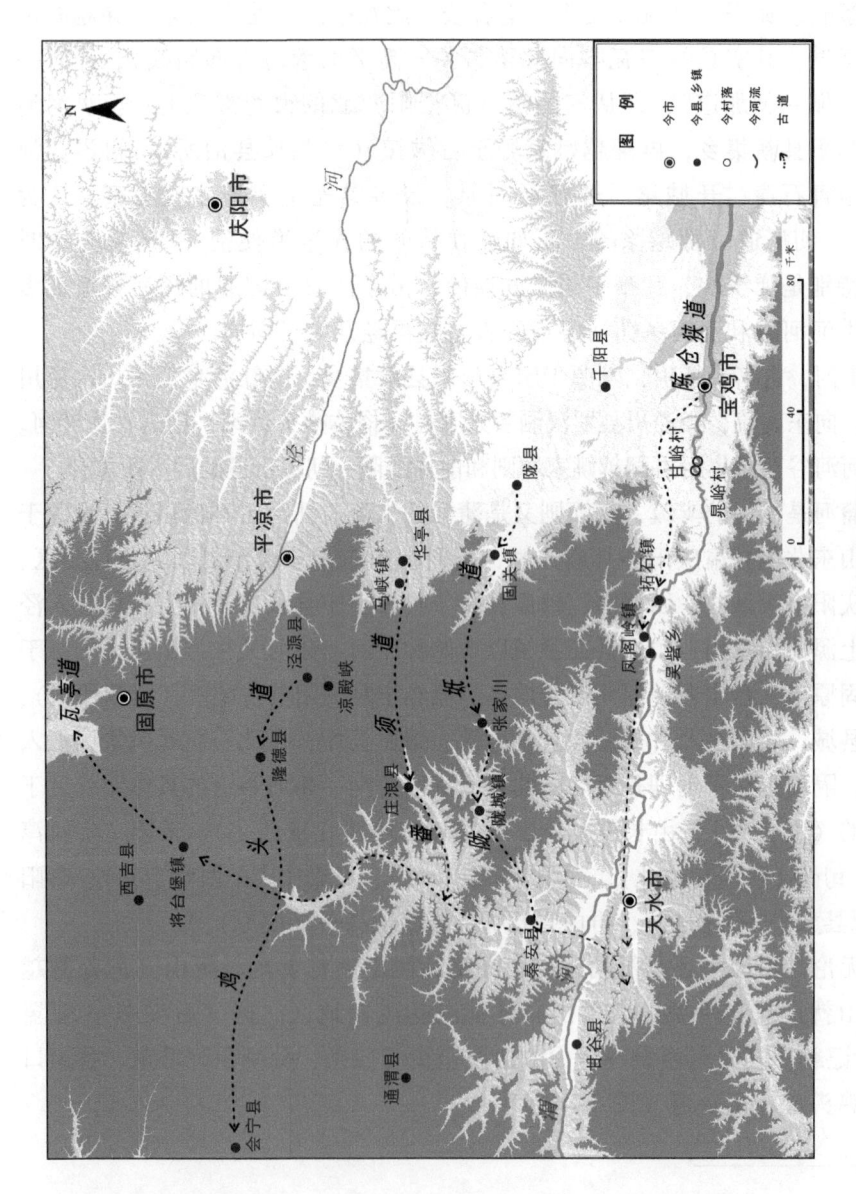

图 5.4　翻越陇山古道

八年春，来歙从山道袭得略阳城。嚣出不意，惧更有大兵，乃使王元拒陇坻，行巡守番须口，王孟塞鸡头道，牛邯军瓦亭，嚣自悉其大众围来歙。①

汧水谷道中从凤翔经今陇县并向西过陇关翻越陇山的东西方向的道路又称为陇关道、陇坂道。汉陇关又称大震关，唐代迁徙关址，又称安戎关，明再迁徙则称咸宜关，位于今陕西陇县西北的固关镇一带的关山梁上。②

经由陇关可翻越陇山达张家川、清水，秦始皇二十七年西巡陇西的去程及汉武帝巡行陇西所走的即是陇坻道。③ 陇坻道也是秦人东迁的重要路径。秦汉时期汧水渭水谷道及向西翻越陇山的陇坂道是当时关中至陇西的主要通道。

番须口道是指经华亭市马峡镇汭河北源与庄浪县南的水洛南河河源之间向西翻越陇山的古道。④

瓦亭道，这里的瓦亭是指西瓦亭，位置在今宁夏西吉县东南的将台乡附近。刘满先生认为是从固原原州区经红庄乡、马莲乡、将台乡，再沿葫芦河南下，经静宁、秦安到天水。⑤ 瓦亭道从原州出发所经的红庄乡有一关隘——木峡关，最早有关木峡关的文献记载是北魏宇文泰由原州出木峡关征讨侯莫陈悦于水洛城（今甘肃庄浪）。⑥ 隋唐时期木峡关是原州七关之一，有突厥自木峡、石门两关入侵的记载。秦汉文献中不见木峡关，可能是南北朝设置，所以秦汉的瓦亭道，南北朝之后也称木峡道。显然陇山东北方向或西北方向的人群抵达固原后，而要再至静宁、秦安、天水等地区瓦亭道是首选。而从长安出发要达天水，绕行至固原再走瓦亭道则迂回太远，但若从长安出发至西吉、兰州等地，假如走北道泾水先到固原再经木

---

① 范晔：《后汉书·隗嚣传》卷13，中华书局1965年版，第528页。
② 侯丕勋、刘再聪：《西北边疆历史地理概论》，甘肃人民出版社2008年版，第273页；关志中、王克西：《陇山诸关考——关中要塞研究之六》，《渭南师范学院学报》2002年第1期。
③ 刘满：《秦皇汉武巡幸陇右地名路线考释——兼论历史上的鸡头道》，《敦煌学辑刊》2015年第2期。
④ 刘满：《秦汉陇山道考述》，《敦煌学辑刊》2005年第2期。
⑤ 刘满：《陇右古地新探》，《中国历史地理论丛》第3辑，陕西人民出版社1988年版；刘满：《秦汉陇山道考述》，《敦煌学辑刊》2005年第2期。
⑥ （唐）令狐德棻等：《周书·文帝本纪》卷一，中华书局1971年版，第8—9页。

峡关西行则比走南道汧水渭水谷道要近便。

鸡头道是指经今泾源县香水河谷翻越六盘山主脉大关山即古人所称的鸡头山，而达陇西的隆德、静宁、会宁等地的道路。主要循泾源县境内的香水河谷和隆德县境内的清凉河谷而行，两河的上源分别位于大关山的东西两侧，正是古代翻越山脉常用的水谷通道的山形地势。这一东西翻越陇山的道路就是秦汉时期著名的鸡头道。其中秦始皇二十七年"巡陇西、北地，出鸡头山，过回中"①的回程及汉武帝元鼎五年"行幸雍，祠五畤。遂逾陇，登空桐"②的路线都走的是这一翻越陇山的鸡头道。③值得注意的是，我们认为秦汉时期由长安出发过弹筝峡后再西南行过鸡头道也是常用的到隆德的线路。当然，也有学者认为鸡头道是经由凉殿峡即安化峡穿越陇山再进入水洛河流域。④由于凉殿峡、安化峡多见于唐宋以后的文献，因此本书倾向于秦汉的鸡头道是经香水河谷和清凉河谷而达陇山西侧，更早的齐家文化时期可能已经使用的穿越陇山的道路暂定于秦汉时期的鸡头道。

还需注意的是秦汉时期萧关的位置及回中道。我们赞同秦汉萧关在固原，不在环县的认识。⑤具体来看，史念海先生认为汉萧关应在今清水河河谷中，扼控这一南北通道，可能在清水河上源和瓦亭川（今葫芦河）分水岭处。⑥王含梅在对平林置考证基础上指出萧关在开城、青石嘴一带。⑦考虑到清水河正发源于六盘山东麓的开城乡境内的黑刺垴沟，而青石嘴位于开城之南并毗邻，这一区域正好是从茹河谷道东来的人马向北至高平的必经之路，换言之，开城和青石嘴一带正是南北的清水河谷和东西的茹河谷道交汇的区域，在此设置关口既扼控从东面茹河谷道而来的道路，又牢牢控制从高平南进及从瓦亭方向北上的道路。因而结合文献、周边地名及地形交通的分析等，我们赞同汉萧关就在今开城、青石嘴一带。

---

① 司马迁：《史记·秦始皇本纪》卷六，中华书局1982年版，第241页。
② 班固撰，颜师古注：《汉书·武帝纪第六》卷六，中华书局1962年版。
③ 刘满：《秦皇汉武巡幸陇右地名路线考释——兼论历史上的鸡头道》，《敦煌学辑刊》2015年第2期。
④ 王怀宥：《唐宋时期安化峡、安化县及安化镇位置考辨——兼谈秦汉时期的鸡头道》，《西夏研究》2017年第4期。
⑤ 刘满：《再论萧关的地理位置》，《敦煌学辑刊》2000年第2期。
⑥ 史念海：《河山集》（二），生活·读书·新知三联书店1981年版，第10页。
⑦ 王含梅：《居延新简〈传置道里簿〉地名新证》，《中国历史地理论丛》2018年第3期。

回中道，这是位于陇山的大关山和小关山之间的一条南北方向的道路。具体是从今陇县向北，经过华亭、平凉直达萧关的这一段道路。①

## 第三节　新石器时代中原和西方地区互动交流

中原地区从仰韶时代就和关中及陇西地区有着密切的文化交流，两地间的交流通道应该很早就有，本节在前文秦汉时期成熟交通道路研究基础上主要依据考古材料分别对仰韶时期和龙山时期中原地区和西部地区的互动交流进行考察。

### 一　仰韶文化时期中原与西方地区的文化互动与交流通道

仰韶文化时期，中原和西方地区的交流通道应该是存在的。首先，豫西关中作为仰韶文化分布的核心区，遗址从仰韶初期到晚期均分布密集，尤其在长洛通道的核心区域灵宝盆地。自1999年以来在灵宝盆地的调查表明，灵宝盆地193处史前遗址可划分为392处聚落，其中裴李岗文化2处、仰韶文化初期26处、仰韶早期72处、仰韶中期103处、仰韶晚期38处、庙底沟二期文化70处、龙山时期47处、二里头文化24处。② 到仰韶文化中期的庙底沟期，聚落继续大幅度增加，这是灵宝盆地史前聚落最多、社会最为繁荣的阶段。聚落分布的特点是沿河分布并且是上下游均在拓展，不少在山区，出现面积达70万平方米的特大聚落。目前尽管尚无法明显看到遗址沿后世的崤函古道呈线性分布的特征，但是根据多年调查和发掘的资料，沿古道确实有仰韶文化遗址分布，新安至华阴古道附近的重要遗址③有：新安县城关镇安乐村遗址、新安县铁门镇高平寨遗址；义马市常村乡石佛遗址、河口遗址及义马市下石河遗址；渑池县西河南遗址、土桥村遗址；陕州区张茅乡西崖遗址、张茅乡南山口遗址、菜园乡菜园遗址、菜园乡陈家庄遗址、菜园乡南县遗址；三门峡市南交口遗址④、庙底沟遗址⑤、

---

① 刘满：《秦汉陇山道考述》，《敦煌学辑刊》2005年第2期；宋冰：《回中道和回中宫相关问题研究》，《北方民族大学学报》2015年第6期。
② 魏兴涛、崔天兴等：《三门峡灵宝盆地史前遗址的调查收获及重要意义》，《中国文物报》2020年4月3日第5版。
③ 所列遗址凡未再单独加注的均来源于《河南省文物地图集》与《陕西省文物地图集》。
④ 河南省文物考古研究所：《三门峡南交口》，科学出版社2009年版。
⑤ 中国社会科学院考古研究所：《庙底沟与三里桥》，文物出版社2011年版。

杨家沟遗址；灵宝大王镇五帝遗址①、灵宝北阳平遗址②、西坡遗址③、故县镇上磨头遗址、豫灵镇底董遗址④；潼关县港口镇张家湾遗址、潼关南寨子⑤。过潼关之后是地势平坦的关中平原，道路无关塞、大河阻碍有更多选择，新石器时代到西周之前更多地依据地形、地势、地貌等自然地理环境，之后则人工干预更多。

其次，豫西仰韶文化和关中以及更西的甘青地区的仰韶文化确实存在着互动和交流。而这种早期的互动交流对于汉唐时期丝绸之路的形成和发展奠定了基础，也可以说汉唐时期著名的"丝绸之路"其实在史前时期已初具雏形。仰韶文化初期，豫西和关中的仰韶文化的形成中，豫中的裴李岗文化起到关键作用。豫西的老官台文化仰韶初期遗存以罐类为主要器形的夹砂陶器主要来源于裴李岗文化，同时老官台遗址折沿罐腹部的乳状突起小鋬也应是裴李岗文化十分盛行的角把的变体。⑥老官台文化仰韶初期遗存主要是受裴李岗文化西渐影响而出现的，其流向也十分明确，即以零口遗址为代表的关中地区稍晚的仰韶初期大多遗存应是在继承老官台这类遗存基础上逐步发展壮大的。⑦

仰韶文化早期，关中的半坡类型和豫北的后冈类型最为强盛，这时关中对豫西晋南的影响更大些。豫西晋南的东庄类型就是半坡类型在其晚段东扩进入晋南和豫西地区以后，在吸收融合了枣园类型文化因素的基础上而形成。⑧其中东庄类型的杯形口尖底瓶及雏形双唇口尖底瓶的尖底特征，绳纹

---

① 河南省文物考古研究院等：《河南灵宝市五帝遗址考古勘探报告》，《华夏考古》2020年第2期。
② 河南省文物考古研究院等：《河南灵宝市北阳平遗址考古勘探报告》，《华夏考古》2020年第2期。
③ 中国社会科学院考古研究所、河南省文物考古研究所：《灵宝西坡墓地》，文物出版社2010年版；陈星灿、黄卫东等：《河南灵宝市西坡遗址试掘简报》，《考古》2001年第11期；魏兴涛、马萧林等：《河南灵宝市西坡遗址2001年春发掘简报》，《华夏考古》2002年第2期；李新伟、马萧林等：《河南灵宝市西坡遗址发现一座仰韶文化中期特大房址》，《考古》2005年第3期。
④ 黄河水库考古工作队河南分队：《河南灵宝两处新石器时代遗址复查和试掘》，《考古》1960年第7期；魏兴涛：《灵宝底董仰韶文化遗存的分期与相关问题探讨》，《中国国家博物馆馆刊》2011年第1期。
⑤ 陕西省考古研究院：《陕西潼关南寨子遗址发掘简报》，《考古与文物》2011年第6期。
⑥ 魏兴涛：《豫西晋南和关中地区仰韶文化初期遗存研究》，《考古学报》2014年第4期。
⑦ 魏兴涛：《豫西晋南和关中地区仰韶文化初期遗存研究》，《考古学报》2014年第4期。
⑧ 田建文、薛新民、杨林中：《晋南地区新石器时期考古学文化的新认识——从蕲春毛家咀遗址和新屋塆青铜器谈起》，《文物季刊》1992年第2期。

和宽带纹、三角纹、菱形纹、鱼纹等黑彩都来自半坡类型；另外，东庄类型的半地穴房屋中地穴周围有台面可利用的特征、墓葬中头骨和肢骨摆在一起的二次葬都来源于半坡类型。① 有意思的是，东庄类型形成后又反馈影响关中地区，使得关中地区半坡类型进入晚期史家类型阶段。史家类型中的花瓣纹、豆荚纹及葫芦形瓶等因素都来自东庄类型。

仰韶文化中期，以豫西灵宝盆地为核心和策源地的庙底沟文化是这一阶段的代表，这一时期可以说是仰韶文化发展的鼎盛时期。其迅猛发展并向周围强势扩张，影响的深度和广度前所未见，以至于有学者认为这一过程中，中国大部分地区文化首次形成以中原为核心的文化共同体，"早期中国文化圈"或者文化意义上的"早期中国"正式形成。② 庙底沟文化对于西部的扩张和影响体现在关中和甘肃东部的史家类型发展为泉护类型，庙底沟的花瓣纹、鸟纹彩陶和双唇小口尖底瓶、三角纹曲腹彩陶盆等典型文化因素出现在关中及更远的湟水谷地的大地湾、西山坪等遗址中。

仰韶文化晚期，随着庙底沟文化空前发展的结束，仰韶文化开始分化，在不同的区域形成新的考古学文化类型。庙底沟文化的发源区或本土区的晋南、豫西在仰韶文化晚期形成了西王村类型，③ 在关中、陕南和甘肃天水以东地区庙底沟文化分化形成了半坡晚期类型，④ 在天水以西逐渐从仰韶文化分离，晚期形成了马家窑文化。晚期豫西晋南地区仰韶文化势力减弱，核心文化地位丧失，东部海岱地区的大汶口文化对其影响程度加大。关中地区则相对受到周围影响较小。这一时段豫西晋南和关中的互动在整个仰韶文化时期最少。值得注意的是，甘青地区彩陶在仰韶晚期进入一个新阶段，在渭河上游地区形成石岭下类型，并在本期晚段又孕育出马家窑文化。泉护类型晚期、石岭下类型及马家窑文化马家窑类型远距离向西传播，形成丝绸之路之前的"彩陶之路"，这条道路大体可分成南北两道，南道则又分成两条支线。北道是从甘肃中部向青海东北部和河西走廊

---

① 韩建业：《早期中国：中国文化圈的形成和发展》，上海古籍出版社2015年版，第80—81页。

② 韩建业：《早期中国：中国文化圈的形成和发展》，上海古籍出版社2015年版，第79页。

③ 严文明：《略论仰韶文化的起源和发展阶段》，《仰韶文化研究》，文物出版社1989年版；巩启明：《试论仰韶文化》，《史前研究》1983年第1期；张天恩：《浅论西王村类型的几个问题》，《考古与文物》1994年第2期。

④ 严文明：《半坡仰韶文化的分期与类型问题》，《考古》1977年第3期。

长距离的扩展。而扩展至青海东部的共和盆地形成马家窑文化的宗日类型，即为南道北支线；扩展至四川西北部的茂县、汶川、理县甚至云南大理一带，即为南道的南支线。[①]

近年来，西藏阿里地区的考古工作有了重要进展，阿里地区的格布赛鲁、皮央东嘎、桑达龙果等[②]史前遗址的发掘出土了黄金面具、蚀花玛瑙珠、大型铜器、带柄铜镜、铜饰珠、陶器、箱式木棺等，这些出土器物表明阿里地区和新疆、云南及印度、尼泊尔等国邻近地区都保持有密切联系，可能属于同一个文化体系。同时发掘相当于中原汉晋时期的故如甲木墓地和曲踏墓地，[③] 出土带有"王侯"字样和禽兽纹的织锦、大量金属器、茶叶等物品，反映汉晋时期该区域与中原、新疆、南亚次大陆之间仍保持着长距离的互动。总之，这些考古发现揭示了象泉河谷地史前至汉唐应该一直是西藏地区一个政治、经济、文化的核心地区，这里和中原、中亚、南亚从史前就存在着互动交流，互动交流的道路网络也逐渐建立和完善。而具体从阿里地区抵达南亚的克什米尔地区和中亚的路线也逐渐清晰，即从西藏阿里地区沿象泉河河谷、印度河抵达克什米尔地区的拉达克，而从拉达克地区向北翻越喀喇昆仑山口，再通往塔克拉玛干绿洲地带，也可进入新疆和中亚。[④] 因此近年霍巍先生提出了"高原丝绸之路"，指出高原丝绸之路指中国中原地区经由青藏高原、或者由青藏高原出发的不同时期东方与西方、中国与外域交流的交通网络及其主要干线。其内涵有四："其一，并不仅仅局限在以丝绸贸易为主从而形成所谓'丝绸之路'的汉代，而是包括了从史前时代开始以来这一地区与外部世界（包括外国与内地）交流往来的路线；其二，这些不同时代的交通路线既有主要的干线，也还包括了若干重要的支线，实际上已经形成为一个交通网络；其三，这些路线既有外向型的国际通道，可以直接通向今天的外域；也有内向型的通道，从而将这些通过青藏高原的国际通道和起点在内地、沿海的所谓'陆上丝绸之路'、'海上丝绸之路'、'草原丝绸之路'、'沙漠丝绸之路'等

---

① 韩建业：《"彩陶之路"与早期中西文化交流》，《考古与文物》2013年第1期。
② 参见《中国考古学年鉴》西藏自治区部分相关遗址的条目。《中国考古学年鉴（2020）》，中国社会科学出版社2021年版；《中国考古学年鉴（2021）》，中国社会科学出版社2022年版。
③ 仝涛、李林辉等：《西藏阿里地区故如甲木墓地和曲踏墓地》，《考古》2015年第7期。
④ 殷晴：《古代于阗的南北交通》，《历史研究》1992年第3期；仝涛：《西藏西部的丝绸和丝绸之路》，《中国国家博物馆馆刊》2017年第2期。

连接在一起；其四，这些路线在历史上所发挥的功能均不是单一性质的，它们与政治、军事、经济、宗教、文化等各个方面的交流传播都有着密切的关系，往往都具有复合性的功能。"①

根据上述所言甘青和关中、豫西仰韶文化的互动交流情况，我们在前述的汧水渭水谷道、泾水谷道及"陈仓狭道"都发现了仰韶文化的遗址。关中平原渭河沿岸有众多仰韶文化遗址②，如：华县泉护村③、华县元君庙④、华阴兴乐坊⑤、渭南北刘⑥、西安半坡⑦、高陵杨官寨⑧、临潼姜寨⑨、眉县白家⑩、宝鸡北首岭⑪、宝鸡福临堡⑫、陈仓区贾村遗址等。而且在汧水谷道内今汧阳、陇县等地同样发现众多遗址，遗址多分布于汧水（今千河）两岸的台原阶地，重要的属于仰韶文化时期的遗址有千阳县王家坪、望鲁台、尖嘴、丰头⑬、西沟⑭；陇县原子头⑮、边家庄、刘家咀遗址等。

---

① 霍巍：《"高原丝绸之路"的形成、发展及其历史意义》，《社会科学家》2017年第11期。
② 以下所列重要遗址已经发掘并有简报或报告发表的均单独加注，其余则可参见石兴邦《陕西渭水流域新石器时代的仰韶文化》，《人文杂志》1959年第2—3期；考古研究所渭水调查发掘队《陕西渭水流域调查简报》，《考古》1959年第11期；陕西省考古所渭水队《陕西凤翔、兴平两县考古调查简报》，《考古》1960年第3期。另外可参见国家文物局《中国文物地图集·陕西分册》，西安地图出版社1998年版，该书千阳、陇县部分。
③ 北京大学考古学系：《华县泉护村》，科学出版社2003年版；陕西省考古研究院等：《华县泉护村1997年考古发掘报告》，文物出版社2014年版。
④ 北京大学历史系考古教研室：《元君庙仰韶墓地》，文物出版社1983年版。
⑤ 陕西省考古研究院、渭南市文物保护考古研究所：《陕西华阴兴乐坊遗址发掘简报》，《考古与文物》2011年第6期。
⑥ 西安半坡博物馆等：《渭南北刘新石器时代早期遗址调查与试掘简报》，《考古与文物》1982年第4期；《渭南北刘遗址第二、三次发掘简报》，《史前研究》1986年第1、2期。
⑦ 西安半坡博物馆：《西安半坡》，文物出版社1982年版。
⑧ 陕西省考古研究院：《陕西高陵县杨官寨新石器时代遗址》，《考古》2009年第7期；陕西省考古研究院：《陕西高陵杨官寨遗址发掘简报》，《考古与文物》2011年第6期；王炜林、杨利平等：《陕西高陵杨官寨遗址发现庙底沟文化成人墓地》，《中国文物报》2017年2月10日。
⑨ 西安半坡博物馆、陕西省考古研究所等：《姜寨——新石器时代遗址发掘报告》，文物出版社1988年版。
⑩ 陕西省考古研究所：《陕西眉县白家遗址发掘简报》，《考古与文物》1996年第6期。
⑪ 中国社会科学院考古研究所：《宝鸡北首岭》，文物出版社1983年版。
⑫ 宝鸡市考古工作队、陕西省考古研究所宝鸡工作站：《宝鸡福临堡——新石器时代遗址发掘报告》，文物出版社1993年版。
⑬ 史一甜：《千阳丰头遗址仰韶文化晚期遗存分期及相关问题研究》，硕士学位论文，西北大学，2007年。
⑭ 遗址均参见国家文物局《中国文物地图集·陕西分册》，西安地图出版社1998年版，第244—246页。
⑮ 宝鸡市考古工作队、陕西省考古研究所：《陇县原子头》，文物出版社2005年版。

由咸阳西行陆路通道靠近渭河，大致路线是咸阳—兴平—武功—扶风—岐山—凤翔再进入汧河谷地，剩余路线和汧水渭水谷道相同。这一路线上仰韶文化的遗址有武功赵家来、浒西庄①、岐山王家嘴遗址②、扶风案板③、凤翔水沟④等。

　　"陈仓狭道"，前文已明确秦汉及之前尤其从宝鸡出发至通洞这一段应该主要是绕行山道，具体路线是宝鸡陈仓—碛石乡—六川河乡—车辙村—城隍庙—新民乡—赤沙—通洞—拓石。⑤ 而主要沿这一山道仰韶文化遗址发现较多，如碛石乡尹家湾、碛石沟遗址，六川河乡何家坡村、楼村遗址，赤沙镇赤沙、北坡遗址，通洞乡土堆遗址，拓石镇关桃园遗址⑥，凤阁岭镇西尧上、通关河、鸭下岭、毛家庄遗址等。⑦

　　泾水及其支流洪河、蒲河—茹河构成的交通道路是仰韶时期关中至陇西另一重要通道。仰韶文化时期西安至固原较少使用弹筝峡、瓦亭一线，而多沿洪河河谷和蒲河—茹河谷道经青石嘴再经开城至固原。目前洪河河谷内仰韶文化遗址沿河均有较多分布，面积多在1万平方米以下。同样由泾水及其支流蒲河—茹河构成的谷道内也发现了大量仰韶文化遗址，多沿河谷两岸分布，下游发现的遗址面积普遍比上游遗址的面积大，相比洪河谷道内遗址的面积也较大些，3万—4万平方米常见，也有不少十几万的，已发掘的仰韶文化重要遗址有庆阳南佐遗址⑧等（图5.5）。

---

　　① 中国社会科学院考古研究所：《武功发掘报告——浒西庄与赵家来遗址》，文物出版社1988年版。

　　② 西安半坡博物馆：《陕西岐山王家嘴遗址的调查与试掘》，《史前研究》1984年第3期。

　　③ 陕西省考古研究院、西北大学文化遗产与考古学研究中心：《2007—2008年度案板遗址龙山时代遗存发掘简报》，《西部考古》（第四辑），三秦出版社2009年版；西北大学文化遗产学院、陕西省考古研究院：《陕西扶风案板遗址2012年度发掘简报》，《考古与文物》2017年第5期。

　　④ 陕西省考古研究院：《2008年陕西省考古研究院考古调查发掘新收获》，《考古与文物》2009年第2期。

　　⑤ 张天恩：《古代关陇通道与秦人东进关中路线考略》，《秦文化论丛》（第十三辑），三秦出版社2006年版，第158—170页。

　　⑥ 陕西省考古研究所、宝鸡市考古工作队：《陕西宝鸡市关桃园遗址发掘简报》，《考古与文物》2006年第3期。

　　⑦ 上述遗址均见国家文物局《中国文物地图集·陕西分册》，西安地图出版社1998年版。

　　⑧ 李瑞：《"考古中国"发布5项考古成果聚焦新石器时代考古发现和研究》，《中国文物报》2021年12月1日。

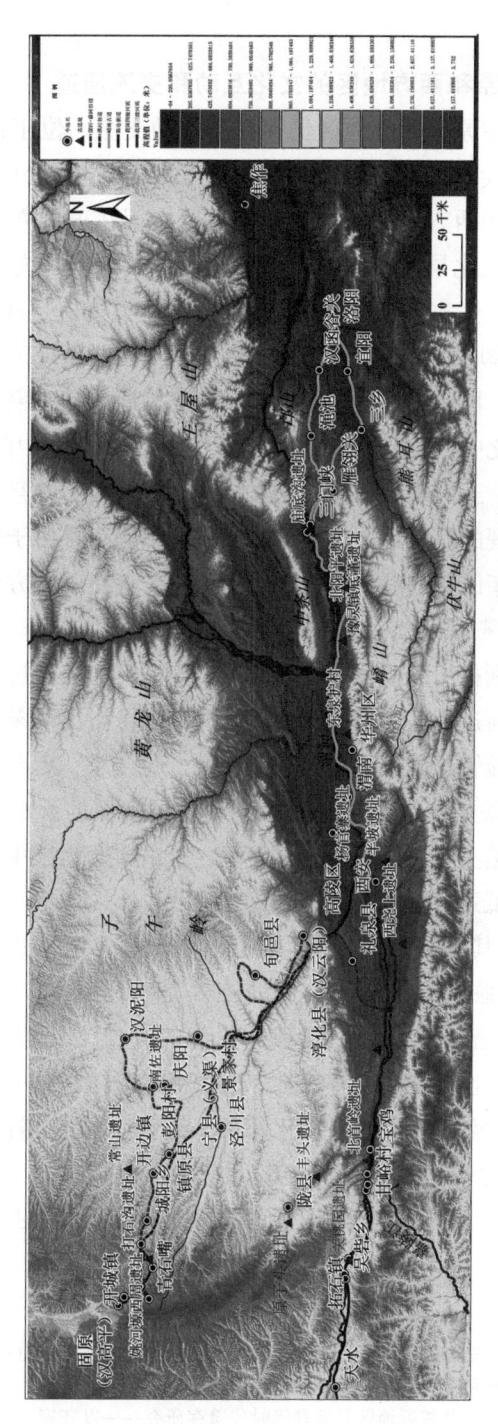

第五章　中原与西方地区的文化互动与交流通道

图 5.5　仰韶文化时期中原和关中、陇西的交流路线

## 二 龙山时期中原和西方地区的文化互动和交流通道

龙山文化时期，中原和西方地区仍存在着互动交流。位于晋南的陶寺文化是中原地区龙山时代对西方地区影响最大的考古学文化，也是互动最多的一支文化。陶寺文化和西方地区的互动交流主要体现在玉器方面，多璜联璧这类玉器多见于陶寺文化早期，同时在芦山峁、石峁等新华文化及齐家文化中都有发现，高江涛先生收集了三个文化中出土的这类器物，对比形制、年代后认为齐家文化的多璜联璧多见于中晚期，多璜联璧在晋南地区发明后应是北传至陕北的新华文化，再通过内蒙古中南部、陕北等地区和齐家文化进行互动交流而传播至齐家文化中。① 此外，朱乃诚先生认为陶寺文化中的玉琮、玉璧、多璜联璧、玉铲形器、玉刀等都可在齐家文化找到同类器，并且形制、玉料质地相同，他指出这表现的是陶寺文化对齐家文化的影响，且由于陶寺周围没有玉矿，而齐家文化分布区域内有丰富的玉矿资源，二者在玉器方面的相互交流还与陇西的玉矿有关。② 关于晋南和甘青地区的这种玉器的互动交流路线高江涛依据当时材料，特别指出多璜联璧这类玉器的传播可能是通过陕北再西进甘青，而非南行渡过黄河进入关中再西行。而朱乃诚先生指出两条进入甘青的路线，一条是由陇山东麓转折陇山北麓、陇山西麓，经会宁、定西到达齐家文化的核心分布区；另一条是由渭河溯流而上，经甘肃东部的天水、陇西到达洮河、大夏河地区。显然上述路线的叙述太笼统，经由河套地区中转的路线暂时称为北线，经由关中抵达甘青的路线暂时称为南线。

北线不止一条，其一是从晋南地区沿黄河谷地北上，进入陕北地区，之后再从陕北至甘青临夏地区，这一路线主要是黄河水路。在内蒙古河套地区朱开沟遗址、白音敖包墓地已发现有明确的齐家文化遗存，有学者已指出齐家文化传播至此主要经黄河谷地，且指出在内蒙古阿拉善左旗的白音浩特鹿图山遗址曾经采集到齐家文化陶器，这是北线传播的中间环节。③ 其二是沿汾河谷地北上，由临汾盆地进入太原盆地在吕梁一带渡黄河进入陕北地区，再沿黄河向西。史前时期晋南和陕北河套地区的交流融合早年

---

① 高江涛：《陶寺遗址出土多璜联璧初探》，《南方文物》2016 年第 4 期。
② 朱乃诚：《齐家文化玉器所反映的中原与陇西两地玉文化交流及其历史背景的初步探索》，《中国社会科学院古代文明研究通讯》第 28 期，2015 年 8 月。
③ 陈小三：《河西走廊及其邻近地区早期青铜时代遗存研究——以齐家、四坝文化为中心》，博士学位论文，吉林大学，2012 年，第 174 页。

第五章 中原与西方地区的文化互动与交流通道　　239

宋建忠先生已有分析，① 近年芦山峁、石峁、兴县碧村等晋陕高原邻近地区龙山文化的一系列考古发现，补充了更多龙山时代的资料，表明晋南的陶寺文化和这一地区存在密切的互动。② 北线交通路线主要是水路。

南线是由晋南向西南行，经风陵渡或蒲津渡渡过黄河抵达关中，再西行至甘青地区，主要使用前文提到的关中至陇西的两条路线，汧水渭水谷道和泾水谷道。汧水渭水谷道在仰韶文化时期已经开辟，并在龙山文化时期继续沿用。关中平原渭河沿岸龙山文化的遗址有华阴横阵③、临潼姜寨、临潼康家④、西安米家崖⑤、长安花楼子⑥、西安市高陵区东营遗址⑦等。龙山文化时期汧水河谷内遗址数量明显减少，除了上述西沟、望鲁台等既有仰韶也有龙山文化遗存的遗址外，还有一些主要属于龙山时期的遗址如千阳县城关镇西河沟、安坡、毗卢寺、红峰乡的惠家沟、湾西及柿沟乡的冉沟、梨树；陇县王马咀、川口河⑧等遗址。

与此同时，由咸阳西行陆路通道仍然畅通，龙山文化的遗址有岐山双庵⑨、扶风县法门镇下康村⑩、扶风案板、武功赵家来、凤翔大辛村遗址⑪。

南线第二条路线仍是泾水及其支流洪河、蒲河—茹河构成的交通道路。龙山时期仍沿洪河河谷和蒲河—茹河谷道绕至陇山北侧的固原，再至陇西临洮、广河或者秦安、天水等。目前洪河河谷内齐家文化的遗址有较多发现，多沿河分布，有小于1万平方米的，也有如镇原县屯子镇段家坪

---

① 宋建忠：《史前晋南和北方考古学文化的交流与融合》，《鹿鸣集——李季先生发掘西阴遗址八十周年、山西省考古研究所侯马工作站五十周年纪念文集》，科学出版社 2009 年版。
② 王晓毅：《龙山时代河套与晋南的文化交融》，《中原文物》2018 年第 1 期；邵晶：《石峁遗址和陶寺遗址的比较研究》，《考古》2020 年第 5 期。
③ 黄河水库考古工作队陕西分队：《陕西华阴横阵发掘简报》，《考古》1960 年第 9 期。
④ 西安半坡博物馆：《陕西临潼康家遗址第一、二次试掘简报》，《史前研究》1985 年第 1 期。
⑤ 陕西省考古研究院：《西安米家崖——新石器时代遗址 2004—2006 年考古发掘报告》，科学出版社 2012 年版。
⑥ 郑洪春、穆海亭：《陕西长安花楼子客省庄二期文化遗址发掘》，《考古与文物》1988 年第 5、6 期。
⑦ 陕西省考古研究院、西北大学文化遗产与考古学研究中心：《高陵东营：新石器时代遗址发掘报告》，科学出版社 2010 年版。
⑧ 尹盛平：《陕西陇县川口河齐家文化陶器》，《考古与文物》1987 年第 5 期；其余遗址均参见国家文物局《中国文物地图集·陕西分册》，西安地图出版社 1998 年版。
⑨ 西安半坡博物馆：《陕西岐山双庵新石器时代遗址》，《考古学集刊》（3），中国社会科学出版社 1983 年版。
⑩ 参见马明志《2008—2017 陕西史前考古综述》，《考古与文物》2018 年第 5 期。
⑪ 雍城考古队：《陕西凤翔县大辛村遗址发掘简报》，《考古与文物》1985 年第 1 期。

这类面积达 3 平方千米的遗址。而彭阳县新集乡姚河村附近发现的遗址较多，除了 1 万平方米以下的马洼梁、马山洼等齐家文化遗址①，这里还发现多处面积较大且时代不同的遗址，如新集乡的海子、新集乡下马洼村西的小河湾秦汉时期遗址，此外还在姚河村北发现宋代的烽火台遗迹。而上述遗址均为调查，尚未发掘，实际遗址面积或有出入。值得注意的是，近年在新集乡姚河村北发现姚河塬西周遗址，遗址面积92万平方米，包括内城、外城、护城壕、高等级墓葬区、小型墓地、宫殿建筑基址、铸铜作坊区、道路、水网等遗迹，出土陶器、青铜器、玉石器、骨角器、象牙器、蚌贝饰、原始瓷器、刻辞甲骨等珍贵遗物，取得了一系列重要考古发现和研究成果。② 姚河塬夹在洪河和茹河河谷之间，位于洪河发源地，这个区域的重要考古发现表明西周时期这里可能是周王朝分封的"获国"，是中原王朝经营西北的前哨，也是中原和更远的固原乃至河西走廊地区连接的重要通道。同样由泾水及其支流蒲河——茹河构成的谷道内也发现了较多齐家文化遗址，同时还有客省庄二期文化遗址，仍沿河谷两岸分布，已发掘的彭阳县打石沟遗址属于客省庄二期文化遗址。③

南线仰韶文化时期的"陈仓狭道"，由于龙山文化时期发现的遗址较少，很可能较少使用。但是与此同时，在龙山时代晚期，从齐家文化的东进及齐家文化和关中客省庄二期文化的互动情况来看，我们赞同开辟了新的通道。④ 但是稍有不同的是，本书认为这一道路不经凉殿峡，而是大致沿秦汉时期的陇坻道、鸡头道、番须道等翻越陇山，再经秦汉回中道北行，之后过弹筝峡抵达平凉地区。

---

① 此处遗址及以下新集乡的遗址情况均参见国家文物局主编《中国文物地图集·宁夏回族自治区分册》，文物出版社2010年版，第411、414、415页。

② 宁夏回族自治区文物考古研究所、彭阳县文物管理所：《宁夏彭阳县姚河塬遗址铸铜作坊区2017—2018年发掘简报》，《考古》2020年第10期；宁夏回族自治区文物考古研究所、彭阳县文物管理所：《宁夏彭阳县姚河塬西周遗址》，《考古》2021年第8期；宁夏回族自治区文物考古研究所、彭阳县文物管理所：《宁夏彭阳姚河塬遗址I象限北墓地M4西周组墓葬发掘报告（上）》，《考古学报》2021年第4期；《宁夏彭阳姚河塬遗址I象限北墓地M4西周组墓葬发掘报告（下）》，《考古学报》2022年第1期。

③ 马强、郭家龙：《彭阳县打石沟新石器时代遗址》，《中国考古学年鉴（2014）》，中国社会科学出版社2015年版，第454页。

④ 左亚琴：《陇山地区新石器时代末期文化通道研究——基于GIS和聚落的分析》，硕士学位论文，安徽大学，2021年。

根据齐家文化遗址在陇山附近的分布图（图5.6）①，我们认为齐家文化向东扩张的路径：首先，广河、临洮等齐家文化核心区的人群向东到达固原后经由泾水谷道可到达陇东泾水及支流。当然也可利用瓦亭道和泾水谷道，即天水、秦安地区的齐家文化人群沿瓦亭道北行绕至固原再经泾水谷道播撒陇东地区。其次，从遗址分布图看，陇山东侧的平凉地区和西侧的隆德、庄浪、张家川遗址均分布集中，而在宝鸡、汧阳等县遗址分布较少，似乎表明齐家文化东进更集中于东北方向。因而我们认为齐家文化时期是经由陇坂道、鸡头道、番须道翻越陇山再沿秦汉时期的回中道北行，然后过弹筝峡到平凉地区，之后再沿泾水谷道直达西安。因此秦汉时期的弹筝峡道及翻越陇山的多条通道或许齐家文化时期已经初具雏形。

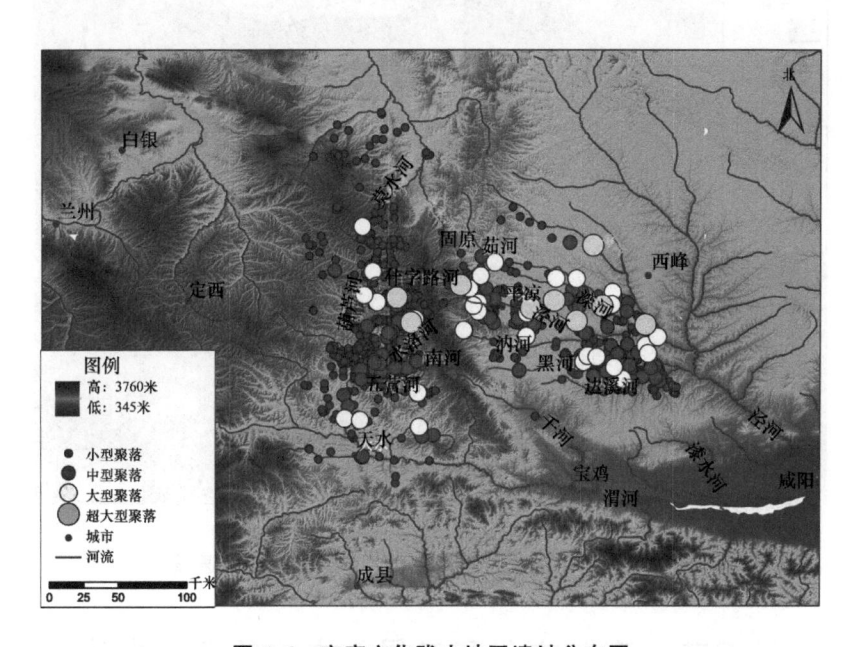

**图5.6 齐家文化陇山地区遗址分布图**

来源：左亚琴：《陇山地区新石器时代末期文化通道研究——基于GIS和聚落的分析》，硕士学位论文，安徽大学，2021年。

陶寺文化和西方地区的互动交流除了玉器方面，在陶寺文化晚期墓葬和晚期居址中发现与客省庄二期文化近似的泥质单耳罐和双耳罐，此外，

---

① 左亚琴：《陇山地区新石器时代末期文化通道研究——基于GIS和聚落的分析》，硕士学位论文，安徽大学，2021年，第29页。

陶寺文化中的单把鬲其来源也不排除来自关中的客省庄二期文化。① 当然，这种单耳罐也有学者认为可能来源于齐家文化。② 值得关注的是，最近西安和咸阳之间沣河东岸斗门镇发现了一处客省庄二期文化的聚落核心遗址——太平遗址。该遗址面积不小于40万平方米，发现客省庄二期文化的环壕并出土玉器、卜骨、叶形陶牌饰、陶铃等文物，根据出土器物的特征看具有陶寺文化的一些因素，同时也有齐家文化的一些因素。太平遗址不仅是客省庄二期文化的高等级聚落，其发掘对于关中和晋南、关中和豫西、关中和西部的齐家文化及关中和陕北的新华文化之间究竟有何关系、存在哪些互动交流等问题都意义重大（图5.7）。

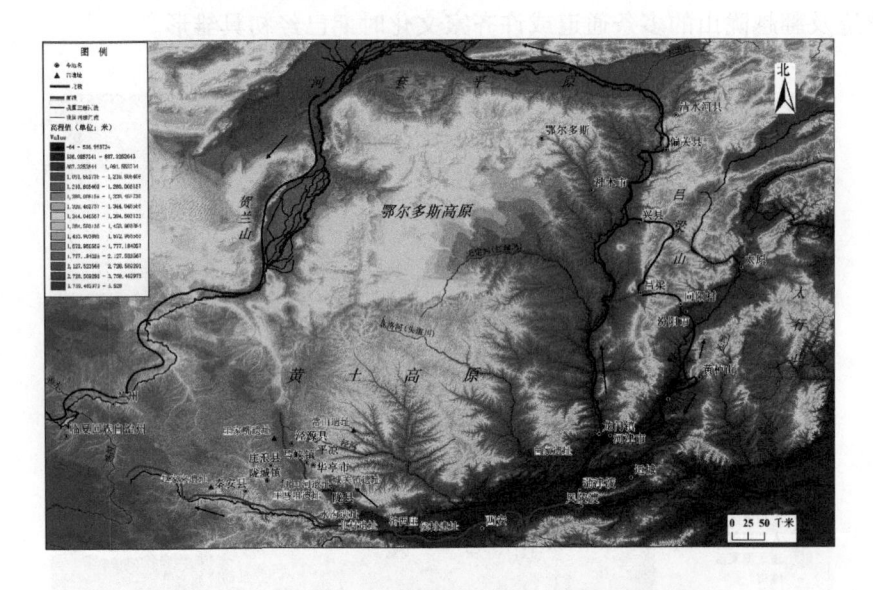

图5.7 龙山文化时期晋南和关中、陇西交流通道

## 第四节 齐家文化和二里头文化的互动交流

齐家文化是分布于黄河上游甘青地区一类重要的考古学文化遗存。近年来民和喇家遗址、临潭磨沟遗址等齐家文化重要遗址的持续性发掘

---

① 中国社会科学院考古研究所、山西省临汾市文物局：《襄汾陶寺——1978～1985年考古发掘报告》第三册，文物出版社2015年版，第1110—1111页。
② 张天恩：《齐家文化对中原地区文化的影响》，《中国社会科学院古代文明研究中心通讯》第28期，2015年8月。

和重要收获引起学术界对齐家文化的更多关注。尤其齐家文化与二里头文化的测年都有新的数据公布，因而引发了关于两个文化的性质、分布、分期及其他一系列问题的更深入探讨。笔者以为不管是新的测年还是旧的测年数据，使用相同测年方法的数据进行比较是必须的。巧合的是新旧测年数据都表明：整个二里头文化的年代和齐家文化的中晚期的年代是同时的，因此二者之间存在交流的可能。而二里头文化时期恰恰是中国早期王权国家形成与发展的关键时段，齐家文化则在时间上横跨龙山时代晚期和二里头时期，在地域上连接西北地区和中原地区。因此齐家文化与二里头文化之间的互动成为探索早期国家的形成、发展及中西交流问题十分重要的内容。而梳理之前的研究，笔者发现学者对两个文化的交流做专题研究的并不多，本书试就两个文化交流的内容、交流的路线及交流的中介等问题作一综合分析。

### 一　齐家文化与二里头文化交流的内容

齐家文化和二里头文化之间存在交流，对此主要可从发现于两地的一些类似器物入手，如绿松石铜牌饰、束颈花边口沿罐、壶形盉、玉钺、玉牙璋等。韩建业先生曾指出，花边束颈圆腹罐其实是在二里头文化之前就长期流行于西北老虎山文化、菜园文化的一类器物，龙山后期扩展至甘青的齐家文化、关中的客省庄文化及中原的王湾三期文化的几个遗址中。二里头一期大量出现的这类罐是齐家文化东扩与新砦类型碰撞的结果，虽不排除继承早先渗入洛阳盆地同类器的可能性，但主要为二里头文化形成之初从甘青—关中一路传入。[1] 随着近年来对客省庄文化、齐家文化与中原本土王湾三期文化、新砦类遗存的互动研究的深入，这种认识更具说服力。壶形盉这类二里头文化的陶礼器笔者曾有专文研究，我们认为壶形盉最初可能源于东方海岱地区的陶鬶，在石家河文化中基本形成雏形，二里头二期形成二里头文化独具特色的一类陶礼器，之后又传播至齐家文化中。[2] 值得注意的是，二里头文化中青铜冶炼、青铜铸造确实是在一个较短时间内发展起来的，并在当时达到了超越其他地区的最高水平。对于二里头青铜冶铸的崛起，在技术层面上学者一般认可除了对本地仰韶和龙山时期铸铜经验的继承外，很可能更多地从

---

[1] 韩建业：《论二里头青铜文明的兴起》，《中国历史文物》2009 年第 1 期。
[2] 庞小霞：《先秦时期封顶壶形盉初步研究》，《考古》2012 年第 9 期。

西北地区获得，尤其齐家文化技术输出起到了重要的作用。①

此外，二里头文化中另一种重要器物镶嵌绿松石铜牌饰一直是学者关注的焦点，这种类似器物近年在天水地区也有发现，② 二里头文化发现的铜牌饰和天水地区的铜牌饰是何种关系？铜牌饰真如有的学者认为的，也是和花边圆腹罐一样是来自于西北地区的文化因素吗？③ 绿松石铜牌饰顾名思义由绿松石和铜牌饰两种重要物质组成，以往多是从分析铜牌饰的结构、造型等考察这一器物，而对于镶嵌的绿松石重视不够。笔者近年对绿松石有一些研究，④ 这是一种史前至三代均被先民珍视的重要物品，二里头绿松石铜牌饰本地制造无疑义，追溯其来源，二里头时代之前绿松石使用最广泛的三大区域是中原地区、海岱地区和甘青地区，中原文化系统裴李岗文化、陶寺文化均十分盛行绿松石。二里头时期更是进入鼎盛时期，从二里头遗址的重要墓葬中出土的大量绿松石器及专门加工绿松石的作坊可见一斑。甚至这一行业从矿料运输到加工制作应该都是国家掌控。中原文化区发现的绿松石产地来源，学者的研究倾向其来源于陕西白河经湖北鲍峡、云盖寺、郧县竹山至河南淅川一带。⑤ 值得注意的是，西安东南的商洛地区正处于这一绿松石矿带的北矿带，近年这一地区持续开展了田野工作，其中的洛南河口遗址从发现的陶片、开采工具的年代以及碳十四测年等资料判断，其开采年代始于新石器时代晚期到青铜时代早期，延续到春秋时期。⑥ 而商洛地区和二里头遗址有方便的交通可达，所以二里头绿松石原料的来源之一很可能就是商洛地区。总之，二里头铜牌饰使用绿松石的传统、绿松石的原料源于中原及商洛地区。

其次，铜牌饰上绿松石的制作技术，主要使用了浅窝镶嵌和粘胶剂的平面镶

---

① 对此可参见王迅《二里头文化与中国古代文明》，《考古与文物》1997年第3期；李水城《西北与中原早期冶铜业的区域特征及交互作用》，《考古学报》2005年第3期；陈国梁《二里头文化铜器制作技术概述》，《三代考古》（二），科学出版社2006年版；张天恩《二里头文化青铜铸造业发展基础管窥》，《西北考古》（二），三秦出版社2007年版。

② 张天恩：《天水出土的兽面铜牌饰及有关问题》，《中原文物》2002年第1期。

③ 陈小三：《试论镶嵌绿松石铜牌饰的起源》，《考古与文物》2013年第5期。

④ 庞小霞：《中国新石器时代出土绿松石器研究》，《考古学报》2014年第2期。

⑤ 冯敏等：《贾湖遗址绿松石产地初探》，《文物保护与考古科学》2003年第15卷第3期；叶晓红等：《二里头遗址出土绿松石器物的来源初探》，《第四纪研究》2014年第1期；先怡衡等：《陕西洛南绿松石的锶同位素特征及其产地意义——兼论二里头出土绿松石的产源》，《西北地质》2018年第2期。

⑥ 北京科技大学冶金与材料史研究所、陕西省考古研究院：《陕西洛南河口绿松石矿遗址调查报告》，《考古与文物》2016年第3期。

嵌技术，而这两种镶嵌工艺可能均来源于海岱地区，并且向其他地区传播。①齐家文化店河遗址小陶器上的绿松石片正是利用粘胶剂的平面镶嵌技术，这或许正是中原技术传播的结果。而天水发现的绿松石牌饰学术界普遍认可其整体形制、风格和二里头 M11:7 近似，年代在二里头文化四期。② 天水的铜牌饰的纹饰仅是上部羊角的卷曲纹和二里头发现的两件不同，下部还是相同的，总体制作远远不如二里头精致。综上笔者认为，天水青铜牌饰从年代、制作技术等方面看更可能是受到二里头铜牌饰的影响并吸收当地因素而制作的器物。二里头文化的确吸收融合了许多文化因素，并且加以改造创新，即所谓的扬弃，这也是二里头文化具有强大生命力的所在。二里头文化二、三期的许多新器物正是在这种扬弃理念下形成的，壶形盉、铜牌饰都是如此，而之后其他地区出现的同类器则恰恰是二里头强势扩张对该地区影响而模仿的制作。

二里头遗址在二里头文化二期就出土了铜牌饰和龙形饰，其上绿松石的排列、镶嵌技术均已经十分发达。就目前发现的 15 件铜牌饰来看，年代没有早于二里头二期的。天山北路墓地出土的铜牌饰中被认为年代最早的一件是天山北路一期。③ 天山北路一期年代宽泛，下限到二里头四期，尽管不排除其等于甚或早于二里头二期的可能，但是二里头文化的铜牌饰和天山北路墓地的铜牌饰形制特征差别巨大，后者也无绿松石出现，将二者联系起来还缺乏很多环节。反而四川盆地出土的三件铜牌饰中有两件没有镶嵌绿松石，整体风格上与新疆这类铜牌饰较为接近，年代最早至二里头文化四期，多数属于商代，和新疆出土的几件年代也相近。所以笔者认为，考虑四川盆地和甘青新疆地区交流的方便性，这两个地区的铜牌饰互相影响的可能性更大。至于四川和新疆铜牌饰的来源，不排除是受到二里头铜牌饰的影响而产生，但或许还有其他来源或多种因素综合而出现。

此外还有一个值得注意的现象，齐家文化和二里头文化交流的两个关键重要遗址即东龙山和老牛坡都出土了绿松石器，尤其老牛坡遗址除了常见的绿松石珠还有一些绿松石块，有小的不及 1 厘米，且均出土于墓葬中，可见绿松石在生前是十分珍视的。考虑到大的遗址矿料来源地一般不

---

① 王强：《试论史前玉石器镶嵌工艺》，《南方文物》2008 年第 3 期。
② 张天恩：《天水出土的兽面铜牌饰及有关问题》，《中原文物》2002 年第 1 期。
③ 陈小三：《试论镶嵌绿松石铜牌饰的起源》，《考古与文物》2013 年第 5 期。

是单一的，而且新疆和青海地区存在绿松石矿，所以不排除在二者交流中有西部矿料运输至二里头遗址的可能。

### 二 作为媒介的东龙山类遗存

探讨齐家文化与二里头文化的交流，从空间来看离不开两地区之间的关中地区。这一地区除了客省庄土著文化外，还有一些与齐家文化、二里头文化关系密切的遗存，无疑他们是二里头文化和齐家文化交流的关键媒介。年代稍早的遗存主要集中于甘肃东部地区，包括泾水、渭河、西汉水上游地区，具体来看有天水师赵村和西山坪遗址第七期遗存、傅家门遗址发现的龙山时代晚期遗存、隆德页河子龙山晚期遗存等。同时自齐家文化中晚期，在关中西部出现川口河类遗存，在关中、陕南一带出现东龙山类遗存。早期这几类遗存笔者基本赞同不属于齐家文化的认识。[①] 他们恰恰是齐家文化向陇东、关中西部渗透的体现，特别是这一时期对东北鄂尔多斯地区甚至再南下对晋中地区的影响都是不可忽视的。[②] 川口河类遗存与甘肃中部及以西地区齐家文化中秦魏家类型相似，但是有自己的地方特色，这批遗存的年代相当于齐家文化的中期或略偏晚，可称为齐家文化的一个类型——川口河类型[③]。限于探讨的主题，在此主要谈谈东龙山类遗存。

东龙山类遗存是指以东龙山遗址夏代早期遗存、西安老牛坡遗址远古文化遗存为主要代表的一类考古学遗存。[④] 张天恩先生最早识别出这类遗存的特殊性，并将此类遗存命名为东龙山文化；[⑤] 韩建业先生认为这类遗存就是齐家文化；[⑥] 由于东龙山遗址发掘稍晚，学术界探讨更多的是老牛坡遗址的

---

[①] 张忠培、杨晶：《客省庄与三里桥文化的单把鬲及其相关问题》，《宿白先生八秩华诞纪念文集》，文物出版社2002年版；陈小三：《河西走廊及其邻近地区早期青铜时代遗存研究——以齐家、四坝文化为中心》，博士学位论文，吉林大学，2012年。

[②] 对此张天恩先生曾撰文有详细论述，可参见张天恩《齐家文化对中原地区文化的影响》，《中国社会科学院古代文明研究通讯》第28期，2015年8月。

[③] 张天恩、肖琦：《川口河齐家文化陶器的新审视》，《中国史前考古学研究——祝贺石兴邦先生考古半世纪暨八秩华诞文集》，三秦出版社2004年版，第361—367页。

[④] 陕西省考古研究院、商洛市博物馆：《商洛东龙山》，科学出版社2011年版；刘士莪编著：《老牛坡》，陕西人民出版社2002年版。

[⑤] 张天恩：《试论关中东部夏代文化遗存》，《文博》2000年第3期；张天恩：《论关中东部的夏代早期文化遗存》，《中国历史文物》2009年第1期。

[⑥] 韩建业：《论二里头青铜文明的兴起》，《中国历史文物》2009年第1期。

第五章　中原与西方地区的文化互动与交流通道　　　　　　　　247

这类遗存,井中伟先生认为以老牛坡类型为代表的关中东部夏代文化遗存,是一支独立的具有浓郁地方特色的考古学文化,同意暂时将其命名为"老牛坡类型"。该文化早晚两期的遗存是渐变发展的,不能将其割裂开来加以考虑。主体年代相当于二里头文化一、二期,上限或比二里头文化一期更早些,下限应进入到二里头文化三期。① 段天璟先生认为,至少"老牛坡类型远古文化"的早期或曰其主体属于客省庄文化西山坪期或其后裔,而"老牛坡类型远古文化"的灰坑中陶器与二里头联系紧密,与华县元君庙 M451、华县南沙村 H11 都属于二里头文化影响的结果;② 另有一种观点认为灰坑和墓葬代表了不同的考古学文化,三座灰坑应属于二里头文化。③

　　笔者基本赞同张天恩先生的意见,即将这类遗存独立,其既不属于齐家文化也不属于二里头文化或者客省庄文化。除了东龙山遗址的夏代早期遗存和老牛坡遗址"远古类型文化"外,还包括华阴横阵 M9、蓝田泄湖 T1④M3 等遗存。其中老牛坡遗址的这类遗存赞同作为一个整体,不宜割裂开来考虑。但是关于华阴横阵 M9④和蓝田泄湖 T1④M3⑤的年代稍有不同认识。横阵遗址两件花边单耳罐(图 5.8)报告作者和张天恩先生均认为与二里头的同类器相似,所以据此将这个单位从原报告的龙山晚期遗存摘出,认为时代较晚。⑥ 然而这一认识是基于花边罐是二里头文化一期显著特征的旧认识得出的,过去学者常常见到花边罐就认为属于二里头时期了。但是目前来看,在早于二里头一期的中原龙山文化时期和周边的文化如老虎山、齐家文化早中期遗存中均有花边作风。仔细比较发现,横阵 M9 花边单耳罐在二里头一期罕见同类器,在二期以后才可见到,而且特征有一定差别,横阵的花边单耳罐腹部略深而显瘦长,而二里头同类器则腹部多圆鼓,导致不同的原因除

---

　　① 井中伟:《老牛坡类型及相关遗存再探讨》,《边疆考古研究》第(2)辑,科学出版社 2004 年版,第 190 页。
　　② 段天璟:《二里头时期渭河流域的文化变迁——从"老牛坡类型远古文化"谈起》,《中原文物》2006 年第 6 期。
　　③ 郑振香:《西安老牛坡遗址发掘的意义》,《二十一世纪的中国考古学——庆祝佟柱臣先生八十五华诞学术文集》,文物出版社 2006 年版,第 414—430 页。
　　④ 中国社会科学院考古研究所陕西工作队:《陕西华阴横阵遗址发掘报告》,《考古学集刊》(4),中国社会科学出版社 1984 年版。
　　⑤ 中国社会科学院考古研究所陕西六队:《陕西蓝田泄湖遗址》,《考古学报》1991 年第 4 期。
　　⑥ 中国社会科学院考古研究所陕西工作队:《陕西华阴横阵遗址发掘报告》,《考古学集刊》(4),中国社会科学出版社 1984 年版。

了地域，更可能是年代不同，尤其泄湖T1④M3：1（图5.8）这件单耳罐年代在齐家文化分期中属于较早的。笔者认为横阵M9和泄湖T1④M3的年代不会晚到二里头文化二期这个时段。所以这两个单位的年代应该是和该遗址的客省庄文化晚期年代大致相当或稍晚。

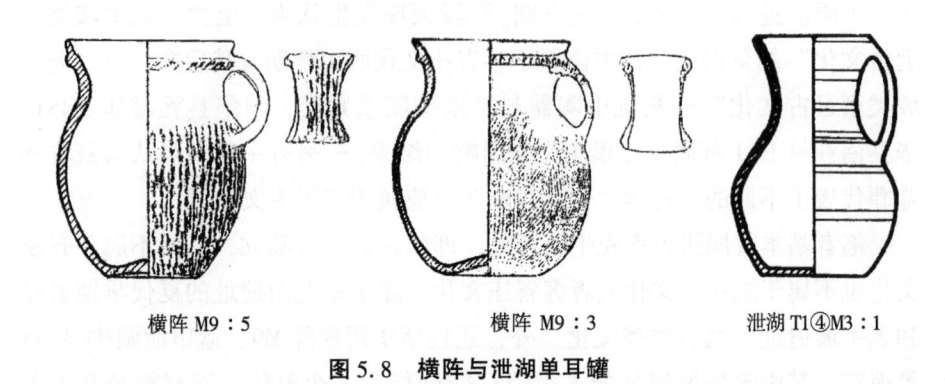

横阵M9：5　　　　　横阵M9：3　　　　泄湖T1④M3：1
**图5.8　横阵与泄湖单耳罐**

　　东龙山类遗存基本由三种文化因素构成：其一，来自齐家文化的因素，如墓葬和灰坑中的高领折肩罐、双耳罐、三耳罐，墓葬随葬石璧的葬俗等；其二，二里头文化因素，如白陶爵、盉、大口尊、圆腹罐、玉器中的玉牙璋、玉戚、石圭等；其三，当地客省庄文化因素，单把绳纹鬲。正是因为该类遗存由不同的文化因素构成，所以导致目前对其性质认识不一。但是我们认为，判断一个遗存的文化性质，不仅要分析其文化因素的组成，更主要的是看基本的陶器组合、各个文化因素所占的比例，并综合分析其时空分布。

　　首先以发现遗存丰富的老牛坡为例，老牛坡陶器组合主要是以陶罐为主，还有盘、杯、碗、盆、器盖等。三座灰坑以出土束颈圆腹花边口沿罐最为突出，墓葬中除一件陶杯外其余均是陶罐，包括无耳罐（和齐家的侈口罐相同）、单耳罐、双耳罐、三耳罐。这里发掘报告特别强调鬲片不见。[①] 可见无论如何不能将其归于以单把绳纹鬲和单把蛇纹鬲为典型器物的客省庄文化。所谓的二里头文化因素主要是指出土的束颈圆腹花边口沿罐，而此类器物却可能正是来源于西方的齐家文化。[②] 三座灰坑中花边口

---

[①]　刘士莪编著：《老牛坡》，陕西人民出版社2002年版。
[②]　韩建业：《论二里头青铜文明的兴起》，《中国历史文物》2009年第1期。

第五章　中原与西方地区的文化互动与交流通道

沿罐器形偏瘦长而非圆鼓，口沿较直，外侈不甚且口径均小于腹径，此类特征显然更接近齐家文化因素。其余几种器物所占比例极少，不能以此定其性质。墓葬出土的各类带耳罐在数量上占绝对大宗，且和齐家文化同类器非常相似，加之墓葬中随葬石璧的葬俗也和齐家文化典型遗址黄娘娘台相同。由此，这类遗存和齐家文化的关系最密切是肯定的。

其次，关于东龙山遗址的这类遗存，报告称为夏代早期遗存。其陶器以灰、灰褐以及黑陶为主，纹饰以绳纹最多，器形以陶罐和陶盆为最多，口沿带花边状者45件，占全部可辨器形340件的13%，口外或腹部有鸡冠状双錾的30件，占可辨器形的8%。其余鬲、甗、觚、大口尊均复原1件，其他为数件陶器残片；鼎、盉仅发现残器三五件；爵仅发现器足1件。① 将东龙山夏代早期遗存和二里头文化对比，可以看出二者的相似特征较多，纹饰均以绳纹为主，灰陶占的比例均较高，器物口或腹部饰鸡冠状耳，尤其东龙山大量的圆腹罐中部分和二里头文化相似度极高。另外，M83墓葬中发现随葬的玉牙璋、玉钺（原报告称玉戚）、石圭则和二里头遗址的同类器十分近似（图5.9、图5.10）。② 东龙山遗址相比老牛坡，要比老牛坡与二里头文化的关系密切得多。同时该遗址中发现的一件绳纹

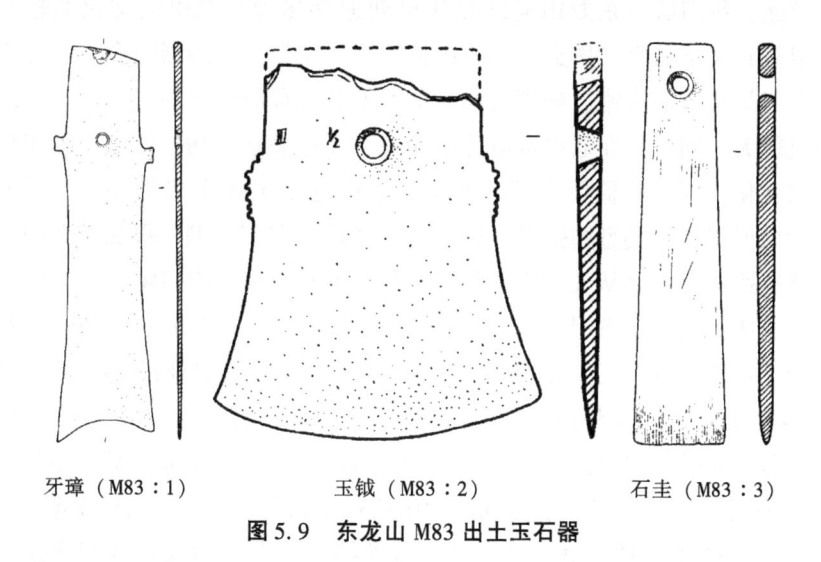

牙璋（M83∶1）　　玉钺（M83∶2）　　石圭（M83∶3）

图5.9　东龙山M83出土玉石器

---

① 陕西省考古研究院、商洛市博物馆：《商洛东龙山》，科学出版社2011年版。
② 玉钺见中国社会科学院考古研究所二里头工作队《1982年秋偃师二里头遗址九区发掘简报》，《考古》1985年第12期；牙璋和玉圭见中国社会科学院考古研究所《偃师二里头——1959年~1978年考古发掘报告》，中国大百科全书出版社1999年版，第250页。

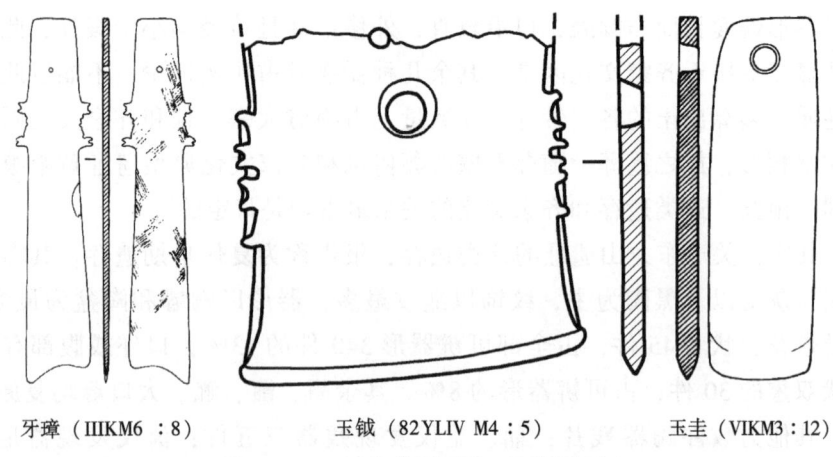

牙璋（ⅢKM6∶8）　　　　玉钺（82YLIV M4∶5）　　　　玉圭（VIKM3∶12）

图 5.10　二里头遗址牙璋、玉钺及玉圭

单把鬲属于典型客省庄文化，双耳罐、三耳杯等器物的形制也都与该遗址客省庄文化接近。而东龙山遗址中也有齐家文化因素，高领双耳罐、随葬石璧的葬俗等。相对来看二里头文化对东龙山遗址夏代早期遗存的影响要比齐家文化对其影响更大些。

至此，我们认为东龙山遗址夏代早期遗存尽管有二里头文化的较多因素，但是其并不具有二里头文化的典型特征，这类遗存陶器组合不见二里头典型器三足盘、深腹罐、刻槽盆等，也不见器壁常饰麻点的作风，整体纹饰差别也较大。同样它在老牛坡遗址中和齐家文化关系密切，却又不同于典型的齐家文化。同时我们要看到东龙山类遗存远处于齐家文化分布范围的东部，如果说川口河类型勉强可以算作齐家文化的东部类型，那么东龙山类遗存应该更边缘化。其从文化内涵和空间分布上应该都不能归属齐家文化了。

东龙山类遗存的年代我们可以从同类器在二里头文化中的分期及在齐家文化中的分期来估定。首先看东龙山遗址，东龙山遗址出土一件大口尊（ⅢT14②∶5），大口外侈，斜折沿，方唇，深腹，腹壁近直，上腹有两道索状堆纹。此类器物无折肩，和二里头遗址大口尊并非同类器，和二里头大口缸相类，与二里头二期陶缸（ⅢH232∶11）的形制特征相近，而且其底部内凹的作风是二里头二、三期常见特征。东龙山大量的圆腹罐，绳纹，圆鼓腹，多圜底或平底内凹，显然是二里头文化同类器二期、三期的典型特征。另外和东龙山 M83 出土的玉钺、玉牙璋及石圭特征相近的二里头同类器多在二里头文化的二、三期出现，其中玉钺早在二里头二期就已经出现，玉牙璋和玉圭在二里头文化三期出现。①

老牛坡遗址中齐家文化因素占的比例较大，根据齐家文化中高领罐和大双耳罐的早晚演变规律，目前86XLⅠ1M1：1（图5.11的1）是老牛坡遗址中所见到的年代最早的高领罐，其形制和秦魏家遗址下层M106：5（图5.11的2）近似，②而88XLⅠ2M1：1（图5.11的3）是老牛坡见到的年代较早的双大耳罐，其和秦魏家遗址下层M134：4（图5.11的4）近似。秦魏家遗址M106、M134在齐家文化分期中年代属于齐家文化中期。③值得注意的是，老牛坡报告所言的Ⅰ式双耳罐86XLⅠ1M2：4（图5.11的5）侈口，长颈，圆鼓腹，自沿下至上腹置两个对称的宽扁状拱形耳，这类

1. 老牛坡高领罐
(86XLⅠ1M1：1)

2. 秦魏家高领罐
(M106：5)

3. 老牛坡双大耳罐
(88XLⅠ2M1：1)

4. 秦魏家双大耳罐
(M134：4)

5. 老牛坡双耳罐
(86XLⅠ1M2：4)

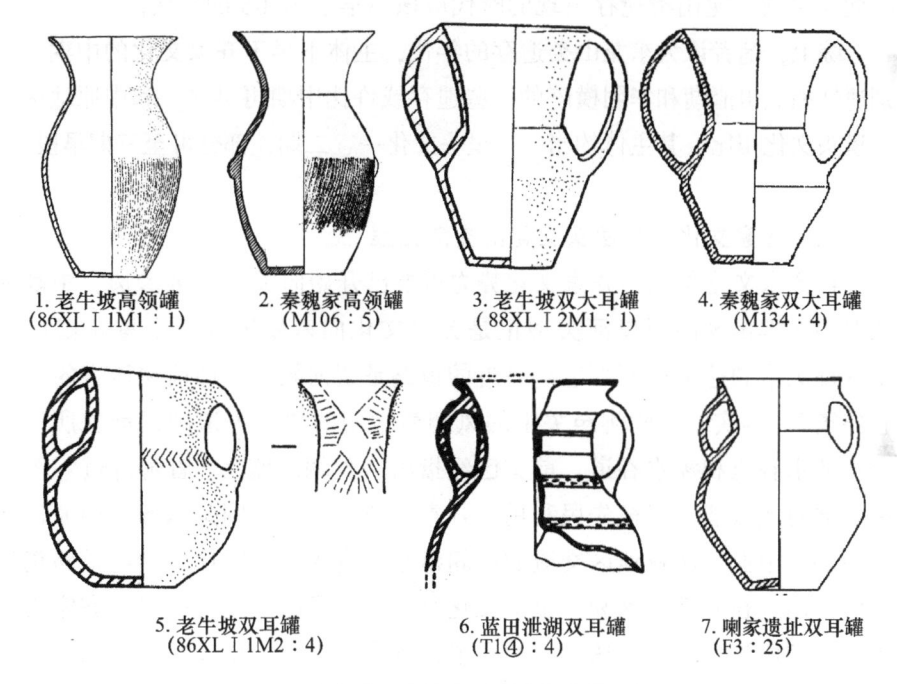

6. 蓝田泄湖双耳罐
(T1④：4)

7. 喇家遗址双耳罐
(F3：25)

图5.11 老牛坡、秦魏家、喇家同类器比较图

---

① 郝炎峰：《二里头文化玉器的考古学研究》，《中国早期青铜文化——二里头文化专题研究》，科学出版社2008年版，第275—354页。

② 中国科学院考古研究所甘肃工作队：《甘肃永靖秦魏家齐家文化墓地》，《考古学报》1975年第2期。

③ 齐家文化的分期学者有不同观点，大致有谢端琚的四期说、张忠培的三期八段、水涛的四期六段、张天恩的四期说、陈小三的四期五段说等几种。本书的中期大致相当于四期说的三期偏早，三期说的二期偏晚。

陶罐在东龙山遗址也大量见到，同时在蓝田泄湖遗址也有见到（T1④：4，图5.11的6）。仔细比对，这类双耳罐和齐家文化多个重要遗址出土的双耳罐均不相同，老牛坡报告的Ⅱ式双耳陶罐是齐家文化中常见的小双耳罐，前述的88XLⅠ2M1：1则是甘肃齐家文化常见的大双耳罐。而此类罐在川口河类型中也没有见到，仅在喇家遗址中见到一件类似器（F3：25，图5.11的7）。由于喇家遗址发表陶器资料不多，所以独此一件的情况下，目前不能说此类陶罐乃甘青齐家的典型器物。加之目前这类齐家变体的双耳罐仅在东龙山类遗存中大量发现，笔者认为这类器物很可能是齐家文化到达关中东部和当地文化融合之后的变体。所以这类陶罐的年代应不早于M106的年代。因此老牛坡东龙山类遗存出现的时代应该不早于M106的年代。

综上，笔者认为东龙山类遗存的年代，主体不早于齐家文化的中期，个别遗址如蓝田泄湖和华阴横阵的一些遗存或许比中期再早些。和中原地区的二里头文化相比，其主体约当于二里头文化一、二期，部分可至三期早段。

### 三 齐家文化和二里头文化的交流路线

自齐家文化早期，齐家文化势力可能已开始向关中地区渗透，中晚期在关中西部出现的川口河类型正是齐家文化向东发展的一个重要据点。[①]由甘肃天水到达关中西部宝鸡最近的道路是渭河峡谷，即前文所言的"陈仓狭道"。其实甘肃临洮至关中的凤翔最常用的两条古道则是前文所说的汧水渭水谷道和泾水谷道，前文已经指出"丝绸之路""唐蕃古道"等在新石器时代可能已经被先民利用，甘青、新疆和西藏则是东部的中原地区和西部的中亚、南亚地区交流的中间枢纽。进入青铜时代，这些道路仍被广泛使用，在此就齐家和二里头文化交流的东段路线进行探讨。齐家文化由关中到伊洛盆地中原核心区的通道，陈小三先生指出存在两条路线：一条是顺着洛河，与二里头文化的腹心地域进行文化交流；另一条是沿着丹江南下，直接到达南阳盆地。[②] 结合东龙山类遗存的分析、二里头文化的

---

[①] 尹盛平：《陕西陇县川口河齐家文化陶器》，《考古与文物》1987年第5期；张天恩、肖琦：《川口河齐家文化陶器的新审视》，《中国史前考古学研究——祝贺石兴邦先生考古半世纪暨八秩华诞文集》，三秦出版社2004年版，第361—367页；张天恩：《论关中东部的夏代早期文化遗存》，《中国历史文物》2009年第1期。

[②] 陈小三：《河西走廊及其邻近地区早期青铜时代遗存研究——以齐家、四坝文化为中心》，博士学位论文，吉林大学，2012年，第174页。

分布及笔者2017年8月豫西、商洛的田野调查，笔者认为齐家文化和二里头文化的交流，就关中东部和伊洛盆地的这一段路线来看，除了陈小三先生所提到的两条路线，还有另一条历史时期两京间的东西官道，不妨称前两条为南线，后一条为北线。北线，西安向东北过潼关、陕县进入洛阳盆地。南线，西安向西南过蓝田县至商洛地区后，其一沿丹水至南阳盆地并影响颍汝下游地区；其二沿洛水直接入洛阳盆地。

北线具体是：从西安至渭南、华县、华阴经潼关、灵宝、陕县、三门峡市、渑池、洛阳新安最后达洛阳盆地，主要途经崤函古道。北线基本面貌的形成至少自西周始，以后很长的历史时期，鉴于西安、洛阳长期都城的地位，北线沿途常设有驿站是东西通行的官道。前辈先贤已对汉唐时期洛阳、西安间古道做过不少研究。① 根据他们的研究，西安至陕县正如上文所言概与今陇海铁路线同，过潼关后至陕县间古道在今铁路线北。陕县以东至洛阳又分南北两路，北路经渑池、新安至洛阳，概今铁路线。南路由陕县东南至洛宁县，大致沿洛河支流永昌河过雁翎关至洛宁三乡，后沿洛水河谷至洛阳。历史上多数时间以北路为主，但是南路在唐代是主道，可考证的馆驿有11处，北路却不常置驿，行军为多。②

根据学者们对历史时期北线两京间交通路线和变迁的研究，利用近几十年来的考古成果，对于二里头文化时期关中和洛阳的交通线路也可详细考察。出洛阳盆地西行目前在渑池发现的二里头文化遗址有渑池郑窑③、鹿寺④，两遗址二里头文化遗存的年代较早，可早至二里头文化一期晚段，主体属于二里头文化二期，最晚或到三期早段。再向西在陕县西崖村⑤、七里铺⑥、三门峡南家庄⑦也发现丰富的二里头文化遗存，西崖村二里头文

---

① 严耕望：《唐代交通图考·京都关内区》（第一卷），上海古籍出版社2007年版（初版于1985年台湾）；王文楚：《唐代两京驿路考》，《历史研究》1983年第6期；胡德经：《两京古道考辨》，《史学月刊》1986年第2期；辛德勇：《崤山古道琐证》，《中国历史地理论丛》1989年第4期。
② 严耕望：《唐代交通图考·京都关内区》（第一卷），上海古籍出版社2007年版，第18—20、78页。
③ 河南省文物研究所、渑池县文化馆：《渑池县郑窑遗址发掘报告》，《华夏考古》1987年第2期。
④ 河南省文化局文物工作队：《河南渑池鹿寺商代遗址试掘简报》，《考古》1964年第9期。
⑤ 河南省文物研究所：《陕县西崖村遗址的发掘》，《华夏考古》1989年第1期。
⑥ 黄河水库考古工作队河南分队：《河南陕县七里铺商代遗址的发掘》，《考古》1960年第1期。
⑦ 河南省文物考古研究所：《河南三门峡市南家庄遗址的调查与试掘》，《华夏考古》2007年第4期。

化遗存年代和郑窑遗址大体相同，主体也属于二里头文化二期，部分可早至一期；七里铺遗址总体属于三期，而南家庄遗址则属于四期，个别或早至三期。陕县再向西灵宝境内目前尚无正式发掘的二里头文化遗址，根据《中国文物地图集·河南分册》的资料，灵宝境内高瑶遗址和阎家坪遗址可能属于二里头文化时期的遗址，但尚无法判断更细分期。① 潼关以西至西安一带目前有华县南沙村是确认的二里头文化遗址。② 华县元君庙仅有M451可能属于二里头时期遗存。③ 南沙村下层属于二里头文化，南沙村下层H11和H12根据出土器物形制，结合纹饰、陶质陶色并和二里头遗址典型同类器物相比，判断南沙村二里头文化遗存的年代属于三期晚到四期末。由北线上各个二里头文化遗址的年代初步判断，二里头文化于一、二期已到达三门峡陕县地区，但可能并未继续西进，其西扩进入潼关以西则是在三期晚段以后了。而分析渑池和陕县地区二里头文化遗址的位置，笔者认为其更可能是二里头文化进入晋南运城盆地的重要中转。因此二里头文化一至二期，齐家文化和二里头文化交流很可能并未使用北线。

南线由关中翻越秦岭至商洛地区后，商洛地区到达洛阳盆地有一条便捷的水路，沿洛水（今洛河）而行，即从商洛地区沿洛水而下经河南卢氏、洛宁、宜阳而至洛阳盆地。洛河古今河道变化不大，自洛阳市沿洛河上行，仰韶至二里头时期的遗址几乎均分布于河旁台地之上，根据《中国文物地图集》的资料，宜阳、洛宁、卢氏境内洛河两岸龙山文化、商代的遗址多达几十处。这些遗址多数文化内涵丰富，包含龙山和商代两个时期遗存。④ 需要注意的是，《中国文物地图集·河南分册》出版较早，限于当时的认识，其中不少所言的龙山文化遗址、商代遗址其实属于二里头文化或相当于二里头文化时期的遗址。例如洛宁县禄地遗址、坡头遗址等均属于二里头文化遗址。⑤ 在商洛地区除东龙山遗址外在洛南县古洛水附近还

---

① 参见《中国文物地图集·河南分册》，中国地图出版社1991年版。
② 北京大学考古教研室华县报告编写组：《华县、渭南古代遗址调查与试掘》，《考古学报》1980年第3期。
③ 北京大学历史系考古教研室：《元君庙仰韶墓地》，文物出版社1983年版，第45—46页。
④ 参见《中国文物地图集·河南分册》，中国地图出版社1991年版。
⑤ 笔者2017年8月曾沿洛水从洛宁至商洛进行田野考古调查，期间在洛宁县文管所见到诸多遗址的陶器标本，其中禄地、坡头遗址应存在丰富的二里头文化三、四期遗存。在卢氏县参观正在发掘的苗村遗址，该遗址也发现有二里头文化三、四期遗存。

发现含有东龙山类遗存因素，同时又有较多二里头文化因素的龙头梁遗址。① 因此从考古发现看，通过古洛水这一水路实现二里头文化和东龙山遗存之间的互动交流是成立的。

南线中另一条路线由关中翻越秦岭至商洛地区后沿丹水到达淅川进入南阳盆地，而后再进入洛阳盆地。这一路线及其支线前文第三章已有详论，此不赘述。

需要说明的是，南阳淅川下王岗遗址中个别早至二里头文化一、二期的因素仍属于当地龙山文化遗存的延续，是受到二里头文化的影响所致。② 由沿路二里头文化遗址年代，经洛阳盆地入南阳盆地并经丹水进入商洛地区的路线二里头文化二期后才开始使用。

三鸦路历史时期长期使用，十分重要。出洛阳盆地，过伊川、汝州这段和方城路是重合的，不同的是这条路线向南进入鲁山河谷地带，经今鸭河、白河进入南阳盆地。进入鲁山河谷之后多以山路为主，考古工作较少，因此三鸦路在二里头时期是否使用尚无法确认。

齐家文化和二里头文化交流中最早使用的可能是南线的古洛水水路。前已论述商洛地区是二里头绿松石手工业的重要原料来源地之一，根据二里头遗址已发现的绿松石器的年代，推测商洛至二里头之间绿松石的运输道路二期已经使用。东龙山遗址中早至二里头二期已经出现二里头文化因素了，这可能也是二里头文化扩展至此的最直接证据。二里头文化沿洛水进入商洛地区后最初的动机就是绿松石资源，和早于其到达这里的齐家文化接触后形成东龙山类遗存，这也是东龙山遗址中二里头文化因素浓厚的原因。遗憾的是洛河流经的宜阳、洛宁、卢氏等县市经正式发掘的遗址很少，这一水路在二里头时期最早使用的时间和变迁等问题有待田野材料的细化和补充。

二里头文化三、四期，东龙山类遗存已被二里头文化代替，南北二线共同使用，更扩大了两支文化的交流。

总之，二里头文化与齐家文化之间存在明显的互动交流，大约二里头文化一、二期时西南扩张的二里头文化开始与东扩的齐家文化在丹江上游

---

① 陕西省商洛地区图书馆：《陕西洛河上游两处遗址的试掘》，《考古》1983年第1期。
② 李维明：《豫南及邻境地区青铜文化》（上），线装书局2006年版，第107—109页；庞小霞：《二里头文化下王岗类型及相关问题研究》，《考古》2021年第3期。

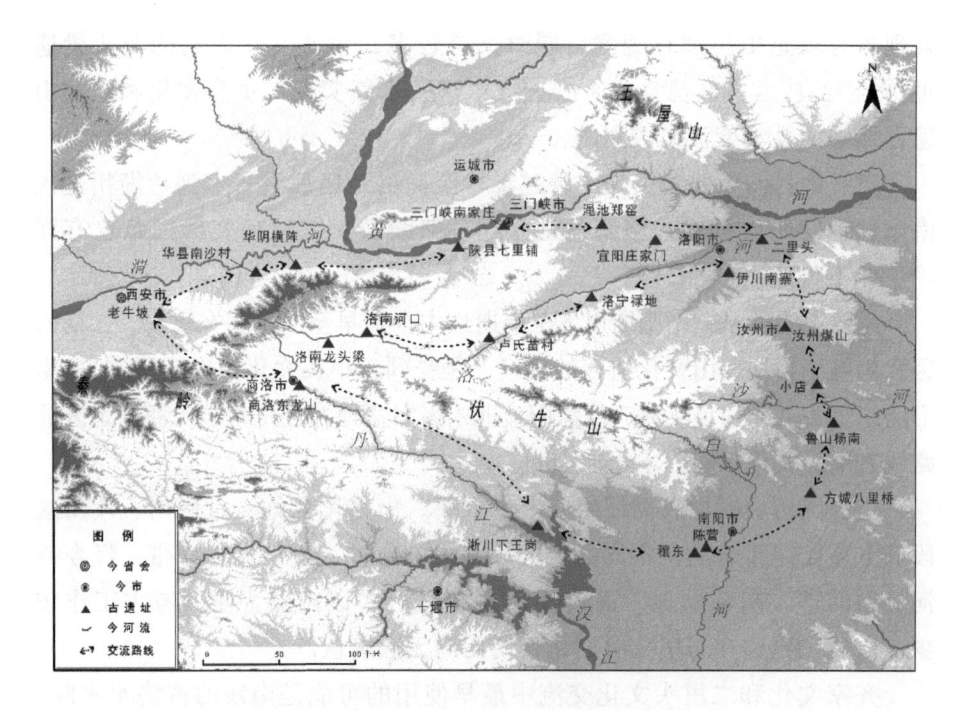

图 5.12　二里头文化与齐家文化交流路线示意图

有所交集，约二里头文化三、四期二者交流的北线也同时使用。而东龙山类遗存成为二者交流的关键媒介甚至是交流的结果。值得注意的是，二里头文化对齐家文化的输出基本是以绿松石铜牌饰、壶形盉、牙璋等包含礼制内涵的重要器物。换言之，二里头文化向外扩张或文化输出的是其逐渐成熟的礼制文化或者礼乐文明。

## 第五节　商时期中原和西方地区的互动交流

有商一代由于早晚商都城不同，早晚商不同阶段商文化自身的实力、疆域范围及对四方的经营策略等均不相同，这样中原和四方甚至同一区域的互动交流也有很大差别。因此本节在诸位先贤对于关中商文化、晋南地区商文化研究的基础上，主要分为早商和晚商两个大的时期论述以郑州和安阳为代表的中原都城核心区和关中及邻近汉中、陇西地区的互动交流，重点仍是交流路线的探讨。由于中商时期的都城迁徙变动，且尚不确定，所以分析考古学遗存的年代时或有提及中商时期，但是不再单独讨论中商时期的交流路线等相关问题。

在历史学者主要利用甲骨文和文献对于商代政治地理结构、商代地理研究和考古学者主要利用考古材料对商王朝与周边关系研究[①]的基础上，本书首先对于早晚商时期的核心区和西方区域做一个大概限定。晚商时期，王畿区的西南界有学者研究指出在修武至沁阳一线。[②] 结合考古发现和文献记载，由于上党地区发现的晚商遗存和殷墟的商文化没有太大区别，因而这一地区也在商王朝的直接控制下，西北方向因为中商时期邢都曾在邢台，[③] 则基本在邢台附近。由此则晋南、晋中地区和晋陕高原、关中都属于晚商的西方地区。本书晚商阶段重点讨论安阳王都和晋南、关中地区的互动和交流。

早商时期，以郑州商城、偃师商城为核心的伊洛平原和向东延伸的河济之南岸的平原是商人的统治中心区。再向西的豫西地区和关中包括西南的商洛、汉中，西北的晋南都属于商人的西方。本书此节重点讨论早商都城所在的郑洛区域和豫西、关中的互动和交流。

## 一 早商时期中原和西方地区的交流通道

早商时期，在洛阳盆地以西潼关以东的新安、义马、渑池及三门峡陕县、灵宝等地经正式发掘的商代遗址很少，早期调查上述几个县市属于商代的遗址加起来有十余处，[④] 垣曲盆地的调查和小浪底水库建设在靠近黄河南岸发现了一些早商时期遗址。[⑤] 除了渑池县发现的几处多分布于黄河南岸的南村乡，似乎和渡口有关，其余多分布于崤函古道两

---

[①] 陈梦家：《殷墟卜辞综述》，中华书局2004年版；宋镇豪：《论商代的政治地理架构》，《中国社会科学院历史研究所学刊》第一集，社会科学文献出版社2001年版，第6—27页；郑杰祥：《商代地理概论》，中州古籍出版社1994年版；[日] 岛邦男：《殷墟卜辞研究》，濮茅左等译，上海古籍出版社2006年版；张光直：《商文明》，张良仁等译，辽宁教育出版社2002年版；宋新潮：《殷商文化区域研究》，陕西人民出版社1991年版；李伯谦：《从殷墟青铜器族徽所代表的族氏的地理分布看商王朝的统辖范围与统辖措施》，《多维视域——商王朝与中国早期文明研究》，科学出版社2009年版，第139—151页；王巍：《商王朝与方国》，《多维视域——商王朝与中国早期文明研究》，科学出版社2009年版，第246—254页。

[②] 孙亚冰、林欢：《商代地理与方国》，中国社会科学出版社2010年版，第41—42页。

[③] 庞小霞：《商周之邢综合研究》，社会科学文献出版社2014年版。

[④] 参见《中国文物地图集·河南分册》，此外陕县霍家圪塔，调查发现有二里岗时期同心圆花纹的陶鬲，见中国科学院考古研究所河南省调查队《河南陕县灵宝考古调查记》，《科学通报》1954年7月。

[⑤] 中国国家博物馆考古部：《垣曲盆地聚落考古研究》，科学出版社2007年版。

侧。而灵宝盆地20世纪70年代还出土了一批商代青铜器，出土地点有三处，可惜均不清楚具体出土背景①（图5.14）。其一，文底乡东桥村出土8件青铜器，有鬲、斝、爵、瓿、尊各1，伴出钺、戈、戌各1。其二，灵宝川口公社赵家沟出土7件铜器，有鼎3、斝2、爵1、觯1。其三，灵宝涧口公社王家湾出土铜器4件，计有觚、爵各1，铜锛与刀各1件。这三处地点出土的青铜器年代并不相同，东桥明显年代较早，我们基本赞同杨育彬先生的意见，整体稍晚于白家庄期，应属于殷墟一期，也即中商二、三期。而王家湾铜器年代稍晚，应属于殷墟二期晚段。其中的铜觚属于岳洪彬先生关于觚分型分式的Aa型IV式，流行时间较长，殷墟二期晚段出现直到殷墟四期，而其分期的殷墟一期是指花园庄期，即中商二、三期，殷墟二期晚段约当武丁晚期、祖庚、祖甲。②而同出的铜爵属于其所分的Ab型II式，盛行于殷墟二期晚段，③因此该批铜器的年代属于殷墟二期晚段（图5.13）。赵家沟地点的这批铜器，仅有铜觯的并不清晰的照片，根据其整体特征和所饰云雷纹，似可定在殷墟四期。而据杨育彬先生描述，两铜鼎颈部均饰有两周连珠纹，连珠纹中间则一件鼎饰饕餮纹，另一件饰云雷纹。而这类特征二里岗期的同类鼎较常见到，因此赵家沟的这批铜器可能有早有晚，年代暂存疑。

尽管豫西发现的明确的早商遗存不多，但是晋南地区则有较为丰富的早商遗存发现，同时关中地区也有不少早商遗址。晋南地区的早商遗址主要分布于四个区域，以垣曲、运城两个盆地为主，此外是临汾盆地和太行山南麓黄河北岸的芮城、平陆地区。垣曲盆地以垣曲商城遗址④为中心，

---

① 河南省博物馆、灵宝县文化馆：《河南灵宝出土一批商代青铜器》，《考古》1979年第1期；杨育彬：《灵宝考古的新发现》，《河南文博通讯》1979年第1期。上述两文都报道了出土的8件铜器，区别在于后文改前文刊发时的青铜罍为青铜瓿。因为后文是《中原文物》的前身，出版晚于前文，应以后文为准。而此器张昌平及孙妙华也都收入瓿类，年代分别定为殷墟一期和二期。参见张昌平《青铜瓿概论》，《长江流域青铜文化研究》，科学出版社2002年版，第48页；孙妙华《青铜瓿的整理与研究》，硕士学位论文，陕西师范大学，2012年，第100页。

② 岳洪彬：《殷墟青铜礼器研究》，中国社会科学出版社2006年版，第73—74页。

③ 岳洪彬：《殷墟青铜礼器研究》，中国社会科学出版社2006年版，第80—82页。

④ 中国历史博物馆考古部等：《垣曲商城（一）——1985～1986年度勘察报告》，科学出版社1996年版；中国国家博物馆田野考古研究中心等：《垣曲商城（二）——1988～2003年度考古发掘报告》，文物出版社2014年版。

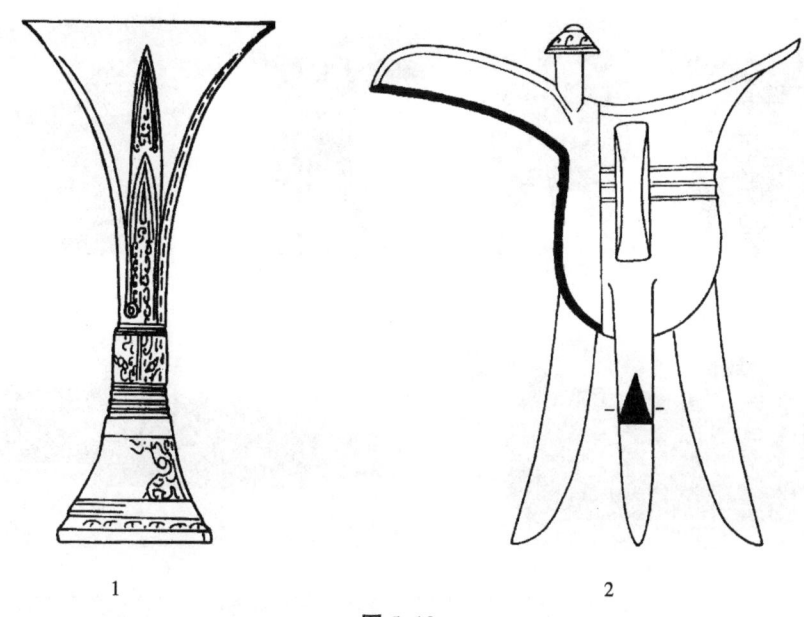

第五章　中原与西方地区的文化互动与交流通道　259

　　　　　1　　　　　　　　　　　　　2
**图 5.13**
1. Aa 型 IV 式铜觚（YM238：R2009）　2. Ab 型 II 式铜爵（大司空南 M29：5）
来源：岳洪彬：《殷墟青铜礼器研究》，2006 年，第 74、81 页。

经过发掘的遗址主要有垣曲古城东关①、宁家坡②。以夏县东下冯商城③为核心的东下冯—埝掌 10 号聚落属于整个运城盆地北部的核心聚落群，④ 盆地内经过发掘的遗址还有夏县西阴村⑤、东阴村⑥、辕村⑦，绛县柳庄⑧。太行山南麓、黄河北岸发现的重要早商遗址是平陆前庄⑨。临汾盆地经发掘的早商

---

① 中国历史博物馆考古部等：《垣曲古城东关》，科学出版社 2001 年版。
② 薛新民、宋建忠：《山西垣曲县宁家坡遗址发掘纪要》，《华夏考古》2004 年第 2 期。
③ 中国社会科学院考古研究所、中国历史博物馆、山西省考古研究所：《夏县东下冯》，文物出版社 1988 年版。
④ 中国国家博物馆田野考古研究中心等：《运城盆地东部聚落考古调查与研究》，文物出版社 2011 年版。
⑤ 山西省考古研究所：《西阴村史前遗存第二次发掘》，《三晋考古》（第二辑），山西人民出版社 1996 年版。
⑥ 山西省考古研究所、夏县博物馆：《山西夏县东阴遗址调查试掘报告》，《考古与文物》2001 年第 6 期。
⑦ 王月前、洪梅、戴向明：《山西夏县辕村遗址发掘简报》，《考古》2009 年第 11 期。
⑧ 国家博物馆考古部等：《山西绛县柳庄商遗址发掘报告》，《华夏考古》2010 年第 2 期。
⑨ 卫斯：《平陆县前庄商代遗址出土文物》，《文物季刊》1992 年第 1 期；李百勤：《山西平陆前庄商代遗址清理简报》，《文物季刊》1994 年第 4 期。

**图 5.14　灵宝盆地出土青铜器**

(1—8 东桥；9 赵家沟；10—13 王家湾)

来源：《河南出土商周青铜器》，文物出版社 1981 年版，1—4 采自第 122—125 页；5—7 采自第 127—129 页；8 采自彩版；9—13 采自第 369—373 页。

遗址有襄汾南小张①，此外在洪洞上村发现有约中商二期的青铜器，②同时在多次的田野调查中，运城、临汾、垣曲三个盆地均有大量的早商时期遗存发现。③晋南地区早商遗存从二里岗下层一期开始出现，持续至白家庄期，已发掘的遗址中几乎不见中商二、三期的遗存。文化面貌上学术界基本同意垣曲盆地仍属于二里岗类型，运城盆地和临汾盆地划归早商文化的东下冯类型（图5.15）。

目前关中地区发现的早商文化遗址主要有华县南沙村④、蓝田怀珍坊⑤、西安老牛坡⑥、耀县北村⑦、礼泉朱马嘴⑧、扶风壹家堡⑨、长安羊元坊⑩、周原老堡子⑪等。而在渭南姜河⑫、三原县邵家河⑬遗址还出土有属于中商时期的青铜器，遗址没有正式发掘。此外，还有多处地点出土中商时期青铜器，但惜多出土环境不明，主要有西安田王村出土弦纹铜

---

① 山西省考古研究所等：《襄汾南小张遗址发掘报告》，《三晋考古》（第4辑），上海古籍出版社2012年版，第255—273页。

② 朱华：《山西洪洞县发现商代遗物》，《文物》1989年第12期。

③ 中国国家博物馆考古部：《垣曲盆地聚落考古研究》，科学出版社2007年版；中国国家博物馆田野考古研究中心等：《运城盆地东部聚落考古调查与研究》，文物出版社2011年版；中国社会科学院考古研究所山西工作队：《晋南考古调查报告》，《考古学集刊》（6），中国社会科学出版社1989年版；张文君、高青山：《晋西南三县市古文化遗址的调查》，《考古与文物》1987年第4期；张国维：《山西闻喜古文化遗址调查简报》，《考古》1990年第3期；侯马市博物馆：《山西侯马市古文化遗址调查报告》，《文物季刊》1992年第1期；山西省考古研究所：《襄汾、曲沃、闻喜、侯马三县一市考古调查报告》，《文物季刊》1993年第3期。

④ 北京大学考古教研室华县报告编写组：《华县、渭南古代遗址调查与试掘》，《考古学报》1980年第3期。

⑤ 西安半坡博物馆、蓝田文化馆：《陕西蓝田怀珍坊商代遗址试掘简报》，《考古与文物》1981年第3期。

⑥ 刘士莪：《老牛坡》，陕西人民出版社2002年版。

⑦ 北京大学考古系商周组等：《陕西耀县北村遗址1984年发掘报告》，北京大学考古系编：《考古学研究（二）》，北京大学出版社1994年版。

⑧ 北京大学考古系商周组、陕西省考古研究所：《陕西礼泉朱马嘴商代遗址试掘简报》，《考古与文物》2000年第5期。

⑨ 北京大学考古系：《陕西扶风县壹家堡遗址发掘简报》，《考古》1993年第10期；北京大学考古系商周组：《陕西扶风县壹家堡遗址1986年度发掘报告》，《考古学研究（二）》，北京大学出版社1994年版。

⑩ 陕西省考古研究所：《陕西长安羊元坊商代遗址残灰坑的清理》，《考古与文物》2000年第3期。

⑪ 周原考古队：《陕西周原七星河流域2002年考古调查报告》，《考古学报》2005年第4期；中国社会科学院考古研究所周原考古队：《2004年秋季周原老堡子遗址发掘报告》，《考古学集刊》（17），科学出版社2010年版。

⑫ 左忠诚：《渭南市又出土一批商代青铜器》，《考古与文物》1987年第4期。

⑬ 马琴莉：《三原县收藏的商代铜器和陶器》，《文博》1996年第4期。

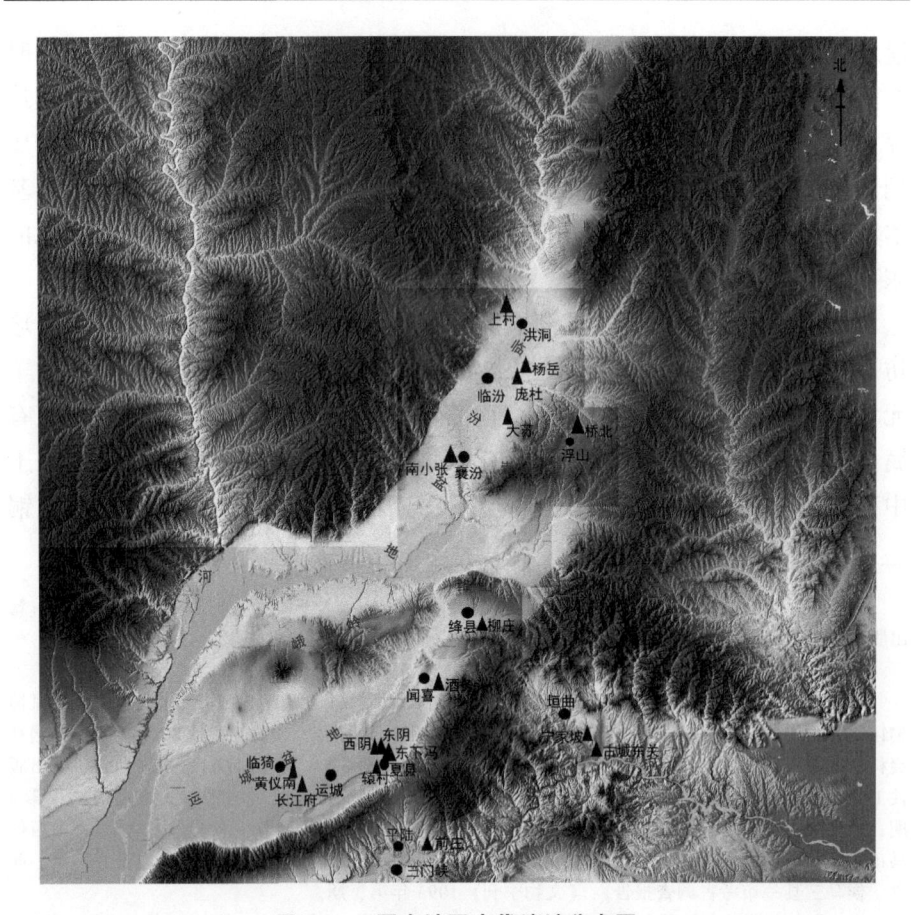

图 5.15 晋南地区商代遗址分布图

鬲 1 件①，铜川三里洞出土 1 件空锥足鼎②，华县桃下村出土饕餮纹铜鬲式鼎 1 件③，根据上述典型遗址的内涵、年代，在众多学者关于关中商代遗存研究的基础上，我们赞同早商时期关中地区概以泾河下游至西安一线为界，分为关中东、西部两个区域。关中东部的早商遗存包括南沙村上层、怀珍坊发现的商代遗存、老牛坡遗址一、二期、北村遗址一、二期，可以将其归属于二里岗类型。而礼泉朱马嘴一、二期和壹家堡一

---

① 陕西省考古研究所等：《陕西出土商周青铜器》（一），文物出版社1979年版，图版一，第1页。
② 铜川市文化馆：《陕西铜川发现商周青铜器》，《考古》1982年第1期。
③ 陕西省考古研究所等：《陕西出土商周青铜器》（一），文物出版社1979年版，图版一二四，第109页。

第五章　中原与西方地区的文化互动与交流通道　　263

期、长安羊元坊商代遗存均属于关中西部地区的"京当类型"①。老牛坡三期、北村三期的年代约相当于殷墟二期，部分还可进入和上述青铜器同时代的中商时期，大概和灵宝东桥、王家湾的铜器时代相当。中商时期主要是铜器发现，此外羊元坊和周原老堡子我们赞同发掘者对其年代的判断，也属于中商时期。

　　郑洛至晋南的早商文化传播路线本书作者之一的马保春先生曾做过分析，②而本书另一作者高江涛先生也指出先秦时期晋南和洛阳盆地之间有三条通道。③根据上述西方区域内商文化遗存的分布情况，我们认为早商时期郑洛至晋南主要有三条路线：其一，出洛阳盆地西行经崤函古道的崤山道到陕州（今三门峡），北过茅津渡，再北上经虞坂巅軨道进入运城盆地；其二，出洛阳盆地西北行，抵达渑池黄河南岸，渡河达垣曲商城再沿亳清河西北行经横岭关进入绛县；其三，即下文所言的轵关陉道。郑洛之间至少从龙山晚期已形成了多处可以渡黄河的渡口，尤其在二里头和二里岗文化时代更是持续利用和发展。而黄河对岸的温县、沁阳、济源等地是下七垣文化的发源地之一，商人很早就经营这一地区，发现的早晚商遗存均较丰富。由八陉之首的轵关陉进入太行山后，经召地（今邵原镇）、垣曲商城之后和第二条道重合。

　　第一条道，整个商代遗址均发现较少，作为从庙底沟到二里头直到西周的虞国分封的虞原一带，是不同时期的控制中心和交通枢纽。今后需要重点关注这一区域内商代遗存的发现。而正是由于这条道路中虞原这一关键区域内缺乏商代遗址，尤其早商较早阶段的遗存，我们认为商文化最初进入晋南可能主要是经过东部垣曲盆地的两条道路。从考古学文化的内涵上看，垣曲盆地内以垣曲商城为代表的商文化和二里岗类型更接近，而运城盆地内以夏县东下冯商城为代表的商文化地方特色更浓厚些，因此王立新先生就将运城盆地的早商文化独立为东下冯类型，而将垣曲盆地的商文化归属于二里岗类型。④而由垣曲盆地到运城盆地除了沿亳清河过横岭关

---

　　①　邹衡：《试论夏文化》，《夏商周考古学论文集》，文物出版社1980年版；雷兴山：《对关中地区商文化的几点认识》，《考古与文物》2000年第2期；张天恩：《关中商代文化研究》，文物出版社2004年版，第152—153页。

　　②　马保春：《由晋南二里岗期早商文化的分布论其进入、传播》，《中原文物》2004年第6期。

　　③　参见本书第六章第三节。

　　④　王立新：《早商文化研究》，高等教育出版社1998年版，第170—173页。

进入绛县再向南到夏县等地区外，马保春先生还指出垣曲盆地内顺板涧河源头和流经夏县的青龙河上游在一山的东西，很可能通过板涧河和青龙河可以实现由垣曲盆地直接到达运城盆地。①

第二条道中垣曲商城应是早商中条山铜矿外运的重要渡口和中转。②需要进一步指出的是，利用亳清河和黄河水路时，载重时正好顺流而下，而如果郑洛到晋南逆水而行，辎重货物更多应是选择陆路。而利用的黄河渡口可能并非一处，本书第六章有论述在孟津渡向东，汉唐文献记载还有偃师西北的平津、巩县北的五社津、虎牢关附近的板渚津、玉门津等，根据早商遗址的分布情况，推测早商时期除了孟津及偃师西北的平津经常使用外，板渚津、玉门津可能是进入郑州地区使用的重要渡口。而在郑州西北郊黄河南岸的索须河流域遍布早商文化遗址，其中的小双桥遗址有学者认为就是仲丁所迁的隞都③，大师姑遗址在二里岗下层一期已在此建立环壕，可见这里也是商人一处重要遗址。郑州西北郊黄河南岸地区，早商阶段已成为南北和东西交通的重要枢纽，在沟通郑洛两地及和晋南及太行山南麓地区的互动交流中特别值得关注。此外，前庄遗址是一个需要重视的地点。前庄遗址位于黄河北岸的二级台地上，面积约1万平方米，台地东侧十余米是石膏河，西南两侧二十余米是黄河，遗址隶属今平陆县坡底乡崖底行政村前庄自然村，西距平陆县城约40千米。遗址除发现有二里岗时期的青铜器外，还发现灰坑、房址，伴出一批陶器、石器、骨器等。后来调查在前庄东南发现一片卜骨，在附近的大祈、粮宿也发现了商代遗存。④前庄遗址出土的陶鬲H1∶1年代稍早，或可至二里岗下层二期晚段，而大口尊、陶鬲T5001∶2D∶1则都属于二里岗上层一期，如细分可归属《中国考古学·夏商卷》分期中三期的六、七段。结合出土的青铜器，整体属于二里岗上层一期（图5.16）。前庄遗址所在的东西约20千米的河滩

---

① 马保春：《由晋南二里岗期早商文化的分布论其进入、传播》，《中原文物》2004年第6期。

② 刘莉、陈星灿：《城·夏商时期对自然资源的控制问题》，《东南文化》2000年第3期。

③ 陈旭：《商代隞都探寻》，《郑州大学学报》（哲学社会科学版）1991年第5期；陈旭：《郑州小双桥商代遗址的年代和性质》，《中原文物》1995年第3期；陈旭：《郑州小双桥商代遗址即隞都说》，《中原文物》1997年第2期。

④ 李百勤：《山西平陆前庄商代遗址清理简报》，《文物季刊》1994年第4期；周有安：《山西商代前庄遗址又有新发现》，《中国文物报》2000年6月18日第1版；卫斯：《山西平陆前庄方鼎的历史归属与年代问题》，《中国历史文物》2007年第2期。

第五章　中原与西方地区的文化互动与交流通道　　265

铜尊　　　　　铜爵　　　　　铜圆鼎

铜方鼎　　　陶大口尊T5001：2C：1　　　陶瓮T7005：2F：1

陶瓿T6001-2F：2　　陶豆T5001：2E：4　　陶鬲H1：1　　陶鬲T5001：2D：1

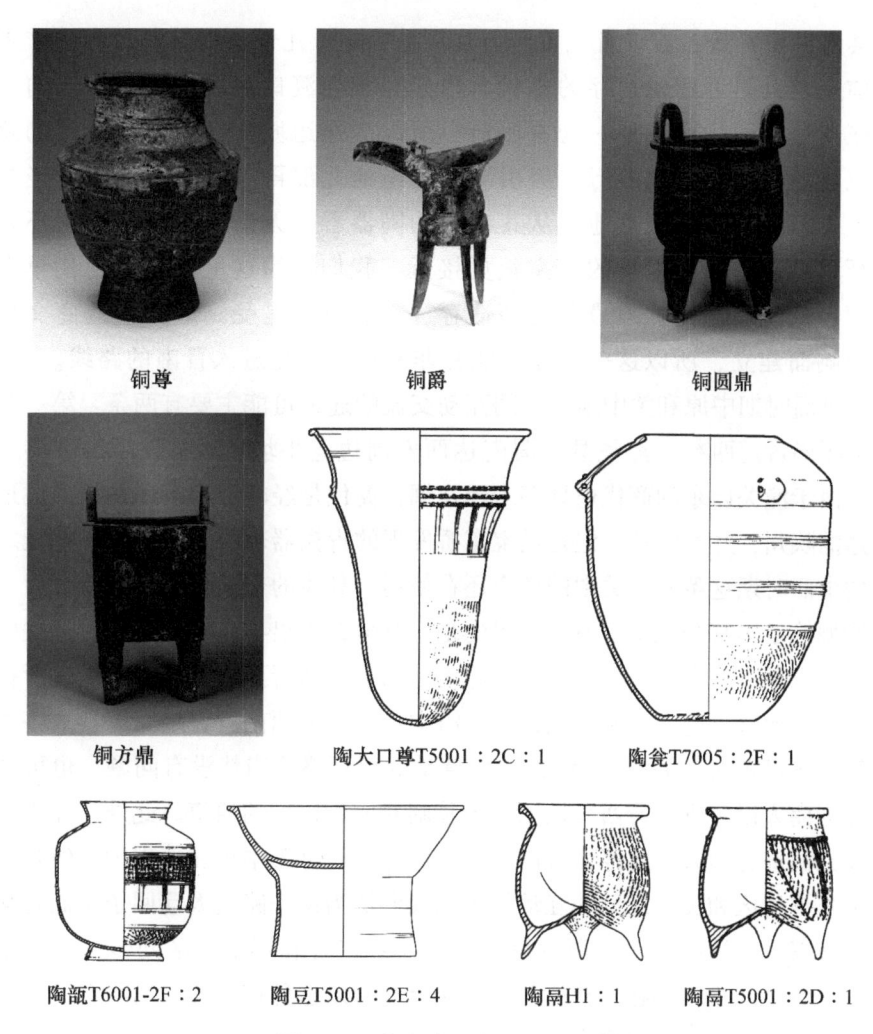

图5.16　前庄遗址出土器物图①

来源：陶器均采自《文物季刊》1994年第4期。

水流湍急，保留不少唐宋时期的栈道遗迹，前庄向西约10千米的龙岩遗址，据调查可能是唐代在此设置的集津仓。② 津，即渡口，说明这一带也应有古渡存在。再向西就是著名的茅津渡，茅津渡西行也有很多渡口如太阳渡、豆津渡等。而前庄向东还有白浪渡（渑池县陈村乡）和利津渡（渑

---

① 图5.16中铜器照片由韩炳华先生提供，谨致谢忱！
② 中国科学院考古研究所：《三门峡漕运遗迹》，科学出版社1959年版，第38页。

池县南村乡）等古渡。可见黄河上几乎是每隔十几千米就有渡口存在。考虑前庄及其附近商代遗存的年代、内涵和黄河渡口的设置，我们倾向于前庄遗址在商代可能是一处古渡口。所以沟通运城盆地和伊洛地区的路线也可能出洛阳盆地西行，经由新安、渑池北部再经前庄渡河而后经巅軨、虞坂道进入运城盆地。从其出土的陶器看，无论从陶器的类别还是特征都和垣曲商城遗址的商文化更接近，我们认为这里发现的商代早期遗存年代晚于垣曲盆地最早的商遗存，更有可能是受到垣曲盆地商文化的影响而建立，所以这一通道可能并非最初商文化进入晋南的路线。

早商时期中原和关中地区之间互动交流的通道可能主要有两条：第一条道沿崤函古道西行，经华县、渭南达西安周边老牛坡、耀县、泾河下游一带。由于潼关以东的商代遗址多未经发掘，商代是经崤山南道还是崤山北道抵达的陕州，并不清楚。但是灵宝东桥发现的青铜器表明至少白家庄期及之后的中商时期这条西行关中的通道还在使用。具体的交通路线还有待今后考古发掘给予丰富和充实。值得一提的是，有学者指出早商时期商人西进关中的路线就是夏末商汤伐桀的路线，即出洛阳盆地西行至陕州，再走上文所提的虞坂—巅軨道进入运城盆地，之后沿中条山北麓西南行，过安邑、永济再经蒲津渡过黄河入关中。[①] 作为讨伐夏桀的行军路线当然没有问题，也可认为是为商人以后进入晋西南地区奠定基础并成为以后的通道。此外，如果讨伐夏桀的部分商人因此停留晋西南并进而渡河西进关中也在情理中。但是正常的郑洛地区和关中之间的互动往来，我们认为这条路线太迂回了，而且从老牛坡遗址的情况来看，至少早商时期其维持着和郑洛地区同步发展的节奏，二者之间显然存在着持续的互动交流，所以这种持续的互动所选的路线还应以黄河以南的线路为宜。

第二条道要结合前文对于商洛地区商文化的分布，已经清楚商人到达商洛的时间可早至二里岗下层一期，二里岗上层时期的遗存相对较丰富，部分还可延续至殷墟二期。因此早商时期商人进入关中可能仍沿二里头文化时期的南线洛水通道抵达商洛地区，之后再翻越秦岭并与北坡的灞水相连接而抵长安，之后可西传周原也可北进入泾河下游。怀珍坊、老牛坡即是交流通道上的重要控制点，也是进入关中后建立的重要据点（图 5.17）。

---

[①] 陶伟：《商文化西渐研究》，硕士学位论文，郑州大学，2012 年，第 73—75 页。

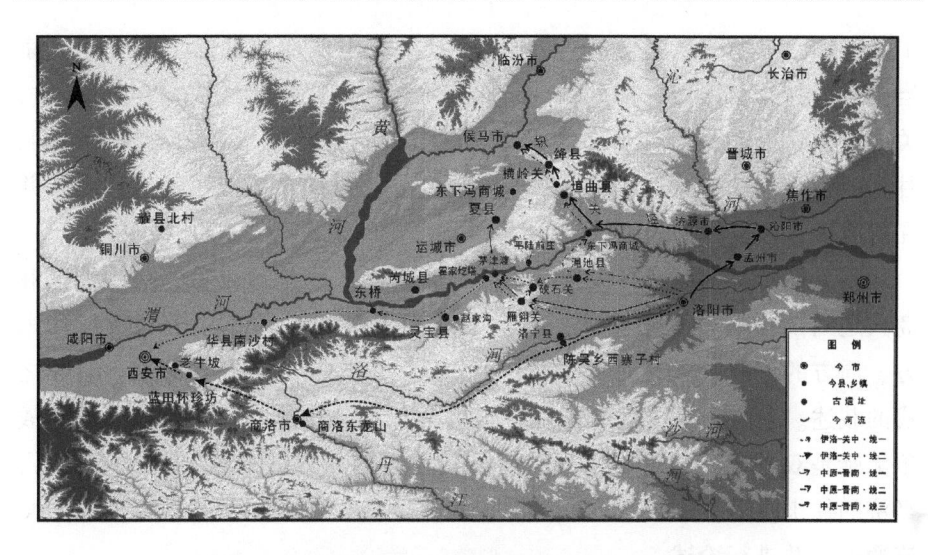

第五章　中原与西方地区的文化互动与交流通道　　267

**图 5.17　早商时期郑洛至晋南、关中交流路线图**

## 二　晚商时期中原和西方地区的交流通道

晚商时期，出洛阳盆地西行，目前除了灵宝的王家湾和赵家沟出土的部分青铜器属于这个时期，豫西地区晚商遗存发现得很少，明确的经过发掘的晚商文化遗址尚未见到报道。晋南地区调查曾指出三处相当于大司空村一期的遗址，即运城长江府、临汾大苏和临猗黄仪南村。[①] 这三处遗址根据本书的分期，显然属于中商时期。而浮山桥北商周墓地[②]、闻喜酒务头商代墓地[③]的发掘则属于近年晋南地区晚商遗存的重要发现。此外，晋南地区还出土了一些晚商青铜器，如临汾庞杜、洪洞上村、杨岳等。[④] 关中地区晚商时期遗存较为复杂，以北村三期和老牛坡三期为代表的关中东部的晚商文化持续至殷墟三期，之后泾河下游的商文化或为先周文化代替。[⑤] 而老牛坡遗址的商文化持续至殷墟四期，遗址的四、五期可能代表

---

[①] 中国社会科学院考古研究所山西工作队：《晋南考古调查报告》，《考古学集刊》(6)，中国社会科学出版社 1989 年版。

[②] 桥北考古队：《山西浮山桥北商周墓》，《古代文明》第 5 卷，文物出版社 2006 年版，第 347—394 页。

[③] 白曙璋、高振华：《山西闻喜酒务头商代墓地》，《2018 中国重要考古发现》，文物出版社 2019 年版；山西省考古研究院等：《山西闻喜县酒务头商代墓地发掘简报》，《中国国家博物馆馆刊》2022 年第 10 期。

[④] 韩炳华主编：《晋西商代青铜器》，科学出版社 2017 年版，第 16—17 页。

[⑤] 张天恩：《关中商代文化研究》，文物出版社 2004 年版，第 145、156—157 页。

了一类和商王朝关系密切的崇方国遗存。① 关中西部地区的早商文化"京当类型"持续至殷墟二期后,被先周文化和刘家文化所代替。② 与此同时,关中地区除了主要来自东部的商文化因素影响这个区域,尤其晚商时期,甘青地区、晋陕高原地区及汉中城固地区等都对关中形成了一定影响,并在物质文化因素方面得到反映。③

整个晚商时期甚至在殷墟三期商文化退出关中地区之后,关中地区和商人之间都存在着互动交流,传世文献和甲骨文中均有关于商王征伐鬼方、周方的记载,也有周断"虞、芮之讼"和季历伐西落、燕京、余无之戎的载述。而文王戡黎和武王伐纣则更是有十分具体的征伐路线。这些战争无疑是双方交流的重要体现,但是其他时间双方民众很显然也有贸易、经济的往来。下文主要结合商末周初的战争路线并对和平条件下的商旅交流通道一并进行论述。

据《史记·周本纪》记载,西伯文王遵后稷、公刘祖业,敬老慈少,礼贤下士,以至于贤人能士皆归附。诸侯也都找西伯文王解决纠纷,"于是虞芮之人,有狱不能决,乃如周"④。这里虞指虞国,在今山西平陆县北,芮指芮国,在山西南部芮城县一带。周人在西土的情况正如《后汉书·西羌传》的载述:"西有昆夷之患,北有猃狁之难,遂攘戎狄而戍之,莫不宾服。乃率西戎,征殷之叛国以事纣。"可见其开始也是打着"尊王攘夷"的旗号而积蓄力量,之后就一直向东征伐殷之属国,直达王都西侧的上党地区。《史记·周本纪》对此有详细记载:"明年,伐犬戎。明年,伐密须。明年,败耆国。殷之祖伊闻之,惧,以告帝纣。纣曰,不有天命乎?是何能为!明年,伐邘。明年,伐崇侯虎。而作丰邑,自岐下而徙都丰。"⑤ 犬戎即甲骨文之犬国,在今陕西武功、兴平一带。⑥ 密须则可能在今泾水上游的灵台县境内。⑦ 耆国,《正义》"即黎国也",孔安国云黎在

---

① 刘士莪:《老牛坡》,陕西人民出版社2002年版,第347—361页。
② 张天恩:《关中西部商代文化研究》,《考古学报》2004年第1期。
③ 宋江宁:《关中地区商代考古学遗存结构研究》,《陕西历史博物馆馆刊》第23辑,2016年;宋江宁:《区域社会的形成与发展》,《三代考古》七,科学出版社2017年版;张天恩:《晚商西土考古学文化变迁与社会管理的认识》,《江汉考古》2020年第3期。
④ (汉)司马迁:《史记·周本纪》,中华书局1982年版,第117页。
⑤ (汉)司马迁:《史记·周本纪》卷四,中华书局1982年版,第118页。
⑥ 孙亚冰、林欢:《商代地理与方国》,中国社会科学出版社2010年版,第326—327页。
⑦ 梁云:《陇山东侧商周方国考略》,《西部考古》(第8辑),科学出版社2014年版。

上党东北,也即《尚书》的西伯戡黎之黎也。此黎国在今山西黎城县东北。邘,《集解》引徐广曰:"邘城在野王县西北。"《正义》引《括地志》云:"古邘城在怀州河内县西北二十七里,古邘国城也。"汉野王县和唐河内县即今河南沁阳市(县级市)。由此可见周人大概沿泾河而下逐渐占领关中东部,由岐迁都丰,西伯伐邘和戡黎的路线大概如下:伐邘主要走虞坂—巅軨道和轵关陉道,即从西安东北行过风陵渡沿黄河北岸、中条山南麓,经芮国,再走巅軨、虞坂道中途过虞国进入运城盆地,过闻喜、绛县再走轵关陉道即到邘国。当然,进入运城盆地也可以不经芮国,从蒲津渡过黄河,沿涑水上行过永济、临猗也到闻喜。戡黎的路线则由运城盆地再北行进入临汾盆地的翼城县,再东行经沁水县、阳城县,从晋城地区再北行过高平进入长治、潞城最后到黎城。当然,也可在占领邘地后从太行陉北上进入上党地区,经晋城、高平、长治直达黎城。邘位于王畿区西南界限,扼控太行八陉的轵关陉和太行陉,是商人翻越太行山和晋南方国联系的重要控制点,又是北行上党的必经之地,同时渡河北上向东北行进入商都也可从这里通行。因此邘无疑是商都西南的重要门户。黎扼守太行八陉的滏口陉,是商人进入上党和晋中、晋北的重要咽喉,黎的失守意味着商都西面的上党盆地、临汾盆地已经被周人占据,商都的西边已经门户洞开了。

上述伐邘和戡黎的路线中有几个关键地点无论是对战时还是和平时期的互动交流均有重要作用。首先是晚商甲骨文中的冥地下文已考证在旧平陆县城东北,今茅津渡以北圣人涧村。这里是进入巅軨道的一个关键点,但是无论是虞原所在的张店镇还是圣人涧所在的今平陆新县城一带均缺乏商代遗址,今后这一通道上的商代遗存值得重视,这里的商代遗址或许规模不大,从地理交通上看属于驿站性质。

闻喜发现的酒务头晚商墓地在晚商西方政治地理结构中的地位重要,殷墟二期后商人的重点放在东方海岱地区,早商时期的东下冯、垣曲商城均被废弃,晋南地区考古发现的晚商遗址几乎不见更遑论高等级遗址,尽管学者利用甲骨文考证位于晋南的商代方国为数不少,但是从考古学上讨论商王朝在西方晋南地区的政治管理也仅有浮山桥北,无疑酒务头地理位置处于晋南地区的核心,年代又主要是晚商时期,对这一问题的探讨将提供更多视角和空间。酒务头墓地位于运城市闻喜县河底镇酒务头村西北

200米处，北临沙渠河，南临小涧河，经过调查、勘探，发现商代晚期墓葬12座、车马坑6座以及灰坑5个，其中带墓道大墓5座，中小型竖穴土坑墓葬7座。五座大墓（M1—M5）均为带墓道的"甲"字形墓，墓道有斜坡、台阶两种。五座大墓中，除墓地最东边的 M1 未被盗掘外，其余四座全部被盗。出土有铜器、陶器、骨器、玉器等，M1出土部分青铜器有族徽"匿"，显示其可能属于晚商匿族的居地①（图5.18）。曾有学者对M1有详细分析，指出这是一座殷墟四期的典型商文化贵族墓葬，并指出酒务头墓地在西伯戡黎的关键位置，是西土集团在东进过程中势必要剪除的，也为从考古视角探讨商周更替的历史进程提供了关键的节点。② 从上述路线看，其实酒务头不仅是戡黎也是伐邘的关键位置。酒务头很显然是继东下冯废弃后商王朝在运城盆地新建的地区中心，其目的是实现商王朝对晋南运城盆地的管控，鉴于地理位置的重要和殷墟三期后周人的崛起，酒务头也应该有防控关中的作用。当然，和平时期在关中和安阳的互动交流中则起到重要中转站的作用。

图 5.18　酒务头出土器物图

来源：《中国考古学年鉴（2019）》，2021年，彩版图。

---

① 白曙璋、高振华：《山西闻喜酒务头商代墓地》，《中国考古学年鉴（2019）》，中国社会科学出版社2021年版，第151—153页。

② 李宏飞：《酒务头 M1 初论》，《三代考古》（九），科学出版社2021年版，第401—413页。

伐邗路线中最近在轵关陉东出口的济源柴庄发现了晚商时期带有环壕的聚落遗址。柴庄遗址面积近30万平方米，年代从商代晚期延续至西周早期。遗址发现的所有遗迹现象均位于环壕内，商代晚期堆积位于遗址中心部位，该区域主要遗迹为贵族墓葬、夯土基址、祭祀遗存、夯土水井和坑塘类遗迹。2019年发掘墓葬13座，墓向一致，排列有序，分为南北两区，北区时代为殷墟二期，南区时代为殷墟三、四期。南区发掘两座殉人墓，其中M50为"甲"字形墓葬，年代属于殷墟三期，墓室长4米，宽3米，墓道长5.3米，宽1.7米，斜坡墓道至二层台，墓内填土夯打。二层台发现有殉人、殉狗和陶簋，簋内放置有牛骨。夯土基址发现5座，分为南北两区，围绕夯土基址分布有牛祭坑、人祭坑、燎祭坑、瓮棺以及较为规整的圆形坑等。[①] 该遗址的特殊地理位置及同时包含商代晚期和西周早期遗存的特点，显然对于商王朝对晋南、关中地区的经略、商人和晋南、关中的交通路线以及周人伐商的路线甚至周人对东方地区控制等学术问题均有重要意义。

戡黎路线中由运城盆地到临汾盆地的路线有两条，马保春先生已经对于早商时期这一路线进行了考证，沿途确有早商遗址。[②] 晚商时期翼城、沁水及阳城一线尚缺乏商代遗存，有待进一步的考古工作。而黎城盆地最近考古调查发现了多处商代遗址如西水洋遗址、赵店遗址、东旺遗址[③]，早年上党盆地内长子县北高庙、屯留上村及黎城县下桂花等地都发现有晚商青铜器，[④] 上党地区应属于商王朝直接控制区域。

武王伐纣的路线诸家研究较多，主要根据文献考证渡河及渡河后的路线，近年也有对伐纣后返回的路线进行研究的。伐纣大军渡河处

---

[①] 王豪、梁法伟：《济源市柴庄商周遗址》，《中国考古学年鉴（2020）》，中国社会科学出版社2021年版，第351—352页。

[②] 马保春：《由晋南二里岗期早商文化的分布论其进入、传播》，《中原文物》2004年第6期。

[③] 武俊华、杨林中、赵晓辉：《浊漳河流域（黎城段）考古调查》，《中国考古学年鉴（2021）》，中国社会科学出版社2022年版。

[④] 郭勇：《山西长子县北郊发现商代铜器》，《文物资料丛刊》（3），文物出版社1980年版；长治市博物馆：《山西屯留县上村出土商代青铜器》，《考古》1991年第2期；王近先、杨晓红：《山西武乡县上城村出土一批晚商铜器》，《文物》1992年第4期；山西省考古研究所晋东南工作站：《山西黎城古文化遗址调查报告》，《文物季刊》1998年第4期。

有孟津①、氾水②两种说法，也有调停二说之看法。③ 渡河后黄河以北的行军路线如下：首先至邢丘（今温县北平皋村）、怀（今武陟县古怀村），勒兵于宁（今获嘉县），至共头山（今辉县北九里），朝食于戚（今辉县境内），暮宿于百泉（今辉县西北百泉），甲子朝战于牧野（今新乡、卫辉间）。④ 伐纣后武王返回的路线有学者认为伐纣后经偃师再登临太室并选址洛邑，在洛邑主持营建月余后再从洛邑返回镐京。⑤ 也有学者指出是经管（郑州）、再登临天室（太室山），选址洛邑地址之后曾"南国是疆"再返回镐京。⑥ 返程路线以后说为是。去程路线渡河孟津的地点众多文献有载述，且年代并不比《荀子·儒效》年代晚，又加之《容成氏》简文的佐证，因而不应轻易否定孟津说。在具体细节上，《荀子·儒效》的载述没有孟津地名，但是也没有具体说"师渡氾"之类，仅从"至氾而泛"尚看不出渡河的具体地点，因而才有彭先生的调停之说。笔者认为除了彭先生的推论外，也有另外的可能，如先到氾水的先头部队克服困难的确从氾水渡河了，但是后面大部分军队在得知氾水渡河的困难后则协调从孟津渡河了。总之，从目前的材料来看，"至氾而泛"和"孟津渡河"之间可有多种推测，孟津渡河不可轻易否定。

上述伐纣路线研究中，因为文献记载中几乎均不涉及渡河之前的路线，因而也很少有学者提及这段路线，孙亚冰认为是出镐京后东行走崤函古道。⑦ 我们认为伐纣路线也可以经行晋南，走一段黄河水路在孟津上岸。

---

① 师渡孟津可见较多传世文献，如《尚书·泰誓》《尚书·武成》《史记·周本纪》等。具体可参见周晓陆、刘次沅《武王伐纣相关文献再检讨》，《南京大学学报》2000年第3期。此外，《上博简·容成氏》也言"涉于孟津"。

② 于省吾：《武王伐纣行程考》，《禹贡》1937年第七卷第1期；陈昌远：《从〈利簋〉谈有关武王伐纣的几个问题》，《河南师大学报》1980年第4期；陈昌远：《再谈武王伐纣进军路线》，《河南大学学报》1988年第4期。

③ 彭邦炯：《武王伐纣探路——古文献所见武王进军牧野路线考》，《中原文物》1990年第2期；杜勇：《武王伐纣日谱的重新构拟》，《古代文明》2020年第1期。

④ 孙亚冰、林欢：《商代地理与方国》，中国社会科学出版社2010年版，第204页。

⑤ 蔡运章：《周初金文与武王定都洛邑——兼论武王伐纣的往返日程问题》，《中原文物》1987年第3期。

⑥ 张怀通：《武王伐纣史实补考》，《中国史研究》2010年第4期；杜勇：《武王伐纣日谱的重新构拟》，《古代文明》2020年第1期。

⑦ 孙亚冰、林欢：《商代地理与方国》，中国社会科学出版社2010年版，第204页。

从周人对商人西土逐步蚕食的情况看，西伯戡黎时，商人在晋南的地盘几近落入周人手中，尤其黎、邗两个战略地点的失守，商人西部已无险可守。伐纣的大军经晋南或从风陵渡或从蒲津渡过黄河后均可很快抵达垣曲盆地的古城东关，之后沿黄河顺流而下至孟津或汜水靠岸均可。从古城东关到孟津这段水路早商时期已经被商人利用，晚商时期已经属于一段成熟的内河航道，且顺流而下运送兵士比黄河南岸崤山道要便捷很多。而且对比黄河南岸的崤函古道，走晋南路程更少些，只是利用水路较多。伐纣大军东行崤函古道目前并无法实证，在此聊备行经晋南并走一段水路为一说，以供参考，毕竟历史有诸多可能。

从商都安阳西南行渡河再西行经崤函古道到镐京，这是上述武王伐纣后返程主要利用的路线，也是晚商时期安阳至关中的重要通道（图5.19）。安阳至黄河北岸，属于太行山东南麓的平原地带，又属于王畿区，有多条路径可选。近期有学者对于太行山南麓、黄河以北区域和黄河南岸郑洛以及崤函古道一线以铜器墓为代表的高规格墓地进行了分析，指出了这两个区域的铜器墓的特点和二者的差异。文章认为，太行山南麓、黄河以北呈线状分布，铜器墓规格高，而黄河以南郑洛至崤函一线则据点式分布，铜器墓规格相对低，而且前一个区域有高等级聚落，如琉璃阁这类一等聚落，也有柴庄、小南张这种二等聚落，但是郑洛一线则仅有二、三等聚落。[①] 由此可见黄河北岸区域更受到商人重视，这和该区域重要的地理位置有关，商人扼控这个区域就控制了八陉的轵关陉、太行陉及南下渡河的路线，郑州地区的晚商遗存从交通角度看晚商阶段更多是商都南行的重要环节，而非西行的关键。考虑到崤函古道上晚商遗存的缺乏，我们认为晚商阶段安阳和关中地区的交流通道可能更多的是经由晋南地区实现。

---

① 常怀颖：《略谈晚商太行山南麓及临近地区的铜器墓》，《中原文物》2020年第4期。

图 5.19 晚商时期安阳和关中的交流通道

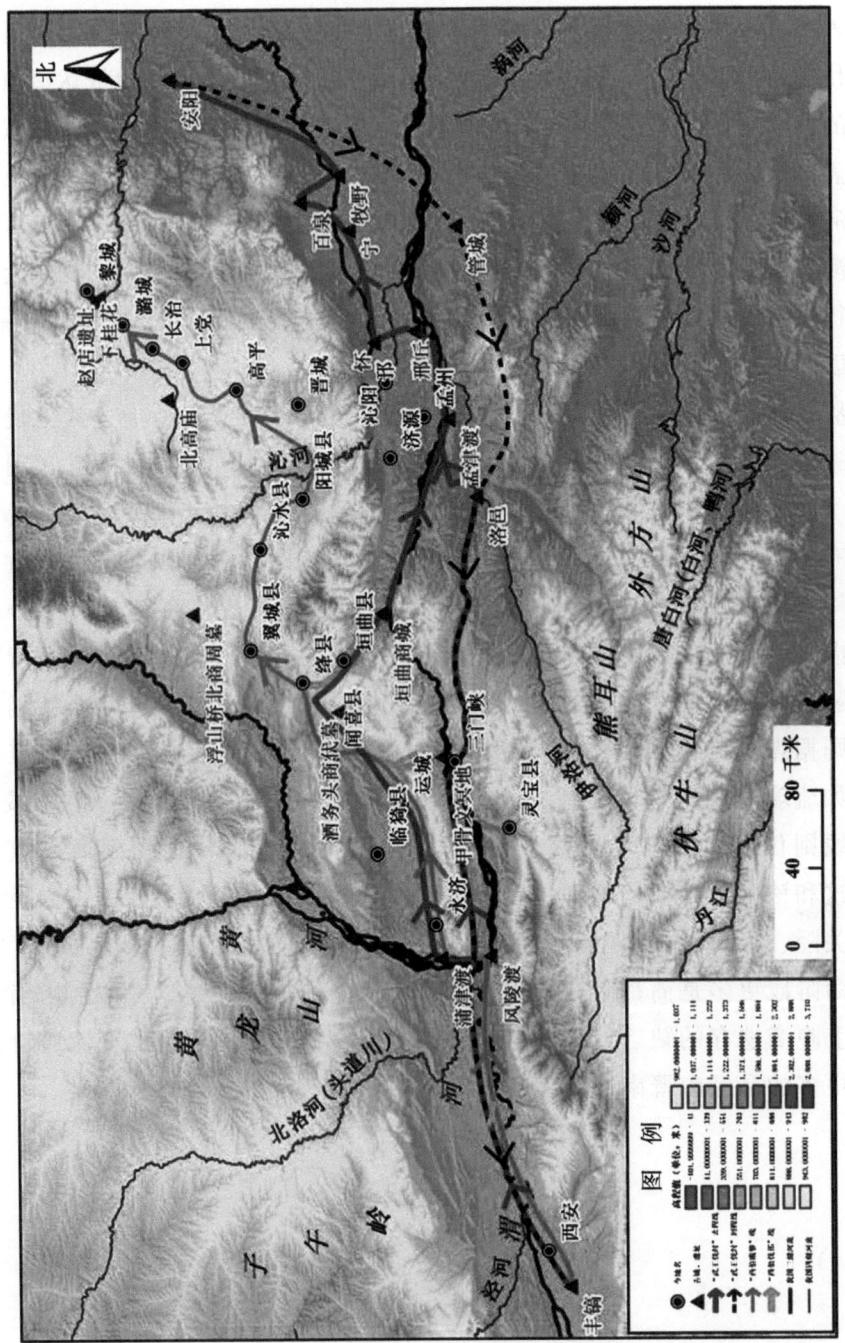

# 第六章　中原和北方地区文化交流通道探析

北方地区也有特定的含义，它也是一个相对概念，主要是指同时期中原文化区以北的地区，具体来说太行山东西两翼及更北燕山南北和内蒙古中南部都属于广义的北方地区。本书的北方属于狭义的北方地区，在太行山东翼除了张渭莲、段宏振两位先生所言的太行山东麓走廊地带①，也包括古黄河以东、济水以北的河济之间区域，北部则限于燕山以南地区，即燕山以南的京、津、唐地区（包含冀西北的张家口地区）。这个东翼和蒋刚专著②的东翼相比少了山东、鲁北、豫东部分地区。太行山西翼则仅限于太行以西吕梁以东，北部包含内蒙古中南部、陕北部分地区。本章前两节分为龙山文化晚期和二里头文化时期两个时段主要考察中原和北方地区太行山东麓地带的互动交流；第三节则重点关注中原和太行山以西的晋南地区的互动交流。

## 第一节　龙山文化晚期中原与北方地区的互动与交流

龙山文化晚期阶段黄河以北的沁水流域主要是王湾三期文化的分布范围，大致不过沁河。沁水流域分布较北的王湾三期文化遗址是济源苗店遗址③；

---

① 张渭莲、段宏振：《中原与北方之间的文化走廊——太行山东麓地区先秦文化的演进格局》，文物出版社 2015 年版。
② 蒋刚：《文化演进与互动：太行山两翼夏商西周时期青铜文化研究》，科学出版社 2017 年版。
③ 中国历史博物馆考古部等：《河南济源苗店遗址发掘简报》，《考古与文物》1990 年第 6 期。

沁河北岸的焦作西金城城址①及辉县孟庄城址②均属于后冈二期文化。东北方向的新乡地区基本属于后冈二期文化分布。

在太行山西麓，与中原地区邻近的垣曲盆地，其龙山文化晚期遗存整体属于王湾三期文化，同时还包含陶寺文化、后冈二期文化、三里桥文化等多种文化因素，③这个地区属于王湾三期文化在西北方分布的边缘地区。典型遗址如垣曲古城东关等。再向北的临汾盆地是陶寺文化的分布地区，这里中原王湾三期文化因素罕见。临汾盆地以北的晋中、晋北地区更是不见中原文化的影响。但是值得注意的是，有学者认为，燕山西北地区、内蒙古中南部的老虎山文化对中原地区曾经有过强势扩张和深远影响，其中双鋬鬲、卜骨、细石器镞更是南向扩展经陶寺至三里桥文化至王湾三期文化甚至远播至更远的黄河下游地区。④从老虎山文化南向扩张的情况及近年晋南地区的聚落考古调查来看，太行山西麓，由洛阳盆地与晋南地区再北经晋中到达内蒙古中南部地区的通道是存在的。近年石峁遗址的发现发掘，其和晋南陶寺的诸多联系，更是说明两地区间是有通道的。

## 一 龙山文化晚期北方区域分布的考古学文化

太行山东麓，有学者已经指出，在西依太行，东邻古黄河，北据燕山，南望嵩山这一南北狭长的一个相对独立的地理单元内，由于长期在文化上迥异于南北，所以可以称为一个单独的文化区域——太行山东麓地区，这一文化地域最大的特征是中原和北方的文化走廊区域。⑤该区域龙山文化晚期阶段主要分布的是后冈二期文化，但是后冈二期文化的分布并不局限于这个区域，而我们所言的北方地区当然还包括古黄河以东古河济之间的区域。龙山文化晚期阶段，古河济地区主要分布的也是后冈二期文化。后冈二期文化以安阳后冈二期遗存而得名。该类遗存于20世纪30年代首次在河南安阳发现，开始被统称为河南龙山文化，后被看作河南龙山

---

① 河南省文物管理局南水北调文物保护办公室、山东大学考古系：《河南博爱县西金城龙山文化城址发掘简报》，《考古》2010年第6期。
② 河南省文物考古研究所：《辉县孟庄》，中州古籍出版社2003年版。
③ 王小娟：《晋南地区新石器末期考古学文化》，《中原文物》2017年第2期。
④ 韩建业：《老虎山文化的扩张与对外影响》，《中原文化》2007年第1期。
⑤ 张渭莲、段宏振：《中原与北方之间的文化走廊——太行山东麓地区先秦文化的演进格局》，文物出版社2015年版。

第六章　中原和北方地区文化交流通道探析　　　　　　　277

文化的一个地方类型，20世纪90年代和王湾三期、造律台文化一样独立命名为后冈二期文化。随着田野考古发掘材料的不断丰富，对其相关学术研究也在逐渐深入。其分布范围目前学术界看法并不相同，但是显然豫北冀南的漳河及卫河流域即安阳、邯郸、辉县、淇县是该文化的核心区。本书认为该文化西南可能不过沁河，西则可能进入太行山中的长治地区，东则分布于古黄河两岸，东南可达长垣的宜丘，北以拒马河、永定河为界限。在这一区域内根据文化面貌的差异和年代的早晚大致可分为白营类型或曰后冈类型、孟庄类型、小神类型。①白营类型主要遗址有河南安阳后冈、汤阴白营、安阳八里庄、大寒南岗、淇县王庄、淇县宋窑、濮阳程庄、濮阳戚城、河北磁县下潘汪、邯郸涧沟、邯郸龟台寺、永年台口、沧州陈于等。孟庄类型以辉县孟庄遗址为代表，此外还包括修武李固、新乡洛丝谭、李大召、博爱西金城、焦作府城等遗址。小神类型以长治小神村遗址为代表，主要分布于晋东南地区，上党盆地为其中心分布区，同类遗址多分布于长治周边，包括潞城、襄垣县等地，但几乎均未发掘，如长治北石槽、泽头、壁头、故驿、潞城合室、北街、长治市石家庄村、南庄、东口、返底、南峰等遗址。②

## 二　中原和太行山东麓地区的交流路线

（一）路线概貌

中原地区的王湾三期文化和中间的文化走廊区域即后冈二期文化交流很多。再向北的燕山南北地区，在龙山晚期阶段分布的考古学文化并不相同，燕山南麓主要是后冈二期文化北上形成的雪山二期文化，燕山北麓则是小河沿文化。

中原地区和燕山南北地区的交流主要是通过太行山东麓地区的山前狭长廊道。严耕望先生曾对中古时期这一廊道有详细的考证，详细可见洛阳至太原驿道篇及太行东麓南北走廊驿道篇。③唐代这条从东都洛阳至幽州（今北京）的南北廊道大致是：首先出洛阳东北行主要从孟津渡（今洛阳孟津县东

---

① 各类型所列遗址多数已经发掘，学术界较为熟悉，限于篇幅不再一一加注。
② 遗址均参见国家文物局主编《中国文物地图集·山西分册》（上），中国地图出版社2006年版。
③ 严耕望：《唐代交通图考》第一卷第129—137页，第五卷第1519—1588页，上海古籍出版社2007年版。

北，焦作孟州市西南）过黄河至河阳（今孟州市南），东行经温县、武陟县，又东北经获嘉至卫辉市之后基本和今京广铁路并行，河北境内石家庄段及定州至保定段不同。大致高邑县东北行经赵县、藁城后西北至正定县，过定州市和望都县后西北行（注，严文此处仍曰东北行，恐有误）经北平县（今顺平县）、满城县（今满城区）、易县、涞水县后再东北行过范阳县（今涿州）、良乡县（今良乡）至幽州蓟县（今北京西南郊）。

严耕望先生考证的唐代东都洛阳至汲县（今卫辉、新乡间）这一段交通线路，和《史记·周本纪》中记载的武王伐纣师渡孟津到决战牧野的这段路线基本相同。① 史念海先生认为，春秋之前太行山东麓今石家庄、邢台、安阳、新乡即今京广铁路沿线应该有一条南北交通道路，② 并具体指出战国时期这条南北大路经易水长城，较今京广铁路略偏西。③ 根据商文化的分布、商代出土青铜器、甲骨文中商代的封国，孙亚冰博士勾勒出的商代通往北方的交通干道也是大致这一条线路。④ 非常有意思的是，商代、春秋战国的路线竟然和唐代类似，均是在保定—涿州一段偏西行，经满城、易县、涞水后再东行至北京西南。

北京再向东北到辽西地区，隋唐以前主要是以卢龙道为主。严耕望先生认为汉晋时期卢龙塞道："是自今蓟县东北出塞，经平泉、黑城、折东微南至大凌河上游，复循东北大凌河谷至朝阳，古已有通道，云出卢龙，即卢龙道也。"⑤ 而孙亚冰博士认为商代卢龙道从北京东行至卢龙、迁安一带，再沿滦河河谷向上，在喜峰口一带出塞，折东至大凌河的凌源、喀左、朝阳一带。⑥ 根据上述对中原与北方中古及之前时段交通的研究，主要结合考古遗址的分布，我们认为王湾三期文化时期，中原与北方互动的通道，在太行山东麓也基本是沿着山前狭长廊道通行的。具体自洛阳盆地渡黄河北行、东北行进入沁水流域，过沁水东北行然后基本沿太行山东麓与古黄河之间北行。郑州地区和北方的交流通道因为古今水系的巨变而呈现出与今天截然不同的

---

① 另外《容成氏》50—53 也有类似记载："武王于是乎作为革军千乘，带甲万人，戊午之日，涉于孟津，至于共、滕之间，三军大范。武王乃出革车五百乘，带甲三千，以小会诸侯之师与牧之野。"
② 史念海：《春秋以前的交通道路》，《中国历史地理论丛》1990 年第 3 辑。
③ 史念海：《战国时期的交通道路》，《中国历史地理论丛》1991 年第 1 辑。
④ 孙亚冰、林欢：《商代地理与方国》，中国社会科学出版社 2010 年版。
⑤ 严耕望：《唐代交通图考》，上海古籍出版社 2007 年版，第 1706 页。
⑥ 孙亚冰、林欢：《商代地理与方国》，中国社会科学出版社 2010 年版，第 228—229 页。

情况，古济水在郑州地区北部自东向西流过，古黄河则在郑州西北的荥阳折东北流，经今新乡东、滑县、内黄、曲周、深州市、安新大致在今天津附近入渤海，总之古黄河向西更接近太行山北流。因此郑州地区和卫怀地区之间的交流不大可能北行过济水再西北过黄河，而更可能是通过郑州西北的荥阳一带的黄河津渡渡河后到达这个地区。而郑州地区和古河济之间区域的交流相对更顺畅一些，但两者之间也并非如有些学者所言是没有任何地理障碍的，两区域基本以古济水为界。郑州地区龙山晚期文化面貌和古河济地区如濮阳地区的后冈二期文化面貌呈现出更多的相似性也说明二者交流相对更密切些。郑州地区和济水北岸、古黄河以东的河济地区的交流通道，关键点就是济水上的津渡，由于济水的湮没无存，这些古渡口的探寻十分困难，今后相信随着多学科攻关尤其古济水河道复原研究的进展对于济水上津渡的研究一定会有新的进展。

（二）龙山晚期的黄河津渡

具体来看，由洛阳盆地进入沁水流域，首先就是黄河津渡的选择。前文所言的孟津渡，是一个古老的渡口，孟津又称盟津、武济。孟津之名，最早见于《尚书正义·夏书》禹贡第一："导河积石，至于龙门，南至于华阴，东至于底柱，又东至于孟津。"[1]《左传·昭公四年》曰："商汤有景亳之命，周武有孟津之誓。"[2]《史记·周本纪》也记载："九年，武王上祭于毕，东观兵，至于盟津。"[3]然而孟津古渡口的确切地望究竟在哪里呢？《尚书正义·夏书》禹贡第一，孔传曰："孟津，地名，在洛北，都道所凑，古今以为津。"正义曰："孟是地名，津是渡处，在孟地致津，谓之孟津。传云地名，谓孟为地名耳。杜预云：'孟津，河内河阳县南孟津也，在洛阳城北，都道所凑，古今常以为津，武王渡之，近世以来，呼为武济'。"[4]据此，汉孔安国认为孟津在洛阳北，而唐孔颖达对传文的正义或曰疏则进一步解释孟为地名，并引用晋杜预之言，具体点出孟津在河内河阳县孟津，洛阳城北。这是对于孟津具体地望的第一次明确提出。唐李贤注《后汉书》认为"孟津，俗名冶戍津，

---

[1] （汉）孔安国传，（唐）孔颖达正义，黄怀信整理：《尚书正义》卷六，上海古籍出版社2007年版，第231页。
[2] 杨伯峻：《春秋左传注·昭公四年》，中华书局1990年版，第1250页。
[3] 司马迁：《史记·周本纪》卷四，中华书局1982年版，第120页。
[4] （汉）孔安国传，（唐）孔颖达正义，黄怀信整理：《尚书正义》卷六，上海古籍出版社2007年版，第231—231页。

今河阳县津也"①。《史记·河渠书》第七，有"东下砥柱，及孟津、雒汭，至于大邳"。唐张守节《正义》曰："孟津，在洛州河阳县南门外也。"② 唐代志书《元和郡县图志》河阳县条："自河阳以下至河清等五县，今权隶三城节度。……南城在县西，四面临河，即孟津之地，亦谓之富平津。"③ 同书偃师条目曰："盟津在县西北三十一里。"④《太平寰宇记》偃师条目记载与之相近，更具体详尽，但是具体距离偃师的里数相同，也是县西北三十一里。杨伯峻认为在孟县南十八里，⑤ 无详细论证。有学者指出今冶戍镇在孟县以南三十里，以南至南岸铁谢镇一带，即古孟津的一处渡口，⑥ 其文也并无论证，概从李贤《后汉书》冶戍津而寻地名。严耕望先生则收集中古以来志书中关于河阳城及浮桥的记载，考证认为唐河阳三城中，北城在今孟县（1996年后的孟州市）之南十五里，南邻大河北岸。南城在大河南岸，与北城南北而望。河中有渚，置中潬城，且置关，名河阳，长桥架水，即所谓连锁三城者。⑦ 其考证分析各种记载，比较甄别，是可信的。根据上述多种唐代史料及现代学者研究，唐代孟津古渡口北岸概在今孟州市南十余里（今孟县曹坡一带）。

然而这里有一个问题，秦汉至隋唐时期的河阳是否在一地呢？尤其二者的治所是否是在同一地呢？秦汉和隋唐的河阳隶属、名称都有变化甚至唐一代就有很大变化，⑧ 但是大概区域则变化不大，主要包含今洛阳孟津、洛阳吉利区、焦作孟州市。据《大清一统志》河阳故城条目："在孟县西三十五里，《春秋》晋河阳邑，僖公二十八年天王狩于河阳，战国属魏。《史记》赵惠文王十一年董叔与魏氏伐宋，得河阳于魏。汉置县，属河内郡，晋省，《水经注》河水东径河阳县故城南，魏孝昌中复置，高齐省，隋时复置移治北中府城，而此城废，隋志河阳有古河阳城治，《寰宇记》在今河阳县西三十五里。"⑨ 可见汉晋时期的河阳城治所在孟县西三十五里，隋时已经移至他处，隋唐时期的治所即严耕望先

---

① 《后汉书》卷一（上），中华书局1965年版，第18页。
② 司马迁：《史记·河渠书》第七，中华书局1982年版，第1406页。
③ 李吉甫：《元和郡县图志》，中华书局1983年版，第143—144页。
④ 李吉甫：《元和郡县图志》，中华书局1983年版，第132页。
⑤ 杨伯峻：《春秋左传注·昭公四年》，中华书局1990年版，第1250页。
⑥ 白利权：《黄河中游古代渡口研究》，硕士学位论文，郑州大学，2010年。
⑦ 严耕望：《唐代交通图考》第一卷，上海古籍出版社2007年版，第131—136页。
⑧ 可参见《汉书》《后汉书》及《隋书》等地理志部分。唐代河阳建置和沿革可参阅姜海波《唐代河阳镇研究》，硕士学位论文，南京师范大学，2013年。
⑨ （清）穆彰阿等：《大清一统志》卷二百三，四部丛刊续编旧钞本。

生考证的孟县南十五里。所以汉孔安国和晋杜预所言的孟津在洛阳北，河阳城南，此处的河阳乃孟县西三十五里的旧河阳，即《大清一统志》的河阳故城。其余文献中河阳尤其唐代学者的文献中的河阳则几乎均是指孟县南十五里的唐河阳。因此汉晋时期河阳治所，即清河阳故城，大概今天冶戍镇。由于汉晋时期孟津在河阳城南，而在今冶戍镇南的白坡村是一古渡口，据传20世纪70年代曾出土西周的青铜爵。若属实，则商周时期的孟津也概在此。总之，孟津古渡口四千年来由于黄河水流的不断变动，各个时代应该是不同的，不能局限于某一个点，尤其先秦时期和中古时期差别是巨大的，唐代建立浮桥后或许相对稳定，先秦时期，河流上下十余里均为变动渡口都是正常的。所以北岸从洛阳吉利区的坡头到孟州的曹坡一带都应是渡口范围；孟津古渡口的南岸大概与之相对应，大概在今孟津白鹤镇至扣马村一带。

其实由洛阳进入沁水流域并非只有孟津渡，自孟津渡向东北行，今孟津区境内，或曰偃师西北的首阳山北有一河津——小平津，"小平津"作为地名最早见于《后汉书》，李贤注曰：小平津在今巩县西北。① 严耕望先生考证小平津并非孟津，也不在今巩县西北，他梳理汉唐多种志书记载，认为尽管汉唐志书中常常将平津和孟津混而为一，但在唐代实际应为两地，孟津在西，小平津在其下游五六里，在偃师西北首阳山北。② 其关于小平津地望的考证是可信的。

在今巩县境内，平津向东还有五社津，《水经注》曰："又东，过巩县北。河水于此，有五社渡，为五社津。洛水从县西，北流注之，洛水于巩县，东迳洛，北对琅邪渚，入于河，谓之洛口矣。"杨守敬认为五社津在巩县西北。③ 据水经文，五社津在洛口稍西。

五社津向东，沿河而行过虎牢关至汜水，有板渚津。《水经注》曰："河水又东，迳板城北，有津，谓之板城渚口。"杨守敬疏："《寰宇记》，板渚在板城东北三十里，则城去渚甚远，与以城名渚之义不合，意是城距渚三里，《寰宇记》衍十字耳。当在今汜水县东北十余里。"熊会贞疏："《初学记》七引戴延之《西征记》称板渚津。《隋书·炀帝纪》，大业元

---

① 参见《后汉书》卷八，中华书局1965年版。"让珪等复劫少帝陈留王走小平津"，该书还有多处记载小平津。
② 参见严耕望《唐代交通图考》卷五，上海古籍出版社2007年版，第1551—1553页。
③ 郦道元注，杨守敬、熊会贞疏：《水经注疏》，江苏古籍出版社1989年版，第391页。

年自板渚引河通淮，盖即因渚口导之。《元和志》，板渚在汜水县东北三十五里。《一统志》在县东北二十里。"① 板渚是引黄入通济渠之渚口。清代的汜水县即今荥阳汜水镇，此板渚津渡在今汜水镇的东北，具体里数各家有歧义，今暂从清志书的二十里左右一说。

另外，在今虎牢关东汜水镇口子村，汜水注入黄河处有古渡口，称为玉门古渡，目前有石碑。但是此碑并不是古碑，乃近世所立。多次文物普查中并未登记此碑。文献中仅《水经注》有玉门津，其曰："汉高祖与滕公济自玉门津……"，熊会贞认为即成皋北门。② 同时《史记》《汉书》均有玉门的记载，所言之事和《水经注》记载实为同一件事，都是记载汉高祖四年，项羽围攻成皋，刘邦大败，"独与滕公共车出成皋玉门，北渡河，驰宿修武。自称使者，晨驰入张耳、韩信壁，而夺之军"③，而此处玉门《史记·集解》认为是成皋北门。今日玉门古渡或许据《水经注》的"玉门津"而成。而秦汉成皋城址在何处呢？成皋故城在大伾山顶，今天仍留存的遗迹有吕布点将台等，但是城的北半部应该已经被黄河侵蚀掉。对此有学者曾撰文论述，并认为上述文献中"成皋玉门"并非成皋城，而是虎牢关城，两者古代文献不少载述已经混而为一，但实际是两个不同的城址。虎牢关城即《水经注》卷五所记载的城西北隅的小城，周三里。④ 总之，秦汉成皋城（实际虎牢城）的北门向北可能是有古津渡可以渡河的，至于当时是否称为玉门渡，暂不可知，其具体地点则在今大伾山山顶的成皋城西北二三里，则早没入黄河之中了。总之，根据文献记载，秦汉至隋唐时期今虎牢关东西二三十里范围内有古渡口存在，秦汉的玉门古渡概在今成皋故城西北二三里的虎牢城，已没入黄河，而中古文献的板渚津概在今汜水镇东北20里。

上述偃师西北的平津、巩县北的五社津、虎牢关东的板渚津都是《水经注》及之后的文献才有记载，而众多载述先秦史事的文献如《尚书》《春秋》《史记》甚至《汉书》等均没有关于这三个津渡的记载。依据文献资料的结论是：或许此处在先秦时期并无古渡，也或许这些古津渡在更早时期并无固定，以至于鲜少记载。还有一点必须明确，四千年来黄河河

---

① 郦道元注，杨守敬、熊会贞疏：《水经注疏》，江苏古籍出版社1989年版，第402页。
② 郦道元注，杨守敬、熊会贞疏：《水经注疏》，江苏古籍出版社1989年版，第800页。
③ 司马迁：《史记·高祖本纪》，中华书局1982年版，第374页。
④ 陈隆文：《水患与黄河流域古代城市的变迁研究——以河南汜水县城为研究对象》，《河南大学学报》2009年第5期。

道在荥阳以下至入海口的下游一段变动频繁，前文已有详细论述。然而洛阳至郑州荥阳这一段，尤其荥口以上河道古今变化并不大。根据前述王湾三期文化的分布，该文化是明显越过黄河之后向北、东北方向发展的，因而在王湾三期文化时期，无论是河南岸的郑洛地区还是黄河北的河沁地区两地之间沟通需要渡河。这个时期的渡口除了前述的孟津渡之外，平津、五社津和板渚津是否存在我们只能依据考古资料了。

今偃师北仍为邙山，也称这一段为首阳山、凤凰山。据地形图，首阳山南区域若北行渡河，西北至孟津渡附近是首选，因为这里正好是一隘口，邙山向东绵延即首阳山，是邙山在偃师境内的最高处，海拔359.1米。今天偃师市区向北行若要渡黄河至河北岸济源市，仍是向西北行，经今洛阳至济源的黄河大桥渡河，路线即今天的G208。据田野考古资料及相关研究，偃师境内龙山文化及二里头文化时期甚至整个先秦时期遗址主要分布于二里头遗址以南的伊、洛河（古洛河）及其支流两岸台地。[①] 但是二里头遗址西北的早期文化遗址也发现不少，如白村遗址（仰韶和龙山）、南蔡庄遗址（二里头）、景阳冈遗址（二里头）、保庄遗址（仰韶）等。北进入今孟津市境内后，在首阳山西北沿黄河也分布一系列早期遗址，小潘沟龙山文化遗址，仰韶、龙山时期的双槐遗址，仰韶、商代的铁炉遗址，仰韶、龙山的台荫遗址等。所以龙山及二里头文化时期孟津渡及东行数里可能已经存在古渡口，但是这些渡口或许并不固定，而且由于和孟津渡相距不远，先秦文献所指的孟津渡极可能也涵盖这一地区，只是秦汉以后尤其唐代文献记载详细才知晓此地还有平津之名称。商代族名、国名和地名统一命名一地，表示的范围模糊且较宽泛，以后到专有的地名、且地名表示范围越来越专一、明确，这是地名发展的规律。所以笔者认为平津或许如严耕望先生考证在唐代的确和孟津是两个渡口而非一个，但是在之前的两汉和先秦时期，尤其商代之前，根据地名命名和发展的规律，极可能孟津和平津属同一地，不过涵盖地域范围更大罢了。这也能解

---

[①] 国家文物局主编：《中国文物地图集·河南分册》，中国地图出版社1991年版；北京大学历史系洛阳考古实习队：《河南偃师伊河南岸考古调查试掘报告》，《考古》1964年第11期；中国科学院考古研究所洛阳发掘队：《河南偃师商代和西周遗址调查简报》，《考古》1963年第12期；董详：《河南偃师酒流沟新石器时代遗址的调查》，《考古》1965年第1期；中国社会科学院考古研究所二里头工作队：《河南洛阳盆地2001~2003年考古调查简报》，《考古》2005年第5期；乔玉：《伊洛地区裴李岗至二里头文化时期复杂社会的演变——地理信息系统基础上的人口和农业可耕地分析》，《考古学报》2010年第4期。

释先秦两汉文献为何不见平津的记载和后代志书中不少学者认为平津即孟津的原因。结合上述志书中孟津在偃师县西北三十一里的记载，唐宋偃师县即今偃师城关，而其西北三十一里则正是今天会盟镇范围，上述双槐、铁炉都在孟津老城（今会盟镇老城村）东数里范围之内。有意思的是，今天洛阳黄河大桥也在会盟镇。在今黄河南岸洛阳至济源黄河大桥东西数十里范围内即从白鹤镇的蜂王遗址到会盟镇的台荫遗址，都有龙山时期遗存，因此汉唐以前的孟津和平津古渡口，河南岸概在这一范围内。所以先秦时期的孟津古渡口南岸的范围则可能更宽泛，或是在孟津白鹤镇至孟津扣马这一带上下十余千米。

巩义属于伊洛河流域，根据相关的考古资料，[①] 区域内龙山晚期文化遗存的数量和规模都与之前的仰韶时期差别不大，[②] 但不能和之后的二里头时期相比。龙山晚期的聚落中心遗址是位于坞罗河流域的罗口东北遗址和干沟河流域的赵城遗址。遗址位置都在伊洛河以南的支流，相对距离黄河稍远。伊洛河注入黄河处古又称洛口，洛口附近确有龙山时期的遗址。水沟遗址位于站街镇水沟村南，伊洛河东岸，面积2万平方米，文化层厚1.5米—2米，发现有仰韶与龙山文化时期遗存。[③] 伊洛河北折弯处，东南的高台地还有一处稍早于二里头时期的重要遗址——花地嘴遗址，不排除存在龙山时期遗存。七里铺遗址向东数里还有双槐树和伏羲台两处仰韶文化遗址，其中双槐树面积117万平方米，近年发掘取得重要收获，被称为都邑性聚落中心。说明巩县北沿黄河一带很早就有古人类居住。龙山时期唐代五社津所在的巩义北部或许有古渡口，但是应该以孟津渡为主。

虎牢关以东，郑州地区古今水系变化巨大。据学者研究，距今3万年以来，郑州西部地区地块间歇抬升（间有沉降），累计抬升幅度达到30米—40米；而郑州东部地区则随开封坳陷持续下降（其沉降中心仅全新世下沉幅度达

---

[①] 这段涉及的遗址均参见国家文物局主编《中国文物地图集·河南分册》，中国地图出版社1991年版；陈星灿、刘莉《中国文明腹地的社会复杂化进程——伊洛河地区的聚落形态研究》，《考古学报》2003年第2期；中国社会科学院考古研究所二里头工作队：《河南洛阳盆地2001~2003年考古调查简报》，《考古》2005年第5期。

[②] 这里所谈的区域不仅仅包括陈星灿等学者所做的坞罗河与干沟河流域区域系统调查的资料，还包括伊洛河以北区域，因此龙山晚期与仰韶时期遗址规模相比并不是增加了，因为仰韶时期在伊洛入黄河的洛口东的滩小关遗址面积已达40万平方米，周围还有伏羲台和水沟等二级聚落遗址，形成以滩小关为中心的二级聚落等级。

[③] 国家文物局主编：《中国文物地图集·河南分册》，中国地图出版社1991年版。

到30米以上）。黄河河床为维持其固有的河相关系和河流纵剖面形态，位于广武山下开封坳陷部分则持续淀积抬高，广武山以上即处于济源坳陷的郑州西部河道则相对下切。进入全新世，这一趋势更为明显。郑州西部区域和黄河河岸的整体上升、黄河与各相关支流河道河床下切，大洪水或通常意义上的洪水，再也不能自汜水口天然倒灌东南而下，黄河在广武山西部的汉流泛道逐渐闭塞，……但广武山以东的汉流泛道，依然可以顺泛道东南而下。① 于革的研究还指出到龙山晚期桃花峪冲积扇发育出现重大变异，原来冲积扇右翼（南翼）扩展暂时延缓，冲积扇左翼（北翼）突飞猛进。黄河主流重新进入河北平原，豫东黄河此消、豫北黄河彼长，即一次新的重大改道发生。这个河道就是后世文献的禹贡河道。② 从龙山晚期直到秦汉黄河大堤完善之前，郑州地区还有济水和当地众多水流穿越，郑州西部的索水和须水仍独立汇入黄河，黄水或汇入黄河或汇入济水。《水经注》时代正是郑州水系演化成近代水系的"临界阶段"的判断十分正确。《水经注》时代郑州地区水系示意图其实也基本可反映龙山晚期至秦汉时期郑州地区的水系情况（图6.1）。

总之，郑州西部荥阳境内，先秦时期古黄河和今天的河道是不同的，古黄河在广武山北折而沿着太行山东北行，今天黄河过郑州东行基本是古济水的河道。笔者曾到虎牢关、秦王寨等遗址考察发现其高出邻近的黄河二三十米，之前一直不明白这种地形地貌，疑惑古人为何将遗址建在这么高的地方，如何利用水资源呢？这和其他古遗址总是在河流的一、二级阶地分布的规律截然不同。如今想来正是由于郑州西部地势的抬升，黄河河道下切才导致这样。而仰韶、龙山时期甚至商代时期，这些遗址当时是位于河边的一、二级台地上的。

清楚了荥阳一带水系地貌的古今变迁，关于龙山时期这一区域内黄河津渡的考证就有了重要的地理学依据。依据调查和发掘的材料，③ 荥阳境内过虎牢关以东，黄河、广武山以南区域内遗址主要分布于枯河、索河、

---

① 徐海亮、王朝栋：《史前郑州地区黄河河流地貌与新构造活动关系初探》，《华北水利水电学院学报》2010年第6期；于革：《郑州地区湖泊水系沉积与环境演化研究》，科学出版社2016年版，第85页。

② 于革等：《郑州地区湖泊水系沉积与环境演化研究》，科学出版社2016年版，第99页。

③ 国家文物局主编：《中国文物地图集·河南分册》，中国地图出版社1991年版；郑州市文物考古研究院、北京大学考古文博学院等：《河南省郑州市索、须、枯河流域考古调查报告》，《古代文明》第10卷，上海古籍出版社2016年版，第301—375页。

286　聚落、资源与道路

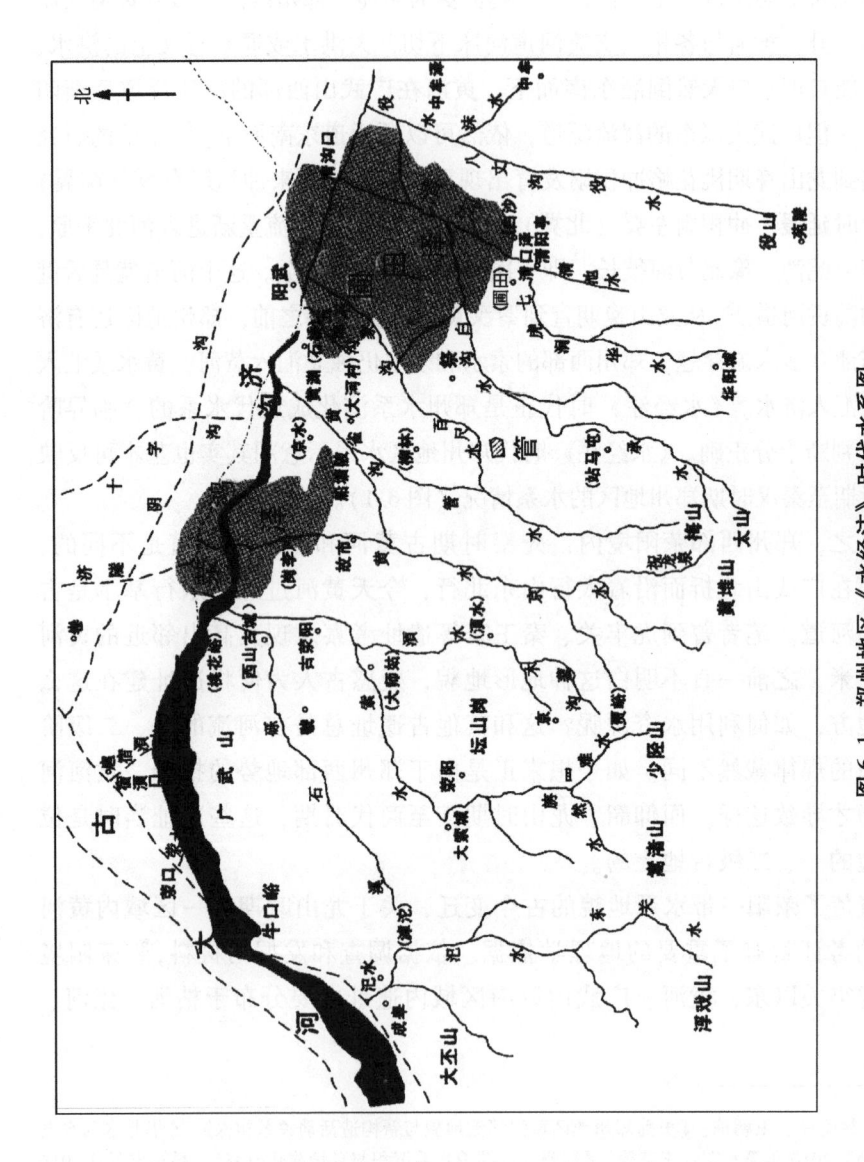

图 6.1　郑州地区《水经注》时代水系图

来源：于革：《郑州地区湖泊水系沉积与环境演化研究》，2016 年，第 90 页。

须水河及其支流的河旁台地。根据调查资料，这一区域内相比仰韶和之后的二里头时期，龙山文化时期的聚落总体数量有所减少，但最大的不同是，龙山时期罕见规模较大的聚落，聚落有简单化倾向。[①] 而同期在嵩山以南的颍汝流域则龙山城址林立，豫北河沁地区龙山城址也发现不少。因而尽管虎牢关以东荥阳地区战略位置重要，扼守东西，沟通南北，但是和之前的仰韶及之后的二里头、商代相比，龙山文化时期这里在沟通南北的作用中或许并不突出。广武山西侧至虎牢关一段，靠近黄河的遗址有高村乡池沟寨村西的池沟寨遗址、北邙乡柳沟村西北的柳沟遗址。这一带不排除也存在古渡口的可能，但是龙山文化时期，虎牢关以东地区的古渡口可能仅是辅助作用，孟津渡口或为当时的主要渡口。

（三）卫怀地区的两条路线

洛阳盆地王湾三期文化从孟津古渡渡河，主要向东北和西北发展，向西北与晋南的主要通道又称"轵关陉"道，本书已有专论，此不赘述。东北方向的道路是孟州、温县、武陟、获嘉、新乡、卫辉，再北行基本沿今京广铁路一线而行。根据多年考古调查和发掘的情况，基本可以证明这个路线是存在的。同时根据遗址的分布情况，王湾三期文化过黄河后东北方向基本不过沁河，为何黄河没有阻隔王湾三期文化东北向的发展，却在沁河前止步不前，这是个值得深思的问题。

根据王湾三期文化在豫北河沁之间的"南阳"之地的遗址分布，孟州市至鹤壁淇县或许也可经孟州、沁阳、博爱、焦作、辉县而至淇县。史念海先生曾指出战国时期孟津渡黄河后"野王"（今沁阳）也是北登太行、远驱上党的必经之地。[②] 检索焦作、新乡两地区的历年田野考古资料，龙山时期的遗址在太行山前、黄河以北这一带分布的规律性十分明显，遗址基本呈南北两条带状分布，一条靠北近山前，经孟县、沁阳东北、温县徐堡乡（徐堡城址）过沁河、博爱西金城乡（西金城遗址）、焦作东南（府城遗址）后折东北经焦作马村区（赵张弓遗址）、焦作马村区演马街道（陨城寨遗址）、辉县峪河镇到辉县、卫辉、淇县；另一条靠南沿黄河北岸经孟县、温县、武陟、新乡、卫辉、淇县。孟县即今焦作孟州市（图6.2）。

---

[①] 郑州市文物考古研究院、北京大学考古文博学院等：《河南省郑州市索、须、枯河流域考古调查报告》，《古代文明》第 10 卷，上海古籍出版社 2016 年版，第 366 页。

[②] 史念海：《战国时期的交通道路》，《中国历史地理论丛》1991 年第 1 辑。

288　聚落、资源与道路

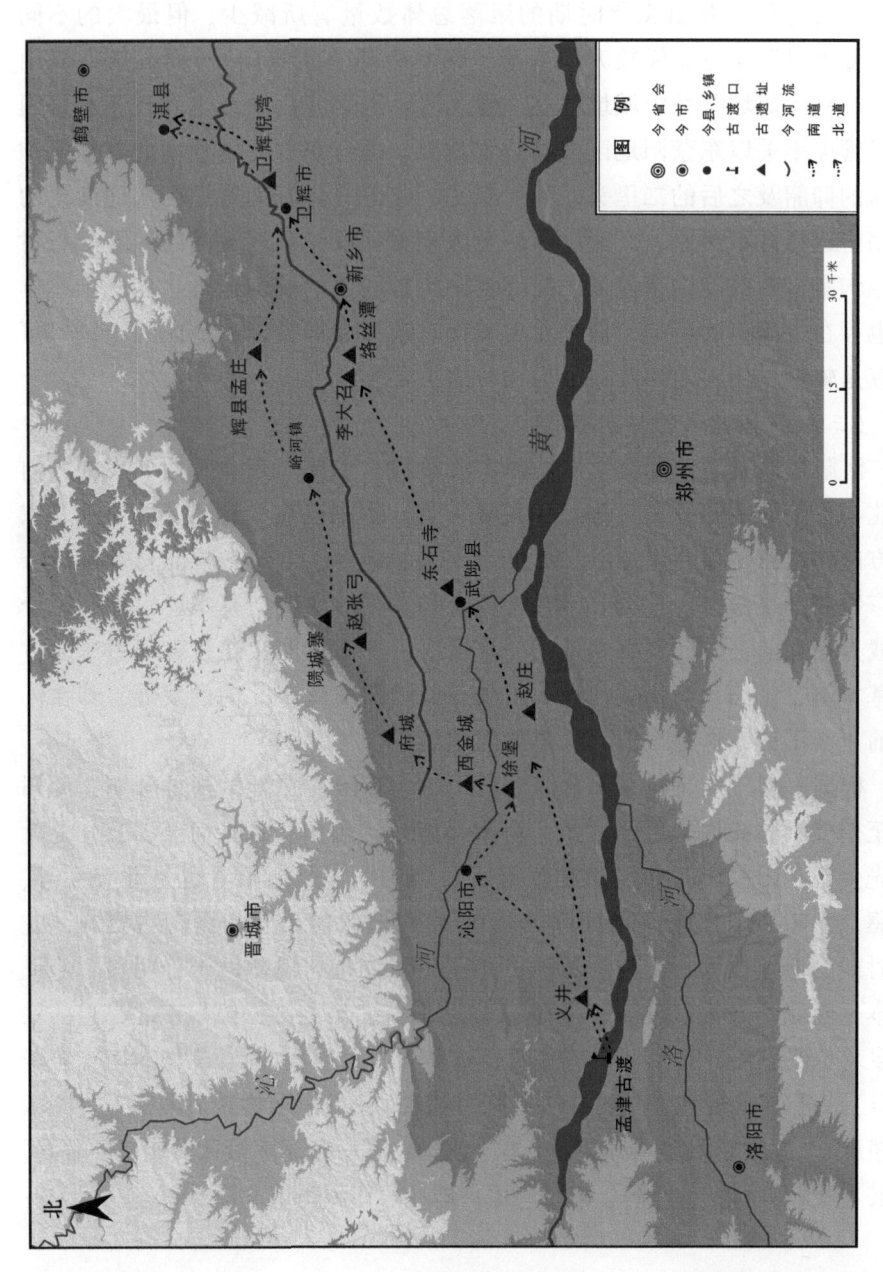

图 6.2　龙山时期卫怀地区中原和北方的两条交流路线

表6.1　　　　龙山时期卫怀地区北线及周边遗址信息表　　　　单位：平方米

| 序号 | 遗址名称 | 位置 | 面积 | 年代 | 出处 |
| --- | --- | --- | --- | --- | --- |
| 1 | 上河 | 孟县县城西北上河水库西 | 2500 | 仰韶、龙山 | 《中国文物地图集·河南分册》 |
| 2 | 西坡 | 孟县石庄乡西坡村东 | 1.5万 | 龙山 | |
| 3 | 关沟 | 孟县石庄乡关沟村 | 3万 | 龙山为主 | |
| 4 | 桑洼 | 孟县槐村乡桑洼村 | 7.3万 | 仰韶、龙山 | |
| 5 | 刘各庄 | 孟县槐树乡涧东村刘各庄东南 | 1.3万 | 龙山 | |
| 6 | 大马沟 | 孟县赵和乡大马沟村西 | 3万 | 龙山 | |
| 7 | 柴河 | 孟县赵和乡柴河村北 | 1.8万 | 龙山 | |
| 8 | 司家沟 | 孟县东小仇乡司家沟村西南 | 3.4万 | 龙山 | |
| 9 | 西小仇 | 孟县东小仇乡西小仇村西北 | 6万 | 仰韶、龙山 | |
| 10 | 孙村 | 孟县东小仇乡孙村西 | 2.6万 | 仰韶、龙山 | |
| 11 | 东赵和 | 孟县赵和乡东赵和村东 | 2.2万 | 龙山为主，少仰韶 | |
| 12 | 张营 | 孟县谷旦乡张营村西南 | 4.5万 | 仰韶、龙山 | |
| 13 | 田旺 | 孟县赵和乡田旺村东 | 6万 | 龙山 | |
| 14 | 南临泉 | 孟县赵和乡南临泉村东 | 3.57万 | 龙山 | |
| 15 | 花地岗 | 沁阳市嵩义乡范村西 | 14万 | 仰韶、龙山、商代 | |
| 16 | 杨香 | 沁阳市嵩义乡、后杨乡村之间 | 75万 | 龙山二里头 | |
| 17 | 金冢 | 沁阳市嵩义乡金冢村南 | 3.2万 | 龙山为主、战国 | |
| 18 | 木楼 | 木楼乡木楼村西北 | 9万 | 龙山、商、东周 | |
| 19 | 沙岗 | 沁阳市城关乡沙岗村南 | 10万 | 仰韶、龙山、商代 | |
| 20 | 徐堡 | 温县徐堡乡 | 20万 | 龙山 | 《文物报》；《焦作文物与研究》 |
| 21 | 西金城 | 博爱县金城乡金城村 | 30.8万 | 龙山 | 《考古》2010年第6期 |
| 22 | 砖井 | 博爱县高庙乡砖井村南 | 6000 | 仰韶、龙山 | |
| 23 | 南朱营 | 博爱县高庙乡南朱营村东 | 15万 | 仰韶、龙山 | |
| 24 | 小尚 | 焦作小尚村东南 | 1万 | 龙山、商 | |
| 25 | 府城 | 焦作市朱村乡府城村西北 | 9.3万 | 商、周、龙山 | 《考古学报》2000年第4期 |
| 26 | 赵张弓 | 焦作待王乡赵张弓村西南 | 5万 | 龙山 | |
| 27 | 隗城寨 | 焦作市九里山乡隗城寨村南 | 10万 | 仰韶、龙山 | 《华夏考古》1998年第4期 |
| 28 | 李固 | 修武县五里源乡李固村北 | 24万 | 龙山、商、东周 | 《文物》1982年第7期 |
| 29 | 凤头岗 | 辉县峪河乡丰城村南 | 3.2万 | 龙山、商 | |
| 30 | 峪河 | 辉县峪河乡峪河村西 | 2000 | 龙山 | |
| 31 | 王官营 | 辉县鄩城乡王官营村西 | 12万 | 龙山 | |
| 32 | 三位营 | 辉县鄩城乡三位营村北 | 1万 | 龙山、商 | |
| 33 | 孟庄 | 辉县孟庄乡孟庄村 | 30万 | 仰韶、龙山、商周 | 《孟庄报告》 |

通过对遗址的分析发现一些规律：黄河以北太行山南的这一区域中，首先，龙山时期的遗址比较密集，且呈条带状分布的规律最为明显，区域内沁水是仅次于黄河的最大水系，但似乎沿沁水分布于河旁台地这种常见的史前遗址分布特征并不明显。这种条带状我们认为很可能是沿道路分布的。其次，更早的仰韶时期和之后的二里头文化时期，该区域内遗址相对不如龙山时期密集，尤其二里头时期遗址相对少很多，沿道路分布的特征均不明显。就遗址的规模来看，龙山时期的遗址多数在5万平方米以下，但是在地理交通的关键点比如渡口、山川地势的要冲则会有大的聚落中心或城址性质的遗址分布。比如北线的徐堡、西金城、孟庄三座龙山城址及杨香这一聚落中心性遗址（详见下文分析）。

表6.2　　　　龙山时期卫怀地区南线及周边遗址信息表　　　　单位：平方米

| 序号 | 遗址名称 | 位置 | 面积 | 年代 | 出处 |
| --- | --- | --- | --- | --- | --- |
| 1 | 义井 | 孟县西虢乡义井村 | 45.5万 | 龙山为主、商 | 《中国文物地图集·河南分册》 |
| 2 | 许村 | 孟县城关乡许村西 | 3.75万 | 龙山 | 《考古》1992年第2期 |
| 3 | 小坡掌 | 孟县城关乡小坡掌东北 | 2.75万 | 龙山 | |
| 4 | 段西 | 孟县緱村乡段西村北 | 2.1万 | 龙山 | |
| 5 | 上段 | 孟县城关乡上段村西 | 6万 | 龙山 | |
| 6 | 西后津 | 孟县城伯乡西后津村南 | 4万 | 龙山、商 | 《中原文物》1984年第4期 |
| 7 | 上苑 | 温县招贤乡上苑村北 | 3万 | 龙山为主，仰韶 | |
| 8 | 西梁所 | 温县城关镇西梁所村西北 | 7.5万 | 龙山、仰韶 | |
| 9 | 北平皋 | 温县赵保乡北平皋村 | 3.75万 | 龙山、商 | |
| 10 | 赵庄 | 武陟大封乡赵庄村南 | 75万 | 仰韶、龙山、二里头、西周 | |
| 11 | 南孟迁 | 武陟县大封乡南孟迁村 | 5万 | 龙山为主，商 | |
| 12 | 保安庄 | 武陟县大封乡保安庄东 | 2.75万 | 龙山、商 | |
| 13 | 孟门 | 武陟县大封乡孟门村东 | 6万 | 龙山、商 | |
| 14 | 草亭 | 武陟县北郭乡东草亭村西 | 1.2万 | 龙山 | |
| 15 | 东石寺 | 武陟县城关乡东石寺村西 | 50万 | 仰韶、龙山、二里头 | |
| 16 | 任徐店 | 武陟县城关乡任徐店村北 | 1.5万 | 龙山 | |
| 17 | 商村 | 武陟县乔庙乡商村东 | 6.5万 | 龙山、商、周 | |
| 18 | 大新庄 | 获嘉县大新庄乡新庄村北 | 4万 | 商、周 | |

第六章　中原和北方地区文化交流通道探析　　291

续表

| 序号 | 遗址名称 | 位置 | 面积 | 年代 | 出处 |
|---|---|---|---|---|---|
| 19 | 东张巨 | 获嘉县东张巨村东北 | 6000 | 龙山 | |
| 20 | 羊二庄 | 获嘉县中和乡羊二庄村西南 | 1万 | 龙山、商 | |
| 21 | 同盟山 | 获嘉县照镜乡桑庄村南同盟山 | 3.75万 | 龙山、商、周 | |
| 22 | 大清 | 获嘉县史庄乡大清村北 | 5000 | 龙山 | |
| 23 | 南陈庄 | 新乡县大召营乡南陈庄村南 | 6万 | 仰韶、龙山 | |
| 24 | 岗头 | 新乡县岗头遗址 | 7.5万 | 仰韶、龙山 | |
| 25 | 后高庄 | 新乡县大召营乡后高庄村 | 12万 | 龙山、先商 | 《新乡中原文物》2007年第3期 |
| 26 | 李大召 | 新乡县大召营乡李大召村北 | 20万 | 龙山、二里头时期 | 《李大召》，科学出版社2006年版 |
| 27 | 张固城 | 新乡县大召营乡张固城村西南 | 8万 | 仰韶、龙山 | |
| 28 | 络丝潭 | 新乡县大召营乡络丝潭村东 | 3万 | 仰韶、龙山 | |
| 29 | 南高村 | 新乡市南高村西北 | 4万 | 龙山、商 | |
| 30 | 东高村 | 新乡市西王村乡东高村西 | 1.7万 | 龙山 | |
| 31 | 刘庄营 | 新乡市牧村乡刘庄营村北 | 3.3万 | 龙山 | |
| 32 | 朱庄屯 | 新乡市牧村乡朱庄屯 | 1.2万 | 龙山 | |
| 33 | 临清店 | 新乡市临清店村东 | 13万 | 龙山 | |
| 34 | 西曲里 | 新乡市牧村乡西曲里村北 | 3000 | 龙山 | |
| 35 | 东板桥 | 卫辉市上乐村东板桥村南 | 3000 | 龙山、战国 | |
| 36 | 芳兰 | 卫辉市太公泉乡芳兰村西 | 1200 | 龙山 | |
| 37 | 倪湾 | 卫辉市倪湾乡倪湾村 | 3万 | 龙山 | 《华夏考古》2005年第3期 |

（四）中原和燕山南北区域的交流

无论是早期的《中国历史地图集》还是后来出版的河北省、河南省文物地图集，太行山东麓龙山时期遗址分布的规律均可得窥一斑，即遗址基本沿京广线两侧分布，尤其淇县至石家庄这段十分清晰。石家庄向北大致滹沱河以北仍属于后冈二期文化分布范围，但遗址分布较为分散，目前发现的新石器时代遗址明显少于滹沱河至卫河区域，而且没有发现明显的条带状分布。再向北大致以北拒马河、永定河为界限，两河以北以东主要是雪山二期文化分布范围。雪山二期文化的分布、和周围文化的关系等目前学界还有一定争议。本书认为雪山二期文化是后冈二期文化北上拓展并与当地文化融合而形成的一个新的文化，既不属于后冈二期文化，也不是当地小河沿文化的继续。蓟运河以东分布的一类大城山 T8②类遗存也属于后冈二期文化向北拓展新形成的，本书赞成这类遗存很可能属于雪山二期文化。[①] 雪山二期文化与后冈二期文化有诸多相似处，二者分布地域紧邻，交流甚多，所以两地区间一定存在交流的通道。根据遗址的分布，[②] 石家庄北行大致有两条路线：一线西北行，靠近山前，大致和前文所述战国时期北行道路近似，这是后冈二期文化和燕山南麓西部地区进行交流的重要通道。其间重要的遗址有平山县西水碾[③]、涞水北封村[④]、房山镇江营[⑤]、昌平雪山遗址[⑥]；另一条路线沿古黄河而东北行，大致经任丘、安新至天津、唐山等地区，这是后冈二期东北向拓展交流的重要通道。其间重要的遗址有任丘哑叭庄[⑦]、文安县太子务[⑧]、蓟县围坊[⑨]、蓟县张家园[⑩]、宝坻牛道口[⑪]、唐山大城山[⑫]、滦县后迁义[⑬]等（图6.3）。

龙山文化晚期（大致公元前 2400—前 2000 年）燕山北麓原来分布在此的小河沿文化仍旧存在，但同时出现一类新的遗存，有学者认为水泉 F8 一类遗存可能是分布于燕山以北地区新石器时代最晚的一类遗存。[⑭] 由于

---

① 张忠培：《河北考古学研究与展望——1990 年 11 月 28 日在河北省文物普查总结大会上的讲话》，《中国考古学九十年代的思考》，文物出版社 2005 年版，第 142—154 页。
② 参见《中国文物地图集·河北分册》和河北地区历年来调查发掘资料，不再一一列表。
③ 河北省文物研究所：《河北平山县考古调查简报》，《文物春秋》1993 年第 3 期。
④ 河北省文物研究所等：《河北涞水北封村遗址试掘简报》，《考古》1992 年第 10 期。
⑤ 北京市文物研究所：《镇江营与塔照》，中国大百科全书出版社 1999 年版。
⑥ 北京市文物研究所：《北京考古四十年》，北京燕山出版社 1990 年版。
⑦ 河北省文物研究所、沧州地区文物管理所：《河北省任丘市哑叭庄遗址发掘报告》，《文物春秋》1992 年增刊。
⑧ 廊坊市文物管理处：《文安县太子务新石器时代遗址调查简报》，《文物春秋》2012 年第 3 期；廊坊市文物管理处：《文安县太子务新石器时代遗址试掘简报》，《文物春秋》2014 年第 2 期。
⑨ 天津市文物管理处考古队：《天津蓟县围坊遗址发掘报告》，《考古》1983 年第 10 期。
⑩ 天津市历史博物馆考古队：《天津蓟县张家园遗址第三次发掘》，《考古》1993 年第 4 期。
⑪ 天津市历史博物馆考古队、宝坻县文化馆：《天津宝坻县牛道口遗址调查发掘简报》，《考古》1991 年第 7 期。
⑫ 河北省文物管理委员会：《河北唐山市大城山遗址发掘报告》，《考古学报》1959 年第 3 期。
⑬ 张文瑞、翟良富：《后迁义遗址考古发掘报告及冀东地区考古学文化研究》，文物出版社 2016 年版。
⑭ 索秀芬、李少兵：《燕山南北地区新石器时代考古学文化序列和格局》，《考古学报》2014 年第 3 期。

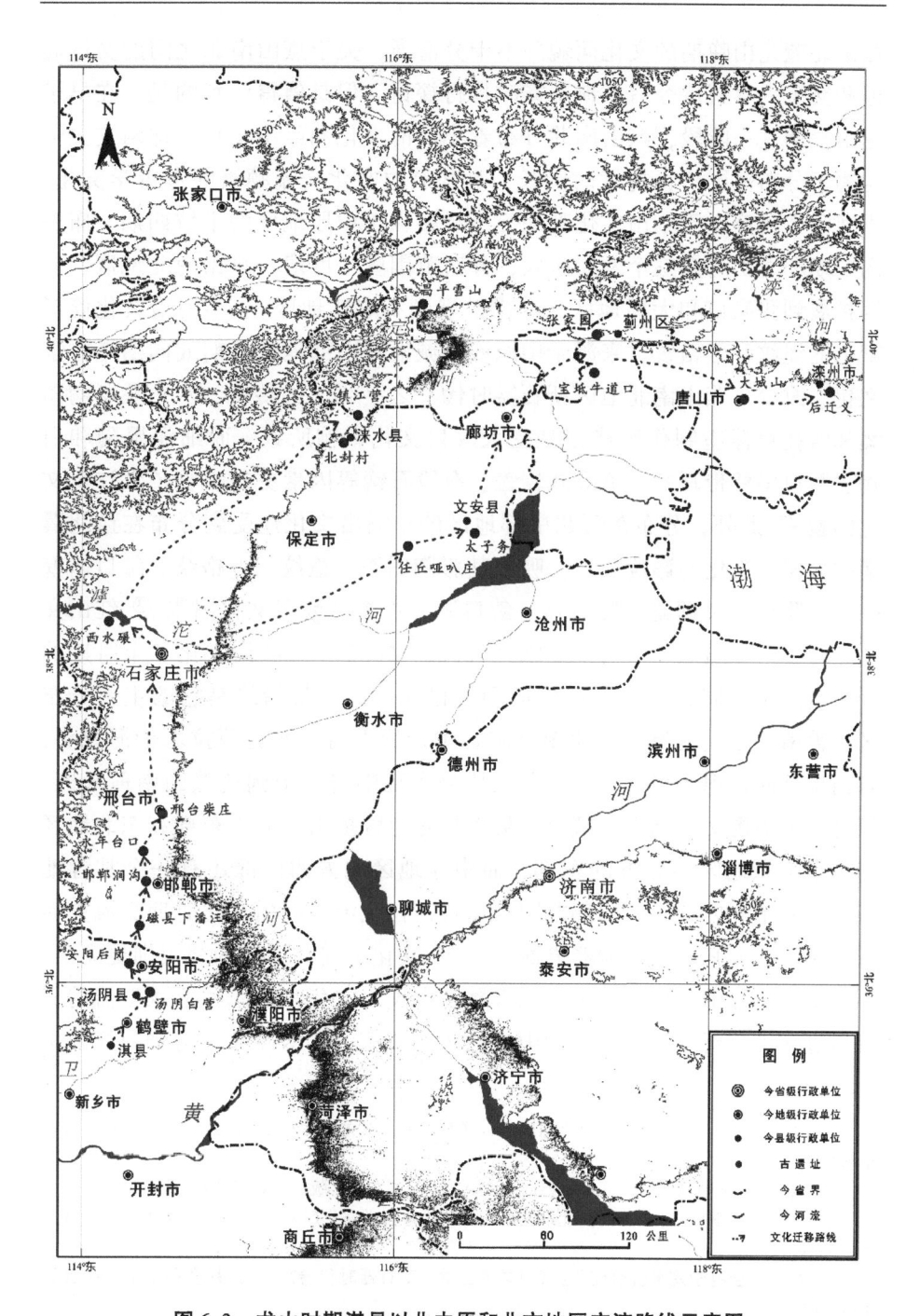

第六章　中原和北方地区文化交流通道探析　　293

图 6.3　龙山时期淇县以北中原和北方地区交流路线示意图

燕山北麓龙山晚期的文化面貌并不十分清晰，关于燕山南北之间的交流通道和交流内容留待今后材料丰富时再行探讨。但是值得注意的是，在早于龙山晚期这一阶段，燕山南北分布着小河沿文化和红山文化，这两支文化均属于分布范围广，持续时间长，且和周边文化交流频繁的考古学文化。小河沿文化产生于红山文化晚期，历经相当于中原地区的半坡四期、庙底沟二期和龙山时期三个发展阶段，分布范围曾一度遍及燕山南北地区，向西扩展到张家口和大同地区，向南扩展到石家庄地区。[1] 小河沿文化筒形罐上的绳纹和方格纹，来源于中原或长城地带中部地区早期或同期考古学文化，改变了燕山南北地区新石器时代"之字纹"的传统。八角星彩陶图案和镂孔豆器座制作风格则是受大汶口文化影响所致，而细泥黑陶和白陶、敞口斜壁带耳盆、覆豆式器盖、有段石锛等因素更是吸收了大汶口文化因素。[2] 此外，分布在河北中部地区的小河沿文化还受到分布在豫北冀南的大司空文化的影响强烈，吸收其彩陶图案、篮纹、方格纹、敞口斜壁碗、折腹罐、束颈罐、敞口盆、敛口钵、折腹盆诸多文化因素。[3] 红山文化延续了一千五百年，年代约距今6500—5000年。红山文化各个时期的分布范围是不同的，西拉木伦河和努鲁儿虎山一带始终是它的主要分布区，曾南抵小凌河流域，北至乌尔吉木伦河上游，西起西拉木伦河源头，东面接近西辽河下游。[4] 这支文化从分布范围看并未到达燕山南麓地区，但是其和周围文化则交流频繁。吴耀利先生曾指出内蒙古东部和东北地区南部是中原地区的北方的东部，而中原地区北方的西部还有一个甘青地区，这两个北方的东、西部之间很早就存在交流，红山文化时期交流更活跃和明显，尤其体现在陶器方面。[5] 红山文化玉器和周围的交流则更突出，不少学者就红山文化和良渚文化玉器、大汶口文化玉器、凌家滩玉器的交流做过详细分析。红山文化和中原地区的交流，学术界几乎均赞同红山文

---

[1] 索秀芬、李少兵：《燕山南北地区新石器时代考古学文化序列和格局》，《考古学报》2014年第3期。

[2] 韩建业：《中国北方地区新石器时代文化研究》，文物出版社2003年版。

[3] 索秀芬、李少兵：《燕山南北地区新石器时代考古学文化序列和格局》，《考古学报》2014年第3期。

[4] 中国社会科学院考古研究所：《中国考古学·新石器时代卷》，中国社会科学出版社2010年版，第342页。

[5] 吴耀利：《从红山文化看我国东西部史前文化的交流》，《红山文化研究——2004年红山文化国际学术研讨会论文集》，文物出版社2006年版，第234—246页。

化的彩陶的出现应该是吸纳黄河流域彩陶因素的结果，而红山文化和后冈一期文化之间确实存在着文化交流，属于红山文化的魏家窝铺遗址中发现的圜底罐、鼎等后冈一期文化的典型陶器是二者存在交流的重要物证。①因此早于龙山时代燕山南北地区和中原地区甚至更远的南方已经有了交流，交流的通道应该是存在的，燕山南北地区主要经过一些山间河谷如大凌河河谷、滦河河谷而进入平津地区，然后经太行山东麓与古黄河之间的这一南北廊道实现中原和北方地区的交流。

### 三 交流通道中的关键点和交流特点

龙山文化晚期中原与北方的交流通道前文已经进行了详细论述。其中交流通道中有多个关键点，黄河津渡是首要的关键点，尤其孟津渡是龙山晚期龙山文化向北方、太行山东西两麓拓展的重要津渡。而渡河后的今洛阳吉利、焦作孟州在交通中是一个重要的地区，这里是东周的河阳地区，延续至中古时期地理位置仍非常重要。此地扼控北方、西北、东北三个方向的通道，北行可达沁阳古羊肠坂，经太行八陉的白陉（今沁阳长平村一带）进入晋城、长治即古上党地区；东北行沿古黄河西侧可到达淇县、安阳并沿太行山东麓直达燕山南北地区；西北方向经太行八陉的轵关陉则可通晋南的垣曲县盆地及临汾盆地并可沿太行山西麓北上更远的地区。古河阳之地重要的交通枢纽作用在中古、先秦、东周时期甚至商代都有文献可证明，早至龙山文化时期我们认为这一地区密集分布的近百处龙山文化遗址或可证明其重要地位。其中孟州义井遗址位于西虢乡义井村西，面积约45.5万平方米，文化层或3米—5米。内涵丰富，断崖处可见灰坑。采集陶器主要为灰陶，发现的器形有钵、豆、瓮、澄滤器、甗大口尊以及石铲、镰、刀等。遗存年代以龙山文化为主。② 根据遗址的位置和内涵，很显然这是中原腹地的龙山文化北渡黄河后的第一个重要据点，也是沿古黄河向东北方向发展的中心性遗址，在地理交通中则是重要的中转站，后代驿传制度确立后，应该是兼具中心性城址和重要驿站的作用。可惜该遗址均为调查资料，详细的情况有待今后发掘。

---

① 段天璟、成璟瑭、曹建恩：《红山文化聚落遗址研究的重要发现——2010年赤峰魏家窝铺遗址考古发掘的收获与启示》，《吉林大学社会科学学报》2011年第4期；成璟瑭等：《内蒙古赤峰魏家窝铺新石器时代遗址的发现与认识》，《文物》2014年第11期。

② 国家文物局主编：《中国文物地图集·河南分册》，中国地图出版社1991年版。

沿古黄河的交通线中还有两个重要遗址值得重视，其一是武陟赵庄遗址，赵庄位于武陟县西南约20千米，东南距黄河仅2.5千米，正当沁河支流蟒济二水交汇之处，西与温县北平皋村相邻，南与荥阳上街隔（黄）河相对，相距约15千米。遗址总面积约75万平方米。1979—1981年北京大学商周组联合河南、湖北、山西三省文博单位进行的田野调查项目中对该遗址进行过调查并在村西试掘了两条探沟，清理了四个灰坑和四处断崖，在村东还清理了一座瓮棺葬墓，发现了从仰韶至汉代各个时期的文化遗存。仰韶文化遗存分布较广，此外还发现了龙山文化、二里头晚期文化遗存。[1] 另一个遗址是武陟东石寺遗址，该遗址位于河南焦作市武陟县龙源镇东石寺村西部，遗址地貌为一小台地，略高于周围地表。其东北为古河凹地，沁河在遗址南部自西向东蜿蜒而过，北面为开阔的平原。遗址在七八十年代曾进行过文物调查，[2] 2013年配合南水北调进行了发掘，发现丰富的仰韶文化遗存，此外还有龙山文化及商文化遗存。[3] 这两个遗址面积大、内涵丰富，包含多个时期遗存，尤其仰韶时期遗存丰富和河南岸的大河村文化面貌近似，可归入大河村文化。龙山时期遗存由于材料发表较少尚不清楚具体文化性质。但是显然这两个遗址仰韶、龙山时期应该属于南线交通中的重要据点。两处遗址东石寺位于沁水北岸，距离沁水入黄河口不远，赵庄位于沁河南岸，距离黄河更近，隔河就是虎牢关和中古时期的板渚津，前文已论史前时期这里可能同样存在津渡。因此，赵庄遗址显然在史前时期长期以来对于沟通黄河南北两岸的交流与联络起到了重要作用。由于沁水在龙山文化晚期和二里头时期很可能是两种文化的天然地理分界线，所以东石寺紧邻沁水北岸，其意义不仅是文化扩张的重要据点、地理交通的重要驿站，也是文化冲突中的重要战略的要冲。

北线靠近山前的路线中，徐堡、西金城两座龙山晚期城址南北对峙于沁水两岸，作用和意义和东石寺遗址相同。而且这两个遗址均经过发掘，文化面貌、文化性质可以确定，为这类位于冲突地带的城址的作用和意义提供了研究的范本。徐堡遗址位于焦作市南约30千米的温县武德镇徐堡村东，沁河南岸，东距温县春秋盟书的出土地——州城遗址2千米。遗址

---

[1] 北京大学考古专业商周组等：《晋豫鄂三省考古调查简报》，《文物》1982年第7期。
[2] 新乡市文管会、武陟县博物馆：《河南武陟东石寺遗址调查简报》，《考古》1990年第3期。
[3] 河南省考古研究院等：《河南武陟东石寺遗址发掘报告》，《华夏考古》2017年第2期。

现存面积约 40 万平方米。2006 年 8 月至 2008 年 6 月焦作市文物工作队、河南省文物考古研究所与郑州大学历史学院考古系等单位先后对该遗址进行发掘，发掘总面积 4500 平方米。发现龙山文化城址一座，揭露重要遗迹有台基、房址、窖穴、陶窑、灰坑、水井、墓葬等，出土遗物包括陶、铜、石、骨、蚌、玉质器物以及动、植物遗骸等。整个城址平面略呈圆角长方形，现存面积约 20 万平方米。城墙为堆筑夯打而成，西、南、东三面城墙保存较好，墙体两侧有护坡。西城墙长 360 米，南墙长 500 米，东墙长约 200 米，北墙被沁河冲毁。在西墙和东墙的中部各有一缺口，宽约 10 米，应为城门所在。在城址中部发现一处堆筑台基，东西长 90 米，南北宽 70 米，面积 6000 余平方米，可能为城址的重要建筑区域。① 陶器特征：徐堡龙山文化陶器主要有折沿深腹罐、双腹盆、器盖、刻槽盆等，还见有少量的甗，罐类居多，纹饰夹砂陶器以方格纹、绳纹最多，泥质陶器蓝纹和素面较多。总体纹饰以方格纹、篮纹最多，绳纹次之。纹饰特征和王湾三期文化一致。从器物特征看罐和双腹盆都近似王湾三期文化。但是双耳瓮、某些夹砂绳纹罐和后冈二期的同类器相似。考虑到该遗址正处于王湾三期文化和后冈二期文化两种文化的交汇区，其文化特征上兼具二者特征是可以理解的。徐堡遗址目前也存在一些不同于王湾和后冈的文化因素，如胎体厚重的夹砂刮削纹罐、夹砂绳纹甗等，但是从聚落分布角度看，沁河以南地区龙山晚期遗址经发掘的不少，文化面貌整体属于王湾三期文化，因而徐堡遗址目前归属王湾三期文化较合理。

西金城遗址位于焦作市博爱县金城乡西金城村。遗址位于沁河北岸，属于山前平原地带。20 世纪 50—90 年代曾做过多次调查和试掘，2006—2008 年配合南水北调工程山东大学考古系对其进行发掘，发掘面积共计 5200 平方米。遗址包含有仰韶、龙山等多个时期遗存，最重要的是发现龙山时期城址一座，此外龙山时期的主要遗迹还有灰坑和水井，另外在被压占的一处 3 万平方米的高岗区域发现密集的白灰面房子。龙山城址的平面形状大致呈圆角长方形，只有西南角略向内斜收，城内面积 25.8 万平方米，含城墙面积达 30.8 万平方米。北墙长 560 米，西墙长 520 米（含斜收部分），南墙长 400 米，东墙长 440 米，周长近 2 千米。北、西墙宽约

---

① 毋建庄、邢心田等：《河南焦作温县徐堡龙山文化遗址发掘简报》，《中国文物报》2007 年 2 月 2 日；焦作市文物工作队：《焦作文博考古与研究》，中州古籍出版社 2008 年版。

25 米，东墙宽约 10 米，南墙宽度介于二者之间。城墙为生土和细沙土、淤土拍筑而成，局部为堆筑或夯筑。西、南墙中部有中断迹象，可能为城门所在。北、东、南三面城墙外侧发现有小河或排水沟环绕形成的防御壕沟。① 龙山时期出土陶器以灰陶或灰黑陶为主，褐陶次之，红陶较少。纹饰有绳纹、篮纹、方格纹、弦纹、刮抹纹、附加堆纹等。制法以轮制为主。器形以罐、瓮、器盖数量最多，豆、折腹盆、刻槽盆次之，另有少量缸、单耳杯、甗、鼎和簋等。简报介绍了四类罐，其中 B 型中口深腹罐、C 型方唇深腹罐及 D 型类似 C 型而器形小，这三种深腹罐尤其 B、C 呈现的多灰陶、夹砂、方唇、深腹的形制特点和绳纹、方格纹较多的特征均属于后冈二期文化的特征，同时小口高领瓮、折腹盆多见而鬲极少见，并且发现白灰面房子等特征都和孟庄遗址相似。所以，西金城城址性质应属于后冈二期文化。

根据陶器特征及其他遗迹特点，徐堡城址属于王湾三期文化，西金城遗址则属于后冈二期文化。两处遗址正位于王湾三期文化与后冈二期文化两种文化的交界区，隔河相距仅 7.5 千米。徐堡城址的始建年代早于龙山晚期，至少于龙山中期已经存在，龙山晚期废弃。而西金城城址的建造和使用年代属于遗址分期的第二段，即龙山文化中期晚段和龙山文化晚期早段。废弃后的遗址龙山晚期还在使用，且龙山晚期堆积基本覆盖了整个遗址，较前期面积有所扩大，发掘者推测遗址的龙山文化晚期是龙山期人类活动的鼎盛期。可见，两遗址建造使用年代大致相同，地理位置隔河相对，两种文化大概以河为界分布，这些恰恰说明两座城址或许正是两种文化对峙冲突的产物。尤其徐堡城址紧邻沁河，其北城墙已在河中，东西两侧城墙被沁河冲毁，目前见到的均为残留部分，如果当初城址的建造主要或者仅仅就是防洪，大可不必紧邻沁河而建，选择距河稍远的高地或许更好。徐堡城址的选择紧邻沁河台地，一方面是充分利用水源，一方面方便交通，这里很可能是古渡口所在，在渡口基础上修建城址，占据重要地理位置，无论战争还是和平时期对经济文化交流都十分重要。也有学者根据豫北地区位于古黄河北岸，强调城址的防洪作用。② 笔者认为，防洪应该

---

① 河南省文物管理局南水北调文物保护办公室、山东大学考古系：《河南博爱县西金城龙山文化城址发掘简报》，《考古》2010 年第 6 期。

② 马世之：《徐堡城址的性质问题》，《中原文物》2009 年第 2 期；张建：《豫北四座龙山文化城址性质初探》，《三门峡职业技术学院学报》2013 年第 4 期。

也是城址的作用，但是过分强调防洪作用，而且将史前洪灾的传说、稍后的文献甚至大禹等人物与一座或几座具体城址对应的看法并不科学，龙山时代城址的出现整体的背景和族群冲突、资源争夺、环境变迁等有密切关系，而且城址的作用往往是多种因素叠加，承担多种功能。具体到每一座城址，由于建造、使用年代、地理位置等具体时空环境的不同具体作用或许会有侧重，过分强调某一种作用似不合适。具体来说，这两座城址除了主要彼此防御，也具有防洪的功能。这两座城址城外均有护城壕，尤其西金城北、东、南三面的护城壕沟之外还发现有沼泽，而城址中分布有高岗，整个城址的西部属于缓坡，而西墙外不见护城壕，可见护城壕的作用显然具有排水沟的作用，简报也指出由北向南流的护城壕沟 G26 和 G27 与南墙外侧的小河沟在东南角汇合形成积水洼地之后南流离开遗址范围（图 6.4）。

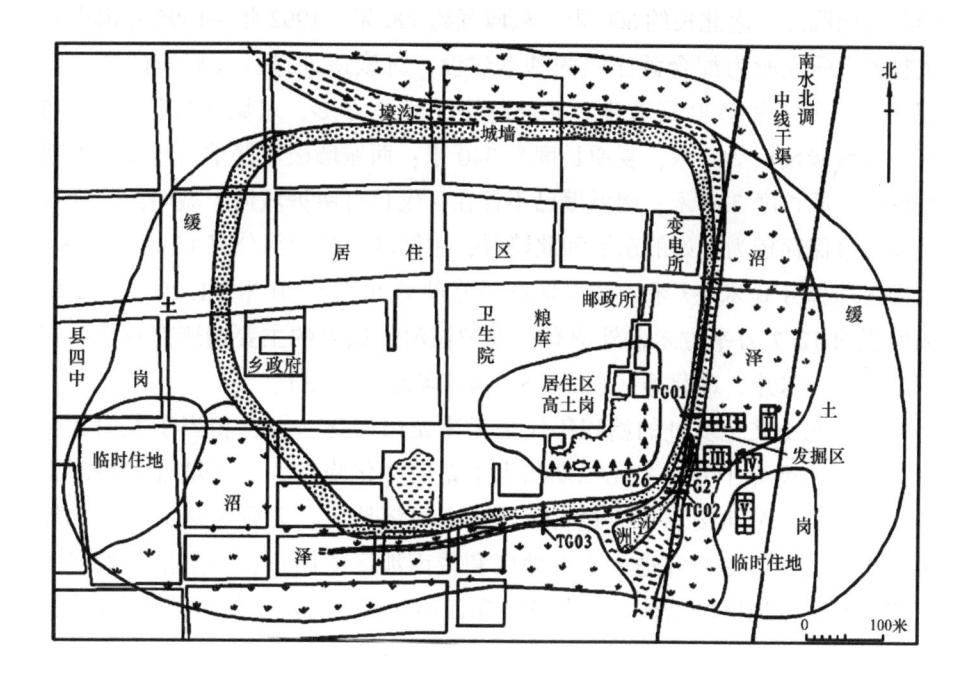

**图 6.4　西金城龙山文化城址平面图**

来源：《河南博爱县西金城龙山文化城址发掘简报》，《考古》2010 年第 5 期。

北线靠近山前的道路，在西金城古城址和孟庄龙山城址之间焦作的赵张弓和修武五里源乡的李固遗址是两个较为重要的遗址，赵张弓遗址位于焦作市马村区待王镇赵张弓村西南，面积5万平方米。1982年12月—1983年1月，焦作市博物馆对遗址进行了调查试掘。共发掘9个灰坑，出土有陶、石、骨和蚌器。陶器有鬲、罐、瓮、鼎、斝、碗、钵、豆等。以泥质和夹砂灰陶最多，纹饰有绳纹、篮纹、方格纹、划纹、旋纹、附加堆纹等。发掘者认为遗址可分为龙山中、晚期和二里头早期。① 李固遗址位于五里源乡李固村村北，遗址为一高出平地3米的土丘，或曰面积24万平方米，也有9万之说。② 龙山文化分为早晚两期，器物特征总体接近孟庄龙山文化二期面貌，同时受王湾三期文化影响较大。两遗址面积是周围同期遗址中面积较大的，正处于山前平原，西行至沁阳北的西万镇经白陉可达晋城，再北进入上党地区。或连接西金城、徐堡与东部的辉县孟庄实现由黄河以南到达太行山东麓的沟通。总之，这两处遗址是北路交通线上的重要据点。

孟庄龙山城址位于河南省辉县市东南、孟庄镇东侧的台地上。遗址平面形状为椭圆形，南北长约600米、东西宽约500米。1992年—1995年河南省文物考古研究所为配合孟庄镇的基本建设，对该遗址进行大规模的考古发掘，发掘面积为4500平方米。城址的平面略呈方形，东城墙最长，为375米；北城墙残长260米，复原长度为340米；西城墙破坏严重，经发掘推断西城墙复原长度330米；南城墙已不存在，仅存有南护城河。城墙的宽度从已发掘且保存较为完好的东墙和北墙看，主体城墙基础部分宽13米—14米，内部附加部分6米—7米，城墙保存最好部分残高0.50米—1.20米。城墙内面积约12.7万平方米，外围有一周护城河。城内的主要遗迹有灰坑、灰沟、房基、水井、墓葬等③（图6.5 孟庄城址平面图）。

孟庄龙山文化城址的始建年代是孟庄龙山文化一期，相当于龙山文化中期偏早，废弃于龙山文化二期相当于龙山文化晚期。孟庄城址在地理交通上的位置十分重要，东渡过古黄河进入河济地区，北则直通太行山北麓的燕山南北，西则扼守进入上党地区和晋南地区的门户，南下沿古黄河则可实现与河洛地区的交流。因此其在东西南北四个方向上均占据重要地利，

---

① 邢心田、韩长松、马正元：《建国以来焦作地区的考古发掘与研究》，《焦作文博考古与研究》，中州古籍出版社2008年版，第3页。
② 《中国文物地图集·河南分册》认为面积24万平方米，见国家文物局《中国文物地图集·河南分册》，中国地图出版社1991年版，第196页；北京大学等单位的调查认为剩余9万平方米，可参见北京大学考古专业商周组等《晋豫鄂三省考古调查简报》，《文物》1982年第7期。
③ 河南省文物考古研究所：《河南辉县市孟庄龙山文化遗址发掘简报》，《考古》2000年第3期；河南省文物考古研究所：《辉县孟庄》，中州古籍出版社2003年版。

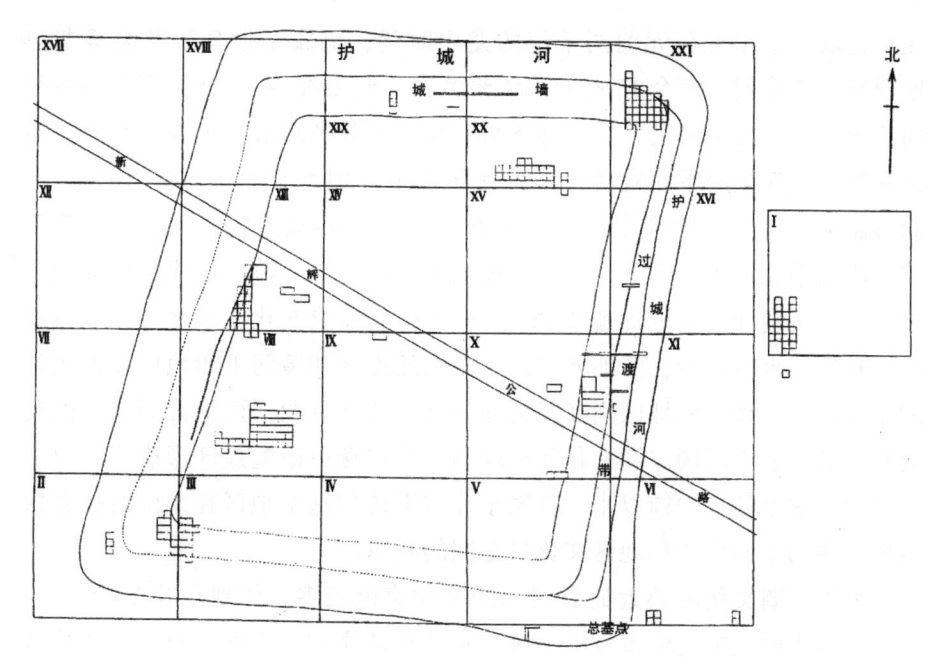

第六章 中原和北方地区文化交流通道探析　　301

图 6.5　孟庄城址平面图

来源:《辉县孟庄》, 2003 年。

龙山文化时期这里是后冈二期文化核心分布区,孟庄城址在和周围文化的交流中起关键作用,也是沟通中原和燕山南北地区的重要据点。

太行山东麓作为沟通中原和北方的廊道在龙山文化时期还有诸多重要据点,如安阳后冈、汤阴白营、磁县下潘汪、邯郸涧沟等。值得注意的是,我们在古黄河东岸沧州地区发现有后冈二期文化的遗址,其和同处于古黄河东岸的濮阳地区之间的交流由于皆平原地带,应该也有道路联通,相比更为便捷。

而古黄河东岸河济地区和天津以北的燕山南麓在龙山时代这种便捷的陆路交通是有一定的环境背景的。根据全新世华北平原及燕山南北地区的自然环境的研究,[①] 龙山时代这个地区气候温暖湿润,各种自然环境优越,导致人类文化迅速发展出现众多遗址。具体来看,气候上诸多学者都指出

---

① 张渭莲、段宏振:《中原与北方之间的文化走廊——太行山东麓地区先秦文化演进格局》第七章的环境与文化,文物出版社 2015 年版;索秀芬:《燕山南北地区新石器时代文化研究》第二章的全新世环境,吉林大学博士学位论文, 2006 年 4 月。

在公元前三千纪至公元前两千纪的龙山时代，仍属于中全新世大暖期，①期间有一些冷期，距今4500年降温最大，达到顶峰。② 华北平原渤海海平面逐渐降低，海侵消失。即距今5000年时海岸线回落到天津、黄骅、海兴一线，较现今海平面略高，到了距今4000年时海平面呈下降趋势。③ 地貌形态上，北京地区到全新世晚期低温干燥的环境，加之河流进一步下切，泛滥平原上水源减少，一级阶地上的沼泽逐渐干涸，形成高出河面一米的一级阶地和干旱的泛滥平原。④ 总之自然环境变化，华北平原渤海海平面较低，水域减少，陆地增多，燕山南麓地区和黄河下游地区在古黄河的东岸连成一片，两地区间陆路交通便利，这就方便了两地区间文化的交流和互动。所以后冈二期文化北进顺利，并在燕山南麓地区形成了雪山二期文化。这也使得史前以来一直属于北方系统的这个地区在龙山时代首次达成与黄河下游和中原地区文化最趋同的状态。

王湾三期文化和邻近的后冈二期文化交流较多，体现在几个特点上：首先，由于两支文化分布范围接壤，在邻近的文化交汇区，双方的文化因素都体现最浓厚。沁河是两支文化的分界，河沁之间地区属于王湾三期文化，但同时后冈二期文化常见的绳纹、瘦袋足、罐形斝甗在这个地区也常见到。郑州地区的王湾三期文化的特征和伊洛地区有明显不同，尤其该文化的晚期，绳纹增多，甗、宽沿圈足盘等后冈二期的典型组合器类开始在郑州地区出现。与此同时，后冈二期文化分布范围中与王湾三期文化邻近的河济地区的戚城等遗址以及沁河北岸的孟庄类型中，相对后冈类型和小神类型鼎、折腹盆的数量均较多些，纹饰中篮纹、方格纹的比例也较大，而这些特征都是王湾三期文化的重要特征。

王湾遗址王湾三期遗存的主要器物组合、陶质、陶色、纹饰等早晚都没有发生大的变化，尤其不见后冈二期文化的因素。但是该遗址的第三期遗存和之前的第二期遗存相比新出现的器类主要有双耳高领瓮、单耳罐、鬶、斝、盉、鬲几种，其中后三种都出现在该遗址龙山文化的第Ⅴ段即最

---

① 吴忱：《华北平原四万年来自然环境演变》，中国科学技术出版社1992年版，第109页。
② 靳桂云：《燕山南北长城地带中全新世气候环境的演化及影响》，《考古学报》2000年第4期。
③ 张业成等：《全新世以来渤海海岸变迁历史及未来发展趋势的初步分析》，《中国地质科学院综合大队562集刊》7.8号，地质出版社1989年版。
④ 周昆叔：《北京环境考古》，《第四纪研究》1989年第1期。

晚阶段。可见王湾三期遗存早晚期虽有一定变化，尤其晚期出现了新的器形，但是和后冈二期文化关系不大。同时，考察洛阳盆地其他王湾类型遗址如洛阳矬李、西干沟、西吕庙等遗址均不见后冈二期文化的因素。因此可以说洛阳盆地王湾三期文化目前来看极少受到后冈二期文化的影响。值得注意的是，黄河北岸的洛阳吉利东杨村等遗址则发现有后冈二期文化，由于其地处黄河以北的沁河以西的河济之间，易于理解。

有意思的是，前文曾笼统言说郑州地区受到后冈二期文化影响相对较多些，于是我们对郑州地区经过发掘、调查等已发表资料的王湾三期文化遗址进行具体考察，发现几个明显存在后冈二期文化因素的遗址在空间分布上有一定规律，而这一规律即遗址的分布可能正是后冈二期文化南进的路线。目前在郑州地区发现有后冈二期文化因素的遗址主要有荥阳点军台[1]、郑州牛砦王[2]、郑州阎庄[3]、郑州站马屯[4]等。这些遗址都发现了典型的后冈二期文化中的灰陶绳纹罐、瘦袋足鬲、罐形斝等，站马屯还发现宽沿圈足盘；此外，纹饰上绳纹占的比例较高，点军台绳纹最多，篮纹、方格纹次之。依据这一原则，黄河以南除了郑州地区，在颍汝流域靠近郑州地区的新密新砦、新密古城寨甚至郾城郝家台遗址都发现了典型的后冈二期文化因素。由此后冈二期文化进入颍汝下游的路线则是经河沁之间地区，过黄河孟津渡口（吉利东杨村）—南岸孟津小潘沟—进入荥阳（点军台）郑州（牛砦王、阎庄、站马屯）再南下。而与后冈二期文化隔济水相望的郑州东部、东北部地区龙山文化遗址较少，已发掘的大河村[5]、郑州二里岗[6]等遗址则未发现明确的后冈二期文化因素。可见后冈二期文化进入郑州地区可能并不是经由长垣南行至原阳渡济水到达郑州地区的。所以前述后冈二期文化和郑州地区交流经郑州东部渡济水的路线可能并不存在。

其次，从时间上看，在两个文化的早期各自文化体现的自身特征更

---

[1] 郑州市博物馆：《荥阳点军台遗址1980年发掘报告》，《中原文物》1982年第4期。
[2] 河南省文化局文物工作队第一队：《郑州牛砦王村遗址发掘报告》，《考古学报》1958年第3期。
[3] 郑州市博物馆：《郑州阎庄龙山文化遗址发掘简报》，《中原文物》1983年第4期。
[4] 河南省文物研究所等：《郑州市站马屯遗址发掘报告》，《华夏考古》1987年第2期。
[5] 郑州市文物考古研究所：《郑州大河村》，科学出版社2001年版。
[6] 河南省文物考古研究所：《郑州商城——一九五三年～一九八五年考古发掘报告》（上册），文物出版社2001年版。

多些,在两个文化的晚期,文化交流体现得更多些。王湾三期文化的晚期在部分遗址中已发现明显含有后冈二期文化因素的单位,如煤山遗址的T3④、T25③C、T19④,瓦店遗址的ⅣT3H30、ⅣT3H45,郝家台遗址的J10,站马屯遗址的H27等。当然,有些遗址则于龙山文化晚期稍早阶段就已经发现有后冈二期文化因素,如郑州旭旮王、郑州闫庄等。但是上述单位的出现能否决定当时整个遗址的文化性质已经改变成后冈二期文化了,笔者认为这是个值得探讨的问题。遗址发掘面积较小时即使外来文化比例占得很高也不能说明在整个遗址所占比例就高。还有遗址的等级规模也是需要考虑的重要因素,遗址等级规模高,即使外来因素占的比例稍低,也可能表明这种外来遗存在该文化中有一定地位。遗址的地理位置也是一个因素,遗址距离另一文化较远,且遗址等级低反而出现另一种文化的因素似乎更能说明二者之间互动交流的程度,甚至表明有外来人群的进入。综合上述情况,我们认为在郑州地区发现的这几处含有后冈二期文化的遗址中遗存数量并不多,占比也较低,距离后冈二期核心区不太远,也无等级高的遗址,所以郑州地区出现的后冈二期文化的因素应该还是邻近地区互动交流的结果,不是某些遗址被后冈人群占据,也没有后冈二期文化的"飞地"。

与此同时,在后冈二期文化中也发现有典型王湾三期文化的因素,如宋窑遗址的方格纹深腹罐(T14⑤:64),孟庄遗址的深腹罐(XXT52H200:3)和平底罐形甗(XXT52H200:1),其中方格纹深腹罐和前述宋窑十分相似,无论从器形、纹饰等都属于王湾三期文化因素。而这两个单位的年代均属于后冈二期文化分期中的晚期,但要早于上文的煤山H30、郝家台J10等遗址中出现的后冈二期文化因素的年代。由此似乎表明在两支文化的晚期交流开始增多的情况下,王湾三期对后冈二期的渗透可能早于后冈二期对王湾的渗透。总之,对这些文化因素的时空分析,揭示文化交流的时空动态变化对于今后的研究是很有意义的。

## 第二节 二里头文化时期中原和北方地区的互动交流

二里头文化时期中原地区和北方太行山东西两侧考古学文化存在互动交流,本节在对北方地区考古学文化梳理的基础上,对于二里头文化时期的黄河津渡及二里头文化和下七垣文化、夏家店下层文化的互动交流进行了研究。

## 一 二里头文化时期北方地区的考古学文化

二里头文化时期，中原地区主要是二里头文化的分布区，伊洛流域是核心区，郑州地区是紧邻核心区的近东地区，也是广义的中原地区范围。中原地区的北方也和龙山时期内涵大体相同，包括太行山两翼及内蒙古中南部、陕西北部一些地区。太行山西翼相对范围较小，仅仅包含太行山以西、吕梁山以东的区域，北部则包含内蒙古中南部和陕西北部的部分区域。太行山东翼二里头时期文化面貌复杂，以张渭莲、蒋刚等学者为代表都对这个区域内文化格局有系统的专著论述。[1] 大体来看，该区域延续龙山晚期文化的状态，北部和南部的文化面貌也不相同，大致仍以拒马河为界，以南基本属于下七垣文化分布范围。也有学者将滹沱河以北的含有下七垣文化因素又有地方特色、以下岳各庄为代表的遗存单独称为下岳各庄文化。[2] 这种或称为下岳各庄类型或独立为文化的认识分歧并不是太大，性质基本都认可属于先商文化。而北部的燕山南麓地区的文化面貌，学者的认识分歧较大，有学者认为属于夏家店下层文化的分布区。[3] 也有学者细分东西两区：东区蓟运河流域、永定河下游京、津、唐属于大坨头文化，西部桑干河中下游、永定河上游河谷地带的今张家口、蔚县则属于一种独立的考古学文化，可单独命名为壶流河类型。[4] 无论是单独列出还是统一归入夏家店下层文化，或者将壶流河类型并入东区，[5] 抑或将燕山南麓单独称为"大坨头文化"，[6] 很显然目前学术界基本有一个共识：燕山南麓东西两地区受到夏家店下层文化影响巨大。

---

[1] 张渭莲、段宏振：《中原与北方之间的文化走廊——太行山东麓地区先秦文化演进格局》，文物出版社2015年版；蒋刚：《文化演进与互动：太行山两翼夏商西周时期青铜文化研究》，科学出版社2017年版。

[2] 朱永刚：《东北青铜文化的发展阶段与文化区系》，《考古学报》1998年第2期；张渭莲、段宏振：《太行山东麓地区夏时期考古学文化浅析》，《三代文明研究》（一），科学出版社1999年版。

[3] 张渭莲、段宏振：《中原与北方之间的文化走廊——太行山东麓地区先秦文化演进格局》，文物出版社2015年版。

[4] 蒋刚：《文化演进与互动：太行山两翼夏商西周时期青铜文化研究》，科学出版社2017年版。

[5] 张忠培：《夏家店下层文化研究》，《中国北方考古文集》，文物出版社1990年版，第199页。

[6] 韩嘉谷、纪烈敏：《蓟县张家园遗址青铜文化遗存综述》，《考古》1993年第4期；纪烈敏：《燕山南麓青铜文化的类型谱系及其演变》，《边疆考古研究》第1辑，科学出版社2002年版，第103—104页。

太行山西翼地区二里头时期文化面貌也较复杂。位于晋西南运城盆地和临汾盆地的二里头时期的遗存主要是东下冯类遗存，学术界对其认识不同，一种认为其属于二里头文化的一个地方类型——东下冯类型①。一种认为这种遗存可单独独立为一个考古学文化即东下冯文化②。本书暂按照二里头文化的一个地方类型来理解，但是这个类型显然具有更多的地域性特点。几十年来晋中太原地区夏时期考古学遗存也是一个逐步细化和深化的研究过程。首先晋中地区的范围要有一个一致的认识，目前学术界基本赞同许伟提出的意见，即北起雁门关，南至灵石口，以太原盆地和忻定盆地为中心，包括晋东山地和晋西高原山地的部分地区统称为晋中地区。③ 其次，随着材料的丰富和研究的深入，原来认为这一带夏时期遗存的名称或曰光社文化④，或曰东太堡文化⑤，或称为白燕文化⑥，现在对于忻州的游邀类遗存，东太堡、狄村、光社、许坦类遗存似不能统一归入白燕文化，都可单独列为一个类型。⑦ 还有学者将忻定盆地的夏时期遗存命名为"尹村类型"，年代从二里头二期到二里头四期偏晚。⑧ 也有学者认为晋西山地的静乐盆地内夏时期遗存也可单独称为一个文化类型。⑨ 晋北和内蒙古中南部地区夏时期遗存学术界一般赞同为朱开沟文化，但是关于这类遗存的内涵、分期等学术界看法尚不一致。

　　二里头文化时期，沁河以西、以南属于二里头文化的分布范围，沁河以东、以北区域包括古黄河以东的河济之间区域基本属于下七垣文化的范围。下七垣文化，本书认为根据其源流、分布特征、文化内涵并结

---

　　① 东下冯考古队：《山西夏县东下冯遗址东区、中区发掘简报》，《考古》1980年第2期。持这种观点的学者较多，不再一一列举。

　　② 郑杰祥：《夏史初探》，中州古籍出版社1988年版。持这种观点的学者近年逐渐增多，不再一一列举。其中利用新材料就分布、分期、分型、源流等问题进行深入研究的学者以于孟洲先生为代表，可参见于孟洲《东下冯文化与二里头文化比较及相关问题研究》，《文物春秋》2004年第1期；于孟洲、夏薇《东下冯文化的源流及相关问题》，《文物世界》2010年第4期。

　　③ 许伟：《晋中地区西周以前古遗存的编年与谱系》，《文物》1989年第4期。

　　④ 邹衡：《关于夏商时期北方地区诸临境文化的初步探讨》，《夏商周考古学论文集》（第二版），科学出版社2001年版。

　　⑤ 宋建忠：《晋中地区夏时期考古遗存研究》，《山西省考古学会论文集》（二），山西人民出版社1994年版。

　　⑥ 严志彬：《试析长治小神遗址的二里头时期遗存》，《北方文物》1999年第1期。

　　⑦ 赵菊梅：《晋陕高原夏商时期考古学文化格局研究》，《公元前2千纪的晋陕高原与燕山南北》，科学出版社2008年版。

　　⑧ 常怀颖：《夏商时期古冀州的考古学研究文化谱系篇》，上海古籍出版社2023年版。

　　⑨ 蒋刚：《文化演进与互动：太行山两翼夏商西周时期青铜文化研究》，科学出版社2017年版，第140页。

合分期基本可以分成四个地方类型,即辉卫型①、下岳各庄型(以前所称的保北型)、漳河型、鹿台岗型,前两个类型基本和胡保华、王立新一文相同,②而关于鹿台岗型,本书认为古黄河以东的河济地区和豫东合起来可以称为鹿台岗类型,近年的豫东考古发现这个地区下七垣文化遗址不止鹿台岗一处,至少还有民权牛牧岗、吴岗、李岗及睢县周龙岗等遗址,关于此另文分析。二里头文化向东北方向发展主要是在黄河和沁河之间区域,目前来看二里头文化分布基本不过沁河,河沁之间发现的二里头文化遗址有:温县安乐寨上苑、沁阳嵩义西荀庄、范村花地冈③;吉利东杨村④;温县北平皋、武陟大司马、赵庄⑤;沁阳杨香、温县西梁所、济源西关汽车站、济源河头⑥;济源留庄⑦;济源新峡⑧;孟县禹寺⑨;温县林村⑩等遗址。考察这几个遗址的二里头文化遗存,某些或早到二里头文化二期偏晚,以三期、四期为主。

---

① 以张立东为代表的不少学者认为辉卫地区的二里头时期的文化可以独立为辉卫文化,而刘绪曾指出,豫北地区辉卫型的年代内涵如果早于二里头四期偏早是否属于先商文化?他认为不能简单归入先商文化,要考虑文献中夏代早期共存的有扈氏和有穷氏,夏代晚期的韦、顾和昆吾。对此,笔者认为这是一个涉及族群与考古学文化对应的老问题,先商和早商包括夏文化的内涵随着研究深入,都是包含多个族群的考古学文化。总体上能纳入先商、夏、早商的文化是由于基本的陶器组合、丧葬特点、建筑特征等较为一致。鉴于此本书赞同谢肃的认识,即这个地区仍是属于先商文化的一个地方类型——辉卫类型。其年代也超出了二里头四期范围,或可早至二里头二三期时。可参见谢肃《关于辉卫地区二里头时期文化遗存性质的讨论》,《2004年安阳殷商文明国际学术研讨会论文集》,社会科学文献出版社2004年版。

② 胡保华、王立新:《试论下七垣文化的类型和分期》,《早期夏文化与先商文化研究论文集》,科学出版社2012年版,第297—322页。

③ 刘绪:《论卫怀地区的夏商文化》,《纪念北京大学考古专业三十周年论文集》,文物出版社1990年版。

④ 洛阳市文物工作队:《河南洛阳吉利东杨村遗址》,《考古》1983年第2期。

⑤ 北京大学考古专业商周组、山西省考古研究所、河南省安阳新乡地区文化局、湖北省孝感地区博物馆:《晋豫鄂三省考古调查简报》,《文物》1982年第7期;杨贵金、张立东、毋建庄:《河南武陟大司马遗址调查简报》,《考古》1994年第4期。

⑥ 杨贵金:《沁水下游的夏文化与先商文化》,《中原文物》1997年第2期。

⑦ 河南省文物管理局等:《黄河小浪底水库考古报告》(一),中州古籍出版社1999年版,第32—35页。

⑧ 河南省文物考古研究院等:《河南济源新峡遗址二里头与二里岗文化遗存发掘简报》,《华夏考古》2021年第3期。

⑨ 中国社会科学院考古研究所河南一队、焦作市文物工作队:《河南焦作地区的考古调查》,《考古》1996年第11期。

⑩ 武志江:《温县林村二里头文化遗址》,《中国考古学年鉴(2015)》,中国社会科学出版社2016年版,第221页。

沁河以东的地区也有学者定义为太行山东麓的南端，和邹衡先生所言的辉卫型先商文化分布区域大致相当，北至淇洹之间。主要分布的是下七垣文化的一个类型——辉卫型。主要遗址有淇县宋窑[①]、新乡李大召[②]、新乡潞王坟[③]、鹤壁刘庄[④]、辉县孟庄[⑤]、焦作府城[⑥]、修武李固[⑦]、辉县琉璃阁[⑧]、孙村[⑨]等。年代约相当于二里头文化二期末至四期，可分三期。

## 二 二里头文化时期的黄河津渡

由于黄河南岸伊洛地区及郑州地区二里头文化的分布格局和龙山晚期有较大不同，二里头时期两地区交流中对黄河津渡的利用情况也有所不同。孟津渡前文已考证，龙山时期及二里头时期由于在孟津渡附近两个时期的遗址分布情况差异不大，推测孟津渡二里头文化时期也是沟通洛阳盆地和沁水流域的渡口。

伊洛河流域在二里头时期属于二里头文化分布的核心区域，尤其其支流坞罗河、干沟河等两岸台地，遍布这个时期的遗址。形成了三级聚落等级，在伊洛河和其支流坞罗河之间的稍柴遗址（60万）属于聚落的中心，周围还有一中等规模的罗口东北遗址（13万）及六处小型遗址。显然二里头时期巩义存在二里头文化的次级核心遗址。而巩义花地嘴也是一个值得注意的遗址，遗址西北紧邻伊洛河，东南为猴山等嵩山余脉，北为断崖，海拔90米—110米，发掘者认为遗址现存新砦期遗存约30万平方米，目前共发现四条环壕、三个祭祀坑、十余座房址、数个灰坑及两座陶

---

[①] 北京大学考古系商周组：《河南淇县宋窑遗址发掘报告》，《考古学集刊》(10)，地质出版社1996年版。

[②] 郑州大学历史学院考古系：《新乡李大召——仰韶文化至汉代遗址发掘报告》，科学出版社2006年版。

[③] 河南省文化局文物工作队：《河南新乡潞王坟商代遗址发掘报告》，《考古学报》1960年第1期。

[④] 河南省文物局：《鹤壁刘庄——下七垣文化墓地发掘报告》，科学出版社2012年版。

[⑤] 河南省文物考古研究所：《辉县孟庄》，中州古籍出版社2003年版。

[⑥] 杨贵金、张立东：《焦作市府城古城遗址调查报告》，《华夏考古》1994年第1期；袁广阔、秦小丽：《河南焦作府城遗址发掘报告》，《考古学报》2000年第4期。

[⑦] 北京大学考古专业商周组：《晋豫鄂三省考古调查简报》，《文物》1982年第7期。

[⑧] 中国科学院考古研究所：《辉县发掘报告》，科学出版社1956年版。

[⑨] 河南省文物局：《辉县孙村遗址》，科学出版社2012年版。

窑。出土陶器、玉器、石器、骨器等。①该遗址由于发掘面积小，不排除其存在更早的龙山时期遗存及接续新砦期的二里头文化遗存。如果从地理交通视角重新审视该遗址，遗址处于洛阳盆地和东部平原过渡的缓冲地区，东出洛阳盆地，这一区域是必经之地，同时也是洛阳盆地北向进入商代时"沁阳田猎区"、西周所谓"南阳之田"的重要通道口，这与前文谈到虎牢关以东广武山以西地区的作用相同。纵观今日伊洛河入黄河之地形，西紧邻邙岭，东即是平原，西紧邻的 S235 所在的洛汭大桥今天也是黄河渡桥之一，该桥直通河对岸的温县。古渡口或许就在今伊洛河入黄河的东西两岸。鉴于二里头文化在巩义地区的聚落分布等级和规模，二里头文化时期，巩义西北很可能有古渡存在，大概中古文献中五社津所在。

虎牢关以东黄河以南的索河、须河、枯河区域，历年来学者进行了不少考古调查。最近的调查显示，这个区域发现的二里头文化遗址共 27 处。②其中东赵、大师姑两处遗址均发现了城壕遗迹，面积规模较大，属于这个时期的区域中心。关于这两个遗址的地理位置、文化内涵、年代等前文已有论述。总之，这两个遗址是虎牢关以东区域二里头文化向东部郑州地区和东北部沁水流域发展的桥头堡。根据二里头文化在该区域的布局，我们认为这个区域一定存在古渡口，因为没有具体的文字和相关的文献，暂不清楚当时的名称。但是这个古渡和前文所谈及中古文献中的板渚津可能会有联系。此外，根据区域内发现的二里头文化遗址的内涵和具体分布，还有两个遗址值得高度关注：其一，西史村遗址，位于荥阳城关乡西史村西南，新的调查表明遗址南北长约 330 米，东西长约 280 米，面积 9 万多平方米。遗址以二里头、二里岗时期遗存为主，遗址内沟状堆积剖面采集有二里头晚期陶片，其最早的使用年代不晚于二里岗下层时期。遗址西南部 1979 年试掘的墓葬出土过二里岗下层时期青铜器，表明遗址的规格很高。而调查发现的沟状堆积围成的界隔性设施，调查者认为应当代表一座夏商时期的城邑③（图 6.6）。其二，唐垌遗址，位于唐垌村西南的

---

① 郑州市文物考古研究所、北京大学考古文博学院：《河南巩义市花地嘴遗址新砦期遗存》，《考古》2005 年第 6 期。

② 郑州市文物考古研究院、北京大学考古文博学院等：《河南省郑州市索、须、枯河流域考古调查报告》，《古代文明》第 10 卷，上海古籍出版社 2016 年版，第 304 页。

③ 郑州市文物考古研究院、北京大学考古文博学院等：《河南省郑州市索、须、枯河流域考古调查报告》，《古代文明》第 10 卷，上海古籍出版社 2016 年版，第 304—309 页。

广武山南麓，地势北高南低，广武山上的水曾经从遗址西北的冲沟流经横贯遗址的南沟，再经东沟折而向东南汇入枯河（图 6.7）。南沟南北两侧断崖上都有丰富的二里头、二里岗时期遗存，据传该遗址曾出土过青铜器。根据新的调查，该遗址二里岗时期面积达 16 万平方米，而且发现环壕线索。因此该遗址应该属于二里岗时期的区域中心。而根据发表的调查材料，年代不晚于二里岗下层，同时又发现丰富的二里头文化遗存，目前尽管不能断定二里头时期遗存的面积规模，但是根据这个区域大师姑、东赵等遗址二里头、二里岗城址连续使用的情况，很可能二里头时期这里也是一个中心性遗址。

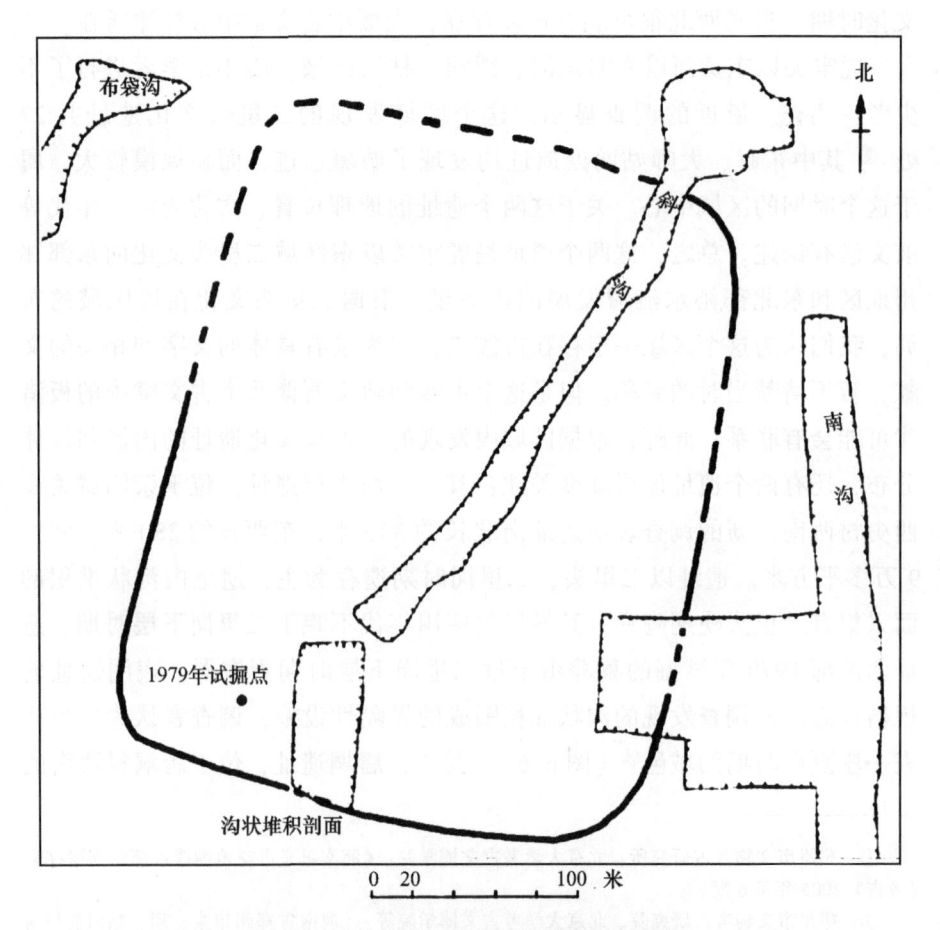

**图 6.6　西史村遗址界隔性设施平面示意图**
来源：《河南省郑州市索、须、枯河流域考古调查报告》，原图八。

上述两个遗址的文化内涵表明这两个遗址地位、规格较高，同时西史村、唐垌两个遗址和大师姑、东赵相比更靠近北部的黄河，西史村和唐垌均位于大师姑西北，唐垌更靠北，位于枯河流域，东赵则在四个遗址中位于最南边，其属于须水河流域。根据前文分析，在虎牢关东汜水镇东北20里左右至汜水镇西北今成皋故城再西北二三里这一范围内有秦汉至隋唐时期的古渡口存在。又据今荥阳区域内二里头遗址分布较多的情况，我们认为这个区域一定存在二里头文化时期的古渡口，即先秦时期古津渡可能就在秦汉时期的古渡口附近，这和前文孟津渡的情况是一致的，目前只能有一个大致的范围。如此再看西史村的位置，这是目前距离汜水镇最近、规格最高的二里头遗址，东赵和大师姑如要经古渡一带渡河，这个遗址是途中的重要关键点。

而唐垌遗址北距汜水镇东北20里的古渡口东界不远，这个遗址或许也是东赵、大师姑前往汜水古渡口中途的重要据点。

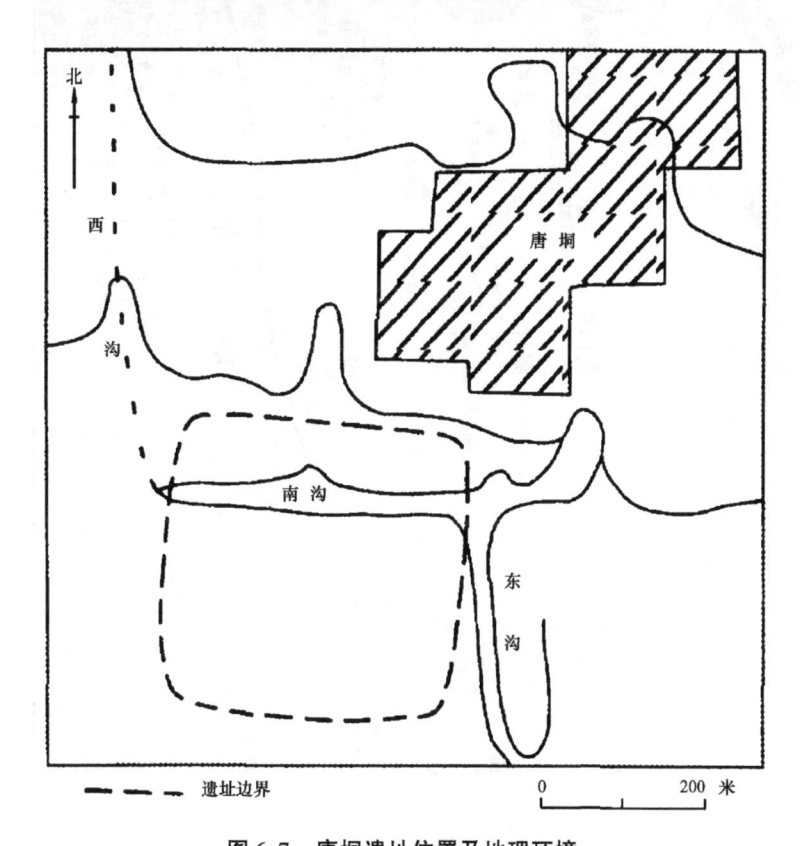

图6.7 唐垌遗址位置及地理环境

来源：《河南省郑州市索、须、枯河流域考古调查报告》，原图九。

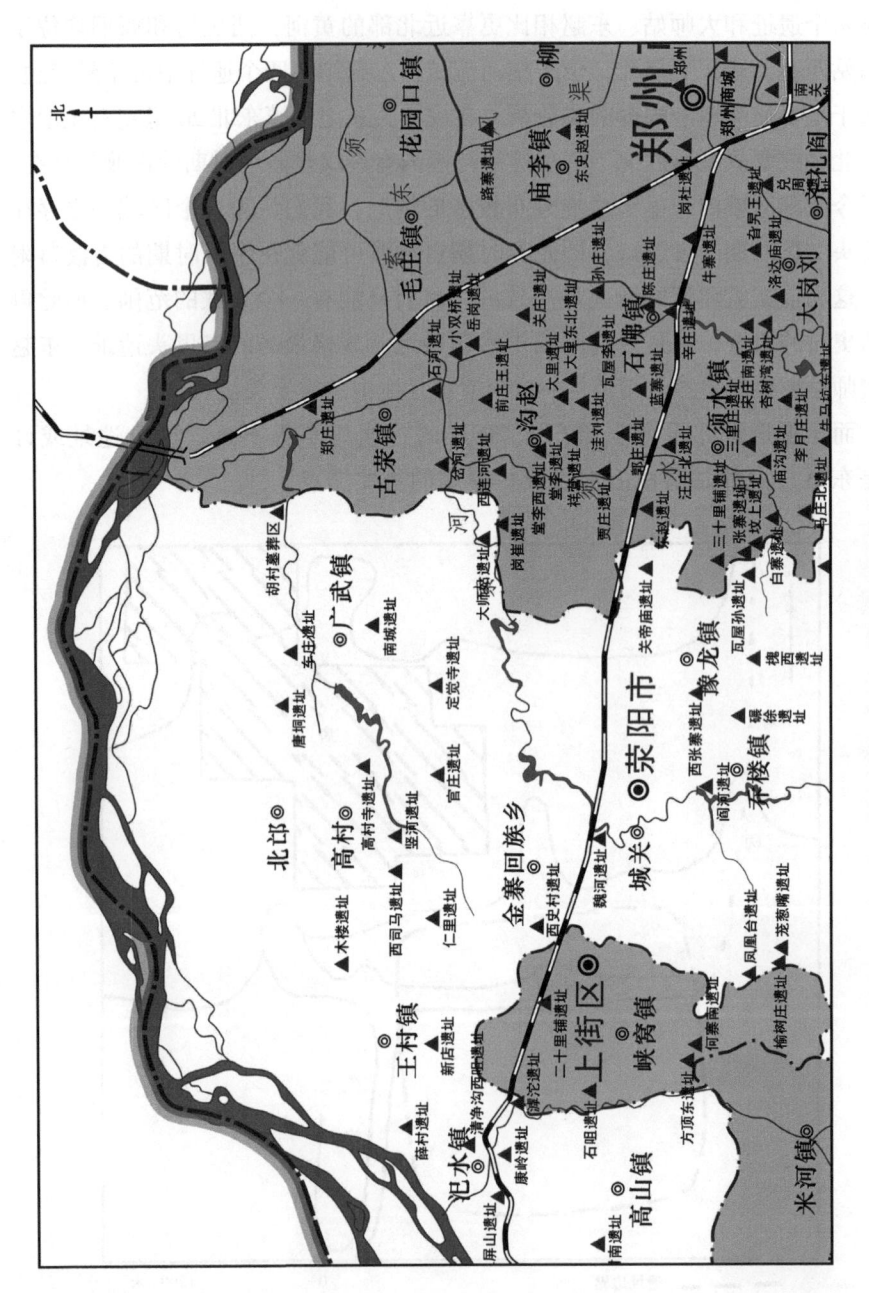

图 6.8 郑州西郊及荥阳重要夏商遗址分布示意图

总之，二里头文化和龙山文化晚期相比，在黄河以南的洛阳盆地和郑州地区是二里头文化核心分布区，遗址密集分布，除了二里头城址等超大型都城类遗址外，还有很多地区性城邑，这些城邑多分布于交通要道，扼控二里头向东、向南、向北发展。但是河沁之间区域相比龙山晚期，遗址数量锐减、遗址规模较小。根据黄河两岸二里头遗址的分布特点，对于黄河津渡的利用二里头时期和龙山晚期或有很大不同，虎牢关以东的黄河津渡可能是二里头时期最重要的渡口，很可能存在大的渡口，位于今汜水镇西北虎牢城至其东北20里这一范围内和文献中的板渚津有关。巩义洛口附近二里头时期也可能存在渡口，孟津渡也有古渡，但是这两处可能都没有虎牢关东的汜水古渡重要。

## 三 考古材料反映的中原和北方地区的交流路线及特点

二里头文化遗址在沁水流域基本不过沁河，河沁之间发现的二里头文化遗址前文已经列举，主要分布在温县、武陟，沁阳南部有一两处，基本分布在靠近黄河一线，和龙山晚期相比，似乎不存在靠近山前的另一条路线。而且相比龙山晚期，二里头时期文化的遗址少很多，也几乎不见地区性、中心性遗址。辉县孟庄发现的二里头文化时期的城址，本书赞同应该属于下七垣文化城址。[①]

二里头文化和下七垣文化交流主要利用虎牢关东的古渡，下七垣文化从郑州西部进入郑州地区的路线，近年有学者在对二里头晚期下七垣文化南下路线的考证中已有论证。[②] 该文指出，在二里头文化四期晚段，下七垣文化卫辉型文化因素出现在郑州地区的郑州化工三厂H1类遗存和南关外期类遗存中，并且继续向南可能在盘龙城遗址也出现了。梳理辉卫型过沁水再南渡黄河到达郑州的沿途遗址，发现在沁水附近的武陟赵庄、北平皋等二里头文化中均存在明显的辉卫型因素（北平皋鬲H1：49），最早年代或可至二里头文化三期偏晚，多数属于四期。同时在黄河南岸的大师姑遗址也发现辉卫型文化因素，如该遗址五期H20就存在大量辉卫型文化因素（细绳纹鬲、深腹盆）。上述遗址联系起来正是下七垣文化辉卫型南下的路线。

---

[①] 张应桥、徐召峰：《试论辉县孟庄二里头文化时期城址的性质》，《中国历史文物》2008年第1期。

[②] 王立新、胡保华：《试论下七垣文化的南下》，《考古学研究（八）》，科学出版社2011年版，第79—193页。

当然，另一条南下路线则属于漳河型南下的路线：濮阳—滑县东部—长垣—民权—杞县—开封南—郑州，对此也早有学者做过详细论述，[①] 郑州大学多次在豫东的考古发掘实习，目的之一就是论证这条下七垣文化南下再西进灭夏的路线是否存在。[②] 多年的田野工作表明这条商人联合夷人灭夏的路线是存在的，而且补充了民权和开封南的路段。而关于下七垣文化漳河型为何选择迂回东南而不是经辉卫型所在地区渡过沁河再西南渡黄河？王立新先生认为，辉卫型尽管和漳河型文化面貌一致，但是政治实体并不是同一个，而且辉卫型和二里头文化的关系一度可能较为亲密，以求得在夏王朝和业已形成联盟的漳河型人群这两强夹缝之间的生存。这一政治态势导致辉卫型人群客观上成为遏制冀南地区漳河型人群南向发展的力量。漳河型经豫北地区南下的路线受阻，遂绕开辉卫型，从辉卫型、夷人、夏人势力较为薄弱的豫东地区迂回南进，其间通过兼并与联合，大大增强了自身的实力。[③] 这一解释很有道理。其实从二里头文化在虎牢关东、郑州西部的分布来看，二里头文化势力在这一带非常强大，又有黄河天险，漳河型即使联合辉卫型也不一定能顺利南渡。笔者认为，上述沿途和郑州地区出现的辉卫型因素年代较早的可能是和平时期的交流所致，只有那些晚至四期晚段的或许才是伐夏的西线战场遗留，而且西线可能不是主战场。

漳河型进入河济地区之后如果直接南下经郑州东部渡济水而进入郑州（今天从郑州花园口往东10千米内连续有三座黄河大桥），从空间距离看也比绕道豫东便捷多了，为何漳河型不经此道南下呢？其实龙山晚期的后冈二期文化南下，没有人为因素的阻力，仍然不经郑州东北部等地渡济水进入郑州地区。我们认为二里头时期除了上述辉卫型阻隔的人为因素，仍和先秦时期郑州东部河流、湖泊水系有关。考察郑州东北部到中牟这一段

---

① 宋豫秦：《夷夏商三种考古学文化交汇地域浅谈》，《中原文物》1992年第1期；宋豫秦：《论杞县与郑州新发现的先商文化》，《中国商文化国际学术讨论会论文集》，中国大百科全书出版社1998年版，第133—148页；张国硕：《论夏末早商的商夷联盟》，《郑州大学学报》（哲学社会科学版）2002年第2期。

② 1989—1990年豫东杞县发掘，1998年的长垣县宜丘发掘，2002年豫东调查和试掘，2007年的民权发掘等，均已发表简报和报告。详细依次参见：郑州大学文博学院等：《豫东杞县发掘报告》，科学出版社2000年版；郑州大学历史与考古系等：《河南长垣宜丘遗址发掘简报》，《中原文物》2005年第2期；郑州大学历史学院考古系：《豫东商丘地区考古调查简报》，《华夏考古》2005年第2期；郑州大学历史学院考古系：《民权牛牧岗与豫东考古》，科学出版社2013年版。

③ 王立新、胡保华：《试论下七垣文化的南下》，《考古学研究（八）》，科学出版社2011年版，第79—193页。

济水两岸的情况，在原阳西有修泽，封丘南有黄池，中牟西有圃田泽，中牟东有萑苻泽。①夏商时期由于古黄河北流，漳河型如果经郑州东部进入济水之南，显然要先渡黄河再渡济水，加之济水两岸的众多湖沼，洪水期郑州东北部显然不是南北交通的适宜选择。而漳河型之所以选择从长垣东南渡济水，概因这一段恰巧济水拐折东北行，推测可能这里济水拐折后水流平稳方便渡河。总之，前述漳河型从长垣南下，目前在民权西北近兰考的牛牧岗遗址已发现下七垣文化。所以未来在民权的牛牧岗和长垣的宜丘之间，如果我们将古济水在这一带的流路搞清楚，或许能找到二者之间更多的遗址点，对于细化漳河型南下的路线研究将不无裨益。

二里头文化和东北的下七垣文化的交流很多，以往学者研究较多，主要是以二里头文化对下七垣文化的影响为主，体现在二里头文化常见的花边口沿罐、箍状堆纹罐、伞状钮器盖、大口尊、刻槽盆、爵、盉等在下七垣文化的中心区及与夏文化接壤的沁水东岸地区均有较多发现。②二里头文化中尤其河沁之间区域受下七垣文化影响最大，二里头文化中见到的鬲、细绳纹橄榄形罐均属于受到下七垣文化影响所致。

中原地区二里头文化和北方地区同期文化的交流主要体现在双方均在各自文化的分布区发现了对方典型的文化因素，这主要体现在陶器方面。即在对方的文化分布区域发现另一文化的典型陶器。由于北方地区二里头时期分布着两种不同的考古学文化，因而此处分别谈他们的交流特点。二里头文化和下七垣文化的交流有两个特点：首先从空间上看，两支文化邻近的交汇区的交流较多，互见对方因素较多。前文已述河沁地区为数不多的二里头文化遗址均见到下七垣文化因素。下七垣文化辉卫型和二里头文化大致以沁水为界，辉卫型所见二里头文化因素相比漳河型更多更浓厚，尤其靠近沁水区域的辉卫型文化遗址中二里头因素更多些，以至于有学者认为可将这一区域从辉卫型独立出来称为下七垣文化的沁东类型。③除了上述区域外，有学者已列举了许多出现在宋窑遗址中典型的二里头文化因素，有花边罐、圆腹罐、

---

① 水系和湖泊分布参见谭其骧主编《中国历史地图集》（第一册），地图出版社1982年版。
② 李伯谦：《夏文化与先商文化关系探讨》，《中原文物》1991年第1期。
③ 杨贵金：《沁水下游的夏文化与先商文化》，《中原文物》1997年第2期。对此，笔者认为这一区域发现的遗址尚没有规模较大的代表性遗址，而且文化特征和辉卫型区别不大，不宜单独再划分一个新的类型。

大口尊、盉等。① 孟庄遗址下七垣文化中也发现较多二里头文化因素，如圆腹罐、大口尊、刻槽盆等器物，器物口沿装饰绳纹花边，腹部装饰鸡冠和舌状鋬等。近年鹤壁刘庄下七垣文化墓地 M147、M159、M262 中鬶与爵（角）组合，与二里头文化的器物特征和埋葬组合均相似，显然是受到了二里头文化强烈影响所致。② 这几处遗址有一个共同特点，尽管距离沁河较远但均规模较大，可能属于区域中心性遗址，尤其孟庄遗址规模最大，还发现了大型夯土城址，应该是下七垣文化在豫北地区的一个政治中心或聚落中心。而有意思的是，近年发掘的孙村遗址，也发现了下七垣文化遗存，但是遗存的内涵较为单纯，很少或几乎不见二里头文化的影响，正如简报作者所言，这可能是发掘面积有限，但也或许是因为这里位置偏僻，没有处于二里头文化和辉卫型下七垣文化交流的主要路线上。③ 笔者认为这种认识有一定道理，从目前材料来看，二里头文化和辉卫型下七垣文化交流的另一个空间特点则是和地区中心性遗址交流多些，和一般村落遗址、地理位置偏僻的遗址交流少些。而且根据上述遗址，似乎沿古黄河一线的交流路线应该是二里头文化与辉卫型交流的主线，即孟县—温县（北平皋）—武陟（赵庄）—新乡（李大召、潞王坟）—淇县（宋窑）—鹤壁（刘庄）。和龙山晚期相比，二里头时期在靠近太行山前由孟县至沁阳、博爱未发现较大的二里头时期的遗址。再向东北靠近山前则有焦作府城、修武李固、辉县孟庄等辉卫型遗址。靠北的山前路线似不如龙山晚期明显（图6.9）。

二里头文化再向北，自然就是先商文化漳河型的分布范围，目前在安阳大寒南岗④、磁县下七垣⑤、安阳鄣邓⑥、邢台葛家庄⑦、临城补要村⑧等都发现有二里头文化因素。证明二里头文化沿着太行山东麓的走廊地带一直北向发展。但是目前在下岳各庄类型几乎不见二里头文化因素。再往北

---

① 段天璟：《二里头文化时期的中国》，社会科学文献出版社2014年版，第381—382页。
② 河南省文物局：《鹤壁刘庄——下七垣文化墓地发掘报告》，科学出版社2012年版，第377页。
③ 河南省文物局：《辉县孙村遗址》，科学出版社2012年版，第124页。
④ 中国社会科学院考古研究所安阳队：《安阳大寒村南岗遗址》，《考古学报》1990年第1期。
⑤ 河北省文物管理处：《磁县下七垣遗址发掘报告》，《考古学报》1979年第2期。
⑥ 河南省文物考古研究所：《安阳鄣邓》，大象出版社2012年版。
⑦ 河北省文物局第一期考古发掘领队培训班等：《邢台葛家庄遗址1996年发掘简报》，《河北省考古文集》（二），北京燕山出版社2001年版；河北省文物研究所：《河北邢台市葛家庄遗址北区1998年发掘简报》，《考古》2000年第11期；河北省文物研究所等：《河北邢台市葛家庄遗址1999年发掘简报》，《考古》2005年第2期。
⑧ 北京大学考古文博学院等：《河北临城县补要村遗址南区发掘简报》，《考古》2011年第3期。

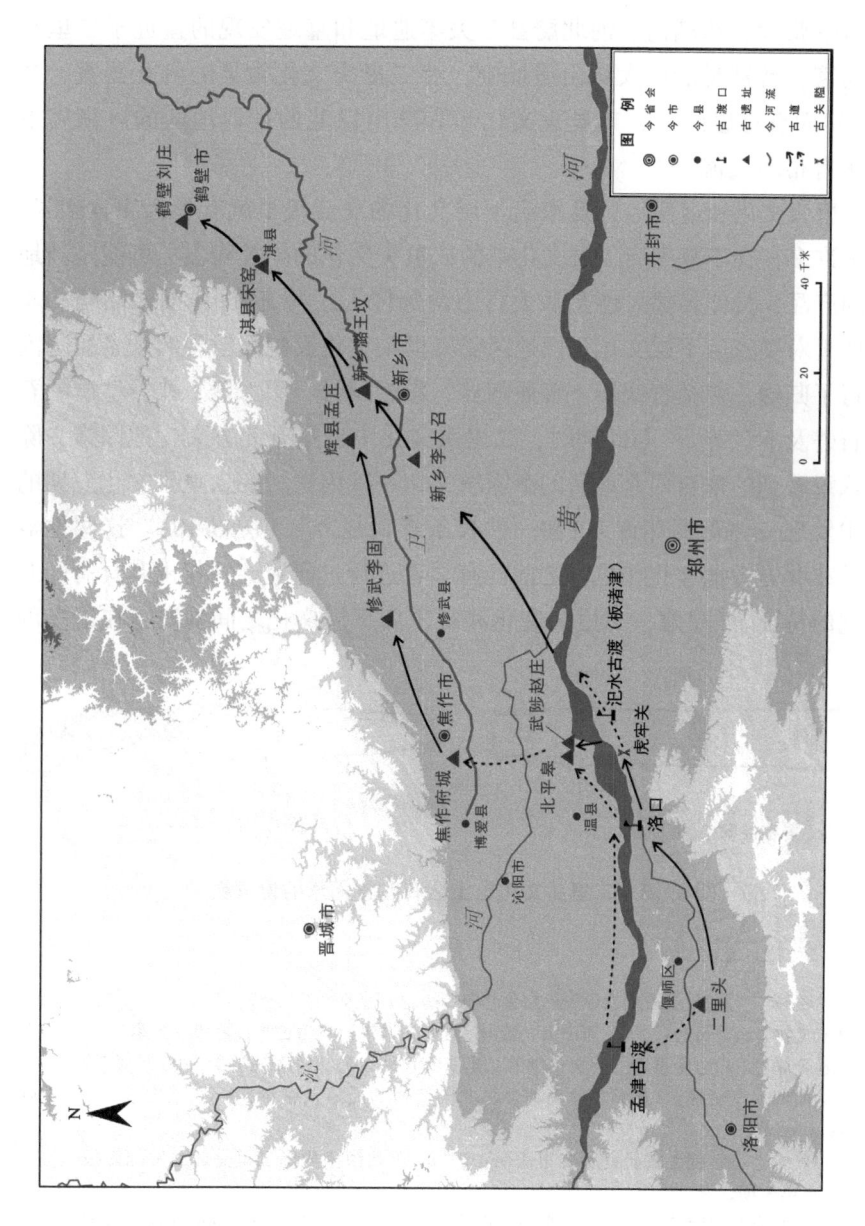

第六章 中原和北方地区文化交流通道探析 317

图 6.9 二里头文化和辉卫型下七垣文化交流路线示意图

的燕山南麓地区见到少量二里头文化因素，徐昭峰等学者对此有详细论述，指出在燕山南麓蓟运河流域有不少遗址发现二里头文化的鸡冠耳饰，北京昌平张营、琉璃河、河北蔚县三关等遗址和墓地发现的簋近于二里头文化陶簋，特别是唐山大城山遗址中，有二里头文化常见的陶礼器盉、鬶等。① 然而有意思的是，二里头文化却和燕山以北的辽西地区的夏家店下层文化有很多交流。

二里头文化和辽西地区夏家店下层文化的交流很早就有学者注意到了，并指出许多存在于夏家店下层文化中的二里头文化的同类陶器，可能是当地制作的产品，具体传播可能是从太行山西侧传入辽河流域。② 而徐昭峰和李丽娜博士对夏家店下层文化辽西地区受二里头文化影响而出现的众多实物因素进行了归纳，包括青铜器、普通陶器、彩绘陶器、漆木器、礼器性质的石钺、石磬及卜骨等。③ 与此同时，二里头文化中也见有北方文化的因素，除了第八章谈到的来自西北地区的萨满教文化一些因素，在二里头文化三期的墓葬中发现一件青铜环首刀④和一件长条青铜战斧⑤（图 6.10）。这两件器物均具有北方青铜文化作风，之前已有学者进行过研究，并指出其具有的北方文化的特征。⑥ 总之，二里头文化和夏家店下层文化之间确实存在诸多的

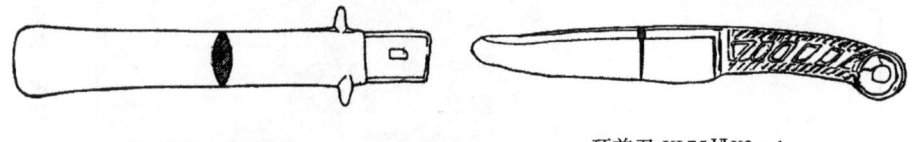

青铜战斧 1980 Ⅲ M2∶3　　　　　　　环首刀 YL75 Ⅵ K3∶1

**图 6.10　二里头文化出土含有北方因素的青铜器**

---

① 徐昭峰、李丽娜：《夏商之际王朝文化北向传播的通道及背景探析》，《中原文物》2009 年第 5 期；河北省文物管理委员会：《河北唐山市大城山遗址发掘报告》，《考古学报》1959 年第 3 期。
② 杜金鹏：《试论夏家店下层文化中的二里头文化因素》，《华夏考古》1995 年第 3 期。
③ 徐昭峰、李丽娜：《夏商之际王朝文化北向传播的通道及背景探析》，《中原文物》2009 年第 5 期。
④ 中国社会科学院考古研究所二里头队：《1980 年秋河南偃师二里头遗址发掘简报》，《考古》1983 年第 3 期。
⑤ 中国社会科学院考古研究所二里头工作队：《偃师二里头遗址新发现的铜器和玉器》，《考古》1976 年第 4 期。
⑥ 林沄：《夏代的中国北方系青铜器》，《边疆考古研究》（一），科学出版社 2001 年版，第 1—12 页；林沄：《早期北方系青铜器的几个年代问题》，《林沄学术文集》，中国大百科全书出版社 1998 年版。

第六章　中原和北方地区文化交流通道探析

实物交流。对于二者的交流路线，由于目前在下七垣文化的下岳各庄类型中几乎不见二里头文化的因素，燕山南麓所见的二里头文化因素也相对较少，因而二里头文化经下七垣文化分布的太行山东麓走廊地带一直北上直达燕山南麓并进而通过"卢龙道"经滦河河谷到达辽西地区的道路是有中断的。这条路线有待进一步探讨。与此同时，二里头文化对晋南地区的持续强烈扩张，在晋中地区也发现不少二里头文化的因素，因而二里头文化自晋南通过晋中，经由壶流河流域向辽西地区的传播路径可能更为可靠①（图6.11）。

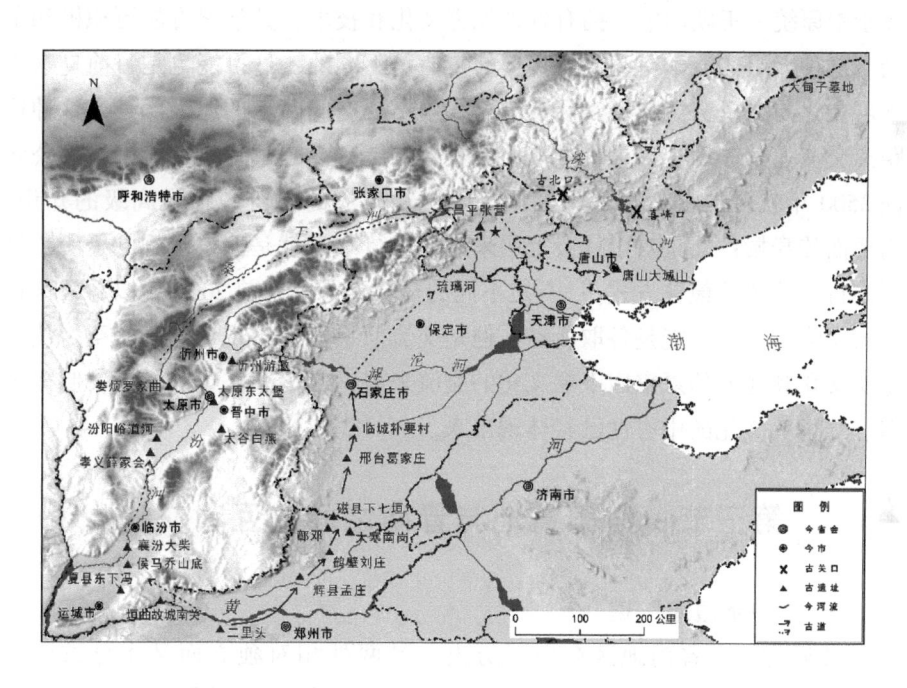

图6.11　二里头和夏家店下层文化交流路线示意图

二里头文化和夏家店下层文化的交流有一定的特点，首先是两支文化并不接壤甚至相距遥远，中间存在多个考古学遗存或文化，但是二者典型的文

---

① 二里头文化经太行山麓北向传播的论证参见杜金鹏和段天璟文。但两文中路线都较粗略，龙其壶流河到辽西段。本书作者曾于2023年7月前往壶流河流域的蔚县盆地考察，目前初步认为壶流河流域和辽西地区至少存在经京津地区再北行翻越燕山至辽西地区的路线。杜金鹏：《试论夏家店下层文化中的二里头文化因素》，《华夏考古》1995年第3期；段天璟：《二里头文化时期的中国》，社会科学文献出版社2014年版，第392—396页。

化均在彼此核心地区出现，这和龙山晚期中原地区和北方的交流情况截然不同。龙山晚期，太行山东麓从南至北都是后冈二期文化的分布范围，即使如此，王湾三期文化的辐射力仅仅到达豫北冀南的后冈二期文化的白营类型。一方面表明二里头文化的辐射力强，另一方面也说明夏家店下层文化也是一个善于吸纳别的文化优势的一支强势青铜文化。从二者交流的内容看，两支文化出现各自因素的几乎都不是日用品，而以体现等级的重要物品为主。不是单纯器物交换，以吸收对方技术，并进一步本地制作为主，这种交流更说明这是一种互取技术的学习。尤其对夏家店下层文化来说，由于二里头文化属于中原统一王朝国家，拥有各种先进文化和技术，其学习可能更积极和主动。这种上层交流学习和文化接壤的传播是不同的，这可能也是目前夏家店下层文化与二里头文化在实际交流路线中出现空间断环的原因。其实这种远距离交流尤其体现在贵重物品上，由社会上层完成的远距离交流网早在公元前3500年就可能已经形成，其原因：一是交流的内容包括最高级的知识，需要面传身授；二是对于社会上层来说，旅行本身就是值得夸耀的经历，是提高自己威望的最佳方式。[①] 与之不同的是，到了公元前2000年以后，这种上层交流尽管也可能是各取所需，但是交流似乎已经出现了中心，至少从二里头文化和北方的夏家店下层文化的交流来看，二里头文化被学习仿制得更多，二里头文化的中心性已经体现出来。

## 第三节　洛阳盆地与晋南之间的互动交流

### 一　"中条浢津"道

洛阳盆地与晋南地区在中国历史上是两处相对独立而又十分重要特殊的地理单元，更是中国古代文明起源、形成与发展进程中两处重要的舞台。这两处相邻地区虽有山河相隔，但文化间的互动交流却由来已久。而无论是文化的还是经济间的交流都不可能是空中楼阁，都必须依赖实实在在存在的交通道路。交流通道之于一个区域犹如身体之于大动脉，它对早期地理交通研究意义非凡，更对中国文明起源与形成深层次研究关系重大。我们在梳理相关文献资料与考古材料时，发现二者之间至少存在着三条很可能早至史前时期即已开通的道路，据其要点可分别称之

---

① 李新伟：《中国史前社会上层远距离交流网的形成》，《文物》2015年第4期。

为"中条洰津"道、"虞坂巅軨"道和"轵关陉"道。本书拟在以往学者研究的基础上,对此三条道路分别作一较为系统全面的考察与分析,并对相关问题进行讨论。

晋南地区主要有临汾盆地和运城盆地两个地理环境优越区域,各个时期的考古学文化均有分布。运城盆地向南经中条山和黄河才能到达洛阳盆地以西,交通历史上就形成了既要翻中条山又要渡大河的双重阻隔。盆地南缘芮城一带穿越中条山沟壑支流间有很多小道,历史上重要的如"直岔岭盐道"即是其中相对较好的道路之一。今芮城和运城盆地之间的主要交通线——解陌公路(运城解州—芮城陌南镇)是在古代"直岔岭盐道"的基础上改建而成的。翻过中条山,进入了基本呈南北向的沟谷,再向南近途即可到达古代著名的黄河渡口之一洰津渡。过河即可进入洛阳盆地以西地区。笔者暂称这一重要的通道为"中条洰津道"。

(一) 文献中的中条洰津道

洰津渡,又名郖津或窦津渡,是中条山南麓而下黄河岸边的重要古渡口。《读史方舆纪要》卷四十八,河南三:"郖津,在县西北十里……汉建安十年使杜畿守河东,叛者绝陕津不得渡,畿乃诡道从郖津渡。宋元嘉二十九年柳元景等自卢氏去弘农,北魏将封礼自郖津南渡赴弘农以拒之。隋义宁元年置郖津关,贞观初废关置津是也。"[1] 此重要渡口,《清史稿》也有所涉及:"河水自陕西潼关入,为风陵渡,迳黄卷坂,合玉溪涧,又合泉鸠涧为洰津渡,又东迳曹公垒,合石姥峪、夸父山水,即湖水,为西关渡,迳城北,又东入灵宝,稠桑河从之。"[2]

据清代文献,洰津渡至少在汉代已常使用,并于隋时置关。此外,中条山南下入黄河的溪涧支流直通洰津渡。山川通道,多沿水而行,根据实际既可水行,也可沿水而陆行。洰津渡与中条山之间即有沿支水山路,如檀道山路。《读史方舆纪要》卷四十一:"檀道山,在州南五里,与中条山相连。山岭参天,左右壁立,间不容轨,谓之石门。……上有盆浆,俗名止渴泉。《山海经》:高前之山,其上有水,甚寒而清,谓之帝台浆。郭璞以为即檀道山所出泉也。……《志》云:檀道山路通河南窦津渡。窦津,即洰津也。"[3]

---

[1] 顾祖禹:《读史方舆纪要》,中华书局2005年版,第2277页。
[2] 赵尔巽等:《清史稿·志三十七·地理九》,中华书局1977年版,第2078页。
[3] 顾祖禹:《读史方舆纪要》,中华书局2005年版,第1903页。

《水经注》也有所载。《水经注》:"汉武微行柏谷，遇辱窦门，又感其妻深识之馈，既返玉阶，厚赏赍焉，赐以河津，命其鬻渡，今窦津是也。"① 窦津，即洇津或郖津。《水经注》又云:"门水又北迳弘农县故城东，……其水侧城北流，而注入河。河水于此，有洇津之名。"② 《元和郡县图志》言:"洇津在灵宝县西北三里。"③

中条山在运城盆地南缘形成许多南北向的沟谷地带，多为翻越中条山的古道，有的沟壑难行不常使用，有的相对较易而逐渐固定下来，如唐宋以来经常使用的河东潞盐运销中原的盐道。洇津渡正是历代驿道和盐运的必经要津，《宋史·司马池传》:"时议者以蒲坂、窦津、大阳路官运盐回远，闻乃开昭口道，自闻喜逾山而抵垣曲，咸以为便。"④

据上述文献以及实地考察，汉代以来运城盆地南缘翻中条山并渡黄河至少存在这么一条重要的道路，自北向南为盆地南缘村落（如柴家窑、东湖村）→南北向中条山沟谷地带→甘枣山凹→庙后村、茨林沟→清凉寺→陌南镇→洇津渡（今沙窝渡）过黄河。这条道路大多路段属于今芮城，西周早期当是姬姓封国魏地所属，古魏城遗址在今芮城县城北2.5千米处。⑤《左传·闵公元年》:"公将上军，太子申生将下军，……以灭耿、灭霍、灭魏，……赐赵夙耿，赐毕万魏，以为大夫。"⑥ 晋献公十六年，攻灭耿、霍、魏姬姓三国，魏地归晋。《左传·僖公十五年》:"赂秦伯以河外列城五，东尽虢略，南及华山，内及解梁城，既而不与。"杜注:"河外，河南也。"晋献公继续扩张，势力已过黄河。此时，文献中虽无明确涉及，然晋献公"假途灭虢"沿虞坂巅蓟道而下的茅津渡已归晋所有，故推测晋得获"河外列城五"时与茅津渡相距不远的洇津渡也应归晋所有，本书所言"中条洇津道"应为晋国所控。

关于晋公子重耳出亡路线，《国语·晋语二》言:"二十二年，公子重耳出亡，及柏谷，卜适齐楚。"韦昭注:"献公二十二年，……公使寺人披

---

① （北魏）郦道元注，杨守敬、熊会贞疏:《水经注疏》，江苏古籍出版社1989年版，第335页。
② （北魏）郦道元注，杨守敬、熊会贞疏:《水经注疏》，江苏古籍出版社1989年版，第334—335页。
③ （唐）李吉甫著，贺次君点校:《元和郡县图志》，中华书局1983年版，第159页。
④ （元）脱脱等:《宋史》卷298，中华书局1977年版，第9903页。
⑤ 戴尊德、刘岱瑜:《山西芮城柴村出土的西周铜器》，《考古》1989年第10期。
⑥ 杨伯峻:《春秋左传注》（修订本），中华书局1990年版，第258页。

伐蒲城，重耳自蒲出奔。"① 重耳自蒲地出亡，第一个到达地点为"柏谷"，柏谷《水经·河水注》云："河水又东合柏谷水，水出弘农县南石堤山，……其水北流迳其亭下，晋公子重耳出亡，及柏谷，卜适齐楚，……帝尝微行此亭，见馈亭长妻。"可见，"柏谷"地在今河南灵宝市北弘农涧入黄河处，参照前文《水经注》"汉武帝微行柏谷"相同之事在泖津渡过河。因此，重耳很可能也是从泖津渡过河至柏谷。值得注意的是，重耳出亡的蒲地一般认为当是今中条山北麓之永济地区，② 这样一来重耳很可能从蒲地出亡，向南翻越中条山，经过泖津渡过河，即至柏谷。故重耳翻中条山到达泖津渡过河所走之路恰与本书所言"中条泖津道"相合，对重耳而言这也是最近最易之路。

此外，这条路很可能是古代重要的盐道。有学者认为今晋南盐池制盐时代很早，可早至传说中的黄帝时期。史载"涿鹿之战"黄帝杀（蚩尤）于中冀，蚩尤肢体身首异处，而其血化为卤，则解之盐泄也。就是两部族间因争夺盐湖的资源进行过一次大规模的战争。《史记·乐书》载："昔者舜作五弦之琴，以歌《南风》。"而《南风》所言"南风之薰兮，可以解吾民之愠兮；南风之时兮，可以阜吾民之财兮"，可能反映了南风的吹拂和阳光照射与盐结晶生成的关系。③ 若然，就不排除史前虞舜时期已经开始采集利用盐池之盐的可能性。

（二）考古材料反映的文化通道

无论水路还是陆路，沿路分布是先秦时期文化遗址分布的最大空间特点之一，这不仅仅是交通的需要，也是当时经济、政治、文化等社会交流与发展的需要。而且年代越早，越有赖于此。文献中有关交通道路的记载言及黄帝"披山通道"④，尧舜"巡狩四方"⑤，大禹"开九州、通九道"⑥，西周中期《豳公盨》铭"天令（命）禹尃（敷）土，堕山浚川"⑦，开拓道路。相

---

① 参看徐元诰撰，王树民、沈长云点校《国语集解》（修订本），中华书局2002年版，第281页。
② 马保春：《晋国历史地理研究》，文物出版社2007年版，第262页。
③ 吉成名：《运城池盐生产技术初探》，《盐业史研究》1989年第4期；薛新明：《山西芮城清凉寺墓地与潞盐的初期外销》，《东方考古》第12集，科学出版社2015年版。
④ （汉）司马迁：《史记·五帝本纪》卷一，中华书局1982年版，第3页。
⑤ （汉）司马迁：《史记·五帝本纪》卷一，中华书局1982年版，第24页。
⑥ （汉）司马迁：《史记·夏本纪》卷二，中华书局1982年版，第51页。
⑦ 铜盨刊布于《中国历史文物》2002年第6期，同期刊有李学勤、裘锡圭、朱凤瀚、李零四位先生的考释及研究性文章，此后多有学者进行讨论，此不赘述。

关记载，真实与否，聚讼已久。后世追叙的"添枝加叶"，古史记述的"层累"，在所难免。虽然不能轻易相信为史事，但上述记载反映了上古之时已存在有重要的交通道路，这一点是可以肯定的。

考古学文化的时空分布范围和逐步向外传播的状态能间接反映出文化间的交流通道，沿考古学文化传播的方向，常常就是各地的地理交通通道，因为文化的传播无疑是由其背后的人借助地理通道来实现的。晋南地区与洛阳盆地都是中国考古工作开展较早的地区，有着较为丰富且系统的考古资料和研究成果，使我们得以在此基础上对该问题窥见一二。先秦时期不同年代考古学文化的地理分布状况及特点，或言宏观聚落形态特征虽不能与道路问题据实对应，但却能在一定程度反映出晋南地区与洛阳盆地之间的交流通道。

本书所言"中条浢津道"在地理位置上基本属于今天的运城市芮城县域，从芮城地区的考古资料看，[①] 至少从仰韶文化时期在中条山两侧的黄土台塬及河旁台地上就出现了较多的聚落，而且出现了一些相对集中的聚落群。更为重要的是，从聚落空间布局的形态看，存在着个别相对集中的条带状分布特征的聚落群。一般而言，史前聚落多是沿大河众多不同层级的支流分布，宏观聚落形态上多呈条带状聚落分布，年代越早越明显，随着社会的发展，生活空间和可控地域才不断扩大。值得注意的是，中条山而下没有较大的河流，多是季节性的小支流或溪涧，聚落在小支流旁的塬地分布外，上文提及的个别相对集中的条带状的聚落群大体上正是沿本书所言"中条浢津道"分布，存在着沿路布局的特点。换言之，这种聚落的空间形态很可能反映了这条道路的实际存在。

从现有考古材料看，中条浢津道周边仰韶文化至二里头文化时期大体分布有17处聚落址（表6.3）。这17处史前时期的聚落分布相对密集，呈现出沿"中条浢津道"聚合之态（图6.12）。依据调查材料，虽不可能一一言实，但却能反映出大概形态与趋势。其中含有庙底沟文化时期的遗址至少9处，从寺里—坡头遗址（清凉寺）到许八坡遗址呈南北条带状延绵分布（图6.13），正合中条山南下经清凉寺至浢津渡这一古道。若然，很可能反映了笔者所言"中条浢津道"在属于仰韶文化中期的庙底沟文化时期就已经存在，至少是该通道中条山南麓一段。值得注意的是，今南窑

---

[①] 国家文物局：《中国文物地图集·山西分册》，中国地图出版社2006年版，第1058—1065页。

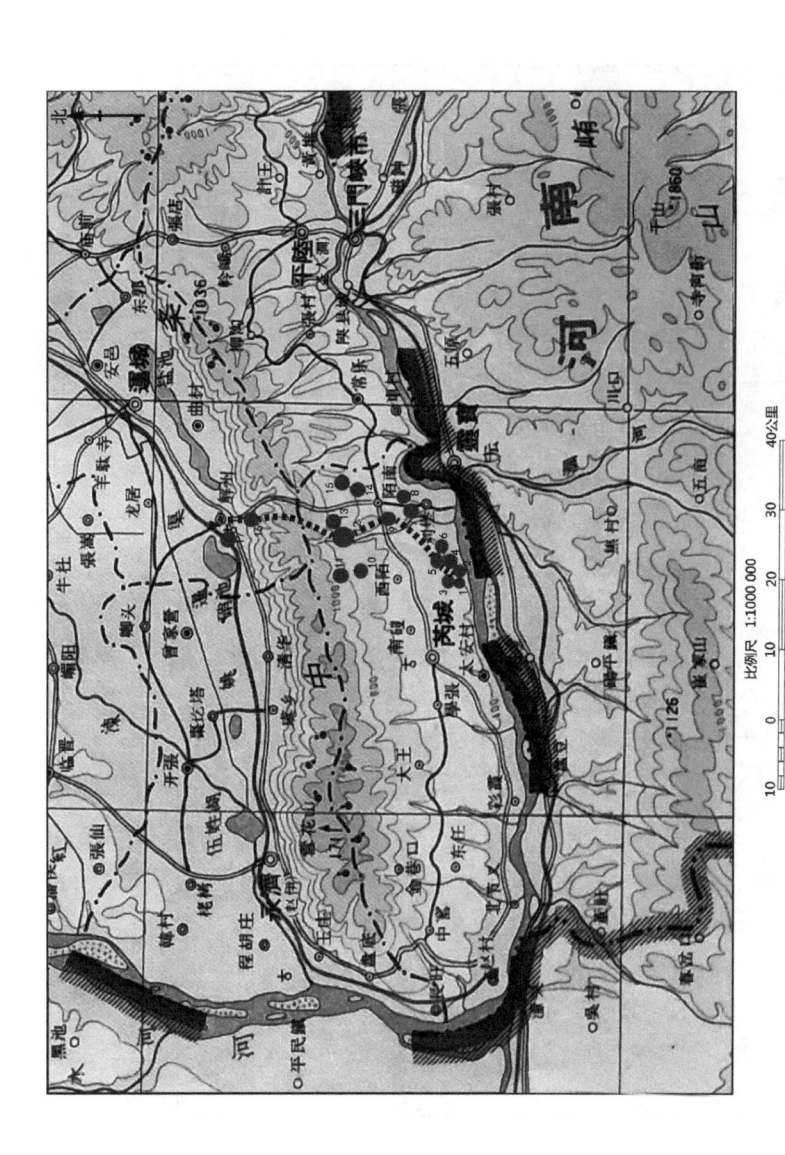

第六章　中原和北方地区文化交流通道探析　　325

图 6.12　史前的中条浢津道周边聚落址分布示意图

1. 许八坡遗址　2. 南沙嵝遗址　3. 牛梁遗址　4. 南崖遗址　5. 杨庄遗址　6. 坑南遗址　7. 灰土坡遗址　8. 柳湾遗址　9. 赵家坪遗址　10. 庙地遗址　11. 涧沟遗址　12. 寺里—坡头遗址（清凉寺）　13. 四甫地遗址　14. 庄里遗址　15. 南凸头遗址　16. 娘娘庙遗址　17. 陶家遗址

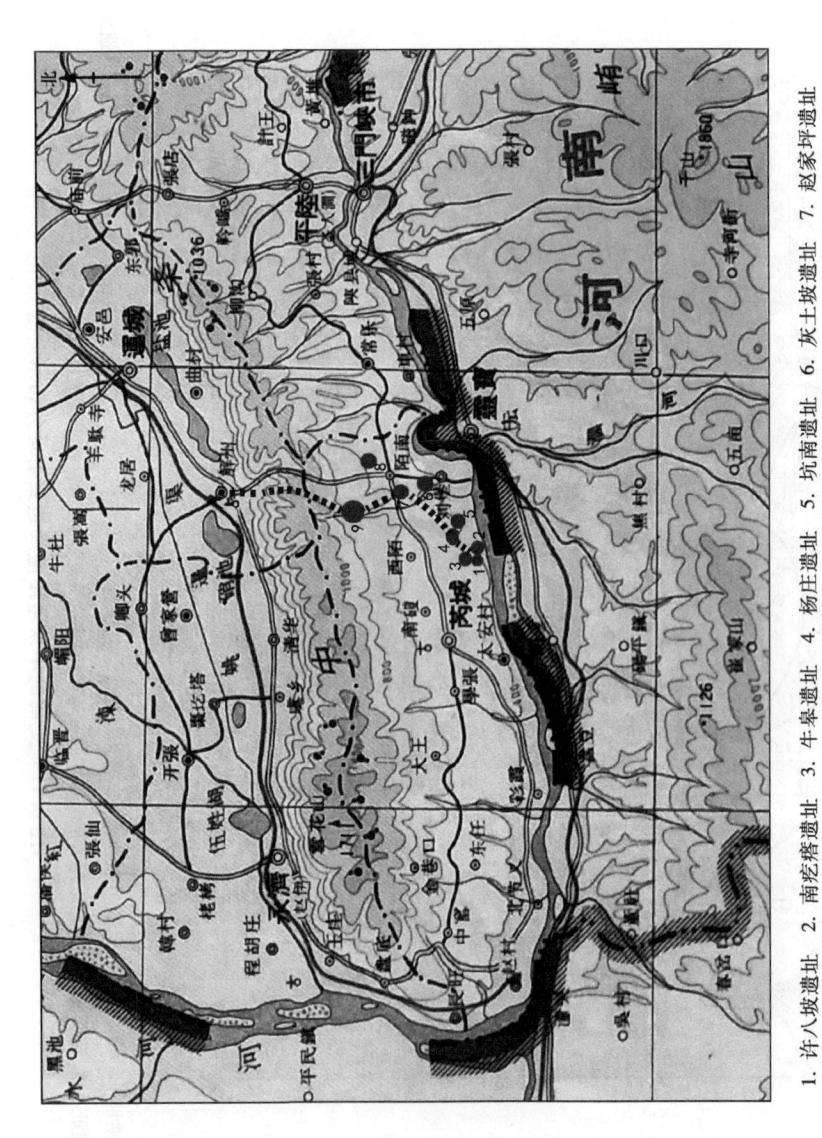

图 6.13 南底沟文化时期的中条涑道周边聚落遗址分布示意图

1. 许八坡遗址　2. 南垱塔遗址　3. 牛莘遗址　4. 杨庄遗址　5. 坑南遗址　6. 灰土坡遗址　7. 赵家坪遗址　8. 庄里遗址　9. 寺里一坡头遗址（清凉寺）

渡、沙窝渡周边不足5千米的范围内竟分布有许八坡、南疙瘩、牛皋、杨庄、坑南、灰土坡等六处同时期的遗址，聚落如此密集的布局表明黄河岸边这一小区域重要的地理位置，而它恰恰是我们所讨论的"洇津渡"一带，似乎暗示洇津渡由来已久，甚至可能早到庙底沟文化时期。此外，过黄河正是著名的豫西铸鼎塬仰韶文化聚落群。[①] 庙底沟二期文化时，整个豫西晋南地区遗址都较庙底沟时期大大减少，但即便如此，寺里—坡头遗址却持续发展，而且其周边中条山南麓山脉要冲的台塬地带明显增加了洞沟与四亩地等至少两处遗址。更为重要的是，中条山北麓也出现规模面积较大的娘娘庙遗址，这些现象似乎表明庙底沟二期时人们在向中条山南麓山前地带扩展，并明显翻越了中条山而至中条山以北运城盆地盐池一带。龙山文化三里桥类型时期，材料有限，不甚明晰。至二里头文化东下冯类型时期，洇津渡一带为南崖遗址，向北为南凸头、寺里—坡头，翻中条山为盐池边上的阎家遗址，所言中条洇津道一线似乎仍能连起。

表6.3　　　　　中条洇津道周边区域早期遗址信息表　　　　　单位：平方米

| 序号 | 遗址名称 | 位置 | 面积 | 年代 | 出处 |
|---|---|---|---|---|---|
| 1 | 许八坡 | 芮城东垆乡许八坡村 | 2万 | 庙底沟 | 《中国文物地图集·山西分册》 |
| 2 | 南疙瘩 | 芮城东垆乡许八坡村 | 12万 | 庙底沟 | 《中国文物地图集·山西分册》 |
| 3 | 牛皋 | 芮城东垆乡牛皋村 | 20万 | 庙底沟 | 《中国文物地图集·山西分册》 |
| 4 | 南崖 | 芮城东垆乡三甲坡村 | 12万 | 东下冯 | 《中国文物地图集·山西分册》 |
| 5 | 杨庄 | 芮城东垆乡杨庄村 | 6万 | 庙底沟 | 《中国文物地图集·山西分册》 |
| 6 | 坑南 | 芮城东垆乡坑南村 | 5万 | 庙底沟 | 《中国文物地图集·山西分册》 |
| 7 | 灰土坡 | 芮城县陌南镇刘堡村 | 80万 | 庙底沟 | 《中国文物地图集·山西分册》 |
| 8 | 柳湾 | 芮城县陌南镇柳湾村 | 2.9万 | 三里桥 | 《中国文物地图集·山西分册》 |
| 9 | 赵家坪 | 芮城县陌南镇桃花涧村 | 3万 | 庙底沟 | 《中国文物地图集·山西分册》 |
| 10 | 庙地 | 芮城西陌镇西燕家窑村 | 3万 | 东下冯 | 《中国文物地图集·山西分册》 |
| 11 | 洞沟 | 芮城县西陌镇洞沟村北 | 4.5万 | 庙二、东下冯 | 《中国文物地图集·山西分册》 |
| 12 | 寺里—坡头（清凉寺） | 芮城县陌南镇坡头村 | 209万 | 庙底沟、庙二、龙山等 | 《古代文明》第3卷[②] |

---

① 高江涛：《中原地区文明化进程的考古学研究》，社会科学文献出版社2009年版，第155—162页。

② 北京大学震旦古代文明研究中心：《古代文明》第3卷，文物出版社2004年版，第405—435页。

续表

| 序号 | 遗址名称 | 位置 | 面积 | 年代 | 出处 |
|---|---|---|---|---|---|
| 13 | 四亩地 | 芮城县西陌镇寺里村东 | 4.5万 | 庙二 | 《中国文物地图集·山西分册》① |
| 14 | 庄里 | 芮城县陌南镇庄里村 | 1.3万 | 庙底沟 | 《中国文物地图集·山西分册》 |
| 15 | 南凸头 | 芮城县陌南镇上沟巴村 | 12万 | 东下冯 | 《中国文物地图集·山西分册》 |
| 16 | 娘娘庙 | 盐湖区解州镇娘娘庙村 | 7万 | 庙二 | 《中国文物地图集·山西分册》 |
| 17 | 阎家 | 盐湖区解州镇阎家村 | 7.4万 | 东下冯 | 《中国文物地图集·山西分册》 |

注：表中庙底沟指庙底沟文化时期，庙二指庙底沟二期文化，三里桥是龙山文化三里桥类型，东下冯是二里头文化东下冯类型。

需要强调的是，上述无论所言哪一个时期，清凉寺墓地所在的寺里—坡头遗址从庙底沟文化甚至更早的枣园文化晚期一直到二里头文化时期都连续存在。而且遗址规模宏大，达209万平方米，② 是整个区域内面积最大的聚落，加之重要的地理位置，应该是区域的中心聚落，很有可能也是本书所言中条涑津道的控制点。

（三）清凉寺控制点

寺里—坡头遗址是这条史前可能即已存在的道路上一个非常特殊的聚落，历时长，规模大，位置重要。然而，目前缺乏较为丰富的考古材料以作分析，清凉寺作为其墓地进行了连续的发掘，可做进一步的研究，有鉴于此，本书暂以清凉寺墓地代表寺里—坡头遗址。

清凉寺墓地目前保存的范围南北最长处约100米，东西宽约30米—90米，总面积近5000平方米，2003—2005年，山西省考古研究所等单位对其进行了抢救性发掘，累计发现墓葬355座，是近年来中原地区发掘面积较大的史前墓地。③ 根据墓葬之间的打破关系，墓地可分四期，其中第一期年代偏早，数量也很少，不能做相关分析，二至四期是我们考察的重

---

① 国家文物局：《中国文物地图集·山西分册》，中国地图出版社2006年版。
② 限于材料，我们无法知道不同考古学文化时期聚落的具体面积，只能均以整体面积为据。
③ 山西省考古研究所、运城市文物局、芮城县文物局：《山西芮城清凉寺新石器时代墓地》，《文物》2006年第3期；马金花：《山西芮城清凉寺墓地出土玉器浅说》，《文物世界》2009年第3期；山西省考古研究所、山西运城市文物局、芮城县旅游文物局：《山西芮城清凉寺史前墓地》，《考古学报》2011年第4期；山西省考古研究所、运城市文物工作站、芮城县旅游文物局：《清凉寺史前墓葬》，文物出版社2016年版。

点。墓地第一期年代相当于枣园文化中晚期或更晚。第二至四期的绝对年代数据集中在公元前 2300—前 1900 年，其中二期集中在公元前 2200—前 2100 年；三、四期测年数据集中在公元前 2050—前 1900 年。[①]

清凉寺墓地存在与众不同的"奢侈"现象。墓地年代基本上以龙山时代为主，众所周知，墓地所在的晋南地区乃至整个中原地区龙山时代都少见如此集中的玉器出土。据统计，目前墓地出土玉器已逾 200 件。[②] 2003 年至 2005 年正式发掘的墓葬中第一期墓葬未发现玉石器。第二期墓葬 189 座，其中 8 座墓葬内发现玉石器 55 件，分别为 M61、M46、M52、M54、M76、M79、M82、M112；第三期墓葬 105 座，在 9 座墓葬中发现玉石器 33 件，分别为 M29、M53、M57、M87、M100、M146、M150、M153、M155。第四期清理墓葬 44 座，其中在 4 座墓葬中发现玉石器 7 件，分别是 M275、M201、M276、M334，其余 40 座墓均无随葬品。另有年代未公布的 M30、M96 各出 1 件玉璧。随葬玉石器的 23 座墓葬，至少出土了 97 件玉石器，墓葬出土玉石器平均数甚至还超过了都邑性质的陶寺早期墓地 220 座墓出玉石器 815 件组的平均数。[③] 虽然这种简单的比较统计不一定准确，但确能反映清凉寺出土玉石器墓葬单个数量之多。更值得注意的是，清凉寺墓地除了 M79、M82 随葬陶盆、陶罐各 1 件与 M53 随葬陶罐 1 件外，其他大多数随葬玉石器的墓葬只随葬玉石器，以及鳄鱼骨板、兽牙等罕见奢侈品，竟未见到任何陶器等日常生活用品。发掘者薛新明先生认为清凉寺玉器是财富和地位的象征。[④] 清凉寺出土玉璧、玉琮等多套置在胳臂上，或腕部，或肘部，且左右臂均可，罕见摆放在他处者，可能反映的功用是以佩戴装饰物为主。这一点与良渚文化墓葬随葬玉璧密集摆放，复杂神性纹样，沟通天地神祖的宗教祭祀功用明显有别。贴身佩戴显然是生前日常随身财物的反映。众多玉器的展现似乎给人一种炫耀财富之感。另外，此类墓葬共存器物常见组合是石钺、石刀、玉璧（环），还有兽牙、兽骨如鳄鱼骨板等随葬。可见，清凉寺墓地随葬玉器的墓葬具有多男性、

---

[①] 山西省考古研究所、山西运城市文物局、芮城县旅游文物局：《山西芮城清凉寺史前墓地》，《考古学报》2011 年第 4 期。

[②] 马金花：《山西芮城清凉寺墓地出土玉器浅说》，《文物世界》2009 年第 3 期。

[③] 中国社会科学院考古研究所、山西省临汾市文物局：《襄汾陶寺——1978～1985 年考古发掘报告》，文物出版社 2015 年版，第 667—669 页。

[④] 薛新明：《山西芮城清凉寺墓地与潞盐的初期外销》，《东方考古》第 12 集，科学出版社 2015 年版。

多葬钺刀类武器和暗示武力或凶猛的兽牙与鳄鱼骨等特点，很可能反映了此类墓主人崇尚武力的特征，或许正是武力保护财物的一种表现。

墓地表现出多样的文化因素。墓地见到的方形璧、牙璧、有领璧等，在海岱地区的大汶口文化及龙山文化中均可找到同类器形。① 玉琮应该与良渚文化常见的同类器有一定渊源关系。奇数孔的带孔石刀明显与安徽薛家岗三期文化有很大的相同之处。② M146出土的梳形玉器与红山文化勾云形玉佩有某些相似之处。③ 众所周知，文化的多样性是交通要点常见的特征。

聚落延续时间长，经历数个考古学文化。墓葬第一期应为枣园文化中晚期或更晚，遗址的调查材料也发现了枣园文化晚期的地层、灰坑和瓮棺葬。④ 庙底沟文化时期也有丰富的遗存，仰韶文化晚期以及西王村Ⅲ期遗存也有发现，庙底沟二期文化时遗存更加丰富，龙山时期遗存最丰富，甚至还见有夏时期、东周时期遗存。可见，该聚落延续时间至少两千多年，而且连续延绵，没有断环。换言之，古人竟然连续选择这一不利灌溉、水土易流失、不利农耕的大山南麓丘陵大缓坡地带居住生活两千多年，十分罕见。除了推测其有着特殊而又重要的地理位置和作用，很难有其他合理解释。

遗址所在的芮城县境内除黄河干流从县西、南流过外，尚有东西基本平行南北流向的安家涧、孙家涧、葡萄河、恭水涧等14条涧水（季节性河流），它们均发源于北部的中条山，向南注入黄河。在历史上曾有沙窝渡、南窑渡、大禹渡、太安渡、礼教渡、永乐渡、晓理渡、风陵渡等八个主要渡口。位于遗址西侧的恭水涧，俗称朱吕沟，古名洇水，本书所言洇津渡应与此水有关。整体来看，遗址正好在中条山南麓要冲地带，北上3千米即进入中条山区，南行不远即进入陌南镇，而后向南直通洇津渡。

可见，清凉寺聚落位于居高临下的山前要冲地带，又处于笔者所言进出中条山的中条洇津道之上，加之聚落历时长、规模巨大，故我们推测它应该是这个道路上的关键点，很可能就是道路控制点。清凉寺墓地与众不同的"奢侈"现象、多样的文化因素等恰恰反映了这一点，至少墓地所在

---

① 栾丰实：《简论晋南地区龙山时代的玉器》，《文物》2010年第3期。
② 安徽省文物工作队：《潜山薛家岗新石器时代遗址》，《考古学报》1982年第3期。
③ 董婕：《红山文化勾云形玉器的文化内涵新探》，《辽宁师专学报》（社会科学版）2012年第3期。
④ 山西省考古研究所等：《山西芮城寺里—坡头遗址调查报告》，《古代文明》第3卷，文物出版社2004年版，第405—435页。

第六章　中原和北方地区文化交流通道探析　　331

时期为这条道路上控制点的特征表现得比较明显。

（四）道以载物

史前时期，交通道路不仅仅是文化通道，也是承载文化交流之物品的运输通道，还是经济交换贸易的通道。具体到本书所言中条垣津道，从目前考古材料看，很难确定这条道路具体流通什么实物。清凉寺墓地虽然出土较多含有外来文化因素的玉器类奢侈品，但这些玉器是外来文化的"舶来品"，还是本地的"仿制品"恐一时也难以断定。清凉寺墓地存在源于良渚文化、红山文化、薛家岗三期文化的文化因素，但值得注意的是，良渚文化年代一般为距今5300—4300年，而红山文化、薛家岗三期文化在公元前3000后就已不存在了。这样看来，清凉寺墓地存在的时期上述文化已经消失，因此，所言相关玉器肯定不是同期直接舶来的，应该属于文化或技术传承的间接影响。

就目前材料和相关研究看，这条道路是早期盐道的可能性更大，当然也并不排除道路承载其他物品的流通，只是我们难以知道。

盐是人们生活的必需品，也是古代重要的资源。甲骨文中见有多例与盐有关的卜辞，择取几例如下：

(1) 卤小臣其又邑。　　　　　　　　　　　　《合集》5596
(2) 壬午［卜］，令弜取卤。二月。　　　　　　《合集》7022
(3) 己未卜，贞燎酢卤酉大甲。　　　　　　　《合集》1441
(4) 庚卜，子其见丁卤以。　　　　　　　　　《花东》202
(5) 己酉卜，宾贞，戎卤。　　　　　　　　　《合集》7023 正

卤，今卤，《说文》："盐，卤也。"辞（1）"卤小臣"为晚商设立的专职官吏，[①] 盐官负责盐政管理，对盐业进行控制。辞（2）命"弜"去获取盐卤。辞（3）表明盐还是如酢一样的祭品，用于燎祭先王大甲。辞（4）"见"为献，盐还是进献的重要物品。辞（5）戎地或戎族进贡盐卤。

可见，商王朝对于盐十分重视。然而，商代晚期王都今安阳一带并不产盐，故盐肯定是外来品。那么商代产盐地是哪里呢？宋镇豪先生认为是山西南部解州盐池，即《说文》"盐"字条说的"河东盐池，袤五十里，广六里，

---

① 杨升南：《从"卤小臣"说武丁对西北征伐的经济目的》，台湾师范大学国文系等编：《甲骨文发现一百周年学术研讨会论文集》，文史出版社1999年版，第221—230页。

周一百四十里"①。杨升南先生更是认为商王武丁大力对西北亘方、羌方、土方、基方等用兵征伐,正是为了持续保护晋南盐池的盐业资源。② 从考古材料看,我们注意到商王朝一开始建立,商文化就向四周扩展,而最先进入的正是处于其西北方的晋南地区,在早商文化第一期晚段开始控制该地区,形成商文化东下冯类型,其他如向北、南及东南、东方的先后扩张都晚于此。而且东下冯类型与典型商文化中心的二里岗类型共性最强,关系最近。③ 整个有商一代,晋南地区尤其盐池区域都基本控制在商王朝势力范围之内。

前文已言,文献所记"蚩尤血化为卤""南风之薰"可能反映了史前时期先民已经开始采集利用盐池之盐,丰富的自然资源远远超出了人们生活所需,大量的剩余促进了贩运与交易产生。而中条洼津道显然是离资源地最近最便于外贩之路,这也是后世唐宋等时期大体借用此道为盐道的原因所在。然而,若想在这一道路沿线周边发现与食盐贩运有关的史前遗迹却十分困难,除了难以保留至今的原因外,盐池之盐为天生之卤,而非人工熬制,故很难见到像海岱地区沿海一带证明制盐存在的一些器物出土,④我们只能做一些合理的推测。

清凉寺墓地呈现出来的与众不同的现象,似乎表明清凉寺墓地原居民控制了这条翻越中条山后的道路,更不排除从事食盐运输、销售的可能性。值得注意的是,清凉寺墓地第三期墓葬无情地破坏了本区域已经存在的坟茔,事先设计了十分完善的墓葬排列方案,南北并列,从西向东成排分布,他们驱逐了第二期墓主人的后代,且较多地出现如殉人等不平等现象,很可能执行了一种新兴的制度,并且出现了一个以销售盐池食盐为主要职业的管理集团或机构。⑤ 另外,考古调查中在寺头村中部断崖上发现了庙底沟二期文化时期形制规整的大型窖穴,这些规模巨大且相互之间少有打破关系的窖穴排列有序,显然这里曾有一些区域是当时的仓储重地,至于储藏的是粮食还是

---

① 宋镇豪:《夏商社会生活史》,中国社会科学出版社 2005 年版,第 410 页。
② 杨升南:《从"卤小臣"说武丁对西北征伐的经济目的》,台湾师范大学国文系等编:《甲骨文发现一百周年学术研讨会论文集》,文史出版社 1999 年版,第 221—230 页。
③ 中国社会科学院考古研究所:《中国考古学·夏商卷》,中国社会科学出版社 2003 年版,第 202 页。
④ 方辉:《商周时期鲁北地区海盐业的考古学研究》,《考古》2004 年第 4 期;李水城等:《莱州湾地区古代盐业考古调查》,《盐业史研究》2003 年第 1 期。
⑤ 薛新明:《山西芮城清凉寺史前墓地死者身份解析》,《西部考古》第一辑,三秦出版社 2006 年版,第 94—105 页;薛新明:《文明起源的横截面——清凉寺史前墓地》,《大众考古》2013 年第 6 期。

盐，尚待进一步的科学发掘，然而却提供了有可能是突破发现的线索。

总之，晋南运城盆地与洛阳盆地以西地区今三门峡之间至少存在着一条南北向最便捷的古道——中条浧津道，这条古道至少在史前时期的庙底沟文化以来就已存在，并逐渐发展成繁盛之态。而盐道很可能是其史前时期重要的功用之一。之后，历代虽多有沿用，但最终淡去。

**二 虞坂巅軨道**

汾涑流域的运城盆地翻越中条山到达黄河渡口，继而渡河东行进入洛阳盆地的古代道路除了笔者前文所言的中条浧津道外，还有一条更为重要的通道，历史文献中亦有记载。这条道路上因其中的两段"虞坂"与"巅軨"相对难行而著名，被学者们称之为"虞坂巅軨道"。对于这一古道，学者们虽有述及，但少见专论和溯源。

（一）文献中虞坂巅軨道

文献中对虞坂巅軨道记载较为详细的正是晋国"假途灭虢"所借之道。

《左传·僖公二年》："晋荀息请以屈产之乘与垂棘之璧假道于虞以伐虢。……乃使荀息假道于虞，曰：'冀为不道，入自巅軨，伐鄍、三门。冀之既病，则亦唯君故。今虢为不道，保于逆旅，以侵敝邑之南鄙。敢请假道，以请罪于虢。'虞公许之，且请先伐虢。宫之奇谏，不听，遂起师。夏，晋里克、荀息帅师会虞师，伐虢，灭下阳。"[①]

"入自巅軨，伐鄍、三门"，杜注："前是冀伐虞，至鄍。冥，虞邑。"鄍在虞地应该可信，地点相近巅軨。《太平寰宇记》言"鄍"在平陆"县东北二十里"[②]。有学者考证鄍即今鄍城遗址，在山西省平陆县圣人涧镇槐下村境内。[③] 钟柏生先生认为虞地之鄍有可能是甲骨文中之"冥"地。[④] 关于冥地卜辞有"贞冥受年"（《英藏》808/1）、"王从冥涉，延于河。勿延于冥，王……"（《丙》238/1）。冥在今平陆一带可信。[⑤] 值得注意的是，王从"冥"出入，并有"涉"河。据此而言有两种可能：一是冥就是

---

① 杨伯峻：《春秋左传注》（修订本），中华书局1990年版，第281—283页。
② 乐史撰，王文楚等校：《太平寰宇记》，中华书局2007年版，第100页。
③ 卫斯：《晋"假虞伐虢"的道路和战场问题的再探讨——兼与靳生禾、谢鸿喜二先生商榷》，《中国历史地理论丛》2010年第2辑。
④ 钟柏生：《冥地考》，《于省吾教授百年诞辰纪念文集》，吉林大学出版社1996年版。
⑤ 孙亚冰、林欢：《商代地理与方国》，中国社会科学出版社2010年版，第119—120页。

平陆临黄河的一个渡口；二是"冥"指一个地理区域或言冥地，非一个具体地点，概言王从冥地渡河。冥城直下20多里黄河北岸就是著名的茅津渡，虽不能言冥有可能即为茅津渡，但冥为过河之处是可以肯定的，换言之，武丁时期的晚商王朝虽然势力范围有所变动，但很可能仍然控制着虞坂巅軨道而下的黄河渡口一带。

《左传·僖公五年》又言："晋侯复假道于虞以伐虢。宫之奇谏曰：'虢，虞之表也；虢亡，虞必从之。晋不可启，寇不可习。一之谓甚，其可再乎？谚所谓"辅车相依，唇亡齿寒"者，其虞虢之谓也。'……八月甲午，晋侯围上阳。……冬十二月丙子，朔，晋灭虢。虢公丑奔京师。师还，馆于虞，遂袭虞，灭之。"①

三年后，晋献侯再次假"道"于虞，道即上文所言为虞国所控制的虞坂巅軨道。晋灭虢沿该道路回师时再顺道灭了虞。

此事《水经注》也言及："城东有山，世谓之五家冢，冢上有虞公庙。《春秋谷梁传》曰'晋献公将伐虢，荀息曰'君何不以屈产之乘，垂棘之璧，假道于虞？'……其城北对长坂二十许里，谓之虞坂。"② 此间之路《水经注》有较详记述："水北出虞山，东南迳傅岩，历傅说隐室前，俗名之为圣人窟。孔安国《传》'傅说隐于虞、虢之间，即此处也。'傅岩东北十余里，即巅軨坂也。《春秋左传》所谓入自巅軨者也。有东西绝涧，左右幽空，穷深地壑，中则筑以成道，指南北之路，谓之軨桥也。……桥之东北有虞原，原之道东有虞城。"③

可见，道路自南北行有几处明显地点或地段，依次为"圣人窟（傅岩）""巅軨""虞城""虞坂"。圣人窟，《史记·殷本纪》正义认为"所隐之处窟名圣人窟，在今陕州河北县北七里"④，应为今"圣人涧"。圣人涧北行即是巅軨坂，道路险峻，称为軨桥。巅軨再北上，为虞城所在的虞原，今张店镇所在。此处地形地貌十分特殊，本为中条山上，却出现了宽阔平坦的"平原"之地，实属罕见。虞城建于此地，既可控制要道中枢，又有广阔活

---

① 杨伯峻：《春秋左传注》（修订本），中华书局1990年版，第307—311页。
② （北魏）郦道元注，杨守敬、熊会贞疏：《水经注疏》，江苏古籍出版社1989年版，第353页。
③ （北魏）郦道元注，杨守敬、熊会贞疏：《水经注疏》，江苏古籍出版社1989年版，第351—352页。
④ （汉）司马迁：《史记·殷本纪》，中华书局1982年版，第103页。

动空间，情理之中，绝佳选择。虞城再北行而下就是"虞坂"，即中条山北麓一段近 20 里蜿蜒崎岖的长坂坡地。出虞坂而下至山底就是运城盆地东南域或言盐池东侧，今东郭、庙前一带。这一翻越中条山的道路中几个重要地点或地段又以虞坂与巅軨最为险峻关键。虞坂盘曲迂回，"自上而下，七山相重"①，如《战国策》所言"昔骐骥驾盐车，上于虞坂，迁延负辕不能进"。而巅軨亦是"东西绝涧，左右幽空，穷深地壑"。有鉴于此，以虞坂、巅軨代指整个道路，称之为"虞坂巅軨道"。由北至南，翻越中条山，大体依次为东郭镇磨河村山底—虞坂—虞城—颠軨—圣人涧—茅津渡一线，整体上与今国道 209 基本相合，略有细微差别。

关于虞坂巅軨道，学者们已有论及，虽然看法不甚一致，但整体线路是大体相同的，只是对于其中某些地点或地段的认识有别。② 这一道路不只是周代才始开通，其实早已存在。马保春先生在论及二里岗早商文化由郑洛文化腹地传播至运城盆地时，推测存在伊洛—茅津渡—虞坂—运城盆地的传播路线，③ 虽然有些粗略，但却据实可信，所言茅津渡—虞坂一段，显然正是笔者所言沟通洛阳盆地与晋南运城盆地的虞坂巅軨道。因此，不排除这一道路在商代早期既已开通。史念海先生早些年在简述春秋之前的交通道路时就认为晋南与洛阳盆地所在的这些夏墟或夏代都城之间存在交通道路是毋庸置疑的，虞仲所封地皆为夏虚，而所封之地在今山西平陆县，晋南越中条山一道，夏初当早已形成。④ 史先生虽未十分明确言明这"一道"为何，但显然很可能即指本书所言之虞坂巅軨道。其实，这一道路极有可能在史前时期就已存在，下文详述。

(二) 考古材料反映的文化通道

前文已言，先秦时期的考古学文化遗址有沿道路分布的特点或迹象，尤其史前时期似乎更明显。换言之，先秦时期不同年代考古学文化的聚落

---

① （北魏）郦道元注，杨守敬、熊会贞疏：《水经注疏》，江苏古籍出版社 1989 年版，第 353 页。

② 学者多有述及，如宋万忠、陆峰波《晋国的虞坂古道》，《三晋文化学术研讨会论文专集》，山西古籍出版社 1999 年版，第 360—363 页；靳生禾、谢鸿喜《晋"假虞伐虢"古战场考察报告》，《太原大学学报》2007 年第 1 期；卫斯《晋"假虞伐虢"的道路和战场问题的再探讨——兼与靳生禾、谢鸿喜二先生商榷》，《中国历史地理论丛》2010 年第 2 辑；时婧《"假途灭虢"与虞坂巅軨道关系考释》，《史志学刊》2015 年第 6 期。其中以卫斯先生的考证最为详细可信。

③ 马保春：《由晋南二里岗期早商文化的分布论其进入、传播》，《中原文物》2004 年第 6 期。

④ 史念海：《春秋以前的交通道路》，《中国历史地理论丛》1990 年第 3 辑。

形态呈现的地理空间分布状态及特点能在一定程度上反映出交通道路的存在，无论是水路还是陆路。

本书所言虞坂巅軨道在地理位置上主要属于今天的运城平陆县域以及盐湖区与夏县交界地带，从这一地区的考古资料看，从庙底沟文化到二里头文化的遗址较为密集地呈条带状分布在本书所言虞坂巅軨道两侧，目前来看至少有17处之多，沿路分布的特点十分明显（图6.14）。

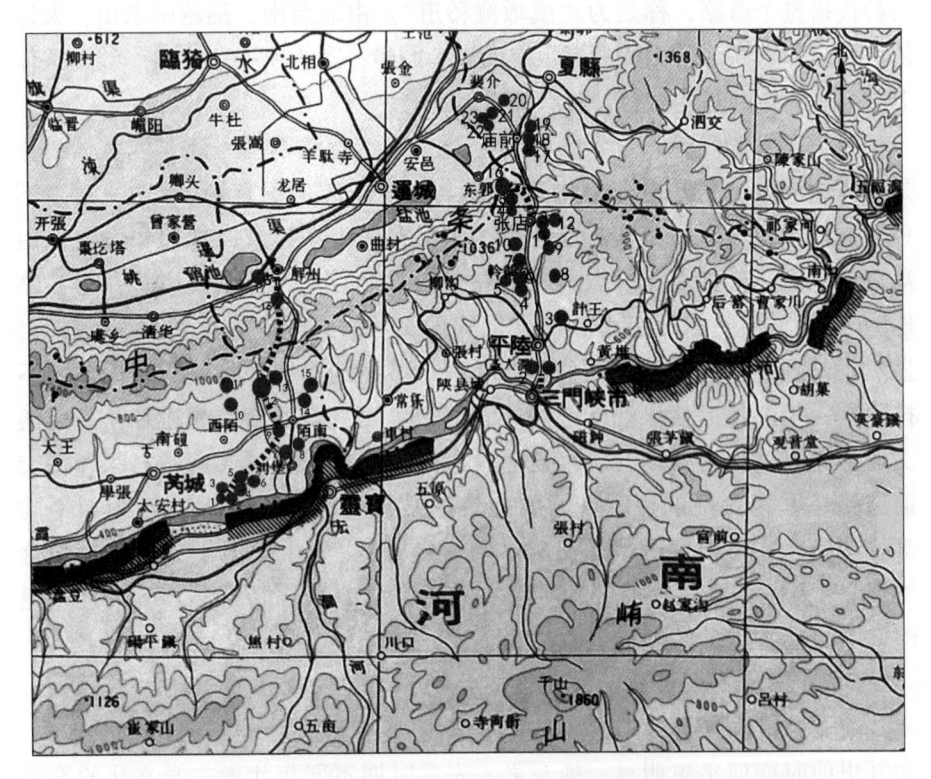

**图6.14　虞坂巅軨道两侧庙底沟文化至二里头文化时期的遗址分布**
1. 王崖遗址　2. 盘南遗址　3. 高家滩遗址　4. 东太遗址　5. 郑沟遗址　6. 前柳树凹遗址　7. 柴庄遗址　8. 王沟遗址　9. 晴岚遗址　10. 西牛遗址　11. 水磨沟遗址　12. 枣园遗址　13. 古城遗址　14. 庭里遗址　15. 冯家咀遗址　16. 磨河遗址　17. 中吴遗址　18. 史家遗址　19. 堡尔遗址　20. 裴介遗址　21. 南卫遗址　22. 师村遗址　23. 辕村遗址

从具体的考古资料看，该区域的聚落形态有以下几个特点：第一，明显地呈狭长条带状密集延绵分布，而分布位置恰恰正是虞坂巅軨道所在。第二，聚落址包含多个时期的考古学文化，主要有庙底沟文化、仰韶文化西王村类型、庙底沟二期文化、龙山文化三里桥类型以及二里头文化等多个延续不断的时期。也就是说，每个考古学文化时期的遗址都沿道路分布。第三，庙底沟文化时期的聚落至少有 4 处，即盘南、郑沟、前柳树凹、王沟等。这四处遗址虽然数量有限，却也基本沿道路分布，一处在黄河岸边，另外却集中于"巅軨"附近。聚落繁盛较多的时期是龙山文化时期与二里头文化时期。龙山文化三里桥类型的遗址达 8 处，二里头文化遗址至少 6 处。8 处龙山时代聚落沿道路一线分散，明显控制整条道路，且控制各要点，如黄河岸边、"虞原""虞坂"以及中条山北麓山底的磨河，而磨河一带是潞盐外运的始点之一。第四，所言道路一线及周边存在两处聚落集中聚合区。一个是盐池东部与夏县交界的裴介、庙前一带，属于中条山北麓山前一带，很小的范围内密集分布有至少七处史前遗址即中吴、史家、堡尔、裴介、南卫、师村和辕村等，可见这一地理位置的重要性，虞坂巅軨道自南而北翻越中条山首先面对的即是这一地区，显然对这一地区的控制也就意味着控制了这条道路的北出入口地带。更为重要的是，这一地区显然又是继续北上由运城盆地东部进入临汾盆地的前端甚至中转地带。另一个是中条山上张店镇所在的"虞原"，这一地带地形地貌非常特殊，本是横亘东西的中条山山顶，却形成了一处地域较为广阔的平坦之地，以致虞国在此建都。虞原范围内至少有七处遗址集中分布，虽属不同时期，恰恰说明每一个时期都被认为是重要之地。从地理位置看，虞原所在既处于道路中段，又居高临下，且有相对广阔的空间，明显是该道路绝佳的控制中心。

另外，值得注意的是，从庙底沟文化始，这条道路的南段近黄河北岸就有聚落存在，如王崖与盘南遗址，其中盘南遗址还历时多个不同时期，这很可能与史前时期的这条道路南下北上的黄河渡口密切相关。

表 6.4　　　　　　　　　　虞坂巅軨道早期遗址信息表　　　　　　　单位：平方米

| 序号 | 遗址名称 | 位置 | 面积 | 年代 | 出处 |
| --- | --- | --- | --- | --- | --- |
| 1 | 王崖 | 平陆圣人涧镇王崖村西南 | 15 万 | 龙山三里桥 | 《中国文物地图集·山西分册》 |
| 2 | 盘南 | 平陆圣人涧镇盘南村南 | 6 万 | 庙底沟、龙山三里桥、西周 | 《中国文物地图集·山西分册》《考古》1960 年第 8 期 |
| 3 | 高家滩 | 平陆圣人涧镇高家滩村南 | 0.6 万 | 龙山三里桥 | 《中国文物地图集·山西分册》 |

续表

| 序号 | 遗址名称 | 位置 | 面积 | 年代 | 出处 |
|---|---|---|---|---|---|
| 4 | 东太 | 平陆部官乡东太村西北 | 5.4万 | 仰韶西王村、二里头东下冯 | 《中国文物地图集·山西分册》 |
| 5 | 郑沟 | 平陆部官乡郑沟村西 | 2万 | 庙底沟、龙山三里桥 | 《中国文物地图集·山西分册》 |
| 6 | 前柳树凹 | 平陆部官乡前柳树凹村西 | 1.2万 | 庙底沟、庙二、二里头东下冯 | 《中国文物地图集·山西分册》 |
| 7 | 柴庄 | 平陆部官乡柴庄村西 | 6万 | 仰韶西王村 | 《中国文物地图集·山西分册》 |
| 8 | 王沟 | 平陆圣人涧镇王沟村东北 | 0.5万 | 庙底沟、庙二、二里头东下冯 | 《中国文物地图集·山西分册》 |
| 9 | 晴岚 | 平陆圣人涧镇晴岚村西 | 72万 | 二里头东下冯 | 《中国文物地图集·山西分册》 |
| 10 | 西牛 | 平陆张店镇西牛村西南 | 0.6万 | 仰韶西王村 | 《中国文物地图集·山西分册》 |
| 11 | 水磨沟 | 张店镇水磨沟村南 | 8万 | 仰韶西王村 | 《中国文物地图集·山西分册》 |
| 12 | 枣园 | 平陆张店镇枣园村西北 | 6万 | 二里头东下冯、周代 | 《中国文物地图集·山西分册》 |
| 13 | 古城 | 平陆张店镇古城村北 | 15万 | 龙山三里桥 | 《中国文物地图集·山西分册》 |
| 14 | 庭里 | 平陆张店镇庭里村南 | 1.2万 | 庙二 | 《中国文物地图集·山西分册》 |
| 15 | 冯家咀 | 平陆张店镇冯家咀村东南 | 2.5 | 龙山三里桥、二里头东下冯 | 《中国文物地图集·山西分册》 |
| 16 | 磨河 | 盐湖区东郭镇磨河村东 | 1万 | 龙山三里桥 | 《中国文物地图集·山西分册》 |
| 未编号 | 老城 | 平陆张店镇新村北街东 | 100万 | 龙山三里桥 | 《中国文物地图集·山西分册》 |

注：表中庙底沟指庙底沟文化时期，庙二指庙底沟二期文化，三里桥是龙山文化三里桥类型，东下冯是二里头文化东下冯类型。

可见，虞坂巅軨道很可能在庙底沟文化时期就已开通使用，成为由运城盆地东南部翻越中条山，继而过河，东行进入洛阳盆地的一条重要通道。尤其龙山文化时代和二里头文化时代表现得最为明显，在文化的互动交流甚至强势文化的扩张中起着强烈的"动脉"作用。

(三) 虞原控制中心与道路功用

虞坂巅軨道中段所在的虞原地理位置显然十分重要，周初封太伯之后于此地可能就考虑到了这一点。今平陆县张店镇古城村考古调查发现了周代古城遗址，南北长2500米，东西宽2000米，面积达500万平方米。城址呈矩形，分内城、外城，现存城址外郭南墙 300 余米，墙基宽 15—20 米，城内有大面积夯土台基，疑为宫殿遗迹。① 另外，在古城遗址东南的枣园遗址发现西周时期的车马坑，可能为虞国贵族墓葬所属。② 显然周时虞国都城建于虞坂巅軨道上，是其最大最核心的控制点，以致晋国借道灭虢后回返又灭掉了虞国，这一要道才真正意义上为晋所用。传 1979 年出土于晋东南黎城县的"虞侯政壶"为西周晚期铜器，铭载："唯王二月初吉壬戌，虞侯政作宝壶，其万年子子孙孙永保用。"陶正刚先生认为该壶是虞侯政时的宗庙重器，可能晋国灭虞，迁其重器，掠走归晋。至景公时，作为媵器转至今在黎城境内的潞子国。③

实际上虞原所在更早时期已是该道路的控制中心。二里头文化时期位于虞原的至少有晴岚和枣园两处遗址，值得注意的是，晴岚遗址是整条道路之上所有二里头文化时期遗址中规模最大的，面积达 72 万平方米，也就是说，该道路上规模最大的二里头文化聚落是在虞原上。龙山文化时期位于虞原的遗址也至少有古城和老城两处遗址，同样面积达 100 万的老城遗址属于通道上这一时期规模最大的，仍然是在虞原上。另外，从庙底沟文化到二里头文化时期，虞原之上各个时期的考古学文化均有分布，未见有中断，且多不止一处。可见，虞原显然也应是周之前这条道路上的中心所在，自然也是道路的控制中心，尤其龙山文化和二里头文化时期表现得最为明显。

如此重要的虞坂巅軨道的功用是多样的，除了日常人行车往外，还应是重要的"盐道"和"军事道路"。秦汉以来这条道路作为盐道文献中多有记载，学者们也多有论述，不再赘述。"骐骥驾盐车"通过此道运盐亦应可信。晋景公时讨论迁都问题，诸大夫多提近盐池的"郇、瑕氏之地"，外运之盐对于晋国经济发展的重要性不言而喻，这一点也为学者们所熟知，虞坂巅軨道显然是晋国控制下的"潞盐"外输的重要道路之一。

有商一代，甲骨文中称盐为卤，冯时先生认为商代甲骨文中的"卤"

---

① 山西省考古研究所：《山西考古四十年》，山西人民出版社 1994 年版，第 169 页。另见卫斯先生调查，卫斯《晋"假虞伐虢"的道路和战场问题的再探讨——兼与靳生禾、谢鸿喜二先生商榷》，《中国历史地理论丛》2010 年第 2 辑。
② 卫斯：《山西平陆枣园村出土一批西周车马器》，《考古与文物》1988 年第 3 期。
③ 山西省考古研究所：《陶正刚考古文集》，三晋出版社 2006 年版，第 160—168 页。

就读作"盐",即指河东盐池。① 前文已言,商王朝对盐十分重视,着力长期控制河东盐池,那么有没有盐卤运输呢?卜辞有:"戊戌卜,贞曰:弜其从卤,亡□?"(《合集》20177)"弜"卜辞中十分常见,应为商王重臣,"从卤"赴至卤地,即河东盐池。卜辞又有:"壬午[卜],令弜取卤。二月。"(《合集》7022)"取"应是"获取"之意,令"弜"获取盐卤。可见,很可能存在商王使"弜"赴河东盐池取获盐卤之事。另外,殷商时期卜辞中经常见到商王田猎,据学者整理田猎地多达 276 个。② 其中豫西、晋南明显是最重要的田猎地之一,这或许与获取盐卤以及保证盐道畅通有关。值得注意的是,商王也很可能是到过河东盐池。卜辞云:"王往于廼"(《合集》33159)、"……步于廼"(《佚852》)。关于"廼",冯时先生认为字像引池晒卤之形,其于卜辞或用为地名,当指盐池。③ 若然,则表明商王是"往"或"步"于盐池的。前文言及,商王是涉河到过冥地的,而冥地恰在"虞坂巅軨道"近处,这样就不排除商王经虞坂巅軨道而至盐池来往的可能性。可见,该道路在商代可能已是盐运之道。

更早时期的仰韶文化至二里头文化时期,虽然没有直接的证据表明本书所言虞坂巅軨道也曾用于向外输盐,但至少在二里头文化时期存在明显的向晋南扩张的态势,应是为了控制包括盐在内的重要自然资源。④ 既然虞坂巅軨道是当时沟通晋南与洛阳盆地之间的重要通道之一,那么就不排除通过此道运输食盐的可能性。另外,考虑到前文推测的中条洰津道在庙底沟二期文化已用于运盐,而相对宽阔的虞坂巅軨道也可能有相同的作用。

虞坂巅軨道的军事功用也是很明显的,众所周知的晋国"假途灭虢",进而灭虞,均是行军于此。另外,之后晋襄公时,晋与秦之间发生了崤之战,晋国出奇兵,在秦师归途经崤山之时截击秦师,大获全胜。崤之战的地点虽有争论,⑤ 但大范围应在晋南过黄河的豫西崤山古道之中,而晋国出兵奇袭,很可能也是走的虞坂巅軨道这个可行军的捷径,过黄河,入崤山古道伏击秦师。

---

① 冯时:《古文字所见之商周盐政》,《南方文物》2009 年第 1 期。
② 陈炜湛:《甲骨文田猎刻辞研究》,广西教育出版社 1995 年版,第 40—59 页。
③ 冯时:《古文字所见之商周盐政》,《南方文物》2009 年第 1 期。
④ 刘莉、陈星灿:《城:夏商时期对自然资源的控制问题》,《东南文化》2000 年第 3 期。
⑤ 蒋若是:《春秋"殽之战"战地考实》,《史学月刊》1987 年第 1 期。

第六章　中原和北方地区文化交流通道探析　　341

　　有意思的是，秦军复仇，封崤尸而还也应走过虞坂巅軨道。《左传·文公三年》："秦伯伐晋，济河焚舟，取王官及郊，晋人不出。遂自茅津济，封殽尸而还。"① 秦缪公报殽战之仇伐晋，而《史记·秦本纪》亦言："三十六年，缪公复益厚孟明等，使将兵伐晋，渡河焚船，大败晋人，取王官及鄗，以报殽之役。晋人皆城守不敢出。于是缪公乃自茅津渡河，封殽中尸，为发丧，哭之三日。"② 其中"王官"应为王官故城，《史记》正义注引《括地志》云：王官故城在同州澄城县西北九十里，但又有言："蒲州猗氏县南二里又有王官故城，亦秦伯取者。"③ 可见，王官所在有不同看法，杨伯峻先生又据《左传》成公十三年晋侯使吕相绝秦言及"伐我涑川，俘我王官"，认为王官当在山西省闻喜县西。④ 考虑到"晋人城守不出"事实，此次征伐很可能已经接近晋国腹地，闻喜较猗氏显然更近晋国都城腹地，因此王官在涑水流域闻喜县西南可信。至于"郊"，《左传》言"郊"，而《史记》言"鄗"，正义言鄗，音郊，可通。值得注意的是，《史记·晋世家》同样事件仅言："……渡河，取王官，封崤尸而去。"⑤ 未提及"郊"，但却在之前秦国发兵袭郑中言及："十二月，秦兵过我郊。襄公元年春，秦师过周，无礼。"⑥《史记·秦本纪》言："三十三年春，秦兵遂东，更晋地，过周北门。"⑦ 可见，王官及郊（鄗）虽为晋地，但晋国并未重点控制显得松散，以致秦军东行经常经过二地，如入本国之境。总之，秦军报崤战之仇，先自西渡河而东，取王官及郊，再自北而南，于茅津渡渡河，至崤封尸而还。那么由王官南行，必翻中条山，才能至茅津渡，故可以推测其翻中条山走的也应是本书所言"虞坂巅軨"。可见，虞坂巅軨道虽之前已属晋境，但并未完全控制。

　　总之，春秋时虞坂巅軨道也可行军，但更早是否如此，限于材料很难断定。同样的，犹如作为"盐道"一样，考虑到从仰韶文化到二里头文化再至商代，尤其从后二者的文化分布扩张态势看，不排除进入晋南地区师行此道的可能性。

---

①　杨伯峻：《春秋左传注》（修订本），中华书局1990年版，第529页。
②　（汉）司马迁：《史记·秦本纪》，中华书局1982年版，第193页。
③　（汉）司马迁：《史记·秦本纪》，中华书局1982年版，第194页。
④　杨伯峻：《春秋左传注》（修订本），中华书局1990年版，第529页。
⑤　（汉）司马迁：《史记·晋世家》卷三九，中华书局1982年版，第1670页。
⑥　（汉）司马迁：《史记·晋世家》卷三九，中华书局1982年版，第1670页。
⑦　（汉）司马迁：《史记·秦本纪》，中华书局1982年版，第190页。

### 三 "轵关陉"道

洛阳盆地北渡黄河翻太行山而至晋南还有一条重要的通道,因需要首先通过太行八陉中的第一陉——轵关陉才可穿山而出进入晋南,故可称之为"轵关陉"道。这条古道对于史前与历史时期晋南与洛阳盆地及周边地区之间的文化互动交流起着十分重要的作用。

（一）文献中的"轵关陉"道

"轵关陉"道是战国时期秦国出兵太行山以东的重要道路。《史记·苏秦列传》言:"夫秦下轵道,则南阳危。"此南阳为太行山南、河水之北的晋国南阳之地,而"轵道"即"轵关陉"道。《隋书·地理志》河内郡王屋县"有王屋山、齐子岭,有轵关"之称;① 《太平寰宇记》济源县载有"故轵关,在今县西十一里"②。严耕望先生考证"轵关道"为河阳（今孟津）西北行至济源县,再西行约十里出轵关,又西行王屋县（今王屋镇）,又西行至北朝之邵郡,进而西行进入晋南汾涑流域。③ 故"轵关陉"道由西向东大体为汾涑流域的绛县小盆地东南部冷口入山,经横岭关进入垣曲小盆地,东南行皋落,再经今长直、华峰、英言、蒲掌、邵原、王屋,过轵关至济源,南下孟津过河,即入洛阳盆地。

文献中所言晋国"东道"应该就是"轵关陉"道。《国语·晋语四》:"冬,襄王避昭叔之难,居于郑地氾。……公悦,乃行赂于草中之戎与丽土之狄,以启东道。"④ 文公之时,周襄王避叔带之乱出居在外,使人至晋告难,子犯劝晋文公纳襄王以求诸侯,晋文公为了勤王,行贿于"草中之戎"与"丽土之狄"。可见,晋东南方向通往洛阳盆地的成周途中有"草中之戎"与"丽土之狄",晋文公所谓"启东道",并非开辟此"东道",只是表明此"东道"其中一段为草中之戎和丽土之狄所控制,晋文公只能行贿以借道,道路本身早已存在。"草中之戎"与"丽土之狄",韦昭注:"二邑戎狄,间在晋东。"顾颉刚先生认为丽土之狄为骊戎,在今山西南部,晋都之东的析城山、王屋山一带。⑤ 后来沈长云先生虽不同意顾颉刚

---

① 魏征等:《隋书·地理志》,中华书局1977年版,第848页。
② 乐史著,王文楚等点校:《太平寰宇记》,中华书局2007年版,第1085页。
③ 严耕望:《唐代交通图考》卷一,上海古籍出版社2007年版,第168—172页。
④ 徐元诰撰,王树民、沈长云点校:《国语集解》,中华书局2002年版,第350—351页。
⑤ 顾颉刚《史林杂识》中有"骊戎不在骊山"篇,中华书局1963年版。

的丽土之狄为骊戎说，① 但并不否认草中之戎和丽土之狄在晋东南析城山、王屋山一带。晋文公"二年春，公以二军下，次于阳樊"，阳樊之地一般认为在今河南济源东南。可见，以上所言"东道"正是洛阳盆地与晋南交通道路，也即我们所言的垣曲东行至济源南之间的"轵关陉"道，晋文公出兵路线与之相合，草中之戎和丽土之狄所控制的很可能是其王屋山南麓东西向的一段。而且相对于晋国境内南行经虞坂巅軨道过河再东行入洛阳盆地这条"绕道"而言，轵关陉道显然是晋国进入洛阳盆地的捷径。此外，晋文公勤王受赐周之南阳之地，该道路自然也成了沟通晋国腹地汾涑流域与其南阳之地间的要道。

实际上，晋国较早时期已开始有东进打通此道的战略。《左传·闵公二年》："晋侯使太子申生伐东山皋落氏。"②《史记·晋世家》也言："十七年，晋侯使太子申生伐东山。……太子遂伐东山。"③ 记载较为详细的《国语·晋语一》云："骊姬曰：'以皋落狄之朝夕苟我边鄙，使无日以牧田野，君之仓廪固不实，又恐削封疆。君盍使之伐狄，以观其果于众也，与众之信辑睦焉。若不胜狄，虽济其罪可也，若胜狄，……君其图之。'公说，是故使申生伐东山。"④ 晋献公派太子申生讨伐东山皋落氏虽表面是骊姬唆使，但皋落氏利用山势之利侵扰晋国边鄙应该是实情。晋国东进中条山讨伐皋落氏，顺便打通东进道路顺理成章。"皋落氏"杜注称"赤狄别种也，皋落其氏族"，杨伯峻先生认为今山西垣曲县有皋落镇，当即故皋落氏地。洛阳伊川出土的战国晚期铜戈铭文言："十一年，咎（皋）荅（落）会命（令）少曲啵，工（师）舒意，冶午。"材料公布者蔡运章等先生认为"咎荅"即皋落，其地在今垣曲县东南皋落镇，⑤ 李家浩先生虽就铭文考释与之不同，但也认同皋落及其地望的判断。⑥ 今垣曲县所在及其皋落镇一带当时应为皋落族势力范围，就地理位置而言恰恰也为本书"轵关陉"道所经之地，故晋国沿道东进中条山遇到的首要敌对势力就是皋落氏。

---

① 沈长云：《骊戎考》，《中国史研究》2000 年第 3 期。
② 杨伯峻：《春秋左传注》（修订本），中华书局 1990 年版，第 268 页。
③ （汉）司马迁：《史记·晋世家》，中华书局 1982 年版，第 1643 页。
④ 徐元诰撰，王树民、沈长云点校：《国语集解》（修订本），中华书局 2002 年版，第 266 页。
⑤ 蔡运章、杨海钦：《十一年皋落戈及其相关问题》，《考古》1991 年第 5 期。
⑥ 李家浩：《十一年皋落戈铭文释文商榷》，《考古》1993 年第 8 期。

田建文先生认为"轵关陉"道起点在河南济源市东的轵城镇，终点在侯马市南峨嵋岭和绛山（紫金山）相交处的铁刹关，这条古道从来就是山西绛州至济源，然后到达洛阳的必经之路，并重点考察了其"绛县段"[①]。无论其起点和终点如何，但济源至绛县之间的道路是其主体是可以肯定的。另外，这条道路的使用时间虽不敢轻言"从来就是"，但至少东周时期是可以肯定，甚至更早已经存在。这一点在聚落考古上是有所反映的。

（二）考古材料反映的早期文化通道

依据对考古学文化遗址的区域调查材料结合重点遗址考古发掘资料，我们发现从庙底沟文化到二里头文化时期聚落点有着沿道路分布的迹象，很可能反映了道路本身的存在。

本书研究区域涉及今天的山西与河南两省，区域范围较大，而考古资料并不平衡和充分。河南济源的考古资料多是20世纪90年代初的调查材料，[②] 材料本身有些相对较早较少，而山西省的材料较新较多些，[③] 尤其近些年对垣曲盆地[④]以及运城盆地东部的系统调查材料较为丰富。[⑤]我们虽然不能据材料言实，但还是可以做合理推断。从目前材料看，济源与晋南之间以山地为主，间有河流与小型河谷或盆地，而先秦时期考古学文化遗址的聚落分布除了聚落集群分布的特点外，还呈现出明显的条带线状（图6.15），这一点比平原和大型盆地表现得更为明显。整体而言，从仰韶文化到二里头文化时期至少有50处遗址似乎沿轵关陉道路分布（表6.5），包含庙底沟文化、仰韶晚期、庙底沟二期文化、龙山文化、二里头文化等不同时期的考古学文化，以仰韶文化中期的庙底沟文化、龙山文化时期和二里头文化时期的聚落为主。济源境内济源市以西承留—王屋—邵原—线遗址较少主要是早年考古工作不足的原因，新的文物普查资料显示这一线还是有零星遗址分布的。这些大量聚落址的存在和空间分布特点很可能反映的正是"轵关陉"道早至史前时期即已存在。

---

① 田建文、杨林中：《轵关陉绛县段的考古学考察》，《史志学刊》2016年第1期。
② 国家文物局：《中国文物地图集·河南分册》，中国地图出版社1991年版。
③ 国家文物局：《中国文物地图集·山西分册》，中国地图出版社2006年版。
④ 中国国家博物馆考古部：《垣曲盆地聚落考古研究》，科学出版社2007年版，第64—139页。
⑤ 中国国家博物馆田野考古研究中心等：《运城盆地东部聚落考古调查与研究》，文物出版社2011年版。

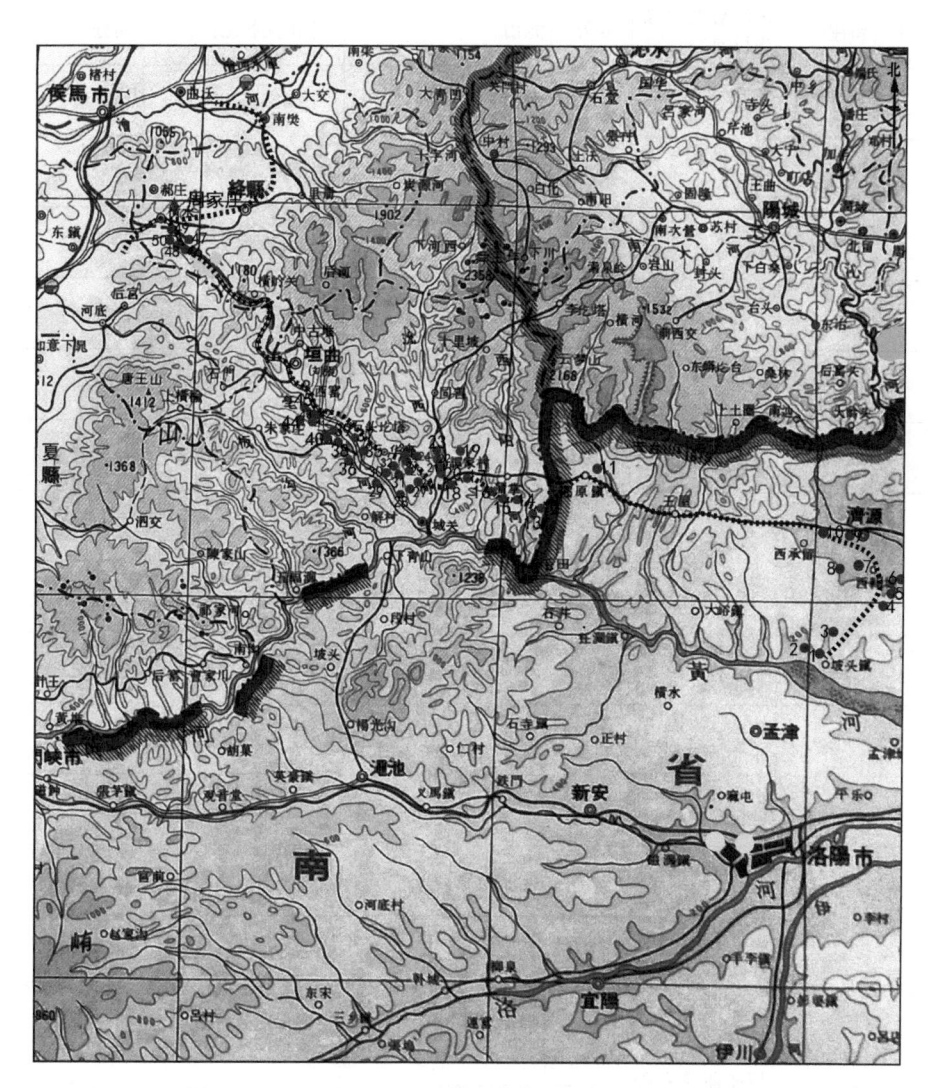

第六章 中原和北方地区文化交流通道探析 345

图 6.15 "轵关陉"道两侧先秦时期的遗址分布示意图
注：图中编号遗址与下文表格中相对应，不再一一列出。

表6.5　　　　　　　　　"轵关陉"道史前时期遗址表　　　　　　单位：平方米

| 序号 | 遗址名称 | 位置 | 面积 | 年代 | 出处 |
| --- | --- | --- | --- | --- | --- |
| 1 | 留庄 | 济源坡头乡留庄村南 | 6万 | 龙山 | 《中国文物地图集·山西分册》 |
| 2 | 连地 | 济源坡头乡连地村东 | 7.5万 | 龙山 | 《中国文物地图集·山西分册》 |
| 3 | 栗树沟 | 济源坡头乡栗树沟村东北 | 2.6万 | 仰韶 | 《中国文物地图集·山西分册》 |
| 4 | 卫庄 | 济源轵城乡卫庄东南 | 0.6万 | 龙山 | 《中国文物地图集·山西分册》 |
| 5 | 绮里 | 济源轵城乡绮里村东 | 7.5万 | 龙山 | 《中国文物地图集·山西分册》 |
| 6 | 南冢 | 济源轵城乡南冢村东北 | 0.8万 | 仰韶 | 《中国文物地图集·山西分册》 |
| 7 | 西留养 | 济源轵城乡西留养村北 | 0.8万 | 龙山 | 《中国文物地图集·山西分册》 |
| 8 | 杜村 | 济源承留乡杜村北 | 3万 | 龙山 | 《中国文物地图集·山西分册》 |
| 9 | 潘村 | 济源城关乡潘村南 | 14万 | 龙山 | 《中国文物地图集·山西分册》 |
| 10 | 曲阳 | 济源承留乡曲阳北 | 5.4万 | 龙山 | 《中国文物地图集·山西分册》 |
| 11 | 邵原 | 济源邵原镇东北 | 0.8万 | 仰韶 | 《中国文物地图集·山西分册》 |
| 12 | 荀古垛 | 垣曲蒲掌乡荀古垛村南 | 1万 | 二里头文化 | 《中国文物地图集·山西分册》 |
| 13 | 下马 | 垣曲蒲掌乡下马村北 | 7万 | 仰韶庙底沟 | 《中国文物地图集·山西分册》 |
| 14 | 后庄 | 垣曲蒲掌乡后庄村西 | 0.6万 | 龙山三里桥 | 《中国文物地图集·山西分册》 |
| 15 | 南蒲 | 垣曲蒲掌乡南蒲村西 | 0.4万 | 仰韶西王村 | 《中国文物地图集·山西分册》 |
| 16 | 陈家河 | 垣曲蒲掌乡陈家河村西南 | 0.8万 | 仰韶庙底沟 | 《中国文物地图集·山西分册》 |
| 17 | 龙尾头 | 垣曲英言乡龙尾头村东 | 3万 | 龙山三里桥 | 《中国文物地图集·山西分册》 |
| 18 | 南桥 | 垣曲英言乡南桥村西北 | 0.5万 | 龙山三里桥 | 《中国文物地图集·山西分册》 |
| 19 | 赵寨 | 垣曲英言乡赵寨村北 | 3万 | 庙底沟二期 | 《中国文物地图集·山西分册》 |

续表

| 序号 | 遗址名称 | 位置 | 面积 | 年代 | 出处 |
|---|---|---|---|---|---|
| 20 | 东石 | 垣曲古城镇东石村内 | 2万 | 仰韶庙底沟 | 《中国文物地图集·山西分册》 |
| 21 | 柏沟南 | 垣曲古城镇柏沟村南 | 1万 | 仰韶庙底沟 | 《中国文物地图集·山西分册》 |
| 22 | 柏沟北 | 垣曲古城镇柏沟村北 | 1万 | 二里头东下冯、东周 | 《中国文物地图集·山西分册》 |
| 23 | 西沟南 | 垣曲古城镇西沟南 | 10万 | 二里头东下冯 | 《中国文物地图集·山西分册》 |
| 24 | 北羊 | 垣曲华峰乡北羊村东 | 6万 | 二里头东下冯 | 《中国文物地图集·山西分册》 |
| 25 | 丰村 | 垣曲华峰乡丰村西南 | 15万 | 龙山三里桥 | 《中国文物地图集·山西分册》 |
| 26 | 二里半 | 垣曲古城镇二里半村西北 | 不详 | 龙山三里桥、东周 | 《中国文物地图集·山西分册》 |
| 27 | 白水 | 垣曲王茅镇白水村东北 | 3万 | 仰韶庙底沟 | 《中国文物地图集·山西分册》 |
| 28 | 柳庄 | 垣曲王茅镇柳庄村东南 | 0.8万 | 龙山三里桥 | 《中国文物地图集·山西分册》 |
| 29 | 蒿古垛 | 垣曲王茅镇蒿古垛村西 | 2.7万 | 龙山三里桥、东周 | 《中国文物地图集·山西分册》 |
| 30 | 王茅北 | 垣曲王茅镇王茅村北 | 3万 | 仰韶庙底沟、庙底沟二期、龙山三里桥、东周 | 《中国文物地图集·山西分册》 |
| 31 | 宋村 | 垣曲华峰乡宋村东南 | 0.5万 | 仰韶庙底沟、庙底沟二期、龙山三里桥 | 《中国文物地图集·山西分册》 |
| 32 | 南岭 | 垣曲华峰乡南岭村北 | 1万 | 仰韶西王村 | 《中国文物地图集·山西分册》 |
| 33 | 万家窑 | 垣曲华峰乡万家窑村东北 | 90万 | 庙底沟二期、二里头东下冯、东周 | 《中国文物地图集·山西分册》 |
| 34 | 马村 | 垣曲华峰乡马村东南 | 4万 | 龙山三里桥 | 《中国文物地图集·山西分册》 |
| 35 | 东交斜 | 垣曲长直乡东交斜村北 | 3万 | 仰韶西王村、东周 | 《中国文物地图集·山西分册》 |
| 36 | 文家湾 | 垣曲长直乡文家湾村西南 | 1万 | 仰韶西王村、二里头东下冯 | 《中国文物地图集·山西分册》 |
| 37 | 南凹 | 垣曲长直乡南凹村西 | 0.5万 | 龙山三里桥 | 《中国文物地图集·山西分册》 |

续表

| 序号 | 遗址名称 | 位置 | 面积 | 年代 | 出处 |
|---|---|---|---|---|---|
| 38 | 西岭 | 垣曲长直乡鲁家坡村西 | 4.2万 | 仰韶庙底沟、二里头东下冯、东周、汉代 | 《中国文物地图集·山西分册》 |
| 39 | 龙王崖 | 垣曲长直乡鲁家坡村西北 | 8万 | 龙山三里桥 | 《中国文物地图集·山西分册》 |
| 40 | 后湾 | 垣曲长直乡后湾村东南 | 4万 | 庙底沟二期、二里头东下冯、东周 | 《中国文物地图集·山西分册》 |
| 41 | 白家岭 | 垣曲皋落乡白家岭村西南 | 2万 | 龙山三里桥、东周 | 《中国文物地图集·山西分册》 |
| 42 | 上回 | 垣曲皋落乡上回村东 | 0.5万 | 龙山三里桥 | 《中国文物地图集·山西分册》 |
| 43 | 埝堆 | 垣曲皋落乡埝堆村西南 | 40万 | 龙山三里桥 | 《中国文物地图集·山西分册》 |
| 44 | 杨家河 | 垣曲新城镇杨家河村西 | 4万 | 仰韶庙底沟 | 《中国文物地图集·山西分册》 |
| 45 | 张家沟 | 垣曲皋落乡张家沟村西北 | 5万 | 仰韶西王村 | 《中国文物地图集·山西分册》 |
| 46 | 西冷口 | 绛县冷口乡西冷口村西 | 2万 | 龙山文化 | 《中国文物地图集·山西分册》 |
| 47 | 东店 | 绛县冷口乡东店村东 | 不详 | 龙山文化 | 《中国文物地图集·山西分册》 |
| 48 | 宋东 | 绛县冷口乡宋东村南 | 3万 | 二里头文化 | 《中国文物地图集·山西分册》 |
| 49 | 宋庄北堡 | 绛县冷口乡宋庄北堡村东 | 15.2万 | 仰韶晚期、龙山文化 | 《运城盆地东部调查》 |
| 50 | 宋西 | 绛县冷口乡宋西村西北 | 34.6万 | 仰韶晚期、庙底沟二期、龙山文化 | 《运城盆地东部调查》 |
| 51 | 新峡 | 济源市轵城镇 | 不详 | 二里头文化、二里岗文化 | 《华夏考古》2021年第3期 |

注：表中庙底沟指庙底沟文化时期，龙山三里桥是龙山文化三里桥类型，二里头东下冯是二里头文化东下冯类型。

从具体的聚落分布形态看，第一，仰韶文化时期的聚落址至少有19处，基本上分散在道路的不同阶段。龙山时期的聚落址至少有27处，遗址数量最多，沿道路分布的特点很明显。二里头时期的遗址至少10处，零星散布在道路两侧，但基本能勾联起来。第二，在道路的不同阶段存在着聚落群密集分布的状态。道路至黄河北岸坡头镇一带密集分布至少三处聚落，即连地、留庄、栗树沟；道路北上西行的轵城、济源西南一带又密集分布有七处聚落；垣曲古城镇以北山前地带密集分布有大量聚落；垣曲县东南皋落乡一带密集分布多处聚落；道路一出中条山山口所在的冷口乡一带密集分布有至少五处聚落。以上这些聚落分布相对密集的地带基本上是不同时期的聚落点都有存在，显示其重要的地理位置，很可能反映的正是当时道路不同地段的交通控制点。第三，其间道路虽不易僵化地认为就是一条完整通畅的道路，但道路断断续续的是可以沟通连接在一起的，而且有的地方很可能存在岔路或支线，例如最为明显的就是从垣曲东南而下注入黄河的亳清河两岸密集分布的聚落点联结起来显然是一条道路，[①] 也不排除从亳清河入黄河处渡河再东行进入洛阳盆地的可能性，作为商代重要军事城堡的垣曲商城恰就位于此处。

（三）道路要点与功用

"轵关陉"道相对于虞坂巅軨道、中条涅津道而言，道路比较长且需穿行重山，道路不同阶段有着不同的控制点或言要冲地带。大体从西向东有"绛县三岔口"、王垣及皋落、邵（召）与原等几个代表点。

绛县北有绛山（紫金山），东邻中条群山，南面中条支脉，其间涑水流经，为涑水上游地区，形成一个西部半开放的小盆地。其地理位置非常重要，向北通临汾盆地，南接运城盆地，东行即入中条与太行山中古道以至济源及晋"南阳之地"，过河即洛阳盆地。显然为一个道路"三岔口"的要点，直接扼守本书所言"轵关陉"道的咽喉。西周时，绛县三岔口地带应先为倗国所在，属倗国地域。2004年以来，在绛县横水发现了西周倗国墓地，[②] 隔绛山以北即是晋国，而晋国与倗国确有密切关系。西周"昌鼎"铭文言："晋侯令追于倗，休又（有）禽（擒）"，倗显然即倗国，而晋与倗同时存在，晋侯追至倗地，晋国此时势力范围仍不大，未兼并倗国。此外，晋侯墓地晋靖侯M91出土的铜簋

---

[①] 中国国家博物馆考古部：《垣曲盆地聚落考古研究》，科学出版社2007年版，第64—139页。

[②] 山西省考古研究所等：《山西绛县横水西周墓地》，《考古》2006年第7期；《山西绛县横水西周墓发掘简报》，《文物》2006年第8期。

铭文言及"伯喜父肇作倗母宝簋"，一般认为伯喜父为其媿姓妻子倗母所作簋，倗母应来自倗国。晋国与倗国中间为绛山，仅一山之隔，而绛山东缘山势入缓，形成通道，在今绛县槐泉、下村一带是绛山、中条山之间的走廊，田建文、杨林中先生称之为"轵关陉绛县段"①。晋与倗二者可能由此廊道交往。然而，倗国地域最终成为晋国领土，马保春先生推测晋国的曲沃旁支逐渐强大，向南拓展，并相继攻灭了董、倗等国族。②曲沃旁支邻近该廊道，不排除也是通过此通道进入倗国境内继而灭掉倗国的可能性。

随着绛县周家庄遗址的发掘与研究，人们逐渐认识到周家庄遗址大体属于陶寺文化的中晚期阶段。③换言之，陶寺文化的分布范围已经突破了传统认识上的临汾盆地，向南越过绛山—峨嵋岭一线进入运城盆地的北部。今绛县地区多处遗址发现的龙山时期遗存也明显具有陶寺文化的特征，如西沟、西荆、横水等。④对于运城盆地东部的考古学系统调查，研究者逐渐认为其龙山时期遗址应该属于陶寺文化的范畴，甚至整个运城盆地的龙山时期都属于陶寺文化。⑤最近，王小娟博士撰文明确认为绛县境内龙山文化属于陶寺文化的中晚期遗存。⑥目前来看，绛县地区的龙山时期大多遗址属于陶寺文化是可以肯定的，而且以陶寺文化中晚期为主，因此陶寺文化大体在其中期南扩越过绛山进入了绛县小盆地。值得注意的是，在我们言及的中条与绛山间的廊道地段也确实发现了郑柴、槐泉、下村等多处龙山时期遗址，⑦表明陶寺文化很可能也是通过此通道到达运城盆地绛县地区的，继而陶寺文化取代了该地之前的考古学文化，控制了"三岔口"一带。此外，在本书所言轵关陉道山西

---

① 田建文、杨林中：《轵关陉绛县段的考古学考察》，《史志学刊》2016年第1期。
② 马保春：《山西绛县横水西周倗国大墓的相关历史地理问题》，《考古与文物》2007年第6期。
③ 中国国家博物馆田野考古研究中心等：《山西绛县周家庄遗址2007~2012年勘查与发掘简报》，《考古》2015年第5期。
④ 中国国家博物馆田野考古研究中心等：《运城盆地东部聚落考古调查与研究》，文物出版社2011年版，第33、53、76页。
⑤ 王月前：《环盐湖地带新石器文化初论》，《鹿鸣集：李济先生发掘西阴遗址八十周年·山西省考古研究所侯马工作站成立五十周年纪念文集》，科学出版社2009年版；王力之：《晋南运城盆地龙山时期遗存探讨》，《中国国家博物馆馆刊》2012年第8期。
⑥ 王小娟：《晋南地区新石器末期考古学文化》，《中原文物》2017年第2期。
⑦ 国家文物局：《中国文物地图集·山西分册》，中国地图出版社2006年版，第1144—1146页。

第六章　中原和北方地区文化交流通道探析

绛县境内西出中条山进入相对平坦地带就存在多处较为密集的遗址，如东店、西冷口、宋东、宋村北堡等，这些明显属于扼守道路咽喉之地分布的密集聚落应该与该道路有着一定的关系。

　　王垣及皋落是道路由西向东进入中条山的第一个"控制中心"。从绛县三岔口进入中条山，越过横岭关即进入今天垣曲县城所在的相对平坦的山间小型谷地。这一地区也是史前先民相对宜居集中的场所。陈梦家先生认为王垣或垣是卜辞中的"亘"或"亘方"，地在绛州垣县西北二十里，① 今垣曲县南皋落乡一带。岛邦男先生在论著插图中把亘方标在了晋陕交界一带。② 亘方在卜辞中多见，是商王朝一个重要的敌对方国，常常侵扰殷商边地，尤以侵雀为甚，也常被商王征伐。③ 从商文化的分布范围看，商代晚期统治重心由郑洛地区北移至河内安阳一带，原来郑洛地区众多商代遗址衰落成为普通聚落。修武、沁阳一带虽仍属殷地，但应是殷王畿区的边缘，而晋、陕边界地区中间还相隔晋南地区，远离殷王畿边界，亘方若在此与商王直接发生征伐关系不易理解，而晋南尤其晋东南一带与殷王畿区边界相邻，为亘方所在的可能性更大。古本《竹书纪年》言："（魏武侯）十一年，城洛阳及安邑、王垣。"④《史记·魏世家》亦言："二年，城安邑、王垣。"⑤ 可见王垣地位与安邑甚至洛阳同等重要，作为魏国重要城池，安邑与王垣并列言及，相距理应不远。安邑，一般认为在今山西夏县。⑥ 王垣在今垣曲县，与夏县相邻，而垣曲恰又在本书所言可通洛阳的轵关陉道上。此外，据卜辞可知亘方与殷商间征战历时很长，直至帝辛时仍能见到，可见其势力较强，而且年代属于商代早期的铜器"亘"鬲很可能表明亘方至少在商代早期已存在。⑦ 我们推测整个亳清河流域都应是其族群势力范围。商代早期始，商人从洛阳盆地扩张过河进入亳清河下游的今垣曲古城地区建立了垣曲商城，亘方被迫势力回缩至其亳清河上游的今垣曲县城一带。至商代中

---

①　陈梦家：《殷虚卜辞综述》，中华书局1988年版，第276页。
②　[日]岛邦男：《殷墟卜辞研究》，濮茅左等译，上海古籍出版社2006年版，第814页。
③　孙亚冰、林欢：《商代地理与方国》，中国社会科学出版社2010年版，第305—308页。
④　方诗铭、王修龄：《古本竹书纪年辑证》（修订本），上海古籍出版社2005年版，第106页。
⑤　（汉）司马迁：《史记·魏世家》，中华书局1982年版，第1842页。
⑥　马保春：《晋国地名考》，学苑出版社2010年版，第236—237页。
⑦　张既禽：《商戉鬲商榷》，《考古》1964年第9期。

期时，前文已言商人重心转移，垣曲商城废弃，可能亘方重新占据该地区，以致经常遭受商王征伐。

在今垣曲南皋落乡密集分布有多处如张家沟、埝堆、杨家河、上回、白家岭等仰韶文化到龙山文化时期的遗址，表明皋落一带较早时期已是一处聚落相对集中的控制点。

卜辞中的"召方"也是殷商西境的劲敌方国。关于召方，也称刀方，花东卜辞"邵方"（《花东》449）也应指召方。① 邵方地望，郑杰祥先生认为召通兆，即古桃城，在今濮阳市东南的白城一带。② 岛邦男先生认为在周代召公的采邑召城（陕西雍城东有召城）一带，③《路史》卷二十八有云："邵也，预云扶风，雍东南有召亭。"孙亚冰等学者认为雍城之召明显太过偏西，召应在殷都以西，今山西中北部靠近䎽方。④ 卜辞有"壬申卜，御召于䎽"（《合集》33030/4）。林欢博士考证䎽地在晋南阳城与垣曲之间，且屡见"在䎽""至䎽""步自䎽"等，䎽应在商王前往召方征伐的交通要道上。⑤ 䎽地紧邻晚商殷西重要田猎区修武、沁阳西北部，故商王在此屡有活动是可以理解的，而不大可能到距这一田猎区较远的晋中北部。卜辞还有"王其田于刀，屯日亡灾，泳王"（《屯南》2341/3）。商王曾田猎于召，召地也不应处于众多敌对方国的腹地，而应接近边界控制区。从商文化的分布范围看，无论是陕西雍地还是山西中北部显然都离晚商文化边界太远。《左传·成公十六年》："九月，晋人执季孙行父，舍之于苕丘。"晋地苕丘，杨伯峻先生认为苕从"召"声，⑥ 孙亚冰等认为召方可能就在此地。⑦ 今山西省垣曲县东六十里有晋地苕丘。《左传·襄公二十三年》："齐侯遂伐晋，取朝歌，为二队，入孟门，登太行，张武军于荧庭，戍郫邵，封少水，以报平阴之役，乃还。"郫邵亦属晋地，疑与苕丘有关。郫邵应为今济源西100里之邵原镇。⑧ 可见，邵原也是轵关陉道上一个重要地点，晚商时为召方所在，处于交通要道上。

---

① 孙亚冰、林欢：《商代地理与方国》，中国社会科学出版社2010年版，第281—283页。
② 郑杰祥：《商代地理概论》，中州古籍出版社1994年版，第109—110页。
③ [日]岛邦男：《殷墟卜辞研究》，濮茅左等译，上海古籍出版社2006年版，第777—778页。
④ 孙亚冰、林欢：《商代地理与方国》，中国社会科学出版社2010年版，第283页。
⑤ 林欢：《晚商时期晋豫交界地带的军事驻地及相关地理问题》，《殷都学刊》2002年第4期。
⑥ 杨伯峻：《春秋左传注》（修订本），中华书局1990年版，第878页。
⑦ 孙亚冰、林欢：《商代地理与方国》，中国社会科学出版社2010年版，第93页。
⑧ 杨伯峻：《春秋左传注》（修订本），中华书局1990年版，第1077页。

晋文公时，"原"也是周赐南阳之地。《左传·僖公二十五年》："未有代德而有二王，亦叔父之所恶也，与之阳樊、温、原、攒茅之田，晋于是始启南阳。"关于攒茅地望，陈伟先生认为在济源一带。[①] 阳樊、温、原、攒茅四地并举，其中原与攒茅更相近，原也应在今济源周边附近。《史记·晋世家》载：（晋文公四年）"冬十二月，晋兵先下山东，而以原封赵衰。"集解引杜预言："河内沁水县西北有原城。"[②] 西晋沁水县治在今河南省济源市东。[③]《史记·赵世家》也有载："重耳为晋文公，赵衰为原大夫，居原，任国政。"正义引《括地志》云："故原城在怀州济源市西北二里。"[④] 陈梦家考证晚商卜辞中"原土"地在济源市西北15里之原乡。[⑤] 原地地位重要，很早就被重视，夏代帝宁曾居于原。古本《竹书纪年》："帝宁居原，自迁于老丘。"[⑥] 济源西北发现有几处二里头文化遗址如庙街、河头、西关汽车站，[⑦] 应该是二里头文化扩张进入沁水以西地区的结果，可见原地在文化扩张中的重要地位。从地理位置看，"原"正在本书所言"轵关陉"道之上，是继邵（召）而东的另一重要控制地点。

轵关陉道作为军事要道的作用非常明显，晋国军事行军进入其"南阳之地"继而进入洛阳盆地是很明确的，其他较早时期如夏商也可能同样作为军事要道。同时，该道路也应该是一条"资源运输"通道。晋南的中条山铜矿集中区是我国铜矿资源的重要产地之一，矿区位于中条山东段，北纬35°19′，东经111°40′，海拔620米。南起胡家峪、犁耙沟，北到铜矿峪、虎坪，西自篦子沟，东到落家河。矿区南北约20千米，东西约10千米，现有大小铜矿点30余处[⑧]（图6.16）。这些矿点主要分布于垣曲盆地北部，而笔者所言轵关陉道在中条山中的主体部分基本上也是在垣曲盆地北部浅山之间延行，且矿点恰又在道路两侧附近，如铜矿峪位于横岭关近

---

① 陈伟：《晋南阳考》，《历史地理》第十八辑，上海人民出版社2002年版，第160页。
② （汉）司马迁：《史记·晋世家》卷三十九，中华书局1982年版，第1664页。
③ 参考马保春《晋国地名考》，学苑出版社2010年版，第85—86页。
④ （汉）司马迁：《史记·赵世家》卷四十三，中华书局1982年版，第1781页。
⑤ 陈梦家：《殷虚卜辞综述》，科学出版社1956年版，第274页。
⑥ 方诗铭、王修龄：《古本竹书纪年辑证》（修订本），上海古籍出版社2005年版，第8页。
⑦ 中国社会科学院考古研究所：《中国考古学·夏商卷》，中国社会科学出版社2003年版，第85页。
⑧ 佟伟华：《垣曲商城与中条山铜矿资源》，《考古学研究（九）》，文物出版社2012年版，第346—361页。

处，而前文已言横岭关正是该道路从绛县小盆地东行进入中条山的关口。《水经注·河水四》曰："清水出清廉山之西岭，世亦谓之清营山，其水东南流出峡。峡左有城，盖古关防也。清水历其南，东流经皋落城北。……舆倚亳川水合。水出北山矿谷，东南流注于清。"[1]杨守敬认为："今水曰亳清河，出垣曲县西北，横岭山下。"关于"北山矿谷"，杨守敬言："今垣曲县西北七十里，有折山腰，相传谷中旧有铜矿，一水出焉，即倚亳川水也，其水在亳清河源之西。"所言亳清河上游横岭关近处山谷铜矿应正是铜矿峪。学者们早已指出洛阳盆地的二里头文化越过黄河向西北扩张进入垣曲盆地，就是为了控制制造铜器所必需的铜、锡、铅等矿产资源。到

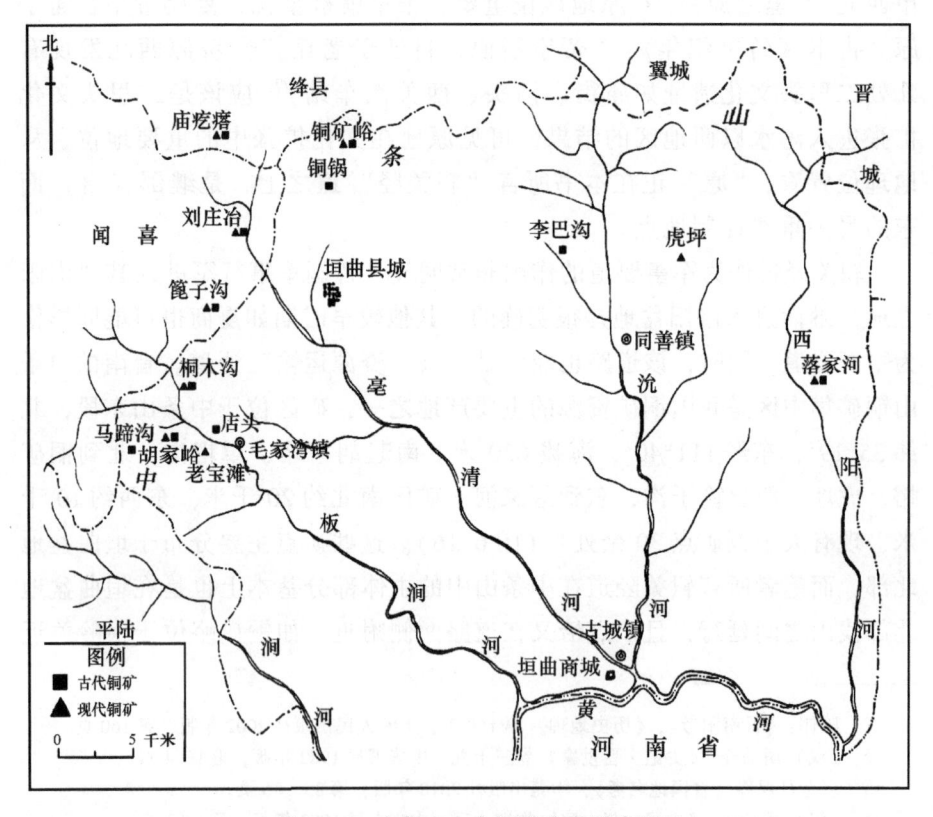

图 6.16 中条山古今铜矿分布示意图

来源：佟伟华：《商代前期垣曲盆地的统治中心——垣曲商城》，1998 年。

---

[1] （北魏）郦道元注，杨守敬、熊会贞疏：《水经注疏》，江苏古籍出版社 1989 年版，第 361—362 页。

达亳清河下游空间开阔的古城南关等遗址建成其中心聚落,溯河而上就是属于亳清河上游的铜矿峪、篦子沟、胡家峪等铜矿点。①换言之,这些铜矿资源沿亳清河而下,经古城聚落中心,过河输送至文化腹地洛阳盆地。至商代早期的二里岗时期,商人征服夏人及其领土,直接在二里头文化聚落中心之上,精心设计布局了垣曲商城这一军事城堡,②控制晋南中条山铜矿等资源仍然是其重要目的。

现在看来,本书所言轵关陉道在皋落镇一带很可能分出一支重要岔道,即自皋落沿亳清河河谷东南行至古城,再南行五里,至位于东滩村的黄河渡口——济民渡,南岸即河南渑池县阳壶渡。由济民渡南渡黄河至河南渑池县,为明清时期"晋豫之通津也"③。上文已言,这条支道在二里岗文化与二里头文化时期均已存在,是其军事扩张以及控制晋南中条山资源的重要道路之一。

此外,关于轵关陉道是否运盐,目前材料很难断定。轵关陉道相对于另外两条道路而言,虽然路远却比较易行。《战国策》所言"昔骐骥驾盐车,上于虞坂,迁延负辕不能进",通过虞坂巅軨道运盐困难可见一斑。当晋国充分控制轵关陉道时,不排除把已在囊中的盐池之盐通过该道路与虞坂巅軨道同时外运至中原腹地的可能性。

总之,晋南地区与洛阳盆地作为中原地区两处重要的考古学文化积淀深厚的地理单元,其间的文化互动交流由来已久,先秦时期就至少存在有中条浢津道、虞坂巅軨道、轵关陉道三条主要的交流道路。道路上地理位置重要之处都是作为道路的控制点或枢纽,一般也是文化的聚落中心点和军事要点。道路除了先民日常通行外,还是盐、铜等重要自然资源的运输通道,也是重要的军事要道。三条主要道路犹如动脉对于两区域的文明演进、社会发展、交流融合起到至关重要的推动作用(图6.17)。

---

① 中国国家博物馆考古部:《垣曲盆地聚落考古研究》,科学出版社2007年版,第364—365页。
② 佟伟华:《商代前期垣曲盆地的统治中心——垣曲商城》,《中国历史博物馆馆刊》1998年第1期。
③ 张宪功:《明清山西交通地理研究》,博士学位论文,陕西师范大学,2014年,第184页。

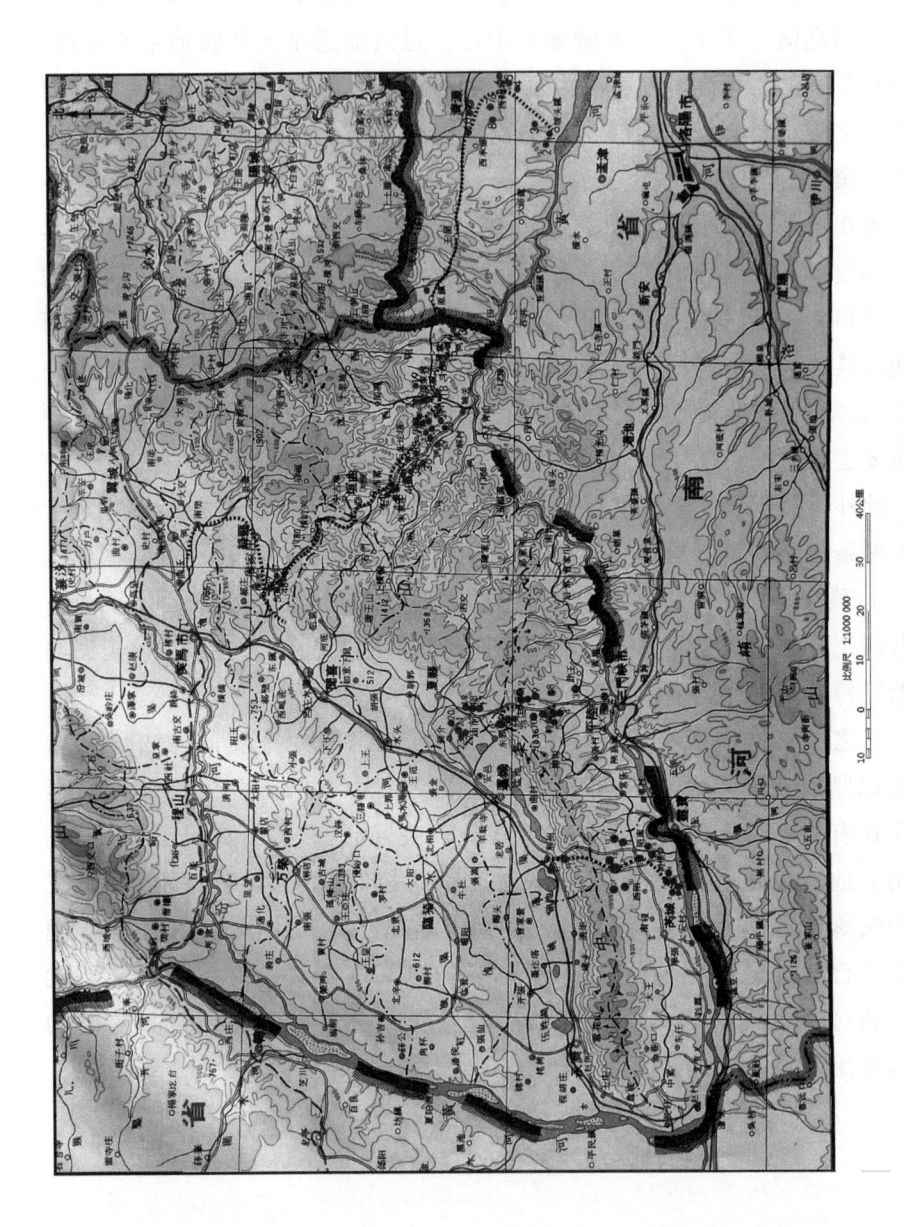

图 6.17 晋南与洛阳盆地之间的三条主要道路示意图

# 第七章　新砦文化时期中原和周边区域的互动交流

新砦期遗存是近二十年学术界关注的热点，它和早期夏文化密切相关，探讨二里头文化的形成、早期国家形成等问题均绕不开新砦期。当然，学术界对新砦期的认识解读也各有不同，形成了目前种种观点。2004年以前的田野资料发布、各种观点和研究情况可参见笔者的硕士学位论文。① 之后的相关研究情况可参见王刚的硕士学位论文。② 从中我们也基本可以了解新砦期研究在近年来的一个方向和趋势。新砦期延续时间不长，笔者和后来不少学者都认为大概百十年。从互动交流的视角来看，新砦期这段时间恰恰是中原地区和周边互动交流最为频繁和激烈的阶段。新砦期正如许宏先生所言"是解开二里头崛起之谜的一把钥匙，一个送走了风云激荡的龙山时代并孕育着此后辉煌的二里头时代的存在"③。因而探讨新砦期时段中原和周边地区的互动交流，其意义非同寻常。

## 一　新砦期遗存的含义及年代

关于新砦期，首先有一个狭义和广义的含义。狭义的新砦期是指考古学文化含义下一类特定的考古学遗存，具体的新砦遗址是指的新砦二期这类遗存。之后学者逐渐发现这类遗存有一定分布范围可以作为一个考古学文化提出，但是无论"新砦文化"还是"新砦二期文化"都是狭义的新砦期，这类遗存目前主要分布在嵩山以南颍、汝、双洎河的上游（概今天新密、登封、汝州、平顶山）和嵩山以北伊洛河下游（概今偃师、巩义、上

---

① 庞小霞：《试论新砦文化》，硕士学位论文，郑州大学，2004年。
② 王刚：《新砦期遗存研究》，硕士学位论文，武汉大学，2016年。
③ 许宏：《嵩山南北龙山文化至二里头文化演进过程管窥》，《中原地区文明化进程学术研讨会文集》，科学出版社2006年版，第212—222页。

街、荥阳、郑州西郊），其中重要遗址有新密新砦①、平顶山蒲城店②、巩义花地嘴③等。广义的新砦期其实是指在二里头国家出现前，那些年代介于中原龙山文化晚期和二里头文化之间的一类遗存。需要注意的是，广义的新砦期并非指分布于全国的这类过渡期遗存，而是指二里头文化分布范围内的这类遗存。④ 目前来看，在二里头文化鼎盛期二里头文化的分布范围内，有一些地区并不存在我们所谓的狭义典型的新砦期遗存，这类遗存其实是当地龙山文化的延续，但是由于中原核心地区发生了变化，这些地区又紧邻这一发生变化的地区，所以明显地受到典型新砦期的影响，存在一些新砦期文化的因素，以前学者把进入这个时间段的这类遗存统统称为新砦期，现在看来是不准确的，比如南阳盆地、信阳地区以及周口地区发现的所谓"新砦期遗存"更多是当地龙山文化延续，仅仅是出现一些少量的新砦期的因素，因此可将其归属于广义的新砦期遗存。

无论是广义还是狭义的新砦期，其在不同的区域相对年代是不同的，其上限因为各个区域龙山时代晚期结束的时间不同而不同，其下限则因二里头文化在该区域兴起的时间不同也有所不同。也就是说，含有新砦期遗存的每个不同的遗址，其中新砦期的年代一定是晚于该遗址中龙山文化晚期的遗存而早于二里头文化的遗存，这个已经由已发掘的诸多遗址的地层关系确定。但是如果纵向比较，就会出现有的遗址已经进入新砦期早段了，而有的遗址仍在延续龙山文化晚期，这样纵向比较就可能出现一个遗址的新砦期遗存可能和另一个遗址的龙山文化晚期遗存年代相当或稍晚。关于此，魏继印在对新砦遗址、王城岗、瓦店等王湾三期文化多个遗址分期基础上指出，新砦文化的早期和王城岗遗址第四期年代相当，新砦文化的中期（本书的晚期）和王城岗遗址第五期相当。⑤ 从该文的表一，可以

---

① 北京大学震旦古代文明研究中心、郑州市文物考古研究院：《新密新砦：1999~2000年田野考古发掘报告》，文物出版社2008年版。
② 河南省文物考古研究所、平顶山市文物局：《河南平顶山蒲城店遗址发掘简报》，《文物》2008年第5期。
③ 郑州市文物考古研究所、北京大学考古文博学院：《河南巩义市花地嘴遗址"新砦期"遗存》，《考古》2005年第6期；张莉：《从龙山到二里头——以嵩山南北为中心》，博士学位论文，北京大学，2012年；顾问、张松林：《花地嘴遗址所出"新砦期"朱砂绘陶瓮研究》，《中国历史文物》2006年第1期。
④ 以二里头文化的分布范围来定义广义的新砦期的范围是因为新砦期遗存和二里头文化都属于夏文化的范畴。
⑤ 魏继印：《论新砦文化与王湾三期文化的关系》，《考古学报》2019年第3期。

清楚地看出新砦期遗存和王湾三期文化遗存的相对年代关系，正好印证上文的分析。但是关于郝家台龙山文化最晚阶段的分期我们的认识稍有不同，我们赞同王湾三期文化分期可细化为八期。郝家台遗址的第六期的性质是当地龙山文化的延续，的确含有一些新砦期的因素，正说明其受到新砦期的影响，因此不宜将该期遗存划归第八期，仍可归入该遗址的第五期即整体属于王湾三期文化分期的第七期，其年代和新砦期晚段、王城岗第五期相当。但是郝家台报告中的二里头文化一期遗存整体器物组合、器形、纹饰等都呈现出与当地龙山文化一脉相承的特征，笔者认为应属于当地龙山文化遗存的延续，这期遗存可归属王湾三期文化的第八期。年代可能已到洛阳盆地的二里头一期晚段，这也是该期遗存的深腹罐、圆腹罐呈现出部分二里头文化一期特征的原因。因此郝家台遗址的龙山文化最晚期遗存是晚于新砦期晚段的。

同样，新砦期和二里头文化一期的年代关系也是如此，新砦期和二里头文化一期相比，我们认为新砦期遗存在各个遗址的情况是新砦期遗存早于该遗址的二里头文化一期遗存。但是如果纵向比较，也会得出二里头遗址的二里头文化一期其实和一些遗址中的新砦期年代相当或稍晚。由于新砦期遗存分为早晚段，二里头文化一期也分为早晚段，因此各个遗址新砦期遗存和二里头文化一期的年代早晚会出现几种不同情况。很显然对于二里头遗址二里头文化一期早晚段的明确区分，对于理清各个遗址新砦期遗存与二里头一期遗存的年代关系至关重要。目前二里头遗址一期早段遗存在《偃师二里头》报告中并无明确分出，新报告《二里头1999～2006》尽管将各期分成了早晚两段，但是也缺乏一期早段遗存。因此目前从地层关系到器物原始报告中都没有确认的二里头一期早段的遗存。有些学者根据《偃师二里头》中一组地层关系 II·VT104⑤→⑥→⑦细化了二里头文化一期的分期，① 但是正如张莉博士的分析，这组地层关系中的三个单位所出同类器种类少，张莉博士则主要根据二里头遗址未发表的二里头文化一期早段的两个单位97YLVT2H57和97YLVT2H59进一步区分了《偃师二里头》中二里头文化一期的早晚段。② 结合新发表的《二里头1999～2006》中一期晚段的典型单位，我们基本赞同张莉对于《偃师二里头》中

---

① 张东：《洛阳盆地二里头文化来源初论》，硕士学位论文，中国社会科学院研究生院，2008年。
② 张莉：《从龙山到二里头——以嵩山南北为中心》，博士学位论文，北京大学，2012年。

一期早段典型单位的划分，但是其划入晚段的 IIH216，折沿深腹罐（IIH216：11、13）和高领尊（IIH 216：17、18）都属于二里头一期早段（图7.1），高领圆腹瓮更具有龙山晚期的特征，IIH216 应划归二里头一期早段。整合有关材料，我们认为二里头遗址一期早段的典型单位有：VIIH53、Ⅱ·VH130、Ⅱ·VT113⑤、ⅤH72、Ⅱ·ⅤM57、IIH216；一期晚段的典型单位有：2002VG10②、Ⅱ·ⅤH146、Ⅱ·ⅤH106、Ⅱ·ⅤT116⑤、ⅧT15⑥、Ⅱ·ⅤH148。

IIH216：11　　　　　　　　　　IIH216：13

IIH216：17　　　　　　　　　　IIH216：18

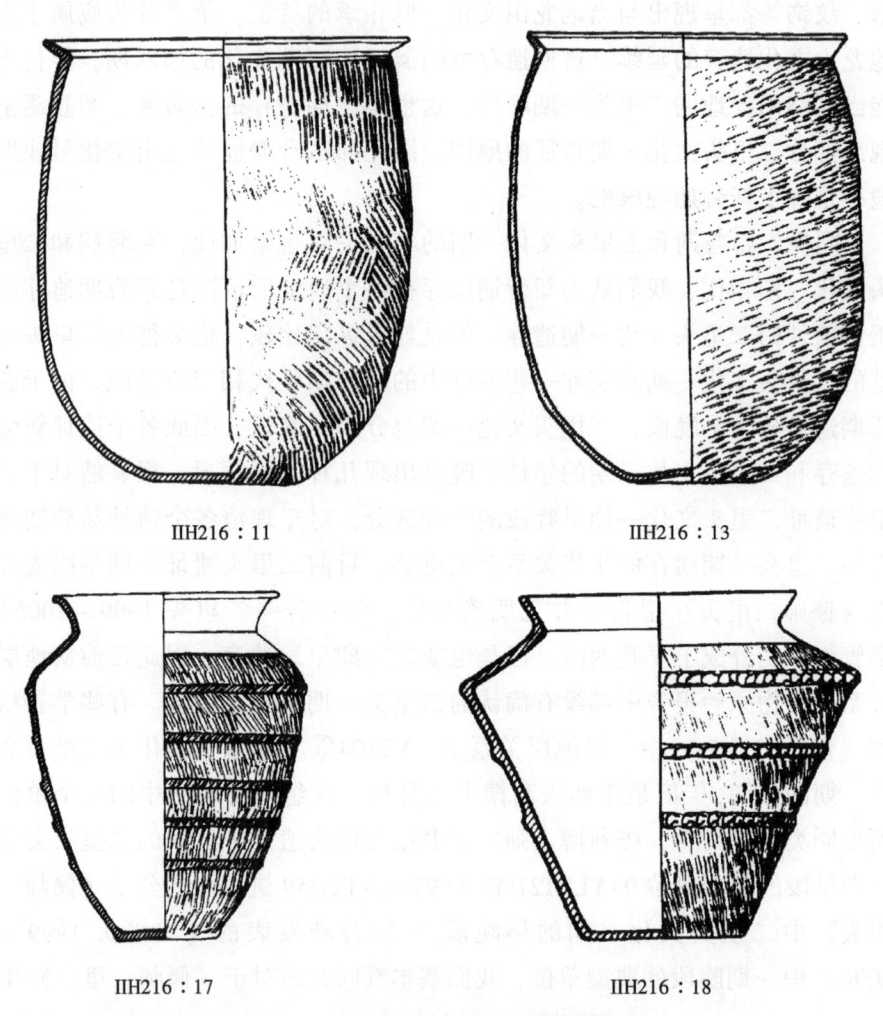

图7.1　二里头一期早段折沿罐与高领尊

来源：《偃师二里头——1959年~1978年考古发掘报告》，1999年。

## 第七章 新砦文化时期中原和周边区域的互动交流

就新砦遗址的新砦期遗存来看，可分为早晚两段。将新砦遗址叠压或打破新砦期晚段遗存的二里头早期遗存和上述二里头遗址的一期早晚段典型单位比较，新砦1999年和2000年发掘的二里头早期遗存宜归属二里头一期晚段，当然其中也含有一些早段因素，如较多的平顶折壁器盖，但是目前发现的1999年和2000年发掘的该期遗迹均为地层，且除了器盖不见完整器，综合考虑暂归属一期晚段。2003年秋东城墙发现的二里头早期遗存有平底盆和三足盘两件完整器，① 和二里头遗址一期早段的Ⅱ·V105：22、Ⅱ·VH130：12近似（图7.2），我们认为宜归属二里头一期早段。而2002H106打破新砦期晚段和早段，其中出土器物较丰富，②（图7.3）通过比较我们认为其也属于二里头一期早段，其中的尊形瓮、折肩罐、带耳乳足鼎呈现更早的作风。因此新砦遗址的新砦期遗存早于二里头一期是可以肯定的。

新砦 CT2GI（9）：6

二里头 Ⅱ·V105：22

新砦 CT2GI（1）：8

二里头 Ⅱ·VH130：12

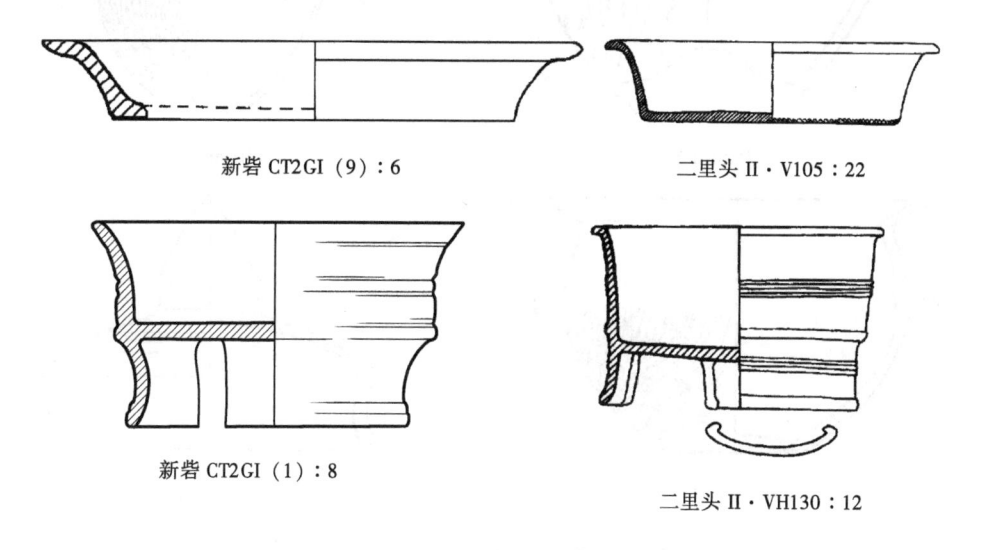

图7.2 二里头一期早段平底盆与三足盘

---

① 中国社会科学院考古研究所河南新砦队、郑州市文物考古研究院：《河南新密市新砦遗址东城墙发掘简报》，《考古》2009年第2期。

② 中国社会科学院考古研究所河南新砦队、郑州市文物考古研究院：《河南新密市新砦遗址浅穴式大型建筑基址的发掘》，《考古》2009年第2期。

H106∶14　　　　　　　　　　　H106∶27

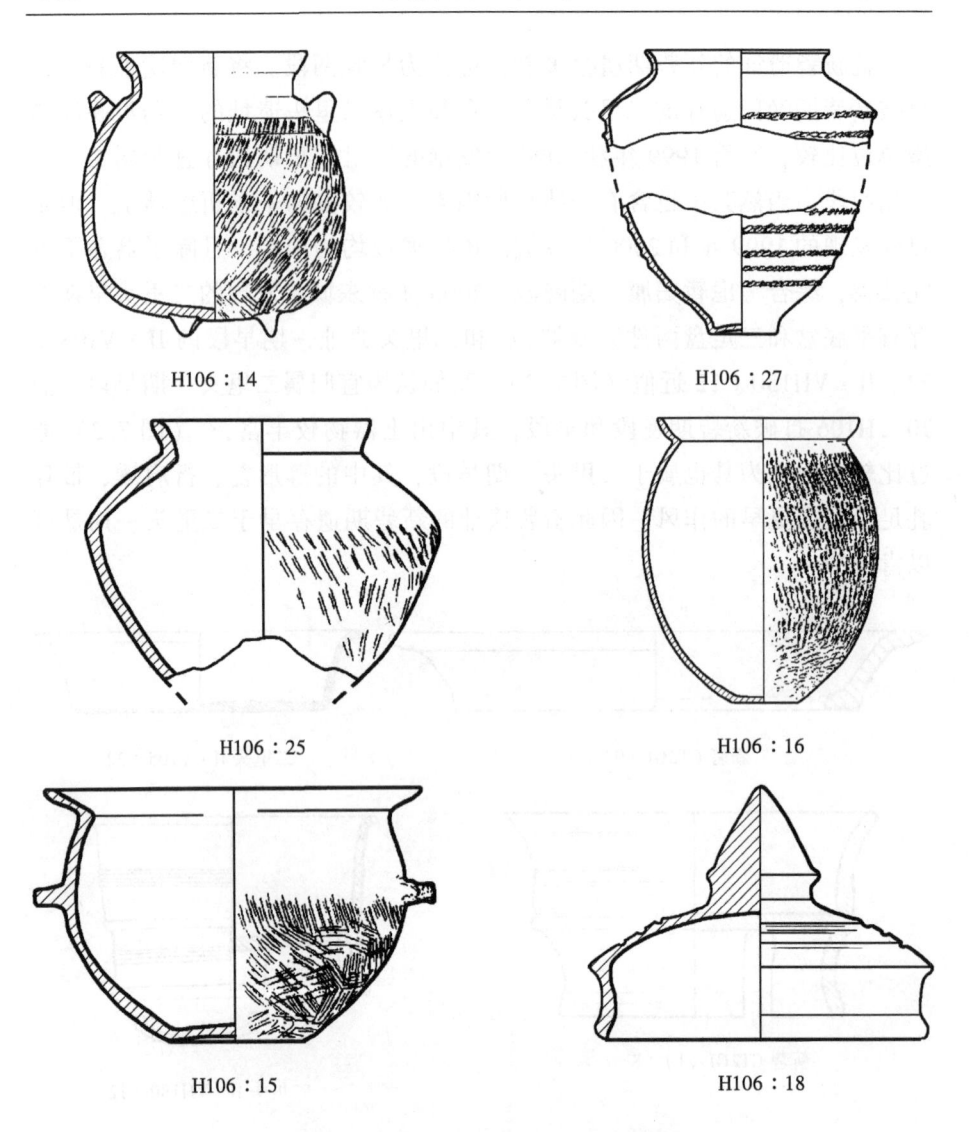

H106∶25　　　　　　　　　　　H106∶16

H106∶15　　　　　　　　　　　H106∶18

图 7.3　新砦 2002H106 出土部分陶器

蒲城店新砦期遗存仍然可以分为早晚两段，根据其新砦期晚段遗存中明显存在的一些二里头文化一期早段的因素，有学者指出该遗址新砦期晚段的相对年代和二里头一期早段相当。[①] 目前蒲城店发表的简报材料也指出该遗址二里头一期文化遗存丰富，可惜公布的材料中缺乏二里头一期和

---

① 王刚：《新砦期遗存研究》，硕士学位论文，武汉大学，2016年。

新砦期直接有叠压打破关系的遗存，具体蒲城店遗址新砦期和二里头一期的年代早晚有待材料的公布。

花地嘴遗址遗存延续时间短，仅发现新砦期遗存，目前主要发现4条环壕、3个祭祀坑、10余座房址、数个灰坑及2座陶窑，且遗迹单位缺乏叠压打破关系。① 由于遗址缺乏二里头文化一期遗存，因此花地嘴遗址的新砦期遗存和二里头一期早、晚段的年代孰早孰晚，只能靠器物类型学的对比。通过张莉博士的论文中花地嘴的资料以及多次观摩花地嘴实物资料，我们认为到目前为止花地嘴遗址新砦期遗存和新砦遗址是最为接近的，而且根据新砦遗址新砦期早晚段的分期，花地嘴遗址则发现了这种早晚段遗存共存同一单位的情况，比如花地嘴H145中早晚段的器盖、子母口瓮均有，H144也是如此，且H145内涵驳杂。通过类型学比较，花地嘴新砦期遗存年代整体早于二里头一期晚段也是肯定的。鉴于其几个典型单位H138、H144等多含有龙山文化晚期常见的盉、甗、肥袋足斝、双腹盆、乳足鼎等，且同时三足盘、深腹盆则又和二里头一期早段同类器近似，我们倾向于花地嘴新砦期遗存年代整体与二里头一期早段相当甚至稍早，但是两个祭祀坑延续时间较长。

新砦期的绝对年代根据新砦遗址和蒲城店遗址的测年数据，大概在公元前1850—前1750年。

## 二 新砦文化的内涵和分布

笔者2004年硕士学位论文中曾提出新砦期遗存可独立为新砦文化，主要以新砦遗址的新砦二期遗存为代表，可分为一、二两期。这和目前学术界提出的以新砦二期和二里头文化一期为代表的新砦文化②以及以新砦遗址的新砦二期和三期遗存为代表的③新砦文化内涵均不同。在2004年之后二里头、瓦店、新砦、王城岗、郝家台、下王岗等重要遗址均发表了报告，而新发现的新砦期遗存的重要遗址如蒲城店也发表了简报，更为重要的是王湾三期文化、新砦期、早期夏文化的研究有了更深入的进展。在前

---

① 郑州市文物考古研究所、北京大学考古文博学院：《河南巩义市花地嘴遗址"新砦期"遗存》，《考古》2005年第6期。

② 杜金鹏：《新砦文化与二里头文化——夏文化再探讨随笔》，《中国社会科学院古代文明研究中心通讯》2001年第2期。

③ 庞小霞、高江涛：《关于新砦期遗存研究的几个问题》，《华夏考古》2008年第1期。

人研究基础上，结合新的田野材料我们将对新砦文化相关的各个遗址重新梳理确定新砦文化的内涵和分布。

通过对新砦、花地嘴、蒲城店等典型遗址的分析，我们认可新砦期遗存独立为新砦文化，仍分为早、晚两期，由于学术界有"新砦二期文化""新砦二期遗存"的说法，为避免歧义，这里分期的两期称为早、晚期不再称为一、二期。早期主要以新砦遗址新砦期早段、蒲城店遗址的新砦期早段为代表，花地嘴遗址含有部分新砦期早段遗存。晚期主要以新砦遗址的新砦期晚段、蒲城店遗址的新砦期晚段及花地嘴遗址的H144、H138、H145等为代表。本书基本认可《新密新砦》关于新砦期早晚段的划分（即本书所言新砦文化早晚期），因此新砦文化早晚两期的特征《新密新砦》已有详细论述，和笔者2004年的硕士学位论文也是一致的，对此不再赘述。新砦文化具体分布范围则有新的看法。

对于新砦遗址本身1979年的发掘，[①] 其中关于哪些属于新砦期，哪些属于龙山晚期，学术界的认识还不一致。H8原定为龙山晚期，后被赵芝荃先生划归新砦期是合理的，尽管其中平底盆、深腹罐、鼎都具有龙山晚期的特征，但是尊形器、尊形瓮等新砦文化晚期流行的典型器物也有发现，我们赞同张莉博士的看法将其划归新砦文化晚期。[②] 此外，H7发现有尊形瓮、折肩罐等新砦文化晚期流行的典型器物，H5中则有新砦文化晚期典型特征的器盖，而H5打破H11，因此H5、H7、M1应属于新砦文化晚期，H11、H3、H2则属于新砦文化早期。

东赵遗址同时发现了二里头文化一期和发掘者所称的"新砦期"遗存。[③] 然而东赵遗址的"新砦期"遗存从器物组合上看，以深腹罐、小口高领罐（也称广肩罐或小口高领瓮）、碗、钵、小口罐（包括单耳和扁口）最常见；豆、杯次之；另有极少的平底盆、甗、圈足盘、子口瓮、斝、鬲，而新砦和花地嘴遗址都常见的新砦期早段的乳足鼎、高足鼎、器盖、刻槽盆、带鸡冠鋬的深腹盆等几乎不见，晚段常见的尊形瓮、篦形豆、双腹豆、折肩罐、各类子口器更是不见。而东赵遗址的上述新砦期器物整体看和王湾三期文化的

---

[①] 中国社会科学院考古研究所河南二队：《河南密县新砦遗址的试掘》，《考古》1981年第5期。

[②] 张莉：《从龙山到二里头——以嵩山南北为中心》，博士学位论文，北京大学，2012年。

[③] 郑州市文物考古研究院、北京大学考古文博学院：《郑州市高新区东赵遗址小城发掘简报》，《考古》2021年第5期。

晚期接近，和新砦期遗存差别较大。因此从器物的组合及器形、纹饰、制法等整体考察，我们认为东赵遗址的"新砦期"遗存几乎不见新砦期常见的器物组合，而整体更接近龙山晚期，但是又和邻近的洛阳盆地王湾遗址、灰嘴遗址及郑州地区站马屯、马庄的龙山晚期遗存不同，这些不同是因为年代不同造成的，而非文化性质不同。东赵遗址"新砦期"遗存出土的小口高领罐和王城岗遗址第五期、郝家台遗址第五期出土的同类器近似，整体来看，其性质属于当地龙山文化晚期，年代可归属上文王湾三期文化分期约第七期。

  王城岗、瓦店遗址我们认为不存在单纯的新砦文化遗存，由于瓦店的三期及王城岗的四、五期和新砦文化的早晚期年代相当，新砦文化和这两个遗址之间存在互动交流十分正常，所以两个遗址中均有一些新砦文化的因素。王城岗遗址有二里头文化一期遗存，但是瓦店遗址不见，甚至二里头二期遗存也未发现，因此瓦店遗址从龙山晚期到二里头一期的发展并不清晰。从瓦店遗址 IVT6H34：2 的器盖看，显然受到新砦文化影响，其年代与新砦文化晚段相当。

  煤山遗址1970年、1975年春秋、1987—1988年不同单位先后在此发掘，三次工作都已发表了简报。[①] 第一次试掘中的煤山第二期遗存和第二次发掘简报中的"二里头一期文化"后来赵芝荃都将其归属于"新砦期"，[②] 结合新砦文化的内涵，尤其蒲城店的发掘材料，我们认为大部分应属于新砦期的早段，即本书的新砦文化早期。至于有学者把圆腹罐或者带花边的圆腹罐作为二里头文化标型器一说，[③] 我们认为一种考古学文化的性质判定仅从陶器来说至少也要以有固定组合的一组器物来判定，同时还要参考陶质、陶色、纹饰、制法等。花边圆腹罐、花边罐及不带花边的圆腹罐（也有称敛口罐、小口罐，总体特征小圆腹，多有颈部）在龙山文化中晚期就已经在齐家文化、客省庄文化中出现，下王岗遗址龙山文化晚期也大量出现圆腹罐、花边圆腹罐，但是上述都不属于二里头文化。而且就《临汝煤山遗址1987—1988年发掘报告》中所说的圆腹罐（T3③：3）来看，仅有口沿部分，且口很

---

  [①] 洛阳博物馆：《河南临汝煤山遗址调查与试掘》，《考古》1975年第5期；中国社会科学院考古研究所河南二队：《河南临汝煤山遗址发掘报告》，《考古学报》1982年第4期；河南省文物研究所：《临汝煤山遗址1987—1988年发掘报告》，《华夏考古》1991年第3期。
  [②] 赵芝荃：《试论二里头文化的源流》，《考古学报》1986年第1期。
  [③] 新密新砦报告中多次强调这一观点，以是否有花边罐、圆腹罐判断是否属于二里头文化。参见北京大学震旦古代文明研究中心、郑州市文物考古研究院《新密新砦：1999~2000年田野考古发掘报告》，文物出版社2008年版。

大，和二里头的圆腹罐口沿差别巨大，倒是更类似新砦文化常见的大口深腹罐。三次发掘中被认定为"二里头一期"遗存比较丰富，从器物组合看基本延续了前期器物，但是在器物形态上发生了变化，并且出现了刻槽盆、带鸡冠鋬的深腹盆、三足盘、子口钵，其中前三种是新砦期遗存和二里头一期共有的器物，子口器则是新砦期最有特色的。综合考虑陶器胎较厚、篮纹细密，纹理浅，方格纹大而稀疏的特征，这类遗存划归新砦文化早期更合理。但是值得注意的是，1970年和1975年试掘中的"二里头一期"中的确有一些二里头一期的遗存，如70H3应属于二里头一期早段，其中深腹罐（H3：13）、敛口罐（H3：18）及深腹盆形甑都具备二里头一期早段特征，在二里头遗址一期早段均可找到类似器物。同时，此次试掘中第二期陶器采集的深腹盆形甑（采：50）、尊（采：46）也都属于二里头一期早段。75H30中深腹罐、尊都呈现二里头一期早段特征，应属于二里头一期早段。此外，第三次发掘中的"二里头二期"H8的大口尊和深腹罐都和二里头一期特征近似，应属于二里头一期晚段，其中刻槽盆年代能至一期早段。

洛阳东干沟遗址开口于战国文化层下的M1和M2，《考古》的简报没有确认两座墓葬的年代，《洛阳发掘报告》中认定为二里头时期。[①] 两墓随葬的陶器特征均不典型，其中M1的有领折肩罐和二里头Ⅱ·ⅣH148：12近似，同时该遗址H531：1也与其极其近似，尽管H531报告中不见其他共出的器物，但是综合同层位遗迹均为二里头文化的情况，这两座墓我们赞同属于二里头文化一期。这两座墓的陶器均不见新砦期遗存的特征，应不属于新砦文化。《洛阳发掘报告》公布的龙山文化遗存属于王湾三期文化王湾类型，且没有新砦文化因素。而两个简报公布的属于二里头文化时期的遗存，有不少属于二里头一期的，其中的尊形瓮和新砦期同类器近似，但是考虑到在二里头一期晚段也有类似器物（2002VG10②：21）（图7.4），且遗存整体属于二里头时期是无疑的，因此我们认为东干沟的二里头时期遗存属于二里头文化，这类尊形瓮的出现应是受到新砦文化的影响。其实二里头文化中的此类器物我们认为正是受到新砦文化影响的产物，二里头遗址一期发现较多的尊形器、尊形瓮可能都是此类尊形瓮的近似或变体。东干沟正在洛阳盆地，出现这类相似度极高的尊形瓮实属正常。

---

① 考古研究所洛阳发掘队：《1958年洛阳东干沟遗址发掘简报》，《考古》1959年第10期；中国社会科学院考古研究所：《洛阳发掘报告》，北京燕山出版社1989年版。

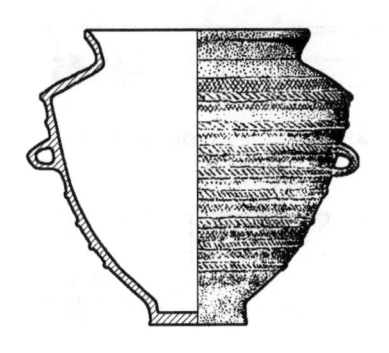

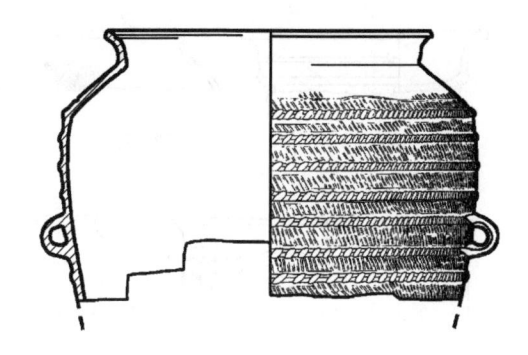

第七章　新砦文化时期中原和周边区域的互动交流　　367

东干沟 T524（3）∶1　　　　　　　　　二里头 2002VG10②∶21

图 7.4　东干沟与二里头尊形瓮

　　1991 年春河南省文物考古研究所对密县（今新密）黄寨遗址进行了抢救性发掘，目前发表简报两篇。① 第一期文化遗存从陶质、陶色、纹饰、器类都和新砦遗址新砦期早段十分接近，应属于新砦文化早期。其第二期遗存及后来发表的 H1 主要属二里头文化，但是简报归属于二里头文化二期早段的 H5 中的子口瓮和新砦期晚段同类器近似，由于 H5 仅见此一件器物，不了解开口层位及整体情况，暂将其归属新砦文化。此外，H6∶20 这种大口折沿的附加堆纹深腹罐在新砦期晚段很常见，同时 H6 的附加堆纹的陶缸、三足盘都可在二里头一期晚段或二期早段见到类似器物，而 H6 的多件圆腹罐和深腹罐仅存口沿，时代属于二里头一期晚段，因此 H6 虽有新砦期晚段常见器物，但是整体属于二里头文化，器物特征没有明显属于二里头二期的，我们倾向其年代属于二里头一期晚段。H7∶1 大口尊口径略小于肩颈，属于二里头二期早段（图 7.5）。总之，黄寨遗址明确存在新砦文化早晚期遗存，目前的材料证明该遗址二里头早期遗存相对更丰富。

　　郑州牛砦遗址发掘面积小，② 整体的器物组合和新砦期遗存相同，从出土的饰横线纹和八字纹的三角形鼎足、麻花耳的子母口鼎看，牛砦遗址的新砦期遗存属于新砦文化早期。

---

①　河南省文物研究所：《河南密县黄寨遗址的发掘》，《华夏考古》1993 年第 3 期；河南省文物考古研究院：《河南新密黄寨遗址 H1 清理简报》，《华夏考古》2021 年第 3 期。
②　河南省文化局文物工作队：《郑州牛砦龙山文化遗址发掘报告》，《考古学报》1958 年第 4 期。

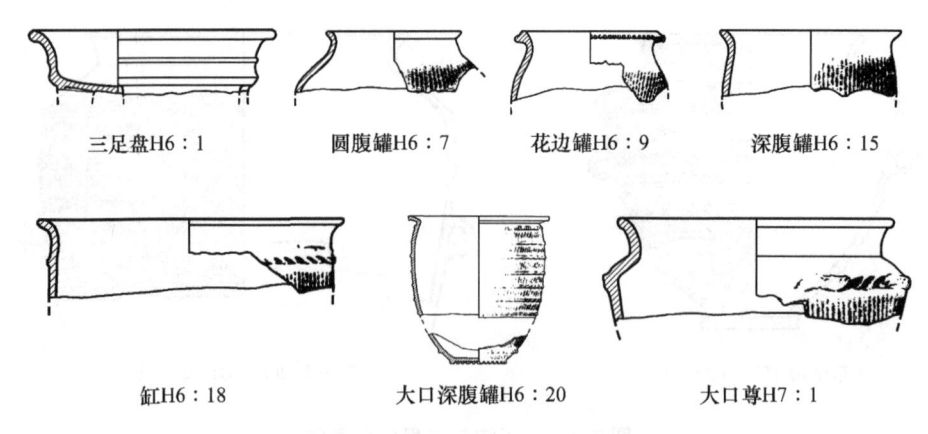

三足盘H6∶1　　　圆腹罐H6∶7　　　花边罐H6∶9　　　深腹罐H6∶15

缸H6∶18　　　大口深腹罐H6∶20　　　大口尊H7∶1

图 7.5　黄寨 H6 与 H7 出土陶器

荥阳竖河龙山文化晚期鼎很少，[①] 其二期三段更是几乎不见鼎，整体文化面貌和东赵的"新砦期"接近。竖河龙山文化晚期遗存属于王湾三期文化，该遗址接着就是二里头一期，不存在新砦文化遗存。

郑州二七路的龙山晚期遗存[②]不见新砦文化的典型器物，属于王湾三期文化最晚段，应属于魏继印先生分期中的第八期。

通过以上分析，新砦文化主要分布在伊洛河下游的巩义花地嘴、古宥水（今双洎河）流域的新密新砦、黄寨、郑州牛砦及北汝河流域的汝州煤山和平顶山蒲城店等遗址。环嵩山东北部的新砦和花地嘴文化面貌近似，煤山和蒲城店近似。能否形成不同类型还有待材料的丰富。

### 三　新砦文化和周边区域的文化互动

新砦文化和周边的互动交流可以通过对新砦文化进行详细的文化因素分析来考察，环嵩山的新密新砦和花地嘴尽管面貌接近但仍有不同，因此暂以新砦、花地嘴、蒲城店三个典型遗址为例分别分析双洎河、北汝河、伊洛下游三个小区域内新砦文化和周边区域的互动及区域内的互动交流。

参考《新密新砦》中对王湾三期文化晚段及新砦期早段的典型单位

---

[①] 河南省文物研究所：《河南荥阳竖河遗址发掘报告》，《考古学集刊》（10），地质出版社 1996 年版。

[②] 河南省文物研究所：《郑州北二七路新发现三座商墓》，《文物》1983 年第 3 期。

## 第七章 新砦文化时期中原和周边区域的互动交流

主要器类统计表①，综合对新砦文化的研究，新砦遗址新砦文化早期陶器主要是深腹罐、鼎、碗钵、器盖、小口高领罐、盆、豆、子母口瓮、瓦足盘等，早期新出现的器类是刻槽盆、带鸡冠鋬的深腹盆、带横线或八字纹的侧装扁三角形鼎足的子母口鼎、Y字形子母口鼎、镂空足的子母口鼎，明显增多的器物是器盖，同时与之前王湾三期文化陶器明显不同的是鼎、罐多为尖圆唇，鼎、罐、缸口部开始流行子母口作风。晚期主要器类除了上述器类，尊形瓮、折肩罐较为流行，新出现了双腹豆、簋形豆、附加堆纹的深腹罐、子母口的瓦足瓮等。综上新砦遗址新砦文化的陶器群大致可分为五组（图7.6）：

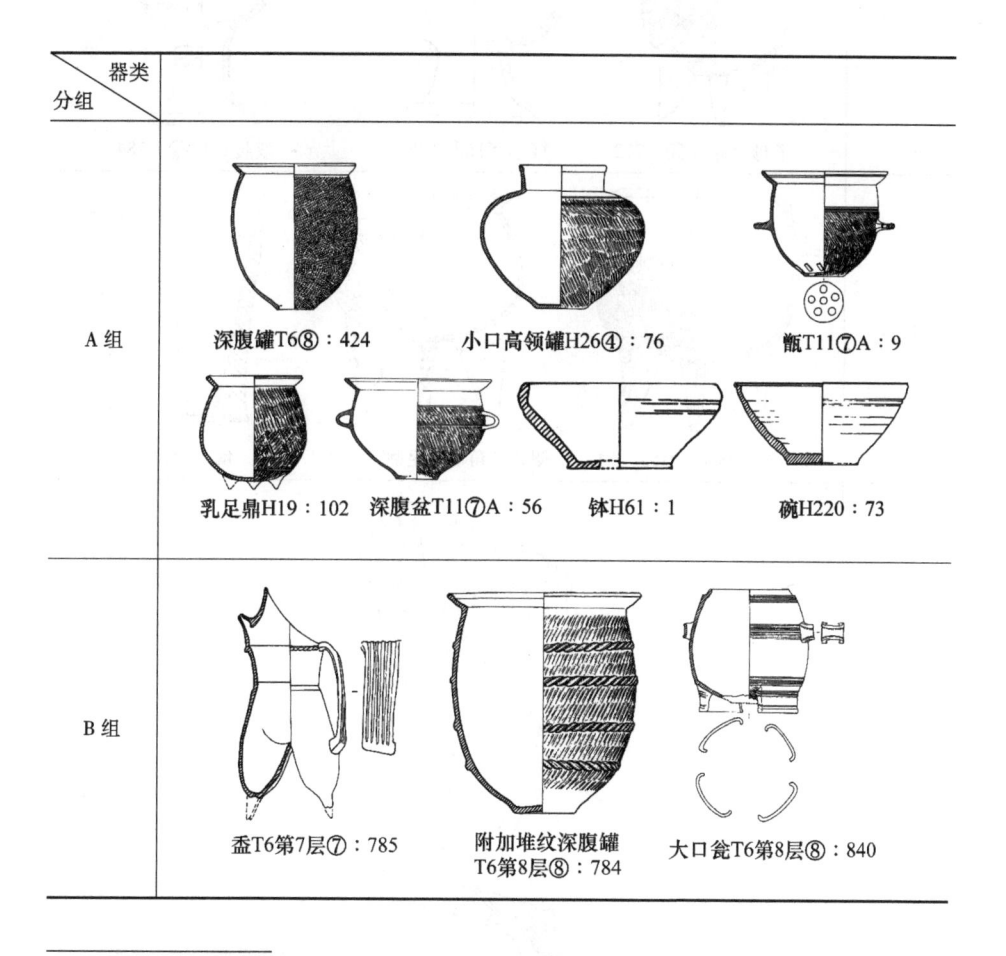

| 分组 \ 器类 | | | | |
|---|---|---|---|---|
| A组 | 深腹罐T6⑧：424 | 小口高领罐H26④：76 | 甑T11⑦A：9 | |
| | 乳足鼎H19：102 | 深腹盆T11⑦A：56 | 钵H61：1 | 碗H220：73 |
| B组 | 盉T6第7层⑦：785 | 附加堆纹深腹罐T6第8层⑧：784 | 大口瓮T6第8层⑧：840 | |

---

① 北京大学震旦古代文明研究中心、郑州市文物考古研究院：《新密新砦：1999～2000年田野考古发掘报告》，文物出版社2008年版，第148、426页。

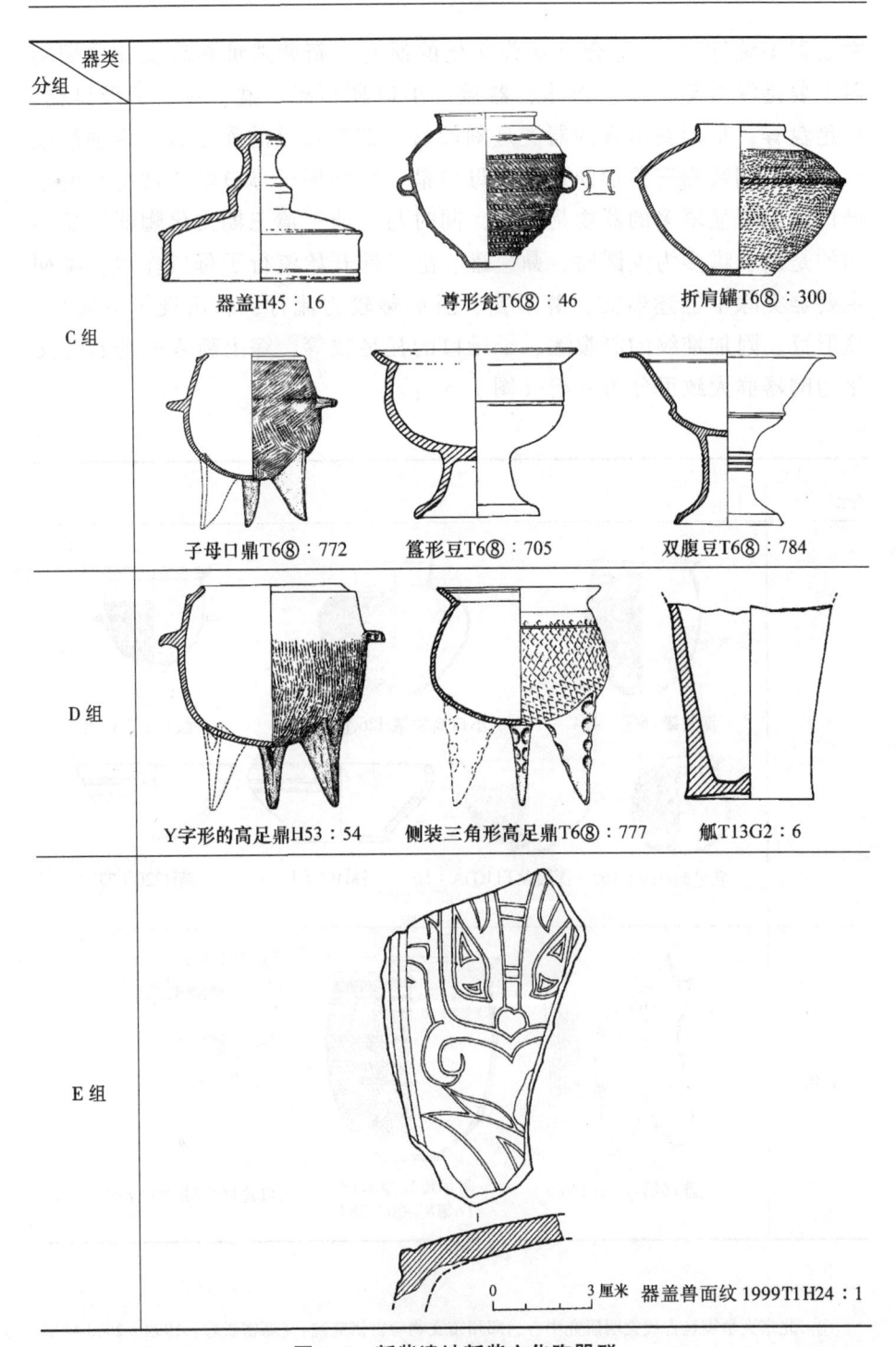

| 分组 \ 器类 | | | |
|---|---|---|---|
| C组 | 器盖H45:16　　尊形瓮T6⑧:46　　折肩罐T6⑧:300<br>子母口鼎T6⑧:772　　篦形豆T6⑧:705　　双腹豆T6⑧:784 | | |
| D组 | Y字形的高足鼎H53:54　　侧装三角形高足鼎T6⑧:777　　觚T13G2:6 | | |
| E组 | 器盖兽面纹 1999T1H24:1<br>0　　3厘米 | | |

图 7.6　新砦遗址新砦文化陶器群

A组：来自本地王湾三期文化，如深腹罐、小口高领罐、碗、钵、乳足鼎、甑、深腹盆等。

B组：来自海岱龙山、造律台文化的子母口作风，宽大横耳、磨光黑皮陶、袋足封顶管状流盉、附加堆纹的深腹罐、子母口大口瓮，侧装三角形的高足鼎。

C组：自身创新因素，器盖、子母口鼎、尊形瓮、折肩罐、双腹豆、簋形豆等。

D组：来自江汉平原、丹淅流域的觚形杯、侧装三角形及Y字形的高足鼎。

E组：来自江汉地区、海岱地区或晋南陶寺的文化因素，陶器盖上的兽面纹。

这里有几点需要说明：首先是折肩罐，我们赞同其正是在小口高领罐基础上的创新和变形，[①] 同样尊形瓮可能也是在矮领瓮基础上的变形和创新。双腹豆则可能是借鉴王湾三期文化中常见的双腹盆的创新，而这三种器物在王湾三期文化中很早就已出现且是典型器物。近期有学者认为新砦文化的侧装三角形鼎应主要来自于豫东的造律台文化。[②] 我们认为此类鼎除了来源于豫东，还可能来源于丹淅流域。侧装三角形鼎足和Y字形鼎足在淅川下王岗遗址龙山文化中期偏早阶段就已大量出现，而这个阶段约相当于煤山一期。大量侧装三角形足鼎的出现是在下王岗龙山文化的中晚期，而豫东造律台文化大量出现此类鼎的时段也是该文化的中晚期，两支文化的中晚期有长时期的重合。因此新砦文化中出现的此类鼎不能排除来自丹淅流域的可能。而下王岗出土的大量此类鼎多属于垂腹罐形鼎，且鼎足相对较高，这和新砦文化此类鼎更接近。"Y"字形鼎足目前在造律台文化中没有见到，因此新砦文化的"Y"字形足鼎更可能是受到丹淅流域影响的结果。与此同时，下王岗龙山文化晚期晚段陶器的鼎罐折沿、流行圆唇或尖圆唇，两侧捏花边的鼎足，篮纹、方格纹模糊散乱，罐和瓮的子母口作风等都呈现出新砦文化的特征，由于遗址中并无单纯的新砦文化遗迹单位，我们认为这类遗存是当地龙山

---

① 魏继印：《新砦文化的源流及性质》，《考古学报》2018年第1期。
② 魏继印、王志远：《新砦文化深腹罐和侧装三角形扁足鼎的来源问题》，《中原文物》2022年第5期。

文化的延续。但是显然这期遗存的年代和新砦文化相当，上述现象正是丹淅流域和新砦文化存在互动交流的明证。这说明新砦文化不仅自龙山文化中期以来受到丹淅流域的影响，而且在相当于新砦文化时段和这个地区也有密切的互动交流。

值得注意的是，在新砦发现一类袋足，带有斜的管状流的盉，新砦遗址的T6⑦—⑧：902，在颈和顶交接部位有一圈附加堆纹，且流部下面有弯曲细泥条装饰的纹饰。同时下王岗也发现了这类盉，且至少有四件，但发布资料的完整器仅一件即T6②：80，另两件属于仅剩流部下面饰弯曲泥条附加堆纹的陶片以及疑似流部。[①] 此外，在巩义花地嘴和郧县大寺[②]（T5②：80）均有此类器物发现。在新砦遗址中还有多件类似盉出土，如T5⑧：20、T6⑦：785、T6⑦：1、T6⑦：10，他们和上述新砦T6⑦—⑧：902的不同之处在于，这几件盉流下部没有装饰弯曲细泥条。上述大寺和下王岗发现的盉，性质属于王湾三期文化乱石滩类型，综合考虑地层和伴出物的整体情况，年代和新砦、花地嘴遗址年代相当。上述盉暂称为A型盉（图7.7）。

关于中原地区盉的来源，学术界一般都赞同是海岱地区的鬶演变而来。目前在长江中游、河南及陕西龙山文化晚期发现一类盉，袋足、流在器顶前缘，且颈部较短。本书将此类盉称为B型，如禹州瓦店（IIT5H28：1）[③]、永城王油坊[④]（T25⑤：3）、洛阳锉李（H23：4）[⑤]、天门肖家屋脊（H68：63）[⑥]、孟津小潘沟（T11H60：2）[⑦]、临潼姜寨（H9：7）[⑧]、临潼康家（T114②H21：1）[⑨]、郑州商城（C9.1H112：21）[⑩]（图7.8）。

---

[①] 中国社会科学院考古研究所：《淅川下王岗——2008～2010年考古发掘报告》，科学出版社2020年版，第286—287页。

[②] 中国社会科学院考古研究所：《青龙泉与大寺》，科学出版社1991年版，第187页。

[③] 河南省文物考古研究所：《禹州瓦店》，世界图书出版公司北京公司2004年版，第61—62页。

[④] 中国社会科学院考古研究所河南二队等：《河南永城王油坊遗址发掘报告》，《考古学集刊》(5)，中国社会科学出版社1987年版，第100页。

[⑤] 洛阳博物馆：《洛阳锉李遗址试掘简报》，《考古》1978年第1期。

[⑥] 湖北省荆州博物馆等：《肖家屋脊》，文物出版社1999年版，第258页。

[⑦] 洛阳博物馆：《孟津小潘沟遗址试掘简报》，《考古》1978年第4期。

[⑧] 西安半坡博物馆、陕西省考古研究所等：《姜寨——新石器时代遗址发掘报告》，文物出版社1988年版，第336—337页。

[⑨] 西安半坡博物馆：《陕西临潼康家遗址第一、二次试掘简报》，《史前研究》1985年第1期。

[⑩] 河南省文物考古研究所：《郑州商城——一九五三年～一九八五年考古发掘报告》，文物出版社2001年版，第76页。

第七章　新砦文化时期中原和周边区域的互动交流

新砦T6⑦-⑧：902　　　　　下王岗T6②：80

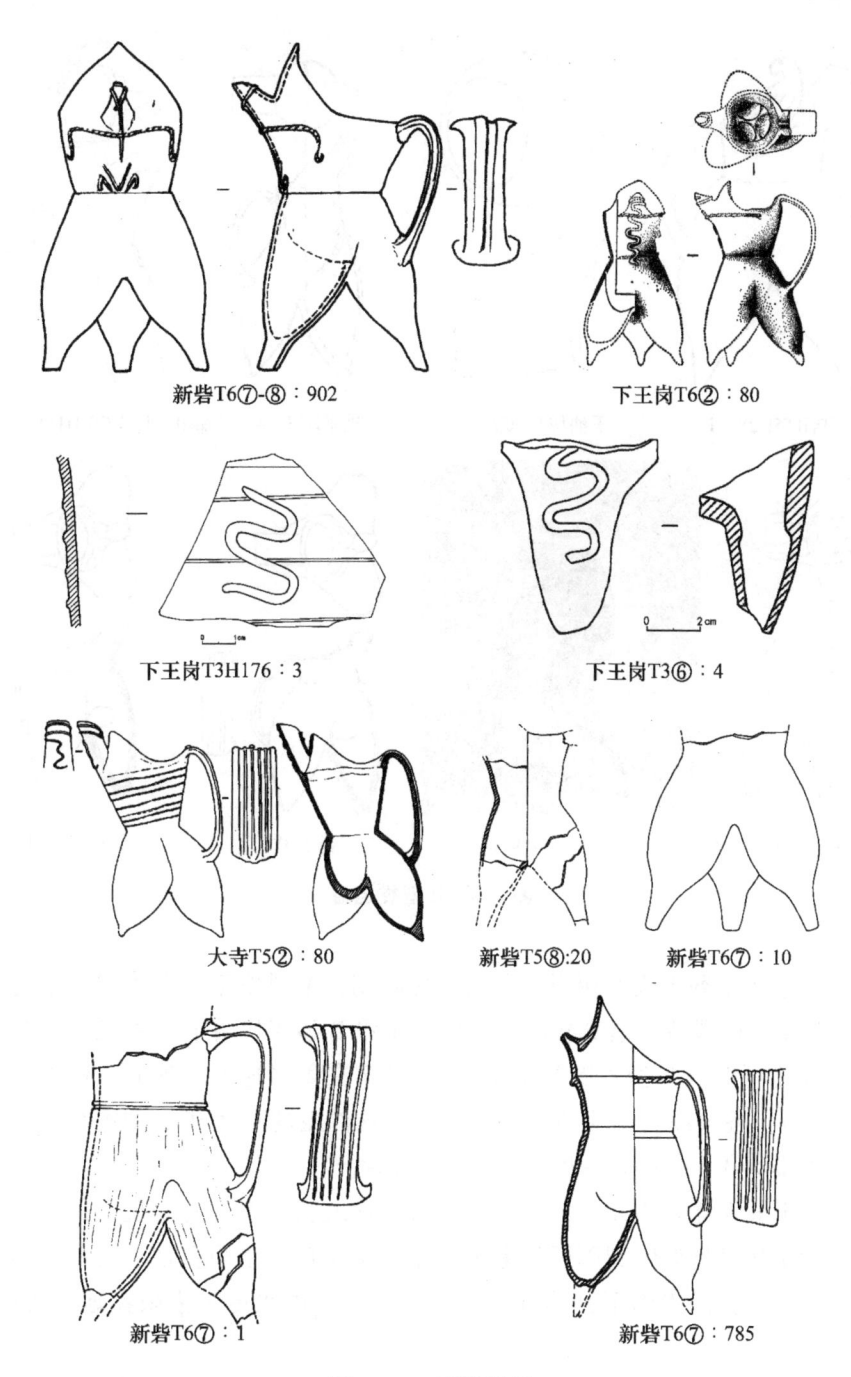

下王岗T3H176：3　　　　　下王岗T3⑥：4

大寺T5②：80　　　新砦T5⑧：20　　　新砦T6⑦：10

新砦T6⑦：1　　　　　新砦T6⑦：785

图7.7　A型袋足盉

瓦店ⅡT5H28∶1　　王油坊T25⑤∶3　　锉李H23∶4　　郑州二里岗C9.1H112∶21

肖家屋脊H68∶63　　小潘沟T11H60∶2　　姜寨H9∶7　　康家H21∶1

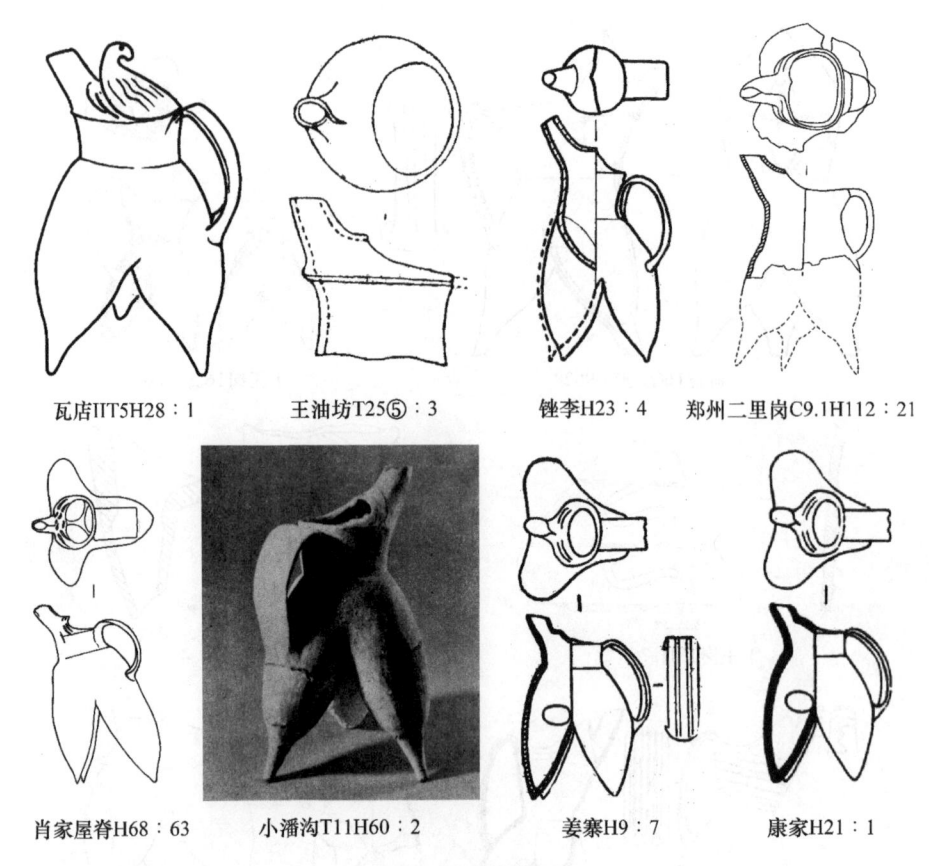

图7.8　B型袋足盉

上述B型盉年代均相当于龙山文化晚期，A型盉年代大体相当于龙山文化晚期最晚段或新砦文化时期，整体来看B型年代略早于A型。有学者认为A型可能由B型发展演变而来。① 其实在姜寨遗址发现的一件平底盉H162∶4，盉顶部和A型盉形制近似，而这件盉的年代和B型盉相当。因此也不排除A、B两类盉并行发展的可能性。

由于B型盉在豫东、江汉平原、洛阳盆地及关中均有发现，因此这类盉究竟是从海岱地区到邻近的豫东造律台文化再至洛阳盆地、关中，还是海岱地区此类因素南下到达江汉、丹淅一带，再北传至洛阳盆地、关中，

---

① 杜金鹏：《封顶盉研究》，《考古学报》1992年第1期；张莉：《从龙山到二里头——以嵩山南北为中心》，博士学位论文，北京大学，2012年。

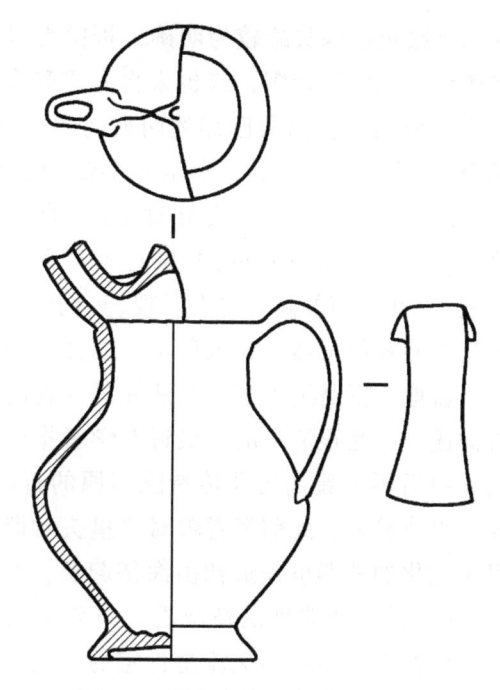

第七章　新砦文化时期中原和周边区域的互动交流

图 7.9　姜寨遗址平底盉 H162∶4

抑或是两条路径同时进行，目前尚不清楚。同样 A 型盉也是在南边的江汉、丹淅和新砦文化分布的郑洛地区均有发现，如果认为 A 型盉与 B 型盉有关系，且根据二者器形判断 A 型来源于 B 型，这样 A 型盉的来源就更复杂些，一种可能是下王岗、大寺的盉是来自本地肖家屋脊文化稍早的 B 型盉，新砦、花地嘴的来自本地稍早的小潘沟、锉李；另一种可能则是新砦、花地嘴均来自肖家屋脊—下王岗一系，毕竟下王岗 T6②∶80 和新砦的 T6⑦—⑧∶902 器物形态最为接近，而花地嘴和下王岗盉流的下部则有完全相同的弯曲泥条附加堆纹。综合考虑新砦、花地嘴和洛阳盆地关系稍远，二者来源于肖家屋脊—下王岗一系的可能性更大。当然，还有一种可能则是下王岗和新砦的 A 型盉与 B 型盉没有关系，由来自海岱的鬶直接演变而成，则 A 型和 B 型盉来源类似，海岱到中原的两种路径皆有可能。目前的材料证明上述两条路线都是存在的。

　　从新砦文化的来源看，除了继承本地王湾三期文化的因素并在此基础上形成一些创新外，最主要的是来自海岱龙山及造律台文化的影响，尤其是在陶器的质色、器口的子母口、器耳、器足等方面，整器的承袭除了子母口的大口瓮、附加堆纹折沿深腹罐较为明确，折壁大器盖和平底盆由于海岱龙山文化和造律台文化发现较多，或也来自海岱和豫东。海岱、豫东和中原郑洛地区没有山脉阻隔，前文已详述两地间的交流路线是畅通的。同时在肖家屋脊文化发现的大量玉器，学术界多认为来自海岱地区的影响，海岱和长江中游地区的互动交流也是畅通的。[①] 肖家屋脊典型的鹰首玉笄、虎头都在陕北石峁遗址中有发现，[②] 鹰首玉笄在瓦店龙山文化晚期的瓮棺葬中也有发现，[③] 在晋南的陶寺也有发现。[④] 同时晋南的陶寺也发现有和肖家屋脊文化相似的其他玉器，如玉兽面。而江汉平原、丹淅地区的文化因素，通过南阳盆地、夏路进入洛阳盆地并进入晋南及更北的晋陕高原的路线本书已有详述，也是很清晰的。最近有学者指出江汉平原肖家屋脊文化经商洛进入关中后再入晋南再北传晋陕高原的石峁，[⑤] 这一说法的中间路径并不清晰，尚待验证。此前笔者曾对二里头时期的封顶壶形盉有过研究，这类二里头文化的礼器也是最初由海岱起源，经江汉、南阳盆地再至洛阳盆地。[⑥] 总之，从新砦遗址的情况看，新砦文化和豫东造律台及海岱地区龙山文化之间存在较多互动交流是肯定的，同时新砦文化和江汉平原、丹淅流域可能也存在着相当多的互动交流。

仍需补充的是海岱东方传统对于新砦文化影响的时间、力度及最近在豫东发现的新砦期阶段的淮阳时庄遗址的意义。我们知道中原地区在龙山文化时期分布着王湾三期文化、造律台文化、后冈二期文化、三里桥文化及陶寺文化，各方势均力敌保持着一种相对平衡的局面。然而约在这几支文化的晚期形势发生了变化。主要来自东方海岱地区对中原王湾三期文化影响加剧，而有学者指出王湾三期文化的煤山类型在短期内

---

[①] 杨建芳：《石家河文化玉器及其相关问题》，《"中华民国"八十年中国艺术文物讨论会论文集》，台北故宫博物院，1991年；孙庆伟：《重与句芒：石家河遗址几种玉器的属性及历史内涵》，《江汉考古》2017年第5期。王清刚：《龙山时代海岱地区与南邻文化区互动关系研究》，博士学位论文，山东大学，2018年。

[②] 戴应新：《神木石峁龙山文化玉器》，《考古与文物》1988年第5、6期；戴应新：《神木石峁龙山文化玉器探索（完结篇）》，《故宫文物月刊》1994年第1期。

[③] 河南省文物考古研究所：《河南禹州市瓦店龙山文化遗址1997年的发掘》，《考古》2000年第2期；河南省文物考古研究所：《禹州瓦店》，世界图书出版公司北京公司2004年版。

[④] 2021年发现，材料暂未发表。

[⑤] 邵晶：《论石峁文化与后石家河文化的远程交流——从牙璋、鹰笄、虎头等玉器说起》，《中原文物》2021年第3期。

[⑥] 庞小霞、高江涛：《先秦时期封顶壶形盉初步研究》，《考古》2012年第9期。

出现众多城址正是来自东方集团威胁下的产物。① 更有学者认为新砦文化的来源主要就是豫东的造律台文化。② 新砦文化的早晚期最多数量的是深腹罐、鼎、小口高领罐、折肩罐、碗、钵、尊形瓮、甗等，这些主体器物主要来源于王湾三期文化，而子母口瓮、附加堆纹的深腹罐占比很小，加上器盖和平底盆也不如王湾三期文化陶器总的占比。因此我们不赞同新砦文化主要来源于造律台文化。但是新砦文化形成的最大动力及受到最深刻的影响应该是海岱龙山和造律台文化，换句话说，新砦文化尽管继承了本地龙山文化很多因素并创新了一些因素，但是这个过程中一个大到引起其文化性质发生改变并且不再属于王湾三期文化的力量则是来自海岱的东方因素。追溯龙山晚期这种东方势力的增强，至少始于海岱地区龙山文化中期（具体分期的四期），海岱地区东部龙山文化后期遗址显著减少，而西部则不见减少，在一些遗址还有增加，多年的田野工作，尤其区域系统的调查统计显示这种现象有充分的证据。③ 当然，在考古学文化面貌方面同样可以看到这种影响，我们知道海岱龙山文化四期大量子母口器物出现，纹饰方面除了仍以弦纹常见外，在西部的遗址中还有数量较多的篮纹、绳纹、方格纹。而子母口因素则强烈持续影响了造律台文化和后岗二期文化。然而值得注意的是，这种始于海岱龙山文化中期的冲击，首先作用的是后冈二期文化和造律台文化，而后通过这两个文化的融合吸收再逐步影响中原核心地区——嵩山南北地区。造律台文化和后冈二期文化受到来自海岱地区东部人群的冲击，或者说有海岱地区人员的直接迁入，与此同时这两支文化也在寻求新的空间控制区域。其中学术界熟悉的是王油坊（即造律台文化）一支南下，成为点将台文化中的重要组成部分，④ 并在上海广富林遗址形成"广富林遗存"⑤。而在里下河区域形成的"南荡遗存"⑥ 则属于南下通道中的重要环节。在

---

① 魏兴涛：《中原龙山城址的年代与兴废原因探讨》，《华夏考古》2010年第1期。
② 魏继印：《论新砦文化的源流及性质》，《考古学报》2018年第1期。
③ 栾丰实：《试析海岱龙山文化东、西部遗址分布的区域差异》，《海岱考古》第9辑，科学出版社2016年版。
④ 张敏：《试论点将台文化》，《东南文化》1989年第3期。
⑤ 广富林考古队：《广富林遗存的发现与思考》，《中国文物报》2000年9月13日。
⑥ 南京博物院考古研究所等：《江苏兴化戴家舍南荡遗址》，《文物》1995年第4期；张敏：《南荡遗存的发现及其意义》，《中国社会科学院古代文明研究中心通讯》2002年第4期；高蒙河：《长江下游考古地理研究》，复旦大学出版社2005年版，第301页。

造律台文化晚期部分豫东、海岱地区的人群可能也向西迁徙并来到了中原地区，直接促成了新砦文化的形成。至于后冈二期文化我们认为目前在新砦遗址及新砦所在的古溱洧水流域，尚看不到太大影响和冲击。有学者认为古城寨遗址属于后冈二期文化的城址，古城寨城址的出现是后冈二期文化向颍汝流域扩张的结果。[①] 但是我们仔细分析古城寨简报中龙山晚期器物的组合、特征，认为古城寨仍属于王湾三期文化。古城寨遗址出土的深腹罐占绝对多数，仍属于以罐为主。但是由于地理位置邻近煤山类型，其鼎相较洛阳盆地较多，同时还要注意甗也有一定比例，甗占一定比例并不一定就是后冈二期文化的影响，造律台文化同样有甗，而且古城寨的甗泥质黑衣褐胎、方圆唇，沿面内凹的特征，甗足较高，总体和造律台文化更类似。此外，古城寨简报对于龙山文化的第9层的上下层中出土器物组合、陶质、陶色、纹饰均有总结，尤其对城墙出土龙山文化陶片做了统计，详细统计了器物数量、陶质、陶色、纹饰比例等。[②] 这些描述特征和后冈二期文化都相距甚远。而在综合灰坑等遗迹出土物后得出的结论则显示绳纹居多，纹饰是不能作为判断文化性质的主要特征，仅可作为参考。再考虑古城寨所处的地理位置和周边龙山晚期的遗址都属于王湾类型或煤山类型，这里不大可能会突然出现后冈二期文化来到这里并且占据这样一个具有城址的聚落中心性遗址。总之，根据简报给出的器物组合和具体器物的特征都显示古城寨遗址龙山晚期遗存性质仍属于王湾三期文化，但是明显受到来自东边的造律台文化的影响。

最近在淮阳时庄发现了相当于中原地区"新砦期"时段的粮仓遗址。[③] 时庄遗址位于河南省周口市淮阳区四通镇时庄村，北邻太康县，遗址总面积约10万平方米。在面积约5600平方米人工垫筑台地的外围有宽浅的围沟，宽度超过30米。已发掘的2850平方米范围内发现了29座罕见的仓储遗迹，分布集中，形制多样。根据建筑形制的差别可以分为两类：第一类为地上建

--------

① 王刚：《新砦期遗存研究》，硕士学位论文，武汉大学，2016年。
② 河南省文物考古研究所、新密市炎黄历史文化研究会：《河南新密市古城寨龙山文化城址发掘简报》，《华夏考古》2002年第2期。
③ 河南省文物考古研究院等：《河南淮阳时庄遗址发现夏早期粮仓》，《中国文物报》2021年1月29日；河南省文物考古研究院等：《河南淮阳时庄遗址》，《中国考古学年鉴（2021）》，中国社会科学出版社2022年版。

筑；第二类是地面建筑。遗址系列碳十四样品测年数据显示，上述遗存的年代为 BC2000—BC1700 年左右。发掘者根据陶器特征也认为遗址年代相当于中原地区的"新砦期"。同时在时庄遗址周围 150 平方千米的范围内，发现存在至少 13 处同时期的聚落，共同构成了庞大的区域性聚落群。该遗址所在的淮阳地区目前还不属于狭义的新砦期即新砦文化的分布范围，但是应属于广义的新砦期的分布范围。这个地区从大汶口时期就是中原和海岱地区的文化交汇区，同时还不断受到来自淮河流域甚至长江中下游地区的文化影响。龙山时期这里属于造律台文化分布范围。而到新砦期阶段，这里出现区域性的聚落群，还出现如此规模的仓储性质的遗存，因而这一区域聚落群代表的政治势力不可小觑。其和造律台文化是什么关系，和新砦文化是何关系，存在什么样的互动，对于洛阳盆地二里头文化的出现又有何影响，都是值得关注的。单从年代上看，显然要比造律台文化更接近新砦文化和二里头文化一期的年代，因此我们认为今后对东方地区这类遗存应十分重视，此外其和长江中游的肖家屋脊文化之间有什么互动和联系，这些对于二里头文化在洛阳盆地的兴起、广域王权国家的形成等问题均有重要意义。

新砦文化 1999T1H24：1 是一件带有兽面纹的陶器盖（图 7.6 的 E 组）。陶器盖刚发现之初，顾万发先生就曾提出其上纹饰来源于山东龙山文化。① 王青先生最近从形象寓意方面将这种兽面纹起源追溯至良渚文化的神人兽面纹，其间链接则是山东龙山文化时期尧王城陶器盖、日照两城镇玉圭上头戴高羽冠的兽面形象，之后才是传入中原后的新砦陶器盖的兽面纹及二里头的铜牌饰上的兽面纹。② 我们赞同新砦陶器盖上的凤羽纹、弯月眉来源于海岱地区日照两城镇玉圭。但仔细观察，新砦及二里头的兽面纹皆是梭形或臣形目以及蒜头长鼻，但是良渚地区及海岱地区的都是圆形眼，且都有介子形冠状纹饰，两者还是有一定差别的。长江中游肖家屋脊文化中的玉神面恰恰具备梭形眼和蒜头鼻子（见图 7.12），与此同时，新近在陶寺遗址发现一件陶片上刻画有疑似龙形刻画的纹饰。③ 该刻画纹饰恰恰具有梭形目和长鼻的特征，我们认为新砦陶器盖的兽面纹与二里头绿松石龙形器面部纹饰及兽面纹铜牌饰中梭形眼一类是一脉相承的，很可

---

① 顾万发：《试论新砦陶器盖上的饕餮纹》，《华夏考古》2000 年第 4 期。
② 王青：《试论镶嵌铜牌饰的起源和传布——从日照两城镇遗址的新发现说起》，《三代考古》（八），科学出版社 2019 年版。
③ 高江涛：《试析陶寺遗址 2022JXTIJ1 出土动物形刻画纹饰》，《考古与文物》2024 年第 5 期。

能是来自长江中游或晋南陶寺，但是其余纹饰又是海岱地区的风格。这件兽面纹已经是汇聚多地文化因素后的新的创新。

主要依据目前花地嘴已发表的材料并参考张莉博士论文中有关花地嘴的材料，可将花地嘴新砦类遗存的文化因素分成五组：

A组：主要来自本地王湾三期文化的因素，如深腹罐、鼎、高领罐、碗、钵、刻槽盆、甑等。

B组：自身创新因素，如子口鼎、尊形瓮、折肩罐、双腹豆、篦形豆等。

C组：来自山东海岱和造律台文化的因素，子母口作风、宽大横耳、磨光黑皮陶、袋足封顶管状流盉。

D组：陶寺文化因素，如肥袋足的罐形斝、敛口斝、单把鬲、臣字眼、朱砂绘神面、彩绘圆点图案（图7.10）。

E组：来自江汉平原、丹淅流域的觚形杯、侧装三角形及Y字形的高足鼎、臣字眼、朱砂绘神面（图7.10）。

花地嘴遗址的新砦文化中来自王湾三期文化和自身创新因素的情况和新砦遗址相同，这也是两个遗址整体面貌接近的原因。但是也有一些不同，花地嘴没有见到新砦遗址常见到的折沿附加堆纹的深腹罐，却出现新砦遗址几乎不见的圆腹罐、曲腹盆和舌足三足盘。三足盘、圆腹罐是二里头一期文化常见器形，而花地嘴出现三足盘的H145内涵复杂，还包括来自陶寺文化的一些因素（如罐形斝）。花地嘴遗址见到的甗及一种袋足鬶和后冈二期文化同类器近似，但是不清楚数量，是否来自后冈二期，有待详细材料的公布。花地嘴遗址见到高足鼎和乳足鼎并存，这和新砦遗址相同，但是花地嘴遗址毕竟在洛阳盆地，目前洛阳盆地王湾三期文化王湾类型中乳足鼎不见，高足鼎也和此类差别巨大。因此我们认为花地嘴的乳足鼎来自煤山类型，而高足鼎可能来自丹淅流域的乱石滩类型，也不排除是和新砦遗址互动的结果。

花地嘴遗址还发现了一件墨玉牙璋（T17H40：1），首端凹弧，有双面刃，为全器最宽、最薄之处；下端有一孔，系单面钻，下端两侧有对称的"扉牙"，璋通长30厘米，宽度不一，厚度约1.01厘米。[①] 花地嘴的牙璋和二里头遗址发现的牙璋相比，呈现更加古拙风格，与山东罗圈峪1号牙璋、

---

① 顾万发、张松林：《河南巩义花地嘴遗址"新砦期"遗存》，《考古》2005年第6期。

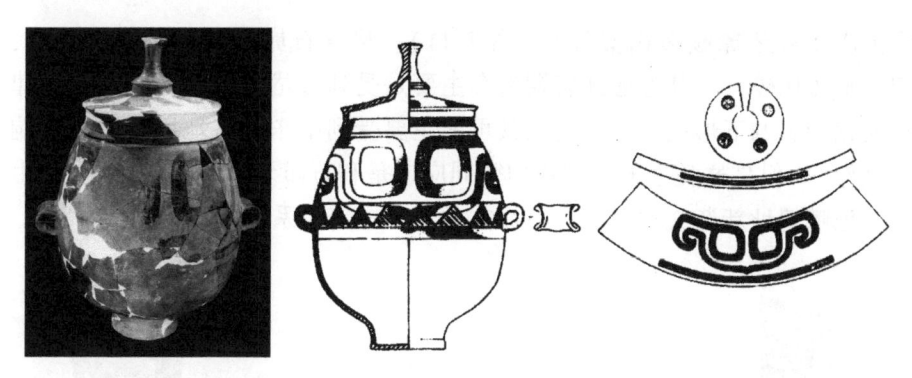

第七章　新砦文化时期中原和周边区域的互动交流　381

1. 花地嘴出土彩绘陶瓮（03HZT57H144：1）

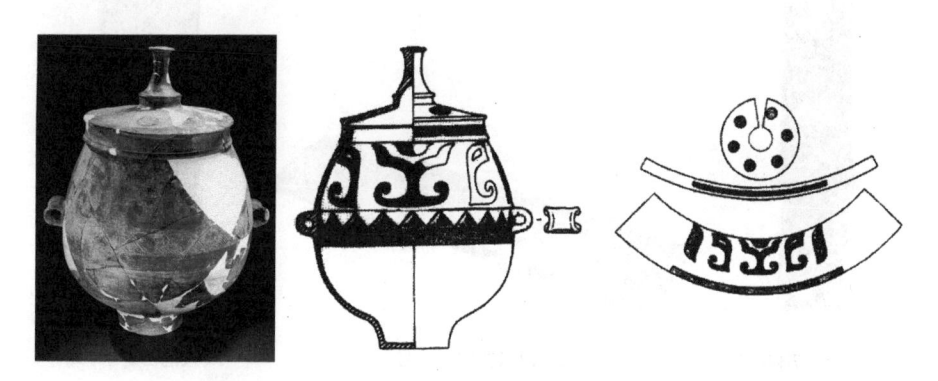

2. 花地嘴出土朱砂彩绘陶瓮03HZT57H145：1

3. 高足鼎T4扩H50：6 　　　　4. 陶寺出土臣字眼图案拓片

**图7.10　花地嘴遗址 D 组与 E 组陶器**

来源：1—2 采自《中国历史文物》2006 年第 1 期；3 采自《考古》2005 年第 6 期。

大范庄 2 号牙璋颇多相似处①（图 7.11）。尽管石峁发现了较多的牙璋，但是整体比较，尤其考虑新砦期遗存主要是受到海岱龙山文化和豫东造律台文化的影响下形成，我们赞同其可能主要受到山东海岱地区牙璋的影响而制作。② 但是这类墨玉材质我们赞同应该是和石峁牙璋的玉料相同。③ 由此花地嘴遗址新砦文化可能和石峁文化也有一定关系。

1. 新砦 T17H40∶1　　2. 山东罗圈峪 1 号　　3. 大范庄 2 号牙璋

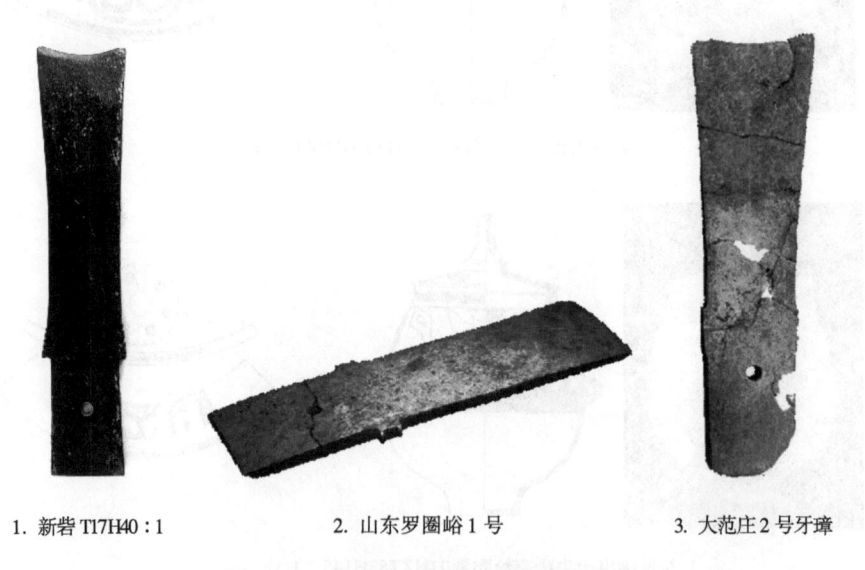

**图 7.11　花地嘴与海岱地区早期牙璋**

来源：1 采自《商都文明》2007 年第 4 期；2、3 采自《南方文物》2021 年第 1 期。

花地嘴遗址中发现了罐形斝、敛口斝、单把鬲，发现这些文化因素的是花地嘴遗址新砦文化的典型单位 H145、H138，这类器物从陶器细节特征上看更接近陶寺文化晚期同类器。由于资料发表有限，目前尚未在花地嘴遗址见到单纯含有这类因素组合的单位。此外在花地嘴遗址还发现了臣字眼、带眉的臣字眼等，最近陶寺遗址也发现有此类刻画在陶器上的臣字眼图案④（图 7.10 - 4）。而花地嘴朱砂绘的神面和陶寺玉兽面十分近似，朱砂彩绘陶瓮上的圆点纹

---

① 邓淑苹：《牙璋探索——大汶口文化至二里头期》，《南方文物》2021 年第 1 期。
② 顾万发、张松林：《论花地嘴遗址所出墨玉璋》，《商都文明》2007 年第 4 期。
③ 邓淑苹：《牙璋探索——大汶口文化至二里头期》，《南方文物》2021 年第 1 期。
④ 临汾市博物馆等：《巍巍如天——陶寺遗址考古成果精华展》，三晋出版社 2021 年版，第 75 页。

第七章　新砦文化时期中原和周边区域的互动交流

更是在陶寺的大口尊、折肩罐等陶器的彩绘图案中常见。① 当然，臣字眼和神面图案也多见于肖家屋脊文化的玉器中（图7.12）。因此臣字眼和陶瓮上的彩绘神面图案究竟是来源于江汉地区还是晋南陶寺目前尚难以确定。上述因素尽管所占比例较低，但是表明洛阳盆地中的伊洛下游地区受到了来自晋南地区陶寺文化的影响。尤其陶寺遗址晚期能在新砦期这个关键时间段对中原核心地区发生影响，其意义值得深入思考。而晋南和洛阳的交通道路是明确存在的，两地区有文化交流与影响也是情理之中。通过几次观摩花地嘴的发掘材料并结合张莉博士论文中有关花地嘴的考古资料，我们认为花地嘴遗址新砦文化主要

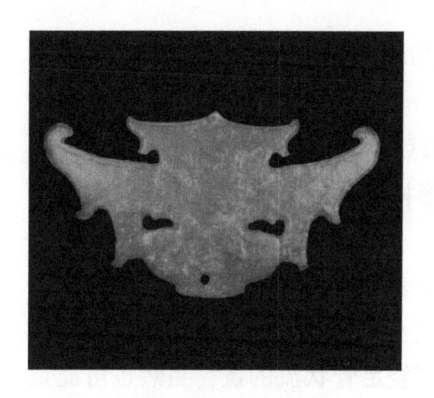

1. 陶寺玉兽面 02M22：135　　　　　2. 谭家岭 W9：52

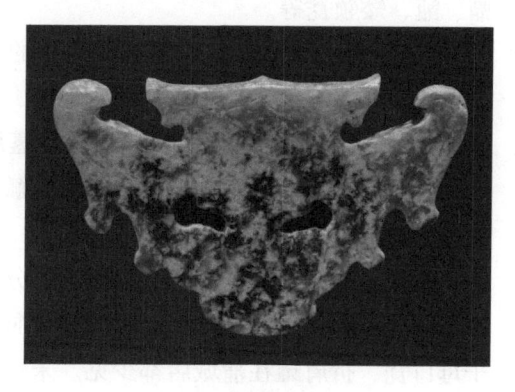

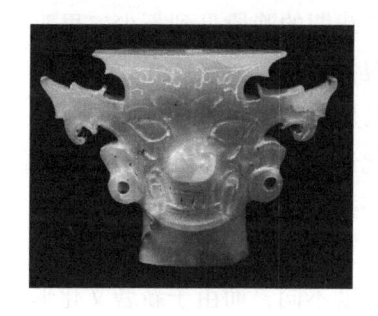

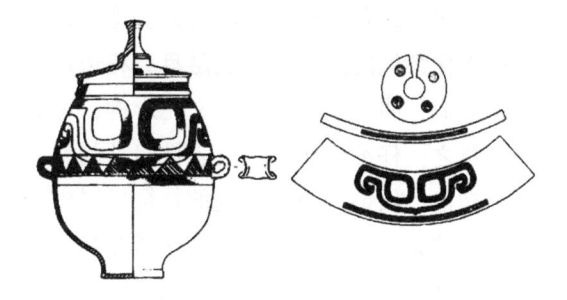

3. 谭家岭 W9：7　　　　　4. 花地嘴 03HZT57H144：1

**图7.12　陶寺文化、肖家屋脊文化的玉神面及新砦文化的神面纹饰**

来源：1采自《陶寺城址发现陶寺文化中期墓地》，《考古》2003年第9期；2、3采自《石家河遗珍——谭家岭出土玉器精粹》，2019年，第46、1页；4采自《中国历史文物》2006年第1期。

---

① 中国社会科学院考古研究所等：《襄汾陶寺——1978～1985考古发掘报告》，文物出版社2015年版，第539页。

来源于王湾三期文化的煤山类型，受到豫东造律台文化和海岱龙山文化的强势影响，并吸收了一些陶寺文化因素，另还见有后冈二期文化的零星因素。该区域在整个新砦文化时期和嵩山东南侧的新砦遗址所在的双洎河流域保持了密切联系，同时和邻近的晋南陶寺文化存在一定的交流，而和更远的江汉平原、丹淅流域也有一定的互动。

主要依据蒲城店遗址发表的一篇简报及王刚的硕士学位论文公布的材料，可将蒲城店新砦文化遗存分成四组因素。

A组：来自本地王湾三期文化，如深腹罐、小口高领罐、碗、钵、乳足鼎、甗、矮领瓮等。

B组：来自海岱龙山、造律台文化的子母口作风、磨光黑皮陶、子母口大口瓮。

C组：自身创新因素，如子口鼎、箅形豆等。

D组：来自江汉平原、丹淅流域的觚形杯（T13G2∶6）、侧装三角形及Y字形的高足鼎。

蒲城店遗址新砦期遗存文化因素的分析表明，其主要来源于当地的煤山类型，但是和新砦、花地嘴又有较多不同之处，这两处遗址常见的尊形瓮、子母口瓮、折肩罐在蒲城店都少见。未见到袋足管状流的盉，当然也可能是发掘面积有限或材料发表不全。整体上蒲城店似乎受到东方海岱地区的影响力度不如新砦和花地嘴两遗址强，尤其该遗址新砦期的晚段见到不少二里头一期文化常见的因素，如三足盘、花边罐、深腹盆形甗，且整体和二里头同类器近似，明显受到二里头文化影响，可能这也是文化面貌不同的原因。

总之，仔细分析三个代表性遗址的新砦文化遗存，在总体器物组合、陶质、陶色、纹饰等方面表现的特征可以称为同一类性质的遗存，再根据明确的地层关系，我们认为新砦文化遗存是存在的。只是汝河流域和嵩山周边地区受到豫东造律台文化及海岱东方因素的影响力度不同，而由于新砦文化形成的关键正是这类来自东方的冲击。关于这个时段的深入研究期待花地嘴、蒲城店等遗址的材料公布。

# 第八章 二里头青铜礼制文明的兴起

近二十年来，中华文明探源工程的推动，早期文明相关的重要遗址良渚、陶寺、石家河、石峁、二里头等的发现和研究均取得重要进展。进入公元前二千纪之后的百年间，陶寺、石家河、石峁都走向衰落和崩溃，唯独洛阳盆地的考古学文化持续繁荣，并在二里头文化早期形成以青铜礼制文明为特征并开启三代文明先河的早期国家。关于二里头青铜文明兴起过程、原因等有不少学者做过研究。[①] 本章尝试在前人研究基础上从区域互动视角出发，通过对洛阳盆地都邑遗址中二里头文化一、二期文化来源的分析，探讨二里头青铜礼制文明的形成过程及特征，同时对于兴起的动因作一分析。

## 一 二里头文化一期遗物的来源分析

由于在二里头遗址二里头文化一期时重要的遗迹如大型夯土建筑、作坊、城墙等均未发现，墓葬未发现Ⅰ级，因此我们主要从遗物方面分析二里头文化一期的来源。一期日用陶器主要由深腹罐、束颈圆腹罐、鼎（高足鼎）、盆形甑、盆、刻槽盆、高领罐、三足盘、瓮、豆等组成。器物组合和新砦文化相同，除了器形特征不同，如深腹罐更瘦长、甑孔在底部，四五个，一般为梭形，器盖多蘑菇型钮，二里头文化中圆腹罐和三足盘流行。新砦文化晚期流行的尊形瓮、折肩罐、双腹豆在二里头文化一期则极

---

[①] 王立新：《从嵩山南北的文化整合看夏王朝的出现》，《二里头遗址与二里头文化研究：中国二里头遗址与二里头文化国际学术研讨会论文集》，科学出版社2006年版，第410—426页；韩建业：《论二里头青铜文明的兴起》，《中国历史文物》2009年第1期；高江涛：《中原地区文明化进程的考古学研究》，社会科学文献出版社2009年版；张莉：《从龙山到二里头——以嵩山南北为中心》，博士学位论文，北京大学，2012年；张东：《试论洛阳盆地二里头文化的形成背景》，《中原文物》2013年第3期；许宏：《何以中国》，生活·读书·新知三联书店2014年版；张弛：《龙山—二里头——中国史前文化格局的改变与青铜时代全球化的形成》，《文物》2017年第6期；李旻：《重返夏墟：社会记忆与经典的发生》，《考古学报》2017年第3期；张海：《中原核心区文明起源研究》，上海古籍出版社2021年版。

少发现。与此同时，新砦文化中很强的东方海岱和造律台文化的因素如子母口作风、宽大横耳，包括常见的子母口瓮、饰附加堆纹的折沿深腹罐及较特殊的袋足半封口盉均不见于二里头文化一期，仅保留了黑皮陶较多的风格。因此二里头文化一期陶器主体来源于新砦文化，如果稍往前追溯，也可以说主体器类来源于本地王湾三期文化。但同时其陶器来源要比新砦文化陶器来源更广泛。二里头文化一期大量出现的束颈圆腹罐（包括花边圆腹罐）学术界基本赞同这类器物起源于西北地区，并主要由齐家文化东进而渗透进入洛阳盆地。① 二里头文化一期墓葬中出土一件鸭形鼎很明显属于长江下游马桥文化的典型器物，而新砦文化中则不见任何长江下游文化因素。二里头文化一期还见到一类长颈壶，有学者指出该类器物起源于海岱地区并于龙山文化晚期传播至颍河、涡河流域，② 但是新砦文化中没有见到此类器物。盆形甑尽管在新砦文化已经出现，但是新砦文化的盆形甑应该是一种结合了丹淅流域的盆形甑的盆形和本地王湾三期文化煤山类型的甑孔之后的改造创新物。但是二里头文化的盆形甑从盆形到孔都可以在丹淅流域王湾三期文化乱石滩类型中找到相似的原型，因此侧装高足鼎和盆形甑追溯其来源都应该是来自丹淅流域。

二里头文化一期陶器除了上述日用炊器、食器和储器外，还发现了觚、爵、盉、鬶等器类，它们是否属于礼器呢？据高炜先生对于礼制的研究，等级制度是礼制产生的基础，礼制形成于龙山时代，而从等级制度出现到礼乐制度形成有个过程，个别礼器的出现不等于礼制已经形成，还要看社会的中上层是否已普遍使用礼器，并依照等级的高低形成一套使用礼器的规则。③ 丧葬礼是礼制的重要组成部分，古代墓葬又比较容易保存较完整的礼器组合及相关遗迹、遗物。④ 将二里头文化一期墓葬情况进行仔细分析，二里头文化一期尚未发现 I 级墓葬，但是有 IIB 级别的，也有 III 级和 IV 级的，墓葬明显已有了等级区别。⑤ 主要发现于墓葬中的觚、爵、

---

① 韩建业：《论二里头青铜文明的兴起》，《中国历史文物》2009 年第 1 期。
② 栾丰实：《二里头遗址中的东方文化因素》，《华夏考古》2006 年第 3 期。
③ 高炜：《龙山时代的礼制》，《庆祝苏秉琦考古五十五年论文集》，文物出版社 1989 年版，第 235、236、239 页。
④ 高炜：《龙山时代的礼制》，《庆祝苏秉琦考古五十五年论文集》，文物出版社 1989 年版，第 236 页。
⑤ 此处墓葬的等级划分参见李志鹏《二里头文化墓葬研究》，《中国早期青铜文化——二里头文化专题研究》，科学出版社 2008 年版，第 1—123 页。

第八章　二里头青铜礼制文明的兴起

盉、角等器物中，斝、爵组合和斝、爵、盉的组合均已出现。因此二里头文化一期礼制可能是存在的，上述斝、爵、盉、鬶应该已属于陶礼器，但是限于目前的材料我们尚不能搞清一期礼制的内涵。二里头文化一期的陶爵是一种新出现的器形，不见于之前的新砦文化和龙山文化，杜金鹏先生认为来源于本地龙山文化，然而二里头文化的陶爵与这些龙山文化原始陶爵均有不小差异，尤其该文的乙类陶爵与这些原始陶爵更是相距甚远，以至于该文也指出龙山文化的原始陶爵与本文所列二里头文化陶爵之间似仍有缺环，有待新的考古发现去填补。① 栾丰实先生认为陶爵来源于海岱地区的陶鬶，属于鬶的变体。② 陶爵一般都认为属于酒礼器，最近李旻先生从文化人类学角度出发，提出这类二里头文化新出现的陶爵可能是吸食致幻剂的器具，③ 尤其乙类陶爵其口部下方还有一个长的管状流，这种认识有一定道理（图8.1）。我们知道二里头文化早期大量来自西北的因素传入中原，而一种在中亚北亚地区盛行的萨满教可能也随之传入。萨满教中巫师作法使自己入定常常使用烟草、蘑菇或者唱歌、跳舞来使人进入癫狂入定

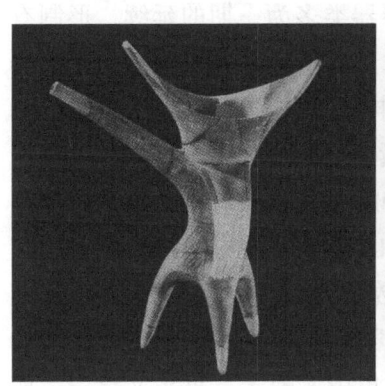

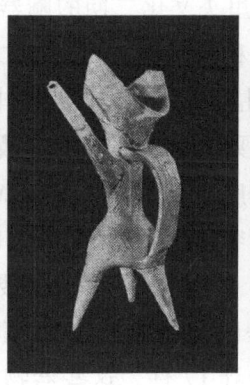

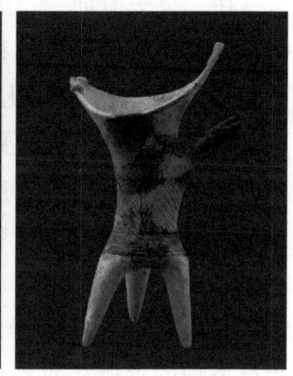

1. Ⅴ M15∶3　　　　2. Ⅴ M15∶9　　　　3. 2002 Ⅴ M1∶10

图8.1　二里头遗址乙类陶爵

来源：1、2. 采自《偃师二里头——1959年~1978年考古发掘报告》，1999年，图版62-3、4；3. 采自《二里头：1999~2006》，2014年，彩版二三〇-4。

---

① 杜金鹏：《陶爵研究——中国古代酒器研究之一》，《考古》1990年第6期。
② 栾丰实：《二里头遗址中的东方文化因素》，《华夏考古》2006年第3期。
③ LiMin, *Social Memory and State Formation in Early China*, Cambridge University Press, 2018, pp. 207-208.

之旅。① 因此乙类陶爵虽有可能是在鬹的基础上创制的，但从其实用角度看用来斟酒并不方便，其功能可能和这种巫师在入定前吸食麻醉剂的工具有关。

一期遗物中玉器仅有绿松石珠，铜器也仅发现了铜刀和铜渣。由于陶寺文化发现有铜铃、齿轮形器等多件铜器，新砦文化中已经发现了铜容器残片，因此不排除二里头一期遗存将来也会发现更多铜器。在二里头遗址，二里头文化一期遗存中还发现一种海贝，也称子安贝，这种贝并非产自中国的东海、黄海，而是产自印度洋、西太平洋、中国海南岛以南和南海诸岛的热带海域，新石器时代晚期至早期青铜时代在西北地区发现了大量此类海贝，学者研究指出中原地区发现的此类海贝是从西北传播过来的，② 西北地区再往前追溯则是从中亚地区再经高地龙山文化传播至中原地区的二里头遗址。③ 总之目前从遗物层面看，二里头文化一期尚无法确认青铜器、玉器在这一文化中的核心地位，陶礼器占据核心重要地位。

## 二 二里头文化二期遗物的来源分析

在二里头遗址，二里头文化二期的陶器器类多为一期的延续，形制有明显的变化，出现了簋和大口尊的雏形。二里头遗址墓葬中随葬的陶酒器类增加了盉、角，陶礼器组合形式比较丰富，以盉、爵组合为主，盉（鬹）与爵（角）的重要性相当，单盉（鬹）出现的频率要高于爵。④ 而二期的铜器墓目前共3座，其中1982YLIXM4被扰，没有陶器出土，但是另外两座均无青铜容器出土，1981YLVM4酒器仅有陶盉出土，2002YLVM3尽管也有1件陶爵，但是陶盉数量为3。二里头文化三、四期铜器墓中主要铜礼器是以铜爵为核心的，据统计在二里头遗址截至2020年已发现的青铜礼容器计17件，这些器物集中发现于二里头文化三、四期，其中数量最多的是铜爵，计13件，另有斝2件，鼎、封顶盉各1

---

① ［美］米尔恰·伊利亚德：《萨满教——古老的入迷术》，段满福译，社会科学文献出版社2018年版，第220—221页。

② 彭柯、朱岩石：《中国古代所用海贝来源新探》，《考古学集刊》（12），中国大百科全书出版社1999年版；秦小丽：《绿松石、海贝与红玛瑙——公元前2000年前后的地域间交流》，《南方文物》2021年第5期。

③ Li Min, *Social Memory and State Formation in Early China*, Cambridge University Press, 2018.

④ 李志鹏：《二里头文化墓葬研究》，《中国早期青铜文化——二里头文化专题研究》，科学出版社2008年版，第66—67页。

第八章 二里头青铜礼制文明的兴起

件。① 而我们发现经常和铜爵组合配套使用的盉,并非铜盉而多是陶盉,且铜爵和陶盉在墓葬中一般摆放在一起。② 总之,从二期开始,二里头文化中爵、盉组成一套,整个二里头时期陶礼器中陶盉的地位非常重要,可以说陶礼器中是以陶盉为核心的。目前二里头遗址出土的陶盉器形主要有两类:一类是袋足封顶管状流,一类是封顶平底壶形管状流。本书前文曾对龙山晚期及新砦文化时期的袋足盉作过分析,二里头遗址一期两类盉都没有见到,管状流的袋足盉在伊川南寨二里头文化一期有发现③(图8.2)。

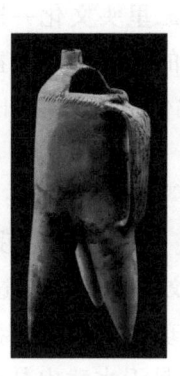

1. 2001VM1：7　　2. 2001VM1：17　　3. 2002VM3：30　　4. 2006VT117剖⑤C：19

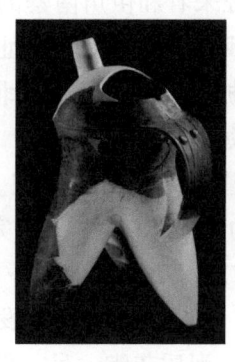

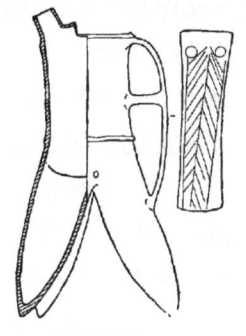

5. 伊川南寨T82M3：6　　　　6. 郧县大寺T22④：9

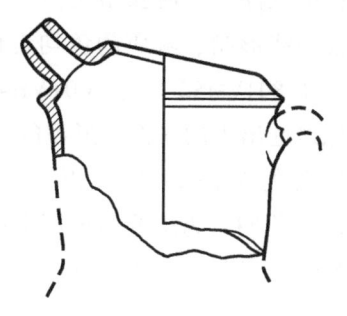

**图8.2　二里头遗址二期、伊川南寨及郧县大寺出土盉**

来源:《二里头:1999~2006》,2014年。1、2采自彩版二二五-3、4;3、4采自彩版二二六-2、3;5采自《考古》1996年第12期;6采自《青龙泉与大寺》,1991年,第187页。

---

① 中国社会科学院考古研究所编:《二里头考古六十年》,中国社会科学出版社2019年版。
② 李志鹏:《二里头文化墓葬研究》,《中国早期青铜文化——二里头文化专题研究》,科学出版社2008年版,第59页。
③ 河南省文物考古研究所:《河南伊川县南寨二里头文化墓葬发掘简报》,《考古》1996年第12期。

二里头遗址二期两类盉均出现，袋足盉在器形特征上发生了变化，流仍为管状，多竖直为冲天流，不再倾斜（图8.2）。二里头遗址的袋足盉的来源，杜金鹏先生认为是由龙山晚期传到河南的前文所提到的 B 型盉直接演变而来，但还有一定的缺环。① 张莉博士认为其演变是：海岱地区的鬶到前文龙山晚期的 B 型盉再到新砦文化时期的 A 型盉，最后再到二里头文化的盉。② 前文的 A 型和 B 型盉都和二里头文化的盉器形差别较大，我们在郧县大寺中发现了一件盉（图8.2），这件盉尽管已残，但是从其斜的管状流、长颈等上部特征来看和伊川南寨的二里头文化一期的管状流袋足盉已经较接近了。因此我们认为二里头遗址的袋足管状流盉很可能也是由海岱地区的鬶传播至丹淅流域，再经改造北传形成的，和目前发现的 A 型、B 型盉可能都是平行关系。

封顶壶形盉笔者曾经做过初步研究。③ 近年二里头遗址新报告出版，公布了六件壶形盉的材料，三件较为完整、三件是残器，其中有两件 2002VM3：9 和 2002VM5：1《初步》一文中曾提到，这次也都有详细材料和照片公布。此外，齐家文化遗址还发现有三件壶形盉，其一是广河齐家坪遗址 K5523 出土，泥质灰陶；另一件是天水武山县出土，现藏于甘肃省博物馆；第三件是广河县出土。④ 齐家文化齐家坪和广河出土的两件盉和伊川南寨整体形制、陶质陶色均近似，广河县出土的另一件泥质红陶，整体和二里头 84IVM52：1、2001VH45：25、2002VM3：9 形制近似。因此齐家文化遗址出土的 3 件壶形盉的年代约二里头文化二期或者稍晚。现将目前已发现的全部 21 件壶形盉中的 20 件的图片整理如下图⑤（图8.3）。总之，我们认为这两类盉都来源于海岱地区的鬶，在传入中原地区的过程中都经由江汉、丹淅流域再北传中原，而袋足盉也不排除经豫东地区直接传播至中原。值得注意的是，二里头遗址出土的三件壶形盉残器，均属于二里头文化二期，陶质均为原始瓷，两件青釉，一件酱褐釉，腹部则均拍印雷纹。北方商代及二里头时期所见的原始瓷和硬陶的产地来源是

---

① 杜金鹏：《封顶盉研究》，《考古学报》1992 年第 1 期。
② 张莉：《从龙山到二里头——以嵩山南北为中心》，博士学位论文，北京大学，2012 年。
③ 庞小霞、高江涛：《先秦时期封顶壶形盉初步研究》，《考古》2012 年第 9 期。
④ 齐家文化新增的 3 件壶形盉详细情况及图片参见卢超、王永利《齐家文化陶盉的初步研究》，《四川文物》2021 年第 1 期。
⑤ 河南省博物馆藏壶形盉为 1995 年二里头遗址出土，暂时无法找到照片。

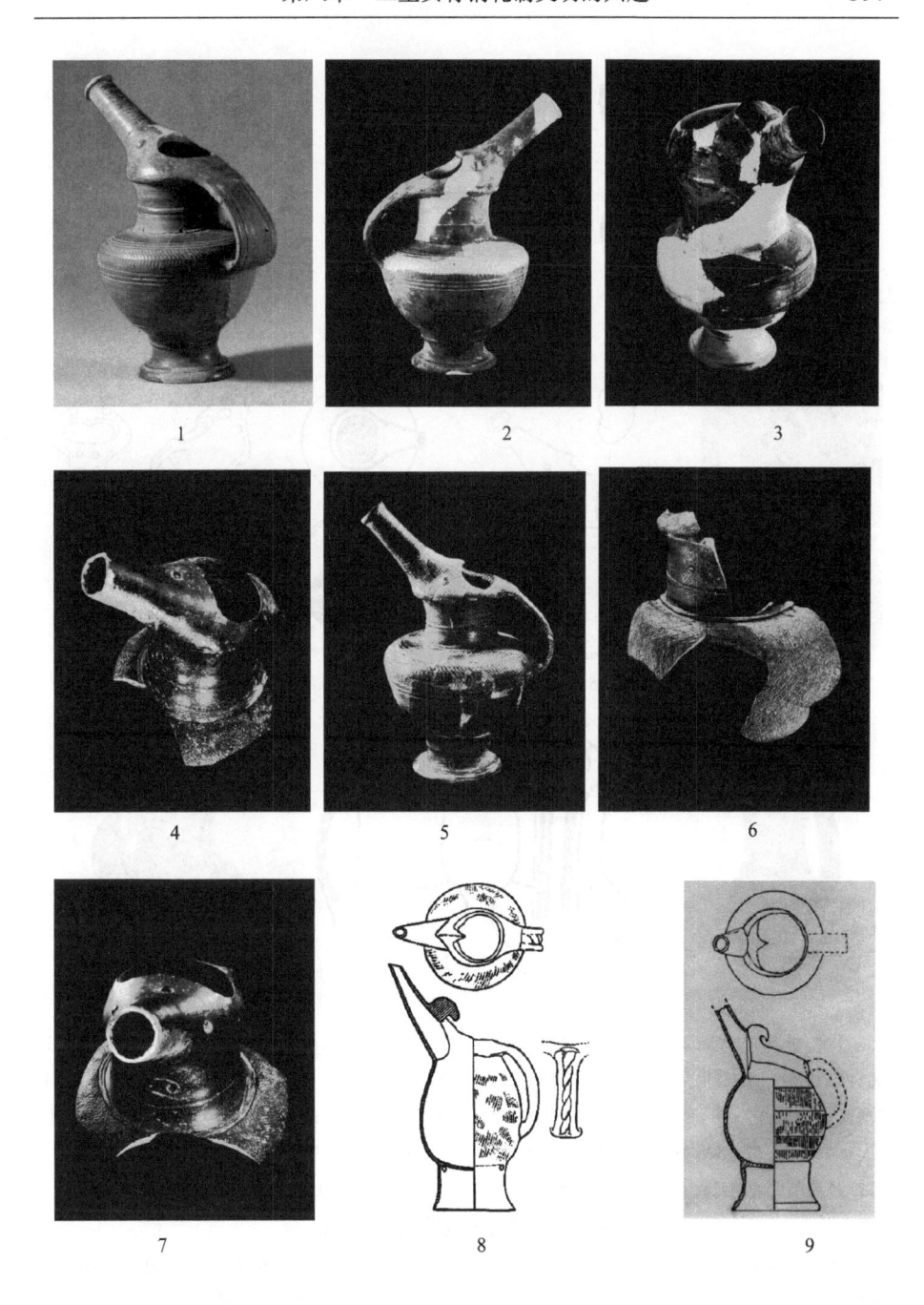

第八章 二里头青铜礼制文明的兴起

1　　　　　2　　　　　3

4　　　　　5　　　　　6

7　　　　　8　　　　　9

392　　聚落、资源与道路

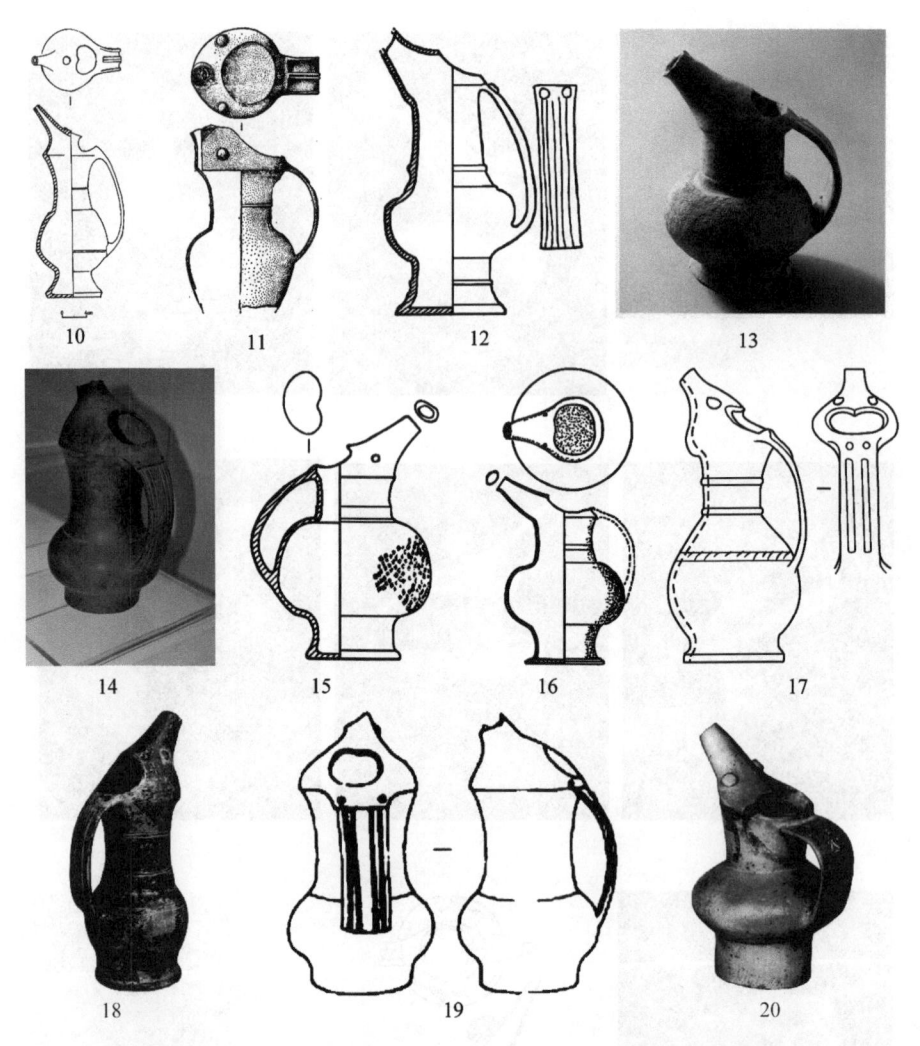

1. 二里头 84ⅣM52：1　2. 二里头 2001VH45：25　3. 二里头 2002VH57：3　4. 二里头 2002VH215：4　5. 二里头 2002VM3：9　6. 二里头 2002VM5：1　7. 二里头 2002VT23D6L：2　8. 贯平堰遗址 H1①：9　9. 肖家屋脊 H538：10　10. 下王岗 08T2H154：1　11. 下王岗 T4②：420　12. 伊川南寨 T85M26：2　13. 松阳县博物馆藏　14. 上海博物馆藏　15. 江山肩头弄　16. 光泽马岭 M2：5　17. 庄浪刘堡坪遗址　18. 天水武山出土　19. 齐家坪遗址 K5523 出土　20. 广河县出土

图 8.3　先秦时期封顶壶形盉

来源：1 采自《二里头陶器集萃》，彩版一〇，1995 年；2、5、6 采自《二里头：1999～2006》，彩版二二八－1、2、3，2014 年；3 采自《二里头：1999～2006》，彩版二二六－4，2014 年；4、7 采自《二里头：1999～2006》，彩版二二七－1、2，2014 年；18—20 采自《齐家文化陶盉的初步研究》，《四川文物》2021 年第 1 期。其余图片均参见《先秦时期封顶壶形盉初步研究》，《考古》2012 年第 9 期。

一个学术界很有争议的问题，多数学者赞同来自南方。[①] 二里头遗址发现的这三件原始瓷质地的壶形盉年代属于二里头二期，其渊源很可能和南方地区有关，但是究竟是二里头定制，还是南方地区仿照北方器形烧造后进献？具体烧造区域、如何传入中原？这涉及二里头王朝和周边区域更深层次关系的探讨，均有待进一步研究。

白陶于二里头文化一期晚段出现，但是根据学者对白陶的研究其在二里头文化二期有重要地位，值得关注。二里头文化二期白陶在二里头文化包括二里头遗址中发展壮大达到了顶峰，三、四期后逐渐衰落，可能属于"半国有的手工业"生产模式。白陶是贵族阶层在二里头文化初期为了建立新的社会秩序，积极吸收海岱系白陶并创新发展的结果，二里头文化早期时白陶属于二里头礼制组合的重要组成部分。[②]

二里头文化二期来自长江中游肖家屋脊文化的因素还有两类玉器，即鹰首玉笄和玉蝉形器。二里头二期发现有一件鹰首玉笄，二里头 2002 V M3：13，这类器物是肖家屋脊文化的典型玉器，前文已指出其北向传播已在瓦店、陶寺及石峁遗址均有发现。二里头遗址发现的这类玉器源头应该来自长江中游的肖家屋脊文化。玉蝉形器也是肖家屋脊文化典型玉器之一，近期有学者指出这类蝉形玉器渊源深远，在史前的红山文化、良渚文化均有发现，体现了这些地区或文化中悠久的昆虫蜕变和羽化信仰传统，并认为对转化变身能力的信仰以及羽化蜕变能力的获得和使用是萨满式宗教的重要特征，而这一传统深刻影响了之后的龙山时代诸文化尤其是肖家屋脊文化，接着肖家屋脊文化则又对二里头文化产生深刻影响。[③] 我们在二里头文化中也发现多件蝉形玉器，年代均属于二里头文化二期。除了李新伟先生指出的绿松石龙形器的鼻子上的两枚浅色玉器为蝉形器。[④] 王煜凡指出位于铸铜作坊区内的ⅣM11出土的5件绿松石饰也属于蝉形器。[⑤]

---

[①] 郑建明：《北方地区出土先秦时期原始瓷产地再论——从装烧工艺的角度》，《考古与文物》2022年第3期；牛世山：《北方地区出土商代前期的硬陶和原始瓷来源研究》，《考古与文物》2022年第3期。

[②] 贺俊：《二里头文化白陶研究》，《考古》2022年第2期。

[③] 李新伟：《中国史前昆虫"蜕变"和"羽化"信仰新探》，《江汉考古》2021年第1期；郭大顺：《红山文化"玉巫人"的发现与"萨满式文明"的有关问题》，《文物》2008年第10期。

[④] 李新伟：《中国史前昆虫"蜕变"和"羽化"信仰新探》，《江汉考古》2021年第1期；中国社会科学院考古研究所：《二里头：1999~2006》，文物出版社2014年版。

[⑤] 王煜凡：《试论二里头文化玉器群的考古学背景——以来源构成为中心》，硕士学位论文，中国社会科学院研究生院，2022年。

IVM11 的 5 件绿松石蝉，形制相同，扁平长方片状，器身两端各刻有三个短粗花瓣饰，形成蝉的尾部，器身共饰五道凸棱，三道居中，两道分置两端。① 此外，2017ⅤM11 中也出土多件玉蝉形器。② 二里头遗址目前公布材料的 8 件蝉形器均为简化版，由三叉均分的尾部和平行凸棱表示的颈部组成。绿松石龙形器鼻子中靠上的一枚蝉形器目前仅剩一尾的单只蝉（图 8.4-1），鼻子中靠下的另一枚和其余 6 件绿松石蝉形器均为无头双尾对蝉形象。但是仔细比对这 7 件无头双尾对蝉仍有细微区别，IVM11 的 5 件和龙形器鼻子中靠下的那件，可以理解为对蝉共用颈部，只是 IVM11 的 5 件的颈部是三条凸棱线或两条凸棱线和一条稍凸起的宽带组成，而龙形器上的则是两条凸线组成颈部。这种双尾而颈部共用的对蝉，也有学者称为"一颈双身"③。而 2017M11 这件则属于双颈双尾省略头部的对蝉；当然 IVM11 也可以理解为双颈双尾的对蝉，只是双颈的颈部密切对接，雕刻手法上对蝉共用中间一条平行的凸棱线。其实仔细观察龙形器的单只蝉，其颈部明显偏长，颈部似乎由两个蝉的颈部组成，推测这只蝉原本也是对蝉，只是将其一个尾部切除后使用在龙形器鼻子上。我们知道肖家屋脊文化发现大量的玉蝉形器，有形象的写实版，也有简化版，但是多是单只蝉，罕见对蝉。④ 但是很明显二里头文化目前发现的蝉和肖家屋脊文化的蝉从艺术造型看出自一脉，二里头文化二期的蝉形器应吸收了肖家屋脊文化同类器的制作工艺（图 8.4）。

二里头文化二期还有玉柄形器发现，可能与漆觚、圆陶片配套使用，而从漆觚的结构及其与锥形玉器（柄形器）组合使用的方法来看，良渚文化（好川文化受良渚文化影响明显）的漆觚制作、使用制度，很可能就是二里头文化漆觚器用制度的来源。⑤

---

① 中国社会科学院考古研究所：《偃师二里头——1959 年~1978 年考古发掘报告》，中国大百科全书出版社 1999 年版，第 137 页。
② 中国社会科学院考古研究所二里头工作队：《河南省洛阳市二里头遗址》，《考古中国重大项目成果（2018~2020）》，文物出版社 2021 年版，第 14 页。该墓还有多件蝉形玉器出土，有写实和简化两种类型。
③ 王煜凡：《试论二里头文化玉器群的考古学背景——以来源构成为中心》，硕士学位论文，中国社会科学院研究生院，2022 年。
④ 荆州博物馆编著：《石家河文化玉器》，文物出版社 2008 年版，第 55 页。
⑤ 严志斌：《漆觚、圆陶片与柄形器》，《中国国家博物馆馆刊》2020 年第 1 期。

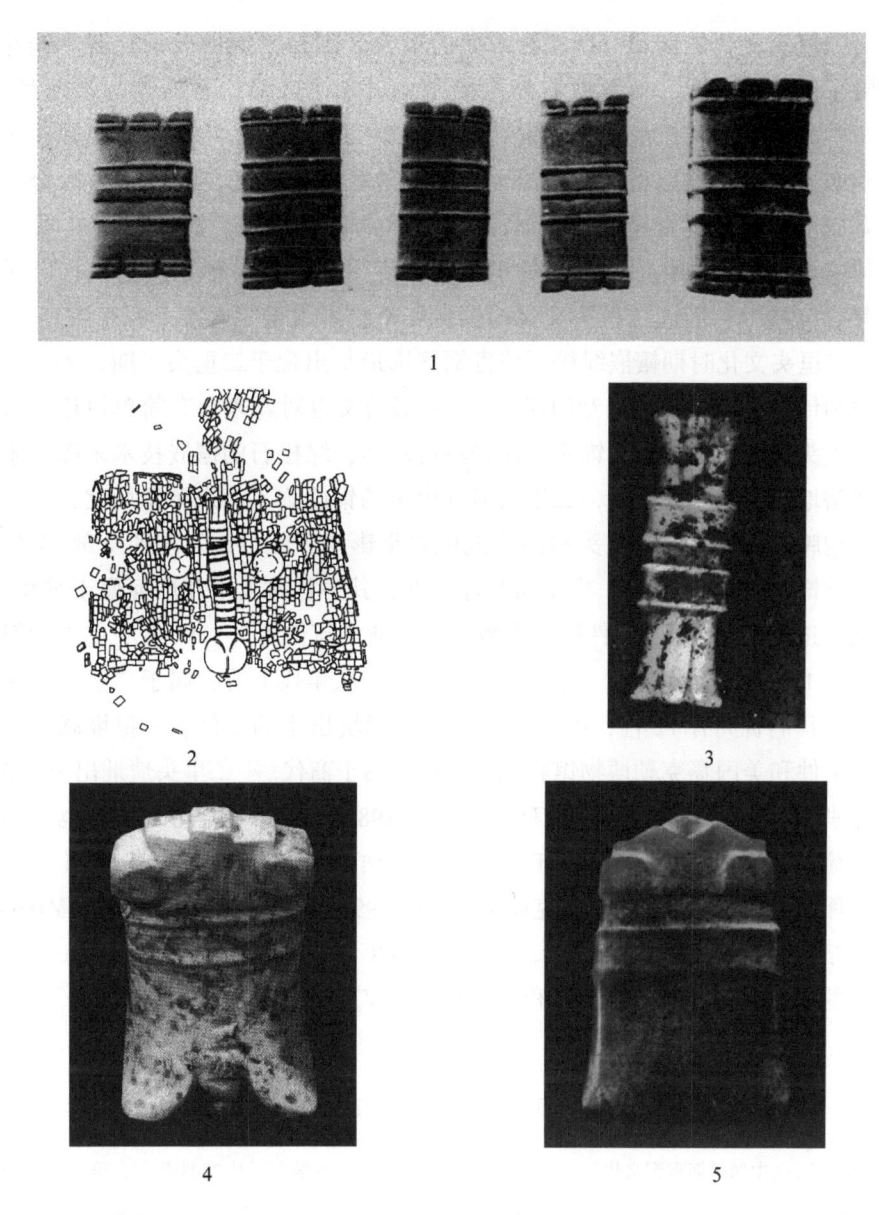

第八章　二里头青铜礼制文明的兴起　　395

1
2
3
4
5

1. 二里头ⅣM11：1C、1B、1D、1E、1A　2. 二里头2002VM3：5　3. 2017VM11　4. 肖家屋脊 AT1601①：3　5. 谭家岭 W9：39

**图8.4　二里头遗址与肖家屋脊遗址出土蝉形器**

来源：1采自《偃师二里头1959年~1978年考古发掘报告》，1999年，第157页；2采自《二里头：1999~2006》，2014年，第999页；3采自《考古中国重大项目成果（2018~2020）》，2021年，第14页；4采自《石家河遗珍——谭家岭出土玉器精粹》，2019年，第68页；5采自《石家河文化玉器》，2008年，第55页。

二里头文化二期和一期遗物方面的最大区别是二期出现铜礼器。铜礼器除了爵、盉、斝、鼎等酒器外主要是铜铃、镶嵌绿松石的铜牌饰两种。关于中原地区尤其二里头文化铜礼器的来源问题，学术界基本赞同其在中原和东方均有陶器原型且源头深远，中原地区更可能是在吸收西方冶金技术基础上掌握了复合范铸造技术才制作出铜爵、铜盉、铜鼎等铜礼器。[①]具体来看二里头文化二期出现的铜铃和陶寺出土的铜铃形制接近，均已采用复合范技术，因此二里头文化的铜铃铸造技术很可能直接来源于陶寺。

二里头文化时期镶嵌绿松石的青铜牌饰最早出现于二里头二期，关于其起源和传布已有学者进行专门研究。[②] 本书前文也对其来源有简单讨论，认为二里头遗址出土的铜牌饰主要还是本地制作，绿松石的镶嵌技术来源于东方海岱地区，从年代上看，二里头遗址出土的铜牌饰不会来源于西北，三星堆的铜牌饰应是受到二里头和西北地区双重影响。就目前发现的全部17件青铜牌饰来看（图8.5），出土品共计8件，其中甘肃天水和广河属于采集，其余为正式发掘出土，9件属于收藏品，目前均流散海外。17件中仅真武祭祀坑的1件（真武J：16）没有镶嵌绿松石。从年代上看，属于二里头文化时期的我们赞同有12件，而三星堆真武祭祀坑出土的2件、三星堆高骈出土的1件和美国赛克勒博物馆收藏的2件则属于商代。[③] 二里头遗址出土的3件分别是1981VM4：5、1984VIM11：7和1987VIM57：4。同时我们也赞同早年流失海外的9件铜牌饰中有5件都应该属于二里头遗址出土，这5件分别是保罗辛格第1、2件、赛克勒第1件、1991年伦敦流散品和日本MIHO博物馆藏品。[④] 可能属于二里头遗址出土的8件青铜牌饰中属于二里头文化二期的是保罗辛格藏品第2件和二里头1981VM4：5。

---

[①] 李水城：《西北与中原早期冶铜业的区域特征及交互作用》，《考古学报》2005年第3期；韩建业：《新疆的青铜时代和早期铁器时代文化》，文物出版社2007年版；陈国梁：《二里头文化铜器研究》，《中国早期青铜文化——二里头文化专题研究》，科学出版社2008年版，第124—274页。

[②] 陈小三：《试论镶嵌绿松石牌饰的起源》，《考古与文物》2013年第5期；陈国梁：《二里头文化嵌绿松石牌饰的来源》，《三代考古》（七），科学出版社2017年版，第65—83页；王青：《试论镶嵌铜牌饰的起源和传布——从日照两城镇遗址的新发现说起》，《三代考古》（八），科学出版社2019年版，第151—177页。

[③] 王青：《试论镶嵌铜牌饰的起源和传布——从日照两城镇遗址的新发现说起》，《三代考古》（八），科学出版社2019年版，第151—177页。

[④] 王青：《二里头遗址出土镶嵌绿松石牌饰的初步研究》，《夏商都邑与文化》（二），中国社会科学出版社2014年版，第249—277页。

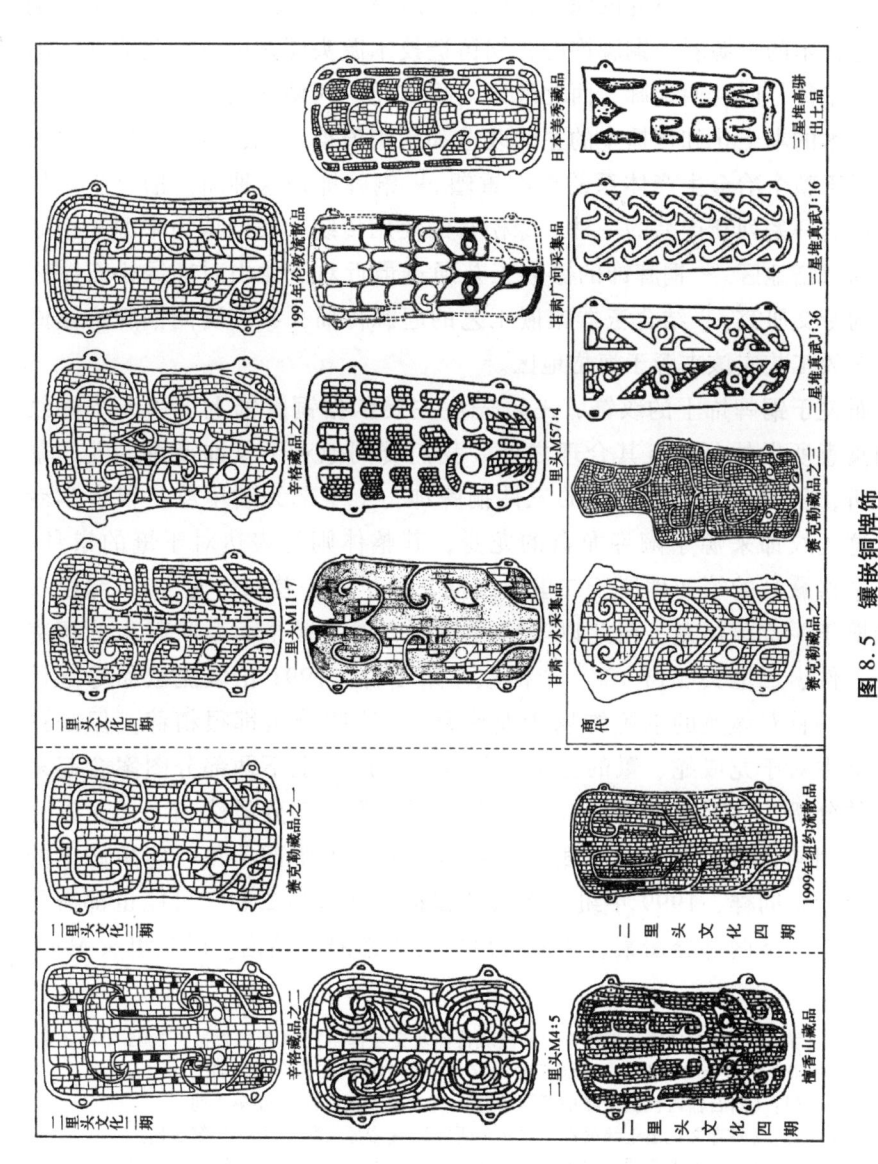

第八章 二里头青铜礼制文明的兴起

图 8.5 镶嵌铜牌饰

(据王青《试论镶嵌铜牌饰的起源和传布——从日照两城镇遗址的新发现说起》一文改制)

陈国梁、王青等学者将铜牌饰分解为铸造铜底托的工艺、镶嵌绿松石的技术（包括使用绿松石传统）和牌饰上纹饰的寓意几个方面来探讨来源的思路和方法体现了研究的深入，值得今后借鉴。因此结合二里头文化铜器铸造技术的来源看，铜牌饰的青铜铸造技术源头还是中亚、北亚地区冶金术的东传，而河西走廊、西北地区马厂文化、西城驿文化、齐家文化等在冶金术的本土化和传播中的主动改造和利用值得重视，也应看到二里头文化对于整个冶金生产体系的再次重塑。[①] 铜牌饰是这种新的冶金生产体系创造的一系列新产品的一种。绿松石的使用传统，我们认为来源于中原本地和海岱地区。[②] 铜牌饰的镶嵌工艺通过最近对于龙山时期绿松石镶嵌腕饰的专文研究，[③] 结合玉器镶嵌工艺的起源传播，我们赞同铜牌饰镶嵌绿松石的工艺应该来源于海岱地区。[④]

而关于铜牌饰上的纹饰，王青先生主要依据铜牌饰上下单元不同纹饰的寓意所做的分组有其合理之处。我们赞同他对于纹饰寓意的龙、鼍的分析，例如来自晋南传统的三件铜牌饰，上半部为鳞甲纹，很多学者指出这类纹饰来源于陶寺龙盘的龙身，其整体则是表达对于鼍的崇拜；还有辛格藏品的第2件属于二里头二期，最早的一首双体龙，M3绿松石龙则属于一首单体龙，由此以辛格藏品第2件为最早而系联起来的赛克勒第1件、二里头M11：7、辛格藏品第1件、1991伦敦流散品等五件代表了一首双体龙的铜牌饰属于龙崇拜。[⑤] 这些分析都很精辟。但是这个分类中对于龙或蛇、鼍的分析显然是就铜牌饰上下两部分图案合起来进行的分析，而天水的铜牌饰、檀香山藏品下半部分显然和上述龙崇拜的牌饰相同，得出羊崇拜和鹿崇拜则是仅通过上半部羊角、鹿角做出的寓意分析。同样，1999年纽约流散品和赛克勒藏品二和三可能也都需要整体分析上下两部分图案，才能得出更使人信服的结论。而二里头M4：

---

[①] 李水城：《西北与中原早期冶铜业的区域特征及交互作用》，《考古学报》2005年第3期；陈坤龙：《中国早期冶金的本土化与区域互动》，《考古与文物》2019年第3期。

[②] 庞小霞：《新石器时代出土绿松石器研究》，《考古学报》2014年第2期。

[③] 庞小霞：《陶寺文化出土绿松石腕饰初步研究》，《中原文物》2023年第2期。

[④] 王强：《试论史前玉石器镶嵌工艺》，《南方文物》2008年第3期，第65—83页；陈国梁：《二里头文化嵌绿松石牌饰的来源》，《三代考古》（七），科学出版社2017年版；王青：《试论镶嵌铜牌饰的起源和传布——从日照两城镇遗址的新发现说起》，《三代考古》（八），科学出版社2019年版，第151—177页。

[⑤] 王青：《试论镶嵌铜牌饰的起源和传布——从日照两城镇遗址的新发现说起》，《三代考古》（八），科学出版社2019年版，第151—177页。

5的寓意是目前学术界争论最大的，王青先生认为属于来自海岱地区的鸟神祖崇拜，我们赞同将其与二里头 M57∶4 的下部单元分成一类（即陈国梁分类的甲组），从两件牌饰的下部单元的圆形眼和弯月眉看确与良渚神人兽面纹、山东两城镇玉圭等有渊源。① 但是中间可能还有一定的发展演变，结合上半部的图案还有待进一步分析。

鉴于牌饰上下两部分图案差异，陈国梁先生则不考虑寓意纯粹根据纹饰差异对牌饰进行了分组（图 8.6），其指出乙组牌饰的下部单元应源自新砦文化是很有道理的。② 目前可在花地嘴遗址、新砦遗址见到此类臣字眼以及蒜头长鼻。③ 臣字眼和蒜头鼻在长江中游的肖家屋脊文化玉神面可见到（图 8.7），同时最近在陶寺遗址的一件陶片中也见到臣字眼及蒜头长鼻的刻画图案，因此乙组牌饰下部单元更早的渊源来自长江中游或者晋南。此外，辛格藏品 1 的下部单元纹饰中两个臣字眼中间，鼻子上部有一个菱形眼，同时二里头 1963VT212 出土的一件陶片标本上刻有一首二体龙，此龙两个臣字眼上方也有一菱形图案。这一菱形图案其实也是渊源甚远，在红山文化玉人、良渚文化玉环、玉璜、石家河文化及商周时期兽面纹中均有出现，学者已经对这一"兽面—菱形"主题图案有所研究，都强调了菱形在兽面中两眼中间特殊部位的刻画使得整体器物具有沟通人与神的能力。④ 铜牌饰的菱形正处于兽面纹饰的两眼中间，应该也是赋予了铜牌饰具有沟通人与神的能力。

受到李德方先生对同一牌饰上可能会出现两种动物纹饰的思路启发，⑤ 我们认为铜牌饰从二里头文化二期出现伊始，可能就有两种设计思路，其一是上述龙崇拜的五件牌饰，其上的图案上下是作为一个整体设计的，就是一首双身的龙；其二则是以二里头 M4∶5、二里头 M57∶4 这一类为代表，下半部更多是来自东方海岱甚至更早源于良渚一类神面

---

① 王青：《试论镶嵌铜牌饰的起源和传布——从日照两城镇遗址的新发现说起》，《三代考古》（八），科学出版社 2019 年版，第 151—177 页；王青：《远方图物——早期中国神灵考古探索》，上海古籍出版社 2019 年版。

② 陈国梁：《二里头文化嵌绿松石牌饰的来源》，《三代考古》（七），科学出版社 2017 年版，第 65—83 页。

③ 参见本书第七章。

④ 郭大顺：《红山文化"玉巫人"的发现与"萨满式文明"的有关问题》，《文物》2008 年第 10 期；韩鼎：《早期艺术中"兽面—菱形"主题研究》，《中国美术研究》2018 年第 3 期。

⑤ 叶万松、李德方：《偃师二里头遗址兽纹铜牌考识》，《考古与文物》2001 年第 5 期。

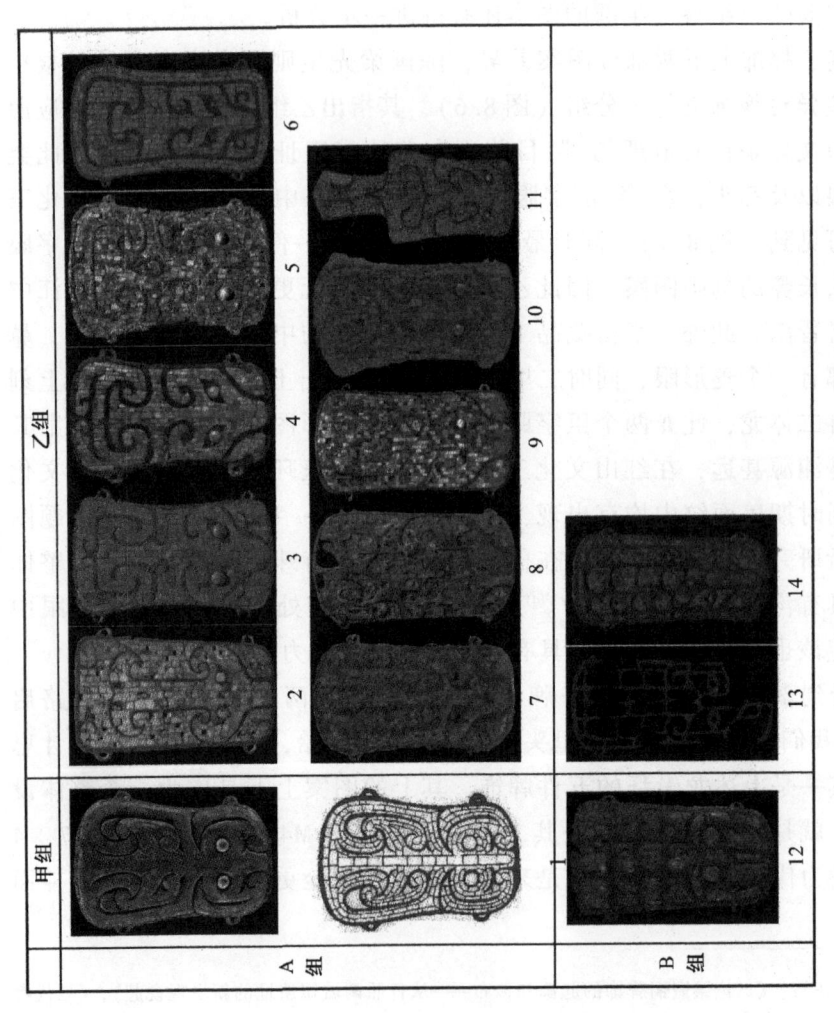

图 8.6 绿松石铜牌饰分类

来源：《二里头文化嵌绿松石牌饰的来源》，2017 年。

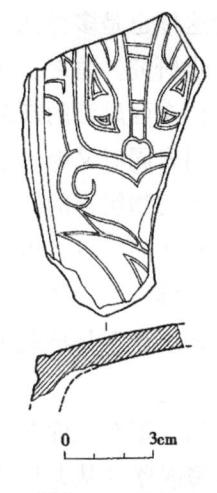

第八章　二里头青铜礼制文明的兴起　　401

1. 新砦1999T1H24∶1　　　　　　　　2. 谭家岭 W9∶7

**图 8.7　花地嘴、新砦石家河神面纹**

来源：1. 采自《新密新砦：1999～2000 年田野考古发掘报告》，2008 年；2. 采自《石家河文化遗珍——谭家岭出土玉器精粹》，2019 年，第 1 页。

形象，M4∶5 上半部寓意尚不明确，而 M57∶4 上部则是龙身，因此 M57∶4 属于神面龙身的结合体，这和绿松石龙形器属于同一设计思路，对此下文还有详细论述。这类上下两部分代表两种动物的牌饰还有几件，天水的牌饰应该是受到二里头铜牌饰的影响，下部仍是龙的面部，上半部则是羊角形象，体现了当地羌人对于羊的崇拜，甚至如王青先生指出的可能也是在二里头制作。① 同样，檀香山藏品则是龙和鹿的组合，可能体现了北方文化传统和中原的结合。而赛克勒藏品二和三则属于龙和虎的组合，很可能是四川盆地受到中原二里头文化的影响并加上本地虎的崇拜而制作的。此外，1999 年纽约流散品可能也是两种动物的组合，但是上面究竟是何种动物还有待进一步研究。而三星堆出土的三件中没有镶嵌绿松石（真武 J∶16）的牌饰上的图案是一个整体，都是几何图案的汇集，代表的寓意有待进一步研究。真武 J∶36 下端看不出有兽面，而整个图案也是左右对称的整体图案，中间带有圆形眼的四个菱形图案上下左右均对称分布，整体图案属于几何图

---

① 王青：《试论镶嵌铜牌饰的起源和传布——从日照两城镇遗址的新发现说起》，《三代考古》（八），科学出版社 2019 年版，第 151—177 页。

案，具体代表的寓意有待进一步研究。三星堆高骈出土的这件也是多种几何图案汇集而成，且左右对称分布，其具体寓意也有待进一步研究。总之，从出自二里头遗址的8件铜牌饰来看，牌饰本体就是金玉结合东西融汇的新产物，其寓意内涵更是融合了来自东方海岱、良渚和晋南的因素同时又继承了本地稍早的新砦文化因素，在此基础上则又有所创新，多种动物组合的新设计。与此同时，二里头文化的铜牌饰同封顶壶形盉这类礼器相同又将二里头国家这种礼制文化传播出去，在北方的夏家店、四川的三星堆、甘青的齐家文化中出现了既有二里头特征又有当地文化印记的特殊牌饰。这正是早期国家形成时期早期文明汇聚与辐射模式的最好体现。

最后是关于铜牌饰这类器物使用场景、功能的来源。从二里头三件铜牌饰的出土情况看均有铜铃伴出，许宏先生指出铜铃与松石镶嵌器（从龙形器到嵌绿松石铜牌饰）应是二里头文化贵族墓随葬品中一个较固定的组合，经二里头都邑两次大的礼制变革一直延续了下来。[①] 铜牌饰是二里头社会的一个创新青铜产品，铜铃则在陶寺有发现，尽管是发现于陶寺文化晚期的一座小墓，但是高江涛认为铜铃属于陶寺中期的高等级墓葬随葬，铜铃有织物包括痕迹及朱砂，推断为小墓墓主在捣毁中期高等级墓葬后的"获利品"[②]。同样，二里头文化的铜铃也多出土于I级墓葬，且多包裹有织物，目前二里头文化共有6座墓出土铜铃，其中5座面积都超过2平方米，除了1座扰乱墓中伴出玉器、漆器，其余4座则还有绿松石器或铜牌饰、陶盉等重要礼器类物品出土。[③] 比较来看，唯有62VM22比较特别，面积不到2平方米，出土物等级不高，墓没有被盗，但铜铃没有发现铃舌，所以其放在墓中的功用可能不是作为响器，它和其他几座墓葬随葬铜铃的内涵和功能是不同的。种种迹象表明陶寺的铜铃和二里头铜铃可能都具有相同的功能，或者使用场合类似。目前二里头发现的铜铃主要葬于墓主人的腰侧，其和铜牌饰的使用功能学者多赞同为宗教仪式的法器并兼具礼器功能。而究竟是何种宗教呢？本书认为是萨满教。著名的萨满教研究学者米尔恰·伊利亚德认为严格意义上的萨满教主要是指西伯利亚和中亚的一种宗教现象。另外，萨满教的意识形

---

① 许宏：《二里头都邑的两次礼制大变革》，《南方文物》2020年第2期。
② 高江涛、何驽：《陶寺遗址出土铜器初探》，《南方文物》2014年第1期。
③ 铜铃相关情况参见许宏《二里头M3及随葬绿松石龙形器的考古背景分析》，《古代文明》第10卷，文物出版社2016年版，第39—53页；邓玲玲《二里头文化铃的性质刍议》，《中原文物》2019年第4期。

态和技术见诸澳大利亚、马来群岛、南美、北美和其他地区的原始人群中间。① 我国研究萨满教的学者多认可这种观点：我国北方少数民族自古以来就生活在典型的萨满教文化区域，它们社会生活的原始阶段及其后来发展的某些阶段曾经普遍信仰萨满教。② 基于以上认识，又因为我国学者根据考古发现多认为红山文化的生活区域普遍信仰萨满教，我们认为在龙山时代石峁文化、齐家文化分布的高地龙山文化区的主要宗教也是萨满教。其实张光直先生很早就指出了商周青铜器上的动物纹样是巫觋通天的工具，他又认为巫即是萨满，其通天的手段复杂。③ 萨满教是建立在万物有灵论的基础上，萨满可以通神，通神的仪式就是降神会，在降神会上萨满穿戴复杂的萨满服饰，借助一些萨满鼓、铜铃等响器或者音乐、舞蹈或者是食用一些蘑菇、烟草等致幻麻醉剂进入入定状态，和神灵沟通，上天入地引导灵魂，实现祭祀、治病等功能。④ 综上所述，铜牌饰可能是萨满举行降神会时在萨满服饰上悬挂的物品，其上刻画各类动物，起到辅助通神的功能。而目前在铜牌饰上所见的龙（蛇）、虎、鹿等动物形象恰恰是萨满教中最常见的辅助神灵的动物形象。⑤ 依靠这些神灵动物的辅助，萨满才能上天入地，实现一定的宗教目的。而铜铃则属于萨满请神、通神使用的响器之一，尽管最常使用的是萨满鼓，⑥ 但是不可否认铜铃也在很多地区的萨满教中被广泛使用。孟慧英对于铜铃在满族萨满教中的作用有详细描述："铜铃代表魂魄精灵，也是神。在祭祀的各类响器中，它显得清脆独特，烘托自然宇宙各种自然现象的气氛，也象征着神灵的踪迹。人们认为魂之行走是有声音的，走到哪儿人们看不见，但铜铃一响，就知道神来了。因此铜铃不受人的支配，它可以自己出

---

① ［美］米尔恰·伊利亚德：《萨满教——古老的入迷术》，段满福译，社会科学文献出版社2018年版，第2—4页。
② 秋浦主编：《萨满教研究》，上海人民出版社1985年版，第1页；满都尔图：《中国北方民族的萨满教》，《萨满教文化研究》第一辑，吉林人民出版社1988年版；孟慧英：《中国北方民族萨满教》，社会科学文献出版社2000年版，第23—27页。
③ 张光直：《考古学专题六讲》第六讲，文物出版社1986年版；张光直：《美术、神话与祭祀》，郭净译，辽宁教育出版社2002年版。
④ 参见［美］米尔恰·伊利亚德《萨满教——古老的入迷术》，段满福译，社会科学文献出版社2018年版。
⑤ ［美］米尔恰·伊利亚德：《萨满教——古老的入迷术》，段满福译，社会科学文献出版社2018年版，第85—86页。
⑥ ［美］米尔恰·伊利亚德：《萨满教——古老的入迷术》，段满福译，社会科学文献出版社2018年版，第165—168页；孟慧英：《中国北方民族萨满教》，社会科学文献出版社2000年版，第238—239页。

行，还可以化成各种各样的动物。"① 二里头遗址发现的三件铜圆形器（不包括含十字纹绿松石镶嵌器），年代均属于二里头文化三期，已有学者进行专文探讨，指出其与萨满服饰上系挂的铜镜类似，可能为萨满服饰上系挂之物，其来源仍是西北地区。②

二里头文化二期的绿松石龙形器是二里头文化中另一个新出现的器物，其所蕴含的文化因素的来源可以从器物材质工艺、造型寓意两个角度分析。绿松石龙形器全身由2000多片绿松石镶嵌而成，根据清理中发现的小块漆皮及白色朽灰痕迹推测镶嵌在木质承托物上（图8.8-8）。整个镶嵌工艺可追溯至最近的龙山时期陶寺文化的绿松石镶嵌腕饰技术，镶嵌技术和工艺的大发展还是来源于海岱地区，③ 而使用绿松石的传统则是来自中原地区和海岱地区。④ 绿松石龙形器顾名思义，学术界目前多认为整体图案代表了龙的形象，要探讨整体图案的寓意来源，实际也就是探讨这条"龙"形象的来源。从龙形器的造型看，明显分成面部和身体两个部分，而身体则属于写实的蛇，其实不少学者把二里头遗址发现的蛇、龙都归属于龙。⑤ 还有很多学者指出中国龙形象的基形就是蛇，龙的形象就是蛇蜕化出的。⑥ 当然，也有学者指出龙乃虚构的神灵动物，其原型来自多种动物，包括鳄鱼、蛇、蜥蜴、龟鳖等。⑦ 还有几位学者认为龙的形象来源于昆虫幼虫形象和对昆虫的神化，昆虫拥有龙的核心神能，亦即能够羽化、再生，蝉、蚕是这类昆虫的代表。⑧ 也有学者认为龙的原始形象取自中国传统天文学二十八宿体系东宫星宿所构成的形象，

---

① 孟慧英：《中国北方民族萨满教》，社会科学文献出版社2000年版，第239页。
② 贺俊：《试论二里头文化的铜圆形器》，《文物春秋》2018年第5期。
③ 王强：《试论史前玉石器镶嵌工艺》，《南方文物》2008年第3期。
④ 庞小霞：《新石器时代出土绿松石器研究》，《考古学报》2014年第2期。
⑤ 杜金鹏：《中国龙，华夏魂——试论偃师二里头遗址"龙文物"》，《二里头遗址与二里头文化研究：中国二里头遗址与二里头文化国际学术研讨会论文集》，科学出版社2006年版，第96—120页；王青：《释龙——二里头遗址出土雕刻类神灵形象的复原》，《远方图物——早期中国神灵考古探索》，上海古籍出版社2019年版，第234—261页；李德方：《二里头遗址的龙纹与龙文化》，《二里头遗址与二里头文化研究：中国二里头遗址与二里头文化国际学术研讨会论文集》，科学出版社2006年版，第142—151页。
⑥ 闻一多：《从人首蛇身像谈到龙与图腾》，《人文科学学报》1942年第2期；陈仲玉：《殷代骨器中的龙形图案之分析》，《中研院历史语言研究所集刊》第41册第3分，1969年。
⑦ 李零：《说龙，兼及饕餮纹》，《中国国家博物馆馆刊》2017年第3期。
⑧ C. B. 阿尔金著，王德厚译：《红山文化软玉的昆虫学鉴证》，《北方文物》1997年第3期；孙机：《蜷体玉龙》，《文物》2001年第3期；郭静云：《史前信仰中神龙形象来源刍议》，《殷都学刊》2010年第3期。

但其也承认龙星的抽象,人们便根据身边熟识的事物而与天上的龙星进行比附,这样龙的现实形象各地有多种来源,鳄鱼、虎、马等并且对其进行了改造。① 如果承认晚商青铜器上的龙是相对成熟的中国龙的形象,那么我们从史前的龙梳理下来,至少在二里头文化中龙和蛇是两种不同的形象,蛇不等于龙,在二里头遗址就有写实的蛇和抽象的龙的不同图案(图8.8)。史前时期我们称之为"龙"的造型,几乎主要依据商代相对成熟的龙的形象而定名的,有鳄鱼原型的西水坡蚌壳龙,有猪首或熊首昆虫身的红山玉龙,有虎首虎身的凌家滩玉龙,还有鳄鱼首的陶寺蟠龙。进入二里头时代龙形象的原型更多的是蛇,尤其龙身主要基于蛇体,总之龙造型的形成是一个基于不断吸收多种动物形象并不断丰富改造的过程。对此,韩鼎详细指出:"商代龙的造型特征存在一个逐渐丰富的过程,早商的龙承袭了二里头'龙'的蛇体、菱形纹、菱形额饰等特征,增加了鹿角的元素,晚商又出现了爪的元素。"② 这里爪的元素其实在二里头透底器的龙上已经出现③(图8.8-6)。与此同时,龙作为神灵动物的功能也是吸收各类动物并加以神化而形成的。比如蛇不具备飞翔的功能,龙却能飞,这个我们认为正是龙吸收昆虫的蜕变、羽化并飞翔的功能而来,龙的水性特征则是吸收蛇、鳄鱼的特征。

既然二里头龙形器的造型之一就是蛇体,那么二里头蛇的形象来源何处呢?在中原及海岱地区的新石器时代文化中蛇的形象几乎不见,近年在石峁遗址皇城台大台基上发现有龙的雕刻。④ 我们赞同八号石雕上雕刻的一对尾部相抵,头部向外的龙(图8.9)可能与二里头绿松石龙有一定的渊源。⑤ 二者头部都近似梯形,身体则都是蛇身,只可惜石峁龙的面部口鼻等线条漫漶不清。二里头遗址发现蛇纹饰的遗物很多,且这些器物多非实用器,如在两件透底器上分别雕塑的3条和6条蛇,还有2003年宫殿区出土一件大陶盆上浮雕的一条长蛇等。此外石峁皇城台大台基石雕图也有

---

① 冯时:《龙的来源——一个古老文化现象的考古学观察》,《濮阳职业技术学院学报》2011年第5期。
② 韩鼎:《商代阜南龙虎尊纹饰的再研究》,《中国美术研究》2020年第2期。
③ 参见王青一文的侧视的龙图片及复原《释龙——二里头遗址出土雕刻类神灵形象的复原》,《远方图物——早期中国神灵考古探索》,上海古籍出版社2019年版,第234—261页。
④ 陕西省考古研究院等:《陕西神木市石峁遗址皇城台大台基遗迹》,《考古》2020年第7期。
⑤ 朱乃诚:《二里头绿松石龙的源流——兼论石峁遗址皇城台大台基石护墙的年代》,《中原文物》2021年第2期。

406　聚落、资源与道路

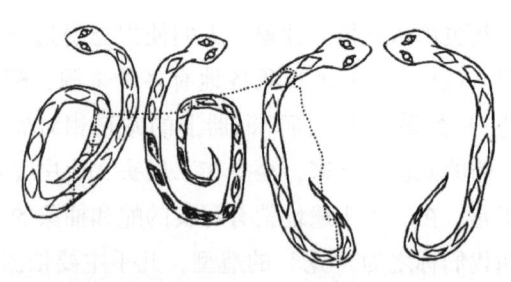

1. ⅣT17②∶4及其复原图

2. Ⅴ·ⅡT107③∶2

3. 陶盆2003VG14∶16

4. 1992年Ⅲ区出土透底器1

5. 1992年Ⅲ区出土透底器2

二里头蛇形像遗存
（图转下页）

第八章　二里头青铜礼制文明的兴起　　407

6. VT210④B∶3与VT212⑤∶1及其复原　　　7. VT212⑤∶1及其复原

8. 2002VM3∶5

9. 宫殿区VT212出土一首双身龙

二里头龙形象遗存

**图8.8　二里头遗址出土蛇与龙图像及纹饰**

来源：1、6、7采自《释龙——二里头遗址出土雕刻类神灵形象的复原》，《远方图物——早期中国神灵考古探索》，2019年，第239、237、242页；2采自《偃师二里头——1959年～1978年考古发掘报告》，图199-6，1999年；3、8采自《二里头：1999～2006》，2014年，彩版一二〇；4、5采自《二里头陶器集萃》图版170、171，1995年；9采自《考古》1965年第5期。

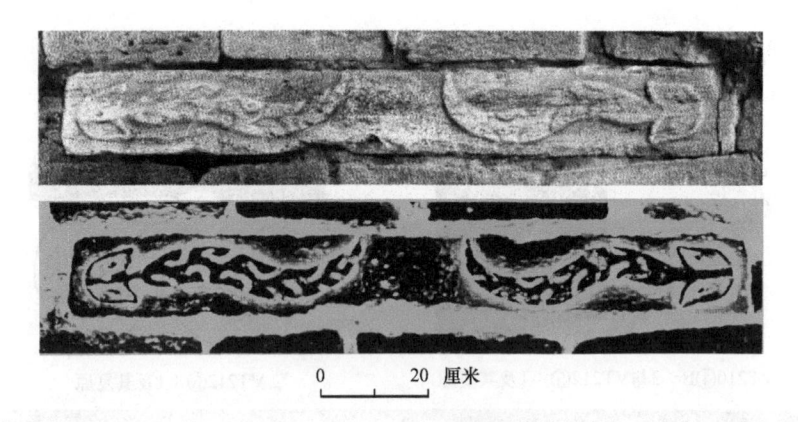

**图 8.9　石峁八号石雕像**

来源：《陕西神木石峁遗址皇城台大台基遗迹》，《考古》2020 年第 7 期。

清晰的蛇的形象①（图 8.10）。二里头蛇的寓意来源或许和北方萨满教中将蛇作为动物精灵或通神助手有一定关系。蛇神在萨满医疗法术上同于所有能够致病和治病的动物精灵——色翁，在一些民族里蛇是和萨满相通的，它是萨满灵魂游历到另一世界的领神和守护神，满族许多姓氏的野神祭中，萨满服饰上要有蟒皮。②二里头的绿松石龙形器我们认为还吸收了来自新砦文化、肖家屋脊文化的因素，这主要是从龙形器的面部分析得出。绿松石龙形器面部是一个正视的兽面形象，整体呈梯形，其长长的分节的蒜头形鼻、"臣"字眼和新砦遗址陶器盖上发现的长鼻子和眼睛都十分近似。但是龙形器的眼部不见新砦的弯月眉。此外，这种臣字眼和蒜头形鼻子在肖家屋脊的玉神面上也能见到，但是又不见肖家屋脊玉神面和玉人面普遍的介子冠。绿松石龙形器兽面按照王青先生的复原，③其组成耳朵、翼部的造型勾线，总体看，不同于新砦陶器盖上，而两城镇玉圭的凤羽纹也和上述图像的耳朵、翼部线条外勾的造型不同。所以这些造型很可能是二里头文化的创新（图 8.10）。总之，二里头绿松石兽面造型，晚于新砦文化和肖家屋脊文化，主要受到这两个文化的影响。

---

① 陕西省考古研究院等：《石峁遗址皇城台地点 2016～2019 年度考古新发现》，《考古与文物》2020 年第 4 期。
② 孟慧英：《中国北方民族萨满教》，社会科学文献出版社 2000 年版，第 169—171 页。
③ 王青：《寻龙——二里头遗址镶嵌绿松石龙面部纹饰的复原》，《远方图物——早期中国神灵考古探索》，上海古籍出版社 2019 年版，第 224—233 页。

第八章　二里头青铜礼制文明的兴起　　409

**图 8.10　皇城台大台基 37 号石雕图片及拓本**
来源：《考古与文物》2020 年第 4 期。

## 三　二里头文化一、二期重要遗迹来源分析

在二里头遗址，二里头文化一期遗存散布范围超过 100 万平方米。1 号巨型坑在一期晚段已经开始挖坑取土，但面积可能略小。1 号巨型坑应是为了解决大型夯土建筑的用土而挖掘形成，或可旁证此时已有大型夯土工程。[①] 但是目前尚未见到，二里头文化一期大型建筑的情况、渊源还有待今后发掘。二里头文化二期，二里头都邑迅速全面兴盛，都邑面积扩大到约 300 万平方米。二期早段开始，中心区陆续开始构建"井"字形道路网络，至迟在二期晚段"井"字形道路网络已经形成。二期尽管宫城城墙尚未夯筑，但是井字形道路网围成的宫城区面积 10.8 万平方米，已现雏形。宫殿区二期早段至少已建成 3 号、5 号两座多进院落的大型夯土建筑基址，3 号、5 号基址院内活动面中均发现多排、多座贵族墓葬，年代也均属于二期。紧邻宫殿区南部的围垣作坊的东垣、北垣和东北角在二期晚段已经建成，其内的青铜作坊、绿松石加工作坊已经使用。宫殿区内中南部距离宫城东 3 门址、4 号基址较近的 1 号制骨作坊也已开始大规模生产。宫殿区北部的 1 号巨型坑已经挖成。二、三期之交，宫城城墙夯筑，同时宫城外东北部和北部开始形成了贵族墓集中区，宫城外北部开始形成祭祀区。总之至少到二里头文化二期晚段，二

---

[①] 赵海涛：《二里头都邑聚落形态新识》，《考古》2020 年第 8 期。

二里头遗址以"井"字形道路网络为主体框架,宫殿区、祭祀区、作坊区、贵族居住和墓葬区等轮廓初现,二里头都邑"九宫格"式分布格局基本形成①(图8.11)。

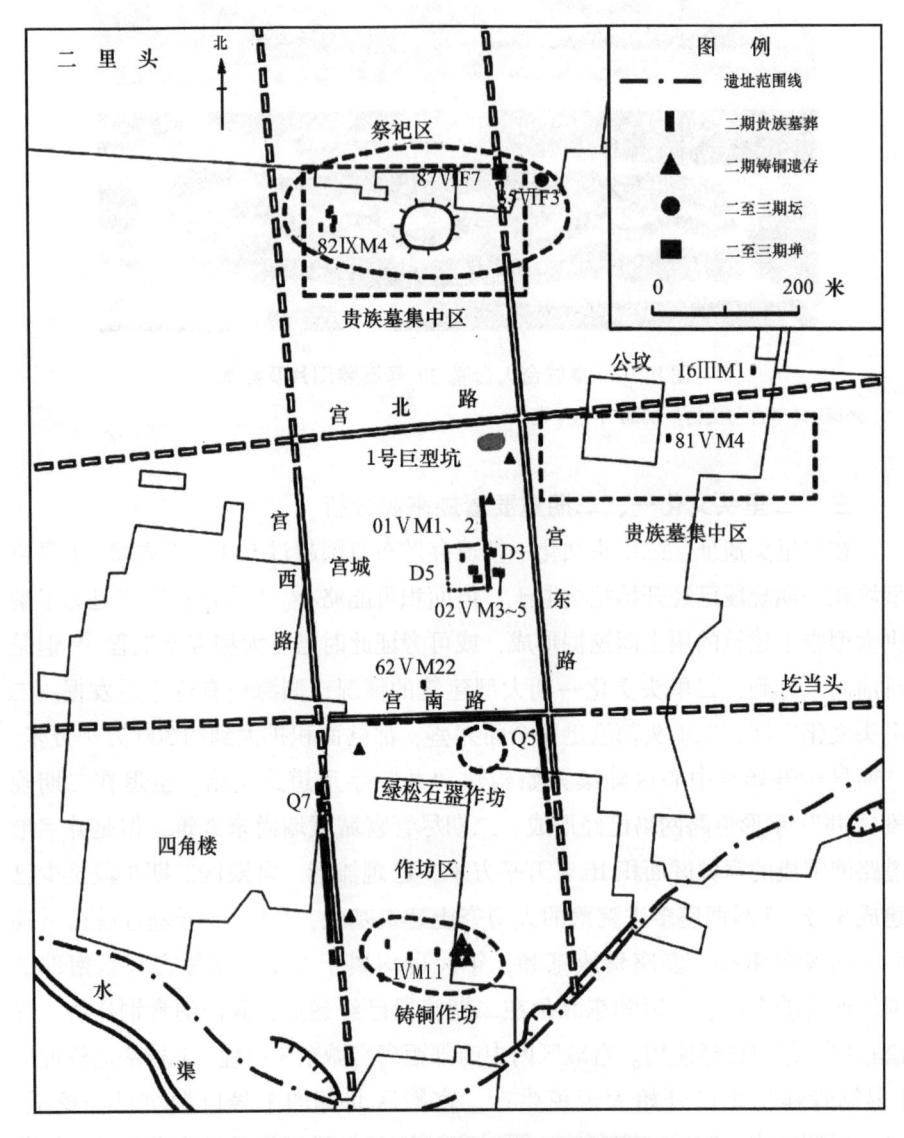

**图8.11 二里头遗址二期布局示意图**

来源:《考古》2020年第8期。

---

① 赵海涛:《二里头都邑聚落形态新识》,《考古》2020年第8期。

第八章　二里头青铜礼制文明的兴起　　411

　　二里头遗址的布局明显经过严格规划,其整体布局理念我们认为来源于陶寺遗址。陶寺遗址总面积约 400 万平方米,陶寺大城城址兴建与使用的主体年代距今 4300—3900 年,面积达 280 余万平方米。城址内东北部是面积近 13 万平方米的宫城和宫殿群所在的核心区。宫城西南近处为下层贵族居住区,宫城南部近处是仓储区。城址南部是陶寺文化早期墓地所在,并单独围出一个小城作为特殊的宗教祭祀区,内发现有"观象台"遗迹和中期墓地。城址西南部为手工业作坊区,西北部为普通居住区(图 8.12)。[①] 对比陶寺和二里头,可以发现二者对于宫城及宫殿区、手工业作坊区、祭祀区等都邑城址内功能分区的规划相同,整个遗址明确存在中心区和一般区域的区分。这种以夯土城墙围绕起来的建筑以及以土墙与木柱结合的建筑模式和北方石峁文化中的石城建筑显然是不同的。值得注意的是,陶寺遗址观象台建立起的观象授时是当时农耕文明中最先进的技术,我们认为这一技术应该是被二里头人所继承的,只是目前尚未在洛阳盆地内发现相关遗迹。

　　二里头文化二期时,二里头都邑遗址发现的建筑有三类:第一类是大型夯土建筑基址,如宫殿区的 3 号、5 号多进院落基址;第二类是小型房址,分为地面和半地穴式两种;第三类是一些坛、墠类建筑遗迹。二期的大型建筑基址都是建于夯土高台基上,这种高台式建筑尽管在良渚文化的莫角山就已发现,但是高台基几乎都是堆筑而成。而经过层层夯打且明显发现夯窝类工具的高台基目前主要发现于三代时期。再往前追溯,龙山时代在新密古城寨和陶寺遗址都发现这种夯土高台基的大型建筑。二里头二期夯土台基的建造过程可以 5 号基址为例,结合历年发掘情况判断,5 号基址夯筑时应是先挖一个大型基坑,对基坑范围内灰坑的填土进行了清理,并平整坑底,铺垫垫土,就近利用清理出的灰坑填土逐层夯筑灰坑,每隔一层或数层在灰土上铺垫黄沙土,以应对夯筑时灰土的粘连问题,近表面时再选用较纯净的红褐色土夯筑。[②] 而陶寺宫殿区内 1 号宫殿夯土基址的台基建筑方式也是如出一辙。[③] 二里头文化二期的

---

[①] 高江涛:《陶寺遗址近年新发现与最初中国之都》,《聚落考古通讯》第 3 期,中国社会科学院考古研究所 2020 年版,第 38—48 页。

[②] 中国社会科学院考古研究所二里头工作队:《河南偃师市二里头遗址宫殿区 5 号基址发掘简报》,《考古》2020 年第 1 期。

[③] 陶寺 1 号建筑基址经过数年发掘,也已基本搞清高台的夯筑过程,经咨询领队高江涛先生,具体挖基坑、修正基坑范围内的灰坑及再逐层利用原基坑土和灰坑土夯筑的方式和二里头几乎相同。

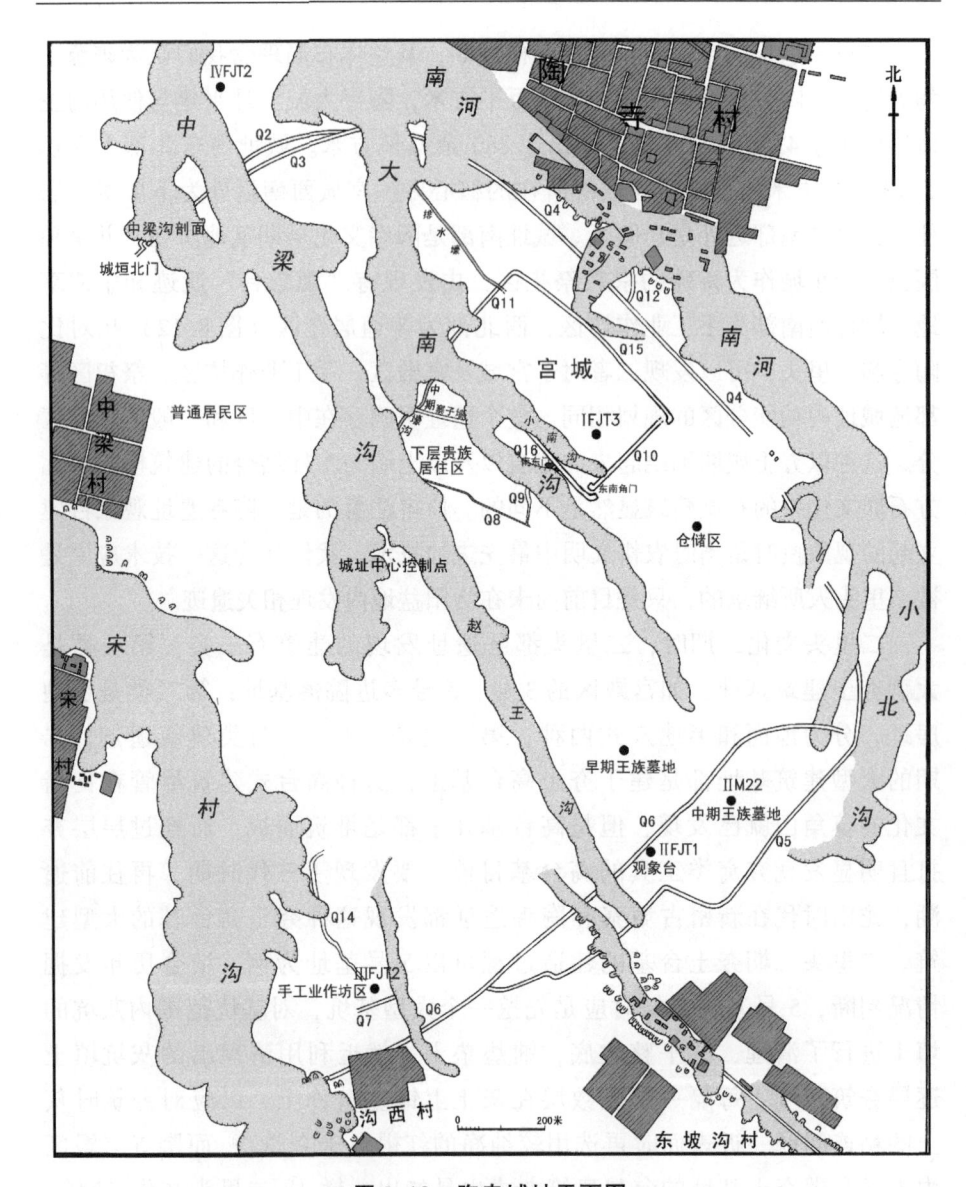

**图 8.12 陶寺城址平面图**

来源:《中国陶寺遗址出土文物集萃》,2020 年。

3 号和 5 号都是多进院落,没有围墙,3 号西侧有经统一规划、在同一建筑轴线上的西庑,南北包括整个三进院落,东庑破坏较甚,仅剩部分基槽和很薄的墙体,中院和南院的南庑都存在。5 号则是四进院落,没有发现廊庑类。根据学者研究,商和周分别形成了"堂庑一体"和"堂厢分离"

两类院落建筑模式，而三期之后的1号、2号宫殿建筑属于"堂庑一体"，基本代表了中原文化建筑传统，周代的"堂厢分离"则代表了西土文化。①根据这些研究，二期的3号建筑基本属于"堂庑一体"风格，5号建筑似乎无法归属上述任何一类模式。但是5号基址各院落主殿均以宽约0.5米的窄墙间隔，呈东西连间的多室排房，窄墙和主殿墙均为木骨泥墙。这和早于二里头的芦山峁的主殿由三个单体建筑组成、且所有围墙均为夯土墙不同。而早于二里头文化二期的新密古城寨发现的大型夯土基址上由主殿F1和其北庑、西庑的F4组成。其中主殿隔间采用成排立柱，没有隔墙，但是廊庑墙则是木骨泥墙。近年陶寺1号宫殿基址、宫城的发掘材料表明陶寺宫殿建筑则在主体上呈现西土风格的基础上吸收了中原、海岱及长江流域等多地建筑的传统，中轴线理念、堂室结构等已较为成熟。综上，在二里头都邑遗址，二期的宫殿建筑可能正处于中原风格的创始阶段，其吸收了中原本地龙山时代的一些建筑风格和晋南陶寺遗址的建筑技术，至少二期早段"堂庑一体"的模式尚未形成，但是从目前发现的3号和5号基址的整体情况来看，中原传统占比更大些。而且即使二里头文化三期、四期阶段出现了1和2号这种"堂庑一体"的建筑，也同时存在以4、7、8号基址为代表的单体夯土台基式宫室建筑。

  二期发现的祭坛类遗迹主要是85YLⅥF3，它是一个由边缘往中心逐渐隆起的圆形矮土台，系浅灰色土掺碎料礓筑成，台面原为路面（踩踏面），中心相当大的部分为后人削平，故原来的路土面已不存在。由路土较明显地呈斜坡状隆起计算，土台直径约7米。在圆台上分布着8个红黏土或红黏土掺料礓石夯打而成的圆土墩，路土面以上部分高0.15米—0.25米，路土面以下部分埋深0.1米—0.15米，8个圆土墩排列成圆圈。该建筑遗迹周围分布着较广泛的路土，上面有一片片烧土面。②祭坛类遗迹在史前时期广泛存在，北方的赵宝沟文化、红山文化、老虎山文化、齐家文化，南方的大溪文化、凌家滩文化、崧泽文化、良渚文化等均有发现。而南方以良渚文化祭坛发现最多也最具特色，多是堆土而成的祭坛，北方则以红山文化为典型，多

---

① 杜金鹏：《周原宫殿建筑类型及相关问题探讨》，《考古学报》2009年第4期；郭明：《商周时期大型院落式建筑比较研究》，《考古与文物》2014年第5期；宋江宁：《三代大型建筑基址的几点讨论》，《三代考古》（二），科学出版社2006年版；王天艺：《芦山峁遗址与"西土类"院落建筑体系的形成》，《考古》2021年第4期。

② 杜金鹏：《二里头遗址第二期考古的主要成就》，《中原文物》2020年第4期。

是石砌。北方地区、黄河上游地区和长江下游地区则还有土石混合类的祭坛分布。① 上述文化中有不少土质圆形祭坛，但是时空上距离二里头文化二期祭坛较近的是杞县鹿台岗龙山文化晚期祭坛以及禹会村龙山文化晚期祭坛。禹会村祭坛面积大，遗迹现象复杂，祭坛上不仅有祭祀沟、祭坛台、烧祭面等，还有与祭祀相关的建筑遗迹，和二里头发现的圆形祭坛差别巨大，二者祭祀性质不是同一类。二里头 F3 和鹿台岗 II 号祭坛如果从空中俯视，二者似乎近似，都可以看到多个小圆土墩围绕组成一个大圆形，而且这个大圆都不完整，皆有缺口。鹿台岗 II 号祭坛的中部还有个圆土墩，而二里头 F3 由于受到破坏，发掘者也指出不能断定中间是否有土墩。但是建造方法二者差别巨大，二里头 F3 的圆土台是整体堆成，其上的小土墩再单独掺和料礓石夯打而成，深度浅。而鹿台岗遗迹实质上是在地面上先挖坑，再层层夯打略高于地表，形成 11 个圆土墩，这 11 个圆土墩围住的地面则是生土。鹿台岗 II 号祭坛有学者指出 11 个圆坛代表天上的太阳，是祭祀太阳的祭坛，中间的大坛是真实的太阳的象征，周围的小坛是"幻日"的代表。② 二里头遗址除了二期这个祭坛，还有与之外形近似的 87YLⅥF8 及带围墙的祭坛 84YLVIF1。杜金鹏先生认为二里头祭坛是祭祀天神的，③ 从史前时期发现的众多祭坛功能看，确有不少属于祭天，我们结合鹿台岗的祭坛，认为 85YLⅥF3 和 87YLⅥF8 是一种对自然神的祭祀，表现的是对于太阳的崇拜，属于祭天或祭日。但是 84YLVIF1 周围有多座墓葬，不乏高等级墓葬，其可能还有祭祖功能。

二里头文化二期还发现一类遗迹，如 87YLⅥF7、95YLIXC6、95YLIXC14，这类遗迹都属于浅穴式长方形建筑物，有坡道或台阶可供进出。内部有不同时段逐层铺垫、依次叠压的路土。路土面上常见有大小各异、位置不定的烧土面。路土层中间夹有墓葬，其葬式和随葬品等与正常墓葬无异，南、北边缘常见幼儿墓，顺着浅穴边缘埋葬。浅穴的四周并不见围墙遗迹，浅穴亦无柱洞、灶坑遗迹。④ 这种浅穴式建筑的性质，杜金鹏先生认

---

① 新石器时代祭坛的发现和基本情况参见贺辉博士论文的第二章。贺辉：《新石器时代祭祀类遗迹研究》，博士学位论文，南京大学，2013 年。
② 匡瑜、张国硕：《鹿台岗遗址自然崇拜遗迹的初步研究》，《华夏考古》1994 年第 3 期；刘春迎：《试析鹿台岗遗址 I、II 号遗迹的性质》，《江汉考古》1997 年第 2 期。
③ 杜金鹏：《偃师二里头遗址祭祀遗存的发现与研究》，《中原文物》2019 年第 4 期。
④ 杜金鹏：《偃师二里头遗址祭祀遗存的发现与研究》，《中原文物》2019 年第 4 期。

## 第八章 二里头青铜礼制文明的兴起

为属于墠。① 但是有学者认为是"掘地为坎",除草打扫,加以整治,即为墠②,就是地面祭祀为"墠"祭,地下祭祀为"坎"。③ 杨天宇先生也认为"墠"是经过清除的整洁的地面。④ 坛、坎、墠的关系可见于《礼记》的相关记载和郑注、孔疏。"封土为坛"与"掘地为坎"在《左传》《汉书》等古籍中常见,即堆土形成的台子为坛,地面向下挖的坑为坎。坛和坎在祭祀中的用法和意义见于《礼记·祭法》,其云:"相迎于坎坛,祭寒暑也。"又云:"四坎坛,祭四方也。"郑玄注:"寒于坎,暑于坛……祭山林丘陵于坛,川谷于坎,每方各为坎为坛。"⑤ 这里坛与坎是相对的,对山林丘陵及暑天的祭祀均在坛祭祀,对川谷及寒冷季节的祭祀则均在坎祭祀。坛和墠关系也见于《礼记·祭法》,其云:"天下有王,分地建国,置都立邑,设庙、祧、坛、墠而祭之,乃为亲疏多少之数,是故王立七庙,一坛一墠。"郑玄注:"封土曰坛,除地曰墠。"孔疏:"一坛一墠者,七庙之外又立坛、墠各一。起土为坛,除地曰墠。"⑥《诗·郑风·东门之墠》"东门之墠",郑笺云:"墠,除地町町者。"朱骏声《说文通训定声》释町:"假借为坪,或曰平地为町。"可见"墠"是平整地面,而"除地为墠"其实就是清除、清扫平整地面形成墠,再进行祭祀。曹建墩引《礼记·礼器》"致敬不坛,扫地而祭"后指出:"坛和墠相比,古人认为,对最隆重的祭祀为表达内心的诚挚,使用'墠'。"⑦ 至此可以明确,坛祭是平地上堆土台子在上面祭祀,墠祭是平整清扫地面后在其上的祭祀,坎祭则是挖坑、浅穴在里面进行的祭祀。我们认为二里头这类浅穴式祭祀遗迹实际是"坎"而非"墠"。

此外,在二里头遗址除了上述"坛""坎"类遗存,在宫城内偏北,二里头文化一期晚段就已经开挖取土的1号巨型坑的性质也值得关注。1号巨型坑在二期面积扩大到约2200平方米,深度达4米左右,取土的体量约9000立方米。经和宫殿区二期夯土建筑对比,发现二者的质地、颜

---

① 杜金鹏:《偃师二里头遗址祭祀遗存的发现与研究》,《中原文物》2019年第4期。
② 曹建墩:《先秦礼制探赜》,天津人民出版社2010年版,第265页。
③ 李志鹏:《二里头文化祭祀遗迹初探》,《三代考古》(二),科学出版社2006年版,第170—182页。
④ 杨天宇:《礼记译注》(下),上海古籍出版社2004年版,第601页。
⑤ (清)孙希旦:《礼记集解》,中华书局1989年版,第1195页。
⑥ (清)孙希旦:《礼记集解》,中华书局1989年版,第1198页。
⑦ 曹建墩:《先秦礼制探赜》,天津人民出版社2010年版,第265页。

色都比较接近，因而基本可以确认是为了解决大型夯土建筑的用土而挖掘形成。同时，1号巨型坑周围铺垫料礓石块，表明这里是一处特殊的场所。仅对其解剖30余平方米，即发现四具摆放整齐、姿势一致的完整幼猪骨骼，一座夯打坚硬、建筑考究的小型房址，一处陶片铺垫层，一条铺垫陶片的道路及多处踩踏坚硬的路面，表明挖土形成巨型坑后，曾在此有过祭祀、居住等行为，而非一般的堆放垃圾的场所。目前发现的祭品主要是猪。1号巨型坑可能是二里头遗址宫殿区内一处专门用于祭祀的场所。①由于1号巨型坑位于宫城内，所以这个祭祀场所应该是和二里头高等级贵族甚至王族有关。其中年代属于二期的祭祀遗存最多，整个1号巨型坑或者至少其中的VH36和VH54可能都属于"掘地为坎"的"坎"，而1号巨型坑整体可能属于后世文献所记载的"方泽大坎"的"大坎"。根据上文对于坛、坎祭祀对象的研究，此处"坎"或许是二里头遗址以王为核心的最高统治阶层祭祀地祇的设施。

追溯"坎"这种遗迹，目前在新砦文化的新砦遗址有发现。新砦遗址的大型浅穴式建筑现存东西长92.6米，南北宽14.5米，浅坑的南北壁涂抹黄泥，局部还发现白灰皮，底部则是铺垫多层的踩踏面，没有发现柱洞，在大型浅穴建筑的周边发现有同时期的整猪骨架和盛放较多兽骨的小灰坑，发掘者认为属于"墠""坎"一类的建筑。②对比二里头的上述类似遗迹，二者具备很多相似的地方，我们认为都属于"坎"。

在二里头都邑遗址，二里头文化一期发现的墓葬很少，I级墓葬尚未发现，一期墓葬的结构等级、器物组合等都尚不清晰。二里头遗址中二期墓葬发现不少，尤其近年在3号、5号院落发现一批贵族墓葬，拓宽了对于二里头墓葬各方面的认识。墓葬的随葬品在前文的遗物中多已论述，在此就墓葬的分布、葬制、葬俗等方面探讨一下来源。

二里头遗址还未发现大型墓地，但小型家族墓地存在，且同一墓区内不同等级的墓葬共存。③在宫殿区大型基址院落内埋葬贵族墓的特殊

---

① 中国社会科学院考古研究所二里头工作队：《河南偃师市二里头遗址宫殿区1号巨型坑的勘探与发掘》，《考古》2015年第12期。
② 中国社会科学院考古研究所、郑州市文物考古研究所：《河南新密市新砦遗址浅穴式建筑基址的发掘》，《考古》2006年第1期。
③ 李志鹏：《二里头文化墓葬研究》，《中国早期青铜文化——二里头专题研究》，科学出版社2008年版。

葬俗，目前在同为都邑遗址的陶寺尚未发现，而且陶寺遗址发现大规模贵族墓地，整体墓葬的分布和二里头差别较大。二里头遗址发现的墓葬以竖穴土坑墓居多，还发现没有正常墓穴的乱葬墓。就墓葬方向和头向来看，南北向墓葬居多。在李志鹏先生统计的二里头文化墓葬登记表的基础上，加上二里头1999—2006报告中的墓葬，笔者仅对二里头遗址中二里头文化的墓葬墓向做了统计，发现二里头遗址中整体四期墓葬头向北向的占绝大多数，二期仍然是北向占据多数。而3号、5号院中的贵族墓均属于南北向，其中公布资料的五座，M3、M4、M5这三座明确北向，另两座不详。因此据上述情况推测，这批贵族墓可能绝大多数仍属于北向。另外的二期Ⅰ级墓还有1981VM4和1982ⅨM4，前者也是北向，后者被扰头向不详。因此二里头文化二期北向是较高等级墓葬的主流墓向，也是二期及整个遗址四期的主流墓向。中原地区发现的龙山文化晚期墓葬较少，陶寺墓地头向几乎均东南向，朝向塔儿山。

　　二里头遗址二里头文化二期墓葬中开始出现木质葬具，并且出现了在墓内铺撒朱砂的现象。ⅣM6、2002VM1中发现有板灰或灰痕，可能为木质葬具，多座墓发现墓底铺了朱砂。M5未见葬具，但"可能有熟土二层台"，或与木质葬具有关。同时期在东马沟、伊川南寨等遗址的墓葬也有木棺发现，而在东杨村和荥阳西史村则发现朱砂墓。二里头文化二期的木质葬具，具体形制、是否有多重棺椁均不清楚。据栾丰实先生的研究，木质葬具在环太湖的崧泽文化已经出现，在海岱地区大汶口文化早期已经出现熟土二层台，或与木质葬具有关。在良渚文化及大汶口文化中晚期，木质葬具数量增多，多重棺椁也已出现，形制有多种类型。进入龙山时代，使用木质棺椁的墓葬进一步增多，棺椁成为身份和地位的标志物之一。① 中原地区仰韶时期也有木质葬具发现，龙山时期很长一段时间除了晋南的陶寺遗址，龙山文化大墓没有发现，少见木质葬具。最近在河南叶县余庄发现了面积100万平方米以上的大型龙山文化聚落。其中龙山文化墓葬截至2021年底已发掘65座，大型墓几乎均有木棺，头向在105°—120°，随葬成套的陶礼器，包括鼎、豆、觚、杯、高柄杯、长颈壶、折腹盆、罐等，组合与摆放位置固定，个别墓葬还随葬有獐牙，部分墓葬有1—2个殉人。随葬陶器中，豆、觚、杯、高柄杯四种器物出现7件成组的形式，

---

① 栾丰实：《史前棺椁的产生、发展和棺椁制度的形成》，《文物》2006年第6期。

个别墓葬中的豆、觚5件成组，余庄遗址的权贵阶层在墓地布局、墓葬规模、墓向及随葬品等方面遵守一定的规范，已形成较为严格的墓葬制度，同时表明以酒器为中心的礼器制度亦已形成。[1] 我们认为二里头木质棺的使用应该和本地龙山文化有重要渊源，之后在棺椁的数量、质地方面逐渐固定并形成制度，成为三代礼制的重要组成部分。二里头文化二期出现朱砂墓后，三期数量更多，并且在二里头文化分布范围内很多遗址都有使用。关于史前和二里头时期墓葬使用朱砂的现象，方辉曾撰文论述，他指出："朱砂铺设墓底作为贵族葬仪中不可或缺的程序是在龙山时代的陶寺文化中确立的，并为此后的二里头文化或夏时期文化所继承，成为商周墓葬制度的重要组成部分。"[2]

### 四　二里头青铜文明的形成过程及特征

二里头青铜文明的形成不是一蹴而就的，是在二里头文化一、二期时和当时的东方海岱、南方长江中游、西北地区等多个地区的区域互动中，在二里头文化二期晚段最终形成的。二里头文化一期时，从文化因素来看，二里头文化一期陶器主体来源于新砦文化，如果稍往前追溯，也可以说主体器类来源于本地王湾三期文化。但同时其陶器来源要比新砦文化陶器来源更广泛。长江下游、海岱地区、丹淅流域、西北地区都有二里头文化的来源因素。尽管一期的花边罐、海贝等因素都来自西北地区，但是绝不是二里头文化的主源。二里头文化尤其二里头文化一期主体人群是新砦文化的这批人。进一步追溯，以王湾三期文化人群为主，吸纳部分西迁的造律台文化人群而组成的新砦文化人群，整合了嵩山南北资源，充分利用晋南陶寺的遗产最终选址于交通地理枢纽——洛阳盆地。从二里头文化一期开始，二里头文化的种种特质就开启汇聚模式，至一期晚段二里头陶器文化风格初步形成。

二里头文化二期，区域互动的力量更强，二里头文化因素来源更广泛，除了继承中原地区仰韶和龙山时代的传统基因，二里头文化从周边龙山时期诸文化中吸收更多，如溯源至长江下游良渚文化的漆器、长江中游的肖家屋

---

[1] 吴伟华：《叶县余庄龙山文化遗址》，《中国考古学年鉴（2022）》，中国社会科学出版社2023年版。
[2] 方辉：《论史前及夏时期的朱砂葬——兼论帝尧与丹朱传说》，《文史哲》2015年第2期。

## 第八章 二里头青铜礼制文明的兴起

脊文化的玉器及琢玉技术、海岱地区的陶、玉礼器（白陶鬶、觚、盉、玉钺、玉璧）及绿松石镶嵌技术、西北高地的齐家文化和西城驿文化的青铜冶金技术、石峁文化的宗教思想、晋南陶寺文化的都邑规划、礼乐制度和观象授时等。从聚落形态看，二里头遗址在二期晚段以"井"字形道路网络为主体框架，宫殿区、祭祀区、作坊区、贵族居住和墓葬区等轮廓初现，二里头都邑"九宫格"式分布格局基本形成。二、三期之交宫城城墙的夯筑代表宫城的最终形成，也标志着以宫城为核心的面积超300万平方米的二里头超大型都邑的形成，这也是王权国家的最直接反映。与此同时，在二里头都邑所在的伊洛平原，整个区域的聚落群明显出现了以二里头为绝对核心的向心式布局，[1] 二里头国家对核心区域伊洛平原聚落群的控制或言这些聚落群对都城的拱卫形态非常明显。从更大范围的整个二里头文化的分布看，这一时期二里头国家还在核心区域以外发现有次一级的聚落中心，如伊洛平原以东的郑州东赵、大师姑，以南的望京楼、登封南洼、方城八里桥、蒲城店，以西的渑池郑窑、伊川南寨，包括西北的东下冯等。更为重要的是，这些次中心很可能还有明显的进一步的功用或性质的分化，有的以拱卫城堡性质为主如东赵与大师姑，有的属于"重镇"性质如蒲城店，有的是城堡兼重镇如望京楼，有的是交通枢纽控制点如八里桥、郑窑，有的应是特殊器物生产中心如南洼等。因此，这一时期严谨的聚落层级布局、多个地理单元不同城邑功能的设置都表明强大的二里头广域王权国家的出现。

从礼制内涵看，最能体现礼制的是礼制建筑及墓葬葬制。而目前二里头遗址二期仅从祭祀地祇的"坎"类遗迹看，其实已经有两种不同等级，以王为核心最高统治阶层所用的"坎"位于宫殿区内，面积巨大，用整猪瘗埋。同时还有位于宫城南边围垣作坊区的"坎"类遗迹，这类遗迹和其间埋葬的一些中型墓葬是同一类祭祀性质，可能体现的是中等贵族的"坎"祭活动。此外，据学者研究，在二里头遗址人牲主要集中于祭祀区、铸铜作坊区及宫殿区及其附近。在二里头社会中祭用人牲已经呈现规模化的特点，人祭活动频繁，而不是偶然为之，呈现出制度化的特点。商代殷

---

[1] 中国社会科学院考古研究所二里头工作队：《河南洛阳盆地2001~2003年考古调查简报》，《考古》2005年第5期；高江涛：《中原地区文明化进程的考古学研究》，社会科学文献出版社2009年版，第298—300页。

墟时期、二里岗时期的人祭制度当可追源于这一时期。①

墓葬的葬制方面，棺椁制度由于二里头文化目前材料所限尚无法进一步探讨。但是二里头文化的墓葬是有等级划分的，有学者已经将其划分为五个等级，漆棺、朱砂墓显然属于目前发现的最高等级墓葬，其所代表的人群和那些人牲是社会等级中的两极。而这种不同等级墓葬，随葬礼器严格限制正是墓葬礼制的体现。因此我们可以从二里头文化墓葬中礼器群或曰礼器组合来考察二里头都邑礼制的内涵。二里头文化墓葬所反映的礼制，李志鹏先生曾有深入探讨，近年许宏先生更是提出了二里头都邑曾历经两次礼制大变革的观点，在他们研究基础上，结合二里头3号院内的贵族墓葬的新材料，谈几点礼器组合问题的浅识。

首先，多年前有学者提出的青铜器与漆器、陶器共同组成礼器群，构成二里头文化礼器制度的重要特征的认识，② 仍然适用，尤其对于二里头文化一、二期这个时段，这个特征更为突出。

其次，二里头文化一、二期墓葬中铜礼器的随葬情况有单独铜铃和铜铃加铜牌饰组合两种形式。二里头文化二期仅随葬铜铃的有2002VM3、1982YLIXM4，后者被扰，或许还有其他铜器出土。1981VM4、VM5、VM3同时公布的材料，随葬陶器发表的主要是M5，简报认为M4、M5都属于二期晚段。有学者主要根据M5发表的陶盉，断定该陶盉属于二里头文化三期，得出M5的年代应属于三期，这样M4也应归属三期。③ 许宏先生赞同这种观点，所以得出三期铜礼器的组合为铜铃+铜牌饰以及铜爵等，并开启青铜酒礼器为核心的时代。④ 由于许宏先生认为绿松石龙形器和铜牌饰应大致属同类器，后者应为前者的简化或抽象表现，所以其指出二里头铜礼器组合二期应是铜铃加绿松石龙形器。⑤ 如果从龙形器可能和铜铃配套使用的功能来看，此种认识也未尝不可，但是如果从材质看，显然绿松石龙形器不是铜器类。其实M5除了陶盉，简报还发表了一件三足盘和两件陶豆，综合陶盉、三足盘及陶豆的特征和二里头两个报告中三期的同类典型器物对比，我们认为

---

① 李志鹏：《二里头文化祭祀遗迹初探》，《三代考古》（二），科学出版社2006年版，第170—182页。
② 中国社会科学院考古研究所：《中国考古学·夏商卷》，中国社会科学出版社2003年版。
③ 叶万松、李德方：《偃师二里头遗址兽纹铜牌饰考识》，《考古与文物》2001年第5期。
④ 许宏：《二里头都邑的两次礼制大变革》，《南方文物》2020年第2期。
⑤ 许宏：《最早的中国》，科学出版社2009年版。

M5 还应属于二期晚段。同样 M4 也属于二期晚段。此外，1981VM4：5 这件铜牌饰的年代，学术界单从目前 17 件铜牌饰的形制、纹饰等的研究，也多认可其属于二期晚段。还有学者对于二里头铜铃的专文研究，1981VM4 中出土的铜铃和目前二里头出土的另外五件对比研究也得出这件年代属于二期。所以我们认为 1981VM4 的年代还是二期晚段为宜。因此二期铜礼器的组合主要是铜铃加铜牌饰以及铜铃加绿松石龙形器，加上单独随葬铜铃作为礼器的情况，仍可得出二期铜器组合以铃为主的认识。①

二期的玉礼器还未见组合，只是单件的柄形器和钺，相对柄形器较常见。陶器的组合，新公布的 3 号院四座二期贵族墓的情况仍然是以盉、爵组合为主，并且白陶礼器在礼器群中具有重要地位。二里头文化一期尚未见到随葬漆器，二期目前共有五座墓葬发现漆器。其中 I 级墓三座，2002VM3、2002VM5 和 1981VM4，其余两座为 IIB 级。从漆器器类看，多见漆觚，也见到漆鼓、漆勺、漆匣、漆钵、漆豆等器形。总之二期漆器的器形已较丰富，其功能应是和其他质地的礼器组合共同构成二里头都邑的礼器。

总之，综合学者对二里头文化墓葬礼器制度的研究以及对于二里头文化白陶的专文研究，我们赞同二里头文化礼器系统由以白陶为主体演变为以铜礼器为核心。进一步分析，二里头文化一、二期的礼器系统其实是以白陶礼器为主体，辅以漆器和玉器，少数高等级贵族中已经显示了铜礼器组合的独特作用。

还需说明的是，尽管我们认为二期铜礼器的组合可能同时存在两种形式，但许宏提出的二、三期之交发生的礼制大变革现象可能存在。只是这次变革中铜礼器组合的最大变化是增加了铜酒器，并且形成以铜爵为主的铜礼器为核心的礼器制度。至于绿松石龙形器到铜牌饰的转变并不是礼制变革的重要体现，因为通过对二里头随葬镶嵌绿松石器物的统计（见表 8.1），至少有三座墓葬比较特殊，三期 1975YLVIKM3 中，除了镶嵌绿松石的圆形铜器三件，还在墓葬西北面有一片排列整齐的绿松石片，范围南北长 25 厘米，东西宽 6 厘米。此外是四期的 1987YLVIM57，其中出土一件铜牌饰，墓底中部散布几件制作精细的小玉饰及大量的小绿松石片。四

---

① 《二里头文化墓葬研究》，《中国早期青铜文化——二里头专题研究》，科学出版社 2008 年版。

期1984YLVIM6，除了铜觚，在靠近北墓壁处，有一片近圆形绿松石片组成，数量不清。这三座墓均保存较好，其中的绿松石片显然是镶嵌在有机质上，和绿松石龙形器类似，或许也可组成一定的图案。同样性质的还有表8.1中的14—18，这五件由于所在墓葬被扰或被盗严重已经不清楚原来情况，但是均有绿松石片发现，有的100多片，有的若干。这五件可能是镶嵌于木器、骨器抑或类似龙形器一类的有机质上而脱落的。同时该表最后第19件器物其实就是二期的铜牌饰和铜铃组合的又一实例。总之，二里头二期已出现铜铃和铜牌饰的组合，三、四期绿松石镶嵌还有其他非铜底托，并且不排除此类绿松石镶嵌物仍属于礼器类。

表8.1　　　　二里头文化出土镶嵌绿松石器物统计表

| 序号及器物名称 | 出土单位 | 年代分期 | 伴出器物 | 绿松石镶嵌情况 | 备注 | 来源 |
| --- | --- | --- | --- | --- | --- | --- |
| 1. 绿松石龙形器 | 2002 YLVM3:5 | 二期 I 级 | 铜铃1；玉柄形器1、玉铃舌1；绿松石珠5、绿松石片1组；陶鼎、陶平底盆2、陶豆、陶高领尊3、陶器盖1、陶盉3、陶爵1、圆陶片3、斗笠形白陶器3；漆器4；海贝串饰1、螺壳2 | 2000多片绿松石片，长70厘米，头宽15厘米，身宽4厘米，某种有机质，木质或皮质 | 局部被打破 | 《考古》2005年第7期《二里头》第48页 |
| 2. 圆形铜器 | 1975 YLVKM4:2 | 三期 I | 玉柄形器1 | 内外两周各镶嵌绿松石61片 | 被扰 | 《考古》1976年第4期《偃师二里头》第241页 |
| 3. 圆形铜器 | 1975 YLVIKM3:16 | 三期 I 级 | 铜爵、钺、戈各1；圆陶片6、陶盉1；玉璧戚1、玉戈1、玉铲1、玉柄形器1；绿松石长三角形饰2；骨串珠1；海贝3；石磬1 | 圆形体薄，四周镶嵌有绿松石片，有四个小圆孔 | 保存较好 | 《考古》1976年第4期《偃师二里头》第241页 |
| 4. 圆形铜器 | 1975 YLVIKM3:17 | 三期 | 同上 | 两片铜片黏合而成，中间夹有绿松石片 | 保存较好 | 《考古》1976年第4期《偃师二里头》第241页 |
| 5. 圆泡形铜器 | 1975 YLVIKM3:9 | 三期 | 同上 | 中部弧形隆起，沿周缘边镶过绿松石 | 保存较好 | 《考古》1976年第4期《偃师二里头》第241页 |

续表

| 序号及器物名称 | 出土单位 | 年代分期 | 伴出器物 | 绿松石镶嵌情况 | 备注 | 来源 |
|---|---|---|---|---|---|---|
| 6.铜尖状器疑铜牌饰 | 1980 YLIIIM4：2 | 三期 | 圆陶片1、陶爵1、陶盉1、陶小口罐1 | 从盗坑和灰坑中发现有绿松石片、管二百余件，以及青铜尖状器一件，上镶嵌数排小绿松石片 | 被盗 | 《考古》1983年第3期 |
| 7.疑铜牌饰 | 1975 VIIIKM5：2 | 三期I | 玉璧戚1 | 绿松石饕餮眼1对，薄片状 | 被盗 | 《偃师二里头》第243页 |
| 8.铜牌饰 | 1981 YLVM4：5 | 二期 | 铜铃1；圆陶片2、陶盉1；玉柄形器1、玉铃舌1；绿松石管2；漆器5 | 绿松石片平面镶嵌 | | 《考古》1984年第1期 |
| 9.铜牌饰 | 1984 YLVIM11：7 | 四期I | 铜铃1；铜爵1；玉璧戚1、玉圭1、玉刀1、玉柄形器3、玉铃舌1；圆陶片4；绿松石管2；漆器盒1；海贝58、扇贝1 | 绿松石片凹槽式镶嵌 | | 《考古》1986年第4期 |
| 10.铜牌饰 | 1987 YLVIM57：4 | 四期I | 铜爵1、铜铃1、铜刀1；玉戈1、玉刀1、玉柄形器2、玉铃舌1；绿松石珠2；贝5；石铲1；漆觚1 | 绿松石片孔洞式镶嵌 | | 《考古》1992年第4期 |
| 11.疑绿松石镶嵌图案 | 1984 YLVIM6：7 | 四期 | 铜觚1；玉柄形器1；圆陶片1、陶盉1 | 靠近北墓壁，一片近圆形绿松石片组成。数量不清 | 保存较好 | 《考古》1986年第4期 |
| 12.疑绿松石镶嵌图案 | 1987 YLVIM57 | 四期I | 同9 | 墓底中部散布几件制作精细的小玉饰及大量的小绿松石片 | 保存较好 | 《考古》1992年第4期 |
| 13.疑绿松石镶嵌图案 | 1975 YLVIKM3：20 | 三期 | 同器2 | 墓葬西北面有一片排列整齐的绿松石片，范围南北长25厘米，东西宽6厘米 | 保存较好 | 《考古》1976年第4期《偃师二里头》第241页 |
| 14.绿松石镶嵌物 | 1975 VKM11 | 三期I | 铜块2；绿松石珠480 | 遗留172片绿松石 | 被盗、近代墓打破，严重破坏 | 《偃师二里头》第241页 |

续表

| 序号及器物名称 | 出土单位 | 年代分期 | 伴出器物 | 绿松石镶嵌情况 | 备注 | 来源 |
|---|---|---|---|---|---|---|
| 15. 绿松石镶嵌物 | 1972 IIIKM1 | 三期 I | 玉铲1、玉镯1、玉刀1、玉戈1、玉板1、残玉柄形器3、圆陶片5 | 小绿松石片若干 | 挖砖窑 | 《考古》1975年第5期 《偃师二里头》第241页 |
| 16. 绿松石镶嵌物 | 1973 IIIKM2 | 三期 I | 陶盉1、圆陶片5；玉柄形器1；蚌镞1 | 东北部26件绿松石片 | 被盗严重 | 《偃师二里头》第241页 |
| 17. 绿松石镶嵌物 | 1975 VIIKM7 | 四期 I | 铜爵1、玉牙璋1、玉钺1、玉刀1、玉柄形饰1、圆陶片1 | 绿松石片若干 | 已被扰乱 | 《考古》1992年第4期 |
| 18. 绿松石镶嵌物 | 1980 IIIM2∶9 | 三期 I | 铜爵2、铜刀2；玉圭1、玉钺1、陶盉1、陶爵1、平底陶盆1、圆陶片4；漆器3；云母片若干 | 绿松石片若干，数量不多 | 墓保存较好 | 《考古》1983年第3期 |
| 19. 铜牌饰 | 95IXC14墓 | 二期 | 铜铃1、玉铃舌1 | 未知 | 不清楚 | 详细材料未发表 |
| 20. 铜牌饰 | 95IXC12墓 | 四期 | 未知 | 未知 | 不清楚 | 详细材料未发表 |

注：第5件圆泡形铜器是简报和报告的名称，也有学者认为和上述的圆形铜器近似而归入圆形铜器。这一圆泡形铜器出土于墓葬的朱砂层上，而同出一墓的另两件圆形铜器则均出土于朱砂层里，同时，后两者背面均有明显的木质痕，再加上圆泡形铜器确实中部隆起，形状也和另两件不同。所以从器物形状、附加木质痕迹及出土位置等推测圆泡形铜器和两件圆形器物不是同一类器物，其功能也可能不同，本书暂从报告的名称。

第6件陈国梁怀疑该器为铜牌饰，由于该器形制已不清楚，仅剩尖状器实为器物残余部分，但是共发现绿松石片上百片，推测散落的绿松石片也属于该器物，显然属于绿松石与铜的组合镶嵌器物无疑。

第19、20件参见王青《二里头遗址出土镶嵌绿松石牌饰的初步研究》附表，《夏商都邑与文化》（二），中国社会科学出版社2014年版；杜金鹏：《二里头遗址第二期考古的主要成就》，《中原文物》2019年第4期。

## 五 二里头青铜文明崛起的原因

这个问题我们可以分成两步来逐一揭示，首先，二里头文化一期时为何选址洛阳盆地洛河之畔；其次，二里头文化二期时为何二里头会形成超大型都邑，成为当时东亚一个广域王权国家。

越来越多的考古发现和先秦时期的古文献及青铜器铭文，尤其近年来的古环境材料及其研究结果都表明在距今约4000年前后的一段时期，我国有一段明显的气候异常时期。① 这一现象是全国性的,黄河流域、长江流域、淮河流域、海河流域等区域均遭受其害。这次气候异常现象带来了全国范围内的降温和大洪水等灾害,② 严重破坏了农业生产与农业经济。黄河下游地区以及长江中下游地区,洪水严重危害了当时居民的生活,农田被毁,农作物难以收成,岱海地区则出现气温降低,降水减少,农牧业均严重受损。各流域由于自身地貌特点、农业种植结构制度以及文化特质与调节的不同,气候异常对各不同区域文化造成的影响和结果不一。尤其气候异常持续 200 年左右,则会带来一系列的洪涝、干旱、疫病、移民等。考古学上的反映则是海岱地区龙山文化的衰落及岳石文化的"衰退"、长江中游肖家屋脊文化的崩溃、内蒙古中南部地区石峁文化的突然消失。与此大体同时,中原地区主要源于王湾三期文化的新砦文化兴起,这个时期中原地区尽管并未出现超过 100 万平方米的绝对中心性遗址,但是文化没有衰落和崩溃,仍然持续发展。

一般认为中原地区在应对气候异常、治理洪水活动中对人们的组织、协调和管理的实践促进了权力的集中与强化以及权威的加强,一定程度上促进了二里头国家的形成。值得注意的是,具体治水的直接结果是出现了可以居住和耕作生产的土地,准确而言,平治水土后应是恢复或者扩大了可居之地。③ 以二里头遗址所在的伊洛平原为例,通过对二里头遗址南、北以及周边区域钻孔取样的古环境分析,表明距今 7000 年以来,二里头遗址所在伊洛盆地的第一级阶地和第二级阶地上生活着仰韶至龙山文化时期的人类(图 8.13);距今 4000 年前后,出现大洪水,洪水淹没了盆地的第一级阶地和大部分第二级阶地,汪洋洪水中二里头遗址所在的第二级阶地成为孤岛(图 8.14);洪水后,洛河决口改道进入伊河,二里头遗址北侧的洛河河道废弃,伊洛河以北成为较为广阔的洪积平原(图 8.15)。④ 上博简《容成氏》所言

---

① 吴文祥、刘东生:《4000aB. P. 前后降温事件与中华文明的诞生》,《第四纪研究》2001 年第 5 期;王巍:《公元前 2000 年前后我国大范围文化变化原因探讨》,《考古》2004 年第 1 期。
② 宋豫秦等:《中国文明起源的人地关系简论》,科学出版社 2002 年版,第 197—222 页;夏正楷:《豫西——晋南地区华夏文明形成过程的环境背景研究》,《古代文明》第 3 卷,文物出版社 2004 年版,第 102—114 页;王青:《距今四千年前后环境灾变与洪水事件的新思考》,《中国文物报》2004 年 7 月 23 日;许清海、肖举乐等:《孢粉资料定量重建全新世以来岱海盆地的古气候》,《海洋地质与第四纪地质》2003 年第 4 期。
③ 高江涛:《考古学视角的大禹与大禹治水》,《史志学刊》2015 年第 4 期。
④ 夏正楷等:《伊洛河水系变迁和二里头都邑的出现》,《夏商都邑与文化(二)——纪念二里头遗址发掘 55 周年学术研讨会论文集》,中国社会科学出版社 2014 年版,第 346—364 页。

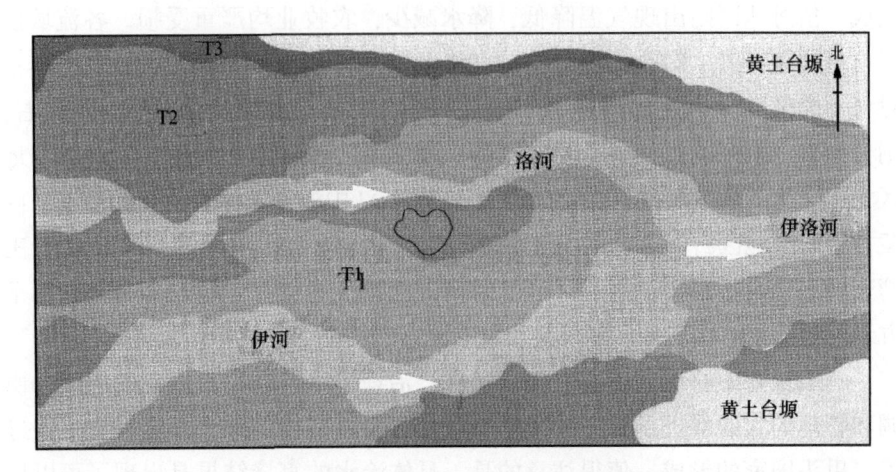

"禹乃通伊、洛，并里瀍、涧，东注之河，于是乎豫州始可尻（处）也"[1]，可见，伊洛流域的洪水治理很可能是真实存在的。虽不能过分夸大王湾—新砦族群治水的人力所为，但现实的结果却是洪水之后生活生产空间恢复并有长足发展，聚落数量规模扩大，大型都邑遗址二里头出现。

**图 8.13　仰韶文化至龙山文化时期伊洛平原**
来源：夏正楷等：《伊洛河水系变迁和二里头都邑的出现》，2014年。

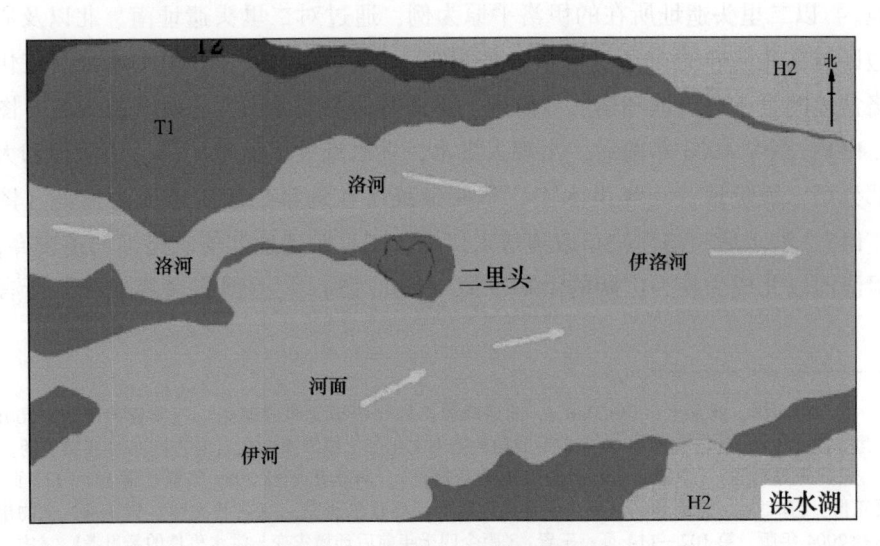

**图 8.14　异常洪水期伊洛平原**
来源：夏正楷等：《伊洛河水系变迁和二里头都邑的出现》，2014年。

---

[1] 马承源主编：《上海博物馆藏战国楚竹书》，上海古籍出版社2002年版，第270—271页。

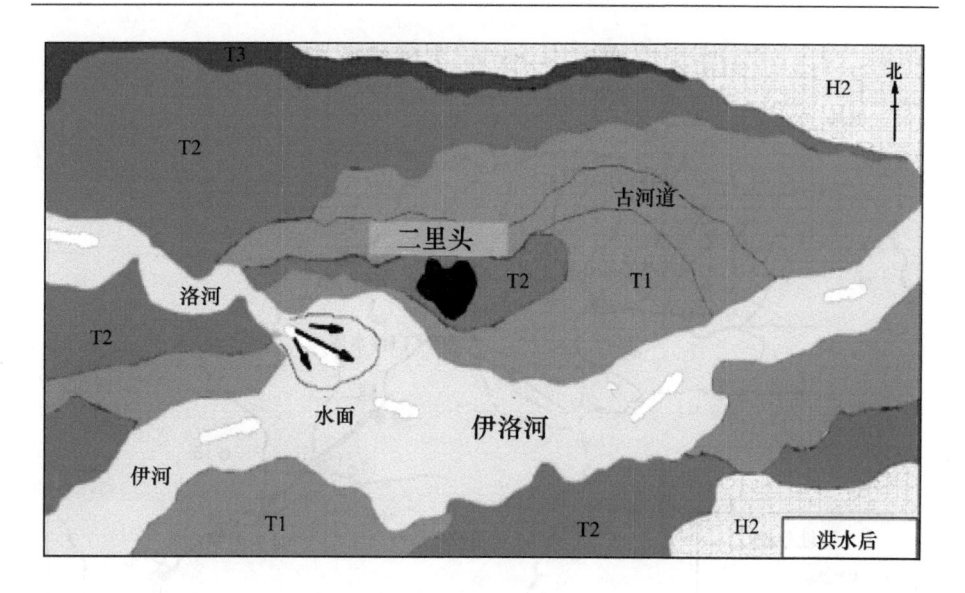

**图 8.15 洪水之后伊洛平原**
来源：夏正楷等：《伊洛河水系变迁和二里头都邑的出现》，2014 年。

当然，二里头青铜文明的崛起还离不开洛阳盆地所具有的气候、地形地貌、维度以及稻粟农业区等多重过渡带的生态环境方面的特征，① 这从客观上促进了洛阳盆地成为人文中心。

气候异常、大洪水事件是灾难，但对王湾三期—新砦文化人群而言却又是契机。颍河上游登封境内围绕王城岗城址密集分布有 17 处龙山文化时期遗址，聚落群中面积最大的王城岗聚落，也是城址所在的聚落，属于大型聚落。中型聚落 4 处，分别为石羊关、毕家村、袁村、杨村。小型聚落及面积不详的 12 处，分布于聚落群内各处（图 8.16）。

与该地区之前的仰韶文化中晚期颍河上游聚落群相比：第一，出现了地位突出、规模较大的大型聚落——王城岗；第二，聚落数量增加十分显著，仰韶文化中晚期颍河上游聚落群仅有 8 处聚落，而至龙山文化时期聚落增至 17 处，大、中、小型聚落均有所增加。② 与之相应，聚落规模也明显增加。

---

① 宋豫秦等：《中国文明起源的人地关系简论》，科学出版社 2002 年版，第 211—217 页。
② 高江涛：《中原地区文明化进程的考古学研究》，社会科学文献出版社 2009 年版。

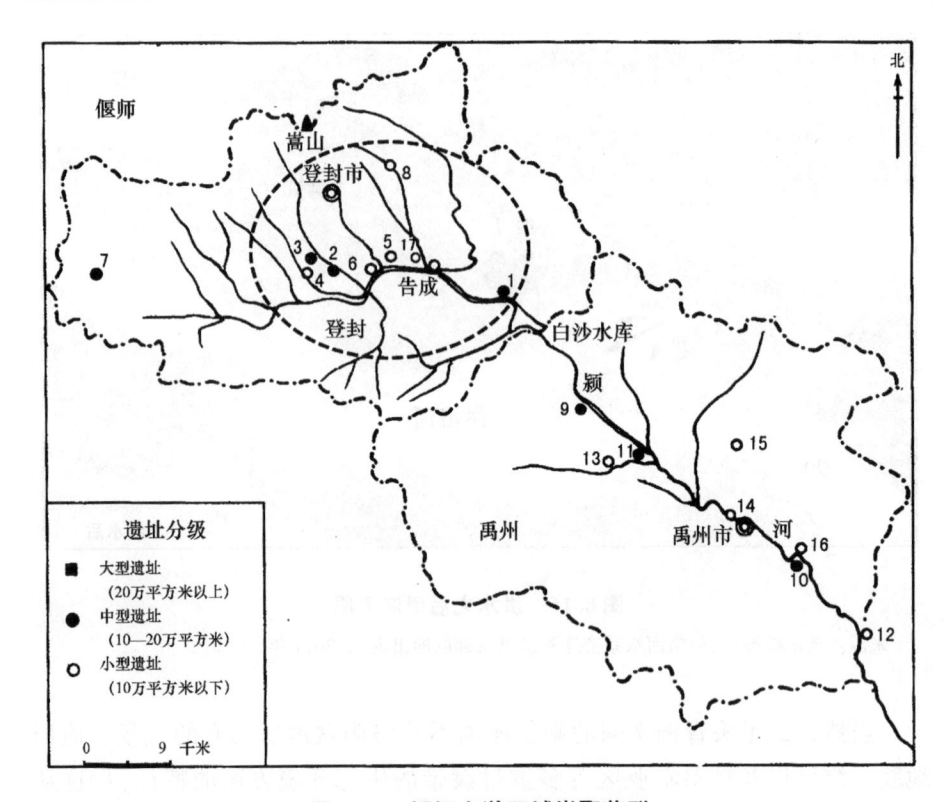

**图 8.16　颍河上游王城岗聚落群**

来源：高江涛：《中原地区文明化进程的考古学研究》，2009 年。

聚落规模和数量的剧增是人口数量剧增的反映，这样就与有限的土地、土地载能以及人类生存活动空间之间势必形成矛盾。人口压力产生又造成这一小区域内农业系统的不稳定。在这种情况下，当内部调整、协同和整合收效甚微时，向外移民走向更广阔的空间或对外战争成为减少原来地区的人口压力解决矛盾的唯一办法。王城岗聚落群所在的自然地理区域面积或者可拓展空间显然十分有限（图 8.17），与日益剧增的聚落和人口之间的矛盾凸显。发展趋势及主观上都需要走向更广阔的生存空间。而前文已述，经过治理的伊洛平原在洪水之后恢复成了广阔肥沃的平原，使得这一区域成为移民的最佳选择点。如果认为王湾三期文化经由新砦文化发展成为二里头文化的话，那么王城岗族群就是因势所趋从嵩山南发展到嵩山北的伊洛平原，成就了辉煌而又对后世影响深远的二里头文化。

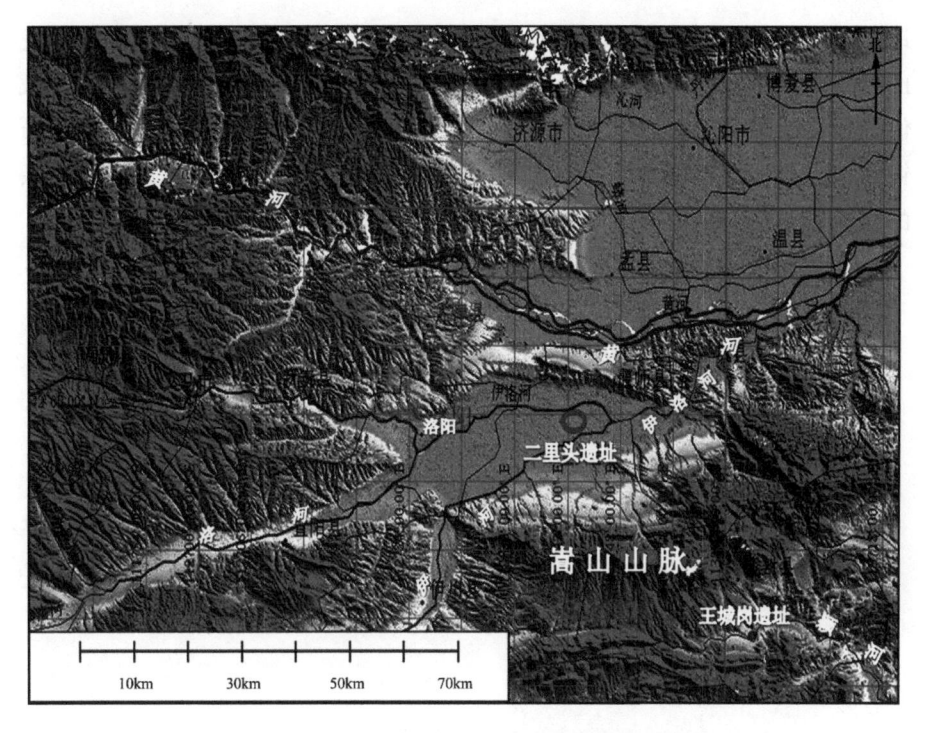

第八章 二里头青铜礼制文明的兴起　　429

图 8.17　王城岗遗址与二里头遗址所在区域空间
来源：高江涛：《考古学视角的大禹与大禹治水》。

另一方面，王城岗所在的区域从王城岗龙山文化五期到二里头文化一期，聚落数量确实有所减少，由龙山文化时期的 17 处减至 14 处。中心聚落的王城岗遗址已非城址性聚落，成为一般的中心聚落，而且出现了规模与其差别较小的石道遗址，龙山文化时期其规模突兀的现象已不明显，很可能表明其对其他聚落的绝对控制中心的地位已不存在。此外，颍河上游禹州境内以瓦店为中心的聚落群也经历了类似的变化，沿颍河两岸布局的聚落数量明显减少，由龙山文化时期的 18 处减至二里头一期的 10 处，龙山时期的大型、中型聚落均已不存在，都是些小于 5 万平方米的小型聚落。此类种种很可能反映的是族群政治中心由颍河上游北移至了伊洛平原。

二里头文化二期持续大发展，形成超过 300 万平方米的超大型都邑，二里头青铜文明崛起，最主要的原因就是本书前文浓墨重彩论述的，二里头文化在区域互动中海纳百川、兼收并蓄的文化特质。二里头文化继承本地仰韶时代及龙山时代的政治实践经验、科学技术等,同时对于稍早的龙山时代周边诸文化又辩证地吸收并加以创新,为我所用发扬光大。因此我们才能在二里头文化二期看到众多各地文化因素的同时又看到镶嵌绿松石铜牌饰、镶嵌绿松石龙形器等一系列新风尚新风格的事物。可以说二里头的崛起正是在不断的互动和扬弃中实现的,采撷精华,遗世而独立。

# 第九章  早期交通与中国早期国家的形成

　　以嵩山为中心的中原地区早在裴李岗时期和东方海岱地区就有了交流，而且以裴李岗文化影响后李文化为主，[①] 甚至也有学者认为北辛文化中的大型石铲、陶器中的乳丁装饰、钵、小口双耳壶、鼎、三足壶、三足钵、碗、带把勺等均与裴李岗文化相似，应是后者的冲击改变了海岱地区原有后李文化的发展方向，促成了北辛文化的形成。[②] 与此同时，中原地区和其北方的磁山文化也有频繁的交流，分布于冀南的磁山文化中含有大量裴李岗文化的因素。学术界曾因二者是一支或是两支考古学文化及怎样命名而激烈争论。裴李岗文化晚期，在后冈类型的分布区域两种文化都对这一地区的文化形成有重要影响，以致关于仰韶文化后冈类型的来源有磁山、裴李岗等不同认识。裴李岗文化对西方也有强烈影响，分布于关中及汉水上游的白家文化（或也称大地湾文化），距今约7800—7000年，比裴李岗文化兴起晚得多，但在后者中可见到圜底钵、三足钵、侈口罐等裴李岗文化的主要陶器，有研究者指出白家文化是裴李岗文化向西扩展并与土著文化融合的产物。[③] 有学者指出裴李岗文化甚至还对江淮的彭头山文化有影响，并总结裴李岗文化是一支十分强势的文化，形成了新石器时代的"黄河流域文化区"以及"早期中国文化圈"的雏形，并使黄河、长江流域此后的文化发展有了一个颇具共性的基础。[④] 很显然裴李岗文化这种强

---

[①] 靳松安：《河洛与海岱地区考古学文化的交流与融合》，科学出版社2006年版，第134—135页。

[②] 栾丰实：《试论裴李岗文化与周边地区同时期文化的关系及其发展去向》，《论裴李岗文化》，科学出版社2010年版，第57—58页。

[③] 韩建业：《裴李岗文化的迁徙影响与早期中国文化圈的雏形》，《中原文物》2009年第2期。

[④] 韩建业：《裴李岗文化的迁徙影响与早期中国文化圈的雏形》，《中原文物》2009年第2期。

势扩张，使得早期中原地区的裴李岗人很可能掌握了相当的地理知识，他们在与四方的互动交往中，认识了不同的山川地貌，尤其了解并知晓了沟通四方的重要交通道路。

仰韶时期，中原地区和东方海岱地区的交流更加频繁，而两地区交流通道已有学者指出裴李岗至仰韶时代两地区居民大多选择豫东、鲁西南和皖西北地区，主要利用淮水北岸支流作为交通的通道。[1] 这种认识是符合当时的地理环境的，尤其仰韶时代晚期大汶口文化西进中原地区的诸遗址串联起来，正是这样一条沿睢水、涣水溯河而上的水路交通线。与此同时，中原地区和长江中游地区也发生了交流，在大溪文化、包括仰韶晚期的屈家岭文化中存在大量的仰韶文化因素，由豫西南南阳盆地进入鄂境，最便利且被先民长期使用的通道是随枣走廊。此外从江汉平原西渡汉水，再沿鄂西山地东麓、汉水以西北上也可进入南阳盆地，前文屈家岭文化北上也曾利用后一条道路。然而到达长江中游的中原因素并未在长江下游有所发现，太湖地区的文化因素传播到江汉平原以后，上述两条路线中都不曾发现太湖地区特征的文化因素。因此仰韶时期中原地区与东南端太湖流域间远程的直接交流尚未出现。而西部翻越襄南隘口，经鄂西山地和汉水北上的道路在仰韶时期至少是为屈家岭文化人群所熟悉的，并且其在传播到达南阳盆地后，肯定也被这里的人群所知晓。而中原地区在仰韶时期和北方红山文化的交流也较多，前文也有简述，两地区的交流通道很可能正是沿太行山西麓由晋南向北到达内蒙古中南部和冀西北，再进入西辽河流域而得以实现的。其中洛阳盆地至晋南的通道仰韶中期已有证据表明已经在使用，尤其中条垣津道，可能就是当时重要的盐道。总之，中原地区利用其地理位置天下之中的特点，在仰韶时期已经明确掌握了和西南方鄂豫陕交界地区、江汉平原地区、北方燕山南北地区以及东方海岱地区的交流通道。至少对于水路、陆路的交通地理已经熟悉。而纵观这个时代"早期中国"的文化格局，有学者研究认为中原核心区的仰韶文化东庄—庙底沟类型正是在这一和四方扩张交流的过程中，使得中国大部分地区文化首次形成了以中原为核心的文化共同体，早期中国文化圈或文化意义上的"早

---

[1] 靳松安：《河洛与海岱地区考古学文化的交流与融合》，科学出版社2006年版。

期中国"正式形成。① 这种认识十分正确，庙底沟时代在自身的扩张及与四方的交流过程中实现其核心地位，而这种交流的实现则直接依赖于交通道路，依赖于中原地区对山川地理知识的逐步熟悉和掌握。

龙山时代（公元前3000年至前2000年）是一个风云激荡的时代，各地区文化的地方特征都在增强，各地交流的深度和广度也前所未有。这个时期的道路交通也更发达，中原地区和海岱地区沟通主要利用北、南两条水路，古济水、淮水北岸支流是主要被利用的水系。中原与西南鄂、豫、陕边境、江淮平原的沟通中王湾三期文化南下和石家河文化北播的路线并不完全相同。王湾三期文化对长江中游地区的渗透有两条路径：其一从方城隘口入南阳盆地，往东过随枣走廊至江汉地区。其二是经豫南过"义阳三关"再通过广水、大悟境内的小河、竹竿河连接淮水支流水系与溠河（古溠水）、澴河（古潩水）上游地区。而石家河北上也是两条道路：其一和王湾三期文化南下路线相同，即随枣走廊路线；其二也是经过大别山和桐柏山之间的隘口（所谓"义阳三关"）来通行的，而且经研究后者是主要通道。中原和太湖地区通道，由于主要是北方对太湖地区施加影响和输出文化，从自北而南的传播方向看，钱山漾文化时期，首先豫东造律台文化到达淮河北岸，之后过淮河至南岸蚌埠禹会村；接着继续南下经宁镇地区、再向东南至环太湖地区。广富林文化时期，同样是造律台文化从豫东出发至淮河沿岸，然而并没有直接渡过淮河，而是沿着淮河向东至江苏中部南荡遗存文化区，接着继续南下至宁镇地区的点将台下层文化，然后向东南至广富林文化区。龙山时代，尤其龙山晚期中原和北方的交流，太行山东麓地区的通道十分突出。同时中原和晋南的通道持续繁荣，考古学证据表明"虞坂巅軨"道和"轵关陉"道在龙山早期已经被使用，加上之前的"中条涅津"道，至少三条道路都被掌控。与此同时，中原地区和西方交流在龙山时代也更加凸显，陶寺文化的玉器、漆木器向西传播到陕北、并渗透到齐家文化中。中外交流的加强，甘青、新疆地区在中西交流中的沟通是龙山时代最突出的特征。总之，龙山时代尤其龙山晚期，中原和四方的交通道路更加成熟发达，道路不仅是各地交流和扩张的通道，而且作为运输资源的通道越来越受到关注，并且有意开始控制一些重要的资

---

① 韩建业：《早期中国：中国文化圈的形成和发展》，上海古籍出版社2015年版，第80页。

源通道，主要结合地形地貌特点在自然地理重要关口、交通道路关键点设置越来越多的控制点。中原地区颍汝下游多座龙山晚期城址的设置都是在交通要道的关键部位，晋南和洛阳盆地的三条盐道等均反映了对于交通道路有意控制。而这种控制的背后显然就是国家层级的权利在起到一定作用。有学者指出，西方的社会权利来源于对日用品贸易网络的控制，中国的社会权利则来源于不停使用新的稀有资源技术来创造高等级社会网络和社会秩序。[1] 从中原地区的情况来看，一部分社会权利可能正是来源于对稀有资源（盐、铜等）的运输、使用等的控制。

二里头文化时期，以嵩山为核心的中原地区在延续自裴李岗以来对地理交通知识的传承基础上，在可能和治理洪水有关的活动中更加凸显了其对于四方交通网络的掌控。二里头文化建立伊始就认识到晋南的重要性，在二里头文化二期就对晋南强力扩张，学者对此已有详细论述，并确证这和攫取中条山的铜矿及运城盆地的盐有关系，本书的研究则从交通道路角度夯实这种认识。而二里头文化对黄河津渡的选择更是根据其人文分布做的重要调整，二里头遗址西北的孟津渡一直是龙山时代北上太行山东麓地区的重要渡口，但是二里头文化时期，聚落分布的重点在伊洛平原的下游和郑州西郊，于是虎牢关东的汜水镇附近中古文献板渚津所在区域的古渡遂成为二里头文化时期最重要的渡口。二里头文化时期东方和嵩山以南地区始终是其重点经略之地，重要城址均分布于东方的交通咽喉之地，大师姑、东赵、望京楼、蒲城店的设置无不与此有关。当然，除了拱卫二里头都邑，大师姑和东赵是扼控东方和东北方向古济水水路和过黄河北上的关键点。北渡黄河之后，二里头文化既经太行山东麓的走廊地带顺利到达冀中平原，也可直接北上到达上党地区。但是二里头文化和燕山南北地区的交流可能仍是延续仰韶时期向北扩张的路线，主要经太行山西麓向北过晋中、再经冀西北、京津唐进入西辽河地区。而太行山东麓，二里头文化和下七垣文化的辉卫型、漳河型互动交流明显，再向北石家庄至京津地区尽管无地理界限但是路线似有中断。望京楼和蒲城店是南下重要据点，经望京楼既可东南行经水路到达江淮下游，也可正南行过驻马店后经义阳三关而达长江中游地区。而对于长江下游和中游地区的扩张和这些地区特殊的

---

[1] 秦岭的一个讲座中提到，讲座名称是《资源、技术与早期信仰——由良渚谈中国史前文明的形成》，讲座是 2017 年 12 月 12 日在北大文研院举办。

稀有资源如原始瓷器、绿松石、铜矿应该密不可分。二里头文化所在的洛阳盆地经古洛水（今洛河）既可以到达绿松石矿源丰富的商洛地区，也可南达汉水流域或更远的四川盆地。总之，二里头文化时期对于交通网络中资源道路的控制更加明显，对于都城周围的交通控制更加凸显。我们认为正是在对交通道路的掌控中，中原地区实现了主动的带有扩张性的和周边四方的交流，同时它又是如此开放和兼容，它既充分传承和吸收本地区源远流长的文化传统，同时又不断吸收各地的精华。尤其在龙山至二里头这个文化发生重大变革的时期，它从西方接受了青铜矿冶技术，把晋南、长江下游、黄河下游、长江中游的各种稀有资源如盐、海贝、铜铅矿、绿松石、原始瓷等一一掌控，又将西方的小麦、南方的水稻、北方的粟都逐步变成本地重要作物，利用本地黄土、木材发展了夯土建筑，兴建大型宫殿和城垣，于是二里头文化二期一个实力雄厚的广域王权国家出现了。

# 参考文献

## 一 发掘报告

安徽省文物考古研究所：《凌家滩——田野考古发掘报告之一》，文物出版社2006年版。

安徽省文物考古研究所：《潜山薛家岗》，文物出版社2004年版。

安徽省文物考古研究所、安徽大学、铜陵博物馆、铜陵市义安区文物局：《铜陵师姑墩——夏商周遗址考古发掘与研究》，文物出版社2020年版。

宝鸡市考古工作队、陕西省考古研究所宝鸡工作站：《宝鸡福临堡——新石器时代遗址发掘报告》，文物出版社1993年版。

北京大学考古文博学院：《洛阳王湾——考古发掘报告》，北京大学出版社2002年版。

北京大学考古文博学院、河南省文物考古研究所：《登封王城岗考古发现与研究（2002~2005）》，大象出版社2007年版。

北京大学考古学系、驻马店市文物保护管理所：《驻马店杨庄——中全新世淮河上游的文化遗存与环境信息》，科学出版社1998年版。

北京大学历史系考古教研室：《元君庙仰韶墓地》，文物出版社1983年版。

北京大学震旦古代文明研究中心、郑州市文物考古研究院：《新密新砦：1999~2000年田野考古发掘报告》，文物出版社2008年版。

顾万发主编，郑州市文物考古研究院编著：《新郑望京楼——2010~2012年田野考古发掘报告》，科学出版社2016年版。

河北省文物研究所：《藁城台西商代遗址》，文物出版社1985年版。

河南省文物管理局、河南省文物考古研究所：《黄河小浪底水库考古报告》（一），中州古籍出版社1999年版。

河南省文物局：《鹤壁刘庄——下七垣文化墓地发掘报告》，科学出版社2012年版。

河南省文物局：《辉县孙村遗址》，科学出版社 2012 年版。

河南省文物局：《鲁山杨南遗址》，科学出版社 2016 年版。

河南省文物考古研究所：《辉县孟庄》，中州古籍出版社 2003 年版。

河南省文物考古研究所：《三门峡南交口》，科学出版社 2009 年版。

河南省文物考古研究所：《伊川考古报告》，大象出版社 2012 年版。

河南省文物考古研究所：《禹州瓦店》，世界图书出版公司北京公司 2004 年版。

河南省文物考古研究所：《郑州商城———一九五三年～一九八五年考古发掘报告》，文物出版社 2001 年版。

河南省文物考古研究所：《郑州小双桥———1990～2000 年考古发掘报告》，科学出版社 2012 年版。

河南省文物考古研究院、郑州市文物考古研究院、荥阳市文物保护管理中心：《荥阳西司马墓地》，大象出版社 2016 年版。

河南省文物研究所、长江流域规划办公室考古队河南分队：《淅川下王岗》，文物出版社 1989 年版。

河南省文物研究所、中国历史博物馆考古部：《登封王城岗与阳城》，文物出版社 1992 年版。

湖北省京九铁路考古队、湖北省文物考古研究所：《武穴鼓山———新石器时代墓地发掘报告》，科学出版社 2001 年版。

湖北省荆州博物馆、湖北省文物考古研究所、北京大学考古学系：《肖家屋脊》，文物出版社 1999 年版。

湖北省文物局、湖北省移民局、南水北调中线水源有限责任公司：《郧县店子河遗址》，科学出版社 2020 年版。

湖北省文物考古研究所：《盘龙城———一九六三年～一九九四年考古发掘报告》，文物出版社 2001 年版。

江西省文物考古研究所、樟树市博物馆编：《吴城———1973～2002 年考古发掘报告》，科学出版社 2005 年版。

荆州博物馆：《荆州荆南寺》，文物出版社 2009 年版。

刘士莪：《老牛坡———西北大学考古专业田野发掘报告》，陕西人民出版社 2002 年版。

龙虬庄遗址考古队：《龙虬庄———江淮东部新石器时代遗址发掘报告》，科学出版社 1999 年版。

南京博物院：《北阴阳营——新石器时代及商周时期遗址发掘报告》，文物出版社1993年版。

南京博物院：《花厅——新石器时代墓地发掘报告》，文物出版社2003年版。

陕西省考古研究院、商洛市博物馆：《商洛东龙山》，科学出版社2011年版。

上海市文物管理委员会：《马桥——1993～1997年发掘报告》，上海书画出版社2002年版。

武汉大学历史系考古教研室、襄樊市博物馆、随州市博物馆：《西花园与庙台子》，武汉大学出版社1993年版。

西安半坡博物馆：《西安半坡》，文物出版社1982年版。

西安半坡博物馆、陕西省考古研究所、临潼县博物馆：《姜寨——新石器时代遗址发掘报告》，文物出版社1988年版。

郑州大学历史文化遗产保护研究中心：《登封南洼：2004～2006年田野考古报告》，科学出版社2014年版。

郑州大学历史学院考古系、韩国河、赵海洲：《新乡李大召——仰韶文化至汉代遗址发掘报告》，科学出版社2006年版。

郑州大学历史学院考古系、张国硕、赵俊杰：《民权牛牧岗与豫东考古》，科学出版社2013年版。

郑州大学文博学院、开封市文物工作队：《豫东杞县发掘报告》，科学出版社2000年版。

郑州市文物考古研究所：《郑州大师姑2002～2003》，科学出版社2004年版。

中国国家博物馆考古部：《垣曲盆地聚落考古研究》，科学出版社2007年版。

中国国家博物馆田野考古研究中心、山西省考古研究所、垣曲县博物馆：《垣曲商城（二）——1988～2003年度考古发掘报告》，文物出版社2014年版。

中国国家博物馆田野考古研究中心、山西省考古研究所、运城市文物保护研究所：《运城盆地东部聚落考古调查与研究》，文物出版社2011年版。

中国科学院考古研究所：《辉县发掘报告》，科学出版社1956年版。

中国科学院考古研究所：《三门峡漕运遗迹》，科学出版社1959年版。

中国历史博物馆考古部、山西省考古研究所、垣曲县博物馆：《垣曲古城东关》，科学出版社 2001 年版。

中国历史博物馆考古部、山西省考古研究所、垣曲县博物馆：《垣曲商城（一）——1985~1986 年度勘察报告》，科学出版社 1996 年版。

中国社会科学院考古研究所：《武功发掘报告——浒西庄与赵家来遗址》，文物出版社 1988 年版。

中国社会科学院考古研究所：《安阳大司空——2004 年发掘报告》，文物出版社 2014 年版。

中国社会科学院考古研究所：《宝鸡北首岭》，文物出版社 1983 年版。

中国社会科学院考古研究所：《二里头：1999~2006》，文物出版社 2014 年版。

中国社会科学院考古研究所：《庙底沟与三里桥》，文物出版社 2011 年版。

中国社会科学院考古研究所：《青龙泉与大寺》，科学出版社 1991 年版。

中国社会科学院考古研究所：《滕州前掌大墓地》，文物出版社 2005 年版。

中国社会科学院考古研究所：《淅川下王岗——2008~2010 年考古发掘报告》，科学出版社 2020 年版。

中国社会科学院考古研究所：《偃师二里头——1959 年~1978 年考古发掘报告》，中国大百科全书出版社 1999 年版。

中国社会科学院考古研究所：《偃师商城（第一卷）》，科学出版社 2013 年版。

中国社会科学院考古研究所：《殷墟妇好墓》，文物出版社 1980 年版。

中国社会科学院考古研究所、安徽省蚌埠市博物馆：《蚌埠禹会村》，科学出版社 2013 年版。

中国社会科学院考古研究所、河南省文物考古研究所：《灵宝西坡墓地》，文物出版社 2010 年版。

中国社会科学院考古研究所、山西省临汾市文物局：《襄汾陶寺——1978~1985 年考古发掘报告》，文物出版社 2015 年版。

中国社会科学院考古研究所、中澳美伊洛河流域联合考古队：《洛阳盆地中东部先秦时期遗址：1997—2007 年区域系统调查报告》，科学出版社 2019 年版。

中国社会科学院考古研究所、美国哈佛大学皮保德博物馆：《豫东考古报告——"中国商丘地区早商文明探索"野外勘察与发掘》，科学出版社

2017年版。

**二 发掘简报**

安徽省文物工作队：《潜山薛家岗新石器时代遗址》，《考古学报》1982年第3期。

安徽省文物考古研究所：《安徽肥西县古埂新石器时代遗址》，《考古》1985年第7期。

安阳市文物工作队：《1983—1986年安阳刘家庄殷代墓葬发掘报告》，《华夏考古》1997年第2期。

北京大学考古教研室华县报告编写组：《华县、渭南古代遗址调查与试掘》，《考古学报》1980年第3期。

北京大学考古系、商丘地区文管会：《河南夏邑县清凉山遗址1988年发掘简报》，《考古》1997年第11期。

北京大学考古系商周组、安徽省文物工作队：《安徽省霍邱、六安、寿县考古调查试掘报告》，《考古学研究（三）》，科学出版社1997年版。

北京大学考古系商周组、山东省菏泽地区文展馆、山东省菏泽市文化馆：《菏泽安邱堌堆遗址发掘简报》，《文物》1987年第11期。

北京大学考古专业商周组、山西省考古研究所、河南省安阳、新乡地区文化局、湖北省孝感地区博物馆：《晋豫鄂三省考古调查简报》，《文物》1982年第7期。

北京科技大学冶金与材料史研究所、陕西省考古研究院：《陕西洛南河口绿松石矿遗址调查报告》，《考古与文物》2016年第3期。

曹艳朋：《淮阳平粮台新石器时代遗址》，《中国考古学年鉴（2019）》，中国社会科学出版社2021年版。

国家文物局考古领队培训班：《郑州西山仰韶时代城址的发掘》，《文物》1999年第7期。

国家文物局三峡考古队：《湖北宜昌中堡岛遗址发掘简报》，《文物》1989年第2期。

国家文物局三峡考古队：《湖北秭归朝天嘴遗址发掘简报》，《文物》1989年第2期。

韩明芳：《江苏盐城市龙冈商代墓葬》，《考古》2001年第9期。

韩维周、丁伯泉、张永杰、孙宝德：《河南登封县玉村古文化遗址概况》，

《文物参考资料》1954年第6期。

河北省文化局文物工作队:《邢台尹郭村商代遗址及战国墓葬试掘简报》,《文物》1960年第4期。

河北省文物复查队邢台分队:《河北邢台县考古调查简报》,《文物春秋》1995年第1期。

河北省文物管理处:《磁县下七垣遗址发掘报告》,《考古学报》1979年第2期。

河北省文物管理委员会:《河北唐山市大城山遗址发掘报告》,《考古学报》1959年第3期。

河北省文物研究所、河北文化学院:《武安赵窑遗址发掘报告》,《考古学报》1992年第3期。

河南省博物馆:《河南禹县谷水河遗址发掘简报》,《考古》1979年第4期。

河南省文化局文物工作队第一队:《郑州旭旮王村遗址发掘报告》,《考古学报》1958年第3期。

河南省文物考古研究所:《河南巩义市滩小关遗址发掘报告》,《华夏考古》2002年第4期。

河南省文物考古研究所:《河南三门峡市南家庄遗址的调查与试掘》,《华夏考古》2007年第4期。

河南省文物考古研究所:《河南伊川县南寨二里头文化墓葬发掘简报》,《考古》1996年第12期。

河南省文物考古研究所、平顶山市文物局:《河南平顶山蒲城店遗址发掘简报》,《文物》2008年第5期。

河南省文物考古研究所、驻马店市文物工作队、西平县文物管理所:《河南西平县上坡遗址发掘简报》,《考古》2004年第4期。

河南省文物考古研究所、新密市炎黄历史文化研究会:《河南新密市古城寨龙山文化城址发掘简报》,《华夏考古》2002年第2期。

河南省文物考古研究所郑州工作站:《郑州化工三厂考古发掘简报》,《中原文物》1994年第2期。

河南省文物考古研究院、北京大学考古文博学院、周口市文物考古管理所、淮阳县平粮台管理处:《河南淮阳平粮台遗址2018年度发掘简报》,《华夏考古》2019年第4期。

河南省文物考古研究院、河南省文物局南水北调文物保护办公室：《郑州市马良寨遗址晚商文化遗存发掘简报》，《考古》2017年第4期。

河南省文物研究所：《河南巩县稍柴遗址发掘报告》，《华夏考古》1993年第2期。

河南省文物研究所：《河南临汝北刘庄遗址发掘报告》，《华夏考古》1990年第2期。

河南省文物研究所：《河南鹿邑栾台遗址发掘简报》，《华夏考古》1989年第1期。

河南省文物研究所：《河南密县黄寨遗址的发掘》，《华夏考古》1993年第3期。

河南省文物研究所：《河南荥阳竖河遗址发掘报告》，《考古学集刊》(10)，地质出版社1996年版。

河南省文物研究所：《临汝煤山遗址1987～1988年发掘报告》，《华夏考古》1991年第3期。

河南省文物研究所：《襄城县台王遗址试掘简报》，《中原文物》1988年第1期。

河南省文物研究所、周口地区文化局文物科：《河南淮阳平粮台龙山文化城址试掘简报》，《文物》1983年第3期。

河南省文物研究所、郾城县许慎纪念馆：《郾城郝家台遗址的发掘》，《华夏考古》1992年第3期。

河南省文物研究所、禹县文管会：《禹县吴湾遗址试掘简报》，《中原文物》1988年第4期。

河南省文物研究所、文化部文物局郑州培训中心：《郑州市站马屯遗址发掘报告》，《华夏考古》1987年第2期。

河南省信阳地区文管会、河南省罗山县文化馆：《罗山天湖商周墓地》，《考古学报》1986年第2期。

侯马市博物馆：《山西侯马市古文化遗址调查报告》，《文物季刊》1992年第1期。

湖北省黄冈地区博物馆：《湖北黄冈螺蛳山遗址墓葬》，《考古学报》1987年第3期。

湖北省文物考古研究所：《湖北省巴东县李家湾遗址发掘简报》，《江汉考古》2004年第3期。

湖北省文物考古研究所、北京大学考古文博学院、武汉市黄陂区文物管理所：《武汉市黄陂区鲁台山郭元咀遗址商代遗存》，《考古》2021 年第 7 期。

湖北省宜昌地区博物馆、四川大学历史系：《宜昌中堡岛新石器时代遗址》，《考古学报》1987 年第 1 期。

黄冈地区博物馆、黄州市博物馆：《湖北省黄州市下窑嘴商墓发掘简报》，《文物》1993 年第 6 期。

纪南城文物考古发掘队：《江陵毛家山发掘记》，《考古》1977 年第 3 期。

江苏花山遗址联合考古队：《江阴花山夏商文化遗址》，《东南文化》2001 年第 9 期。

江苏佘城遗址联合考古队：《江阴佘城遗址试掘简报》，《东南文化》2001 年第 9 期。

江苏省三星村联合考古队：《江苏金坛三星村新石器时代遗址》，《文物》2004 年第 2 期。

江苏省文物工作队：《江苏连云港市二涧村遗址第二次发掘》，《考古》1962 年第 3 期。

江苏省文物工作队：《江苏吴江梅堰新石器时代遗址》，《考古》1963 年第 6 期。

江苏省文物工作队太岗寺工作组：《南京西善桥太岗寺遗址的发掘》，《考古》1962 年第 3 期。

江苏省驻仪征化纤公司文物工作队：《仪征胥浦甘草山遗址的发掘》，《东南文化》1986 年第 1 期。

江西省文物工作队、九江市博物馆：《江西九江神墩遗址发掘简报》，《江汉考古》1987 年第 4 期。

江西省文物考古研究所、瑞昌市博物馆：《江西瑞昌市檀树咀商周遗址发掘简报》，《考古》2000 年第 12 期。

荆州市周梁玉桥遗址博物馆：《湖北沙市周梁玉桥遗址 1987 年的发掘》，《考古》2004 年第 9 期。

考古研究所洛阳发掘队：《1958 年洛阳东干沟遗址发掘简报》，《考古》1959 年第 10 期。

李景聃：《豫东商丘永城调查及造律台黑孤堆曹桥三处小发掘》，《中国考古学报》第二册，商务印书馆 1947 年版。

连云港市博物馆:《江苏灌云大伊山新石器时代遗址第一次发掘报告》,《东南文化》1988 年第 2 期。

临沂文物收集组:《山东苍山县出土青铜器》,《文物》1965 年第 7 期。

刘东亚:《郑州市西山村新石器时代遗址调查简报》,《中原文物》1986 年第 2 期。

罗家角考古队:《桐乡县罗家角遗址发掘报告》,《浙江省文物考古所学刊》,文物出版社 1981 年版。

洛阳博物馆:《河南临汝煤山遗址调查与试掘》,《考古》1975 年第 5 期。

洛阳博物馆:《洛阳矬李遗址试掘简报》,《考古》1978 年第 1 期。

洛阳博物馆:《孟津小潘沟遗址试掘简报》,《考古》1978 年第 4 期。

洛阳地区文物处:《伊川白元遗址发掘简报》,《中原文物》1982 年第 3 期。

洛阳市文物考古研究院:《河南宜阳苏羊遗址下村区发掘简报》,《中原文物》2021 年第 5 期。

马继贤:《西陵峡考古亲历记》,《四川文物》2003 年第 3 期。

马金花:《山西芮城清凉寺墓地出土玉器浅说》,《文物世界》2009 年第 3 期。

南京博物院:《江苏海安青墩遗址》,《考古学报》1983 年第 2 期。

南京博物院:《江苏淮安青莲岗古遗址古墓葬清理简报》,《考古通讯》1958 年第 10 期。

南京博物院:《江苏句容丁沙地遗址试掘钻探简报》,《东南文化》1990 年第 1 期。

南京博物院:《江苏沭阳万北遗址新石器时代遗存发掘简报》,《东南文化》1992 年第 1 期。

南京博物院:《江苏吴县草鞋山遗址》,《文物资料丛刊》(3),文物出版社 1980 年版。

南京博物院:《江苏新沂县三里墩古文化遗址第二次发掘简介》,《考古》1960 年第 7 期。

南京博物院、镇江博物馆:《江苏镇江市左湖遗址发掘简报》,《考古》2000 年第 4 期。

南京博物院、连云港市博物馆、灌云县博物馆:《江苏灌云大伊山遗址 1986 年的发掘》,《文物》1991 年第 7 期。

徐湖平主编：《江苏阜宁陆庄遗址》，《东方文明之光——良渚文化发现 60 周年纪念文集》，海南国际新闻出版中心 1996 年版。

南京博物院考古研究所、扬州博物馆、高邮文管会：《江苏高邮周邶墩遗址发掘报告》，《考古学报》1997 年第 4 期。

南京博物院考古研究所、扬州博物馆、兴化博物馆：《江苏兴化戴家舍南荡遗址》，《文物》1995 年第 4 期。

南京市文物局、南京市博物馆、高淳县文管所：《江苏高淳县薛城新石器时代遗址发掘简报》，《考古》2000 年第 5 期。

南阳地区文物队、方城县文化馆：《河南方城县大张庄新石器时代遗址》，《考古》1983 年第 5 期。

南阳市博物馆：《南阳市博物馆馆藏的商代青铜器》，《中原文物》1984 年第 1 期。

南阳市文物工作队：《南阳市十里庙遗址调查》，《江汉考古》1994 年第 2 期。

内乡县综合博物馆：《河南内乡县部分新石器时代遗址调查简报》，《考古与文物》1992 年第 1 期。

沙市博物馆：《湖北沙市周梁玉桥遗址试掘简报》，《文物资料丛刊》（10），文物出版社 1987 年版。

山东大学考古与博物馆学系、河南省文物局南水北调文物保护办公室：《河南禹州市前后屯遗址龙山文化遗存发掘简报》，《考古》2015 年第 4 期。

山东省博物馆东海峪发掘小组、日照县文化馆东海峪发掘小组：《一九七五年东海峪遗址的发掘》，《考古》1976 年第 6 期。

山东省考古所、山东省博物馆、莒县文管所：《山东莒县陵阳河大汶口文化墓葬发掘简报》，《史前研究》1987 年第 3 期。

山东省文物管理处：《济南大辛庄商代遗址勘查纪要》，《文物》1959 年第 11 期。

山东省文物管理处：《济南大辛庄遗址试掘简报》，《考古》1959 年第 4 期。

山东省文物考古研究所、北京大学中国考古学研究中心、山东师范大学齐鲁文化研究中心、滨州市文物管理处：《山东阳信县李屋遗址商代遗存发掘简报》，《考古》2010 年第 3 期。

山西省考古研究所：《山西河津固镇遗址发掘报告》，《三晋考古》第 2 辑，山西人民出版社 1996 年版。

山西省考古研究所：《襄汾、曲沃、闻喜、侯马三县一市考古调查报告》，《文物季刊》1993 年第 3 期。

山西省考古研究所、运城市文物工作站、绛县文化局：《山西绛县横水西周墓地》，《考古》2006 年第 7 期。

山西省考古研究所、山西运城市文物局、芮城县旅游文物局：《山西芮城清凉寺史前墓地》，《考古学报》2011 年第 4 期

山西省考古研究所、运城市文物局、芮城县文物局：《山西芮城清凉寺新石器时代墓地》，《文物》2006 年第 3 期。

山西省考古研究所、襄汾县博物馆：《山西襄汾陈郭村新石器时代遗址与墓葬发掘简报》，《考古》1993 年第 2 期。

陕西省考古研究所：《陕西眉县白家遗址发掘简报》，《考古与文物》1996 年第 6 期。

陕西省考古研究所、宝鸡市考古工作队：《陕西宝鸡市关桃园遗址发掘简报》，《考古与文物》2006 年第 3 期。

陕西省考古研究院：《陕西高陵县杨官寨新石器时代遗址》，《考古》2009 年第 7 期。

陕西省考古研究院：《陕西高陵杨官寨遗址发掘简报》，《考古与文物》2011 年第 6 期。

陕西省商洛地区图书馆：《陕西洛河上游两处遗址的试掘》，《考古》1983 年第 1 期。

商洛地区考古调查组：《丹江上游考古调查简报》，《考古与文物》1981 年第 3 期。

商丘地区文物管理委员会、中国社会科学院考古研究所洛阳工作队：《1977 年河南永城王油坊遗址发掘概况》，《考古》1978 年第 1 期。

商县图书馆、西安半坡博物馆、商洛地区图书馆：《陕西商县紫荆遗址发掘简报》，《考古与文物》1981 年第 3 期。

上海博物馆考古研究部：《上海松江区广富林遗址 1999～2000 年发掘简报》，《考古》2002 年第 10 期。

上海博物馆考古研究部：《上海松江区广富林遗址 2001～2005 年发掘简报》，《考古》2008 年第 8 期。

四川长江流域文物保护委员会文物考古队:《四川巫山大溪新石器时代遗址发掘记略》,《文物》1961年第11期。

四川省博物馆:《巫山大溪遗址第三次发掘》,《考古学报》1981年第4期。

随州市博物馆:《湖北随县发现商周青铜器》,《考古》1984年第6期。

孙淮生、吴明新:《山东阳谷、东阿县古文化遗址调查》,《华夏考古》1996年第4期。

团山考古队:《江苏丹徒赵家窑团山遗址》,《东南文化》1989年第1期。

王炜林、杨利平、胡珂、张伟、董闯:《陕西高陵杨官寨遗址发现庙底沟文化成人墓地》,《中国文物报》2017年2月10日。

武汉大学考古系、郧阳博物馆:《湖北郧县李营遗址二里头文化遗存发掘简报》,《江汉考古》2014年第6期。

武汉大学历史系考古教研室、襄樊市博物馆、宜城县博物馆:《湖北宜城曹家楼新石器时代遗址》,《考古学报》1988年第1期。

武汉大学历史学院考古系、安徽省文物考古研究所:《安徽凤阳县古堆桥遗址发掘简报》,《考古》2018年第4期。

武汉市博物馆:《洪山放鹰台遗址97年度发掘报告》,《江汉考古》1998年第3期。

武志江:《温县林村二里头文化遗址》,《中国考古学年鉴(2015)》,中国社会科学出版社2016年版。

武志江、任潇:《信阳市平桥区桥头石家河文化城址》,《中国考古学年鉴(2020)》,中国社会科学出版社2021年版。

西安半坡博物馆:《陕西临潼康家遗址第一、二次试掘简报》,《史前研究》1985年第1期。

西安半坡博物馆:《陕西岐山双庵新石器时代遗址》,《考古学集刊》(3),中国社会科学出版社1983年版。

香炉山考古队:《湖北武汉市阳逻香炉山遗址考古发掘纪要》,《南方文物》1993年第1期。

新乡地区文管会、新乡县文化馆:《河南新乡县洛丝潭遗址试掘简报》,《考古》1985年第2期。

信阳地区文管会、罗山县文管会:《罗山蟒张后李商周墓地第三次发掘简报》,《中原文物》1988年第1期。

信阳地区文管会、罗山县文化馆：《河南罗山县蟒张商代墓地第一次发掘简报》，《考古》1981年第2期。

信阳地区文管会、罗山县文化馆：《罗山县蟒张后李商周墓地第二次发掘简报》，《中原文物》1981年第4期。

盐城市博物馆、东台市博物馆：《江苏东台市开庄新石器时代遗址》，《考古》2005年第4期。

杨宝成：《内乡县黄龙庙岗商代遗址及战国秦汉墓葬》，《中国考古学年鉴（1989）》，文物出版社1990年版。

尹俊敏：《南阳市博物馆收藏的商代铭文铜器》，《考古与文物》1996年第6期。

颍上县文化局文物工作组：《安徽颍上县出土一批商周青铜器》，《考古》1984年第12期。

雍城考古队：《陕西凤翔县大辛村遗址发掘简报》，《考古与文物》1985年第1期。

游清汉：《河南南阳市十里庙发现商代遗址》，《考古》1959年第7期。

张长寿、张光直：《河南商丘地区殷商文明调查发掘初步报告》，《考古》1997年第4期。

张国硕：《论夏末早商的商夷联盟》，《郑州大学学报》（哲学社会科学版）2002年第2期。

张国维：《山西闻喜古文化遗址调查简报》，《考古》1990年第3期。

张家强、郝红星：《沧海遗珠——郑州东赵城发现记》，《大众考古》2015年第8期。

张文君、高青山：《晋西南三县市古文化遗址的调查》，《考古与文物》1987年第4期。

张小虎：《尉氏县新庄二里头文化遗址》，《中国考古学年鉴（2014）》，中国社会科学出版社2015年版。

张学海：《章丘县城子崖古城址》，《中国考古学年鉴（1991）》，文物出版社1992年版。

张志清：《夏邑县三里堌堆新石器时代至汉代遗址》，《中国考古学年鉴（1990）》，文物出版社1991年版。

赵会军、曾晓敏：《河南登封程窑遗址试掘简报》，《中原文物》1982年第2期。

浙江省文物管理委员会：《杭州水田畈遗址发掘报告》，《考古学报》1960年第2期。

浙江省文物管理委员会：《吴兴钱山漾遗址第一、二次发掘报告》，《考古学报》1960年第2期。

浙江省文物考古研究所：《杭州市余杭区良渚古城遗址2006～2007年的发掘》，《考古》2008年第7期。

浙江省文物考古研究所：《宁波慈城小东门遗址发掘简报》，《东南文化》2002年第9期。

浙江省文物考古研究所、湖州市博物馆：《钱山漾——第三、四次发掘报告》，文物出版社2014年版。

浙江省文物考古研究所、湖州市博物馆、德清县博物馆：《浙江东苕溪中游商代原始瓷窑址群》，《考古》2011年第7期。

浙江省文物考古研究所、湖州市博物馆：《浙江湖州南山商代原始瓷窑址发掘简报》，《文物》2012年第11期。

镇江市博物馆：《江苏句容城头山遗址试掘简报》，《考古》1985年第4期。

郑洪春、穆海亭：《陕西长安花楼子客省庄二期文化遗址发掘》，《考古与文物》1988年第5、6期。

郑州大学考古专业、开封市文物工作队、杞县文物管理所：《河南杞县鹿台岗遗址发掘简报》，《考古》1994年第8期。

郑州大学考古专业、开封市博物馆、杞县文物保管所：《河南杞县朱岗遗址试掘报告》，《华夏考古》1992年第1期。

郑州大学历史系考古专业、开封市博物馆考古部、杞县文物保管所：《河南杞县牛角岗遗址试掘报告》，《华夏考古》1994年第2期。

郑州大学历史学院考古系：《豫东商丘地区考古调查简报》，《华夏考古》2005年第2期。

郑州市博物馆：《荥阳点军台遗址1980年发掘报告》，《中原文物》1982年第4期。

郑州市博物馆：《郑州阎庄龙山文化遗址发掘简报》，《中原文物》1983年第4期。

郑州市文物考古研究院、北京大学考古文博学院：《郑州市高新区东赵遗址小城发掘简报》，《考古》2021年第5期。

郑州市文物考古研究院、北京大学考古文博学院、河南大学中原考古研究所、黄河文明传承与现代文明建设河南省协同创新中心：《河南省郑州市索、须、枯河流域考古调查报告》，《古代文明》第10卷，上海古籍出版社2016年版。

中国国家博物馆田野考古研究中心、山西省考古研究所、运城市文物保护研究所：《山西绛县周家庄遗址2007～2012年勘查与发掘简报》，《考古》2015年第5期。

中国国家博物馆田野考古研究中心、山西省考古研究所、运城市文物保护研究所：《山西绛县周家庄遗址居址与墓地2007～2012年的发掘》，《考古》2015年第5期。

中国科学院考古研究所甘肃工作队：《甘肃永靖秦魏家齐家文化墓地》，《考古学报》1975年第2期。

中国科学院考古研究所湖北发掘队：《湖北黄冈螺蛳山遗址的探掘》，《考古》1962年第7期。

中国科学院考古研究所洛阳发掘队：《1959年河南偃师二里头试掘简报》，《考古》1961年第2期。

中国历史博物馆考古部、山西省考古研究所：《1991～1992年山西垣曲商城发掘简报》，《文物》1997年第12期。

中国人民大学北方民族考古研究所：《郧县龚家村遗址发掘简报》，《湖北省南水北调工程考古报告集》（第四卷），科学出版社2014年版。

中国社会科学院考古研究所安阳工作队：《2004～2005年殷墟小屯宫殿宗庙区的勘探和发掘》，《考古学报》2009年第2期。

中国社会科学院考古研究所二里头工作队：《河南洛阳盆地2001～2003年考古调查简报》，《考古》2005年第5期。

中国社会科学院考古研究所河南二队：《河南临汝煤山遗址发掘报告》，《考古学报》1982年第4期。

中国社会科学院考古研究所河南二队、商丘地区文物管理委员会：《1977年豫东考古纪要》，《考古》1981年第5期。

中国社会科学院考古研究所河南二队、河南商丘地区文物管理委员会：《河南永城王油坊遗址发掘报告》，《考古学集刊》（5），中国社会科学出版社1987年版。

中国社会科学院考古研究所河南二队、河南省周口地区文物管理委员会：

《河南周口地区考古调查简报》，《考古学集刊》（4），中国社会科学出版社 1984 年版。

中国社会科学院考古研究所河南新砦队、郑州市文物考古研究院：《河南新密市新砦遗址浅穴式大型建筑基址的发掘》，《考古》2009 年第 2 期。

中国社会科学院考古研究所河南一队：《河南汝州李楼遗址的发掘》，《考古学报》1994 年第 1 期。

中国社会科学院考古研究所河南一队：《河南许昌丁庄遗址试掘》，《考古》1986 年第 3 期。

中国社会科学院考古研究所河南一队：《河南柘城孟庄商代遗址》，《考古学报》1982 年第 1 期。

中国社会科学院考古研究所河南一队、焦作市文物工作队：《河南焦作地区的考古调查》，《考古》1996 年第 11 期。

中国社会科学院考古研究所山东工作队：《山东汶上县东贾柏村新石器时代遗址发掘简报》，《考古》1993 年第 6 期。

中国社会科学院考古研究所山西工作队：《晋南考古调查报告》，《考古学集刊》（6），中国社会科学出版社 1989 年版。

中国社会科学院考古研究所陕西工作队：《陕西华阴横阵遗址发掘报告》，《考古学集刊》（4），中国社会科学出版社 1984 年版。

中国社会科学院考古研究所陕西六队：《陕西蓝田泄湖遗址》，《考古学报》1991 年第 4 期。

朱华东、唐更生：《安徽凤阳花园湖出土商代铜器》，《文物》2021 年第 4 期。

### 三　文献典籍

（汉）班固撰，（唐）颜师古注：《汉书》，中华书局 1962 年版。

（汉）孔安国传，（唐）孔颖达正义，黄怀信整理：《尚书正义》，上海古籍出版社 2007 年版。

（汉）司马迁：《史记》，中华书局 1982 年版。

（后魏）郦道元注，（清）杨守敬、熊会贞疏：《水经注疏》，江苏古籍出版社 1989 年版。

（晋）杜预：《春秋经传集解》，上海古籍出版社 1988 年版。

（唐）李吉甫著，贺次君点校：《元和郡县图志》，中华书局 1983 年版。

(南朝宋)范晔、(唐)李贤注:《后汉书》,中华书局1965年版。
(宋)乐史著,王文楚等点校:《太平寰宇记》,中华书局2007年版。
(元)脱脱等:《宋史》,中华书局1977年版。
(清)顾栋高辑,吴树平、李解民点校:《春秋大事表》,中华书局1993年版。
(清)顾祖禹撰,贺次君、施和金点校:《读史方舆纪要》,中华书局2005年版。
(清)阮元校刻:《十三经注疏》,中华书局1980年版。
(清)孙希旦撰,沈啸寰、王星贤点校:《礼记集解》,中华书局1989年版。
(清)徐元诰撰,王树民、沈长云点校:《国语集解》(修订本),中华书局2002年版。
(清)赵尔巽等:《清史稿》,中华书局1977年版。
方诗铭、王修龄:《古本竹书纪年辑证》(修订本),上海古籍出版社2005年版。
杨伯峻:《春秋左传注》,中华书局1990年版。
杨天宇:《礼记译注》,上海古籍出版社2004年版。

### 四 专著及论文集

北京大学考古文博学院、北京大学中国考古学研究中心:《考古学研究(八)》,科学出版社2011年版。
北京大学考古文博学院、北京大学中国考古学研究中心:《考古学研究(九)》,文物出版社2012年版。
北京大学考古文博学院、北京大学中国考古学研究中心:《考古学研究(十)》,科学出版社2012年版。
北京大学中国考古学研究中心、北京大学震旦古代文明研究中心:《古代文明》第3卷,文物出版社2004年版。
北京大学中国考古学研究中心、北京大学古代文明研究中心:《古代文明》第1卷,文物出版社2002年版。
北京大学中国考古学研究中心、北京大学震旦古代文明研究中心:《古代文明》第10卷,上海古籍出版社2016年版。
曹建墩:《先秦礼制探赜》,天津人民出版社2010年版。

陈公柔：《先秦两汉考古学论丛》，文物出版社 2005 年版。

陈梦家：《殷虚卜辞综述》，中华书局 1988 年版。

陈胜前：《思考考古学》，科学出版社 2014 年版。

陈炜湛：《甲骨文田猎刻辞研究》，广西教育出版社 1995 年版。

崔剑锋、吴小红：《铅同位素考古研究：以中国云南和越南出土青铜器为例》，文物出版社 2008 年版。

豆海锋：《冲击与调适：长江中游商代文化社会演进的考古学观察》，科学出版社 2021 年版。

杜金鹏：《夏商周考古学研究》，科学出版社 2007 年版。

杜金鹏、许宏主编：《二里头遗址与二里头文化研究：中国二里头遗址与二里头文化国际学术研讨会论文集》，科学出版社 2006 年版。

段天璟：《二里头文化时期的中国》，社会科学文献出版社 2014 年版。

高崇文、［日］安田喜宪主编：《长江流域青铜文化研究》，科学出版社 2002 年版。

高江涛：《中原地区文明化进程的考古学研究》，社会科学文献出版社 2009 年版。

韩炳华主编：《晋西商代青铜器》，科学出版社 2017 年版。

韩国河、张松林主编：《中原地区文明化进程学术研讨会文集》，科学出版社 2006 年版。

韩建业：《早期中国：中国文化圈的形成和发展》，上海古籍出版社 2015 年版。

黄崇轲、白冶、朱裕生等：《中国铜矿床》（上册），地质出版社 2001 年版。

蒋刚：《文化演进与互动：太行山两翼夏商西周时期青铜文化研究》，科学出版社 2017 年版。

靳松安：《河洛与海岱地区考古学文化的交流与融合》，科学出版社 2006 年版。

荆志淳、唐际根、［日］高嶋谦一：《多维视域——商王朝与中国早期文明研究》，科学出版社 2009 年版。

李维明：《豫南及邻境地区青铜文化》，线装书局 2009 年版。

李孝聪：《中国区域历史地理》，北京大学出版社 2004 年版。

李学勤：《走出疑古时代》，长春出版社 2007 年版。

林沄：《林沄学术文集》，中国大百科全书出版社 1998 年版。

马保春：《晋国地名考》，学苑出版社 2010 年版。
马保春：《晋国历史地理研究》，文物出版社 2007 年版。
蒙文通：《古地甄微》，巴蜀书社 1998 年版。
孟慧英：《中国北方民族萨满教》，社会科学文献出版社 2000 年版。
庞小霞：《商周之邢综合研究》，社会科学文献出版社 2014 年版。
秋浦主编：《萨满教研究》，上海人民出版社 1985 年版。
山东大学文化遗产研究院：《东方考古》第 10 集，科学出版社 2013 年版。
山东大学文化遗产研究院：《东方考古》第 12 集，科学出版社 2015 年版。
山东省文物考古研究所编：《海岱考古》第 9 辑，科学出版社 2016 年版。
史念海：《河山集》（二），生活·读书·新知三联书店 1981 年版。
史念海：《河山集》（四），陕西师范大学出版社 1991 年版。
四川大学博物馆、中国古代铜鼓研究学会编：《南方民族考古》第 1 辑，四川大学出版社 1987 年版。
宋新潮：《殷商文化区域研究》，陕西人民出版社 1991 年版。
宋豫秦等：《中国文明起源的人地关系简论》，科学出版社 2002 年版。
宋镇豪：《夏商社会生活史》，中国社会科学出版社 2005 年版。
孙亚冰、林欢：《商代地理与方国》，中国社会科学出版社 2010 年版。
台湾师范大学国文系等编：《甲骨文发现一百周年学术研讨会论文集》，文史哲出版社有限公司 1999 年版。
唐晓峰：《从混沌到秩序——中国上古地理思想史述论》，中华书局 2010 年版。
王立新：《早商文化研究》，高等教育出版社 1998 年版。
王青：《远方图物——早期中国神灵考古探索》，上海古籍出版社 2019 年版。
王文楚：《古代交通地理丛考》，中华书局 1996 年版。
王迅：《东夷文化与淮夷文化研究》，北京大学出版社 1994 年版。
西北大学考古学系、西北大学文化遗产与考古学研究中心：《西部考古》第一辑，三秦出版社 2006 年版。
向桃初：《湘江流域商周青铜文化研究》，线装书局 2008 年版。
许宏：《何以中国：公元前 2000 年的中原图景》，生活·读书·新知三联书店 2014 年版。
许宏、袁靖主编：《二里头考古六十年》，中国社会科学出版社 2019 年版。

严耕望：《唐代交通图考》，上海古籍出版社 2007 年版。

于革等：《郑州地区湖泊水系沉积与环境演化研究》，科学出版社 2016 年版。

岳洪彬：《殷墟青铜礼器研究》，中国社会科学出版社 2006 年版。

张海：《中原核心区文明起源研究》，上海古籍出版社 2021 年版。

张海惠主编：《北美中国学——研究概述与文献资源》，中华书局 2010 年版。

张渭莲、段宏振：《中原与北方之间的文化走廊——太行山东麓地区先秦文化的演进格局》，文物出版社 2015 年版。

张新斌等：《济水与河济文明》，河南人民出版社 2007 年版。

张修桂：《中国历史地貌与古地图研究》，社会科学文献出版社 2006 年版。

张学海主编：《纪念城子崖遗址发掘 60 周年国际学术讨论会文集》，齐鲁书社 1993 年版。

张亚初：《殷周金文集成引得》，中华书局 2001 年版。

赵东升：《青铜时代江淮、鄂东南和赣鄱地区中原化进程研究》，台北花木兰文化出版社 2013 年版。

郑杰祥：《商代地理概论》，中州古籍出版社 1994 年版。

中国考古学会编：《中国考古学会第二次年会论文集（1980）》，文物出版社 1982 年版。

中国科学院《中国自然地理》编辑委员会：《中国自然地理·地貌》，科学出版社 1980 年版。

中国社会科学院古代文明研究中心、安徽省文化厅、蚌埠市人民政府编著：《禹会村遗址研究——禹会村遗址与淮河流域文明研讨会论文集》，科学出版社 2014 年版。

中国社会科学院考古研究所：《中国考古学·夏商卷》，中国社会科学出版社 2003 年版。

中国社会科学院考古研究所：《中国考古学·新石器时代卷》，中国社会科学出版社 2010 年版。

中国社会科学院考古研究所、夏商周考古研究室：《三代考古》（二），科学出版社 2006 年版。

中国社会科学院考古研究所、夏商周考古研究室：《三代考古》（五），科学出版社 2013 年版。

中国社会科学院考古研究所编：《中国商文化国际学术讨论会论文集》，中国大百科全书出版社1998年版。

中国社会科学院考古研究所编：《中国早期青铜文化——二里头文化专题研究》，科学出版社2008年版。

朱凤瀚主编：《新出金文与西周历史》，上海古籍出版社2011年版。

朱继平：《从淮夷族群到编户齐民——周代淮水流域族群冲突的地理学观察》，人民出版社2011年版。

邹衡：《夏商周考古学论文集》，文物出版社1980年版。

邹逸麟、张修桂主编：《中国历史自然地理》，科学出版社2013年版。

［美］米尔恰·伊利亚德：《萨满教——古老的入迷术》，段满福译，社会科学文献出版社2018年版。

［美］张光直：《考古学专题六讲》，文物出版社1986年版。

［美］张光直：《美术、神话与祭祀》，郭净译，辽宁教育出版社2002年版。

［美］张光直：《商文明》，张良仁、岳洪彬、丁晓雷译，生活·读书·新知三联书店2013年版。

［日］岛邦男：《殷墟卜辞研究》，濮茅左、顾伟良译，上海古籍出版社2006年版。

Li Min, *Social Memory and State Formlation in Early China*, Cambridge University Press, 2018.

Mauss, Marcel, *Techniques*, *Technology and Civilization*, Edited by Nathan Schlanger, Berghan, Oxford, 2006.

Renfrew, A. C. and S. Shennan eds., *Ranking, Resourse and Exchange: Aspects of Archaeology of Early European Society*, Cambridge, Cambridge University Press, 1982.

### 五　研究论文

曹峻：《钱山漾文化因素初析》，《东南文化》2015年第5期。

曹峻：《试论马桥文化与中原夏商文化的关系》，《中原文物》2006年第2期。

陈光祖：《商代锡料来源初探》，《考古》2012年第6期。

陈鹏宇：《太保玉戈的出土时地及铭文释读》，《出土文献》2019年第1期。

陈旭：《商代隞都探寻》，《郑州大学学报》（哲学社会科学版）1991年第5期。

陈旭：《郑州小双桥商代遗址的年代和性质》，《中原文物》1995年第3期。

陈旭：《郑州小双桥商代遗址即隞都说》，《中原文物》1997年第2期。

戴尊德、刘岱瑜：《山西芮城柴村出土的西周铜器》，《考古》1989年第10期。

邓玲玲：《二里头文化铃的性质刍议》，《中原文物》2019年第4期。

邓淑苹：《牙璋探索——大汶口文化至二里头期》，《南方文物》2021年第1期。

董婕：《红山文化勾云形玉器的文化内涵新探》，《辽宁师专学报》（社会科学版）2012年第3期。

豆海锋：《试论安徽沿江平原商代遗存及与周边地区的文化联系》，《江汉考古》2012年第3期。

杜金鹏：《二里头遗址第二期考古的主要成就》，《中原文物》2020年第4期。

杜金鹏：《封顶盉研究》，《考古学报》1992年第1期。

杜金鹏：《试论夏家店下层文化中的二里头文化因素》，《华夏考古》1995年第3期。

杜勇：《武王伐纣日谱的重新构拟》，《古代文明》2020年第1期。

樊力：《论屈家岭文化青龙泉二期类型》，《考古》1998年第11期。

方辉：《二里头文化与岳石文化》，《中原文物》1987年第1期。

方辉：《论史前及夏时期的朱砂葬——兼论帝尧与丹朱传说》，《文史哲》2015年第2期。

方辉：《商周时期鲁北地区海盐业的考古学研究》，《考古》2004年第4期。

方酉生：《论湖北龙山文化》，《江汉考古》1985年第1期。

冯敏、毛振伟、潘伟斌、张仕定：《贾湖遗址绿松石产地初探》，《文物保护与考古科学》2003年第3期。

冯时：《古文字所见之商周盐政》，《南方文物》2009年第1期。

高江涛：《试论中国境内出土的塞伊玛—图尔宾诺式倒钩铜矛》，《南方文物》2015年第4期。

高江涛、何驽：《陶寺遗址出土铜器初探》，《南方文物》2014年第1期。
顾万发：《试论新砦陶器盖上的饕餮纹》，《华夏考古》2000年第4期。
顾万发、张松林：《论花地嘴遗址所出墨玉璋》，《商都文明》2007年第4期。
顾问、张松林：《花地嘴遗址所出"新砦期"朱砂绘陶瓮研究》，《中国历史文物》2006年第1期。
郭大顺：《红山文化"玉巫人"的发现与"萨满式文明"的有关问题》，《文物》2008年第10期。
韩建业：《略论文化上"早期中国"的起源、形成和发展》，《江汉考古》2015年第3期。
韩建业：《论二里头青铜文明的兴起》，《中国历史文物》2009年第1期。
韩建业：《论早期中国文化周期性的"分""合"现象》，《史林》2005年增刊。
韩建业：《裴李岗文化的迁徙影响与早期中国文化圈的雏形》，《中原文物》2009年第2期。
韩建业、杨新改：《王湾三期文化研究》，《考古学报》1997年第1期。
何介钧：《论屈家岭文化划城岗类型的分期》，《考古》1989年第4期。
贺俊：《二里头文化白陶研究》，《考古》2022年第2期。
靳生禾、谢鸿喜：《晋"假虞伐虢"古战场考察报告》，《太原大学学报》2007年第1期。
靳松安：《王湾三期文化的南渐及其相关问题》，《中原文物》2010年第1期。
李伯谦：《论造律台类型》，《文物》1983年第4期。
李水城：《西北与中原早期冶铜业的区域特征及交互作用》，《考古学报》2005年第3期。
李晓健：《罗山天湖商代墓葬再研究》，《江汉考古》2020年第1期。
李新伟：《中国史前昆虫"蜕变"和"羽化"信仰新探》，《江汉考古》2021年第1期。
李新伟：《中国史前社会上层远距离交流网的形成》，《文物》2015年第4期。
李学勤：《戎生编钟论释》，《文物》1999年第9期。
李勇：《对安徽六安市出土商代青铜尊的认识》，《华夏考古》2008年第 3 期。

廖根深：《鹰潭角山陶器符号及其与制陶的关系》，《东南文化》1993 年第 5 期。

林邦存：《关于屈家岭文化区、系、类型问题的初步分析》（续），《江汉考古》1997 年第 2 期。

林欢：《晚商时期晋豫交界地带的军事驻地及相关地理问题》，《殷都学刊》2002 年第 4 期。

林留根等：《跨越长江的良渚文明》，《中国文物报》2016 年 1 月 29 日第 7 版。

刘莉、陈星灿：《城：夏商时期对自然资源的控制问题》，《东南文化》2000 年第 3 期。

刘莉、陈星灿：《中国早期国家的形成——从二里头和二里岗时期的中心和边缘之间的关系谈起》，《古代文明》第 1 卷，文物出版社 2002 年版。

刘满：《陇右古地新探》，《中国历史地理论丛》第 3 辑，陕西人民出版社 1988 年版。

刘满：《秦汉陇山道考述》，《敦煌学辑刊》2005 年第 2 期。

刘满：《秦皇汉武巡幸陇右地名路线考释——兼论历史上的鸡头道》，《敦煌学辑刊》2015 年第 2 期。

刘睿良、马克·波拉德、杰西卡·罗、唐小佳、张昌平：《共性、差异与解读：运用牛津研究体系探究早商郑州与盘龙城之间的金属流通》，《江汉考古》2017 年第 3 期。

刘亦方、张东：《郑州地区晚商文化研究》，《考古》2017 年第 8 期。

栾丰实：《二里头遗址中的东方文化因素》，《华夏考古》2006 年第 3 期。

栾丰实：《简论晋南地区龙山时代的玉器》，《文物》2010 年第 3 期。

栾丰实：《良渚文化的北渐》，《中原文物》1996 年第 3 期。

栾丰实：《良渚文化的分期与年代》，《中原文物》1992 年第 3 期。

栾丰实：《史前棺椁的产生、发展和棺椁制度的形成》，《文物》2006 年第 6 期。

罗彬柯：《略论河南发现的屈家岭文化——兼述中原与周围地区原始文化的交流问题》，《中原文物》1983 年第 3 期。

马保春：《山西绛县横水西周倗国大墓的相关历史地理问题》，《考古与文物》2007 年第 6 期。

马保春：《由古文字资料管窥早期伊洛南阳间之地理交通》，《中原文物》2009 年第 3 期。

马保春：《由晋南二里岗期早商文化的分布论其进入、传播》，《中原文物》2004 年第 6 期。

孟原召：《屈家岭文化的北渐》，《华夏考古》2011 年第 3 期。

牛世山：《北方地区出土商代前期的硬陶和原始瓷来源研究》，《考古与文物》2022 年第 3 期。

庞小霞：《二里头文化下王岗类型及相关问题研究》，《考古》2021 年第 3 期。

庞小霞：《先秦时期齐鲁交通的考古学观察》，《管子学刊》2018 年第 3 期。

庞小霞：《中国新石器时代出土绿松石器研究》，《考古学报》2014 年第 2 期。

庞小霞、高江涛：《晚商时期商文化东进通道初探》，《中原文物》2009 年第 5 期。

庞小霞、高江涛：《先秦时期封顶壶形盉初步研究》，《考古》2012 年第 9 期。

庞小霞、王丽玲：《齐家文化与二里头文化交流探析》，《中原文物》2019 年第 4 期。

彭柯、朱岩石：《中国古代所用海贝来源新探》，《考古学集刊》（12），中国大百科全书出版社 1999 年版。

彭子成、刘永刚、刘诗中、华觉明：《赣鄂豫地区商代青铜器和部分铜铅矿料来源的初探》，《自然科学史研究》第 18 卷，科学出版社 1999 年版。

祁国钧：《试论屈家岭文化的类型与相关问题》，《江汉考古》1986 年第 4 期。

秦小丽：《绿松石、海贝与红玛瑙——公元前 2000 年前后的地域间交流》，《南方文物》2021 年第 5 期。

屈万里：《曾伯霥簠考释》，《历史语言研究所集刊》第 33 本，1962 年。

邵晶：《论石峁文化与后石家河文化的远程交流——从牙璋、鹰笄、虎头等玉器说起》，《中原文物》2021 年第 3 期。

沈强华：《鄂西地区大溪文化的去向和屈家岭文化的来源》，《江汉考古》1994 年第 4 期。

沈强华：《试论屈家岭文化的地域类型》，《考古与文物》1986 年第 2 期。

沈岳明、郑建明、陈元甫：《"瓷之源"课题与瓷器起源研究的重大进展》，《中国文物报》2014年8月1日第7版。

施劲松：《论我国南方出土的商代青铜大口尊》，《文物》1998年第10期。

施劲松：《盘龙城与长江中游的青铜文明》，《考古》2016年第8期。

时婧：《"假途灭虢"与虞坂巅軨道关系考释》，《史志学刊》2015年第6期。

史念海：《春秋以前的交通道路》，《中国历史地理论丛》1990年第3辑。

史念海：《论济水和鸿沟》（上、中、下），《陕西师范大学学报》（哲学社会科学版）1982年第1、2、3期。

史念海：《战国时期的交通道路》，《中国历史地理论丛》1991年第1辑。

朔知：《皖江区域考古的意义》，《文物研究》第14期，黄山书社2005年版。

孙广清：《河南境内的大汶口文化和屈家岭文化》，《中原文物》2000年第2期。

索秀芬、李少兵：《燕山南北地区新石器时代考古学文化序列和格局》，《考古学报》2014年第3期。

谭其骧：《鄂君启节铭文释地》，《中华文史论丛》第2辑，中华书局1962年版。

田建文、杨林中：《轵关陉绛县段的考古学考察》，《史志学刊》2016年第1期。

佟伟华：《商代前期垣曲盆地的统治中心——垣曲商城》，《中国历史博物馆馆刊》1998年第1期。

王豪、梁法伟：《济源市柴庄商周遗址》，《中国考古学年鉴（2020）》，中国社会科学出版社2021年版。

王宏：《论周梁玉桥文化》，《江汉考古》1996年第3期。

王劲：《江汉地区新石器时代文化综述》，《江汉考古》1980年第1期。

王俊：《试论马鞍山青铜大铙的年代及其性质》，《东南文化》2006年第3期。

王力之：《晋南运城盆地龙山时期遗存探讨》，《中国国家博物馆馆刊》2012年第8期。

王琳：《金元以前郑汴间交通路线考》，《郑州大学学报》（哲学社会科学版）2010年第6期。

王强:《试论史前玉石器镶嵌工艺》,《南方文物》2008年第3期。
王青:《试论史前黄河下游的改道与古文化的发展》,《中原文物》1993年第4期。
王巍:《对中华文明起源研究有关概念的理解》,《史学月刊》2008年第1期。
王巍:《公元前2000年前后我国大范围文化变化原因探讨》,《考古》2004年第1期。
王文楚:《历史时期南阳盆地与中原地区间的交通发展》,《史学月刊》1964年第10期。
王小娟:《晋南地区新石器末期考古学文化》,《中原文物》2017年第2期。
王震中:《先商的文化与年代》,《中原文物》2005年第1期。
卫斯:《晋"假虞伐虢"的道路和战场问题的再探讨——兼与靳生禾、谢鸿喜二先生商榷》,《中国历史地理论丛》2010年第2辑。
卫斯:《山西平陆枣园村出土一批西周车马器》,《考古与文物》1988年第3期。
魏继印:《论新砦文化的源流及性质》,《考古学报》2018年第1期。
魏继印:《论新砦文化与王湾三期文化的关系》,《考古学报》2019年第3期。
魏兴涛:《试论豫东西部地区龙山时代文化遗存》,《华夏考古》1995年第1期。
魏兴涛:《中原龙山城址的年代与兴废原因探讨》,《华夏考古》2010年第1期。
闻一多:《从人首蛇身像谈到龙与图腾》,《人文科学学报》1942年第2期。
先怡衡、樊静怡、李欣桐、李延祥、周雪琪:《陕西洛南绿松石的锶同位素特征及其产地意义——兼论二里头出土绿松石的产源》,《西北地质》2018年第2期。
向桃初:《二里头文化向南方的传播》,《考古》2011年第10期。
肖梦娅、楚小龙、郁永彬、孙明、梅建军、陈坤龙、陈建立:《信阳罗山天湖墓地出土青铜器的检测分析及相关问题初探》,《华夏考古》2016年第2期。
辛德勇:《北京大学藏秦水陆里程简册初步研究》,《出土文献》第四辑,中西书局2013年版。

徐峰:《王油坊类型龙山文化南徙路线重建——兼论江淮地区的"廊道性"》,《中原文物》2012年第2期。

徐海亮、王朝栋:《史前郑州地区黄河河流地貌与新构造活动关系初探》,《华北水利水电学院学报》2010年第6期。

徐少华:《鄂国铜器及其历史地理综考》,《考古与文物》1994年第2期。

徐少华:《古厉国历史地理及其相关问题》,《江汉论坛》1987年第3期。

徐锡高、李自智:《太保玉戈铭补释》,《考古与文物》1993年第3期。

徐燕:《考古学视域下商代汉水流域文化交流的廊道功能研究》,《中国历史地理论丛》2018年第2辑。

徐昭峰、李丽娜:《夏商之际王朝文化北向传播的通道及背景探析》,《中原文物》2009年第5期。

许宏:《二里头都邑的两次礼制大变革》,《南方文物》2020年第2期。

许宏、陈国梁、赵海涛:《二里头遗址聚落形态的初步考察》,《考古》2004年第11期。

薛新民、宋建忠:《山西垣曲县宁家坡遗址发掘纪要》,《华夏考古》2004年第2期。

严文明:《龙山文化和龙山时代》,《文物》1981年第6期。

严文明:《碰撞与征服——花厅墓地埋葬情况的思考》,《文物天地》1990年第6期。

严文明:《中国文明起源的探索》,《中原文物》1996年第1期。

严志斌:《漆觚、圆陶片与柄形器》,《中国国家博物馆馆刊》2020年第1期。

杨晶:《长江下游地区史前玉器研究》,《东南文化》1994年第4期。

叶晓红、任佳、许宏、陈国梁、赵海涛:《二里头遗址出土绿松石器物的来源初探》,《第四纪研究》2014年第1期。

易德生:《科技考古视野下的商王朝锡料来源与"金道锡行"》,《中国社会科学》2013年第5期。

袁广阔:《先商文化新探》,《中原文物》2002年第2期。

张昌平:《关于盘龙城的性质》,《江汉考古》2020年第6期。

张多勇:《从居延E·P·T59·582汉简看汉代泾阳县、乌氏县、月氏道城址》,《敦煌研究》2008年第2期。

张多勇：《弹筝峡地望以及相关军事地位考述》，《宁夏社会科学》2021年第5期。

张国茂：《安徽铜陵地区先秦青铜文化简论》，《东南文化》1991年第2期。

张怀通：《武王伐纣史实补考》，《中国史研究》2010年第4期。

张怀银：《谈"陕"与陕县》，《华夏考古》1998年第1期。

张既翕：《商戉冎商榷》，《考古》1964年第9期。

张景文、李桂英、赵希涛：《苏北地区全新世海陆变迁的年代学研究》，《海洋科学》1983年第6期。

张敏：《试论点将台文化》，《东南文化》1989年第3期。

张天恩：《论关中东部的夏代早期文化遗存》，《中国历史文物》2009年第1期。

张天恩：《试论关中东部夏代文化遗存》，《文博》2000年第3期。

张天恩：《天水出土的兽面铜牌饰及有关问题》，《中原文物》2002年第1期。

张绪球：《汉江东部地区新石器时代文化初论》，《考古与文物》1987年第4期。

张绪球：《石家河文化的分期分布和类型》，《考古学报》1991年第4期。

赵芝荃：《试论二里头文化的源流》，《考古学报》1986年第1期。

郑建明：《北方地区出土先秦时期原始瓷产地再论——从装烧工艺的角度》，《考古与文物》2022年第3期。

郑建明：《商代原始瓷分区与分期略论》，《东南文化》2012年第2期。

周述椿：《四千年前黄河北流改道与鲧禹治水考》，《中国历史地理论丛》1994年第1辑。

朱凤瀚：《论西周时期的"南国"》，《历史研究》2013年第4期。

## 六　其他

安徽大学、安徽省文物考古研究所：《皖南商周青铜器》，文物出版社2006年版。

崔乃夫主编：《中华人民共和国地名大词典》，商务印书馆1998年版。

戴均良主编：《中国古今地名大词典》，上海辞书出版社2005年版。

国家文物局主编：《中国文物地图集·甘肃分册》，测绘出版社2011年版。

国家文物局主编：《中国文物地图集·河北分册》，文物出版社2013年版。
国家文物局主编：《中国文物地图集·河南分册》，中国地图出版社1991年版。
国家文物局主编：《中国文物地图集·江苏分册》，中国地图出版社2008年版。
国家文物局主编：《中国文物地图集·山东分册》，中国地图出版社2007年版。
国家文物局主编：《中国文物地图集·山西分册》，中国地图出版社2006年版。
国家文物局主编：《中国文物地图集·陕西分册》，西安地图出版社1998年版。
荆州博物馆编著：《石家河文化玉器》，文物出版社2008年版。
陆勤毅、宫希成主编：《安徽江淮地区商周青铜器》，文物出版社2014年版。
水利部淮河水利委员会、《淮河志》编纂委员会：《淮河志》第二卷《淮河综述志》，科学出版社2000年版。
随州市博物馆：《随州出土文物精粹》，文物出版社2009年版。
谭其骧主编：《中国历史地图集》（第一册），中国地图出版社1982年版。
中国科学院考古研究所：《新中国的考古收获》，文物出版社1961年版。

### 七　学位论文

白利权：《黄河中游古代渡口研究》，硕士学位论文，郑州大学，2010年。
单思伟：《屈家岭文化研究》，博士学位论文，武汉大学，2018年。
姜海波：《唐代河阳镇研究》，硕士学位论文，南京师范大学，2013年。
刘睿良：《商代晚期铜料探源与流通方向研究方法的新思考》，硕士学位论文，西北大学，2014年。
庞小霞：《试论新砦文化》，硕士学位论文，郑州大学，2004年。
孙卓：《论商时期中原文化势力从南方的消退》，博士学位论文，武汉大学，2017年。
王刚：《新砦期遗存研究》，硕士学位论文，武汉大学，2016年。
王清刚：《龙山时代海岱地区与南邻文化区互动关系研究》，博士学位论文，山东大学，2018年。

王煜凡：《试论二里头文化玉器群的考古学背景——以来源构成为中心》，硕士学位论文，中国社会科学院研究生院，2022年。

张莉：《从龙山到二里头——以嵩山南北为中心》，博士学位论文，北京大学，2012年。

赵海涛：《试论岳石文化与周围同时期文化的关系》，硕士学位论文，中国社会科学院研究生院，2002年。

左亚琴：《陇山地区新石器时代末期文化通道研究——基于GIS和聚落的分析》，硕士学位论文，安徽大学，2021年。

# 后　　记

　　十年磨一剑，这是我又一次历经十年出版的一本书。2014年曾获得"中华之源与嵩山文明研究会"的第三批年度重点课题资助，当时的题目是《中原地区文明形成过程中的文化互动通道研究》。之所以选定这个题目来做，多少还是源于我自身的学术经历：我求学于郑州大学，对于中原地区考古材料熟悉，这是我多年的积累；2008—2010年在北京大学的两年博士后经历，则让我对历史地理颇有兴趣，出站报告及随后发表的文章也奠定了将两个学科结合做学术的基础；此外，我先生长期做文明起源研究，耳濡目染也有不少收获。2010年我开始关注文明起源研究中各地互动这一主题，最初是从器物入手，封顶壶形盉的文章及绿松石相关文章都是在这一主题下选取的。而本书的题目正是高江涛先生给拟定的，《聚落、资源与道路——早期中国中原与周边的文化互动与交流》十分贴切地将书中的内容整合起来，这也正是我近十多年一直关注和熟悉的，感觉再也想不到比这个更符合本书内容的题目了。

　　2018年5月课题结项时字数是20万字，但是由于结项报告中和西南方的互动、和太湖流域的互动是马保春师兄及曹峻师姐两位课题组成员完成的，这两部分整体和我写的几个部分的衔接并不通畅，对于整体的框架结构及一些章节内容也均不满意。之后，一边忙于工作和完成2015年申请的一个国家社科基金课题的项目，一边得空做一些修修补补的工作。真正大修是在新冠疫情期间，本来计划将其中的商代中原和南方地区互动交流放在一个刊物发表，已经整理出来，结果新冠突袭的2020年初无意得知现在如果发表文章，已出版成果超过10%，这样查重就不过，也很难申请到出版资助。恍惚间原来评价标准已经发生这么大变化，犹记得我读博士时还是鼓励多发表书内的文章，这样申请出版时证明书的质量有保证。而我第一本书2014年出版时也没有什么查重之说，否则估计很难整体出版了。

　　读者现在看到的这本书是 2022 年 10 月完成的最后一遍大修。从 2018 年 8 月—2022 年 10 月期间大修至少三次。我自己写文章一个习惯就是如果有了灵感就会废寝忘食动笔写下来，很多时候第一稿注释都没加几个。后续更是不断有新的认识就不断修订。目前的稿子仅仅是文字已经比 2018 年结项时多出了 15 万，图片更是翻倍增加。有些章节和结项时相比已修订得面目全非，甚至大刀阔斧还删减了很多结项时的章节，马保春师兄结项时的稿子是 5 万字，目前仅剩下 2 万字。在此需要说明的是，这是一个课题基础上形成的书稿，当年几位课题组成员聚在一起激扬文字、畅所欲言，还都是未到不惑之年。他们不是仅仅挂名，而是都在结项时给出了数万字的研究成果。目前书中第三章第二节由马保春完成，第四章则由曹峻和秦超超完成，第六章的第三节由高江涛完成，其余章节及全书的通稿由我本人负责。尤其要指出的是，全书除了上述曹峻和高江涛这部分的图由他们自己完成，中原和四方交流路线图初稿则由马保春和他的研究生们绘制，其中中原和东方是孙杰伟，和南方是马保春，和北方是张磊、王岩，和西方是袁娅琼和申雨康，在本书后期校改中，和四方的交流路线图均由申雨康做了修订甚至重绘。

　　与此同时，本书在写作中曾经组织或参与多次田野调查，这也是本书在绪论中谈及先秦时期交通道路研究中的一个重要方法。2016 年 5 月 24—27 日郑州首届考古大会后我和高江涛驾车对豫东地区淮阳平粮台、杞县鹿台岗和柘城山台寺等遗址进行实地调查，此行得到了周口市文物考古管理所李全力所长及河南省文物考古研究院平粮台遗址考古队队长曹艳朋等的大力协助。2017 年 8 月 5—12 日和上海大学朱继平、四川大学石涛等学友从郑州出发向西考察了虎牢关、新安函谷关及著名的崤函古道石壕段，到三门峡后再经南崤道至宜阳后沿洛河上行经洛宁、卢氏到商洛地区，又沿武关道到丹淅流域的淅川和南阳盆地再过方城经平顶山回到郑州，沿路的重要遗址如东赵、花地嘴、东龙山、河口绿松石矿洞遗址、下王岗及很多博物馆、库房都进行了观摩学习，得到各地文物同行们的鼎力协助，他们是三门峡市的史智民、郑立超、燕飞、洛宁县文管所的王丽玲、商洛市博物馆的刘作鹏、平顶山市博物馆的靳花娜等。2020 年 7 月则到信阳、驻马店等地的博物馆、库房考察，实地考察了大别山著名的"三关"今武胜关、九里关、平靖关。此行得到河南省文物考古研究院武志江及信阳师范学院贺辉、驻马店文物管理所齐雪义等同行的热情帮助。2023年8月1—4日参加中国地质大学杨明星教授组织的由地质、珠宝、考古、科技史等多学科组成的绿松石矿源地考察，对河南淅川的四处绿松石矿点和湖北郧县云盖寺国家矿山遗址公园进行了多学科田野考察。此外曾数次到郑州的西郊东赵、双槐树及河南省考古研究院西山基地考察文物标本，得到顾万发、张家强、魏兴涛、王刚等同行的帮助。几年来多次有目的进行的田野考察对于相关研究意义非常重要。在此特别感谢各地同行对于考察调研工作的大力协助和支持！

最后，本书得以出版，感谢中国社会科学院创新工程出版项目的资助，感谢在申请资助过程中多方联系的所科研处，特别是刘国祥和刘清尘两位老师，感谢课题结项专家的意见及两位同行评审专家的推荐，感谢认真负责的责任编辑郭鹏老师和其出版团队。囿于学识，书中肯定存在一些错误和不足之处，还请各位读者批评指正。

庞小霞

2023年10月于皇城根儿